Die Verfassung des Deutschen Reichs

nebst Ausführungsgesetzen.

Für den praktischen Gebrauch,
mit besonderer Beziehung auf Preußen,

erläutert

von

O. Reincke,
Reichsgerichts-Rat a. D.

Berlin, 1906.
Verlag von H. W. Müller.
(W) Potsdamerstr. 121 K.

Vorwort.

Der vorliegende Kommentar möchte solchen, die im öffentlichen Leben, sei es in Justiz, Verwaltung oder Parlament, tätig sind oder sonst den nationalen Dingen Interesse schenken, ein auf wissenschaftlicher Grundlage beruhendes Hilfsmittel für die praktische Anwendung des heutigen Reichsstaatsrechts bieten.

Die Form des Kommentars ist gewählt, weil sie den Praktiker in die Lage setzt, jederzeit den Text des Gesetzes vor Augen zu haben und die Erläuterungen im unmittelbaren Anschlusse daran zu finden, überdies aber dem eigenen Systeme des Gesetzes zu folgen. Daß die Reichsverfassung ihre besondere Systematik besitzt, ist offensichtlich; ihr kam es im wesentlichen darauf an, dasjenige, was zur Existenzfähigkeit des jungen Reichs unabweisbar erforderlich und nach Lage der Dinge erreichbar gewesen, unter Dach und Fach zu bringen.

Die Heranziehung der inzwischen zur Ausführung der Reichsverfassung ergangenen überaus zahlreichen Gesetze und Verordnungen ließ sich nicht umgehen, wenn die Darstellung dem heutigen Recht entsprechen sollte. Allerdings konnte angesichts des in diesen Ausführungsgesetzen liegenden Riesenstoffes deren Erörterung nur eine knappe sein, dergestalt, daß der Leser Einblick in Zusammenhang, Zweck und leitende Gesichtspunkte der Gesetze gewinnt und dadurch zu näherer Informierung über dieselben in den Stand gesetzt wird.

Die besondere Beziehung auf Preußen in den Erläuterungen dürfte sich damit rechtfertigen, daß Preußen nicht bloß der Präsidialstaat des Reichs ist, sondern auch mit seiner Gesetzgebung großenteils das Vorbild für den Ausbau des Reichs abgegeben hat.

Da der Verfasser nur eine Rechtsdarstellung geben will, hat er sich von der Beeinflussung durch politische Gesichtspunkte möglichst fernzuhalten gesucht. Erfreuen würde es ihn aber, wenn sein Werk etwas dazu beitrüge, die Anerkennung zu fördern, wie Großes seit Schaffung des Reichs zu dessen Ausbau bereits geleistet ist.

Leipzig, 6. September 1905.

D. R.

Inhaltsübersicht.

Gesetz, betreffend die Verfassung des Deutschen Reichs.

Vom 16. April 1871.

(BGBl. S. 63).

Wir **Wilhelm**, von Gottes Gnaden Deutscher Kaiser, König von Preußen rc. verordnen hiermit im Namen des Deutschen Reichs, nach erfolgter Zustimmung des Bundesrats und des Reichstags, was folgt:

§ 1. An die Stelle der zwischen dem Norddeutschen Bunde und den Großherzogtümern Baden und Hessen vereinbarten Verfassung des Deutschen Bundes (BGBl. vom Jahre 1870 S. 627 ff.), sowie der mit den Königreichen Bayern und Württemberg über den Beitritt zu dieser Verfassung geschlossenen Verträge vom 23. und 25. November 1870 (BGBl. vom Jahre 1871 S. 9 ff. und vom Jahre 1870 S. 654 ff.) tritt die beigefügte

Verfassungsurkunde für das Deutsche Reich.

§ 2. Die Bestimmungen in Artikel 80 der in § 1 gedachten Verfassung des Deutschen Bundes (BGBl. vom Jahre 1870 S. 647), unter III § 8 des Vertrages mit Bayern vom 23. November 1870 (BGBl. vom Jahre 1871 S. 21 ff.), in Art. 2 Nr. 6 des Vertrages mit Württemberg vom 25. November 1870 (BGBl. vom Jahre 1870 S. 656), über die Einführung der im Norddeutschen Bunde ergangenen Gesetze in diesen Staaten bleiben in Kraft.

Die dort bezeichneten Gesetze sind Reichsgesetze. Wo in denselben von dem Norddeutschen Bunde, dessen Verfassung, Gebiet, Mitgliedern oder Staaten, Indigenat, verfassungsmäßigen Organen, Angehörigen, Beamten, Flagge usw. die Rede ist, sind das Deutsche Reich und dessen entsprechende Beziehungen zu verstehen.

Dasselbe gilt von denjenigen im Norddeutschen Bunde ergangenen Gesetzen, welche in der Folge in einem der genannten Staaten eingeführt werden.

§ 3. Die Vereinbarungen in dem zu Versailles am 15. November 1870 aufgenommenen Protokolle (BGBl. S. 650 ff.), in der Verhandlung zu Berlin vom 25. November 1870 (BGBl. S. 657), dem Schlußprotokolle vom 23. November 1870 (BGBl. vom Jahre 1871

S. 23 ff.), sowie unter IV des Vertrages mit Bayern vom 23. November 1870 (a. a. O. S. 21 ff.) werden durch dieses Gesetz nicht berührt.

Urkundlich unter Unserer Höchsteigenhändigen Unterschrift und beigedrucktem Kaiserlichen Insiegel.

Gegeben Berlin, den 16. April 1871.

Wilhelm.

Fürst v. Bismarck.

Verfassung des Deutschen Reichs.

Seine Majestät der König von Preußen im Namen des Norddeutschen Bundes, Seine Majestät der König von Bayern, Seine Majestät der König von Württemberg, Seine Königliche Hoheit der Großherzog von Baden, und Seine Königliche Hoheit der Großherzog von Hessen und bei Rhein, für die südlich vom Main belegenen Teile des Großherzogtums Hessen, schließen einen ewigen Bund zum Schutze des Bundesgebietes und des innerhalb desselben gültigen Rechtes, sowie zur Pflege der Wohlfahrt des Deutschen Volkes. Dieser Bund wird den Namen Deutsches Reich führen und wird nachstehende

Verfassung

haben.

I. Bundesgebiet.

Artikel 1.

Das Bundesgebiet besteht aus den Staaten Preußen mit Lauenburg, Bayern, Sachsen, Württemberg, Baden, Hessen, Mecklenburg-Schwerin, Sachsen-Weimar, Mecklenburg-Strelitz, Oldenburg, Braunschweig, Sachsen-Meiningen, Sachsen-Altenburg, Sachsen-Koburg-Gotha, Anhalt, Schwarzburg-Rudolstadt, Schwarzburg-Sondershausen, Waldeck, Reuß älterer Linie, Reuß jüngerer Linie, Schaumburg-Lippe, Lippe, Lübeck, Bremen und Hamburg.

II. Reichsgesetzgebung.

Artikel 2.

Innerhalb dieses Bundesgebietes übt das Reich das Recht der Gesetzgebung nach Maßgabe des Inhalts dieser Verfassung und mit der Wirkung aus, daß die Reichsgesetze den Landesgesetzen vorgehen. Die Reichsgesetze erhalten ihre verbindliche Kraft durch ihre Verkündigung von Reichs wegen, welche vermittels eines Reichsgesetzblattes geschieht. Sofern nicht in dem publizierten Gesetze ein anderer Anfangstermin seiner verbindlichen Kraft bestimmt ist, beginnt die letztere mit dem vierzehnten Tage nach dem Ablauf desjenigen Tages, an welchem das betreffende Stück des Reichsgesetzblattes in Berlin ausgegeben worden ist.

Artikel 3.

Für ganz Deutschland besteht ein gemeinsames Indigenat mit der Wirkung, daß der Angehörige (Untertan, Staatsbürger) eines jeden Bundesstaats in jedem anderen Bundesstaate als Inländer zu behandeln und demgemäß zum festen Wohnsitz, zum Gewerbebetriebe, zu öffentlichen Ämtern, zur Erwerbung von Grundstücken, zur Erlangung des Staatsbürgerrechtes und zum Genusse aller sonstigen bürgerlichen Rechte unter denselben Voraussetzungen wie der Einheimische zuzulassen, auch in betreff der Rechtsverfolgung und des Rechtsschutzes demselben gleich zu behandeln ist.

Kein Deutscher darf in der Ausübung dieser Befugnis durch die Obrigkeit seiner Heimat, oder durch die Obrigkeit eines anderen Bundesstaats beschränkt werden.

Diejenigen Bestimmungen, welche die Armenversorgung und die Aufnahme in den lokalen Gemeindeverband betreffen, werden durch den im ersten Absatz ausgesprochenen Grundsatz nicht berührt.

Ebenso bleiben bis auf weiteres die Verträge in Kraft, welche zwischen den einzelnen Bundesstaaten in Beziehung auf die Übernahme von Auszuweisenden, die Verpflegung erkrankter und die Beerdigung verstorbener Staatsangehörigen bestehen.

Hinsichtlich der Erfüllung der Militärpflicht im Verhältnis zu dem Heimatslande wird im Wege der Reichsgesetzgebung das Nötige geordnet werden.

Dem Auslande gegenüber haben alle Deutschen gleichmäßig Anspruch auf den Schutz des Reichs.

Artikel 4.

Der Beaufsichtigung seitens des Reichs und der Gesetzgebung desselben unterliegen die nachstehenden Angelegenheiten:

1. die Bestimmungen über Freizügigkeit, Heimats- und Niederlassungsverhältnisse, Staatsbürgerrecht, Paßwesen und Fremdenpolizei und über den Gewerbebetrieb, einschließlich des Versicherungswesens, soweit diese Gegenstände nicht schon durch den Artikel 3 dieser Verfassung erledigt sind, in Bayern jedoch mit Ausschluß der Heimats- und Niederlassungsverhältnisse,

desgleichen über die Kolonisation und die Auswanderung nach außerdeutschen Ländern;

2. die Zoll- und Handelsgesetzgebung und die für die Zwecke des Reichs zu verwendenden Steuern;
3. die Ordnung des Maß-, Münz- und Gewichtssystems, nebst Feststellung der Grundsätze über die Emission von fundiertem und unfundiertem Papiergelde;
4. die allgemeinen Bestimmungen über das Bankwesen;
5. die Erfindungspatente;
6. der Schutz des geistigen Eigentums;
7. Organisation eines gemeinsamen Schutzes des Deutschen Handels im Auslande, der Deutschen Schiffahrt und ihrer Flagge zur See und Anordnung gemeinsamer konsularischer Vertretung, welche vom Reich ausgestattet wird;
8. das Eisenbahnwesen, in Bayern vorbehaltlich der Bestimmung im Artikel 46, und die Herstellung von Land- und Wasserstraßen im Interesse der Landesverteidigung und des allgemeinen Verkehrs;
9. der Flößerei- und Schiffahrtsbetrieb auf den mehreren Staaten gemeinsamen Wasserstraßen und der Zustand der letzteren, sowie die Fluß- und sonstigen Wasserzölle; desgleichen die Seeschiffahrtszeichen (Leuchtfeuer, Tonnen, Baken und sonstige Tagesmarken);*)
10. das Post- und Telegraphenwesen, jedoch in Bayern und Württemberg nur nach Maßgabe der Bestimmung im Artikel 52;
11. Bestimmungen über die wechselseitige Vollstreckung von Erkenntnissen in Zivilsachen und Erledigung von Requisitionen überhaupt;
12. sowie über die Beglaubigung von öffentlichen Urkunden;
13. die gemeinsame Gesetzgebung über das gesamte bürgerliche Recht, das Strafrecht und das gerichtliche Verfahren;**)
14. das Militärwesen des Reichs und die Kriegsmarine;
15. Maßregeln der Medizinal- und Veterinärpolizei;
16. die Bestimmungen über die Presse und das Vereinswesen.

Artikel 5.

Die Reichsgesetzgebung wird ausgeübt durch den Bundesrat und den Reichstag. Die Übereinstimmung der Mehrheitsbeschlüsse beider

---

*) Durch Ges. v. 3. März 1873 (RGBl. S. 47) sind die Worte „desgleichen" bis „Tagesmarken" der Nr. 9 hinzugefügt worden.

**) Dies die Fassung des Erweiterungsgesetzes v. 20. Dez. 1873 (RGBl. S. 379).

Versammlungen ist zu einem Reichsgesetze erforderlich und ausreichend.

Bei Gesetzesvorschlägen über das Militärwesen, die Kriegsmarine und die im Artikel 35 bezeichneten Abgaben gibt, wenn im Bundesrate eine Meinungsverschiedenheit stattfindet, die Stimme des Präsidiums den Ausschlag, wenn sie sich für die Aufrechthaltung der bestehenden Einrichtungen ausspricht.

III. Bundesrat.

Artikel 6.

Der Bundesrat besteht aus den Vertretern der Mitglieder des Bundes, unter welchen die Stimmführung sich in der Weise verteilt, daß Preußen mit den ehemaligen Stimmen von Hannover, Kurhessen, Holstein, Nassau und Frankfurt 17 Stimmen führt, Bayern . . . . 6 „

Sachsen	4	„
Württemberg	4	„
Baden	3	„
Hessen	3	„
Mecklenburg-Schwerin	2	„
Sachsen-Weimar	1	„
Mecklenburg-Strelitz	1	„
Oldenburg	1	„
Braunschweig	2	„
Sachsen-Meiningen	1	„
Sachsen-Altenburg	1	„
Sachsen-Coburg-Gotha	1	„
Anhalt	1	„
Schwarzburg-Rudolstadt	1	„
Schwarzburg-Sondershausen	1	„
Waldeck	1	„
Reuß älterer Linie	1	„
Reuß jüngerer Linie	1	„
Schaumburg-Lippe	1	„
Lippe	1	„
Lübeck	1	„
Bremen	1	„
Hamburg	1	„
zusammen	58	Stimmen.

Jedes Mitglied des Bundes kann so viel Bevollmächtigte zum Bundesrat ernennen, wie es Stimmen hat, doch kann die Gesamtheit der zuständigen Stimmen nur einheitlich abgegeben werden.

Artikel 7.

Der Bundesrat beschließt:

1. über die dem Reichstage zu machenden Vorlagen und die von demselben gefaßten Beschlüsse;
2. über die zur Ausführung der Reichsgesetze erforderlichen allgemeinen Verwaltungsvorschriften und Einrichtungen, sofern nicht durch Reichsgesetz etwas anderes bestimmt ist;
3. über Mängel, welche bei der Ausführung der Reichsgesetze oder der vorstehend erwähnten Vorschriften oder Einrichtungen hervortreten.

Jedes Bundesglied ist befugt, Vorschläge zu machen und in Vortrag zu bringen, und das Präsidium ist verpflichtet, dieselben der Beratung zu übergeben.

Die Beschlußfassung erfolgt, vorbehaltlich der Bestimmungen in den Artikeln 5, 37 und 78, mit einfacher Mehrheit. Nicht vertretene oder nicht instruierte Stimmen werden nicht gezählt. Bei Stimmengleichheit gibt die Präsidialstimme den Ausschlag.

Bei der Beschlußfassung über eine Angelegenheit, welche nach den Bestimmungen dieser Verfassung nicht dem ganzen Reiche gemeinschaftlich ist, werden die Stimmen nur derjenigen Bundesstaaten gezählt, welchen die Angelegenheit gemeinschaftlich ist.

Artikel 8.

Der Bundesrat bildet aus seiner Mitte dauernde Ausschüsse

1. für das Landheer und die Festungen;
2. für das Seewesen;
3. für Zoll- und Steuerwesen;
4. für Handel und Verkehr;
5. für Eisenbahnen, Post und Telegraphen;
6. für Justizwesen;
7. für Rechnungswesen.

In jedem dieser Ausschüsse werden außer dem Präsidium mindestens vier Bundesstaaten vertreten sein, und führt innerhalb derselben jeder Staat nur Eine Stimme. In dem Ausschuß für das Landheer und die Festungen hat Bayern einen ständigen Sitz, die übrigen Mitglieder desselben, sowie die Mitglieder des Ausschusses für das Seewesen werden vom Kaiser ernannt; die Mitglieder der anderen Ausschüsse werden von dem Bundesrate gewählt. Die Zusammensetzung dieser Ausschüsse ist für jede Session des Bundesrats resp. mit jedem Jahre zu erneuern, wobei die ausscheidenden Mitglieder wieder wählbar sind.

Außerdem wird im Bundesrat aus den Bevollmächtigten der Königreiche Bayern, Sachsen und Württemberg und zwei, vom Bundesrat alljährlich zu wählenden Bevollmächtigten anderer Bundesstaaten ein Ausschuß für die auswärtigen Angelegenheiten gebildet, in welchem Bayern den Vorsitz führt.

Den Ausschüssen werden die zu ihren Arbeiten nötigen Beamten zur Verfügung gestellt.

Artikel 9.

Jedes Mitglied des Bundesrats hat das Recht, im Reichstage zu erscheinen und muß daselbst auf Verlangen jederzeit gehört werden, um die Ansichten seiner Regierung zu vertreten, auch dann, wenn dieselben von der Majorität des Bundesrats nicht adoptiert worden sind. Niemand kann gleichzeitig Mitglied des Bundesrats und des Reichstags sein.

Artikel 10.

Dem Kaiser liegt es ob, den Mitgliedern des Bundesrats den üblichen diplomatischen Schutz zu gewähren.

IV. Präsidium.

Artikel 11.

Das Präsidium des Bundes steht dem Könige von Preußen zu, welcher den Namen Deutscher Kaiser führt. Der Kaiser hat das Reich völkerrechtlich zu vertreten, im Namen des Reichs Krieg zu erklären und Frieden zu schließen, Bündnisse und andere Verträge mit fremden Staaten einzugehen, Gesandte zu beglaubigen und zu empfangen.

Zur Erklärung des Krieges im Namen des Reichs ist die Zustimmung des Bundesrats erforderlich, es sei denn, daß ein Angriff auf das Bundesgebiet oder dessen Küsten erfolgt.

Insoweit die Verträge mit fremden Staaten sich auf solche Gegenstände beziehen, welche nach Artikel 4 in den Bereich der Reichsgesetzgebung gehören, ist zu ihrem Abschluß die Zustimmung des Bundesrats und zu ihrer Gültigkeit die Genehmigung des Reichstags erforderlich.

Artikel 12.

Dem Kaiser steht es zu, den Bundesrat und den Reichstag zu berufen, zu eröffnen, zu vertagen und zu schließen.

Artikel 13.

Die Berufung des Bundesrats und des Reichstags findet alljährlich statt und kann der Bundesrat zur Vorbereitung der Arbeiten ohne den Reichstag, letzterer aber nicht ohne den Bundesrat berufen werden.

Artikel 14.

Die Berufung des Bundesrats muß erfolgen, sobald sie von einem Drittel der Stimmenzahl verlangt wird.

Artikel 15.

Der Vorsitz im Bundesrate und die Leitung der Geschäfte steht dem Reichskanzler zu, welcher vom Kaiser zu ernennen ist.

Der Reichskanzler kann sich durch jedes andere Mitglied des Bundesrats vermöge schriftlicher Substitution vertreten lassen.

Artikel 16.

Die erforderlichen Vorlagen werden nach Maßgabe der Beschlüsse des Bundesrats im Namen des Kaisers an den Reichstag gebracht, wo sie durch Mitglieder des Bundesrats oder durch besondere von letzterem zu ernennende Kommissarien vertreten werden.

Artikel 17.

Dem Kaiser steht die Ausfertigung und Verkündigung der Reichsgesetze und die Überwachung der Ausführung derselben zu. Die Anordnungen und Verfügungen des Kaisers werden im Namen des Reichs erlassen und bedürfen zu ihrer Gültigkeit der Gegenzeichnung des Reichskanzlers, welcher dadurch die Verantwortlichkeit übernimmt.

Artikel 18.

Der Kaiser ernennt die Reichsbeamten, läßt dieselben für das Reich vereidigen und verfügt erforderlichenfalls deren Entlassung.

Den zu einem Reichsamte berufenen Beamten eines Bundesstaates stehen, sofern nicht vor ihrem Eintritt in den Reichsdienst im Wege der Reichsgesetzgebung etwas anderes bestimmt ist, dem Reiche gegenüber diejenigen Rechte zu, welche ihnen in ihrem Heimatslande aus ihrer dienstlichen Stellung zugestanden hatten.

Artikel 19.

Wenn Bundesglieder ihre verfassungsmäßigen Bundespflichten nicht erfüllen, können sie dazu im Wege der Exekution angehalten werden. Diese Exekution ist vom Bundesrate zu beschließen und vom Kaiser zu vollstrecken.

V. Reichstag.

Artikel 20.

Der Reichstag geht aus allgemeinen und direkten Wahlen mit geheimer Abstimmung hervor.

Bis zu der gesetzlichen Regelung, welche im § 5 des Wahlgesetzes vom 31. Mai 1869 (BGBl. S. 145) vorbehalten ist, werden in Bayern 48, in Württemberg 17, in Baden 14, in Hessen südlich des Main 6 Abgeordnete gewählt, und beträgt demnach die Gesamtzahl der Abgeordneten (382) 397.*)

Artikel 21.

Beamte bedürfen keines Urlaubs zum Eintritt in den Reichstag.

Wenn ein Mitglied des Reichstags ein besoldetes Reichsamt oder in einem Bundesstaat ein besoldetes Staatsamt annimmt oder im Reichs- oder Staatsdienste in ein Amt eintritt, mit welchem ein höherer Rang oder ein höheres Gehalt verbunden ist, so verliert es Sitz und Stimme in dem Reichstag und kann seine Stelle in demselben nur durch neue Wahl wieder erlangen.

Artikel 22.

Die Verhandlungen des Reichstags sind öffentlich.

Wahrheitsgetreue Berichte über Verhandlungen in den öffentlichen Sitzungen des Reichstags bleiben von jeder Verantwortlichkeit frei.

Artikel 23.

Der Reichstag hat das Recht, innerhalb der Kompetenz des Reichs Gesetze vorzuschlagen und an ihn gerichtete Petitionen dem Bundesrate resp. Reichskanzler zu überweisen.

Artikel 24.

Die Legislaturperiode des Reichstags dauert fünf**) Jahre. Zur Auflösung des Reichstags während derselben ist ein Beschluß des Bundesrats unter Zustimmung des Kaisers erforderlich.

---

*) Die Vermehrung auf 397 ist erfolgt durch § 3 des Ges. betr. die Einführung der RV. in Els.-Lothr. v. 25. Juni 1873 (RGBl. S. 161).

**) Die Verlängerung auf 5 Jahre ist durch Ges. v. 19. März 1888 (RGBl. S. 110) erfolgt.

Artikel 25.

Im Falle der Auflösung des Reichstags müssen innerhalb eines Zeitraumes von 60 Tagen nach derselben die Wähler und innerhalb eines Zeitraumes von 90 Tagen nach der Auflösung der Reichstag versammelt werden.

Artikel 26.

Ohne Zustimmung des Reichstags darf die Vertagung desselben die Frist von 30 Tagen nicht übersteigen und während derselben Session nicht wiederholt werden.

Artikel 27.

Der Reichstag prüft die Legitimation seiner Mitglieder und entscheidet darüber. Er regelt seinen Geschäftsgang und seine Disziplin durch eine Geschäftsordnung und erwählt seinen Präsidenten, seine Vizepräsidenten und Schriftführer.

Artikel 28.

Der Reichstag beschließt nach absoluter Stimmenmehrheit. Zur Gültigkeit der Beschlußfassung ist die Anwesenheit der Mehrheit der gesetzlichen Anzahl der Mitglieder erforderlich.

(Absatz 2 aufgehoben durch Ges. v. 24. Febr. 1873, RGBl. S. 45.)

Artikel 29.

Die Mitglieder des Reichstags sind Vertreter des gesamten Volkes und an Aufträge und Instruktionen nicht gebunden.

Artikel 30.

Kein Mitglied des Reichstags darf zu irgend einer Zeit wegen seiner Abstimmung oder wegen der in Ausübung seines Berufes getanen Äußerungen gerichtlich oder disziplinarisch verfolgt oder sonst außerhalb der Versammlung zur Verantwortung gezogen werden.

Artikel 31.

Ohne Genehmigung des Reichstags kann kein Mitglied desselben während der Sitzungsperiode wegen einer mit Strafe bedrohten Handlung zur Untersuchung gezogen oder verhaftet werden, außer wenn es bei Ausübung der Tat oder im Laufe des nächstfolgenden Tages ergriffen wird.

Gleiche Genehmigung ist bei einer Verhaftung wegen Schulden erforderlich.

Auf Verlangen des Reichstags wird jedes Strafverfahren gegen ein Mitglied desselben und jede Untersuchungs- oder Zivilhaft für die Dauer der Sitzungsperiode aufgehoben.

Artikel 32.

Die Mitglieder des Reichstags dürfen als solche keine Besoldung oder Entschädigung beziehen.

VI. Zoll- und Handelswesen.

Artikel 33.

Deutschland bildet ein Zoll- und Handelsgebiet, umgeben von gemeinschaftlicher Zollgrenze. Ausgeschlossen bleiben die wegen ihrer Lage zur Einschließung in die Zollgrenze nicht geeigneten einzelnen Gebietsteile.

Alle Gegenstände, welche im freien Verkehr eines Bundesstaats befindlich sind, können in jeden anderen Bundesstaat eingeführt und dürfen in letzterem einer Abgabe nur insoweit unterworfen werden, als daselbst gleichartige inländische Erzeugnisse einer inneren Steuer unterliegen.

Artikel 34.

Die Hansestädte Bremen und Hamburg mit einem dem Zweck entsprechenden Bezirke ihres oder des umliegenden Gebietes bleiben als Freihäfen außerhalb der gemeinschaftlichen Zollgrenze, bis sie ihren Einschluß in dieselbe beantragen.

Artikel 35.

Das Reich ausschließlich hat die Gesetzgebung über das gesamte Zollwesen, über die Besteuerung des im Bundesgebiete gewonnenen Salzes und Tabaks, bereiteten Branntweins und Bieres und aus Rüben oder anderen inländischen Erzeugnissen dargestellten Zuckers und Sirups, über den gegenseitigen Schutz der in den einzelnen Bundesstaaten erhobenen Verbrauchsabgaben gegen Hinterziehungen, sowie über die Maßregeln, welche in den Zollausschüssen zur Sicherung der gemeinsamen Zollgrenze erforderlich sind.

In Bayern, Württemberg und Baden bleibt die Besteuerung des inländischen Branntweins und Bieres der Landesgesetzgebung vorbehalten. Die Bundesstaaten werden jedoch ihr Bestreben darauf richten, eine Übereinstimmung der Gesetzgebung über die Besteuerung auch dieser Gegenstände herbeizuführen.

Artikel 36.

Die Erhebung und Verwaltung der Zölle und Verbrauchssteuern (Art. 35) bleibt jedem Bundesstaate, soweit derselbe sie bisher ausgeübt hat, innerhalb seines Gebietes überlassen.

Der Kaiser überwacht die Einhaltung des gesetzlichen Verfahrens durch Reichsbeamte, welche er den Zoll- oder Steuerämtern und den Direktivbehörden der einzelnen Staaten, nach Vernehmung des Ausschusses des Bundesrats für Zoll- und Steuerwesen, beiordnet.

Die von diesen Beamten über Mängel bei der Ausführung der gemeinschaftlichen Gesetzgebung (Art. 35) gemachten Anzeigen werden dem Bundesrate zur Beschlußnahme vorgelegt.

Artikel 37.

Bei der Beschlußnahme über die zur Ausführung der gemeinschaftlichen Gesetzgebung (Art. 35) dienenden Verwaltungsvorschriften und Einrichtungen gibt die Stimme des Präsidiums alsdann den Ausschlag, wenn sie sich für Aufrechthaltung der bestehenden Vorschrift oder Einrichtung ausspricht.

Artikel 38.

Der Ertrag der Zölle und der anderen in Artikel 35 bezeichneten Abgaben, letzterer soweit sie der Reichsgesetzgebung unterliegen, fließt in die Reichskasse.

Dieser Ertrag besteht aus der gesamten von den Zöllen und den übrigen Abgaben aufgekommenen Einnahme nach Abzug:

1. der auf Gesetzen oder allgemeinen Verwaltungsvorschriften beruhenden Steuervergütungen und Ermäßigungen,
2. der Rückerstattungen für unrichtige Erhebungen,
3. der Erhebungs- und Verwaltungskosten, und zwar:
   a) bei den Zöllen der Kosten, welche an den gegen das Ausland gelegenen Grenzen und in dem Grenzbezirke für den Schutz und die Erhebung der Zölle erforderlich sind,
   b) bei der Salzsteuer der Kosten, welche zur Besoldung der mit Erhebung und Kontrollierung dieser Steuer auf den Salzwerken beauftragten Beamten aufgewendet werden,
   c) bei der Rübenzuckersteuer und Tabaksteuer der Vergütung, welche nach den jeweiligen Beschlüssen des Bundesrats den einzelnen Bundesregierungen für die Kosten der Verwaltung dieser Steuern zu gewähren ist,

d) bei den übrigen Steuern mit fünfzehn Prozent der Gesamteinnahme.

Die außerhalb der gemeinschaftlichen Zollgrenze liegenden Gebiete tragen zu den Ausgaben des Reichs durch Zahlung eines Aversums bei.

Bayern, Württemberg und Baden haben an dem in die Reichskasse fließenden Ertrage der Steuern von Branntwein und Bier und an dem diesem Ertrage entsprechenden Teile des vorstehend erwähnten Aversums keinen Teil.

Artikel 39.

Die von den Erhebungsbehörden der Bundesstaaten nach Ablauf eines jeden Vierteljahres aufzustellenden Quartal-Extrakte und die nach dem Jahres- und Bücherschlusse aufzustellenden Finalabschlüsse über die im Laufe des Vierteljahres beziehungsweise während des Rechnungsjahres fällig gewordenen Einnahmen an Zöllen und nach Artikel 38 zur Reichskasse fließenden Verbrauchsabgaben werden von den Direktivbehörden der Bundesstaaten, nach vorangegangener Prüfung, in Hauptübersichten zusammengestellt, in welchen jede Abgabe gesondert nachzuweisen ist, und es werden diese Übersichten an den Ausschuß des Bundesrates für das Rechnungswesen eingesandt.

Der letztere stellt auf Grund dieser Übersichten von drei zu drei Monaten den von der Kasse jedes Bundesstaates der Reichskasse schuldigen Betrag vorläufig fest und setzt von dieser Feststellung den Bundesrat und die Bundesstaaten in Kenntnis, legt auch alljährlich die schließliche Feststellung jener Beträge mit seinen Bemerkungen dem Bundesrate vor. Der Bundesrat beschließt über diese Feststellung.

Artikel 40.

Die Bestimmungen in dem Zollvereinigungsvertrage vom 8. Juli 1867 bleiben in Kraft, soweit sie nicht durch die Vorschriften dieser Verfassung abgeändert sind und solange sie nicht auf dem im Artikel 7, beziehungsweise 78 bezeichneten Wege abgeändert werden.

VII. Eisenbahnwesen.

Artikel 41.

Eisenbahnen, welche im Interesse der Verteidigung Deutschlands oder im Interesse des gemeinsamen Verkehrs für notwendig erachtet werden, können kraft eines Reichsgesetzes auch gegen den Widerspruch der Bundesglieder, deren Gebiet die Eisenbahnen durchschneiden, unbeschadet der Landeshoheitsrechte, für Rechnung des Reichs angelegt oder an Privatunternehmer zur Ausführung konzessioniert und mit dem Expropriationsrechte ausgestattet werden.

Jede bestehende Eisenbahnverwaltung ist verpflichtet, sich den Anschluß neu angelegter Eisenbahnen auf Kosten der letzteren gefallen zu lassen.

Die gesetzlichen Bestimmungen, welche bestehenden Eisenbahn-Unternehmungen ein Widerspruchsrecht gegen die Anlegung von Parallel- oder Konkurrenzbahnen einräumen, werden, unbeschadet bereits erworbener Rechte, für das ganze Reich hierdurch aufgehoben. Ein solches Widerspruchsrecht kann auch in den künftig zu erteilenden Konzessionen nicht weiter verliehen werden.

Artikel 42.

Die Bundesregierungen verpflichten sich, die Deutschen Eisenbahnen im Interesse des allgemeinen Verkehrs wie ein einheitliches Netz verwalten und zu diesem Behuf auch die neu herzustellenden Bahnen nach einheitlichen Normen anlegen und ausrüsten zu lassen.

Artikel 43.

Es sollen demgemäß in tunlichster Beschleunigung übereinstimmende Betriebseinrichtungen getroffen, insbesondere gleiche Bahnpolizei-Reglements eingeführt werden. Das Reich hat dafür Sorge zu tragen, daß die Eisenbahnverwaltungen die Bahnen jederzeit in einem die nötige Sicherheit gewährenden baulichen Zustande erhalten und dieselben mit Betriebsmaterial so ausrüsten, wie das Verkehrsbedürfnis es erheischt.

Artikel 44.

Die Eisenbahnverwaltungen sind verpflichtet, die für den durchgehenden Verkehr und zur Herstellung ineinandergreifender Fahrpläne nötigen Personenzüge mit entsprechender Fahrgeschwindigkeit, desgleichen die zur Bewältigung des Güterverkehrs nötigen Güterzüge einzuführen, auch direkte Expeditionen im Personen- und Güterverkehr, unter Gestattung des Überganges der Transportmittel von einer Bahn auf die andere, gegen die übliche Vergütung einzurichten.

Artikel 45.

Dem Reiche steht die Kontrolle über das Tarifwesen zu. Dasselbe wird namentlich dahin wirken:

1. daß baldigst auf allen Deutschen Eisenbahnen übereinstimmende Betriebsreglements eingeführt werden;

2. daß die möglichste Gleichmäßigkeit und Herabsetzung der Tarife erzielt, insbesondere, daß bei größeren Entfernungen für den Transport von Kohlen, Koks, Holz, Erzen, Steinen, Salz, Roheisen, Düngungsmitteln und ähnlichen Gegenständen ein dem Bedürfnis der Landwirtschaft und Industrie entsprechender ermäßigter Tarif, und zwar zunächst tunlichst der Einpfennig-Tarif eingeführt werde.

Artikel 46.

Bei eintretenden Notständen, insbesondere bei ungewöhnlicher Teuerung der Lebensmittel, sind die Eisenbahnverwaltungen verpflichtet, für den Transport, namentlich von Getreide, Mehl, Hülsenfrüchten und Kartoffeln, zeitweise einen dem Bedürfnis entsprechenden, von dem Kaiser auf Vorschlag des betreffenden Bundesrats-Ausschusses festzustellenden, niedrigen Spezialtarif einzuführen, welcher jedoch nicht unter den niedrigsten auf der betreffenden Bahn für Rohprodukte geltenden Satz herabgehen darf.

Die vorstehend, sowie die in den Artikeln 42 bis 45 getroffenen Bestimmungen sind auf Bayern nicht anwendbar.

Dem Reiche steht jedoch auch Bayern gegenüber das Recht zu, im Wege der Gesetzgebung einheitliche Normen für die Konstruktion und Ausrüstung der für die Landesverteidigung wichtigen Eisenbahnen aufzustellen.

Artikel 47.

Den Anforderungen der Behörden des Reichs in betreff der Benutzung der Eisenbahnen zum Zweck der Verteidigung Deutschlands haben sämtliche Eisenbahnverwaltungen unweigerlich Folge zu leisten. Insbesondere ist das Militär und alles Kriegsmaterial zu gleichen ermäßigten Sätzen zu befördern.

VIII. Post- und Telegraphenwesen.

Artikel 48.

Das Postwesen und das Telegraphenwesen werden für das gesamte Gebiet des Deutschen Reichs als einheitliche Staatsverkehrs-Anstalten eingerichtet und verwaltet.

Die im Artikel 4 vorgesehene Gesetzgebung des Reichs in Post- und Telegraphen-Angelegenheiten erstreckt sich nicht auf diejenigen Gegenstände, deren Regelung nach den in der Norddeutschen Post- und Telegraphenverwaltung maßgebend gewesenen Grundsätzen der reglementarischen Festsetzung oder administrativen Anordnung überlassen ist.

Artikel 49.

Die Einnahmen des Post- und Telegraphenwesens sind für das ganze Reich gemeinschaftlich. Die Ausgaben werden aus den gemeinschaftlichen Einnahmen bestritten. Die Überschüsse fließen in die Reichskasse (Abschnitt XII).

Artikel 50.

Dem Kaiser gehört die obere Leitung der Post- und Telegraphenverwaltung an. Die von ihm bestellten Behörden haben die Pflicht und das Recht, dafür zu sorgen, daß Einheit in der Organisation der Verwaltung und im Betriebe des Dienstes, sowie in der Qualifikation der Beamten hergestellt und erhalten wird.

Dem Kaiser steht der Erlaß der reglementarischen Festsetzungen und allgemeinen administrativen Anordnungen, sowie die ausschließliche Wahrnehmung der Beziehungen zu anderen Post- und Telegraphenverwaltungen zu.

Sämtliche Beamte der Post- und Telegraphenverwaltung sind verpflichtet, den Kaiserlichen Anordnungen Folge zu leisten. Diese Verpflichtung ist in den Diensteid aufzunehmen.

Die Anstellung der bei den Verwaltungsbehörden der Post und Telegraphie in den verschiedenen Bezirken erforderlichen oberen Beamten (z. B. der Direktoren, Räte, Oberinspektoren), ferner die Anstellung der zur Wahrnehmung des Aufsichts- usw. Dienstes in den einzelnen Bezirken als Organe der erwähnten Behörden fungierenden Post- und Telegraphenbeamten (z. B. Inspektoren, Kontrolleure) geht für das ganze Gebiet des Deutschen Reichs vom Kaiser aus, welchem diese Beamten den Diensteid leisten. Den einzelnen Landesregierungen wird von den in Rede stehenden Ernennungen, soweit dieselben ihre Gebiete betreffen, behufs der landesherrlichen Bestätigung und Publikation rechtzeitig Mitteilung gemacht werden.

Die anderen bei den Verwaltungsbehörden der Post und Telegraphie erforderlichen Beamten, sowie alle für den lokalen und technischen Betrieb bestimmten, mithin bei den eigentlichen Betriebsstellen fungierenden Beamten usw. werden von den betreffenden Landesregierungen angestellt.

Wo eine selbständige Landespost- resp. Telegraphenverwaltung nicht besteht, entscheiden die Bestimmungen der besonderen Verträge.

Artikel 51.

Bei Überweisung des Überschusses der Postverwaltung für allgemeine Reichszwecke (Art. 49) soll, in Betracht der bisherigen Verschiedenheit der von den Landespostverwaltungen der einzelnen Gebiete erzielten Reineinnahmen, zum Zwecke einer entsprechenden Ausgleichung während der unten festgesetzten Übergangszeit folgendes Verfahren beobachtet werden.

Aus den Postüberschüssen, welche in den einzelnen Postbezirken während der fünf Jahre 1861 bis 1865 aufgekommen sind, wird ein durchschnittlicher Jahresüberschuß berechnet, und der Anteil, welchen jeder einzelne Postbezirk an dem für das gesamte Gebiet des Reichs sich danach herausstellenden Postüberschusse gehabt hat, nach Prozenten festgestellt.

Nach Maßgabe des auf diese Weise festgestellten Verhältnisses werden den einzelnen Staaten während der auf ihren Eintritt in die Reichspostverwaltung folgenden acht Jahre die sich für sie aus den im Reich aufkommenden Postüberschüssen ergebenden Quoten auf ihre sonstigen Beiträge zu Reichszwecken zugute gerechnet.

Nach Ablauf der acht Jahre hört jene Unterscheidung auf, und fließen die Postüberschüsse in ungeteilter Aufrechnung nach dem im Artikel 49 enthaltenen Grundsatz der Reichskasse zu.

Von der während der vorgedachten acht Jahre für die Hansestädte sich herausstellenden Quote des Postüberschusses wird alljährlich vorweg die Hälfte dem Kaiser zur Disposition gestellt zu dem Zwecke, daraus zunächst die Kosten für die Herstellung normaler Posteinrichtungen in den Hansestädten zu bestreiten.

Artikel 52.

Die Bestimmungen in den vorstehenden Artikeln 48 bis 51 finden auf Bayern und Württemberg keine Anwendung. An ihrer Stelle gelten für beide Bundesstaaten folgende Bestimmungen.

Dem Reiche ausschließlich steht die Gesetzgebung über die Vorrechte der Post und Telegraphie, über die rechtlichen Verhältnisse beider Anstalten zum Publikum, über die Portofreiheiten und das Posttaxwesen, jedoch ausschließlich der reglementarischen und Tarifbestimmungen für den internen Verkehr innerhalb Bayerns, beziehungsweise Württembergs, sowie, unter gleicher Beschränkung, die Feststellung der Gebühren für die telegraphische Korrespondenz zu.

Ebenso steht dem Reiche die Regelung des Post- und Telegraphenverkehrs mit dem Auslande zu, ausgenommen den eigenen unmittelbaren Verkehr Bayerns, beziehungsweise Württembergs mit seinen dem Reiche nicht angehörenden Nachbarstaaten, wegen dessen Regelung es bei der Bestimmung im Artikel 49 des Postvertrages vom 23. November 1867 bewendet.

An den zur Reichskasse fließenden Einnahmen des Post- und Telegraphenwesens haben Bayern und Württemberg keinen Teil.

IX. Marine und Schiffahrt.

Artikel 53.

Die Kriegsmarine des Reichs ist eine einheitliche unter dem Oberbefehl des Kaisers. Die Organisation und Zusammensetzung derselben liegt dem Kaiser ob, welcher die Offiziere und Beamten der Marine ernennt, und für welchen dieselben nebst den Mannschaften eidlich in Pflicht zu nehmen sind.

Der Kieler Hafen und der Jadehafen sind Reichskriegshäfen.

Der zur Gründung und Erhaltung der Kriegsflotte und der damit zusammenhängenden Anstalten erforderliche Aufwand wird aus der Reichskasse bestritten.

Die gesamte seemännische Bevölkerung des Reichs, einschließlich des Maschinenpersonals und der Schiffshandwerker, ist vom Dienste im Landheere befreit, dagegen zum Dienste in der Kaiserlichen Marine verpflichtet.

(Abs 5 beseitigt, vgl Note zu Art 53.)

Artikel 54.

Die Kauffahrteischiffe aller Bundesstaaten bilden eine einheitliche Handelsmarine.

Das Reich hat das Verfahren zur Ermittlung der Ladungsfähigkeit der Seeschiffe zu bestimmen, die Ausstellung der Meßbriefe, sowie der Schiffszertifikate zu regeln und die Bedingungen festzustellen, von welchen die Erlaubnis zur Führung eines Seeschiffes abhängig ist.

In den Seehäfen und auf allen natürlichen und künstlichen Wasserstraßen der einzelnen Bundesstaaten werden die Kauffahrteischiffe sämtlicher Bundesstaaten gleichmäßig zugelassen und behandelt. Die Abgaben, welche in den Seehäfen von den Seeschiffen oder deren Ladungen für die Benutzung der Schiffahrtsanstalten erhoben werden, dürfen die zur Unterhaltung und gewöhnlichen Herstellung dieser Anstalten erforderlichen Kosten nicht übersteigen.

Auf allen natürlichen Wasserstraßen dürfen Abgaben nur für die Benutzung besonderer Anstalten, die zur Erleichterung des Verkehrs bestimmt sind, erhoben werden. Diese Abgaben sowie die Abgaben für die Befahrung solcher künstlichen Wasserstraßen, welche Staatseigentum sind, dürfen die zur Unterhaltung und gewöhnlichen Herstellung der Anstalten und Anlagen erforderlichen Kosten nicht übersteigen. Auf die Flößerei finden diese Bestimmungen insoweit Anwendung, als dieselbe auf schiffbaren Wasserstraßen betrieben wird.

Auf fremde Schiffe oder deren Ladungen andere oder höhere

Abgaben zu legen, als von den Schiffen der Bundesstaaten oder deren Ladungen zu entrichten sind, steht keinem Einzelstaate, sondern nur dem Reiche zu.

Artikel 55.

Die Flagge der Kriegs- und Handelsmarine ist schwarz-weiß-rot.

X. Konsulatwesen.

Artikel 56.

Das gesamte Konsulatwesen des Deutschen Reichs steht unter der Aufsicht des Kaisers, welcher die Konsuln, nach Vernehmung des Ausschusses des Bundesrats für Handel und Verkehr, anstellt.

In dem Amtsbezirk der Deutschen Konsuln dürfen neue Landeskonsulate nicht errichtet werden. Die Deutschen Konsuln üben für die in ihrem Bezirk nicht vertretenen Bundesstaaten die Funktionen eines Landeskonsuls aus. Die sämtlichen bestehenden Landeskonsulate werden aufgehoben, sobald die Organisation der Deutschen Konsulate dergestalt vollendet ist, daß die Vertretung der Einzelinteressen aller Bundesstaaten als durch die Deutschen Konsulate gesichert von dem Bundesrat anerkannt wird.

XI. Reichskriegswesen.

Artikel 57.

Jeder Deutsche ist wehrpflichtig und kann sich in Ausübung dieser Pflicht nicht vertreten lassen.

Artikel 58.

Die Kosten und Lasten des gesamten Kriegswesens des Reichs sind von allen Bundesstaaten und ihren Angehörigen gleichmäßig zu tragen, so daß weder Bevorzugungen, noch Prägravationen einzelner Staaten oder Klassen grundsätzlich zulässig sind. Wo die gleiche Verteilung der Lasten sich in natura nicht herstellen läßt, ohne die öffentliche Wohlfahrt zu schädigen, ist die Ausgleichung nach den Grundsätzen der Gerechtigkeit im Wege der Gesetzgebung festzustellen.

Artikel 59.*)

Jeder wehrfähige Deutsche gehört sieben Jahre lang, in der Regel vom vollendeten 20. bis zum beginnenden 28. Lebensjahre, dem

*) Die jetzige Fassung beruht auf den Gesetzen v. 11. Febr. 1888 (RGBl. S. 11) und 15. April 1905 (RGBl. S. 249).

stehenden Heere, die folgenden fünf Lebensjahre der Landwehr 1. Aufgebots und sodann bis zum 31. März des Kalenderjahrs, in welchem das 39. Lebensjahr vollendet wird, der Landwehr 2. Aufgebots an. Während der Dauer der Dienstpflicht im stehenden Heere sind die Mannschaften der Kavallerie und reitenden Feldartillerie die ersten drei, alle übrigen Mannschaften die ersten zwei Jahre zum ununterbrochenen Dienste bei den Fahnen verpflichtet.

In bezug auf die Auswanderung der Reservisten sollen lediglich diejenigen Bestimmungen maßgebend sein, welche für die Auswanderung der Landwehrmänner gelten.

Artikel 60.

Die Friedens-Präsenzstärke des Deutschen Heeres wird bis zum 31. Dezember 1871 auf Ein Prozent der Bevölkerung von 1867 normiert, und wird pro rata derselben von den einzelnen Bundesstaaten gestellt. Für die spätere Zeit wird die Friedens-Präsenzstärke des Heeres im Wege der Reichsgesetzgebung festgestellt.

Artikel 61.

Nach Publikation dieser Verfassung ist in dem ganzen Reiche die gesamte Preußische Militärgesetzgebung ungesäumt einzuführen, sowohl die Gesetze selbst, als die zu ihrer Ausführung, Erläuterung oder Ergänzung erlassenen Reglements, Instruktionen und Reskripte, namentlich also das Militär-Strafgesetzbuch vom 3. April 1845, die Militär-Strafgerichtsordnung vom 3. April 1845, die Verordnung über die Ehrengerichte vom 20. Juli 1843, die Bestimmungen über Aushebung, Dienstzeit, Servis- und Verpflegungswesen, Einquartierung, Ersatz von Flurbeschädigungen, Mobilmachung usw. für Krieg und Frieden. Die Militär-Kirchenordnung ist jedoch ausgeschlossen.

Nach gleichmäßiger Durchführung der Kriegsorganisation des Deutschen Heeres wird ein umfassendes Reichs-Militärgesetz dem Reichstage und dem Bundesrate zur verfassungsmäßigen Beschlußfassung vorgelegt werden.

Artikel 62.

Zur Bestreitung des Aufwandes für das gesamte Deutsche Heer und die zu demselben gehörigen Einrichtungen sind bis zum 31. Dezember 1871 dem Kaiser jährlich sovielmal 225 Taler, in Worten zweihundert fünf und zwanzig Taler, als die Kopfzahl der Friedensstärke des Heeres nach Artikel 60 beträgt, zur Verfügung zu stellen. Vgl. Abschn. XII.

Nach dem 31. Dezember 1871 müssen diese Beiträge von den einzelnen Staaten des Bundes zur Reichskasse fortgezahlt werden. Zur Berechnung derselben wird die im Artikel 60 interimistisch festgestellte Friedens-Präsenzstärke so lange festgehalten, bis sie durch ein Reichsgesetz abgeändert ist.

Die Verausgabung dieser Summe für das gesamte Reichsheer und dessen Einrichtungen wird durch das Etatsgesetz festgestellt.

Bei der Feststellung des Militär-Ausgabeetats wird die auf Grundlage dieser Verfassung gesetzlich feststehende Organisation des Reichsheeres zugrunde gelegt.

Artikel 63.

Die gesamte Landmacht des Reichs wird ein einheitliches Heer bilden, welches in Krieg und Frieden unter dem Befehle des Kaisers steht.

Die Regimenter ꝛc. führen fortlaufende Nummern durch das ganze Deutsche Heer. Für die Bekleidung sind die Grundfarben und der Schnitt der Königlich Preußischen Armee maßgebend. Dem betreffenden Kontingentsherrn bleibt es überlassen, die äußeren Abzeichen (Kokarden ꝛc.) zu bestimmen.

Der Kaiser hat die Pflicht und das Recht, dafür Sorge zu tragen, daß innerhalb des Deutschen Heeres alle Truppenteile vollzählig und kriegstüchtig vorhanden sind, und daß Einheit in der Organisation und Formation, in Bewaffnung und Kommando, in der Ausbildung der Mannschaften, sowie in der Qualifikation der Offiziere hergestellt und erhalten wird. Zu diesem Behufe ist der Kaiser berechtigt, sich jederzeit durch Inspektionen von der Verfassung der einzelnen Kontingente zu überzeugen und die Abstellung der dabei vorgefundenen Mängel anzuordnen.

Der Kaiser bestimmt den Präsenzstand, die Gliederung und Einteilung der Kontingente des Reichsheeres, sowie die Organisation der Landwehr, und hat das Recht, innerhalb des Bundesgebiets die Garnisonen zu bestimmen, sowie die kriegsbereite Aufstellung eines jeden Teiles des Reichsheeres anzuordnen.

Behufs Erhaltung der unentbehrlichen Einheit in der Administration, Verpflegung, Bewaffnung und Ausrüstung aller Truppenteile des Deutschen Heeres sind die bezüglichen, künftig ergehenden Anordnungen für die Preußische Armee den Kommandeuren der übrigen Kontingente, durch den Artikel 8 Nr. 1 bezeichneten Ausschuß für das Landheer und die Festungen, zur Nachachtung in geeigneter Weise mitzuteilen.

Artikel 64.

Alle Deutsche Truppen sind verpflichtet, den Befehlen des Kaisers unbedingte Folge zu leisten. Diese Verpflichtung ist in den Fahneneid aufzunehmen.

Der Höchstkommandierende eines Kontingents, sowie alle Offiziere, welche Truppen mehr als eines Kontingents befehligen, und alle Festungskommandanten werden von dem Kaiser ernannt. Die von Demselben ernannten Offiziere leisten Ihm den Fahneneid. Bei Generalen und den Generalstellungen versehenden Offizieren innerhalb des Kontingents ist die Ernennung von der jedesmaligen Zustimmung des Kaisers abhängig zu machen.

Der Kaiser ist berechtigt, behufs Versetzung mit oder ohne Beförderung für die von Ihm im Reichsdienste, sei es im Preußischen Heere, oder in anderen Kontingenten zu besetzenden Stellen aus den Offizieren aller Kontingente des Reichsheeres zu wählen.

Artikel 65.

Das Recht, Festungen innerhalb des Bundesgebiets anzulegen, steht dem Kaiser zu, welcher die Bewilligung der dazu erforderlichen Mittel, soweit das Ordinarium sie nicht gewährt, nach Abschnitt XII beantragt.

Artikel 66.

Wo nicht besondere Konventionen ein anderes bestimmen, ernennen die Bundesfürsten, beziehentlich die Senate, die Offiziere ihrer Kontingente, mit der Einschränkung des Artikels 64. Sie sind Chefs aller ihren Gebieten angehörenden Truppenteile und genießen die damit verbundenen Ehren. Sie haben namentlich das Recht der Inspizierung zu jeder Zeit und erhalten, außer den regelmäßigen Rapporten und Meldungen über vorkommende Veränderungen, behufs der nötigen landesherrlichen Publikation, rechtzeitige Mitteilung von den die betreffenden Truppenteile berührenden Avancements und Ernennungen.

Auch steht ihnen das Recht zu, zu polizeilichen Zwecken nicht bloß ihre eigenen Truppen zu verwenden, sondern auch alle anderen Truppenteile des Reichsheeres, welche in ihren Ländergebieten disloziert sind, zu requirieren.

Artikel 67.

Ersparnisse an dem Militäretat fallen unter keinen Umständen einer einzelnen Regierung, sondern jederzeit der Reichskasse zu.

Artikel 68.

Der Kaiser kann, wenn die öffentliche Sicherheit in dem Bundesgebiete bedroht ist, einen jeden Teil desselben in Kriegszustand erklären. Bis zum Erlaß eines die Voraussetzungen, die Form der Verkündigung und die Wirkungen einer solchen Erklärung regelnden

Reichsgesetzes gelten dafür die Vorschriften des Preußischen Gesetzes vom 4. Juni 1851 (GS. S. 451 ff.).

Schlußbestimmung zum XI. Abschnitt.

Die in diesem Abschnitt enthaltenen Vorschriften kommen in Bayern nach näherer Bestimmung des Bündnisvertrags vom 23. November 1870 (BGBl. 1871 S. 9) unter III § 5, in Württemberg nach näherer Bestimmung der Militärkonvention vom 21./25. November 1870 (BGBl. 1870 S. 658) zur Anwendung.

XII. Reichsfinanzen.

Artikel 69.

Alle Einnahmen und Ausgaben des Reichs müssen für jedes Jahr veranschlagt und auf den Reichshaushaltsetat gebracht werden. Letzterer wird vor Beginn des Etatsjahrs nach folgenden Grundsätzen durch ein Gesetz festgestellt.

Artikel 70.*)

Zur Bestreitung aller gemeinschaftlichen Ausgaben dienen zunächst die aus den Zöllen und gemeinsamen Steuern, aus dem Eisenbahn-, Post- und Telegraphenwesen sowie aus den übrigen Verwaltungszweigen fließenden gemeinschaftlichen Einnahmen. Insoweit die Ausgaben durch diese Einnahmen nicht gedeckt werden, sind sie durch Beiträge der einzelnen Bundesstaaten nach Maßgabe ihrer Bevölkerung aufzubringen, welche in Höhe des budgetmäßigen Betrags durch den Reichskanzler ausgeschrieben werden. Insoweit diese Beiträge in den Überweisungen keine Deckung finden, sind sie den Bundesstaaten am Jahresschluß in dem Maße zu erstatten, als die übrigen ordentlichen Einnahmen des Reichs dessen Bedarf übersteigen.

Etwaige Überschüsse aus den Vorjahren dienen, insoweit durch das Gesetz über den Reichshaushaltsetat nicht ein anderes bestimmt wird, zur Deckung gemeinschaftlicher außerordentlicher Ausgaben.

Artikel 71.

Die gemeinschaftlichen Ausgaben werden in der Regel für ein Jahr bewilligt, können jedoch in besonderen Fällen auch für eine längere Dauer bewilligt werden.

---

*) Die jetzige Fassung des Art. 70 beruht auf Ges. v. 14. Mai 1904 (RGBl S. 169).

Während der im Art. 60 normierten Übergangszeit ist der nach Titeln geordnete Etat über die Ausgaben für das Heer dem Bundesrate und dem Reichstage nur zur Kenntnisnahme und zur Erinnerung vorzulegen.

Artikel 72.

Über die Verwendung aller Einnahmen des Reichs ist durch den Reichskanzler dem Bundesrate und dem Reichstage zur Entlastung jährlich Rechnung zu legen.

Artikel 73.

In Fällen eines außerordentlichen Bedürfnisses kann im Wege der Reichsgesetzgebung die Aufnahme einer Anleihe, sowie die Übernahme einer Garantie zu Lasten des Reichs erfolgen.

Schlußbestimmung zum XII. Abschnitt.

Auf die Ausgaben für das Bayerische Heer finden die Artikel 69 und 71 nur nach Maßgabe der in der Schlußbestimmung zum XI. Abschnitte erwähnten Bestimmungen des Vertrages vom 23. November 1870 und der Artikel 72 nur insoweit Anwendung, als dem Bundesrate und dem Reichstage die Überweisung der für das Bayerische Heer erforderlichen Summe an Bayern nachzuweisen ist.

XIII. Schlichtung von Streitigkeiten und Strafbestimmungen.

Artikel 74.

Jedes Unternehmen gegen die Existenz, die Integrität, die Sicherheit oder die Verfassung des Deutschen Reichs, endlich die Beleidigung des Bundesrats, des Reichstags, eines Mitgliedes des Bundesrats oder des Reichstags, einer Behörde oder eines öffentlichen Beamten des Reichs, während dieselben in der Ausübung ihres Berufes begriffen sind oder in Beziehung auf ihren Beruf, durch Wort, Schrift, Druck, Zeichen, bildliche oder andere Darstellung, werden in den einzelnen Bundesstaaten beurteilt und bestraft nach Maßgabe der in den letzteren bestehenden oder künftig in Wirksamkeit tretenden Gesetze, nach welchen eine gleiche gegen den einzelnen Bundesstaat, seine Verfassung, seine Kammern oder Stände, seine Kammer- oder Ständemitglieder, seine Behörden und Beamten begangene Handlung zu richten wäre.

Artikel. 75.

Für diejenigen, in Artikel 74 bezeichneten Unternehmungen gegen das Deutsche Reich, welche, wenn gegen einen der einzelnen Bundesstaaten gerichtet, als Hochverrat oder Landesverrat zu qualifizieren wären, ist das gemeinschaftliche Ober-Appellationsgericht der drei freien und Hansestädte in Lübeck*) die zuständige Spruchbehörde in erster und letzter Instanz.

Die näheren Bestimmungen über die Zuständigkeit und das Verfahren des Ober-Appellationsgerichts**) erfolgen im Wege der Reichsgesetzgebung. Bis zum Erlasse eines Reichsgesetzes bewendet es bei der seitherigen Zuständigkeit der Gerichte in den einzelnen Bundesstaaten und den auf das Verfahren dieser Gerichte sich beziehenden Bestimmungen.

Artikel 76.

Streitigkeiten zwischen verschiedenen Bundesstaaten, sofern dieselben nicht privatrechtlicher Natur und daher von den kompetenten Gerichtsbehörden zu entscheiden sind, werden auf Anrufen des einen Teils von dem Bundesrate erledigt.

Verfassungsstreitigkeiten in solchen Bundesstaaten, in deren Verfassung nicht eine Behörde zur Entscheidung solcher Streitigkeiten bestimmt ist, hat auf Anrufen eines Teils der Bundesrat gütlich auszugleichen oder, wenn das nicht gelingt, im Wege der Reichsgesetzgebung zur Erledigung zu bringen.

Artikel 77.

Wenn in einem Bundesstaate der Fall einer Justizverweigerung eintritt, und auf gesetzlichen Wegen ausreichende Hilfe nicht erlangt werden kann, so liegt dem Bundesrate ob, erwiesene, nach der Verfassung und den bestehenden Gesetzen des betreffenden Bundesstaates zu beurteilende Beschwerden über verweigerte oder gehemmte Rechtspflege anzunehmen und darauf die gerichtliche Hilfe bei der Bundesregierung, die zu der Beschwerde Anlaß gegeben hat, zu bewirken.

XIV. Allgemeine Bestimmungen.

Artikel 78.

Veränderungen der Verfassung erfolgen im Wege der Gesetzgebung. Sie gelten als abgelehnt, wenn sie im Bundesrate 14 Stimmen gegen sich haben.

Diejenigen Vorschriften der Reichsverfassung, durch welche bestimmte Rechte einzelner Bundesstaaten in deren Verhältnis zur Gesamtheit festgestellt sind, können nur mit Zustimmung des berechtigten Bundesstaates abgeändert werden.

*) Jetzt das Reichsgericht. — **) Vgl. unten Anm. 2 zu Art. 75.

Einleitung.

I.

Zur staatsrechtlichen Entwicklung in Deutschland.

Deutsches Staatsrecht von Laband § 1; G. Meyer § 19; Zorn § 2; Hänel § 1; Arndt § 1 u. Komm. S. 28.

Zur Gründung des Nordd. Bundes: Glaser, Archiv desselben (1867); Ägidi u. Klauhold, Staatsarch. 10 ff. (1866); L. Hahn, Zwei Jahre Preuß.-Deutsch. Politik (1868); Binding 1889

Zur Reichsgründung: Fürst Bismarck, Gedanken und Erinnerungen (1898); R. v. Delbrück, Lebenserinnerungen (1905); v. Sybel, Begründung des Deutschen Reichs durch Wilhelm I. (1889—1894); v. Bezold, Materialien der Deutschen Reichsverfassung (1872); L. Hahn, Deutsch.-Französ. Krieg und Gründung des Kaiserreichs (1871); Kollers Arch. des Nordd. Bundes und des Zollvereins (1868); ebenso Annalen von Hirsch (1868); Triepel, Quellensammlung zum Reichsstaatsrecht; v. Rönne-Zorn, Preußisches Staatsrecht (I. Bd. in 5. Aufl. 1899, § 5).

Das alte Reich.

1. Die staatsrechtliche Entwicklung, welche das alte Deutsche Reich vom Mittelalter her genommen hat, kennzeichnet sich wesentlich durch zwei Erscheinungen: einerseits durch die fortgesetzte Abschwächung der Kaisermacht zugunsten der Selbständigkeit der Territorien, andererseits durch die allmähliche Ausbildung der ständischen Monarchie zur absoluten. Nach beiden Richtungen hin hat der brandenburgisch-preußische Staat, dank der Wirksamkeit seines Hohenzollernschen Fürstenhauses, eine führende Rolle gespielt, so daß man wohl behaupten darf, es wäre ohne ihn die Schaffung eines nationalen Staates nicht möglich gewesen. Deshalb muß bei der Vorgeschichte des neuen Reiches besondere Rücksicht auf ihn genommen werden.

Gegenüber der Kaisermacht hatte im Grunde schon der Westfälische Frieden (1648) den Territorialfürsten die Landeshoheit gebracht, und damit die Einheit des Reichs zerstört. Im Jahre 1701 setzte aber der brandenburgische Kurfürst Friedrich III. beim Kaiser durch, daß er für Preußen die Königswürde annehmen durfte, eine zwar an sich nur äußerliche, aber doch in den Augen der Welt bedeutungsvolle Würde. Um die Mitte des 18. Jahrhunderts besaß der Kaiser nicht mehr die Macht, dem großen Preußenkönige Friedrich II. die schlesischen Fürstentümer wieder zu entreißen, und er vermochte nicht zu hindern, daß Preußen in die Reihe der europäischen Mächte trat. Unter der Vorherrschaft Napoleons I. gelangte auch formell das alte Deutsche Reich zur Auflösung; denn der 1806 gestiftete Rheinbund unter französischem Protektorat verlieh den beteiligten Landesfürsten die Souveränität und veranlaßte den Kaiser Franz II. (6 August 1806), die deutsche Kaiserwürde niederzulegen.

Im Innern war den deutschen Territorien vom Mittelalter her der Rechtszustand der ständischen Monarchie gemeinsam gewesen, d. h das Bestehen einer Fürstenmacht, die aber, namentlich auf steuerpolitischem Gebiete, durch Rechte privilegierter, hauptsächlich dem Grundadel angehörender Volksklassen gewissen Beschränkungen unterlag. Dieser Zustand wurde jedoch seit dem Ausgange des 17. Jahrhunderts in den einzelnen Landschaften mehr oder weniger zum Nachteil der Stände zurückgedrängt In Preußen besonders erwies schon der Große Kurfürst den in den verschiedenen Landesteilen bestehenden ständischen Verfassungen nur noch geringe Beachtung; König Friedrich Wilhelm I verweigerte 1717--1727 gewissen Provinzialständen die urkundliche Anerkennung ihrer Privilegien, indem er solche als veraltet hinstellte und seine Autorität als rocher de bronce stabilierte; und Friedrich der Große räumte den Ständen, wenn er dieselben auch noch hin und wieder versammelte, keine beschließende Stimme mehr ein. Diesem Rechtszustande der absoluten Monarchie gab demnächst das preußische ALR. (1794) Ausdruck, indem es in T. II Tit. 13 §§ 1—15 verordnete, daß alle Rechte und Pflichten des Staates gegen dessen Bürger und Schutzverwandte in dem Staatsoberhaupte vereinigt seien, diesem insbesondere das Recht zustehe, Gesetze und allgemeine gesetzesgleiche Polizeiverordnungen zu erlassen, die Aufsicht über alle bestehenden Gesellschaften und öffentlichen Anstalten auszuüben, zur Bestreitung der Staatsbedürfnisse Abgaben auf Vermögen, Person, Gewerbe, Produktion oder Konsumtion der Staatsbürger zu legen, und indem zugleich der § 2 II 10 alle Beamten als dem Könige zu besonderem Treugehorsam verpflichtet hinstellte. In den kleineren deutschen Territorien behielten allerdings die ständischen Rechte in größerem oder geringerem Umfange ihre Geltung.

Der Bund von 1815.

2. Mit der Niederwerfung der Napoleonischen Herrschaft wurde im deutschen Volke das Verlangen nach einem wirklich nationalen Staat auf konstitutioneller Grundlage rege; allein dasselbe erfuhr eine völlige Enttäuschung. Der auf dem Wiener Kongresse (1814, 1815) begründete Deutsche Bund bildete nach seiner Verfassung keinen Bundesstaat, sondern nur einen machtlosen völkerrechtlichen Staatenbund, in welchem den beteiligten Monarchien und freien Städten die volle Souveränität und die freie Entschließung betreffs Gewährung einer landständischen Verfassung belassen wurde (vgl. Bundesakte v. 8. Juni 1815 Art. 13, Wiener Schlußakte v. 15. Mai 1820 Art. 55—58). In einzelnen Bundesstaaten ließen allerdings Fürsten sich dazu herbei, konstitutionelle Verfassungen zu bewilligen. In Preußen hatte die Krone unter dem tiefen Eindruck, den der Niedergang der Monarchie durch den Tilsiter Frieden von 1807 und die in dem Befreiungskriege von 1813—1815 von der Volkstreue bezeugte Opferfreudigkeit hinterlassen, auch bis zum Jahre 1820 hin mehrfache Verheißungen auf Einführung einer Nationalrepräsentation gemacht, besonders in der vielgenannten V. v. 22. Mai 1815 (GS. S 193); aber zur Ausführung einer solchen Repräsentation kam es nicht. Nachdem am 30. April 1815 die V. wegen verbesserter Einrichtung der Provinzialbehörden (GS. S. 85) und am 17. Jan. 1820 die V. wegen künftiger Behandlung des gesamten Staatsschuldenwesens (GS. S. 9) ergangen waren, fanden die Verheißungen ihren Abschluß in dem Ges. v. 5. Juni 1823 (GS. S 129) wegen Anordnung der Provinzialstände, nach welchem in der Monarchie lediglich ständische Verhältnisse im Geiste der älteren deutschen Verfassungen, gemäß der Eigenart des Staates und dem wahren Zeitbedürfnis begründet werden, und zu diesem Zwecke Provinzialstände, unter Beding des Grundeigentums für die Standschaft, als vorberatende Organe für die verschiedenen Interessen jeder Provinz in Wirksamkeit treten sollten.

In dem weiteren Verlaufe des Zeitraums bis 1848 erfuhr die nationale und konstitutionelle Frage nur mittelbare Förderung. Die an die Thronbesteigung des Königs Friedrich Wilhelm IV. von Preußen geknüpften Erwartungen gingen nicht in Erfüllung, da dieser Fürst seinem innersten Wesen nach an der absoluten Monarchie, höchstens unter ständischem Beirate, hing. Für die Begründung eines nationalen Staates bildete allerdings der von Preußen 1834 ins Leben gerufene Zollverein mit den meisten deutschen Staaten, wennschon derselbe an sich nur eine völkerrechtlich-wirtschaftliche Einigung war, immerhin ein nicht bedeutungsloses Förderungsmittel. Auch im Innern wurde der preußische König gegen 1848 hin durch die erwachsende politische Erregung der Zeit mehr und mehr dazu gedrängt, Konzessionen zu machen. In dem Patent vom 3. Februar 1847 nebst Ausführungsverordnungen (GS. S. 33), welches zur Wahrung der ererbten Rechte der Krone und zur gedeihlichen Wirksamkeit der Stände, fortbauend auf den Ges. v. 17. Jan. 1820 über das Staatsschuldenwesen und v. 5. Juni 1823 über Anordnung der Provinzialstände dienen sollte, bestimmte er, daß die Provinzialstände, so oft Steuern oder Anleihen neu erforderlich würden, zu einem Vereinigten Landtage behufs der Mitwirkung bei obigen Angelegenheiten versammelt werden sollten; und zugleich bewilligte er dem Vereinigten Landtage das Petitionsrecht und dessen Ausschüssen die Periodizität, welche letztere Befugnis er, nach anfänglicher Weigerung, noch am 6. März 1848 auch auf den Landtag selbst ausdehnte.

3. So lagen die deutschen Verhältnisse, als die Bewegung von 1848 losbrach. Naturgemäß mußten jene von dieser eine große Rückwirkung erfahren; aber das Ergebnis kam zunächst fast einem völligen Scheitern der nationalen Hoffnungen gleich. 1848—1866.

Unter dem Eindruck der revolutionären Bewegungen, die im März 1848 zu Wien und Berlin stattfanden, hatten in allen deutschen Staaten die alten Regierungen neuen liberalen weichen müssen, und den Volkswünschen wurde volle Erfüllung zugesagt. Speziell in Preußen erließ König Friedrich Wilhelm IV. am 21. März 1848 einen Aufruf an sein Volk und an die deutsche Nation, worin er auf die Notwendigkeit hinwies, Deutschland aus einem Staatenbund in einen Bundesstaat umzuwandeln und in den Einzelstaaten wahrhaft konstitutionelle Verfassungen und volkstümliche Verwaltungen einzuführen (VMBl. S. 82); und zugleich setzte er in einer mit Zustimmung des Vereinigten Landtages ergangenen V. v. 6./8. April 1848 (GS. S. 87, 89) die Hauptgrundlagen für eine zu vereinbarende Verfassung, wie den Wahlmodus für die behufs dieser Vereinbarung zu berufende Volksvertretung fest. Der deutsche Bundestag erwies sich dem Andrange der Zeitströmungen gegenüber als völlig ohnmächtig. Er mußte es geschehen lassen, daß, entsprechend den Beschlüssen einer vorberatenden Versammlung von Vertrauensmännern (Vorparlament), eine auf freier Volkswahl beruhende Nationalversammlung zur Beratung einer Deutschen Verfassung im Mai 1848 in Frankfurt a/M. zusammentrat. Die Arbeiten dieser Versammlung nahmen nur einen langsamen Fortgang. Bei dem sich immer steigernden Kampfe der Parteigegensätze kamen die Grundrechte für das deutsche Volk erst um Weihnachten 1848, die Deutsche Reichsverfassung erst Ende März 1849 zustande. Inzwischen war die Autorität der Regierungen wieder erstarkt. Die größeren Staaten zeigten sich abgeneigt, die Reichsverfassung als Gabe der Volkssouveränität anzunehmen. Der König Friedrich Wilhelm IV. von Preußen lehnte die ihm in der Reichsverfassung angetragene erbliche Kaiserwürde ab. Die hie und da gemachten Versuche, mit Waffengewalt die Einführung der Reichsverfassung zu erzwingen, wurden unterdrückt. Die schließlich zum Rumpfparlament zusammengeschmolzene Nationalversammlung wurde von der württembergischen Regierung auseinandergetrieben. So scheiterte die erste nationale Erhebung. Während dessen machte sich die alte Rivalität zwischen den deutschen Großmächten wieder geltend. Preußen unternahm den Versuch, sich seinem deutschen Beruf getreu zu erweisen durch Stiftung eines partiellen Bundesstaats (Dreikönigsbundes) auf konstitutioneller Grundlage (Erfurter Parlament). Dieser Versuch wurde durch Österreich vereitelt. Dessen Vorschlag, den deutschen Bundestag wieder zu eröffnen, fand bei den meisten Regierungen bereitwillige Annahme, und auch Preußen gab seinen anfänglichen Widerstand nach den Dresdener Konferenzen (anfangs 1851) auf. Besser kam die preußische Regierung im eigenen Lande ihren früheren konstitutionellen Verheißungen zunächst nach. Zwar rief der Entwurf, den sie der zur Vereinbarung einer Landesverfassung gewählten Berliner Nationalversammlung (Mai 1848) vorlegte, einen heftigen Konflikt zwischen ihr und Parlament hervor, und infolgedessen oktroyierte sie am 5./6. Dezember 1848 anderweit eine Verfassungsurkunde nebst Wahlgesetzen (GS. S. 371, 395), wobei die Vorarbeiten der Verfassungskommission und der Frankfurter Nationalversammlung Berücksichtigung gefunden hatten, zugleich aber eine Revision im ordentlichen Wege der Gesetzgebung vorbehalten wurde. Aus Anlaß eines neuen Konflikts oktroyierte die Krone am 30. Mai 1849 eine andere V. über Umwandlung des allgemeinen direkten Wahlrechts in das Dreiklassensystem der Urwähler (GS. S 205). Diese Verordnungen sind demnächst zu dem Staatsgrundgesetze Preußens herausgewachsen. Denn sie fanden bei der Revision im Januar 1850 mit gewissen Modifikationen die Zustimmung der damaligen Kammern und wurden am 31. Januar 1850 von der Krone sanktioniert und als Verfassungsurkunde für den preußischen Staat in der GS. Nr. 3 S. 17 verkündet.

Der nun folgende Zeitraum bis 1866 hin blieb für die nationalen Bestrebungen von seiten der Regierungen ganz unfruchtbar; denn die Eifersucht der beiden Großmächte und die Selbstgenügsamkeit der kleineren Staaten hinderten jeden Fortschritt. Die auf konstitutionellem Gebiete im Jahre 1848 den Regierungen abgenötigten Zugeständnisse wurden durch die wachsende Reaktion derselben und der privilegierten Klassen meist verkümmert. So geschah es auch unter Friedrich Wilhelm IV. von Preußen, namentlich in der Gesetzgebung über die Kommunen und Kommunalverbände wie in der Verwaltung. Eine Wandlung trat allerdings mit der neuen liberalen Ära unter König Wilhelm I. ein; aber dieselbe war nicht von langer Dauer. Ein Zwiespalt zwischen dem König und der 2. Kammer wegen der Heeresreform führte zu einem schweren Verfassungskonflikt, indem die Kammer die erhöhten Ausgaben für den Militäretat verwarf und das Ministerium v. Bismarck-Schönhausen infolgedessen ohne Budget fortregierte.

Entstehung des neuen Reichs.

4. Glücklicherweise bereiteten sich gerade damals diejenigen Ereignisse vor, welche die entscheidende Wendung in dem Schicksale Deutschlands herbeiführen sollten. Es war das Schmerzenskind Deutschlands, die Herzogtümer Schleswig-Holstein, welche Veranlassung dazu wurden, endlich die alte Rivalität Österreichs und Preußens um die Vorherrschaft und um das Verbleiben Österreichs in Deutschland mit den Waffen zum Austrage zu bringen. Der Widerstand, den die beiden Großmächte einander hinsichts der Verwaltung der in ihr Miteigentum gelangten Herzogtümer entgegensetzten, rief anfangs Juni 1866 den Antrag Österreichs beim Bundestage hervor, das Bundesheer gegen Preußen mobil zu machen, ein Antrag, der in der Bundestagssitzung vom 14. Juni 1866 angenommen wurde. Darauf erklärte Preußen in derselben Sitzung, daß es das Bundesverhältnis als gebrochen ansehe, und führte den außerösterreichischen Bundesmitgliedern sein eigenes Projekt vor Augen, welches auf Errichtung eines neuen nationalen Bundes mit einem aus Volkswahl hervorgegangenen Parlamente ging. Damit war der Krieg zwischen den deutschen Großmächten und den zum überwiegenden Teile auf Seite Österreichs, zum geringeren Teile auf Seite Preußens getretenen Mittel- und Kleinstaaten gegeben. Infolge des raschen Siegeslaufes Preußens mußte sich Österreich zu dem Nikolsburger Waffenstillstande, bzw. zu dem Prager Frieden (26. Juli, 23. August 1866) bequemen, wonach es aus dem Deutschen Bunde schied, sein Miteigentum an den Erbherzogtümern Preußen abtrat und den von Preußen mit den Staaten nördlich des

Mains zu begründenden Norddeutschen Bund wie die von diesem mit den süddeutschen Staaten zu treffenden nationalen Abmachungen im voraus anerkannte. In den darauf zwischen Preußen und den übrigen deutschen Staaten zustande gekommenen Friedens- und sonstigen Verträgen (August, September 1866) willigten die Südstaaten in die Bedingungen des Nikolsburger Waffenstillstandes und in den Abschluß eines geheimen Schutz- und Trutzbündnisses für einen auswärtigen Kriegsfall unter preußischem Oberbefehl, während von Preußen und den Nordstaaten, soweit diese nicht in Preußen einverleibt worden, der Norddeutsche Bund in die Wege geleitet wurde mit der Verpflichtung, die Zwecke des Bundes durch eine Bundesverfassung sicherzustellen. Auf Grund dessen ward im Frühjahr 1867 zwischen den norddeutschen Regierungen und dem neugewählten Norddeutschen Reichstage eine Bundesverfassung vereinbart, die zum 1 Juli 1867 in Kraft trat, jedoch von Bundes wegen erst am 26 Juli zur Verkündung gelangte (BGBl. S. 1), wennschon sie für die preußische Monarchie in einer dem Art. 109 der Verfass.-Urkunde v. 31 Jan. 1850 entsprechenden Form bereits durch Patent v 24. Juni 1867 (GS. S 817) verkündet war. In der Bundesverfassung Art. 79 Abs. 2 war mit Bezug auf einen eventuellen Eintritt der Südstaaten in den Norddeutschen Bund die Maßgabe vorgesehen, daß derselbe auf Vorschlag des Bundespräsidiums im Wege der Bundesgesetzgebung (Art. 5, 11) zu erfolgen habe. Diese Eventualität trat infolge des Deutsch-Französischen Kriegs im Herbst 1870 ein. In dem Zeitraume vom 15. November bis zum 8. Dezember 1870 wurde durch eine Reihe von Verträgen zwischen dem Norddeutschen Bunde einerseits und den Südstaaten Baden, Hessen, Württemberg und Bayern andererseits eine Verfassung für einen Deutschen Bund vereinbart. Die Verträge nebst der Verfassungsanlage fanden die Zustimmung der gesetzgebenden Faktoren in allen beteiligten Staaten und wurden als Gesetze derselben verkündet (vgl. für den Norddeutschen Bund das BGBl. v. 1870 S. 627, 650, 654, 657, 658, v. 1871 S. 9, 23). Entsprechend obigem Vorbehalt der Bundesverfassung stellten im Dezember 1870 der Norddeutsche Bund und die Südstaaten den Antrag, letztere in ersteren aufzunehmen, dem erweiterten Bunde den Namen Deutsches Reich und der Krone Preußen als Bundespräsidium den Titel Deutscher Kaiser zu geben. Dieser Antrag wurde vom Norddeutschen Reichstage genehmigt, und am 18. Januar 1871 verkündete in Versailles der König von Preußen die Annahme der Kaiserwürde seinerseits. Demnächst machte sich aber das Bedürfnis geltend, die staatsrechtlichen Grundlagen des neuen Reichs, die zerstreut teils in der mit Baden-Hessen vereinbarten Verfassung, teils in der Beitrittserklärung Württembergs und Bayerns sich befanden, in einer einheitlichen Urkunde zusammenzufassen. Ein hierauf bezüglicher Gesetzentwurf wurde vom Bundesrat und Reichstag des neuen Reiches genehmigt, und demnächst als Gesetz, betreffend die Verfassung des Deutschen Reichs, v. 16. April 1871 im BGBl. Nr. 16 S. 63 verkündet. In § 1 desselben war ausgesprochen, daß die beigefügte Verfassung (mit einigen Modifikationen) eben an Stelle der obenerwähnten zerstreuten Gesetze treten sollte.

Mit Rücksicht auf diese Hergänge und darauf, daß die Reichsverfassung seitdem in unangefochtener praktischer Wirksamkeit geblieben ist, können die mannigfachen theoretischen Erörterungen, die über ihre formale Gültigkeit stattgefunden haben, auf sich beruhen, soweit sie nicht unten zu II berücksichtigt sind.

II.

Zur Anwendung der Reichsverfassung.

1. Das Gesetz über die Verfassung des Deutschen Reichs v. 16. April 1871 mit der angefügten Verfassung bildet die endgültige Beurkundung der bereits den Beitrittsverträgen der Südstaaten zum Norddeutschen Bunde zugrunde liegenden Verfassung. Dasselbe hat seine verbindliche Kraft gemäß Art. 2 der Verfassung am 4. Mai 1871, als dem 14. Tage nach Ausgabe der Nr. 16 des BGBl. (20. April 1871), erhalten, während es tatsächlich allerdings schon mit dem 1. Januar 1871 in Wirksamkeit getreten ist. *Reichsgrundgesetz.*

2. Die Reichsverfassung ist gegliedert in XIV Abschnitten und 78 Artikeln. Die Abschnitte betreffen zu I das Bundesgebiet, zu II die Reichsgesetzgebung, zu III den Bundesrat, zu IV das Präsidium, zu V den Reichstag, zu VI das Zoll- und Handelswesen, zu VII das Eisenbahnwesen, zu VIII das Post- und Telegraphenwesen, zu IX die Marine und Schiffahrt, zu X das Konsulatwesen, zu XI das Reichskriegswesen, zu XII die Reichsfinanzen, zu XIII die Schlichtung von Streitigkeiten und Strafbestimmungen, zu XIV Allgemeine Bestimmungen. — Vergleichsweise mag die Gliederung der preußischen Verfassungsurkunde *Aufbau.*

v. 31. Januar 1850 gegenübergestellt werden. Dieselbe behandelt in IX Titeln, und zwar zu I das Staatsgebiet, zu II die Rechte der Preußen, zu III den König, zu IV die Minister, zu V die Kammern, zu VI die richterliche Gewalt, zu VII die nicht richterlichen Staatsbeamten, zu VIII die Finanzen, zu IX die Gemeinden, Kreis-, Bezirks- und Provinzialverbände, und knüpft daran einige allgemeine und Übergangsbestimmungen.

Auslegung. 3. Für die Anwendung der Reichsverfassung kommt wesentlich in Betracht, daß dieselbe als das auf Vereinbarung zwischen den Bundesregierungen und dem Reichstage beruhende Grundgesetz des Deutschen Reichs sich darstellt, und mithin gleichzeitig ein Gesetz und einen rechtsgeschäftlichen Titel öffentlich-rechtlicher Natur enthält.

Daraus dürften zwei Regeln sich ergeben. Einesteils muß in allen das Reichsverfassungsrecht berührenden Fällen als Ausgangspunkt die Reichsverfassung genommen werden; anderenteils müssen für die Auslegung der letzteren die allgemeinen Auslegungsregeln maßgebend sein. In dieser Hinsicht ist auf die Regeln des Privatrechts zurückzugehen; denn es ist nicht abzusehen, weshalb diese Regeln nicht auch für das öffentliche Recht gelten sollten. Dieselben lassen sich aber im Hinblick auf die §§ 133, 157 BGB. (vgl. Preuß. ALR. Einl. § 46 und T. I Tit. 4 §§ 65 ff.) dahin aufstellen, daß es allemal auf den wirklichen Willen der gesetzgebenden Faktoren ankommt, daß dieser zunächst aus dem gewöhnlichen Wortsinn der Verfassung, ohne Haftung an dem Buchstaben und ohne grundsätzliche Unterscheidung zwischen ausdrücklichen und stillschweigenden (d. h. durch schlüssige Handlungen getätigten) Willensäußerungen, zu ermitteln ist, und nur da, wo hiernach Zweifel bleiben, andere Hilfsmittel, namentlich die Entstehungsgeschichte, und zwar so, wie Treu und Glaube es erfordert, berücksichtigt werden dürfen (vgl. EG. zum BGB. Art. 2, ZPO. § 550 und EG. dazu § 12; Preuß. ObVerwGer. 19 S. 418, 23 S. 4, 25 S. 39, 51, 27 S. 99, 30 S. 116, 31 S.123).

Konkurrenz mit Landesrecht. 4. Besondere Betrachtung beanspruchen die Fälle, wo das Verfassungsrecht des Reichs mit demjenigen von Bundesstaaten in Konkurrenz tritt, wo namentlich im Sinne des Art. 4 der Reichsverfassung die Frage entsteht, inwieweit eine staatsrechtliche Angelegenheit durch die Reichsverfassung oder ein anderes Reichsgesetz dem Reiche überwiesen ist, ob nur zur Aufsicht oder auch zur Gesetzgebung und zur Ausführung, und inwieweit in letzterer Beziehung etwa ein Vorbehalt für die bundesstaatliche Tätigkeit gemacht ist. Hier wird zunächst der Grundsatz wirksam, daß verfassungsgemäß (vgl. RVerf. Art. 2,

EG. zum BGB. Art. 3, 4) die Reichsgesetze den Landesgesetzen vorgehen. Sodann ist festzuhalten, daß dem Reiche nur soviel an Hoheitsrechten zusteht, als ihm von den Einzelstaaten zu seiner Begründung oder Fortführung abgetreten ist (vgl. RG. 44 S. 4). Soweit es an solchem Titel fehlt, bleibt die Kompetenz der Einzelstaaten unberührt, was naturgemäß auch für das in diesen geltende staatsrechtliche Verhältnis zwischen Krone und Volksvertretung zutrifft. Die Abgrenzung der Zuständigkeit zwischen Reich und Bundesstaaten ist unter Anwendung der oben zu 3 entwickelten Auslegungsregeln auf die betreffende reichsrechtliche Norm zu bewirken.

5. Theorie und Praxis. Theorie und Praxis.

a) Das Reichsstaatsrecht hat in der Theorie eine reichhaltige Bearbeitung gefunden, in Lehrbüchern, Sammlungen, einzelnen Abhandlungen und Zeitschriften.

Bezüglich der Lehrbücher sei hingewiesen auf diejenigen von P. Laband (4. Aufl. 1901, 4 Bde.), von G. Meyer (5. Aufl. 1899, daneben D. Verwalt.Recht [2. Aufl. 1893/4, 2 Bde.]), H. Schulze (II. Buch 1886), Ph. Zorn (2. Aufl. 1895), v. Rönne (2. Aufl., 2 Bde., 1876/7), Hänel (Bd. I 1892; daneben Studien zum D. Staatsr., 2 Bde., 1873—1888), Jellinek (Allg. Staatslehre, 1900), v. Kirchenheim (1887), H. Geffcken (D. Reichsverfassung, 6 Vorträge, 1901), Arndt (1901), Meyer (Einl. in das D. Staatsr. (2. Aufl. 1884), O. Mayer (D. Verwalt.Recht, 2 Bde., 1895/6). Dazu treten die Kommentare von Arndt (2. Aufl. 1902), v. Seydel (2. Aufl. 1897), Pröbst (2. Aufl. 1895), sowie die Handbücher von Graf Hue de Grais (15. Aufl. 1902) und R. Zelle (5. Aufl. 1904).

Als Zeitschriften kommen namentlich in Betracht: das Arch. des Nordd. Bundes v. Glaser (1867), das Arch. desselben Bundes (auch des Zollvereins und des Reichs), v. Koller (1868), Hirths Annalen des Nordd. Bundes, des Zollvereins u. des D. Reichs (seit 1868), Arch. für öffentl. Recht von Laband-Stoerk (seit 1886), Zeitschr. für öff. u. PrivR. der Gegenwart von Grünhut (seit 1874), Verwalt.Arch. von Schultzenstein u. Keil (seit 1893).

Die Abhandlungen sind bei den einzelnen Materien angeführt.

b) Aber auch die Rechtsprechung hat wertvolle Beiträge zur Anwendung des Reichsstaatsrechts geliefert. Besonders gilt dies von den Entscheidungen des Reichsgerichts und des preußischen Oberverwaltungsgerichts.

Erläuterung der Reichsverfassung

mit

besonderem Hinblick auf Preußen.

A. Gesetz, betreffend die Verfassung des Deutschen Reichs.

Vom 16. April 1871.

(BGBl. S. 63.)

Wir **Wilhelm**, von Gottes Gnaden Deutscher Kaiser, König von Preußen ꝛc. verordnen hiermit im Namen des Deutschen Reichs, nach erfolgter Zustimmung des Bundesrats und des Reichstags, was folgt:

§ 1. An die Stelle der zwischen dem Norddeutschen Bunde und den Großherzogtümern Baden und Hessen vereinbarten Verfassung des Deutschen Bundes (BGBl. vom Jahre 1870 S. 627 ff.), sowie der mit den Königreichen Bayern und Württemberg über den Beitritt zu dieser Verfassung geschlossenen Verträge vom 23. und 25. November 1870 (BGBl. vom Jahre 1871 S. 9 ff. und vom Jahre 1870 S. 654 ff.) tritt die beigefügte

Verfassungsurkunde für das Deutsche Reich.

§ 2. Die Bestimmungen in Artikel 80 der in § 1 gedachten Verfassung des Deutschen Bundes (BGBl. vom Jahre 1870 S. 647), unter III § 8 des Vertrages mit Bayern vom 23. November 1870 (BGBl. vom Jahre 1871 S. 21 ff.), in Art. 2 Nr. 6 des Vertrages mit Württemberg vom 25. November 1870 (BGBl. vom Jahre 1870 S. 656), über die Einführung der im Norddeutschen Bunde ergangenen Gesetze in diesen Staaten bleiben in Kraft.

Die dort bezeichneten Gesetze sind Reichsgesetze. Wo in denselben von dem Norddeutschen Bunde, dessen Verfassung, Gebiet, Mitgliedern oder Staaten, Indigenat, verfassungsmäßigen Organen, Angehörigen, Beamten, Flagge usw. die Rede ist, sind das Deutsche Reich und dessen entsprechende Beziehungen zu verstehen.

Dasselbe gilt von denjenigen im Norddeutschen Bunde ergangenen Gesetzen, welche in der Folge in einem der genannten Staaten eingeführt werden.

§ 3. Die Vereinbarungen in dem zu Versailles am 15. November 1870 aufgenommenen Protokolle (BGBl. S. 650 ff.), in der Verhandlung zu Berlin vom 25. November 1870 (BGBl. S. 657), dem Schlußprotokolle vom 23. November 1870 (BGBl. vom Jahre 1871

S. 23 ff.), sowie unter IV des Vertrages mit Bayern vom 23. November 1870 (a. a. O. S. 21 ff.) werden durch dieses Gesetz nicht berührt.

Urkundlich unter Unserer Höchsteigenhändigen Unterschrift und beigedrucktem Kaiserlichen Insiegel.

Gegeben Berlin, den 16. April 1871.

Wilhelm.

Fürst v. Bismarck.

Verfassung des Deutschen Reichs.

Seine Majestät der König von Preußen im Namen des Norddeutschen Bundes, Seine Majestät der König von Bayern, Seine Majestät der König von Württemberg, Seine Königliche Hoheit der Großherzog von Baden, und Seine Königliche Hoheit der Großherzog von Hessen und bei Rhein für die südlich vom Main belegenen Teile des Großherzogtums Hessen, schließen einen ewigen Bund zum Schutze des Bundesgebietes und des innerhalb desselben gültigen Rechtes, sowie zur Pflege der Wohlfahrt des Deutschen Volkes. Dieser Bund wird den Namen Deutsches Reich führen und wird nachstehende

Verfassung

haben.

Verfassungsgesetz. 1. Die dem Reichsgesetze v. 16. April 1871 angefügte Verfassung des Deutschen Reichs stellt sich als endgültige, nur noch mit geringfügigen Änderungen versehene Beurkundung derjenigen Verfassung dar, welche bereits den Beitrittsverträgen der Süddeutschen Staaten zum Norddeutschen Bunde (November 1870) zugrunde gelegt war, aber erst durch das Gesetz v. 16. April 1871 als Reichsgesetz verkündet worden ist (vgl. Einl. zu II).

Verfass.-Einleitung. 2. In der Einleitung der Reichsverfassung sind die Beteiligten, der Gegenstand und der Zweck dieser Verfassung beurkundet. Danach ist von dem Norddeutschen Bunde, vertreten durch den König von Preußen (vgl. Art. 11 der Norddeutschen Bundesverfassung), und von den Süddeutschen Staaten, vertreten durch ihre Fürsten, ein ewiger Bund zum Schutze des Bundesgebiets und des darin gültigen Rechts, sowie zur Pflege der Wohlfahrt des Deutschen Volkes unter dem Namen Deutsches Reich geschlossen, und die angefügte Verfassung soll das Reichsgrundgesetz bilden. Die Gliederung und der Inhalt der Reichsverfassung ist bereits in der Einleitung zu II, 2 skizziert.

Bundesstaat. 3. Aus obigem ergibt sich, daß das Deutsche Reich nicht bloß einen völkerrechtlichen Bund der zu ihm gehörigen Einzelstaaten, sondern eine aus diesen hervorgegangene besondere Staatspersönlichkeit, einen **Bundesstaat**, bildet. Seine Begründung hat sich in der Art vollzogen, daß die vorgedachten Einzelstaaten einen Teil ihrer Hoheitsrechte auf den Gebieten der Gesetzgebung und der vollziehenden Gewalt an das Reich zu den in der Einleitung der Reichsverfassung angegebenen Zwecken abgetreten haben (vgl. RG. 44 S. 4), wobei eine spätere Erweiterung der Reichszuständigkeit im Wege der Gesetzgebung vorbehalten ist (Art. 2—5, 78 der RVerf.). Soweit die Abtretung der einzelstaatlichen Hoheitsrechte an das Reich geht, sind die Bundesstaaten in ihrer Souveränität zugunsten des Reichs gemindert. In der Zweckbestimmung des Bundesstaats liegt es, daß die Einzelstaaten von demselben eine erhöhte Betätigung auf den ihm überlassenen Gebieten des Staatslebens erwarten dürfen.

I. Bundesgebiet.

Artikel 1.

Das Bundesgebiet besteht aus den Staaten Preußen mit Lauenburg, Bayern, Sachsen, Württemberg, Baden, Hessen, Mecklenburg-Schwerin, Sachsen-Weimar, Mecklenburg-Strelitz, Oldenburg, Braunschweig, Sachsen-Meiningen, Sachsen-Altenburg, Sachsen-Koburg-Gotha, Anhalt, Schwarzburg-Rudolstadt, Schwarzburg-Sondershausen, Waldeck, Reuß älterer Linie, Reuß jüngerer Linie, Schaumburg-Lippe, Lippe, Lübeck, Bremen und Hamburg.

---

1. Dem Bundesgebiete gehören die in Art. 1 **aufgeführten Staaten** noch heute an. Gegenüber dem Gebiete des alten Deutschen Bundes (1815—1866) sind durch die Ereignisse der Jahre 1866/7 insofern Änderungen herbeigeführt, als Österreich, Luxemburg und Liechtenstein aus Deutschland hinausgedrängt, hingegen die außerhalb des alten Bundes verbliebenen preußischen Provinzen Ost- und Westpreußen in den Norddeutschen Bund eingetreten sind. Das Herzogtum **Lauenburg** stand seit September 1865 in Personalunion mit der Krone Preußen, während es erst durch Ges. v. 23. Juni 1876 (GS. S. 169) der preußischen Monarchie einverleibt ist. Deshalb war in Art. 1 seine Erwähnung als Bundesgebietsteil noch erforderlich. Ursprünglich.

2. Aus Art. 1, 78 ist zu folgern, daß **Veränderungen des Bundesgebiets**, sofern sie in Erwerbungen des Reichs oder eines Bundesstaats **außerhalb** des Bundesgebiets bestehen, nur im Wege eines Verfassungsgesetzes geschehen können. So ist denn auch mit dem Reichslande Elsaß-Lothringen und mit der Insel Helgoland verfahren. Veränderungen.

a, Das von Frankreich im Friedensvertrage v. 10. Mai 1871 abgetretene **Elsaß-Lothringen** ist durch RGes. v. 9. Juni 1871 (RGBl. S. 212) mit dem Deutschen Reiche vereinigt, hat aber eine eigenartige staatsrechtliche Gestaltung erfahren. Die Reichsverfassung ist in ihm durch RGes. v. 20. Juni 1872 (RGBl. S. 208) und 25. Juni 1873 (RGBl. S. 161) eingeführt; jedoch so, daß es keinen souveränen Bundesstaat bildet und deshalb auch im Bundesrat nicht selbständig Elsaß-Lothringen.

vertreten ist. Immerhin hat es allmählich in Verfassung und Verwaltung eine gewisse Selbständigkeit gewonnen, wie es denn im Sinne des Bürgerlichen Gesetzbuchs sogar als Bundesstaat gilt (EG. z. BGB. Art. 5). Die Staatsgewalt steht dem Reiche zu, nicht bloß für die Reichs-, sondern auch für die Landesangelegenheiten. Aber der Kaiser, der im Namen des Reichs diese Gewalt ausübt, hat gewisse Bestandteile derselben einem Statthalter übertragen, dem ein Ministerium zur Seite steht. Folgerecht ist auch für die Gesetzgebung das Reich zuständig; aber der Kaiser übt neben dem Sanktionsrechte wesentliche Verordnungsrechte aus. Betreffs der Landesgesetzgebung ist statt der Zustimmung des Reichstags auch für den Landesausschuß ein Zustimmungsrecht nachgelassen; und ähnliches gilt für das Finanzwesen. — Vgl. die RGes. v. 25. Juni 1873 (RGBl. S. 161), 7. Juli 1887 (RGBl. S. 377), andererseits v. 2. Mai 1877 (RGBl. S. 491), 4. Juli 1879 (RGBl. S. 165), 7. Juli 1887 nebst V. v. 23. Juli 1879 (RGBl. S. 281), § 2 derselben [sog. Diktaturparagraph] jetzt durch RGes. v. 18. Juni 1902 [RGBl. S. 237] beseitigt. Eine weitere Spezialisierung erscheint hier entbehrlich (vgl. Leoni u. Mandel, Öffentl. Recht der Reichslande 1892).

Helgoland. b, Die von England abgetretene Insel Helgoland ist durch RGes. v. 15. Dezember 1890 (RGBl. S. 207) in das Bundesgebiet aufgenommen und durch PreußGes. v. 18. Februar 1891 (GS. S. 11) der preußischen Monarchie einverleibt. Die Reichsverfassung (außer Abschn. VI, betr. Zoll- und Handelssachen) gilt für sie zufolge des RGes. v. 15. Dezember 1890.

c, Außerdem ist noch auf die Reichsgesetze über Verlegung der deutsch-österreichischen Grenze am Przemsafluß und der deutsch-dänischen Grenze an der Norderau u. Kjärmühlenau v. 22. Jan. 1902 (RGBl. S. 31, 32) hinzuweisen.

d, Wie für Erweiterung des Bundesgebiets durch Erwerb von außen her, ist naturgemäß auch für die Verminderung des Bundesgebiets durch Veräußerung nach außen hin der Erlaß eines Reichsgesetzes geboten.

Kolonisation, Schutzgebiete. 3. Nach Art. 4 Nr. 1 der Reichsverfassung unterliegen der Gesetzgebung und Beaufsichtigung des Reichs u. a. die Bestimmungen über Kolonisation, und nach Art. 11 Abs. 1 dort steht dem Kaiser die Schließung von Verträgen mit fremden Staaten zu. Auf Grund dessen hat der Kaiser die sog. Schutzgebiete, nämlich Ostafrika, Kamerun, Togo, Südwestafrika, Kiautschou, Neu-Guinea (Bismarck-Archipel, Kaiser Wilhelmsland, Ost- und Südkarolinen, Marianen), Marschallinseln, Samoainseln, erworben. In diesen sind die Rechtsverhältnisse geordnet durch RGes. v. 17. April 1886 (RGBl. 1888 S. 75), welches, nach mehrfachen Änderungen (vgl. RGes. v. 15. März 1888), zufolge RGes. v. 25. Juli 1900 in seiner heutigen Gestalt als „Schutzgebietsgesetz" verkündigt ist (RGBl. S. 812). Danach bilden die Schutzbezirke staatsrechtlich keinen Bestandteil des Reichs, stehen aber unter dessen Hoheit. Im Namen des Reichs übt der Kaiser die Schutzgewalt aus (§ 1), wobei jedoch für die Rechtspflege gewisse Normen festgesetzt sind, für das Finanz- und Etatswesen den Schutzgebieten eine gewisse Selbständigkeit eingeräumt ist (§§ 2 ff., RGes. v. 30. März 1892). Dementsprechend sind besondere Behörden für die Schutzgebiete organisiert, deren Zentralinstanz das dem Reichskanzler unterstehende Auswärtige Amt des Deutschen Reichs, Kolonialabteilung, bildet. Die vorgedachten Beamten fungieren teils als

Reichs-, teils als Landesbeamte (vgl. Frh. v. Stengel, Rechtsverhältnisse der Schutzgebiete 1901).

4. Das Bundesgebiet hat nach dem statistischen Jahrbuche für das Deutsche Reich von 1903 eine Fläche von 540 742,69 km mit einer Bevölkerung (laut Zählung v. 1. Dezember 1900) von 56 367 178 Personen. Fläche, Bevölkerung.

II. Reichsgesetzgebung.

(Art. 2—5.)

Vornote.

1. Die Überschrift dieses Abschnitts wird dem Inhalt desselben insofern nicht gerecht, als nach Art. 4 die dort aufgeführten Angelegenheiten nicht bloß der Gesetzgebung, sondern auch der Beaufsichtigung, also in gewissem Maße der vollziehenden Gewalt des Reichs unterliegen sollen. Allgemeines.

Dabei mag gleich erwähnt werden, daß ersichtlich sowohl der Reichs- als der preußischen Verfassungsurkunde die althergebrachte und naturgemäße Dreiteilung der Staatshoheitsrechte in gesetzgebende, richterliche und vollziehende Gewalt zugrunde gelegt ist.

2. In Abschn. II bestimmt der Art. 2 für das Gebiet der Reichsgesetzgebung die allgemeinen Grundsätze über die Zuständigkeit des Reichs und über die Wirksamkeit der Reichsgesetze (nebst Rechtsverordnungen), der Art. 3 die allgemeinen Normen für die Grundrechte der Deutschen (vgl. Tit. II der preußischen Verfassung). In Art. 4 sind die Angelegenheiten aufgeführt, welche der Gesetzgebung und Beaufsichtigung des Reichs unterfallen. Der Art. 5 endlich verordnet, von welchen Faktoren und unter welchen Maßgaben die Reichsgesetzgebung geübt wird.

Artikel 2.

Innerhalb dieses Bundesgebietes übt das Reich das Recht der Gesetzgebung nach Maßgabe des Inhalts dieser Verfassung und mit der Wirkung aus, daß die Reichsgesetze den Landesgesetzen vorgehen. Die Reichsgesetze erhalten ihre verbindliche Kraft durch ihre Verkündigung von Reichs wegen, welche vermittels eines Reichsgesetzblattes geschieht. Sofern nicht in dem publizierten Gesetze ein anderer Anfangstermin seiner verbindlichen Kraft bestimmt ist, beginnt die letztere mit dem vierzehnten Tage nach dem Ablauf desjenigen Tages, an welchem das betreffende Stück des Reichsgesetzblattes in Berlin ausgegeben worden ist.

---

1. Der Art. 2 weist innerhalb des Bundesgebiets das Gesetzgebungsrecht dem Reiche nach Maßgabe der Verfassung zu. Damit ist der leitende Grundsatz für die Reichszuständigkeit auf diesem Gebiete gegeben. Dessen Ausgestaltung erfolgt in den weiteren Artikeln, besonders in Art. 4, 78. Gesetzgebung.

2. Die Wirksamkeit der Reichsgesetze wird in Art. 2 den Landesgesetzen gegenüber dahin bestimmt, daß erstere den letzteren vorgehen. Diese Wirkung Wirksamkeit.

gilt für das öffentliche wie für das Privatrecht (vgl. Art. 55 EG. z. BGB., § 14 EG. z. ZPO.). Sie tritt von selbst ein, d. h. derart, daß die Landesgesetze bezüglich derselben Materie außer Kraft treten, auch wenn sie nicht ausdrücklich aufgehoben, sondern nur mit dem Geiste der Reichsgesetze unvereinbar sind. Sie besteht für alle Zukunft zugunsten der Reichsgesetzgebung, und auch gegenüber Verfassungsvorschriften der Bundesstaaten.

Verbindl. Kraft. 3. Verbindliche Kraft erhalten die Reichsgesetze durch ihre Verkündigung von Reichs wegen mittels des Reichsgesetzblatts.

Verkündigung. Von Reichs wegen. a, Die Verkündigung muß von Reichs wegen erfolgen. Das besagt nach Art. 5, 7, 17 der Reichsverfassung, daß die vom Bundesrat und Reichstag beschlossenen Gesetze vom Kaiser, dem eine Mitwirkung bei der Beschließung nicht zusteht, ausgefertigt und publiziert werden.

RGBl. b, Als Reichsgesetzblatt diente von Hause aus noch das für den Norddeutschen Bund durch V. v. 26. Juli 1867 (BGBl. S. 24) geschaffene Bundesgesetzblatt fort. Dasselbe erhielt jedoch seit der Nr. 19 von 1871 den jetzigen Namen „Reichsgesetzblatt".

c, Der Beginn der verbindlichen Kraft tritt für das Bundesgebiet mit dem 14. Tage nach Ablauf des Ausgabetages der betreffenden Nummer des RGBlatts zu Berlin ein, sofern nicht in dem Gesetze selbst ein anderer Anfang bestimmt ist. — Betreffs der Konsularbezirke vgl. das RGes. v. 7. April 1900 (RGBl. S. 213) § 30, für die Schutzgebiete das Schutzgebietsges. v. 25. Juli 1900 § 2 (RGBl. S. 812).

Zentralblatt f. d. D. R. 4. Neben dem RGBlatt ist auf Beschluß des Bundesrats (RAnz. 1872 Nr. 304) seit 1873 behufs der Verkündigung von Beschlüssen und Anordnungen des Bundesrats und anderer Reichsorgane das Zentralblatt für das Deutsche Reich eingerichtet (vgl. Art. 7, 17 und Note 5).

Rechtsverordnungen. 5. Die den eigentlichen Reichsgesetzen in Art. 2 beigelegte Wirkung, also die allgemein verbindliche Kraft, kommt auch den in der Reichsverfassung nicht besonders erwähnten sog. Rechtsverordnungen des Reichs zu. Sie unterscheiden sich von den Reichsgesetzen insofern, als sie der Zustimmung des Reichstags nicht bedürfen, können aber nur auf Grund gesetzlicher Delegation (Ermächtigung) erlassen werden vom Bundesrat, vom Kaiser, vom Reichskanzler oder von den Bundesstaaten (vgl. die Noten zu Art. 7 Nr. 2, 15, 17).

Eine Vorschrift, wonach sie im RGBlatt verkündigt werden müßten, besteht nicht, ist auch nicht schon aus ihrer gesetzesgleichen Wirksamkeit herzuleiten. Daher läßt sich annehmen, daß ihre Verkündigung im Ermessen des verordnenden Faktors steht, somit auch mittels des Zentr.Blatts f. d. D. R. erfolgen darf, wie dies tatsächlich auch bei mehrfachen Rechtsverordnungen geschehen ist (vgl. RG. 40 S. 68, 48 S. 84, a. M. Laband § 58 V). — Für die Frage, ob in einem Beschluß oder in einer Anordnung obiger Art überhaupt eine eigentliche Rechtsverordnung und nicht etwa eine bloße Verwaltungsinstruktion zu finden ist, kommt es darauf an, ob darin zwingende Normen des öffentlichen Rechts enthalten sind. So die Praxis des RG. in Ziv.Entsch. 24 S. 1, 40 S. 68, 48 S. 84 (gegen das Kamm.Gericht, vgl. Arndt im „Recht" 1905 S. 121), während die Theorie nicht einig ist (vgl. die Zitate ebendort).

6. Wegen der Frage des richterlichen Nachprüfungsrechts mit Bezug auf die Verfassungsmäßigkeit von Gesetzen vgl. Note 3 zu Art. 17.

Artikel 3.

Für ganz Deutschland besteht ein gemeinsames Indigenat mit der Wirkung, daß der Angehörige (Untertan, Staatsbürger) eines jeden Bundesstaats in jedem anderen Bundesstaate als Inländer zu behandeln und demgemäß zum festen Wohnsitz, zum Gewerbebetriebe, zu öffentlichen Ämtern, zur Erwerbung von Grundstücken, zur Erlangung des Staatsbürgerrechtes und zum Genusse aller sonstigen bürgerlichen Rechte unter denselben Voraussetzungen wie der Einheimische zuzulassen, auch in betreff der Rechtsverfolgung und des Rechtsschutzes demselben gleich zu behandeln ist.

Kein Deutscher darf in der Ausübung dieser Befugnis durch die Obrigkeit seiner Heimat, oder durch die Obrigkeit eines anderen Bundesstaats beschränkt werden.

Diejenigen Bestimmungen, welche die Armenversorgung und die Aufnahme in den lokalen Gemeindeverband betreffen, werden durch den im ersten Absatz ausgesprochenen Grundsatz nicht berührt.

Ebenso bleiben bis auf weiteres die Verträge in Kraft, welche zwischen den einzelnen Bundesstaaten in Beziehung auf die Übernahme von Auszuweisenden, die Verpflegung erkrankter und die Beerdigung verstorbener Staatsangehörigen bestehen.

Hinsichtlich der Erfüllung der Militärpflicht im Verhältnis zu dem Heimatslande wird im Wege der Reichsgesetzgebung das Nötige geordnet werden.

Dem Auslande gegenüber haben alle Deutschen gleichmäßig Anspruch auf den Schutz des Reichs.

I. Nach Art. 4 Nr. 1 fallen unter die Beaufsichtigung und Gesetzgebung des Reichs u. a. die Bestimmungen über Freizügigkeit, Heimats- und Niederlassungsverhältnisse und Staatsbürgerrecht, soweit diese Gegenstände nicht schon in Art. 3 erledigt sind. Es handelt sich dabei (entsprechend den Art. 3 ff. der preußischen Verfassungsurkunde) um Grundrechte der Deutschen, die aus der Zugehörigkeit (dem Indigenat) zum Reiche fließen. Allgemeines.

Für diese Materie sind in der Tat die leitenden Grundsätze in Art. 3 vorgesehen. Solche gehen im wesentlichen dahin: Nach innen soll für ganz Deutschland ein gemeinsames Indigenat bestehen, mit der Wirkung, daß jeder Angehörige (physische Person) eines Bundesstaats in den anderen Bundesstaaten als Inländer in bezug auf alle bürgerlichen Rechte, namentlich in bezug auf Wohnsitz, Betrieb von Gewerben, öffentliche Ämter, Grunderwerb, Erwerb und Genuß von staatsbürgerlichen Rechten, Rechtsverfolgung und Rechtsschutz, zu behandeln ist (Abs. 1, 2). Jedoch sollen die Bestimmungen über die Armenversorgung und die Aufnahme in den örtlichen Gemeindeverband, sowie die bundesstaatlichen Verträge wegen Übernahme Auszuweisender und wegen Indigenat.

Verpflegung erkrankter und Beerdigung verstorbener Staatsangehörigen nicht berührt werden, und die Frage der Erfüllung der Militärpflicht im Verhältnis zum Heimatsland ist der Reichsgesetzgebung vorbehalten (Abs. 3, 4). Nach außen sollen alle Deutschen auf gleichen Rechtsschutz Anspruch haben (Abs. 5).

Ausführungsgesetze. II. Betreffs der Ausführung des Art. 3 ist auf verschiedene Reichsgesetze und Bestimmungen hinzuweisen, als deren bedeutsamste die folgenden gelten dürften:

Bundes- und Staatsangehörigkeit. 1. Zu **Abs.** 1 kommt vorerst in Betracht das Reichsgesetz über Erwerb und Verlust der Bundes- und Staatsangehörigkeit v. 1. Juni 1870 (BGBl. S. 355), geändert in §§ 11, 14, 19, 21 durch Art. 41 des EG. z. BGB. (vgl. Cahn, Staatsangehörigkeit, 2. Aufl. 1896).

Grundsatz. a, In diesem Reichsgesetze, dem in Preußen das Ges. v. 31. Dezember 1842 (GS. 1843 S. 5) voraufgegangen war, zeigt sich der durch den Reichsverband begründete enge Zusammenhang zwischen Einzelstaaten und Reich so recht wirksam, indem nach § 1 leitender Grundsatz ist, daß die Reichsangehörigkeit mit der Staatsangehörigkeit in einem Bundesstaat erworben wird und verloren geht. Danach bildet die Reichsangehörigkeit einen gesetzlichen Ausfluß der Angehörigkeit zu einem Bundesstaat und ist von letzterer nicht zu trennen. Modifiziert ist dies inzwischen jedoch einerseits für das Reichsland Elsaß-Lothringen, insofern dieses keinen selbständigen Bundesstaat darstellt und nur eine Landesangehörigkeit kennt (vgl. Noten zu Art. 1), andererseits für die Schutzgebiete, insofern nach § 9 des Schutzgebietsges. v. 25. Juli 1900 (RGBl. S. 812) den sich dort niederlassenden Ausländern und den Eingeborenen die Reichsangehörigkeit ohne Staatsangehörigkeit verliehen werden kann.

Rechte und Pflichten. b, Die Reichs- und Staatsangehörigkeit ist naturgemäß ein aus Rechten und Pflichten zusammengesetztes Rechtsverhältnis, und tritt als solches auch in der Reichsverfassung, wie in den Landesverfassungen mit Bezug auf die staatsbürgerlichen und bürgerlichen Rechtsbeziehungen auf. Unter den Pflichten ragen hervor der Gehorsam gegen Staatsgewalt und Gesetz, die Verpflichtung, zum Schutz, zur Ordnung und zur Wohlfahrt beizutragen (Wehr-, Steuer-, Zeugen-, Schöffen-, Geschworenenpflicht usw.), unter den Rechten die gleichmäßige Behandlung als Inländer im ganzen Reiche in bezug auf feste Wohnsitznahme, Hausstandsbegründung, Grunderwerb, Gewerbebetrieb, Erlangung des Staatsbürgerrechts, Zulassung zu öffentlichen Ämtern, Auswanderung, Rechtsverfolgung und Rechtsschutz, überall ohne Beschränkung durch die Art des religiösen Bekenntnisses.

Staatsangehörigkeit. c, Was nun zunächst den Erwerb und Verlust der Staatsangehörigkeit in den Bundesstaaten betrifft, so verordnet darüber das RGes. v. 1. Juni 1870 (BGBl. S. 355) im wesentlichen folgendes.

Erwerb. Der Erwerb findet nach §§ 1—12 statt: ohne weiteres durch Geburt, Legitimation (BGB. §§ 1719—1740, EG. Art. 22) oder Verheiratung; auf Antrag durch Aufnahme von Deutschen (bei Übersiedlung in einen anderen Bundesstaat) oder durch Naturalisation von Ausländern mittels Urkunde einer höheren Verwaltungsbehörde.

Verlust. Der Verlust tritt nach §§ 13 ff. nur ein: auf Antrag durch Entlassung mittels Urkunde einer vorgedachten Behörde; unfreiwillig für Deutsche, die bei Kriegszeiten der behördlichen Heimberufung aus dem Auslande nicht Folge leisten oder ohne Erlaubnis in fremde Staatsdienste getreten sind, durch den urkundlichen Ausspruch der Zentralbehörde ihres Heimatsstaates; ohne weiteres für Deutsche nach 10 jährigem ununterbrochenem Aufenthalt im Auslande, es sei denn, daß sie in die Matrikel eines Reichskonsulats eingetragen sind; von selbst durch Legitimation unehelicher Kinder seitens eines in anderer Staatsangehörigkeit stehenden Vaters, und ebenso durch Verheiratung einer Reichsangehörigen mit dem Angehörigen eines anderen Bundesstaats oder mit einem Ausländer.

2. Zu **Abs. 1** ist ferner zu nennen das RGes. über die Freizügigkeit v. 1. November 1867 (BGBl. S. 355), mit der zu § 2 in Art. 37 des EG. z. BGB. vorgesehenen Änderung. Freizügigkeit.

Danach hat jeder Reichsangehörige grundsätzlich das Recht, sich da, wo er Wohnung oder Unterkommen findet, aufzuhalten oder niederzulassen, Grundbesitz zu erwerben, alle Gewerbe nach Art der Einheimischen zu betreiben, ohne Beschränkung von Polizei wegen oder wegen des Glaubensbekenntnisses (dazu RGes. v. 3. Juli 1869 [RGBl. S. 292] über die bürger- und staatsbürgerliche Gleichberechtigung der Konfessionen) oder wegen fehlender Landes- oder Gemeindeangehörigkeit (§ 1). Nur die Reichsangehörigkeit hat er auf Verlangen nachzuweisen (§ 2). Auch sind Aufenthaltsbeschränkungen statthaft teils gegen bestrafte Personen (von Polizei wegen landesgesetzlich, §§ 3, 10, 12, vgl. OVG. Entsch. 9 S. 415, 10 S. 336), teils gegen nachweislich arme Neuanziehende (§§ 4—9); früher auch noch gegen inländische Angehörige des Ordens Jesu nach RGes. v. 4. Juli 1872 (RGBl. S. 253) § 2, welche Beschränkung aber jetzt durch Ges. v. 8. März 1904 (RGBl. S. 139) aufgehoben ist. Eine Ausweisung von Reichsangehörigen aus dem Reiche ist unzulässig (vgl. StrGB. § 9). In Zusammenhang mit dem Freizügigkeitsprinzipe stehen auch die Reichsgesetze über die Aufhebung der polizeilichen Beschränkung der Eheschließung v. 4. Mai 1868 (BGBl. S. 149) und über die Beseitigung der Doppelbesteuerung v. 13. Mai 1870 (BGBl. S. 119; dazu vgl. RG. 13 S. 142, 15 S. 27, 27 S. 109, 29 S. 23, 30 S. 26).

3. Zu **Abs. 1** gehört alsdann das RGes. über das Auswanderungswesen v. 9. Juni 1897 (RGBl. S. 463; vgl. darüber Götsch [1898] und Stoerk [1899]). Auswanderung.

Diesem Reichsgesetze (vgl. Art. 4 Nr. 1 der RVerf.) liegt ein zwiefacher Gesichtspunkt zugrunde. Einmal ist die Berechtigung der Reichsangehörigen, das Reich zur Niederlassung im Auslande zu verlassen, grundsätzlich anerkannt und nur gewissen durch das Gemeinwohl gebotenen Beschränkungen unterworfen, nämlich mit Bezug auf Wehrpflichtige vom 17. bis 25. Lebensjahre, soweit sie nicht eine Entlassungsurkunde (§ 14 RGes. v. 1. Juni 1870, oben zu 1) oder eine Bescheinigung der Ersatzkommission (vgl. zu Art. 57 RVerf.) über ihre Auswanderungsfreiheit beibringen, ferner auf zu verhaftende oder von fremden Regierungen oder Ansiedlungsgesellschaften angeworbene Personen (§§ 23, 24). Sodann sollen die Auswanderer gegen betrügerische Ausbeutung geschützt werden. Dazu soll das Gewerbe, die Beförderung von Auswanderern nach außerdeutschen Ländern zu betreiben (Unternehmer) und bei diesem Betriebe mitzuwirken (Agenten), der Erlaubnis des Reichskanzlers mit Zustimmung des Bundesrats, bzw. der höheren Verwaltungsbehörde bedürfen, diese Erlaubnis aber nur an Reichsangehörige, ausnahmsweise an ausländische Unternehmer unter Beding reichsangehöriger Vertretung, außerdem bei unbedenklicher Zuverlässigkeit und gegen Sicherheitsleistung erteilt werden (§§ 1—21). Vgl. zu § 21 die Ausführ.Bestimmungen v. 14. März 1898 (RGBl. S. 39), 23. Aug. 1903 (RGBl. S. 274) und 26. Febr. 1904 (RGBl. S. 136). Für die Beförderung von Auswanderern selbst sind unter Strafandrohung den Unternehmern, Vertretern und Agenten gewisse Vorschriften im allgemeinen (hinsichts der Vertragsform, des Beförderungspreises, der verbotenen Auswanderung), sowie für die überseeische Auswanderung im besonderen ebenfalls bestimmte Vorschriften (bezüglich der Beförderung, Verpflegung, Ein- und Ausschiffungshäfen, Auswanderungsziele, Überfahrtsgelder, Entschädigungen, der Untersuchung von Schiff [Seetüchtigkeit] und Menschen [Gesundheit]), §§ 22 bis 37, 43 ff. auferlegt. Als Behörden auf dem Gebiet der Auswanderung sollen für den Reichskanzler ein Beirat und Aufsichtskommissare in den Hafenorten, für die Ausführung des Auswanderungswesens an Hafenplätzen mit Unternehmern Landesbehörden bestellt werden (§§ 38—41).

Armenversorgung. Unterstütz.-Wohnsitz. 4. Zu Abs. 3 weist die Erwähnung der **Armenversorgung** auf das RGes. v. 6. Juni 1870 (BGBl. S. 360) über den **Unterstützungswohnsitz** hin, welches, ursprünglich als Gesetz des Norddeutschen Bundes in Süddeutschland außer Bayern eingeführt, durch das RVerfGes. v. 16. April 1871 (BGBl. S. 63) § 2 als Reichsgesetz, abgesehen von Bayern (und weiterhin von Elsaß-Lothringen), in Kraft belassen, später durch RGes. v. 12. März 1894 (RGBl. S. 259) teilweise geändert und so in der neuen Fassung publiziert ist.

Grundsätze. a, Durch dieses Gesetz ist der Grundsatz der Freizügigkeit auf das Gebiet der Armenpflege übertragen. Danach ist jeder Reichsangehörige in jedem Bundesstaat in bezug teils auf Art und Maß der im Falle der Hilfsbedürftigkeit ihm zu gewährenden öffentlichen **Unterstützung**, teils auf Erwerb und Verlust des **Unterstützungswohnsitzes** als **Inländer** zu **behandeln** (§ 1). Als Träger und Organe der öffentlichen Unterstützung sind nach dem altpreußischen (Ges. v. 31. Dezember 1842, GS. 1843 S. 8) Prinzip, daß für die Armenpflege nicht das Gemeinde- oder Heimatsrecht, sondern die bloße Wohnsitznahme maßgebend sei, besondere **Orts-** und **Landarmenverbände** bestimmt, und zwar die Ortsverbände (aus Gemeinden und Gutsbezirken gebildet) als eigentliche, die Landarmenverbände als subsidiäre Träger der Armenlast, wobei deren Bildung, Art und Maß der Unterstützung, Aufbringung der dazu erforderlichen Mittel und das Verhältnis zwischen Orts- und Landarmenverbänden der landesgesetzlichen Bestimmung vorbehalten ist (§§ 3—8). Der Erwerb und Verlust des Unterstützungswohnsitzes ist dahin geregelt, daß der Erwerb durch zweijährigen ununterbrochen nach dem 18. Lebensjahre fortgesetzten Aufenthalt in einem Ortsarmenverbande, durch Verehelichung und Abstammung, dagegen der Verlust bei Erwerb eines anderen Unterstützungswohnsitzes, und infolge zweijähriger ununterbrochen nach dem 18. Lebensjahre fortgesetzter Abwesenheit eintritt (§§ 9—27). Die Rechte und Pflichten der Armenverbände untereinander sind von dem Gesichtspunkt aus geordnet, daß ein Reichsangehöriger vorläufig von dem Ortsarmenverbande, in dessen Bezirke seine Hilfsbedürftigkeit eintritt, unterstützt werden muß, vorbehaltlich der Erstattung der Kosten, bzw. der Übernahme des Bedürftigen seitens des eigentlich verpflichteten Armenverbandes (§§ 28—33). Dabei ist das Verfahren in Streitsachen der Armenverbände besonders gestaltet, mit der höchstrichterlichen Behörde eines Bundesamts für das Heimatswesen (§§ 34—59). Die auf anderweiten Rechtstiteln (Familien- und Dienstverhältnis, Vertrag, Genossenschaft, Stiftung u. a.) beruhende Verpflichtung zur Unterstützung Hilfsbedürftiger und zum Ersatze geleisteter Unterstützungen wird durch dieses Gesetz nicht berührt (§ 62). Die in letzterem begründete Unterstützungspflicht der Armenverbände bleibt ihrerseits von den durch die heutige sozialpolitische Reichsgesetzgebung geschaffenen Verpflichtungen unabhängig (vgl. zu Art. 4 Nr. 1 das Arbeiterversicherungswesen).

b, Zu dem vorstehenden Reichsgesetz ist für Preußen das Ausführungsgesetz v. 8. März 1871 (GS. S. 130), teilweise geändert durch Ges. v. 11. Juli 1891 (GS. S. 300), erlassen.

5. Zu **Abs. 4** kommt die Nr. III des Schlußprotokolls zu dem zwischen Bayern und dem Norddeutschen Bunde am 23. November 1870 über den Beitritt Bayerns zur Bundesverfassung geschlossenen Vertrage in Betracht. Danach sind der Gothaer Vertrag v. 15. Juli 1851 wegen gegenseitiger Übernahme von Ausgewiesenen und Heimatlosen und die Eisenacher Konvention v. 11. Juli 1853 wegen Verpflegung und Beerdigung von Untertanen im Verhältnis Bayerns zu den übrigen Bundesstaaten aufrecht erhalten. Bayr. Schlußprotokoll.

6. Zu **Abs. 5** ist die vorbehaltene Regelung der Frage, wo die Militärpflicht im Verhältnis zum Heimatslande zu erfüllen, inzwischen ausgeführt durch das RGes. v. 9. November 1867 über die Verpflichtung zum Kriegsdienste § 17 und durch das RMilGes. v. 2. Mai 1874 (mit Novelle v. 6. Mai 1880) § 12. Danach gilt auch für dieses Gebiet der Grundsatz der Freizügigkeit. Das Nähere vgl. bei Art. 57. Militärpflicht.

7. Zu **Abs. 6**, wonach dem Auslande gegenüber alle Reichsangehörigen gleichmäßigen Anspruch auf den Schutz des Reichs haben sollen, ist auf Art. 4 Nr. 7 und 56 zu verweisen. Schutz im Auslande.

Artikel 4.

Der Beaufsichtigung seitens des Reichs und der Gesetzgebung desselben unterliegen die nachstehenden Angelegenheiten:

1. die Bestimmungen über Freizügigkeit, Heimats- und Niederlassungsverhältnisse, Staatsbürgerrecht, Paßwesen und Fremdenpolizei und über den Gewerbebetrieb, einschließlich des Versicherungswesens, soweit diese Gegenstände nicht schon durch den Artikel 3 dieser Verfassung erledigt sind, in Bayern jedoch mit Ausschluß der Heimats- und Niederlassungsverhältnisse, desgleichen über die Kolonisation und die Auswanderung nach außerdeutschen Ländern;
2. die Zoll- und Handelsgesetzgebung und die für die Zwecke des Reichs zu verwendenden Steuern;
3. die Ordnung des Maß-, Münz- und Gewichtssystems, nebst Feststellung der Grundsätze über die Emission von fundiertem und unfundiertem Papiergelde;
4. die allgemeinen Bestimmungen über das Bankwesen;

5. die Erfindungspatente;
6. der Schutz des geistigen Eigentums;
7. Organisation eines gemeinsamen Schutzes des Deutschen Handels im Auslande, der Deutschen Schiffahrt und ihrer Flagge zur See und Anordnung gemeinsamer konsularischer Vertretung, welche vom Reich ausgestattet wird;
8. das Eisenbahnwesen, in Bayern vorbehaltlich der Bestimmung im Artikel 46, und die Herstellung von Land- und Wasserstraßen im Interesse der Landesverteidigung und des allgemeinen Verkehrs;
9. der Flößerei- und Schiffahrtsbetrieb auf den mehreren Staaten gemeinsamen Wasserstraßen und der Zustand der letzteren, sowie die Fluß- und sonstigen Wasserzölle; desgleichen die Seeschiffahrtszeichen (Leuchtfeuer, Tonnen, Baken und sonstige Tagesmarken);
10. das Post- und Telegraphenwesen, jedoch in Bayern und Württemberg nur nach Maßgabe der Bestimmung im Artikel 52;
11. Bestimmungen über die wechselseitige Vollstreckung von Erkenntnissen in Zivilsachen und Erledigung von Requisitionen überhaupt;
12. sowie über die Beglaubigung von öffentlichen Urkunden;
13. die gemeinsame Gesetzgebung über das gesamte bürgerliche Recht, das Strafrecht und das gerichtliche Verfahren;
14. das Militärwesen des Reichs und die Kriegsmarine;
15. Maßregeln der Medizinal- und Veterinärpolizei;
16. die Bestimmungen über die Presse und das Vereinswesen.

Vornote. **Allgemeines.**

Entstehung. 1. Der Art. 4 führt die der Beaufsichtigung und Gesetzgebung des Reichs unterliegenden Angelegenheiten jetzt unter Nr. 1—16 auf. Ursprünglich waren es nur die Nr. 1—9, und zwar die Nr. 9 bis zu den „sonstigen Wasserzöllen“; erst durch das RGes. v. 3. März 1873 (RGBl. S. 347) sind zu Nr. 9 der übrige Teil und die Nr. 10—16 hinzugefügt. Dieser Zusatz ist auf den Art. 78 zurückzuführen, nach welchem Veränderungen der Verfassung im Wege der Reichsgesetzgebung erfolgen können. Der Art. 78 enthält eine den Schluß der RVerf. v. 16. April 1871 bildende „allgemeine Bestimmung,“ mittels deren im Wege der Reichsgesetzgebung (Art. 5) die Zuständigkeit des Reichs unbeschränkt, also nicht bloß bezüglich der Beaufsichtigung und Gesetzgebung, sondern auch bezüglich der in Art. 4 nicht berührten Gebiete der Staatshoheit (Rechtspflege und Verwaltung), erweitert werden kann.

Beaufsichtigung. 2. Die Beaufsichtigung seitens des Reichs ist in Art. 4 der Gesetzgebung des Reichs vorangestellt und somit von dieser unabhängig. Naturgemäß kann, wie jedes andere Staatswesen, so auch das Reich, als über den Einzelstaaten stehend, des Aufsichtsrechts in bezug auf die seiner Zuständigkeit unterstellten Staatsangelegenheiten nicht entraten, selbst da nicht, wo es von seiner Gesetzgebungskompetenz bislang keinen Gebrauch gemacht hat, oder wo ihm die Ausführung der Gesetze nicht zugewiesen ist.

Steht dem Reiche dergestalt das Aufsichtsrecht zu, so muß es auch ein Organ zu dessen Ausübung haben. Als solches ist nach Art. 17 allgemein der Kaiser hingestellt, der die Überwachung im Namen des Reichs ausübt. Ihm dient wieder als allgemeines Organ nach Art. 17 der Reichskanzler; daneben kann er, wo es gesetzlich vorgeschrieben ist (wie z. B. in den Fällen der Art. 35, 41 der RVerf., auch das RGes. über das Auswanderungswesen v. 9. Juni 1897 § 38) oder sonst erforderlich erscheint, besondere Reichsbeamte ernennen (Art. 18). Aufsichtsorgane.

In dem Aufsichtsrecht allein läßt sich nicht die Befugnis zu direktem Eingriff in die bezügliche Verwaltung oder zum Erlasse allgemeiner Verwaltungsvorschriften finden; solche steht nach Art. 7 Abs. 1 Nr. 2, 3 dem Bundesrate zu. Der Kaiser kann aber die bei Ausübung der Beaufsichtigung wahrgenommenen Mängel der Gesetzgebung oder Verwaltung gemäß Art. 7 Abs. 1 Nr. 3 und Abs. 2 vor den Bundesrat bringen.

3. Für den Inhalt des in Art. 4 bestimmten Gesetzgebungsrechts des Reichs sind die Art. 2, 5, 17, 78 der RVerf. maßgebend. Vgl. die Noten dazu Gesetzgebung.

Die einzelnen Angelegenheiten in Art. 4.

Die in Art. 4 aufgeführten Angelegenheiten lassen eine systematische Gliederung im ganzen und großen wohl dahin erkennen, daß sich beziehen: Die Nr. 1 auf die mit dem Freizügigkeitsprinzip in Zusammenhang stehenden staatsbürgerlichen und bürgerlichen Bedingungen der Ansiedlung, des Erwerbes und der Bewegung der Deutschen, die Nr. 2 auf die Finanzen des Reichs, die Nr. 3—6 auf die allgemeinen Verkehrsverhältnisse, die Nr. 7 auf die internationalen Verkehrsbeziehungen, die Nr. 8—10 auf die staatlichen und privaten Verkehrsmittel zu Wasser und zu Lande, die Nr. 11—13 auf den Rechtsschutz und die Rechtsverfolgung, die Nr. 14 auf den äußeren Schutz des Reichs durch Heer und Flotte, die Nr. 15 auf den gesundheitlichen Schutz von Menschen und Tieren, die Nr. 16 auf den Schutz der freien Rede und Schrift. System.

Aus dieser Übersicht folgt andererseits, daß der Gesetzgebung des Reichs bisher noch nicht überwiesen sind hauptsächlich die kulturellen (Religion, Wissenschaft, Kunst, organisiert in Kirchen und Schulen) und die kommunalen Angelegenheiten.

Zu Art. 4 Nr. 1. Nr. 1.

Die hier bezeichneten Angelegenheiten sind zum größeren Teile, worauf auch der Text selbst hinweist, schon in Art. 3 erledigt. Insoweit ist auf diesen zu verweisen. Es bleiben dann noch folgende übrig:

I. Paßwesen und Fremdenpolizei. Paßwesen.

Auf diesem Gebiete ist, auch unter dem Einflusse des Freizügigkeitsprinzips, das RGes. v. 12. Oktober 1867 über das Paßwesen (BGBl. S. 33) erlassen. Danach findet eine inländische Paßpflicht für Reichsangehörige, wie für Ausländer grundsätzlich nicht statt (§§ 1, 2). Eine Ausnahme kann nur bei Gefährdung der öffentlichen Sicherheit und Ordnung des Reichs oder eines Bundesstaats durch das Reichspräsidium (Art. 17) für gewisse Zeiten oder Bezirke (vgl. z. B. V. v. 26. Juli 1878 über vorübergehende Einführung der Paßpflicht für Berlin, RGBl. S. 131) herbeigeführt werden (§ 9); auch ist jedermann auf Erfordern zum Ausweise über seine Person verpflichtet (§ 3); und auf die Kontrolle Neuanziehender und Fremder bezieht das Gesetz sich überhaupt nicht (§ 10). Bezüglich der Erteilung von Pässen enthält dasselbe einheitliche und vereinfachte Vorschriften (§§ 6—8).

Gewerbebetrieb.

II. Der Gewerbebetrieb.

Vornote.

A. Allgemeines.

Der Gewerbebetrieb ist bereits in Art. 3 als eine von den Wirkungen des deutschen Indigenats berührte Angelegenheit erwähnt worden. Diese Seite der Freiheit des Gewerbes bildet zugleich diejenige, die für die geschichtliche Entwicklung des Gewerbes die maßgebende gewesen ist. Der Gewerbebetrieb hat sich im Mittelalter an den Konzentrationspunkten der Bevölkerung, d. h. in den Städten, herausgebildet; und zwar wohl wesentlich in der Art, daß er Rohstoffe durch Hände Werk für die äußeren Bedürfnisse von Stadt und Umgegend be- und verarbeitete. Er wurde dabei vielfach durch Erteilung von Privilegien gefördert und vermochte außerdem sich durch die Organisierung ständischer Korporationen, Zünfte, Innungen zu schützen. Dieses Gewerbewesen artete jedoch in Mißbräuche aus, indem durch Ausübung starren Zunftzwanges und durch Erlangung von Bann- und Zwangsberechtigungen die freie Konkurrenz gesperrt und die Lebensbedürfnisse verteuert wurden. Dem trat im 18. Jahrhundert das Reich und mehr noch die erstarkte Gewalt der Landesfürsten durch polizeiliche Beschränkungen, insbesondere durch Anordnung von Taxen für die Preise der gewerblichen Erzeugnisse und durch Einengung des Zunftzwanges, entgegen. Eine grundsätzliche Wandlung der Anschauungen über den Gewerbebetrieb wurde aber durch das Freihandelssystem Adam Smith's herbeigeführt; und hierzu wirkten im 19. Jahrhundert der Aufschwung des Groß- und Maschinenbetriebes, die Steigerung der Arbeitsteilung und die wachsende Ausdehnung der gewerblichen Tätigkeit in Gegenstand und Art, die eine Scheidung gegenüber Handel und Industrie vielfach fast unmöglich machte, noch mit. In Preußen speziell hatte der verlustreiche Ausgang des französischen Krieges von 1806/7 die Folge, daß, entsprechend der Befreiung des sonstigen wirtschaftlichen Lebens, auch das Gewerbe durch die Stein-Hardenbergsche Gesetzgebung (Edikte v. 2. November 1810 und 7. September 1811, GS. S. 263) dem freien Betriebe für Stadt und Land, für Stände und Personen eröffnet, die Bann- und Zwangsrechte grundsätzlich beseitigt und nur die durch das Gemeinwohl gebotenen Beschränkungen aufrecht erhalten wurden. In den durch den Tilsiter Frieden (1807) an Frankreich abgetretenen Preußischen Gebietsteilen war inzwischen (1809) die volle Gewerbefreiheit eingeführt und das Vermögen der Zünfte für Staatseigentum erklärt. So ergab sich nach den Befreiungskriegen für die alten, für die wiedererlangten und für die neuerworbenen Landesteile ein verschiedener Rechtszustand, der den Erlaß einer einheitlichen Regelung des Gewerbewesens zum Bedürfnis machte. Erst am 17. Januar 1845 erging die Allg. Gewerbeordnung (GS. S. 41); aber dieses Gesetz, wie einige spätere, namentlich v. 9. Februar 1849 (GS. S. 105) und 3. April 1854 (GS. S. 138), führte infolge der rückläufigen Strömung der Zeit zu einer nur beschränkten Gewerbefreiheit zurück.

Eine entgegengesetzte Entwicklung wurde erst durch die grundlegende Gesetzgebung des Norddeutschen Bundes geschaffen. Es erging am 21. Juni 1869 (BGBl. S. 245) die Gewerbeordnung für den Norddeutschen Bund. Dieses Gesetz, welches demnächst zum Reichsgesetze geworden ist und noch heute die Grundlage des bestehenden Gewerberechts bildet, beruht nach seinen Allg. Bestimmungen (Tit. I), entsprechend den Art. 3, 4 der Bundesverfassung, auf dem Prinzip der Freiheit des wirtschaftlichen Lebens. Dasselbe hat seit seiner Erlassung eine ungewöhnlich große Anzahl von Abänderungen, veranlaßt durch die wechselnden und wachsenden Bedürfnisse des wirtschaftlichen und sozialen Lebens, erfahren. Als die wichtigsten derselben werden hier noch zu nennen sein die RGes. v. 8. April 1876 und 17. Juli 1878 (Änderung der Tit. VII und VI), 23. Juli 1879, 18. Juli 1881 und 1. Juli 1883 (Änderung zahlreicher Paragraphen mit Neuredaktion), 29. Juli 1890 (Gewerbegerichte), 6. August 1896 (Änderung mehrfacher Paragraphen), die EG. zum BGB. Art. 36 und zum HGB. Art. 9, die RGes. v. 26. Juli 1897 (sog. Handwerkernovelle) und schließlich v. 30. Juni 1900 (RGBl. S. 321) unter bedeutsamen Änderungen. Mit diesen Änderungen ist die Reichsgewerbeordnung abermals neu redigiert und laut Bek. v. 26. August 1900 verkündigt (RGBl. S. 871).

Nordd. GewO.

Jetzige GewO.

Zur Ausführung der so umgestalteten Reichsgewerbeordnung sind in Preußen Bestimmungen v. 24. Aug. 1900 (MBl. S. 288) und eine Anweis. v. 1. Mai 1904 (GewMBl. Nr. 9, Beilage) erlassen.

Als Zubehör zur Gewerbeordnung lassen sich bezeichnen das RGewerbegerichtsgesetz v. 29. Juli 1890 (RGBl. S. 141) und 30. Juni 1901 (RGBl. S. 351), das Reichsgesetz über Schlachtvieh- und Fleischbeschau v. 3. Juni 1900 (RGBl. S. 547) mit den Preußischen Ges. v. 18. März 1868 und 29. Mai 1902, betreffend die Errichtung öffentlicher Schlachthäuser (GS. S. 277 u. 162), das RGes. v. 27. Mai 1896 über Bekämpfung des unlauteren Wettbewerbes (RGBl. S. 145); das RGes. über Margarine v. 15. Juni 1897 (RGBl. S. 475, 591); das RGes. v. 30. März 1903, betreffend die Kinderarbeit in gewerblichen Betrieben (RGBl. S. 113), worin zwischen fremden und eigenen Kindern unterschieden ist.

Zur Literatur der Gewerbeordnung vgl. die Werke von Berger-Wilhelmi (16. Aufl. 1902), Neukamp (6. Aufl. 1903), Kayser-Steiniger (3. Aufl. 1901), Hoffmann (4. Aufl. 1904), Kolisch (1900), v. Rohrscheidt (1901), v. Landmann-Rohmer (4. Aufl. 1903).

B. Grundzüge der Reichsgewerbeordnung.

1. Allgemeine Bestimmungen (Tit. I, §§ 1—13).

a. Hier ist der Grundsatz der Gewerbefreiheit in seinen, namentlich auch rechtsgeschichtlich charakteristischen Beziehungen festgelegt.

Gew.-Freiheit.

Danach ist die Unterscheidung zwischen Stadt und Land beseitigt, der

Betrieb verschiedener Gewerbe in mehreren Stätten und von nich selbstverfertigten Waren gestattet, den Zünften und kaufmännischen Korporationen ein Recht zur Ausschließung anderer vom Gewerbebetriebe versagt (§§ 1 bis 4), das Geschlecht ohne Einfluß (§§ 11, 11a [Frauen]).

Zwangs- und Bannrechte. Dazu sind (§§ 11, 11a) die ausschließlichen Gewerbeberechtigungen (vgl. RG. 17 S. 208, 23 S. 25), die Zwangs- und Bannrechte (außer der Abdeckerei), das Recht zur Erteilung von Konzessionen und zur Auferlegung von Abgaben grundsätzlich aufgehoben oder für ablösbar erklärt, worüber, unter Wahrung des Rechtsweges, die näheren Vorschriften der Landesgesetzgebung vorbehalten sind (§§ 7—10, vgl. Art. 74 EG. zum BGB.). — Für Preußen kommen in Betracht betreffs der Aufhebung, Ablösung und Entschädigung die Allg. GewO. v. 17. Januar 1845 (§§ 1—4), das Entschädigungsgesetz vom gleichen Tage (GS. S. 41, 79), das Ges. v. 17. März 1868 (GS. S. 249 für die neuen Landesteile), das Ges. v. $\frac{\text{22. September}}{\text{10. Oktober}}$ 1899 über das Verfahren in Auseinandersetzungssachen (GS. S. 284, 403), betreffs des Rechtsweges das Zuständ.Ges. v. 1. August 1883 § 133 (GS. S. 237), betreffs der Realgewerbeberechtigungen die Entscheidung des RG. Bd. 28 S. 122.

Allg. Einschränkung. b, Eine allgemeine Einschränkung der Gewerbefreiheit im Staatsinteresse ist in § 5 vorgesehen, indem an den Betriebsbeschränkungen einzelner Gewerbe, die auf den Zoll-, Steuer- und Postgesetzen beruhen, nichts geändert ist. — Hierzu sind zu vergleichen: das Vereinszollges v. 1. Juli 1869 (BGBl. S. 317, § 124); ferner die preußischen Gewerbesteuerges. v. 24. Juni 1891 und 3. Juli 1876 (Gewerbe im Umherziehen), 14. Juli 1893 (Aufhebung direkter Staatssteuern) und 14. Juli 1893 (Kommunalbesteuerung) zu Tit. VIII der Preuß. Verf.Urk.; endlich die Reichsgesetze über das Postwesen v. 28. Oktober 1871, §§ 1, 2 und über das Telegraphenwesen v. 6. April 1892 (vgl. zu Art. 48—52 der RVerf.).

GewO. unanwendbar. c, Nach § 6 ist eine Anzahl von Erwerbszweigen der Anwendung der Gewerbeordnung überhaupt oder bedingt entzogen, um sie durch besondere Gesetze zu regeln (vgl. RG. 1 S. 265, 8 S. 54). Der § 6 wird besonders im Hinblick auf §§ 120 ff. GewO. praktisch.

Überhaupt. α) Überhaupt entzogen sind: die Fischerei, die Errichtung und Verlegung von Apotheken, die entgeltliche Kindererziehung, das Unterrichtswesen, die Rechtsanwalts- und Notariatspraxis, der Gewerbebetrieb der Auswanderungsunternehmer nebst Agenten, der Versicherungsunternehmer, die Eisenbahnunternehmungen, die Befugnis zum Halten öffentlicher Fähren, die Rechtsverhältnisse der Seeschiffsmannschaften. — Hierzu ist folgendes zu bemerken.

Fischerei. Der Fischerei stehen gleich die Gärtnerei, die Land- und Forstwirtschaft, der Weinbau (vgl. RG. 1 S. 265). Betreffs der Fischerei selbst kommen landesgesetzlich der Vorbehalt in Art. 69 EG. z. BGB., für Preußen das ALR. I, 9 §§ 170 ff., II 15 Abschn. 2, die Ges. v. 30. Mai 1874 (GS. S. 197), 30. März 1880 (GS. S. 228), 30. Juni 1894 (GS. S. 135) in Betracht.

Bezüglich der Apotheken vgl. den § 29 GewO., betreffs der Kindererziehung und des Unterrichtswesens die Art. 21, 22 der Preuß. Verfass.-Urkunde, bezüglich der Rechtsanwalts- und Notariatspraxis den Tit. VI ebendort (RAO. v. 1. Juli 1878; RG. über freiwill. Ger. v. 17. Mai 1898 laut

Fassung v. 20. Mai 1898, und dazu Preuß. AG. v. 21. September 1899; vgl. RG. in Jur.Woch. 1903 S. 345).

Wegen des Gewerbebetriebes der Auswanderungsunternehmer nebst Agenten ist das bereits zu Art. 3 Abs. 1 erörterte Reichsgesetz über das Auswanderungswesen v. 9. Juni 1897 maßgebend.

Betreffs der Versicherungsunternehmer vgl. weiterhin die Note III über das Versicherungswesen.

In Ansehung der Eisenbahnunternehmungen hat der § 6 nicht diese selbst, sondern nur deren Gewerbebetrieb im Auge (vgl. RG. 1 S. 265, 8 S. 54, 151). Im übrigen ist auf Art. 4 Nr. 8, 41 ff. der RVerf. zu verweisen.

Die Befugnis zum Halten öffentlicher Fähren (gegen Entgelt) bildet nach § 51, II, 15 Preuß. ALR. ein Staatsregal, und wird daher laut Art. 73 EG. durch das BGB. nicht berührt.

Wegen der Rechtsverhältnisse der Seeschiffsmannschaften vgl. die neue RSeemannsO. v. 2. Juni 1902 zu Art. 54 der RVerf.

β) Bedingt, d. h. insoweit, als die Gewerbeordnung darüber keine Bestimmungen enthält, sind derselben entzogen: Bedingt anwendbar.

1. Das **Bergwesen.** — Die Gewerbeordnung trifft über dasselbe Bestimmungen in §§ 34 Abs. 3 (Markscheider), 105 b—f, h (Sonn- und Festtagsarbeit), 115—119 a (Lohnzahlung), 135—139 b (weibliche und jugendliche Arbeiter, Kinder [RGes. v. 30. März 1903 RGBl. S. 113]), 152—154 a, 152, 153 (Koalitionsfreiheit), 154 a (Bergwerke, Salinen). — Außerdem kommen in Betracht EG. z. BGB. Art. 67, das Preußische Allg. BG. v. 24. Juni 1865 (GS. S. 705) nebst Novellen v. 24. Juni 1892, 8. April 1894 (GS. S. 131, 41), AG. z. BGB. v. 20. Sept. 1899 Art. 37—39, Nov. v. 7. Juli 1902 (GS. S. 255) und v. 5. Juli 1905 (GS. S. 265). Bergwesen.

2. Die **Ausübung der Heilkunde.** — Über diese Materie bestimmt die GewO. in §§ 29 (Approbation auf Grund des Befähigungs-, nicht des Doktoratsnachweises für Ärzte aller Art erforderlich, sofern sie diesen Titel führen oder von Staats- oder Gemeindewegen als solche anerkannt bzw. mit Amtsfunktionen betraut werden sollen; vgl. PrüfungsO. für Ärzte v. 28. Mai 1901, ZBl. S. 136), für Tierärzte V. v. 13. Juli 1889 (ZBl. S. 421) und 26. Juli 1902 (ZBl. S. 248), 30, 40 (Konzessionierung für Unternehmer von privaten Kranken-, Entbindungs- und Irrenanstalten, wie für Hebammen erforderlich), 53, 54 (Zurücknahme der Approbation oder Konzession), 56 a (Ausschließung vom Gewerbebetrieb im Umherziehen), 80 Abs. 2 (Normtaxen), 144, 147 Nr. 3, 148 Nr. 7 a (Strafbestimmungen). Danach ist die öffentlich-rechtliche Stellung der Ärzte und Zahnärzte reichsgesetzlich im wesentlichen die, daß, falls sie den Arzttitel führen oder von Staat oder Gemeinde in solchem anerkannt oder mit Amtsfunktionen betraut werden sollen, sie der Approbation auf Grund einer Prüfung bedürfen, sonst aber die Heilkunde (abgesehen vom Umherziehen) frei ausüben können, daß sie einem Zwange zur Hilfeleistung nicht mehr unterliegen, und daß die Bezahlung der approbierten Ärzte nach Vereinbarung, mangels solcher aber nach Maßgabe einer etwa von den bundesstaatlichen Zentralbehörden festzusetzenden Taxe zu erfolgen hat (vgl. für Preußen das Gesetz v. 27. April 1896 weg. Aufhebung der bestehenden Taxordnungen (GS. S. 90) und die (zufolge § 80 RGewO. erlassene) GebührenO. v. 15. Mai 1896, MinBl. S. 105). Heilkunde.

Auf Grund des § 29 GewO. sind in **Preußen** zur Wahrnehmung der ärztlichen Berufsinteressen, Vertretung und Disziplin durch V. v. 25. Mai 1887 (GS. S. 169), 23. Januar 1899 (GS. S. 17) und Ges. v. 25. November 1899 (GS. S. 563) **Ärztekammern** und **Ehrengerichte** für jede Provinz eingerichtet.

Im übrigen vgl. Art. 4 Nr. 15 der RVerf.

Verkauf von Arzneimitteln. Apotheker.

3. **Der Verkauf von Arzneimitteln.** — Über den Gewerbebetrieb der **Apotheker** enthält die Gewerbeordnung Vorschriften in §§ 6 Abs. 2, 29, 40 Abs. 1, 80 Abs. 1.

Danach erfordert dieser Betrieb reichsgesetzlich allemal die **Approbation** des Apothekers auf Grund einer pharmazeutischen Prüfung (§§ 29, 40 a. a. O.). Die Arzneipreise können von den bundesstaatlichen Zentralbehörden als Maximalnormen festgesetzt, durch Vereinbarung der Beteiligten aber ermäßigt werden (§ 80 a. a. O.).

Die Frage der **Zulässigkeit von Apotheken** bleibt, da eine allgemeine Deutsche Apothekerordnung noch nicht zustande gekommen ist, dem Landesrecht vorbehalten. In **Preußen** gelten hierfür noch die revidierte Apoth.O. v. 11. Okt. 1801 (nov. c. c. XI S. 555), das GewSteuerEd. v. 2. November 1810 (GS. S. 79) und die alte GewO. v. 17. Januar 1845 (GS. S. 41) in den §§ 11, 54 (vgl. RG. in JW. 1902 S. 40, Pistor das Preuß. Apoth.Wesen S. 5). Danach ist, soweit nicht ein vor dem Ed. v. 2. November 1810 erteiltes Realprivileg vorliegt, eine Konzessionierung der Apotheken geboten, die, wenn es sich um Neuanlegung handelt, nur im Bedürfnisfalle erteilt wird.

Zu **Abs.** 2, betreffend den **Verkehr mit Arzneimitteln**, sind die Kaiserl. V. 4. Januar 1875, 27. Januar 1890 und 25. November 1895 (RGBl. 1875 S. 5, 1890 S. 9, 1895 S. 455) und jetzt v. 22. Okt. 1901 (RGBl. S. 380), bemerkenswert.

Lotterielose.

4. **Der Vertrieb von Lotterielosen.** — Hierüber enthält die Gewerbeordnung mehrfache Schutzvorschriften, nämlich in §§ 35 (Untersagung des Handels mit Losen und Losanteilen wegen Unzuverlässigkeit des Betreibenden), 56 Nr. 5, 56a Nr. 2 (Verbot dieses Handels im Umherziehen), 148 Nr. 4, 7a (Strafbestimmungen, denen das Gesetz über Abzahlungsgeschäfte v. 16. Mai 1894 [RGBl. S. 450] noch hinzutritt). Im Anschluß hieran ist über das **Lotteriewesen in Preußen** noch folgendes zu bemerken. Der preußische Staat betreibt zu Finanzzwecken selbst eine Lotterie. Sonstige öffentliche Lotterien dürfen ohne seine Genehmigung nicht unternommen werden (ALR. I, 11 § 547, nicht getroffen durch Art. 89 Nr. 1 AG. z. BGB.; StrGB. § 286). Die Staatslotterie, bei Erlassung des ALR. als Zahlen- und Klassenlotterie verpachtet, ist nach den Ed. v. 20. Juni 1794 (Rabe II S. 643) und 28. Mai 1810 (GS. S. 712) vom Staat in eigene Regie genommen, mit einer dem Finanzminister unterstehenden General-Lotterie-Direktion, und nur als Klassenlotterie, von deren Gewinnen der Staat gewisse Prozente bezieht. Zum Schutze der Staatslotterie ist der Handel mit deren Losen und Losanteilen durch Ges. v. 18. August 1891 (GS. S. 353) von staatlicher Ermächtigung abhängig gemacht, sowie das Spielen in außerpreußischen Lotterien (jetzt) durch Ges. v. 29. Juli 1885 (GS. S. 317) unter Strafe gestellt.

Die Viehzucht.

In dieser Beziehung vgl. oben unter c die Note über Fischerei.

Spezialbestimmungen.

2. Besondere Bestimmungen (Tit. II—X).

Gewerbebetrieb stehend und im Umherziehen.

a, Nach Tit. II ist für den stehenden Gewerbebetrieb in allen Fällen eine Anzeige bei der Behörde, sowie eine Anbringung des Familien- oder Firmennamens an Laden oder Wirtschaft erforderlich. Bei einer großen Anzahl von Gewerben, deren Betrieb Nachteile oder Gefahren für das Gemeinwohl mit sich bringen kann, wird eine besondere behördliche Genehmigung vorausgesetzt, die auf Antrag, nach Prüfung der etwa angebrachten öffentlichen Einwendungen und der sonstigen Verhältnisse, widerruflich zu erteilen ist. Bei gewissen Gewerbetreibenden ist zur Erlangung der Genehmigung (Approbation, Konzession) erst noch der Nachweis einer besonderen Fachkunde (Apotheker, Ärzte, Schiffsangestellte), der Zuverlässigkeit oder eines Bedürfnisses (Heilanstalten, Aufführungen aller Art, Gast- und Schankwirte, Kleinhändler mit Alkohol) geboten.

b, Nach Tit. III erfordert der Gewerbebetrieb im Umherziehen in der Regel einen behördlichen Wandergewerbeschein und ist in objektiver Beziehung eingeschränkt.

c, Anlangend den Marktverkehr, bestimmt Tit. IV grundsätzlich, daß die Festsetzung der Messen, Jahr- und Wochenmärkte den Behörden obliegt, der Besuch derselben und der Handel auf denselben jedermann freisteht, und Abgaben nur für Raum, Buden und Geräte erhoben werden dürfen.

d, Der Tit. V erklärt polizeiliche Taxen nur ausnahmsweise (für Bäcker, Gastwirte, Gesinde- und Stellenvermieter, Lohnbedienten, Schornsteinfeger, Apotheker, Ärzte) für zulässig.

e, In Tit. VI sind die Rechtsverhältnisse der Innungen, Innungsausschüsse, Handwerkskammern und Innungsverbände geregelt. Die Innungen können als freiwillige korporative Vereinigungen zur Förderung gemeinsamer gewerblicher Interessen von solchen, die ein Gewerbe selbständig betreiben (mit Gesellenausschuß), für den Bezirk einer höheren Verwaltungsbehörde, allenfalls auch mehrerer Bundesstaaten, mittels eines der behördlichen Genehmigung unterliegenden Statuts errichtet werden. Das Statut soll die Aufgaben und die Verwaltungseinrichtung der Innung, wie die Rechtsverhältnisse der Mitglieder regeln. Von der höheren Verwaltungsbehörde können aber auch zur Wahrnehmung gemeinsamer Interessen die Gewerbetreibenden, die ein gleiches oder verwandte Handwerke in einem bestimmten Bezirk ausüben, zwangsweise zum Beitritt zu einer Innung (Zwangsinnung) angehalten werden. — Daneben kann für alle oder mehrere der gleichen Aufsichtsbehörde unterstehende Innungen auf statutarischem Wege die Errichtung eines gemeinsamen Innungsausschusses, auf Anordnung der Landeszentralbehörde für die Handwerker eines Bezirks die Errichtung einer Handwerkskammer, für Innungen, die nicht der gleichen Aufsichtsbehörde unterstehen, die Errichtung von Innungsverbänden, und zwar überall zur Vertretung der gemeinsamen Interessen erfolgen.

f, Der Tit. VII ordnet die Rechtsverhältnisse der gewerblichen Arbeiter, als welche die Gewerbeordnung Gesellen, Gehilfen, Lehrlinge, Betriebsbeamte, Werkmeister, Techniker und Fabrikarbeiter bezeichnet. Es handelt sich dabei um die wirtschaftlich-sozialen Verhältnisse der Arbeiter, bezüglich deren das moderne Fürsorgeprinzip sich praktisch betätigt.

α) Die vorangeschickten allgemeinen Bestimmungen überlassen die Regelung der Arbeitsverhältnisse grundsätzlich der freien Übereinkunft zwischen selbständigen Gewerbetreibenden und Arbeitern; sie legen aber den ersteren doch gewisse Beschränkungen hinsichts der Beschäftigungszeit (Sonn- und Festtage), der beschäftigten Personen (jugendlichen und Kinder), der Beschäftigungskontrolle (Arbeitsbücher und Zeugnisse), der Lohnzahlung (bar, voll, an Arbeiter selbst), der Zeitgewährung zum Besuch von Fortbildungsschulen auf, und sie verpflichten außerdem die Arbeitsgeber, Fürsorge zum Schutze der Arbeiter gegen Lebens-, Gesundheits- und sittliche Gefahren der Arbeiter in Betriebsräumen, Vorrichtungen, Maschinen und Gerätschaften zu treffen (§ 120a).

β) Dann folgen besondere Vorschriften über die Verhältnisse teils der Gesellen und Gehilfen (Gehorsam in Geschäft und Haus, 14tägige Aufkündigung), teils der Lehrlinge (Besitz der Ehrenrechte zum Halten derselben erforderlich; schriftlicher Lehrvertrag über Lehrzeit und gegenseitige Leistungen; Pflicht der Lehrherren zu gewerblicher und sittlicher Ausbildung der Lehrlinge, aber auch Recht zu väterlicher Zucht; Lehrlinge im Handwerk mit Gesellen- und Meisterprüfung), teils der Betriebsbeamten, Werkmeister und Techniker (6wöchige Aufkündigung des Dienstverhältnisses), teils der Fabrikarbeiter (in Fabriken mit mindestens 20 Arbeitern Arbeitsordnungen auszuhängen mit Angabe der Arbeits-, Kündigungs- und Lohnzahlungszeiten), teils endlich der Gehilfen, Lehrlinge und Arbeiter in offenen Verkaufsstellen (regelmäßig täglich 10 Stunden Ruhezeit, angemessene Mittagspause; Geschäftsschließung regelmäßig für den Verkehr von 9 Uhr abends bis 5 Uhr morgens, aber auf Antrag von $^2/_3$ der Geschäftsinhaber behördlich ausdehnbar auf die Zeit von 8 Uhr abends bis 7 Uhr morgens).

Zur Aufsicht über die Ausführung obiger Vorschriften sind besondere Beamten in den einzelnen Bundesstaaten zu ernennen (in Preußen laut Kgl. Erl. v. 27. April 1891 [GS. S. 165] und 27. Januar 1898 zu IV [GS. S. 5] Gewerberäte bei den Regierungen, Gewerbeinspektoren für gewisse Bezirke).

Der Tit. X enthält Strafbestimmungen, dazwischen aber die wichtigen Grundsätze, daß eine Entziehung der Befugnis zum Gewerbebetriebe, soweit sie nicht im Gesetze vorgesehen, weder durch richterliche noch durch polizeiliche Entscheidung erfolgen darf (§ 143), sowie über die Koalitionsfreiheit der Arbeiter (§§ 152, 153).

C. Gewerbegerichte.

Gewerbe- und Kaufmannsgerichte.

Mit dem Gewerbewesen hängt die Einrichtung der für die Entscheidung gewisser gewerblicher und kaufmännischer Streitigkeiten als Sondergerichte (GerVerfGes. § 14 Nr. 4) zugelassenen Gewerbe- und Kaufmannsgerichte zusammen. Über Gewerbegerichte ist ergangen das RGes. v. 29. Juli 1890 (RGBl. S. 141), abgeändert durch das RGes. v. 30. Juni 1901 (RGBl. S. 249), und in der neuen Fassung am 29. Sept. 1901 (RGBl. S. 353) bekannt gemacht als „Gewerbegerichtsgesetz", über Kaufmannsgerichte das Ges. v. 6. Juli 1904 (RGBl. S. 266). Betreffs dieser Gesetzgebung vgl. die Noten zu Art. 4 Nr. 13 der RVerfassung, Abschnitt über das gerichtliche Verfahren.

III. Einschließlich des Versicherungswesens.

Versicherungswesen.

Das Versicherungswesen, welches im wirtschaftlich-sozialen Leben des Volkes eine tiefeingreifende Wirksamkeit ausübt, nimmt nach heutigem Rechtsstande die staatliche Fürsorge nach doppelter Richtung in Anspruch:

A, im Bereich der privaten Versicherungen mittels Aufsicht und Schutzmaßregeln,

B, mittels öffentlicher Versicherungen erwerbsschwacher Volkskreise.

Zu A, Private Versicherungen.

Privatversicherung.

Auf diesem Gebiet ist die privatrechtliche Seite, d. h. der Versicherungsvertrag, reichsgesetzlich bisher nicht geregelt, abgesehen von der Versicherung gegen Seegefahr (HGB. §§ 778—900). Im übrigen gilt nach Art. 75 EG. zum BGB. noch das Landesrecht, für Preußen das ALR. II, 8 §§ 1934—2357.

Anlangend die öffentlichrechtliche Seite, war das Versicherungswesen in Preußen schon landesgesetzlich unter Polizeiaufsicht gestellt, namentlich durch Ges. v. 8. Mai 1837 über Feuerversicherung (GS. S. 102) mit KabO. v. 30. Mai 1841 (GS. S. 122) und Ges. v. 22. Juni 1861 (GS. S. 445), wie durch das Ges. v. 17. Mai 1853 über den Geschäftsverkehr der Versich.Anstalten (GS. S. 293). Diesem Beispiel ist das Reich gefolgt durch das Ges. v. 12. Mai 1901 über die privaten Versich.Unternehmungen (RGBl. S. 139). Danach sind Unternehmungen, die den Privatbetrieb von Versich.Geschäften in der Art, daß sie ihren Mitgliedern einen Rechtsanspruch gewähren, zum Gegenstande haben (§§ 1, 116, 122), mithin im Gegensatze zu öffentlichrechtlichen Versicherungen stehen, grundsätzlich der staatlichen Aufsicht unterworfen, insofern ihr Geschäftsbetrieb der staatlichen Zulassung und der fortlaufenden öffentlichen Überwachung unterfällt (§§ 4, 54 ff.). Ausgeübt wird die Aufsicht, sofern der Geschäftsbetrieb einer Unternehmung sich auf einen Bundesstaat beschränkt, durch die zuständige Landesbehörde, in Preußen durch den Regierungspräsidenten (V. v. 30. Juni 1902, GS. S. 141), anderenfalls durch eine besondere Reichsbehörde (§§ 2, 3, 70—83), als welche das Kais. Aufsichtsamt für Privatversicherungen in Berlin nebst einem sachverständigen Beirat bestellt ist (V. v. 23. Dez. 1901, RGBl. S. 498 und 20. Mai 1904, RGBl. S. 215). Sofern die Versicherung durch einen Verein auf Gegenseitigkeit erfolgen soll, ist für diesen eine der Aktiengesellschaft (HGB. §§ 178—319) nachgebildete Form vorgesehen, indem auf ihn die Vorschriften für Kaufleute in Buch I, III HGB. (außer §§ 1—7) entsprechende Anwendung finden sollen (§§ 15—53). Auch sind für Lebensversicherungen besondere Schutzvorschriften in betreff des wichtigen Punktes der Prämienreserve getroffen (§§ 56—63). Dem Gesetze sind mitunterstellt ausländische Versich.Unternehmungen, die im Inlande Geschäfte betreiben wollen; nur daß über deren Zulassung der Reichskanzler allein entscheidet (§§ 85—91). — Zu erinnern bleibt noch daran, daß der GewO. nach § 6 derselben, abgesehen von vereinzelten Bestimmungen (§§ 14, 15, 148 Nr. 2), auf den Geschäftsbetrieb der Versich.Unternehmer keine Anwendung zukommt (vgl. zu Nr. II Gewerbewesen).

Arbeiterversicherung.

Zu B, Öffentliche (Arbeiter-)Versicherung.

Literatur: Rosin, Recht der Arbeiterversicherung Bd. 1 (1893); Weyl, Lehrb. des RVersich.Rechts (1894); Bödiker, RVersich.Gesetzgebung (1898).

Auf diesem Gebiet hat das Reich, angeregt durch die Kaiserlichen Botschaften v. 1881 und 1883, eine der wichtigsten, aber auch schwierigsten sozialwirtschaftlichen Aufgaben in die Hand genommen. Denn es handelt sich dabei um eine Versicherung, die den arbeitenden Klassen Fürsorge gegenüber solchen Ursachen, die ihre Erwerbsfähigkeit schmälern oder zerstören können, insbesondere gegenüber Krankheiten, Berufsunfällen, Invalidität oder Altersschwäche, gewähren will. Diesen Fürsorgeweg hat noch kein anderer Kulturstaat zuvor betreten; und daher kann es nicht auffallen, wenn die bezügliche Gesetzgebung vielfach nur tastend vorgegangen ist und Veränderungen erfahren hat, infolgedessen aber noch des Abschlusses entbehrt, soviel sie den arbeitenden Klassen auch jetzt schon bietet.

Eine Verschiedenheit der Fürsorge tritt bei dieser Versicherungsart in betreff der Mittel naturgemäß hervor: es kann sich dabei, entsprechend den verschiedenen Ursachen der Hilfsbedürftigkeit, um Naturalleistungen (ärztliche Behandlung, Arzneien, Verpflegung) oder um Barleistungen (Rente, Kostenersatz) handeln. Sehr verschieden ist bei den einzelnen Versicherungen bisher der Kreis der Versicherungspflichtigen, die Aufbringung der Fürsorgemittel und die Organisation der Versicherung geregelt, wenn auch durch die großen Gesetze von 1899 und 1900 eine gewisse wechselseitige Anpassung mindestens im Bereiche der Unfall- und Invaliditätsversicherung erzielt sein mag.

Gemeinsam ist dagegen dieser gesamten Gesetzgebung, daß sie grundsätzlich auf Rücksichten der gemeinen Wohlfahrt beruht, und deshalb die Rechtsverhältnisse der privatrechtlichen Regelung entzogen sind und unter zwingendem öffentlichen Rechte stehen.

I. Krankenversicherung.

v. Woedtke-Eucken, Krank.Vers.Ges. 11. Aufl., 1905.

1. Die Krankenversicherung bildete naturgemäß die erste der infolge der Kaiserlichen Botschaft v. 17. Nov. 1881 von Reichs wegen ergriffenen Maßregeln zur Arbeiterfürsorge.

Eingeschriebene Hilfskassen.

a, Sie fand einen Anknüpfungspunkt an den laut RGes. v. 7. April 1876 (RGBl. S. 125) zugelassenen eingeschriebenen Hilfskassen. Dies sind Kassen, welche die gegenseitige Unterstützung ihrer Mitglieder für Krankheitsfälle bezwecken, die hierzu erforderlichen Mittel durch Beiträge der Mitglieder aufbringen und für ihre Wirksamkeit die Rechte juristischer Personen erlangen können. Durch Nebenges. v. 8. April 1876 (RGBl. S. 134) wurde, unter Einfügung der §§ 141—141 f. in die Reichsgewerbeordnung, speziell für gewerbliche Hilfskassen, die in Preußen ihren Ursprung auf die GewO. v. 17. Januar 1845 §§ 144 ff.

und die Novellen dazu v. 9. Februar 1849 und 3. April 1854 (vgl. zu II, Gewerbewesen) zurückführten, bestimmt, daß von Gemeindewegen durch Statut die Bildung solcher Hilfskassen gemäß Ges. v. 7. April 1876 unter Beitrittszwang angeordnet werden könne. Das demnächstige Krank.Vers.Gesetz v. 15. Juni 1883 (RGBl. S. 73) in der durch die Novelle v. 10. April 1892 (RGBl. S. 417) herbeigeführten Fassung schuf nun aber selbst für weitere, als rein gewerbliche Arbeiterkreise die Verpflichtung zum Beitritt zu Krankenkassen, deren Bildung sie auch selbst organisierte. Damit fiel ein Bedürfnis für die eingeschriebenen Hilfskassen im Sinne des Ges. v. 8. April 1876 hinweg. Das Krank.Versich.Ges. hob denn auch in § 87 das letztgedachte Gesetz auf und bestimmte in §§ 75, 75a, daß Mitglieder der nach Ges. v. 7. April 1876 mit Nov. v. 1. Juni 1884 gebildeten Hilfskassen von dem Beitritt zu den nunmehr gesetzlich bestehenden Krankenkassen befreit sein sollten, falls die Hilfskassen ihren Mitgliedern dieselben Leistungen in Krankheitsfällen gewährten, wie die §§ 6, 7 des Krank.Versich.Ges. sie erforderten. Hiernach haben die eingeschriebenen Hilfskassen nur noch die Bedeutung behalten, daß sie auf Grund freier Übereinkunft beruhen und eine vielleicht über die gesetzliche noch hinausgehende Unterstützung ihrer Mitglieder in Krankheitsfällen bezwecken. Krankenversicherungsgesetz.

Sie erlangen die Rechte einer juristischen Person durch Zulassung auf Grundlage ihres Statuts und durch Eintragung in ein Register seitens einer höheren Verwaltungsbehörde.

b, Das Krankenversicherungsgesetz v. 1883, in der durch das Ges. v. 10. April 1892 herbeigeführten Fassung neu bekannt gemacht (RGBl. S. 417), hat seitdem noch andere, zum Teil bedeutsame Änderungen und Erweiterungen erfahren durch die RGes. v. 30. Juni 1900 (RGBl. S. 332) und 25. Mai 1903 (RGBl. S. 233) mit V. v. 2. Nov. 1903 (RGBl. S. 281). Weitere Entwicklung des Krankenversicherungsgesetzes.

2. Nunmehr stellt sich die Krankenversicherung in ihren **Grundzügen** wie folgt dar. Grundzüge der Krankenversicherung.

a, Dem **Versicherungszwange** sind gesetzlich unterworfen (§§ 1—3) solche Personen, die gegen Gehalt oder Lohn teils in der Industrie (in Berg- und Hüttenwerken, Fabriken, Eisenbahn- und Binnenschiffahrtsbetrieb, bei Bauten), teils im Handelsgewerbe, Handwerk und sonstigem stehenden Gewerbebetriebe (jetzt auch Handlungsgehilfen mit Gehalt nicht über 2000 Mk.), teils im Geschäftsbetriebe der Anwälte, Notare, Gerichtsvollzieher, Krankenkassen, Berufsgenossenschaften und Versicherungsanstalten (auch solcher auf Gegenseitigkeit, vgl. RG. 34 S. 20), teils im Betriebe der durch elementare Kraft bewegten Triebwerke, teils im Betriebe der Post-, Telegraphen-, Marine- und Heeresverwaltung beschäftigt (zu diesem Begriffe vgl. Preuß. ObVerwGer. 29 S. 343) sind; jedoch unter gewissen Maßgaben. Einerseits tritt der Zwang mit dem Beginn der Beschäftigung ein; andererseits entfällt er, sofern die Beschäftigung natur- oder vertragsgemäß kürzere Zeit als eine Woche dauert. — Ausgenommen vom Zwange sind überhaupt Gehilfen und Lehrlinge in Apotheken, Soldaten und das lediglich im Haushalt tätige Gesinde (vgl. ObVerwGer. 16 S. 364); bedingt Betriebsbeamte, Werkmeister, Techniker, Handlungsgehilfen und -lehrlinge, Bureauarbeiter, Reichs-, Staats- und Kommunalbeamte, nämlich insgesamt, sofern ihr Jahresgehalt oder -lohn nicht 2000 Mk. übersteigt, und die letztgedachten Beamten auch, sofern sie der Dienst- Zwangsbereich.

behörde gegenüber sonst schon Anspruch auf Unterstützung für 26 Wochen haben. Der Zwang kann ausgedehnt werden: teils durch Kommunalstatut auf Personen im Sinne des § 1 auch bei einer kürzeren als einwöchigen Beschäftigung, auf die in kommunalem Dienst oder Betriebe beschäftigten Personen, auf Familienangehörige von Betriebsunternehmern und auf die in Land- oder Forstwirtschaft beschäftigten Personen; teils durch Anordnung des Reichskanzlers oder einer Landeszentralbehörde auf die im Reichs- oder Staatsdienst bzw. Betriebe beschäftigten Personen. Zudem steht der freiwillige Beitritt zur Gemeindekrankenkasse für Dienstboten und die nach §§ 1—3 nicht versicherungspflichtigen Personen (§ 4), zur Ortskrankenkasse für die in den bezüglichen Gewerbs- und Betriebsarten beschäftigten, nicht versicherungspflichtigen (§ 19) offen; ganz abgesehen von dem in §§ 63, 75 vorgesehenen Wechselverhältnis zwischen eingeschriebenen Hilfskassen und Krankenkassen.

Organisation. b, Die Organisation der Krankenversicherung ist bisher im Sinne tunlichster Verbindung gemeinsamer Berufsinteressen und selbständiger Verwaltung erfolgt, was naturgemäß deren Zersplitterung zur Folge gehabt hat

Vorweg sind bestehende Krankenkassen, soweit sie als Knappschafts-, Innungs-, eingeschriebene oder landesgesetzlich zugelassene Hilfskassen errichtet worden, nach Maßgabe der Vorschriften in §§ 74, 76, 85 aufrecht erhalten.

Für die nunmehr versicherungspflichtigen Personen ist in § 4 eine zweifache Organisation der Krankenversicherung zugrunde gelegt: eine prinzipale in Gestalt besonders errichteter Ortskranken- (§ 16), Betriebs- oder Fabrik- (§ 59), Bau- (§ 69), Innungs- (§ 73) und Knappschaftskrankenkassen (§ 74), wie eine subsidiäre als Gemeindekrankenkasse ohne besond. Gestaltung (§§ 4—15).

Gemeindekrankenkasse. α, Bei der im Gesetz vorangestellten Gemeindekrankenkasse gewährt die Gemeinde den Versicherungspflichtigen im Krankheitsfalle freie ärztliche Behandlung, im Falle der Erwerbsunfähigkeit (vgl. zu diesem Begriffe Preuß. ObVerwGer. 16 S. 376, 29 S. 315, 341) auch Krankengeld in Prozenten des festzustellenden ortsüblichen Tagelohns, und zwar (laut Ges. v. 25. Mai 1903) auf 26 (früher nur 13) Wochen. Dazu erhebt sie von denselben Beiträge in Form von Lohnabzügen seitens der Arbeitgeber und ebenfalls in Prozenten des ortsüblichen Tagelohns. Die Verwaltung führt sie mit ihrer eigenen Verwaltung, nur unter getrennter Kasse (§§ 5 ff., 52).

Ortskrankenkassen. β, Unter den prinzipalen Krankenkassen treten als regelmäßige die Ortskrankenkassen hervor (§§ 16—58). Sie können von den Gemeinden für eine, mehrere oder sämtliche Gewerbe- oder Betriebsarten ihres Bezirks auf Grund eines von der höheren Verwaltungsbehörde zu genehmigenden Statuts errichtet werden, haben die Rechte juristischer Personen und unterliegen der Aufsicht der Gemeinde bzw. der höheren Verwaltungsbehörde. Ihre Organe sind die Generalversammlung und der zu bestellende Vorstand. — Als Mindestleistungen haben sie den Mitgliedern bei Erkrankung freie ärztliche Behandlung, bei hinzutretender Erwerbsunfähigkeit ein Krankengeld, das nach Prozenten des festzustellenden Durchschnittstagelohns bemessen ist, auf 26 Wochen, im Todesfall auch den Hinterbliebenen ein Sterbegeld zu gewähren. Zur Sicherung dieser Leistungen und der Verwaltungskosten ist ihnen die Bildung und mündelsichere Verwaltung eines Vermögens (Reservefonds) auferlegt, und zwar auf Grund von Beiträgen der Arbeiter (zu $^2/_3$) und der Arbeitgeber (zu $^1/_3$). Vgl. §§ 22 ff., 51, 52.

γ, Die Betriebs-(Fabrik-)Krankenkassen (§§ 59—68) sind solche, die von größeren Betriebsunternehmern freiwillig oder auf Anordnung der höheren Verwaltungsbehörde für einen oder mehrere Betriebe mit der Wirkung errichtet werden, daß die in diesen gemäß Arbeitsvertrages beschäftigten Arbeiter der Versicherungspflicht unterfallen. Die für Ortskrankenkassen erlassenen Bestimmungen (zu β) finden grundsätzlich auch auf Betriebskassen Anwendung. Betriebskrankenkassen.

δ, Baukrankenkassen (§§ 69—72) sind solche, die bei Eisenbahn-, Kanal-, Wege-, Strom-, Deich-, Festungs- und sonstig vorübergehenden Bauten für die dabei in größerer Zahl beschäftigten Arbeiter von den Bauherren auf Anordnung einer höheren Verwaltungsbehörde errichtet werden. Auch für sie gelten grundsätzlich die für Ortskrankenkassen maßgebenden Vorschriften. Baukrankenkassen.

ε, Innungskrankenkassen (§ 73) bilden diejenigen, welche gemäß Tit. VI der GewO. von Innungen für die Gesellen und Lehrlinge ihrer Mitglieder errichtet werden mit der Folge, daß dieses Arbeiterpersonal versicherungspflichtig wird. Für sie sind die für Ortskrankenkassen geltenden Normen gleichfalls zutreffend, nur daß sie als Zubehör von Innungen neben diesen keine selbständige Rechtspersönlichkeit besitzen. Innungskrankenkassen.

c, Für die in land- und forstwirtschaftlichen Betrieben beschäftigten Arbeiter und Betriebsbeamten unterliegt laut des noch fortgeltenden Teils B (§§ 133—142) des Ges. v. 5. Mai 1886 (RGBl. S. 132; s. unten die Unfallversicherung) die Krankenversicherung noch gewissen Besonderheiten; doch ist der Fürsorgezeitraum (§ 136) auch bei ihnen nach Art. II des Ges. v. 25. Mai 1903 (RGBl. S. 233) auf 26 Wochen ausgedehnt (vgl. dazu V. v. 7. Nov. 1904, RGBl. S. 385). Land- und forstwirtsch. Betriebe.

II. Unfallversicherung.

Vornote.

1. a, Auf dem Gebiete der Unfallversicherung betätigte das Reich seine Fürsorge zuerst durch das Ges. v. 6. Juli 1884 (RGBl. S. 69) zugunsten der in gewerblichen Betrieben gegen Gehalt oder Lohn beschäftigten Arbeiter und der Betriebsbeamten bis zu 2000 Mk. Gehalt, erweiternd durch das sog. Ausdehnungsgesetz für Kranken- und Unfallversicherung v. 28. Mai 1885 (RGBl. S. 159), durch die Gesetze v. 5. Mai 1886 betreffend die Unfall- (Teil A) und Krankenversicherung (Teil B) der Arbeiter in land- und forstwirtschaftlichen Betrieben (RGBl. S. 132), v. 11. Juli 1887 bezüglich der Arbeiter bei Bauten (RGBl. S. 287), v. 13. Juli 1887 bezüglich der Seeleute (im weiteren Sinne, RGBl. S. 320). Reichsgesetzgebung.

Nachdem der § 86 des letzterwähnten Gesetzes bereits durch Art. 8 Nr. 4 EG. z. HGB. v. 10. Mai 1897 aufgehoben war, erging zur Abänderung der gesamten Gesetzgebung zur Unfallversicherung das sog. Mantelgesetz v. 30. Juni 1900 (RGBl. S. 320), nach dessen § 28 der nunmehr geltende Text aller beteiligten Gesetze am 5. Juli 1900 bekannt gemacht wurde (RGBl. S. 573). Danach wird in Abschn. I das Abänderungsgesetz v. 30. Juni 1900 selbst wiedergegeben; dann folgen als Anlagen unter besonderen Nummern die Unfallversicherungsgesetze v. 5. Mai 1886 (zu A, Forst- und Landwirtschaft), v. 11. Juli 1887 (Bauten), v. 13. Juli 1887 (Seeleute).

Inzwischen hatte das Reich bereits am 15. März 1886 ein Fürsorgegesetz für Beamte und Personen des Soldatenstandes infolge von Betriebsunfällen erlassen (RGBl. S. 53); und es paßte dasselbe nunmehr dem obigen Mantelgesetze durch Ges. v. 18. Juni 1901 (RGBl. S. 211) an.

Schließlich ist vom Reiche die Unfallversicherung auf Gefangene noch mittels Ges. v. 30. Juni 1900 (RGBl. S. 536) ausgedehnt.

Ergänzende Preußische Gesetzgebung.

b, Insoweit die vorstehende Reichsgesetzgebung dem Landesrecht noch Spielraum gelassen, hat Preußen sich durch folgende Gesetze betätigt:

α, auf Grund des RUnfallversicherungsgesetzes v. 5. Mai 1886 durch Ges. v. 20. Mai 1887, betreffend die Abgrenzung und Organisation der Berufsgenossenschaften im land- und forstwirtschaftlichen Betriebe (GS. S. 189), welches aber gemäß § 141 des obigen Mantelges. v. 30. Juni 1900 durch Ges. v. 16. Febr. 1902 abgeändert ist (GS. S. 261);

β, in bezug auf Fürsorge für Beamte infolge von Betriebsunfällen durch Ges. v. 18. Juni 1887 (GS. S. 282), in neuer Fassung auf Grund des Ges. v. 2. Juni 1902 (GS. S. 153);

γ, behufs Ausführung des RGes. v 30. Juni 1900 § 7, betreffend die Unfallversicherung für Gefangene, durch Ges. v. 28. Juli 1902 (GS. S. 293).

Grundzüge der Unfallversicherung.

2. Aus diesem Rechtsstande ergeben sich die Grundzüge der Unfallversicherung dahin.

Nachdem zu I (§§ 2—27) des eigentlichen Mantelges. v. 30. Juni 1900 für die verschiedenen Arten der Unfallversicherung gemeinsam mehrfache wesentliche Vorschriften, so über Errichtung neuer Berufsgenossenschaften, über die Organisation der Schiedsgerichte für Arbeiterversicherung, über die Organisation des Reichsversicherungsamts und der Landesversicherungsämter, getroffen worden, folgen als Anlagen:

Im Gewerbe.

Zu II, das Gewerbeunfallversicherungsgesetz.

In diesem Gesetze sind die allgemeinen Bestimmungen über die Grundlagen der Versicherung, wie Personenkreis, Gegenstand, Verhältnis zu anderen Fürsorgefaktoren, Träger und Organisation der Versicherung, Aufbringung der Fürsorgemittel, Rechtsstellung der Betriebsunternehmer, großenteils in §§ 1—34 vorangestellt.

Personen.

a, Versicherungszwang. Kraft Gesetzes sind zu versichern alle Arbeiter und Betriebsbeamten, letztere jedoch nur, sofern ihr jährliches Arbeitseinkommen nicht 3000 M. übersteigt, welche beschäftigt sind in Berg- und Hüttenwerken, Gruben, Werften, Bauhöfen, Fabriken, im gewerblichen Betriebe von Brauereien, Bauausführungen, der Schornsteinfeger, Fleischer, im Gesamtbetriebe der Post-, Telegraphen-, Eisenbahn-, Marine- und Heeresverwaltung, in gewerbsmäßigen Betrieben des Fuhrwerks, der Binnenschiffahrt, Flößerei, Fähre, Baggerei, Spedition, Speicherei, der Vorbereitung zur Güterbeförderung, in den mit registrierten Handelsgewerben verbundenen Lagerungs-, Holzfällungs- und Transportbetrieben. — Statutarisch kann die Versicherungspflicht ausgedehnt werden insbesondere auf kleine Betriebsunternehmer, auf Hausgewerbetreibende, auf Betriebsbeamte mit einem 3000 M. übersteigenden Arbeitseinkommen jährlich. §§ 1—7.

b, Versicherungsgegenstand. Dieser besteht in dem Ersatz des infolge eines Unfalls durch Körperverletzung oder Tötung entstehenden Schadens. Der Ersatzanspruch fällt jedoch fort, sofern der Verletzte den Unfall vorsätzlich herbeigeführt oder zufolge einer vorsätzlichen Straftat erlitten hat. Gegenstand.

Bei Körperverletzung steht dem Verletzten von der 14. Woche seit dem Unfall ab freie ärztliche Behandlung, sowie für die Dauer der Erwerbsunfähigkeit eine Rente zu, die, falls die Erwerbsunfähigkeit eine völlige, 66 $^2/_3$ Prozent des letzten Jahresarbeitsverdienstes (Vollrente), sonst nur einen Teil der Vollrente (Teilrente) beträgt und bei völliger Hilfslosigkeit auf 100 Prozent erhöht werden kann.

Bei Tötung besteht der Ersatz für die Hinterbliebenen in einem Sterbegelde von $^1/_{15}$ des Jahresarbeitsverdienstes des Getöteten, mindestens in 50 Mk., sowie in einer Rente vom Todestage ab in Höhe von 20—60 Prozent jenes Verdienstes.

Durch vorbezeichnete Auflagen werden die Verpflichtungen der Unterstützungskassen aller Art, der Gemeinden und Armenverbände nicht berührt. Deshalb hat man auch bei Betriebsunfällen in dem Verhältnis zwischen Kranken- und Unfallversicherung daran festgehalten, daß zunächst die erstere zur Unterstützung einzutreten habe; doch findet, falls sie über ihre Verpflichtungszeit hinaus geleistet hat, ein Ausgleich zwischen ihr und der beteiligten Berufsgenossenschaft (durch Überweisung von Renten) statt (§§ 8—27).

c, Träger der Unfallversicherung sind die Unternehmer der pflichtigen Betriebe auf Gegenseitigkeit, indem sie zu diesem Behufe zu sog. Berufsgenossenschaften für bestimmte Bezirke vereinigt werden, die jedesmal alle in ihrem Bezirk vorhandenen Betriebe der beteiligten Gewerbszweige umfassen. § 28. Versich.-Träger.

Die Berufsgenossenschaften haben die Rechte juristischer Personen; sie regeln ihre innere Einrichtung und Verwaltung unter bedeutsamen autonomen Rechten durch ein von der Generalversammlung zu beschließendes, der Genehmigung des Reichsversicherungsamts unterliegendes Statut. Die Vertretung und Verwaltung führt der zu bestellende Vorstand. Die Berufsgenossenschaften können sich in örtlich abgegrenzte Sektionen, und diese wieder in Vertrauensmännerbezirke gliedern (§§ 36—47). Für jetzt bestehen mehr als 60 gewerbliche Berufsgenossenschaften. Berufsgenossenschaften.

Soweit es sich um Reichs- oder Staatsbetriebe handelt, tritt an Stelle der Berufsgenossenschaft das Reich oder der beteiligte Bundesstaat (§§ 128—133).

d, Jeder versicherungspflichtige Unternehmer in den beteiligten Betrieben wird kraft Gesetzes Mitglied der betreffenden Berufsgenossenschaft und überkommt damit die Pflicht, den Betrieb und die Unfälle anzumelden und Beiträge zu den für die Entschädigungsrenten nebst Verwaltungskosten erforderlichen Mitteln zu leisten. Rechtsstellung d. Unternehmer.

Die Beiträge werden durch jährliche Umlagen auf die Mitglieder nach Maßgabe der in den einzelnen Betrieben von den Versicherten verdienten Gehälter und Löhne und des statutenmäßigen Gefahrentarifs (aufgestellt nach den mit den einzelnen Betrieben verbundenen Unfallgefahrenklassen) erhoben. Überdies hat jede Berufsgenossenschaft durch Zuschläge zu den ersten Jahresumlagen einen Reservefonds anzusammeln (§§ 29, 34, 49).

Rentenfestsetzung und Zahlung. e, Die Entschädigungsrenten werden durch die Vorstände der Berufsgenossenschaften oder Sektionen festgestellt. Gegen Ablehnung bzw. Feststellung findet Berufung auf schiedsrichterliche Entscheidung, gegen letztere Rekurs an das Reichsversicherungsamt statt (§§ 69—78).

Die Auszahlung der Entschädigungsrenten erfolgt auf Anweisung des Genossenschaftsvorstandes vorschußweise durch die Post (§§ 87, 97).

Schiedsgerichte. f, Zur Entscheidung von Streitigkeiten über Entschädigungen sind die gemäß §§ 103 ff. des Invalidenversich.Gesetzes (in der Fassung v. 19. Juli 1899, RGBl. S. 463) errichteten Schiedsgerichte mit berufen, die nunmehr die allgemeinere Bezeichnung „Schiedsgerichte für Arbeiterversicherung" zu führen haben. Über deren Errichtung, namentlich über die Vertretung der Arbeitsgeber und der Versicherten in denselben bestimmen die §§ 3—10 des Mantelgesetzes in Verbindung mit §§ 103 ff. des Invalidenversich.Gesetzes.

Reichsversicherungsamt. g, Die oberste Reichsbehörde zur Beaufsichtigung der Berufsgenossenschaften und zur endgültigen Entscheidung von Entschädigungsstreitigkeiten bildet grundsätzlich das Reichsversicherungsamt. Dasselbe besteht aus ständigen und nicht ständigen Mitgliedern. Erstere werden auf Vorschlag des Bundesrats vom Kaiser ernannt, von den letzteren 6 vom Bundesrat, 6 als Vertreter der Arbeitsgeber von den Vorständen der Berufsgenossenschaften bzw. Ausführungsbehörden, 6 als Vertreter der Versicherten von den Arbeiterbeisitzern der Schiedsgerichte gewählt. Die Entscheidungen des Reichsversich.Amts ergehen regelmäßig in der Besetzung von 5, nur ausnahmsweise in der Besetzung von 3 Mitgliedern (§§ 11—19).

Landesversicherungsämter. h, Für das Gebiet eines einzelnen Bundesstaats kann auf Kosten desselben ein besonderes Landesversicherungsamt errichtet werden, dessen Wirksamkeit sich nur auf die Berufsgenossenschaften der in diesem Staate befindlichen beteiligten Betriebe erstreckt. Die Organisation und die Zuständigkeit ist derjenigen des Reichsversicherungsamts nachgebildet (§§ 21, 2?).

Zu III, das Unfallversich.Gesetz für Land- und Forstwirtschaft.

Land- u. Forstwirtschaft. Hierbei handelt es sich um den Teil A (§§ 1—132) des gemeinsam für Unfall- und Krankenversicherung in land- und forstwirtschaftlichen Betrieben ursprünglich am 5. Mai 1886 ergangenen Gesetzes, und um die bezüglich der Zahl der Versicherten umfangreichste Versicherungsart. Dieselbe ist im allgemeinen der Gewerbeunfallversicherung nachgebildet, weist aber doch mehrfache in der Natur der Verhältnisse begründete Besonderheiten auf.

a, Der Versicherungszwang (§§ 1—6) trifft hier alle Arbeiter und alle einen höheren Jahresarbeitsverdienst als 3000 Mk. nicht erzielenden Betriebsbeamten, die in land- und forstwirtschaftlichen Betrieben, im Gegensatz zu eigentlich gewerblichen Betrieben, beschäftigt werden, auch wenn sie hauswirtschaftliche oder sonstige Nebendienste zu versehen haben. Durch Statut kann die Versicherungspflicht erweitert, namentlich auf kleinere Betriebsunternehmer und auf Betriebsbeamte mit höherem Jahresarbeitsverdienst als 3000 Mk. ausgedehnt, andererseits Betriebsunternehmern mit einem Jahresarbeitsverdienste unter oder über 3000 Mk. die Berechtigung zur Selbstversicherung eingeräumt werden (§§ 1—6).

b, Bei der Fürsorge für die durch Unfall geschädigten Versicherten, ist davon auszugehen, daß für die Arbeiter in land- und forstwirtschaftlichen Betrieben eine Krankenversicherung nicht von Reichs wegen, vielmehr nur etwa auf Grund landesgesetzlicher oder statutarischer Bestimmung besteht. Darin liegt es, daß, abgesehen von letzteren Fällen, die Fürsorge hier von Reichs wegen auf die ersten 13 Wochen seit dem Unfalle der Gemeinde des Beschäftigunsorts des Beschädigten auferlegt ist (§§ 27—29).

c, Bezüglich der Abgrenzung und Organisation der Berufsgenossenschaften, wie der Umlegung der Beiträge ist hier der Landesgesetzgebung eine abweichende Regelung vorbehalten, um ihr angesichts der Einheitlichkeit des land- und forstwirtschaftlichen Betriebes die einfache Anschließung jener Organisation an bestehende Verbände zu ermöglichen (§§ 141—145).

Von diesem Vorbehalt hat Preußen Gebrauch gemacht durch das Ges. v. 20. Mai 1887 (GS. S. 189), an dessen Stelle jetzt das Ges. v. 16. Febr. 1902 (GS. S. 261) getreten ist. Danach schließt sich die Organisation der hier fraglichen Versicherungsart derjenigen der Selbstverwaltungsverbände an, sofern die Berufsgenossenschaften entsprechend den Provinzen, die Sektionen gemäß den Kreisen abgegrenzt sind, und diesen Verbänden (Provinzial-, Kreis- und Stadtausschüssen) auch die Verwaltung der Berufsgenossenschaften übertragen ist.

Die Aufbringung der Beiträge erfolgt laut Reichsgesetzes (§§ 51—58) nach Maßgabe der Gefahrenklassen, der Löhne und Gehälter der Betriebsbeamten, wie des sog. Arbeitsbedarfs. Der Landesgesetzgebung bleibt aber die Aufbringung durch Zuschläge zu den direkten Staats- und Kommunalsteuern vorbehalten (§§ 57, 141). Vgl. für Preußen Ausführ.Bestimm. v. 19. Aug. 1900 (MBl. S. 243).

Zu IV, das Bau-Unfallversich.Gesetz.

(v. Chrzescinski, 3. Aufl. 1900.)

Dieses Gesetz ist im ganzen ebenfalls dem Gewerbeunfallversicherungsgesetz angepaßt, enthält jedoch folgende Besonderheiten. Bei nicht gewerbl. Bauten.

a, Anlangend den Versicherungszwang erstreckt sich derselbe nach dem Gewerbeunfallversicherungsgesetze (vgl. zu I oben) auf die an Bauten beschäftigten Arbeiter und Betriebsbeamten insoweit nicht, als es sich um Tief- (Wasser- oder Erd)bauten oder um Regiebauten (für eigene Rechnung) handelt. Die an diesen Bauten beschäftigten Arbeiter und Betriebsbeamten werden nun durch das vorliegende Gesetz der Unfallversicherung unterworfen (§§ 1—4).

b, Die Organisation dieser Versicherung ist eine verschiedene, je nachdem die Arbeiten immerhin in einem gewerbsmäßigen Baubetriebe oder in Regie ausgeführt werden. Im ersteren Falle gelten die ausführenden Baugewerbstreibenden als Unternehmer und werden zu besonderen (Baugewerbe-)Berufsgenossenschaften vereinigt; die Aufbringung der Fürsorgemittel erfolgt nicht durch Umlagen, sondern, im Hinblick auf die gerade in diesen Betrieben häufige Veränderung der Arbeiter, Arbeitsorte und Arbeitsobjekte, vermöge eines Deckungsverfahrens, nämlich derart, daß die Entschädigungsrenten und sonstigen Leistungen nach ihrem Kapitalsbetrage durch Beiträge der Unternehmer aufgebracht werden. Dem Reiche, den Bundesstaaten und den Kommunalverbänden steht bezüglich der von ihnen auszuführenden Bauten der Beitritt zu den oben bezeichneten Berufsgenossenschaften frei. — Bei Regiebauarbeiten erfolgt die Versicherung durch besondere, jenen Berufsgenossenschaften ebenfalls anzugliedernde Versicherungsanstalten; und zwar, falls die bezüglichen Arbeiten länger als 6 Tage dauern, auf Kosten der Unternehmer, d. h. derjenigen, für deren Rechnung die Bauarbeiten geschehen, gegen feste tarifmäßige Prämien, dagegen bei kürzeren Arbeiten durch Beiträge, die auf die beteiligten Gemeinden oder größeren Kommunalverbände umgelegt werden (§§ 5—21).

Seeunfallversicherung.

Zu V, das See-Unfallversich.Gesetz.

In diesem Gesetze treten folgende Besonderheiten hervor.

Der Versicherung unterliegen Personen, die auf deutschen Seefahrzeugen als Seeleute (Schiffsbesatzung) oder in inländischen Häfen beschäftigt werden, oder deren Beschäftigung in inländischen Betrieben der Schwimmdocks, des Lotsen-, Rettungs- oder Bergungsdienstes oder zur Beleuchtung, Bewachung oder Instandhaltung der dem Seeverkehr dienenden Gewässer stattfindet. Eine Ausdehnung der Versicherungspflicht durch Statut ist zulässig (§§ 1—7).

Die Versicherung erfolgt durch eine von den Unternehmern aller versicherungspflichtigen Betriebe zu bildende Berufsgenossenschaft (§ 32).

Entsprechende Anwendung dieser Versicherung ist vorgesehen für den Kleinbetrieb der Seeschiffahrt, sowie für die See- und Küstenfischerei. Jedoch erfolgt die Versicherung nur durch eine der Seeberufsgenossenschaft anzuschließende Versicherungsanstalt, und zu den Fürsorgeleistungen haben, da die hier fraglichen Betriebe meist eine schwache Leistungsfähigkeit besitzen, die weiteren Verbände der Küstenbezirke (in Preußen die Kreise) $^1/_2$ beizutragen (§§ 152, 162 ff).

3. Ausdehnung der Unfallversicherung.

Die vorstehend skizzierte Unfallversicherung ist reichsgesetzlich inzwischen noch subjektiv in zweifacher Richtung ausgedehnt worden:

Beamte, Pers. des Soldatenstandes.

a, auf die in einem nach Reichsrecht versicherungspflichtigen Betriebe beschäftigten Beamten der Reichszivilverwaltung, des Heeres und der Kriegsflotte, sowie auf Personen des Soldatenstandes durch das Unfallfürsorgeges. v. 18. Juni 1901 (RGBl. S. 211), welches an Stelle des ursprünglichen Ges. v. 15. März 1886 (RGBl. S. 53) getreten ist. — Hier ist die Versicherung als Fürsorge bei dienstlich erlittenen Unfällen aus Reichsmitteln gestaltet und mit den Gesetzen über das Pensions- und Reliktenwesen in Verbindung gebracht, indem dem Versicherten bei Eintritt der Erwerbsunfähigkeit eine besondere Pension, im Falle der Tötung den Hinterbliebenen außer dem Sterbegelde noch eine Rente gewährt wird.

Die Gesetzgebung Preußens hat sich dem für die unmittelbaren Staatsbeamten durch Ges. v. 18. Juni 1887 (GS. S. 282) nebst Novelle v. 2. Juni 1902 (GS. S. 153) im wesentlichen angeschlossen.

Gefangene.

b, auf Gefangene durch Unfallversicherungsges. v. 30. Juni 1900 (RGBl. S. 536).

Den Gefangenen sind Personen, die in Arbeitshäusern untergebracht oder zwangsweise mit Gemeinde-, Forst- und ähnlichen Arbeiten beschäftigt werden, gleichgestellt. Die Entschädigung bei Unfällen erfolgt, entsprechend der Gewerbeunfallversicherung, durch Gewährung von Renten, aber erst nach der Entlassung und in modifizierter Höhe, aus den Mitteln des Staates, in welchem die Strafe verbüßt wird, jedoch unter Vorbehalt des Rückgriffs auf Dritte.

Zu § 7 ist für Preußen das Ausführ.Ges. v. 28. Juli 1902 (GS. S. 293) ergangen.

III. Invaliditätsversicherung.

Vgl. v. Wödtke, 7. Aufl. 1901; Freund, 2. Aufl. 1900; Isenbart u. Spielhagen 1900; Weymann 1900.

Diese Fürsorgegesetzgebung stellt sich als die subjektiv und objektiv weitestgreifende dar, und ist deshalb auch zuletzt ergangen.

Ihre formelle Grundlage bildete ursprünglich das Invaliden- und Altersversicherungsges. v. 22. Juni 1889 (RGBl. S. 97) mit Novelle v. 18. Juni 1891 (RGBl. S. 337); dasselbe ist jedoch durch das Invalidenversicherungsges. v. 13. Juli 1899 (RGBl. S. 393) ersetzt, und dann der neue Text am 19. Juli 1899 bekannt gemacht (RGBl. S. 463).

Die Grundzüge der Invalidenversicherung sind danach folgende. Grundzüge.

1. Der Versicherungszwang trifft alle diejenigen Personen, und zwar vom 16. Lebensjahre ab und ohne Unterschied des Geschlechts und des Familienstandes, welche gegen Gehalt oder Lohn teils als Arbeiter, Gehilfen, Gesellen, Lehrlinge, Dienstboten, teils als Schiffsbesatzung auf deutschen Seefahrzeugen oder als Binnenschiffer, teils als Betriebsbeamte, Werkmeister, Techniker, Handlungsgehilfen und Handlungslehrlinge (außer in Apotheken), sonstige dienstlich im Hauptberuf Angestellte, Lehrer und Erzieher, vorausgesetzt, daß der Jahresverdienst 2000 Mk. nicht übersteigt, beschäftigt werden. — Der Zwang kann durch Bundesratsbeschluß ausgedehnt werden auf kleine Hausgewerbetreibende in gewissen Berufszweigen (für Tabak- und Textilindustrie vgl. Bekanntm. v. 16. Dez. 1891, RGBl. S. 395, v. 1. März 1894, RGBl. S. 324, und 9. Nov. 1895, RGBl. S. 452). — Dem Zwange unterliegen nicht Reichs-, Staats- und Kommunalbeamte, Lehrer und Erzieher an öffentlichen Schulen und Anstalten, sofern sie nur zur Ausbildung beschäftigt werden oder bereits eine Pensionsanwartschaft auf den Mindestbetrag der Invaliditätsrente besitzen; außerdem nicht solche Personen, deren Erwerbsfähigkeit dauernd auf weniger als $^1/_3$ des normalen Zustands herabgesetzt ist. — Zur freiwilligen Selbstversicherung bis zum vollendeten 40. Lebensjahre, bzw. zur Weiterversicherung sind befugt einerseits Betriebsbeamte, Werkmeister, Techniker, Handlungsgehilfen und sonstige Angestellte, Lehrer und Erzieher, Seeleute, sofern deren Jahresarbeitsverdienst zwar 2000, aber nicht 3000 Mk. übersteigt, andererseits kleine Gewerbetreibende und Hausgewerbetreibende (§§ 1—7, 14). Zwang.

Aus vorstehender Zusammenstellung bestätigt es sich, daß die Invalidenversicherung, weit über den Umkreis der Kranken- und Unfallversicherung hinaus, fast allen Arbeitszweigen im öffentlichen Dienst, in Handel, Landwirtschaft und Industrie zugute kommt.

2. Den Gegenstand der Versicherung bildet der Anspruch auf Gewährung einer Invaliden- (Erwerbsunfähigkeit) oder einer Altersrente (§§ 15—26). Versicherungsgegenstand.

a, Die Invalidenrente setzt kein bestimmtes Alter, vielmehr nur voraus, daß die Erwerbsfähigkeit des Versicherten ohne dessen Vorsatz dauernd auf weniger als $1/3$ herabgesetzt worden ist. Beruht die Erwerbsunfähigkeit auf einem Unfall, so beschränkt sich die Invalidenrente auf den Überschuß über die Unfallrente. Die Invalidenrente steht auch demjenigen, der ohne dauernde Erwerbsunfähigkeit doch 26 Wochen lang ununterbrochen erwerbsunfähig gewesen ist, für die weitere Dauer dieses Zustandes zu.

b, Die Altersrente erfordert die Vollendung des 70. Lebensjahrs.

c, Für beide Renten ist außerdem Voraussetzung, daß eine bestimmte Wartezeit zurückgelegt ist, und daß bestimmte Beiträge geleistet sind (§ 28).

Aufbringung der Mittel. d, Die Mittel zur Invalidenfürsorge werden vom Reiche durch Zuschüsse zu den tatsächlich zu zahlenden Jahresrenten, von den Arbeitsgebern und Arbeitsnehmern durch laufende Beiträge für jede Beitragswoche zu gleichen Teilen aufgebracht (§§ 27, 30, 35, 142, 144, 154).

Rentenvoraussetzungen. e, Als Wartezeit sind zurückzulegen: bei der Invalidenrente, falls mindestens 100 Pflichtbeiträge geleistet worden, 200, sonst 500, bei der Altersrente allemal 1200 Beitragswochen (§ 29).

Als Beitragswoche gilt jede Arbeits- oder Dienstwoche des Versicherten, für welche ein Versicherungsbeitrag entrichtet ist, ohne Beitrag aber auch solche, für welche der Versicherte in militärischem Dienst gestanden oder bescheinigtermaßen krank gewesen ist (§ 30).

Die Wochenbeiträge werden im voraus auf je 10 Jahre durch den Bundesrat nach Lohnklassen einheitlich und in der Höhe festgesetzt, daß dadurch der Kapitalswert der Rentenbeträge, die Beitragserstattungen (§ 42) und die sonstigen Aufwendungen der Versicherungsanstalten (§ 56) gedeckt werden. Für jetzt sind in V Lohnklassen wöchentlich 14, 20, 24, 30, 36 Pf. zu erheben (§§ 30 bis 32).

Den V Lohnklassen wird der Durchschnittssatz des Jahresarbeitsverdienstes der Versicherten zugrunde gelegt, und zwar in Klasse I bis zu 350 Mk., in Klasse II bis zu 550 Mk., in Klasse III bis zu 850 Mk., in Klasse IV bis zu 1150 Mk., in Klasse V über 1150 Mk. Als Jahresverdienst gilt bei Mitgliedern besonders organisierter Krankenkassen (§ 4 Krankenkassenges.) das 300fache des für diese maßgebenden Tagelohns, für land- und forstwirtschaftlich beschäftigte Personen wie für Seeleute ein von der höheren Verwaltungsbehörde festzusetzender Betrag, für Mitglieder von Knappschaftskassen das 300fache des vom Kassenvorstande festzusetzenden Tagesarbeitsverdienstes, im übrigen das 300fache des ortsüblichen Tagelohns gewöhnlicher Tagearbeiter (§ 34).

f, Die Rentenberechnung erfolgt nach obigen Lohnklassen und nach Jahresbeträgen. Die Renten bestehen aus einem der Höhe nach verschiedenen, von den Versicherungsanstalten (§ 56) aufzubringenden Betrage, sowie aus einem festen Reichszuschusse von 50 Mk. für jede Jahresrente (was zur Zeit den Reichsetat mit etwa 50 Millionen Mk. belastet).

Der erstere wechselnde Betrag wird bei der Invalidenrente berechnet nach einem Grundbetrage (für 500 Beitragswochen), und zwar in Klasse I von 60, in Klasse II von 70, in Klasse III von 80, in Klasse IV von 90, in Klasse V von 100 Mk., unter Hinzurechnung von Steigerungssätzen für jede Beitragswoche mit 3, 6, 8,

10, 12 Pf. für die bezüglichen Klassen. — Bei der Altersrente beträgt der Grundbetrag 60, 90, 120, 150, 180 Mk. (§§ 35—37).

g, Die abzurundenden Renten werden monatlich voraus gewährt; und zwar die Invalidenrente vom Eintritt des Verlusts der Erwerbsfähigkeit, die Altersrente vom ersten Tage des 71. Lebensjahrs ab (§§ 38, 41). Auf die Hinterbliebenen der Versicherten erstreckt sich die Invalidenfürsorge bisher nicht. — Unter Umständen ist, sofern für einen Versicherten 200 Wochenbeiträge entrichtet sind, der aber nicht in den Genuß der Rente gelangt, eine teilweise ($^1/_2$) Erstattung der Beiträge vorgesehen; so für heiratende weibliche Personen und für die Hinterbliebenen einer versterbenden männlichen Person (§§ 42—45). — Unter Umständen findet aber auch ein Erlöschen der Rentenanwartschaft, ein Ruhen der Renten oder eine Entziehung der Invalidenrente statt (§§ 46—48).

h, Durch die Vorschriften dieses Gesetzes werden gesetzliche, statutarische oder vertragsmäßige Verpflichtungen von Gemeinden, Armenverbänden oder sonstigen Personen zur Fürsorge für Hilfsbedürftige nicht berührt. Daher muß auch, wenn von diesen Personen Unterstützungen an Invaliden- oder Altersrentenberechtigte gewährt sind, ein Ausgleich (durch Überweisung von Renten) erfolgen (§§ 49—54).

3. Organisiert ist die Invalidenversicherung in der Art, daß ihre Durchführung durch Versicherungsanstalten, durch Schiedsgerichte und durch das Reichsversicherungsamt unter Mitwirkung der Landesverwaltungsbehörden und der Reichspostbehörde erfolgt. Organisation.

a, Die Mitwirkung der unteren Landesverwaltungsbehörden dient hauptsächlich zur Vorbereitung der Rentenansprüche, indem diese bei ihnen anzumelden und von ihnen zu begutachten sind (§§ 57—64). Landesverw.-Behörden.

b, Die Versicherungsanstalten bilden die eigentlichen Träger der Versicherung. Sie werden für weitere Kommunalverbände, bzw. für einen oder mehrere Bundesstaaten, und zwar für sämtliche versicherungspflichtige Personen ihres Bezirks errichtet; die Errichtung erfolgt durch Aufstellung eines Statuts unter Genehmigung des Bundesrats. Es gibt zurzeit im Reiche 31 Versicherungsanstalten, wovon auf Preußen für jede Provinz und für den Stadtkreis Berlin (unter Angliederung Lauenburgs und Helgolands an Schleswig-Holstein, Hohenzollerns an die Rheinprovinz) eine kommt. Die Versicherungsanstalten haben die Rechte juristischer Personen. Ihre Vertretung und Verwaltung führt ein Vorstand, dessen Geschäfte durch Beamte des bezüglichen Kommunalverbandes oder Bundesstaats wahrgenommen werden, dem aber ein Ausschuß, bestehend aus einer gleichen Zahl (mindestens 5) Vertreter der Arbeitgeber und Arbeitnehmer, zur Seite steht, der sich übrigens untere Hilfsorgane in sog. Rentenstellen schaffen kann (§§ 65–102). Versich.-Anstalten.

Jede Versicherungsanstalt verwaltet selbständig ihr Vermögen und ihre Einnahmen. Zu decken sind daraus einerseits die von allen Versicherungsträgern gemeinsam aufzubringende Last (Gemeinlast), andererseits die den einzelnen Versicherungsträgern verbleibende Last (Sonderlast). Zur Gemeinlast gehören $^3/_4$ aller Altersrenten, die Grundbeträge aller Invalidenrenten, die Rentensteigerungen infolge von Krankheitswochen und die Rentenabrundungen (§§ 38, 40); alle übrigen Verpflichtungen fallen unter die Sonderlast. Zur

Deckung der Gemeinlast hat jede Versicherungsanstalt vom 1. Januar 1900 ab $^4/_{10}$ der Beiträge als verzinsliches Gemeinvermögen buchmäßig auszuscheiden. Diese Bestimmungen sollen zur Ausgleichung gewisser finanziell schwächeren Bezirke (der landwirtschaftlichen, wie Ostpreußen und Niederbayern) mit den übrigen Bezirken dienen (§ 33).

Den Versicherungsanstalten liegt auch die Feststellung der bei den unteren Verwaltungsbehörden angemeldeten und von denselben begutachteten Rentenansprüche nach Höhe und Beginn ob. Gegen Ablehnung wie Festsetzung bezüglicher Ansprüche findet die Berufung auf schiedsgerichtliche Entscheidung statt (§§ 112—122).

In betreff solcher versicherungspflichtigen Personen, die in Betrieben des Reichs, eines Bundesstaats oder eines Kommunalverbandes beschäftigt sind, wird die Beteiligung an einer für diesen Betrieb unter Genehmigung des Bundesrats errichteten sog. besonderen Kasseneinrichtung der Versicherung in einer Versicherungsanstalt gleich geachtet (§§ 8—10).

Schiedsgerichte. c, An Schiedsgerichten, die nach obigem zugleich für die Unfallversicherung zuständig sind, wird für den Bezirk jeder Versicherungsanstalt mindestens eins errichtet, mit einem ständigen, landesherrlich zu ernennenden Vorsitzenden und mit Beisitzern, die von dem Ausschusse der Versicherungsanstalt in gleicher Zahl für Arbeitgeber und Arbeitnehmer gewählt werden. Die Schiedsgerichte verhandeln und entscheiden in der Besetzung von fünf Mitgliedern (§§ 103—107). Wegen des Verfahrens vgl. V. v. 22. Nov. 1900 (RGBl. S. 1017).

Reichs-versich.Amt. d, Zur Zuständigkeit des Reichsversicherungsamts gehört zunächst die oberste Aufsicht über die Versicherungsanstalten, sodann die grundsätzlich endgültige Entscheidung in Streitigkeiten über Rechte und Pflichten der Organe der Versicherungsanstalten und ihrer Mitglieder, wie über die Auslegung der Statuten und die Gültigkeit der Wahlen, wobei das Rechtsmittel gegen die Entscheidungen der Schiedsgerichte die Revision bildet. Die Entscheidung ergeht regelmäßig in der Besetzung von vier Mitgliedern und einer richterlichen Person (§§ 108—110, 112—122). Bezüglich des Geschäftsganges und Verfahrens vgl. die V. v. 19. Okt. 1900 (RGBl. S. 983).

Diese Vorschriften sollen auf ein etwa gemäß § 92 des Unfallversich.Gesetzes für das Gebiet eines Bundesstaats errichtetes Landesversicherungsamt entsprechende Anwendung finden (§ 111). Dergleichen Landesversicherungsämter bestehen zurzeit für Bayern, Sachsen, Württemberg, Baden, Hessen-Darmstadt, die beiden Mecklenburg und Reuß ä. L.

Rentenzahlung durch Post. e, Die Mitwirkung der Postbehörden besteht darin, daß sie auf Anweisung der Versicherungsanstalten die Renten vorschußweise an die Berechtigten zahlen, wofür sie von den Versicherungsanstalten Gewährung eines Betriebsfonds fordern können und demnächst Erstattung der Vorschüsse empfangen (§ 123).

Entrichtung der Beiträge. Die Entrichtung der wöchentlichen Beiträge des Versicherten und des Arbeitgebers liegt dem letzteren ob. Zu diesem Zwecke hat der Versicherte sich von der Ortspolizei je nach Bedarf eine mit 52 leeren Feldern versehene Quittungskarte ausstellen zu lassen und solche bei der Lohnzahlung dem Arbeitgeber vorzulegen. Der letztere hat seinerseits von der Post 2c. Marken, die von jeder Versicherungsanstalt für die einzelnen Lohnklassen unter Bezeichnung ihres Geldwerts ausgegeben werden, anzukaufen und davon einen dem jedesmaligen Beitrag entsprechenden Betrag in die Quittungskarte des Versicherten einzukleben; die Hälfte dieses Betrages kann er bei der Lohnzahlung dem Versicherten abziehen. Übrigens darf der Versicherte selbst die Wochenbeiträge entrichten und dann die Hälfte derselben von dem Arbeitgeber erstattet verlangen (§§ 130—145).

Statutarisch oder durch eine Landeszentralbehörde kann auch angeordnet werden, daß die Beiträge für Rechnung der Versicherungsanstalt durch Kranken- oder Knappschaftskassen, durch Gemeindebehörden oder besondere Hebestellen eingezogen werden. Den Reichs-, Staats- und Kommunalbehörden steht naturgemäß das Einziehungsrecht für die in ihren Betrieben Versicherungspflichtigen zu (§§ 148—154).

IV. Kolonisation und Auswanderung. Kolonisation, Auswanderung.

Diese Materien sind bereits in den Noten 3 zu Art. 1 und II 3 zu Art. 3 erläutert.

Zu Art. 4 Nr. 2. Nr. 2.

Nach Nr. 2 unterstehen der Reichsgesetzgebung die Zoll- und Handelssachen und die für die Zwecke des Reichs zu verwendenden Steuern.

Diese Gebiete hat die Reichsverfassung weiterhin selbst in den Abschn. VI (Art. 33—40) und XII (Art. 69—73) näher geregelt.

Zu Art. 4 Nr. 3. Nr. 3.

Die Nr. 3 überweist der Reichsgesetzgebung die Ordnung des Maß-, Münz- und Gewichtssystems, die Feststellung der Grundsätze über die Emission von fundiertem und unfundiertem Papiergelde.

Es handelt sich hier um das früher sog. Finanz- und Kommerzregal, bezüglich dessen der § 12 Teil II Tit. 13 des Preuß. ALR. bestimmte, daß das Recht, Münzen, Maß und Gewicht zu bestimmen, zu den Majestätsrechten gehöre.

Zur Ausführung der Nr. 3 ist vom Reich eine Anzahl von Gesetzen erlassen.

I. Maß- und Gewichtssystem. Maß und Gewicht.

An einheitlichen Vorschriften über Maße und Gewichte als Grundlagen des öffentlichen Verkehrs fehlte es in Deutschland früher. Für Preußen war am 16. Mai 1816 eine Maß- und Gewichtsordnung nebst Anweisung zur Verfertigung der Probemaße und Gewichte (GS. S. 142, 149), später mehrfach geändert, ergangen. Dieselbe beruhte noch auf dem Grundmaß des sog. Rheinländ. Fußes und auf dem Grundgewicht des Pfundes mit Dezimalteilung.

a. Hier hat das Reich Abhilfe geschaffen, zunächst durch die auf ganz Deutschland ausgedehnte Maß- und Gewichtsordnung vom 17. Aug. 1868 (BGBl. S. 473), welche teilweise allerdings (zu Art. 1—3, 5, 6, 8, 14) durch die Ges. vom 10. März 1870 (BGBl. S. 46), 7. Dez. 1873 (RGBl. S. 377), 11. Juli 1884 (RGBl. S. 115), 26. April 1893 (RGBl. S. 151) und 1. Juni 1900 (RGBl. S. 250) geändert ist. Danach (§§ 1—9) bilden die Grundlagen von Maß- und GewichtsO.

Maß und Gewicht das Meter (m) und das Kilogramm (kg), mit dezimaler Teilung und Vervielfachung. Auf dieser Basis gelten: im Längenmaß als Einheit das Meter (m), geteilt durch 100 als Zentimeter (cm) und durch 1000 als Millimeter (mm), vervielfacht durch 1000 als Kilometer (km); im Flächenmaß als Einheit das Quadratmeter (qm), vervielfacht mit 100 als Ar (a), mit 10000 als Hektar (ha), daneben als Quadratkilo-, Zenti- und Millimeter (qkm, qcm, qmm); im Körpermaß (Raum- und Hohlmaß) als Einheit das Kubikmeter (cbm), geteilt durch 1000 als Liter (l), vervielfacht mit 100 als Hektoliter (hl), daneben als Kubik-, Zenti- und Millimeter (ccm, cmm); im Gewicht als Einheit das Kilogramm (kg), geteilt durch 1000 als Gramm (g) mit Unterteilung als Milligramm (mg), vervielfacht mit 100 als Doppelzentner (dz), mit 1000 als Tonne (t). Bemerkt wird, daß die Bezeichnungen Meile, Pfund, Scheffel und Zentner beseitigt sind. — Dann ist vorgeschrieben (§§ 10—13), daß im öffentlichen Verkehre zum Zumessen und Zuwägen nur gemäß obiger Ordnung gehörig gestempelte Maße und Gewichte verwendet werden dürfen; und diese Vorschrift wird noch verstärkt durch § 369 Nr. 2 Str.GB., welcher Gewerbetreibende bestraft, bei denen zum gewerblichen Gebrauche geeignete, ungestempelte oder unrichtige Maße oder Gewichte vorgefunden werden (d. h. der bloße Besitz entscheidet; vgl. Goltd Arch. 39 S. 357, 40 S. 354, 41 S 298), sowie durch die Ges. v. 20. Juli 1881 über die Bezeichnung des Raumgehalts von Schankgefäßen (RGBl. S. 249) und v. 16. Juli 1884 über den Feingehalt von Gold- und Silberwaren (RGBl. S. 120), wonach Zuwiderhandlungen gegen diese Gesetze strafbar sind, endlich durch das Ges. v. 19. Mai 1891 über Prüfung der Läufe und Verschlüsse von Handfeuerwaffen (RGBl. S. 109). — Die Prüfung (Eichung) und Stempelung ist (§§ 14—19) besonderen Behörden zugewiesen; und zwar für das ganze Reich (außer Bayern) zur Überwachung einer gleichmäßigen Handhabung des Eichungswesens einer Normaleichungskommission in Berlin, für die einzelnen Bundesstaaten den von diesen zu bestellenden Eichungsämtern (für Preußen mit Eichungsinspektor für jede Provinz, Ges. v. 26. Nov. 1869, GS. S. 1165). Dazu vgl. die EichO. v. 27 Dez. 1884 (RGBl. 1885 Beilage zu Nr. 5), mehrfach ergänzt, zuletzt durch Bekanntm. v. 18. Aug. 1900 (RGBl. 1900 Beilage zu Nr. 38).

Elektrische Messungen. b, Für elektrische Messungen ist ergangen das Ges. v. 1. Jun 1898 (RGBl. S. 905) über elektrische Maßeinheiten. Diese sind für den elektr. Widerstand das Ohm, für die elektr. Stromstärke das Ampere, für die elektr. Kraft das Volt. Die entsprechende Beglaubigung der Meßgeräte liegt der physikalisch-technischen Reichsanstalt zu Potsdam ob. Zuwiderhandlungen gegen das Gesetz sind unter Strafe gestellt (§§ 1—11). Dazu vgl. Ausführl. Bekanntm. v. 6. Mai 1901 (RGBl. S. 127).

Meterkonvention. c, Zur Sicherung der gleichmäßigen Anwendung anerkannter Maße und Gewichte (Prototypen) ist von fast allen Kulturstaaten die sog. Internationale Meterkonvention v. 20. Mai 1875 (RGBl. 1876 S. 191) geschlossen, bzw. nachträglich genehmigt.

II. Münzsystem.

Vgl. R. Koch, RGesetzgebung über Münzwesen (3. Aufl. 1898).

Eine nicht geringere Zersplitterung, als im Maß- und Gewichtswesen, fand das Reich im Münzwesen vor. In Preußen galt nach dem MünzEd. v. 29. März 1764 (Rabe I Abt. 3 S. 8) und nach dem Münzverfass.Ges. v. 30. Sept. 1821 (GS. S. 159) der Talerfuß (geteilt in 30 Silbergroschen zu je 12 Pfennigen), ein Fuß, der auch im übrigen Norddeutschland (wenngleich bei verschiedener Einteilung) vorherrschte. Daneben bestanden, von kleineren Systemen abgesehen, für Süddeutschland und Österreich (Liechtenstein) zwei voneinander abweichende Guldenfüße. Die Münzverträge der Zollvereinsstaaten v. 30. Juli 1838 und 24. Januar 1857 sprachen sich noch zugunsten der reinen Silberwährung aus. Aber weiterhin drängte sich den mit Silberwährung (rein oder neben Goldwährung) versehenen Staaten die Frage des Überganges zur Goldwährung auf, weil dieses Metall zur Prägung und zum Verkehr geeigneter, auch fester nach Masse und Wert ist, wie dies auch in dem allmählichen Sinken des Silberwerts seit den siebziger Jahren hervorgetreten ist. Münzsystem.

Das Reich griff hier alsbald zu einheitlicher Münzreform auf Grundlage der Goldwährung ein. Es erließ zunächst das Ges. über die Ausprägung von Reichsgoldmünzen v. 4. Dez. 1871 (RGBl. S. 404); zwar noch keine offene Annahme der Goldwährung, aber doch schon eine Vorbereitung derselben. Nach diesem Gesetze (§§ 1—11) sollte die Ausprägung von Reichsgoldmünzen mit Markeinheit zu 100 Pf., und zwar in Stücken zu 10 und 20 Mk. (laut Erl. v. 17. Febr. 1875 (RGBl. S. 72) Kronen und Doppelkronen genannt), auf Kosten des Reichs in den bundesstaatlichen Münzstätten erfolgen, damit Hand in Hand die allmähliche Einziehung der bestehenden Gold- und groben Silbermünzen gehen, eine weitere Ausprägung sonstiger Gold- und grober Silbermünzen unterbleiben, und den neuen Reichsgoldmünzen die Geltung als allgemeines Zahlungsmittel (vgl. BGB. §§ 232, 244, 245, 607) nach dem Wertsverhältnis von 1 : 15 ½ von Gold zu Silber zukommen. Die wirkliche Einführung der Goldwährung erfolgte erst durch das Münzges. v. 9. Juli 1873 (RGBl. S. 233), in Kraft gesetzt für Preußen bereits durch V. v. 28. Juni 1874 (GS. S. 257) zum 1. Januar 1875, für das Reich durch V. v. 24. Sept. 1875 (RGBl. S. 303) zum 1. Januar 1876. Danach soll an Stelle der in Deutschland geltenden Landeswährungen die Reichsgoldwährung mit der Rechtseinheit der Mark treten. Neben den Reichsgoldmünzen zu 10 und 20 Mk. wurde noch eine solche zu 5 Mk. vorgesehen (Art. 1, 2), die inzwischen durch Ges. v. 1. Juni 1900 (RGBl. S. 250) Art. I wieder beseitigt ist. Für den kleineren Verkehr ward die Ausprägung von Reichsscheidemünzen angeordnet; jedoch nur von Silbermünzen zu 5, 2 und 1 Mk., 50 und 20 Pf., von Nickelmünzen zu 10 und 5 Pf. (wozu laut Ges. v. 1. April 1886, RGBl. S. 67, noch solche zu 20 Pf. traten, die aber ebenfalls durch das obengedachte Ges. v. 1. Juni 1900 Art. III beseitigt sind), von Kupfermünzen zu 2 und 1 Pf. Der Gesamtbetrag der Silbermünzen sollte nicht 10 Mk., der der Nickel- und Kupfermünzen nicht 2 ½ Mk. auf den Kopf der Bevölkerung übersteigen; ersterer Betrag ist aber durch jenes Gesetz v. 1. Juni 1900 Art. IV auf 15 Mk. erhöht. Die Geltung der Reichsscheidemünzen ist ihrer Natur entsprechend Münzgesetz.

insofern eingeschränkt, als niemand Reichssilbermünzen in höherem Betrage als 20 Mk., Reichsnickel- und Kupfermünzen in höherem Betrage als 1 Mk. in Zahlung zu nehmen verpflichtet ist, wogegen die Reichs- und Landeskassen die Reichssilbermünzen zu jedem Betrage umzutauschen haben (Art. 9). Außer vorstehenden Reichsmünzen wurde in Art. 15 noch einer Anzahl deutscher Landesmünzen die Fortgeltung als allgemeines gesetzliches Zahlungsmittel bis zu ihrer Außerkurssetzung eingeräumt, darunter insbesondere den Ein- und Zweitalerstücken mit Einschluß der von Österreich bis Ende 1867 geprägten Vereinstaler; inzwischen sind jedoch alle diese deutschen Münzen mit Ausnahme des Talers, sowie die österreichischen Vereinstaler (vgl. Ges. v. 28. Febr. 1892, RGBl. S. 315), und Bek. v. 8. Nov. 1900, RGBl. S. 1013) außer Kurs gesetzt. Zur Durchführung der Reichswährung fehlt sonach noch die vollständige Einziehung der deutschen Taler, die zu 3 Mk. Gold in Zahlung angenommen werden müssen, deren Einziehung jedoch seit 1879 wegen der zunehmenden Silberentwertung ausgesetzt ist. Für die Außerkurssetzung von Landesmünzen und für die inländische Zulassung ausländischer Münzen ist der Bundesrat zuständig (Art. 8, 13). Die Ausprägung der Reichsscheidemünzen erfolgt, wie es für die Reichsgoldmünzen schon durch das Ges. v. 4. Dez. 1871 bestimmt war, auf den bundesstaatlichen Münzstätten unter Aufsicht und für Rechnung des Reichs; doch ist solche für Reichsgoldmünzen zu 20 Mk. auch auf Rechnung von Privatpersonen gegen eine Prägungsgebühr zugelassen (Art. 12).

Papiergeld.

III. Papiergeld.

Mit der Feststellung von Grundsätzen über Emission fundierten und unfundierten Papiergeldes war der Reichsgesetzgebung eine nicht minder dringliche Aufgabe, wie mit der Ordnung des Maß-, Münz- und Gewichtssystems, zugewiesen. Denn unter den Kreditoperationen des Staates zur Beschaffung von Geldmitteln stellt sich gegenüber der Aufnahme verzinslicher Anleihen (vgl. RVerf. Art. 73, ReichsschuldO. v. 19. März 1900, RGBl. S. 129; Preuß. VerfUrk. Art. 103) die Ausgabe von Papiergeld, d. h. von unverzinslichen und gewöhnlich unfundierten Staatsnoten, bei denen, wie bei Banknoten, auf eine Ausnutzung als geldähnliches Umlaufsmittel gerechnet wird, naturgemäß als die günstigere, aber auch als die gefährlichere dar. Und so hatten denn auch bis zur Gründung des nationalen Staates hin die deutschen Staaten meist eine ihren Kredit übersteigende Menge von Papiergeld ausgegeben; ein Mißstand, der noch durch übermäßige Emission von ungedeckten Banknoten erhöht wurde.

Dem trat nun zunächst der Nordd. Bund durch das sog. Sperrges. v. 16. Juni 1870 (BGBl. S. 507) entgegen, wonach den Bundesstaaten fortan die Ausgabe von Staatspapiergeld nur auf Grund eines Bundesgesetzes gestattet sein sollte (§ 1). Sodann bestimmte das Reich in Art. 18 des Münzges. v. 9. Juli 1873 (s. zu III), daß das Papiergeld der Einzelstaaten bis zum 1. Januar 1876 einzuziehen, die Ausgabe von Reichspapiergeld nach Maßgabe eines künftigen Gesetzes vorzubehalten sei. Dieses Gesetz wurde demnächst vom Reiche am 30. April 1874 als Gesetz über die Ausgabe von Reichskassenscheinen erlassen (RGBl. S. 40). Darin ist die Sperrvorschrift aus § 1 des BGes. v. 16. Juni

Reichspapiergeld.

1870 von Reichs wegen endgültig bestätigt (§ 8). Die Bundesstaaten haben (entsprechend dem Art. 18 des Münzgesetzes) ihr Staatspapiergeld bis zum 1. Juli 1875 zur Einlösung aufzurufen und tunlichst schnell einzuziehen (§ 2). Zu diesem Behuf ist vom Reiche Papiergeld (Reichskassenscheine), bezüglich dessen im Privatverkehr keine Annahmepflicht besteht (§ 5), im Betrage von 120 Mill. Mk., der, wie der gleiche Betrag des Reichskriegsschatzes (Ges. v. 11. Nov. 1871, RGBl. S. 409), nach der damaligen Bevölkerungszahl von etwa 40 Mill. bemessen ist, in Stücken zu 5, 20 und 50 Mk. auszugeben und unter die Bundesstaaten nach demselben Maßstabe zu verteilen (§ 1). Solchen Staaten, deren Papiergeld den an sie verteilten Betrag von Reichspapiergeld übersteigt, sind vom Reiche noch $^2/_3$ des Überschusses bar oder in Reichskassenscheinen vorschußweise, unter Beding der Rückzahlung bis Ende 1890, zu überweisen (§ 3), bei welcher Vorschrift es sich rund um 54 Mill. Mk. gehandelt hat. Das Gesetz ist absichtsgemäß zur Ausführung gebracht, so daß jetzt nur noch 120 Mill. Mk. Reichskassenscheine im Umlauf sind.

Zu Art. 4 Nr. 4. Nr. 4.

R. Koch, RGesetzgebung über Münz- und Notenbankwesen (3. Aufl. 1898).

Nach Art. 4 Nr. 4 unterliegen der Beaufsichtigung und Gesetzgebung des Reichs die allgemeinen Bestimmungen über das Bankwesen.

Die Banken haben sich allmählich zu Mittelpunkten des Geld- und Kreditwesens entwickelt. Ihrem Geschäftsbetrieb unterfallen heutzutage besonders der Ankauf und Verkauf von Münzen, Wechseln und Wertpapieren (Diskonto- und Effektengeschäft), die Einziehung und Annahme von Geldforderungen (Inkassogeschäft), die Aufbewahrung von Geldern oder anderen Wertsachen (Depositengeschäft), sei es zur bloßen Verwahrung, sei es auch zur Verwaltung und zur Vermittlung von Zahlungen mittels Umschreibung oder Anweisung von Bankguthaben (Giro- oder Scheckverkehr), endlich die Gewährung von Kredit gegen Bürgen, Wechsel, Faustpfand (Lombard) oder Bodensicherheit. Insoweit gehören die Geschäfte der Banken dem privatrechtlichen Handelsgewerbe an (HGB. § 1). Daneben ist schon in der ersten Hälfte des 19. Jahrhunderts den Banken, teils als Staatsbanken organisiert, teils als bloßen Privatbanken, von den deutschen Regierungen das Privileg erteilt, Banknoten auszugeben, d. h. auf bestimmte Geldbeträge lautende, unverzinsliche, jedem Einlieferer ohne Legitimationsprüfung auszuzahlende Schuldscheine, die rechtlich dem Papiergelde verwandt sind, wirtschaftlich zur Vermehrung bequemer Umlaufswerte im Verkehrsleben dienen. Naturgemäß aber können solche Notenausgaben für die Volkswohlfahrt zugleich zu einer gefahrvollen werden, sofern sie das durch den Verkehrsbedarf und die Leistungsfähigkeit der Bank gebotene Maß überschreiten. In dieser Lage befand sich Deutschland bei Errichtung des nationalen Staats. Zwar in Preußen war nur die aus der früheren Königl. Bank hervorgegangene Preußische Bank mit unbeschränktem Notenausgaberechte versehen (vgl. BankO. v. 5. Okt. 1846, GS. S. 435, Ges. v. 7. Mai 1856, GS. S. 342), während den daneben bestehenden Privatbanken dies Recht nur in beschränktem Umfange zustand. Dagegen war in anderen Bundesstaaten von der Notenprivilegierung ein höchst bedenklicher Gebrauch gemacht (1870 mehr als 400 Mill. Mk., meist ungedeckt, in Umlauf).

Diesem Unwesen suchte zunächst der Nordd. Bund durch das sog. Sperrges. v. 27. März 1870 (BGBl. S. 51), verlängert bis Ende 1875, zu steuern, indem danach fortan das Recht zur Ausgabe von Banknoten nur auf Grund eines Bundesgesetzes erworben werden sollte (§§ 1, 2); und dem folgte das Reich durch die Vorschrift in Art. 18 des Münzges. v. 9. Juli 1873 (RGBl. S. 233), wonach bis Anfang 1876 alle nicht auf Reichswährung lautenden Banknoten einzuziehen und fortan nur Banknoten in Reichswährung und in Stücken nicht unter 100 Mk. in Umlauf zu lassen oder zu setzen seien, eine Vorschrift, die auf die von Korporationen ausgegebenen Scheine ausgedehnt war. Die endgültige Reform des Banknotenwesens führte jedoch erst das **Bankges. v. 14. März 1875** (RGBl. S. 177) herbei.

Bankgesetz v. 1875.

Die **Grundzüge** der Reform gehen dahin.

1. In Tit. I (§§ 1—11) werden **allgemeine Bestimmungen** über Notenbanken vorausgeschickt. Danach kann in Bestätigung des Sperrges. v. 27. März 1870 das Recht zur Ausgabe von Banknoten (für Oldenburg auch in Form von Staatspapiergeld) oder zur Erweiterung des zulässigen Ausgabebetrages nur durch ein Reichsgesetz erlangt werden. Bei Erlaß des Bankgesetzes gab es (vgl. dessen Anlage) im Reiche 33 Notenbanken mit einem ungedeckten Notenumlaufe von insgesamt 385 Mill. Mk. (§ 1). Die Ausgabe von Banknoten darf nur in Stücken von 100, 200, 500, 1000 oder mehreren 1000 Mk. erfolgen (§ 3). Eine Verpflichtung des Publikums, Banknoten als Zahlungsmittel anzunehmen, ist ausgeschlossen, dagegen den ausgebenden Banken die Pflicht zur Annahme oder Einlösung auferlegt und die Wiederausgabe der zurückgeflossenen Banknoten untersagt (§§ 2, 4, 5). Zu jederzeitiger Offenhaltung ihrer Verhältnisse haben die Banken ihren Vermögensbestand monatlich und ihre Bilanz nach Abschluß des Geschäftsjahrs unter gewissen Maßgaben im Reichsanzeiger zu veröffentlichen (§ 8). Von besonderer Bedeutung ist der § 9 nebst Kontingentierungsanlage, inzwischen geändert durch Art. 5 des Ges. v. 7. Juni 1899 (RGBl. S. 311). Nach § 9 haben nämlich Banken, deren Notenumlauf ihren Barvorrat und den ihnen laut Gesetzesanlage zugewiesenen ungedeckten Notenbetrag (steuerfreie Notenreserve) übersteigt, seit 1876 vom Überschusse 5 Prozent als Jahressteuer an das Reich zu entrichten; und von Banken, deren Notenausgaberecht erlischt, wächst der ihnen laut jener Anlage zugewiesene Anteil der Reichsbank zu. Nach der Anlage war der ungedeckte Notenumlauf der bestehenden 33 Notenbanken insgesamt auf 385 Mill. Mk., der Anteil der Reichsbank daran auf 250 Mill. Mk. bestimmt. Bis zu der Novelle v. 7. Juni 1899 hin waren die Anteile der Banken Nr. 2—11, 15—17, 21—23, 25—33 der Reichsbank zugewachsen. Nach Art. 5 dieser Novelle ist dann der Gesamtbetrag des steuerfreien ungedeckten Notenumlaufs auf 541 Mill. 600000 Mk., der Anteil der Reichsbank daran auf 450 Mill. Mk. erhöht. Inzwischen hat dieser Anteil durch Verzicht der Frankfurter Bank und der Bank für Süddeutschland auf das Recht zur Notenausgabe eine weitere Erhöhung auf 470 Mill. Mk. erfahren (vgl. Bek. des Reichskanzlers v. 5. Juni 1902, RGBl. S. 226). Behufs Ermittlung der Steuer aus § 9 ist von den Notenbanken zu mehreren Monatsterminen ein Verzeichnis ihres Barbestands und ihres Notenumlaufs der Aufsichtsbehörde einzureichen (§ 10).

2. In Tit. II und III wird sodann die **Rechtsstellung** der **Reichs**=

bank und der Privatnotenbanken geordnet, und zwar im Sinne der Schaffung einer deutschen zentralen Bank neben Aufrechthaltung bestehender lokaler Banken.

a. Die Stellung der Reichsbank als deutscher Zentralbank kennzeichnet sich durch ihre rechtliche Organisation (§§ 12—41). Sie bildet unter dem Namen „Reichsbank" eine der Leitung und Aufsicht des Reichs unterstehende Bank mit juristischer Persönlichkeit und mit der Aufgabe, den Geldumlauf im gesamten Reichsgebiete zu regeln, die Zahlungsausgleichungen zu erleichtern und für die Nutzbarmachung verfügbarer Kapitalien zu sorgen (§ 12). Nach diesem wesentlich dem Interesse des Gemeinwohls, nicht dem privaten Gewinnerwerbe gewidmeten Zwecke ist dann auch ihr Geschäftskreis in §§ 13, 14 abgegrenzt; er umfaßt insbesondere den An- und Verkauf von Gold und Silber in Barren und Münzen, die Diskontierung von kurzfälligen, sicheren Wechseln und Schuldverschreibungen auf den Inhaber, die Lombardierung bestimmter beweglicher Pfandsachen, die Einziehung, Ein- und Auszahlung für juristische und private Personen, den Ankauf gegen Deckung und den Verkauf von Effekten und Edelmetallen für fremde Rechnung, den Depositen-, Giro- und Scheckverkehr, vgl. Allg. Bestimmungen über den Geschäftsverkehr mit der Reichsbank bei R. Koch (S. 199). Daneben stehen der Reichsbank aber auch gewisse Sonderrechte zu. So kann sie nach Verkehrsbedarf Banknoten gegen Deckung von 1/3 des Notenbetrages ausgeben (zurzeit durchschnittlich für eine Milliarde, d. h. über 3/4 des gesamten deutschen Notenumlaufs (vgl. R. Koch S. 92), die sie bei ihrer Hauptkasse in Berlin auf Präsentation, bei ihren Zweiganstalten je nach deren Barbestande einlösen muß (§§ 16—18). Im Lombardverkehr ist ihr das Recht eingeräumt, bei Verzug des Schuldners ohne weiteres das Faustpfand öffentlich verkaufen zu lassen und aus dem Erlöse sich bezahlt zu machen (§ 20; vgl. BGB. §§ 1228—1234, HGB. § 368). Sie genießt im ganzen Reiche Freiheit von staatlichen Einkommen- und Gewerbesteuern (§ 21). Ihr organisatorischer Anschluß an das Reich betätigt sich darin, daß sie ohne Entgelt für Reichsrechnung Zahlungen anzunehmen und in Höhe des Reichsguthabens solche zu leisten hat (§ 22; vgl. Reichsbankstatut v. 21. Mai 1875 § 11, RGBl. S. 203, nebst V. v. 3. Sept. 1900, RGBl. S. 793), auf Grund welcher Vorschrift bei ihr zur Wahrnehmung der Zentralkassengeschäfte des Reichs eine Geschäftsabteilung als Reichshauptkasse eingerichtet ist (vgl. Bekanntm. des Reichskanzlers v. 29. Dez. 1875, Zentr.Bl. S. 821). Ihr Grundkapital bestand nach § 23 aus 120 Mill. Mk., ist aber durch Art. 1 des Ges. v. 7. Juni 1899 (RGBl. S. 311) auf 180 Mill. Mk. erhöht, die in 40000 Anteile zu je 3000 Mk. und in 60000 Anteile zu je 1000 Mk., sämtlich auf Namen lautend, geteilt sind. Somit ist die Reichsbank lediglich auf Privatkapital, ohne Zuschuß des Reichs gegründet. Immerhin sind an ihrem Reingewinne die Anteilseigner und das Reich gemeinschaftlich beteiligt; und zwar, in Änderung des § 24 nebst Nov. v. 18. Dez. 1889 (RGBl. S. 201), laut Art. 2 des Ges. v. 7. Juni 1899 (RGBl. S. 311) derartig, daß von dem jährlichen Reingewinne zunächst den Anteilseignern 3 1/2 Prozent ordentliche Dividende, vom Mehr 20 Prozent dem Reservefonds so lange, bis solcher 60 Mill. Mk. erreicht hat, und vom Reste 1/4 den Anteileignern, 3/4 der Reichskasse zugewiesen sind. Die Aufsicht über die Reichsbank übt das Reich durch ein aus dem Reichskanzler und vier Reichsbank.

Mitgliedern bestehendes Bankkuratorium. Die Leitung der Reichsbank steht dem Reichskanzler, und unter diesem dem Reichsbankdirektorium (mit einem Präsidenten und den erforderlichen Mitgliedern) als dem eigentlichen Verwaltungs- und Vertretungsorgane der Bank zu. Die Reichsbankbeamten haben die Rechtsstellung der Reichsbeamten (Ges. v. 31. März 1873, RGBl. S. 61). Die Rechnungen der Reichsbank unterliegen der Revision durch den Rechnungshof des Reichs (Art. 72). Die Reichsbank hat ihren Hauptsitz in Berlin, darf aber überall im Reiche Zweiganstalten errichten (§§ 12, 25—29). Die Anteilseigner üben ihre Beteiligung an der Verwaltung durch die Generalversammlung und durch den Zentralausschuß als gewählte ständige Vertretung gegenüber der Verwaltung aus (§§ 30—34). In einem auf Grund des § 40 erlassenen Statut v. 21. Mai 1875 (RGBl. S. 203) sind die Vorschriften des Tit. II noch im einzelnen ergänzt. — Angesichts der vorstehend skizzierten Rechtsstellung der Reichsbank läßt sich diese nicht wohl als handelsrechtliche Aktiengesellschaft, sondern mit der Rechtsprechung (vgl. Entsch. des RG. in Ziv.S. 15 S. 234) als ein eigenartiges verfassungsmäßiges Organ des Reichs für öffentlichrechtliche Zwecke bezeichnen.

Priv Not.-Banken. b, Die Privatnotenbanken (und Korporationen), welche bei Erlaß des Bankgesetzes im Besitz des Notenrechts sich befanden, unterliegen, abgesehen von den Allg. Vorschriften in Tit. I, den Beschränkungen des Tit. III; insbesondere denjenigen, daß außerhalb des privilegierenden Staates von ihnen keine Bankgeschäfte betrieben und ihre Noten nicht zu Zahlungen gebraucht werden dürfen, daß ihr Betrieb der Beaufsichtigung des Reichskanzlers untersteht, und daß sie das Notenrecht durch Ablauf der Privilegzeit, Verzicht, Konkurs oder Entziehung verlieren können (§§ 42—54).

Abtretung der Preuß. Bank. 3. Schon früher ist erwähnt worden, daß die Reichsbank aus einem Vertrage zwischen Preußen und dem Reiche über Abtretung der Preuß. Bank v. 17./18. Mai 1875 (RGBl. S. 215) hervorgegangen ist. Die Ermächtigung zu diesem Vertrage beruhte auf § 61 des Bankgesetzes.

Nr. 5.

Zu Art. 4 Nr. 5.

Unter Nr. 5 sind der Aufsicht und Gesetzgebung des Reichs die Erfindungspatente überwiesen, d. h. der Schutz neuer Erfindungen auf gewerblichem Gebiete.

Diese, an sich private Vermögensrechte betreffende, aber doch auch das Gemeinwohl berührende Materie wurde zum Gegenstande staatlicher Regelung in Preußen zuerst durch eine KabO. v. 27. Sept. 1815 (v. Kamptz, Ann. 7 S. 827), im Bereiche des Zollvereins durch die Übereinkunft v. 21. Sept. 1842 (GS. S. 265) gemacht. Auf Grund der RVerfassung Art. 4 Nr. 5 hat das Reich dieselbe geordnet durch das Patentgesetz v. 25. Mai 1877 (RGBl. S. 501), dessen §§ 1—40 aber durch Ges. v. 7 April 1891 (RGBl. S. 79) Art. I ersetzt sind, in Verbindung mit den Ges. v. 21. Mai 1900 über Patentanwälte (RGBl. S. 233) und v. 1. Juni 1891 über den Schutz von Gebrauchsmustern (RGBl. S. 290).

Patente. 1. Die Grundzüge der Patentgesetzgebung (Stephan, 5. Aufl. 1900, Seligsohn, 2. Aufl. 1901) gehen dahin: Patente werden (gegen eine Vorgebühr von 30 Mk.) erteilt für neue Erfindungen, die eine gewerbliche Verwertung gestatten, sofern sie nicht den Gesetzen oder guten Sitten zuwiderlaufen oder Nahrungs-, Genuß-, Heilmittel und Chemikalien ohne bestimmtes Verfahren betreffen, zugunsten des ersten Anmelders (§§ 1—3). Das Patent gibt dem Inhaber das ausschließliche Recht, den Erfindungsgegenstand gewerbmäßig herzustellen, zu verwerten oder zu gebrauchen, und unterliegt grundsätzlich der rechtsgeschäftlichen Verfügung (Lizenz) und der Vererbung. Es dauert (bei Zahlung einer mit 50 Mk. beginnenden und je um 50 Mk. steigenden Jahresgebühr) 15 Jahre, erlischt aber früher bei Verzug mit dieser Gebühr oder bei Verzicht, kann auch für nichtig erklärt werden, sofern nachweislich die Erfindung nicht patentfähig war oder Patentgegenstand eines früheren Anmelders ist, oder zum wesentlichen Inhalt der Anmeldung aus der Beschreibung ꝛc. oder dem Verfahren eines anderen ohne dessen Zustimmung entnommen ist, und unterliegt endlich aus wichtigen Gründen, ev. gegen Entschädigung nach dreijährigem Bestehen der Zurücknahme (§§ 4—12). Der Schutz gegen Verletzung des Patents geht auf Entschädigung, bzw. strafrechtliche Verfolgung, kommt aber grundsätzlich nur inländischen Patenten gegen inländische Verletzung zugute (vgl RG. 30 S. 52).

Die Organisation des Patentwesens ist gemäß §§ 13—34 Ges. v. 7. April 1891 nebst V. v. $\frac{\text{11 Juli}}{\text{8. Dez.}}$ 1891 (RGBl. S. 349 (389), 5. Juni 1897 (RGBl. S. 473), 25. Okt. 1899 (RGBl. S. 661), 26. Mai 1902 (RGBl. S. 169) und 29. April 1904 (RGBl. S. 157) derart erfolgt, daß einer in verschiedene Abteilungen gegliederten Reichsbehörde, dem Patentamt zu Berlin, die Erteilung, die Nichtigkeitserklärung und die Zurücknahme der Patente mit geordnetem Verfahren überwiesen ist. Die bei der Anmeldeabteilung gehörig erfolgte Anmeldung des Patents wird nach einer Vorprüfung zur Erhebung etwaiger Einsprüche bekannt gemacht und zur Entscheidung gebracht. Diese unterliegt der Beschwerde seitens der Beteiligten bei der bezüglichen Abteilung. Das erteilte Patent wird öffentlich bekannt gemacht. Für den Antrag auf Nichtigkeitserklärung oder Zurücknahme des Patents ist die Nichtigkeitsabteilung zuständig, gegen deren Entscheidung die Berufung an das Reichsgericht stattfindet. Über alle diese Maßnahmen führt das Patentamt ein Register (die Patentrolle). — Im Interesse des beteiligten Publikums ist durch Ges. v. 21. Mai 1900 (RGBl. S. 233) die Zulassung besonderer Patentanwälte beim Patentamt vorgesehen, die ihre Befähigung in rechtlicher und technischer Beziehung nachweisen müssen (vgl. Prüf.O. v. 25. Juli 1900, Zentr.Bl. S. 475), in eine Liste des Patentamts eingetragen werden und einem ehrengerichtlichen Disziplinarverfahren unterliegen.

Vgl. übrigens den Beitritt des Reichs zu dem internationalen Verbande zum Schutze des gewerblichen Eigentums, Bekanntm. v. 9. April 1903 (RGBl. S. 147).

2a. In Zusammenhang und Verwandtschaft mit dem Patentschutze steht zunächst der Schutz von Gebrauchsmustern, über den sich das Ges. v. 1. Juni 1891 (RGBl. S. 290) nebst Ausführ.V. v. 11. Juli 1891 (RGBl. S. 349) und 30. Juni 1894 (RGBl. S. 495) verhält. Hier ist der Schutz nicht, wie bei den Patenten oder Geschmacksmustern, für neue gewerbliche Erfindungen oder originale Formen bei gewerblichen Erzeugnissen, sondern für neue technische Konstruktionen, Gebrauchsmuster.

d. h. nach § 1 für Modelle von Arbeitsgeräten oder Gebrauchsgegenständen, die ihrem Zwecke durch noch unbekannte Gestaltung, Anordnung oder Verrichtung dienen, vorgesehen. Zuständig für die Materie ist auch hier das Patentamt. Aber eine Vorprüfung des angemeldeten Gebrauchsmusters fällt weg; nur die Eintragung in eine Gebrauchsmusterrolle bewirkt das Schutzrecht. Dieses besteht darin, daß der Eingetragene ausschließlich gewerbemäßig das Muster nachbilden und die so gewonnenen Geräte und Sachen verwerten und gebrauchen darf, und ist veräußerlich und vererblich. Seine Dauer beträgt nur 3 Jahre, kann jedoch gegen Zahlung von 60 Mk. Gebühr für eine gleiche Frist verlängert werden.

b, Sodann wird ein Schutz der von einem Gewerbetreibenden geführten Warenzeichen mittels Eintragung derselben in die Zeichenrolle gewährt: RGes. v. 12. Mai 1894 (RGBl. S. 141) nebst Ausführ.V. v. 30. Juni 1894 (RGBl. S. 495) und 10. Mai 1903 (RGBl. S. 218).

3. Neuerdings ist durch RGes. v. 18. März 1904 (RGBl. S. 141) der Schutz von Erfindungen, Gebrauchsmustern und Warenzeichen auch auf Ausstellungen ausgedehnt.

Zu Art. 4 Nr. 6.

Nr. 6. Die Nr. 6 unterstellt der Aufsicht und Gesetzgebung des Reichs den Schutz des geistigen Eigentums. Auch hier, wie zu Nr. 5, handelt es sich um eine Angelegenheit, die private Vermögensrechte, aber zugleich ideale öffentliche und zumal internationale Interessen berührt.

In Preußen enthielt das ALR. in I, 11 §§ 1020—1036 dürftige Bestimmungen über den Nachdruck, die aber durch das Ges. v. 11. Juni 1837 (GS. S. 165) im wesentlichen beseitigt wurden. Vom Reiche sind zu Art. 4 Nr. 6 erlassen:

Schutz der Urheberrechte. 1. Das Gesetz v. 11. Juni 1870, betr. das Urheberrecht an Schriftwerken, Abbildungen, musikalischen Kompositionen und dramatischen Werken (BGBl. S. 339);

2. das Ges. v. 9. Januar 1876, betr. das Urheberrecht an Werken der bildenden Künste (RGBl. S. 4);

3. das Ges. v. 10. Januar 1876, betr. den Schutz der Photographien gegen unbefugte Nachbildung (RGBl. S. 8);

4. das Ges. v. 11. Januar 1876, betr. das Urheberrecht an Mustern und Modellen (RGBl. S. 11);

5. das Ges. v. 30. Nov. 1874 über den Markenschutz (RGBl. S. 143).

Jedoch ist dieser Rechtszustand neuerdings durch das RGes. v. 19. Juni 1901, betr. das Urheberrecht an Werken der Literatur und Tonkunst (RGBl. S. 227) teilweise geändert, indem durch dieses (§ 64) die §§ 1—56, 61, 62 (also das ganze Gesetz bis auf wenige allg. Vorschriften) des Ges. v. 11. Juni 1870 (oben zu 1) mit dem 1. Jan. 1902 insoweit außer Kraft gesetzt sind, als sie nicht für die Ges. v. 9., 10., 11. Jan. 1876 (oben zu 2—4) mitgelten.

Schrift- und Tonwerke. **a,** Das Ges. v. 19. Juni 1901 schützt die Urheber von Schriftwerken (auch Bühnenstücken, Vorträgen, Reden), Tonwerken (auch Opern) und von wissenschaftlichen oder technischen Abbildungen. Als Urheber gilt der Verfasser

(Bearbeiter, Übersetzer), ev. der Herausgeber oder Verleger (§§ 1—10). Das Schutzrecht bildet ein übertragbares und vererbliches Vermögensrecht mit der ausschließlichen Befugniß, das Werk zu vervielfältigen und gewerbsmäßig zu verbreiten (vgl. dazu das Ges. v. 19. Juni 1901 über das Verlagsrecht, RGBl. S. 217), namentlich ein Bühnen- und Tonwerk öffentlich aufzuführen, ein Werk durch Übersetzung, als Drama oder Erzählung, in Auszügen zu bearbeiten. Doch ist eine freie selbständige Benutzung, der Abdruck von Gesetzen und ähnlichen Schriftstücken, öffentlichen Reden, Vorträgen und Zeitungsartikeln unter Quellenangabe zulässig, während sonst die Einwilligung des Schutzberechtigten erforderlich ist (§§ 11—28). Der Schutz erlischt, wenn seit dem Tode des Urhebers 30 und außerdem seit der ersten Veröffentlichung des Werkes durch den Berechtigten 10 Jahre verstrichen sind (§§ 29—35). Die Verletzung des Schutzrechts zieht die Verpflichtung zum Schadensersatz und strafrechtliche Verfolgung nach sich (§§ 36—53). Reichsangehörige genießen den Schutz für alle, auch für nichterschienene Werke, Ausländer nur für im Inland oder schon früher im Ausland erschienene Werke. Der Urheber kann sein Recht zur Eintragung in eine vom Stadtrat zu Leipzig zu führende Rolle ohne Vorprüfung bringen (§§ 54 ff.; vgl. Ausführ.Vorschr. über Führung der Eintragsrolle und über Sachverständigenkammern v. 13. Sept. 1901, Zentr.Bl. S. 427, 428).

b, Ähnliche Schutzrechte gegen Nachbildung werden durch das Ges. v. 9. Jan. 1876 dem Urheber von Werken der bildenden Künste (außer Baukunst) für dessen Lebensdauer und 30 Jahre danach durch das Ges. v. 10. Jan. 1876 dem Verfertiger photographischer Aufnahmen für 5 Jahre nach demjenigen des ersten Erscheinens oder der Aufnahme der Photographie, durch das Ges. v. 11. Jan. 1876 dem Urheber von Geschmacksmustern (zum Unterschiede von Gebrauchsmustern, s. zu Nr. 5) für 1—3 Jahre, gegen Zahlung einer Jahresgebühr von 1 Mk. bis zu 15 Jahren gewährt. Bei Geschmacksmustern ist die Anmeldung zur Eintragung ins Musterregister Voraussetzung; bei den Werken der bildenden Künste kann die Anmeldung zur Eintragung in die Rolle für Schrift- und Tonwerke behufs der Sicherung erfolgen. Bildende Künste usw.

c, Zum Schutze von Werken der Literatur und Kunst hat sich ein internationaler Staatenverband mit dem Sitze in Bern laut Staatsverträge v. 9. Sept. 1886 (RGBl. 1887 S. 493) und 4. Mai 1896 (RGBl. 1897 S. 759) gebildet.

Zu Art. 4 Nr. 7.

Die Nr. 7 weist dem Reiche die Organisation gemeinsamen Schutzes des Deutschen Handels im Auslande, der Deutschen Schiffahrt und ihrer Flagge zur See, sowie die Anordnung und Ausstattung gemeinsamer konsularischer Vertretung zu. Als das Wesentliche in dieser Bestimmung stellt sich der Schutz der Deutschen Handels- und sonstigen Interessen im Auslande, insbesondere des Seehandels und der Seeschiffahrt, dar. Nähere Vorschriften hierüber enthalten die Art. 3 Abs. 6, 54—56, auf deren Noten daher verwiesen wird. Der Nr. 9 sind jedoch gewisse allg. Bemerkungen über das Wasserrecht angefügt. Nr. 7.

Zu Art. 4 Nr. 8.

Nr. 8. Nach Nr. 8 untersteht der Aufsicht und Gesetzgebung des Reichs das Eisenbahnwesen, für Bayern jedoch vorbehaltlich des Art. 46, und die Herstellung von Land- und Wasserstraßen im Interesse der Landesverteidigung und des allgemeinen Verkehrs.

Der Schlußpassus „im Interesse — Verkehrs" dürfte nach dem Wortlaut der Nr. 8 und dem Abs. 1 des Art. 41 auf beide Punkte, Eisenbahnwesen und Herstellung von Land- und Wasserstraßen, zu beziehen sein, und deshalb die Zuständigkeit für diese Gebiete dem Reiche nur insoweit, als jenes Interesse sich erstreckt, im übrigen aber den Bundesstaaten zustehen.

Von diesem Gesichtspunkte aus ist auch die nähere Regelung der bezüglichen Angelegenheiten in den Art. 41—47, 54 erfolgt, deren Erläuterung zu vergleichen ist.

Betreffs der Wasserstraßen s. noch die Nr. 9.

Zu Art. 4 Nr. 9.

Nr. 9. Die Nr 9 überweist der Aufsicht und Gesetzgebung des Reichs die Flößerei und den Schiffahrtsbetrieb auf den mehreren Staaten gemeinsamen Wasserstraßen und den Zustand der letzteren, sowie die Fluß- und sonstigen Wasserzölle, desgleichen die Seeschiffahrtszeichen (Leuchtfeuer, Tonnen, Baken und sonstige Tagesmarken).

Sie steht mit den Nr. 7, 8, die den Seehandel bzw. die Wasserstraßen mitbetreffen, in Zusammenhang; und deshalb erscheint es angezeigt, hier über die Entwicklung des Wasserrechts in Preußen und im Reiche überhaupt einige Bemerkungen anzufügen.

Wasserrecht. Für die rechtliche Ordnung der Wasserverhältnisse kommt die privatrechtliche und die öffentlichrechtliche Seite derselben in Betracht. Das Wasser bildet einen wichtigen Produktionsfaktor auf mehrfachen volkswirtschaftlichen Gebieten; so namentlich auf denen der Bodenkultur (Be- und Entwässerung), der Volksernährung (Fischerei), des Gewerbes (Betriebselement) und des Verkehrs (Wasserstraße für die Schiffahrt). Die privatrechtliche Seite der Regelung befaßt sich mit den Rechten und Pflichten der einzelnen Personen am Wasser, die öffentlichrechtliche Seite mit den Interessen des Gemeinwohles an demselben.

In Preußen. **a,** In Preußen (vgl. Nieberding, Wasserrecht und Wasserpolizei, 2. Aufl. 1889) bildeten die Grundlage der Wassergesetzgebung die Vorschriften des ALR. in § 21, II, 14, der §§ 38—87, II, 15 und der §§ 96—117, I, 8, denen einige spätere Gesetze hinzutraten. Nach ALR. II, 14 § 21 sind die von Natur schiffbaren Ströme, das Meeresufer und die Häfen gemeines Eigentum des Staates. Die Ströme gelten als von Natur schiffbare (öffentliche) nur, soweit sie diese Eigenschaft bewahren (vgl. Entsch. des ObTr. 58 S. 1 [Pl.], 80 S. 136, des OVG. 28 S. 285). An ihnen stehen dem Staate die besonderen Nutzungen zu, während das Recht des Gebrauchs (Wasserentnahme), der Schiffahrt und der Flößerei unter den vom Staate festgesetzten Maßgaben (vgl. §§ 38—78, II, 15 ALR.; Ges. v. 20. Aug. 1883 betr. die Befugnisse der Strombauverwaltung gegenüber den Uferbesitzern an öffentl. Flüssen, GS. S. 333, mit Nov. v. 31. Mai

1884, GS. S. 303) jedermann zukommt, und die Ufer den anstoßenden Grundeigentümern gehören (ALR. II, 15 § 55). An Privatgewässern sind die Ufereigentümer auch bis zur Mitte eigentumsberechtigt, unter gewissen Beschränkungen (vgl. ALR. I, 9 §§ 99 ff.; Ges. über die Benutzung der Privatflüsse v. 28. Febr. 1843, GS. S. 41; Ges. wegen Mühlenwasserstauens und Verschaffung der Vorflut v. 15. Nov. 1811, GS. S. 352; Ges. v. 1. April 1879 über die Bildung von Wassergenossenschaften, GS. S. 297; Ges. über das Deichwesen v. 28. Januar 1848, GS. S. 54). Bezüglich öffentlicher Flüsse hat der Staat gegenüber seinem Nutzungsrecht aber auch die Verpflichtung, für die Sicherheit und Bequemlichkeit der Schiffahrt zu sorgen. Die Häfen und Meeresufer sind in ALR. II, 15 §§ 79—87 ebenfalls als staatliches Gemeineigentum hingestellt, unter gewissen Bestimmungen über das Strandrecht.

b, Dieser Rechtszustand hat durch die auf Grund der Reichsverfassung Art. 4 Nr. 7—9, wozu noch Nr. 13 (gesamtes bürgerliches Recht) genommen werden kann, getätigte Gesetzgebung des Reichs nur eine teilweise Änderung erfahren. Im Reiche.

α) Die privatrechtlichen Bestimmungen der Landesgesetze über das Wasserrecht sind durch das BGB. nach Art. 65 des EG. dadurch nicht berührt. Die privatrechtlichen Verhältnisse der Seeschiffahrt haben eine reichsgesetzliche Regelung in dem jetzt geltenden HGB. v. 10. Mai 1897 (RGBl. S. 219), Buch IV (§§ 474—905) über das Seerecht, gefunden (vgl. dazu die SeemannsO. v. 27. Dez. 1872, RGBl. S. 409, ersetzt durch die neue O. v. 2. Juni 1902, RGBl. S. 175); und das gleiche ist erfolgt bezüglich der privatrechtlichen Verhältnisse, teils der Binnenschiffahrt durch Ges. v. 15. Juni 1895 (RGBl. S. 301), in neuer Fassung (laut Art. 13 EG. zum HGB.) am 20. Mai 1898 bekannt gemacht (RGBl. S. 868), teils der Flößerei durch das Ges. v. 15. Juni 1895 (RGBl. S. 341).

β) In betreff der öffentlichrechtlichen Verhältnisse der See- und Binnenschiffahrt hat das Reich die ihm in Art. 4 Nr. 7—9 übertragene Gesetzgebung in Art. 54, 55 nebst RGes. v. 1. Juni 1870 über die Abgaben von der Flößerei (BGBl. S. 312) zur Ausführung gebracht, auf welche zu verweisen ist.

Zu Nr. 9 bleibt hier noch hervorzuheben, daß es für die Zuständigkeit des Reiches bezüglich der Wasserstraßen wohl nicht darauf ankommt, ob diese in mehreren Bundesstaaten liegen, wenn sie solchen vertragsmäßig gemeinschaftlich gehören. Der Schlußpassus („desgleichen usw.") bezieht sich wieder auf die Seeschiffahrt (Nr. 7).

Zu Art. 4 Nr. 10.

Nach Nr. 10 steht dem Reiche die Aufsicht und Gesetzgebung für das Post- und Telegraphenwesen zu, jedoch in Bayern und Württemberg nur nach Maßgabe des Art. 52. Nr. 10.

Von dieser Kompetenz hat das Reich in den Art. 48—52 Gebrauch gemacht, auf welche Bezug genommen wird.

Zu Art. 4 Nr. 11.

Nr. 11. Die Nr. 11 überträgt auf das Reich die Aufsicht und die Gesetzgebung über die wechselseitige Vollstreckung von Erkenntnissen in Zivilsachen und die Erledigung von Requisitionen überhaupt.

Rechtshilfe. Es handelt sich somit um einheitliche Normen über die sog. Rechtshilfe, d. h. diejenige Hilfe, welche inländische Gerichte, seien es solche desselben oder verschiedener Bundesstaaten, einander zur Erledigung richterlicher Handlungen leisten.

Die Rechtshilfe war in Deutschland bereits von der Zeit des alten Reiches her üblich gewesen (vgl. Wetzell S. 470), auch in Preußen laut § 28 der AGO. I, 24 und § 2 der V. v. 2. Jan. 1849 (GS. S. 1) in der Formel anerkannt, daß Gerichte und Verwaltungsbehörden einander Rechtshilfe zu leisten hätten, Vorschriften, die noch heute (z. B. in Disziplinarsachen) wirksam sind (vgl. Goltd.Arch. 39 S. 248).

Mit der Schaffung des Norddeutschen Bundes, speziell in der Bestimmung des Art. 4 Nr. 13 seiner Verfassung v. 26. Juli 1867 (BGBl. S. 1), wonach ihm die gemeinsame Gesetzgebung über das Obligationen-, Straf-, Handels- und Wechselrecht und das gerichtliche Verfahren übertragen war, mußte bereits stillschweigend der Gedanke einheitlicher Organisation der Gerichtsbarkeit und Rechtspflege gefunden werden. Der Bund verkörperte diesen Gedanken alsbald durch Erlaß des Ges. über die Gewährung der Rechtshilfe v. 21. Juni 1869 (BGBl. S. 305), indem dieses für Zivil- und Strafsachen (§§ 1, 20) den Gerichten des Bundesgebiets zur Pflicht machte, sich gegenseitig auf Requisitionen und grundsätzlich ohne Prüfung der Zuständigkeit Rechtshilfe zu leisten.

Nachdem der Norddeutsche Bund zum Deutschen Reiche erweitert und in dessen Verfassung, Art. 4 Nr. 13, durch Ges. v. 20. Dez. 1873 (RGBl. S. 379) statt bloßer Teile die Gesamtheit des bürgerlichen Rechts bezeichnet worden, fand die Materie der Rechtshilfe eine anderweite Erledigung gelegentlich der Schaffung des Ger.Verfass.Gesetzes (in der Fassung v. 20. Mai 1898, RGBl. S. 371). Dieses nebst der Zivil- und der Strafprozeßordnung beruht, entsprechend dem Indigenat (Art. 3 der Reichsverfassung) auf dem Grundsatze, daß die Gerichtsgewalt jedes deutschen Gerichts auf alle im Reiche sich aufhaltenden Personen, ohne Rücksicht auf die bundesstaatliche Angehörigkeit und den Wohnsitz sich erstrecke, und daß die von einem deutschen Gericht erlassenen Ge- und Verbote für Personen, die nach der territorialen Abgrenzung unter einem anderen Gericht oder vielleicht unter dem Gericht eines anderen souverän gebliebenen Bundesstaates ständen, ohne weiteres (Paritionsordre) verbindlich seien (vgl. ZPO. §§ 377, 722, Ladungen, Vollstreckungen). Deshalb wurde in dem GVG. v. 27. Jan. 1877 der Tit. 13 (§§ 157—169) über die Rechtshilfe aufgenommen. Derselbe legt den Gerichten in bürgerl. Rechtsstreitigkeiten (GVG. § 13, nebst Konkursen) wie in Strafsachen die Verpflichtung zur Leistung der Rechtshilfe auf und gibt ihnen das Recht zur Ablehnung des Rechtshilfe-Ersuchens nur gleichgeordneten Gerichten und nur dann, wenn ihnen die örtliche Zuständigkeit fehlt oder die vorzunehmende Handlung nach ihrem Rechte verboten ist. Infolge des nach den Prozeßordnungen den Gerichten zustehenden unmittelbaren Prozeßbetriebes durch das ganze Reich erübrigt sich die Rechtshilfe aber für Akte der gerichtlichen Hilfsorgane, d. h. für Zustellungen, Ladungen und Vollstreckungen, und besteht also nur noch für eigentlich richterliche Akte, wie Beweisaufnahme und persönliche Vernehmung von Parteien (vgl. RG. in Ziv.S. 25 S. 364, in Straff. 26 S. 338). Kurze Freiheitsstrafen (bis zu 6 Wochen) brauchen jedoch Gerichte eines anderen Bundesstaats als demjenigen des Aufenthalts des Verurteilten nicht zu vollstrecken (§§ 157—163). Betreffs der durch die Rechtshilfe vor den ordentlichen Gerichten entstandenen Gerichtskosten der Behörden vgl. den § 99 des GKG. in Fassung v. 20. Mai 1898 (RGBl. S. 659), und dazu die Bund.RatsAnw. v. 23. April 1880 (Zentr.Bl. S. 278). Übrigens gilt das GVG. nach § 2 seines EG. nur für die ordentliche, nicht für die vor besondere Gerichte (§ 14) gehörende streitige Gerichtsbarkeit; für die letztere bleibt daher noch das allgemeinere RGes. v. 21. Juni 1869 wirksam.

Soweit außerhalb obiger Gesetze noch die Rechtshilfe vorgeschrieben ist, gestaltet sie sich entsprechend. Dahin gehören u. a. das Ges. über die freiwill. Ger. v. 17./20. Mai 1898 (RGBl. S. 771) §§ 2, 194 Abs. 4; das Gewerbeger.Ges. v. 30. Juni 1901 (RGBl. S. 353) § 61; das Patentges. v. 7. April 1891 (RGBl. S. 79; vgl. RG. 33 S. 423); die Milit.Str.Proz.O. v. 1 Dez. 1898 (RGBl. S. 1189) §§ 153, 160, 167, 186 nebst EG. §§ 12, 13; das Ges. über Konsul.-Gerichte v. 7. April 1900 (RGBl. S. 213) §§ 18, 19 (vgl. RG. [Pl.] 44 S. 409); das Ges. über die freiwill. Ger. in Heer und Marine v. 28. Mai 1901 (RGBl. S. 185) § 1 Nr. 3; das Ges. w. gegenseitigen Beistandes der Bundesstaaten bei Einziehung von Abgaben und Vollstreckung von Vermögensstrafen v. 9. Juni 1895 (RGBl. S. 256) § 1; endlich die sozialpolitischen Gesetze über Arbeiterversicherung (vgl. Unfallversich.Ges. v. 5. Juli 1900 (RGBl. S. 573), für Gewerbe § 144, für Forst- und Landwirtschaft § 154, für Bauten § 45, für See [mit Novelle v. 22. Nov. 1900, RGBl. S. 1017] §§ 17, 18; Invalid.-Versich.Ges. v. 13. Juli 1899 [RGBl. S. 463] § 172), und das RGes. über Kaufmannsgerichte v. 6. Juli 1904 (RGBl. S. 266) § 16.

Für Preußen ist die Rechtshilfe noch vorgeschrieben, abgesehen von der oben erwähnten V. v. 2. Jan. 1849 für Gerichte und Verwaltungsbehörden, u. a. durch das AG. zum GVG. v. 24. April 1878 (GS. S. 230) § 87, jetzt in der Fassung des Ges. v. 21. Sept. 1899 (GS. S. 249) Art. 130, für das Gebiet der nichtstreitigen Gerichtsbarkeit, sowie durch das Kommunalsteuerges. v. 24. Juni 1891 (GS. S. 175) § 43.

Zu Art. 4 Nr. 12.

Nr. 12.

Die Nr. 12 verleiht dem Reiche die Zuständigkeit für Bestimmungen über die Beglaubigung von öffentlichen Urkunden (ZPO. §§ 415 ff.), also über einen Akt der freiwilligen Gerichtsbarkeit. Beglaubigung öff. Urkunden.

Nachdem diese Materie bereits in der früheren preußischen Gesetzgebung (vgl. AGO. T. II Tit. 1, 2 und ALR. T. II Tit. 17 § 48) Berücksichtigung gefunden, machte das Deutsche Reich von Art. 4 Nr. 12 seiner Verfassung zuerst Gebrauch durch das Ges. über die Beglaubigung öffentlicher Urkunden v. 1. Mai 1878 (RGBl. S. 80), zufolge dessen für Urkunden, die von einer inländischen öffentlichen Behörde oder Urkundsperson aufgenommen oder ausgestellt worden, es einer Beglaubigung (Legalisation) nicht bedürfe, für Urkunden, die sich als von einer ausländischen öffentlichen Behörde oder Urkundsperson aufgenommen oder ausgestellt ergeben, die Legalisation durch einen deutschen Konsul oder Gesandten genügen soll.

Im Zusammenhange mit dem BGB. (vgl. RVerf.Art. 4 Nr. 13) hat das Reich aber eine weitere Regelung dieser Materie bewirkt. Das BGB. bestimmt in § 129, daß, wo gesetzlich für eine Erklärung die öffentliche Beglaubigung vorgeschrieben sei, solche schriftlich abgefaßt und die Unterschrift von einer zuständigen Behörde oder Amtsperson oder einem Notar, jedoch für den Fall der Unterzeichnung mittels Handzeichens dieses gerichtlich oder notariell beglaubigt werden müsse. Diese Bestimmung ist bezüglich der Zuständigkeit und des Verfahrens näher ausgeführt durch das Ges. über die freiwill. Ger. v. 17./20. Mai 1898 (RGBl. S. 771) §§ 167, 183, 191 (vgl. die Note zu Art. 4 Nr 13 a. E.), woran das Preuß. AG. v. 21. Sept. 1899 (GS. S. 249) in Art. 60, 115 noch gewisse Vorschriften geknüpft hat.

Nr. 13.

Zu Art. 4 Nr. 13.

Notenfolge.

I Bürgerl. Recht
- 1. Früheres R.
- 2. Reichsgesetzgebung.
  - a, } BGB
  - b, }
- 3. Preuß. AG.

II. Strafrecht
- 1 Vorgeschichte
- 2. StrGB.
  - a, Einleitung.
  - b, Allg. Teil.
  - c, Besonderer Teil.

III. Ger Verfassung.
- A. Geschichtliches.
- B. GVG.
  - a, Tit. 1, Richteramt
  - b, Tit. 2, Gerichtsbarkeit.
  - c, Tit. 3—12, Organis. der Gerichte
    - Amtsgerichte
    - Schöffengerichte.
    - Landgerichte, Ziv- u. Strafkammern.
    - Schwurgerichte
    - Handelssachenkammern.
    - Oberlandesgerichte
    - Reichsgericht.
    - Staatsanwaltschaft.
    - Gerichtsschreiber.
    - Gerichtsvollzieher
  - d, Tit 13, Rechtshilfe.
  - e, Tit 14—17, Öffentlichkeit, Sitzungspolizei, Gerichtssprache, Beratung Abstimmung, Gerichtsferien.
- C. Rechtsanwaltschaft.
- D. Justizverwaltung.

IV Gerichtliches Verfahren.
- 1 Zivilprozeß.
- 2. Konkursordnung.
- 3. Strafprozeß.
- 4. Freiwillige Gerichtsbarkeit.
- 5. Gewerbe- u. Kaufmannsgerichte.

Gesamtes Bürgerl. Recht, Strafrecht, gerichtl. Verfahren.

Die Nr. 13 überweist dem Reiche die gemeinsame Gesetzgebung
1. über das gesamte bürgerliche Recht (eine Einschaltung laut Ges. v. 20. Dez. 1873, RGBl. S. 379);
2. über das Strafrecht;
3. über das gerichtliche Verfahren.

Damit ist dem Reiche die Gesetzgebung auf dem einen großen Gebiete staatlicher Betätigung, dem der Rechtspflege, fast vollständig zugefallen. Denn, wenngleich vom öffentlichen Rechte die Gerichtsverfassung nicht besonders miterwähnt ist, so ist doch diese Lücke demnächst in verfassungsmäßiger Weise (Art. 78) durch das im Jahre 1877 erlassene GVG. ausgefüllt worden, insofern ohne solches das in Art. 4 Nr. 13 vorgesehene Verfahren (die Prozeßordnungen) sich als nicht reglungsfähig erwies.

Die in Nr. 13 bezeichnete Voraussetzung für die Reichszuständigkeit, daß es sich um eine gemeinsame Gesetzgebung handle, hat naturgemäß die Bedeutung, daß deren Gegenstand mehrere Bundesstaaten betrifft.

Das Reich hat von vorstehender Kompetenz in weitem Umfange Gebrauch gemacht. Die infolgedessen getätigte Reichsjustizgesetzgebung kann daher hier nur in den allgemeinsten Zügen skizziert werden, zumal gerade sie wohl eine besondere Fülle theoretischer und praktischer Bearbeitungen erfahren hat.

I. Bürgerliches Recht.

1. Im bürgerl. Rechte bestanden in Deutschland bei Schaffung des Reichs (1867—1870) wesentlich drei große Systeme, nämlich einmal das aus der Rezeption des Röm. Rechts hervorgegangene sog. Gemeine Recht, welches demnächst auch die Grundlage für das Bayerische Landrecht Maximilians (1756) und für das Sächsische Gesetzbuch (1863) abgegeben hat; sodann das Preußische Allg. Landrecht, publiziert am 5 Febr. 1794, außer dem privaten auch das öffentliche Recht, insbesondere das Kommunal-, Beamten-, Kirchen-, Schul-, Staats- und Strafrecht enthaltend, nebst der HypothekenO. von 1783; endlich der code civil, das bürgerl. Gesetzbuch Frankreichs und der Rheinlande (1804), für Baden in fast unveränderter Übersetzung als Badisches Landrecht eingeführt (1809). Diese drei Systeme hatten auch in den verschiedenen Landesteilen Preußens Geltung. Die nach den Freiheitskriegen hervorgetretenen Bestrebungen zur Errichtung eines einheitlichen bürgerl. Gesetzbuchs hatten bis zur Gründung des nationalen Staates nur dürftigen Erfolg, indem lediglich die Allg. Deutsche WechselO., im RGBl. am 27. Nov. 1848 publiziert und in allen Bundesstaaten, besonders in Preußen durch V. v. 6. Jan. 1849 (GS. S. 49) eingeführt, sowie das Handelsgesetzbuch, in Preußen durch Ges. v. 24. Juni 1861 (GS. S. 449) eingeführt, zustande kamen. Früherer Rechtsstand.

2a, Dem Norddeutschen Bunde wurde in Art. 4 Nr. 13 seiner Verfassung die privatrechtliche Gesetzgebung nur für das Wechsel-, Handels- und Obligationenrecht übertragen, weshalb er auch durch Ges. v. 5. Juni 1869 (BGBl. S. 382) die Wechs.O und das Hand.Ges.Buch für Bundesgesetze erklärte. Die Reichsverfassung v. 16. April 1871 enthielt ursprünglich in Art. 4 Nr. 13 die gleiche Bestimmung, wurde jedoch durch Ges. v. 20. Dez. 1873 (RGBl. S. 379) auf das gesamte bürgerliche Recht ausgedehnt. Nunmehr trat das Reich an diese große gesetzgeberische Aufgabe alsbald heran. Auf Grund umfangreichster Vorarbeiten einer Vorkommission und zweier Kommissionen wurde bis gegen Ende 1895 der Entwurf zu einem Bürg.Ges.Buch mit EG. und anderen damit zusammenhängenden Gesetzen hergestellt. Der Entwurf erfuhr im Bundesrat teilweise Änderungen, und gelangte in dieser Gestalt an den Reichstag (Januar 1896), in welchem er, nach kommissionsweiser Vorberatung, am 1. Juli 1896 in 3. Lesung Annahme fand. Er ward dann vom Kaiser am 18. Aug. 1896 sanktioniert und in dem am 24. desselben Monats ausgegebenen RGBl. S. 195 verkündigt. Reichsgesetzgebung.
— Im Anschluß an das BGB. erfolgte eine Revision des HGB. v. 1861, die zur Erlassung eines neuen HGB. v. 10. Mai 1897 mit EG. (RGBl. S. 219, 437) führte. — Vgl. noch das Ges. über die Wechselprotestfunden v. 1. Juni 1904, RGBl. S. 87. BGB.

b, Danach ist der Art. 4 Nr. 13 in Ansehung des bürgerlichen Rechts formell zur Ausführung gebracht.

Das BGB. hat von seiner begrifflichen Abgrenzung gegenüber dem öffentlichen Recht, zu dem ja auch das Prozeßrecht gehört, abgesehen; es verordnet nur in Art. 55 des EG., daß die privatrechtlichen Vorschriften der Landesgesetze außer Kraft treten sollen, soweit nicht ein anderes bestimmt ist. Dieses Verfahren läßt sich angesichts der Schwierigkeit, die Grenze zwischen öffentlichem und bürgerlichem Rechte zu ziehen, kaum beanstanden. Die Motive zum I. Entwurf (Bd. 1 S. 1) kennzeichnen das bürgerliche Recht als Inbegriff derjenigen Normen, welche die Rechtsstellung und die Rechtsverhältnisse der Personen als Privatpersonen an sich und zueinander regeln. Aber hiermit kommt man nicht viel weiter. Man braucht nur auf die Vorschriften in Buch 1 Abschn. 1 Tit. 2 des BGB. über die juristischen Personen, sowie auf mannigfache Vorschriften im Zivilprozeß- und Konkursrechte hinzuweisen. Es muß daher der Praxis überlassen werden, nach Lage des Einzelfalles jene Grenzfrage zu entscheiden.

Das bürgerliche Recht hat aber auch keineswegs materiell insgesamt im BGB. Regelung gefunden. Denn zunächst erhält Art. 32 des EG. grundsätzlich alle anderen Reichsgesetze, soweit sie privatrechtliche Verhältnisse betreffen, aufrecht; sodann weisen gewisse Vorschriften des BGB. selbst auf eine landesgesetzliche Ergänzung hin (vgl. BGB. §§ 22, 80, 85, 193, 795, 907, 919, 982, 1807, 1808); und ferner macht das EG. zum BGB. in Art. 56—152 zugunsten der Landesgesetzgebung gegenüber Art. 55 (RVerf Art. 2) einen Vorbehalt für eine große Reihe privatrechtlicher Materien, wie es in den Übergangsbestimmungen der Art. 153—216 den bestehenden Landesgesetzen die Fortgeltung sichert. Inzwischen ist im Anschluß an Art. 32 dort das Handelsgesetzbuch unterm 10. Mai 1897 (RGBl. S. 219) neu geregelt, und das in Art. 76 a. a. O. dem Landesrecht vorbehaltene Verlagsrecht hat eine reichsgesetzliche Regelung durch Ges. v. 19. Juni 1901 (RGBl. S. 217) gefunden. Das neuerliche RGes. über die privaten Versicherungsunternehmungen (Art. 75 EG.) v. 12. Mai 1901 (RGBl. S. 139) dürfte von privatrechtlichen Vorschriften nicht frei sein. Außerdem ist an die jetzige Reichsgesetzgebung über die privatrechtlichen Verhältnisse der Binnenschiffahrt und Flößerei zu erinnern.

Das BGB. gliedert sich in 5 Bücher mit 2385 Paragraphen. Das Buch 1 bildet den allgemeinen Teil, indem es die Grundlagen des Rechtslebens in subjektiver (Personen) und objektiver (Sachen) Hinsicht und in allgemeinen Rechtsbeziehungen (Rechtsgeschäfte, Fristen, Termine, Verjährung, Ausübung der Rechte, Selbstverteidigung, Rechtshilfe, Sicherheitsleistung) behandelt.

Das Buch 2 betrifft das Recht der Schuldverhältnisse (Obligationen), die allgemein vom Gesichtspunkt ihres Inhalts, ihrer Begründung (besonders durch Verträge), ihres Erlöschens, ihres Überganges, einer Mehrheit der Beteiligung, und demnächst einzeln, soweit sie nicht unmittelbar im Sachen-, Familien- oder Erbrecht begründet sind, unter 25 Titeln geordnet werden. In Buch 3 folgt das Sachenrecht, d. h. die Vorschriften über dingliche Rechte unmittelbar an Sachen und sachenähnlichen Rechten (Besitz, Rechte an Grundstücken, Erbbaurecht, Dienstbarkeiten, Vorkaufsrecht, Reallasten, Hypotheken, Grund- und Rentenschulden, Pfandrechte an Mobilien und Rechten). Das Buch 4 normiert das Familienrecht, mit den Abschnitten über bürgerliche Ehe (vgl. dazu die Personenstandsges. v. 6. Febr. 1875, RGBl. S. 23, und 4. Mai 1870 (im Auslande), BGBl. S. 599, nebst Änderung im EG. zum BGB. Art. 46, 40), Verwandtschaft und Vormundschaft. Endlich in Buch 5 wird das Erbrecht unter den Abteilungen Erbfolge, Rechtsstellung des Erben, Testament, Erbvertrag, Pflichtteil, Erbunwürdigkeit, Erbschein und Erbschaftskauf geregelt.

Das EG. zum BGB. stellt in 4 Abschnitten und 218 Artikeln das Verhältnis des BGB. teils zu anderen Reichsgesetzen, teils zu der Landesgesetzgebung, teils zur Übergangszeit fest.

Das BGB. beruht auf einer Auslese aus den oben bezeichneten bürgerlichen Partikularrechten im Reiche, und zwar im Sinne einer gesunden wirtschaftlich-sozialen Fortentwicklung derselben. In dieser Beziehung tritt die folgenwirksame Anwendung des Grundsatzes von Treu und Glauben und guter Sitte auf das Verkehrsleben, sowie die mannigfache Berücksichtigung des heutigen sozialpolitischen Fürsorgeprinzips hervor (vgl. BGB. §§ 138, 157, 162, 242, 320, 656, 815, 817, 819, 826, EG. Art. 30). Die Technik des Gesetzbuchs erscheint präzis und klar. Man darf vertrauen, daß dasselbe mit der Zeit sich als ein seiner großen nationalen Aufgabe entsprechendes Rechtsbuch bewähren wird.

3. Es frägt sich, inwieweit gegenüber obigem Inhalte des BGB. die Preußischen Landesrechte noch auf Geltung Anspruch haben. Der Preußische Gesetzgeber hat dieser schwierigen Frage vorerst durch das AG. zum BGB. v. 20. Sept. 1899 (GS. S. 177) gerecht zu werden gesucht. In 83 Artikeln werden Ausführungsvorschriften zum BGB. im Anschluß an dessen Systematik gegeben (betreffend insbesondere zu Buch 1 juristische Personen, Stiftungen, Verjährung), zu Buch 2 Gesinderecht, Leibgedinge, Schuldverschreibungen auf den Inhaber, zu Buch 3 Wiederkaufsrecht bei Rentengütern, Auflassung, Kündigung bei Hypotheken und Grundschulden, bestehende Hypotheken, Bergrecht, zu Buch 4 Eheschließung, Güterstand für bestehende Ehen, elterliche Gewalt, Anerkennung der Vaterschaft, Anlegung von Mündelgeldern, zu Buch 5 Verwahrung und Eröffnung letztwilliger Verfügungen. Daran sind gereiht in Art. 87—90 Schlußbestimmungen, deren bedeutsamste (abgesehen von Hausgesetzen und Familienautonomie) in Art. 89 liegt. In diesem sind nämlich, zum Anschluß an Art. 55 des EG. zum BGB. und zu gesicherterer Anwendung desselben diejenigen preußischen Landesgesetze besonders aufgehoben, welche nach Ansicht des preußischen Gesetzgebers nicht schon zufolge des EG. zum BGB. außer Kraft treten und auch nicht öffentliches Recht betreffen. Die Aufhebung trifft vom Preußischen Allgemeinen Landrecht bzw. dessen Ergänzungen den Teil I und in Teil II die Tit. 1—6 mehr oder weniger, die Tit. 7—20, welche zumeist öffentliches Recht enthalten, nur in einzelnen Bestimmungen, vom Code civil den größten Teil, vom Gemeinen Recht lediglich vereinzelte Vorschriften.

Preußen.

4. Im Anschluß hieran mag noch erwähnt werden, daß das Deutsche Reich mit den meisten anderen europäischen Staaten am 12. Juni 1902 Abkommen über gewisse Fragen des internationalen Privatrechts (Eheschließung, Ehescheidung und Altersvormundschaft) geschlossen hat (RGBl. 1904 S. 221 bis 249).

Strafrecht.

II. Strafrecht.

Früheres Recht.

1. Auch im Strafrecht fand der nationale Staat eine große Zersplitterung der Landesgesetze vor.

Speziell in Altpreußen war diese Materie im ALR. T. II Tit. 20 (von Verbrechen und Strafen) mit geregelt, während sonst das Rhein StrGB. und die Gem. Deutschen Krim.Gesetze galten. Die Preußische Verfassungsurkunde v. 31. Jan. 1850 enthielt zum Strafrecht bloß die Bestimmung in Art. 8, daß Strafen nur in Gemäßheit des Gesetzes (d. h. auf Grund verfassungsmäßiger Gesetzgebung) angedroht und verhängt werden dürften. In diesem Sinne erging das StrGB. v. 14. April 1851 (GS. S. 101) und in dessen EG. (GS. S. 93) Art. 2, 11 wurden die bestehenden Strafbestimmungen gegenüber den im neuen StrGB. behandelten Materien aufgehoben (so auch das ALR T. II Tit. 20 außer §§ 1271, 1272 [Zinsfuß]), gegenüber den nicht behandelten Materien aufrecht erhalten.

Der Norddeutsche Bund nahm kraft Art. 4 Nr. 13 seiner Verfassung die Gesetzgebung über das Strafrecht alsbald in die Hand, und es erging das StrGB. v. 31. Mai 1870 (BGBl. S. 197). Nach dem EG. (BGBl. S. 195) sollte das StrGB. am 1. Januar 1871 in Kraft treten, und dann das vom neuen Strafrecht betroffene Bundes- und Landesrecht außer Kraft treten, ausgenommen die besonderen Vorschriften des letzteren über strafrechtliche Verletzung der Preßpolizei-, Post-, Steuer-, Zoll-, Fischerei-, Jagd-, Forst- und Feldpolizeigesetze, über Mißbrauch des Vereins- und Versammlungsrechts und über den Holzdiebstahl. Dieses Bundesstrafrecht wurde durch Ges. v. 15. Mai 1871 (RGBl. S. 127) zum StrGB. für das Deutsche Reich, mit Geltung vom 1. Jan. 1872 ab, umgewandelt. Als solches ist es, nachdem es mehrfache Änderungen durch Ges. v. 10. Dez. 1871 (RGBl. S. 442) und 26. Febr. 1876 (RGBl. S. 25) erfahren, am letzteren Tage in anderweiter Fassung verkündigt (RGBl. S. 39). Weiterhin ist dazu noch eine Anzahl von Ergänzungen und Änderungen ergangen; so die Ges. über den Wucher v. 24. Mai 1880 (RGBl. S. 109) und 19. Juni 1893 (RGBl. S 197); das Ges. über den Gebrauch von Sprengstoffen v. 9. Juni 1884 (RGBl. S. 61) nebst neuester Ausführ Bestimmung v. 29. April 1903 (RGBl S. 211); die Ges. über die Unzucht v. 5. April 1888 (RGBl. S. 133) und 5. Juni 1900 (RGBl. S. 301); das Ges. v. 13. Mai 1891 über Post- und Telegraphen-Wertzeichen und -Anlagen, behördliche Stempel usw. (RGBl. S. 107); das Verjährungsges. v. 26. März 1893 (RGBl. S. 133); das Ges. über den Verrat militärischer Geheimnisse v. 3. Juli 1893 (RGBl. S. 205); das Ges. über die Unterhaltspflicht v. 12. März 1894 (RGBl. S. 259); das EG. zum BGB. Art. 34 über Aberkennung der Ehrenrechte, Strafmündigkeit, Strafantragsrecht, Schuldverschreibungen auf den Inhaber, Sittlichkeit, Beleidigung von Ehefrauen, persönliche Freiheit; die EG. zur Konk.O. v. 10. Febr. 1877 (RGBl. S. 390) § 3, bzw. zu deren Novelle v. 17. Mai 1898 (RGBl. S. 248), betreffend Abänderung der §§ 281—283 StrGB. durch die §§ 239—244 KO.; das Ges. v. 27. Dez. 1899 (RGBl. S. 729) über Eisenbahngefährdung; das Ges. v. 9. April 1900 über Entziehung elektrischer Kraft (RGBl. S. 228); endlich das Ges. über Phosphorzündwaren v. 10. Mai 1903 (RGBl. S. 217). — Soweit für die Landesgesetzgebung nach dem oben bezeichneten EG. zum StrGB. v.

31 Mai 1870 § 2 ein Vorbehalt gemacht ist, darf sie jedoch nach § 5 dort als Strafen nur Gefängnis bis zu 2 Jahren, Haft, Geldstrafen, Einziehung einzelner Sachen und Entziehung öffentlicher Ämter androhen.

2. In knapper Skizze stellt der Inhalt des RStrGB. sich dahin dar. Skizze des RStrGB.

a, In der Einleitung (§§ 1—12) sind die Strafhandlungen nach der Schwere der angedrohten Strafen in drei Klassen eingeteilt; und zwar in Verbrechen, sofern Tod, Zuchthaus oder Festungshaft von mehr als 5 Jahren, in Vergehen, sofern Festungshaft bis zu 5 Jahren, Gefängnis oder Geldstrafe von mehr als 150 Mk., in Übertretungen, sofern Haft oder Geldstrafe bis zu 150 Mk. angedroht ist. Jede Bestrafung setzt voraus, daß für eine Handlung schon vor derselben eine Strafe gesetzlich bestimmt war. Bei Verschiedenheit der Strafgesetze zwischen Begehung und Aburteilung einer Handlung ist das mildeste Gesetz maßgebend. Die deutschen Strafgesetze finden Anwendung auf alle im Reichsgebiet begangenen Strafhandlungen, auch wenn der Täter ein Ausländer ist, auf die im Auslande begangenen Strafhandlungen nur ausnahmsweise (bei Gemeingefährlichkeit). Deutsche dürfen ausländischen Regierungen grundsätzlich (abgesehen von Staatsverträgen) nicht zur Verfolgung oder Bestrafung ausgeliefert werden. Wahrheitsgetreue Berichte über inländische parlamentarische Verhandlungen bleiben verantwortungsfrei (vgl. Art. 22, 30 der Reichsverfassung, Art. 84 der Preuß. Verfass.Urkunde).

b, Der I. allgemeine Teil (§§ 13—79) regelt zunächst (§§ 13—42) die Strafen. Die Todesstrafe ist für wenige Fälle (vgl. StrGB. §§ 80, 221 [versuchten Mord gegen Kaiser oder Landesherrn], EG. § 4, Sprengstoffges. v. 9. Juni 1884 [RGBl. S. 61]) vorgesehen und wird durch Enthauptung vollstreckt. Die Zuchthausstrafe ist eine lebenslängliche oder zeitige (von 1—15 Jahren) und unterwirft den Verurteilten der Zwangsarbeit inner- und außerhalb der Anstalt. Die zu Gefängnis als der gewöhnlichen Freiheitsstrafe Verurteilten können und müssen auf Verlangen in einer ihren Fähigkeiten angemessenen Weise beschäftigt werden (vgl. für Preußen Gef.O. v. 21. Dez. 1898, JMBl. S. 292, und 14. März 1900, JMBl. S. 86). Die zu längerer Zuchthaus- oder Gefängnisstrafe Verurteilten können nach mindestens einjähriger Verbüßung und bei guter Führung widerruflich entlassen werden (vgl. Grundsätze des Bundesrats über Vollstr. v. Freiheitsstrafen v. 28. Okt. 1897, Zentr.Bl. S. 308); ein Anklang an die sog. bedingte Verurteilung. Die Haft besteht in einfacher Freiheitsentziehung. Die Geldstrafe ist allein oder in Verbindung oder alternativ mit Freiheitsstrafe, bei Verbrechen oder Vergehen nicht unter 3 Mk., bei Übertretungen nicht unter 1 Mk. zulässig, für den Nichtbeitreibungsfall in Freiheitsstrafe umzuwandeln nach bestimmten Maßstäben; ihre Vollstreckung in den Nachlaß des Verurteilten setzt aber voraus, daß das Urteil bei dessen Lebzeiten ergangen ist. Die Verurteilung zu Zuchthausstrafe bewirkt von Rechts wegen die dauernde Unfähigkeit zum Militärdienst und zu öffentlichen Ämtern. Die Ehrenrechte können neben Todes- und Zuchthausstrafe allemal, neben Gefängnisstrafe nur, falls diese 3 Monate erreicht und die Aberkennung ausdrücklich im Gesetze zugelassen oder wegen mildernder Umstände statt auf Zuchthaus auf Gefängnis erkannt ist, aberkannt werden, und zwar bei Zuchthaus für 2—10, bei Gefängnis für 1—5 Jahre; die Aberkennung bewirkt dauernden Verlust der Wahlrechte, öffentlichen Ämter, Würden, Titel, Orden und Ehrenzeichen, sowie die zeitweise Unfähigkeit zur Tragung der Kokarde, zum Eintritt in Heer oder Marine, zu öffentlichen Ämtern, zu aktivem oder passivem öffentlichem Wahlrecht, zur Zeugenschaft bei Aufnahme von Urkunden, auch grundsätzlich zum Amte eines Vormunds, Pflegers, Beistandes und Familienratsmitgliedes. Neben Freiheitsstrafen kann in bestimmten Fällen auf Zulässigkeit von Polizeiaufsicht für höchstens 5 Jahre erkannt werden, ebenso auf Einziehung von Sachen des Täters, sofern sie zu vorsätzlichen Verbrechen oder Vergehen gebraucht oder bestimmt oder dadurch hervorgebracht sind, sowie von strafbaren Schriften. — Daran schließen sich Vorschriften über den Versuch (§§ 43—45), der nur bei Verbrechen und Vergehen und bei letzteren auch nur in den besonders vorgesehenen Fällen strafbar ist, übrigens mildere Bestrafung erfährt, wie über die Teilnahme (§§ 46—50), welche bestraft wird teils als gemeinschaftliche Ausführung einer Straftat durch mehrere, teils als Anstiftung, Hilfeleistung, Auffordern oder Erbieten zu Verbrechen nebst Annahme desselben.

Weiter werden die Strafausschließungs- und Milderungsgründe geordnet (§§ 51—79). Nicht strafbar ist eine Handlung, wenn der Täter dabei bewußtlos, in krankhafter und die freie Willensbestimmung ausschließender Geistesstörung, in Notwehr oder ähnlichem Notstande gehandelt hat. Eine strafbare Handlung, die vor Vollendung des 12. Lebensjahrs begangen ist, führt keine Bestrafung, sondern nur Besserungs- und Aufsichtsmaßregeln, eine solche, die zwischen dem 12. und 18. Lebensjahre begangen, beim Fehlen oder beim Besitz der erforderlichen Strafbarkeitseinsicht die Freisprechung oder eine geringere Strafe nach sich. Eine Anrechnung der erlittenen Untersuchungshaft auf die Strafe ist zulässig. Wegen der nur auf Antrag verfolgbaren Handlungen findet keine Verfolgung statt, sofern der Berechtigte den Antrag binnen 3 Monaten seit erlangter Kenntnis nicht gestellt hat. Die Verfolgung von Verbrechen verjährt in 10—15 Jahren, die von Vergehen in 3—5 Jahren, die von Übertretungen in 3 Monaten. Hingegen unterliegt die Vollstreckung rechtskräftig erkannter Strafen der Verjährung bei der Todes- oder bei lebenslänglicher Zuchthaus- oder Festungsstrafe in 30 Jahren, bei Zuchthaus- oder Festungsstrafe über 10 Jahre in 20 Jahren, bei Zuchthausstrafe bis zu 10 Jahren, bei Festungshaft von 5—10 Jahren und bei Gefängnisstrafe über 5 Jahre in 15 Jahren, bei Festungs- und Gefängnisstrafe von 2—5 Jahren oder bei Geldstrafe über 6000 Mk. in 10 Jahren, bei Festungs- oder Gefängnisstrafe bis zu 2 Jahren oder bei Geldstrafe von mehr als 150—6000 Mk. in 5 Jahren, bei Haft- oder Geldstrafe bis zu 150 Mk. in 2 Jahren. — Hierbei kommt noch die sog. Konkurrenz von Straftaten (§§ 73—79) in Betracht. Diese ist eine ideale, wenn durch eine Tat mehrere Strafgesetze verletzt werden, und unterliegt nur dem härtesten derselben. Sie ist eine reale, wenn jemand durch mehrere stelbständige Taten mehrere Verbrechen oder Vergehen oder solche mehrmals begeht, und führt eine in Erhöhung der schwersten bestehenden Gesamtstrafe herbei.

c, Der II. besondere Teil behandelt die einzelnen Verbrechen, Vergehen und Übertretungen und deren Bestrafung; und zwar in den 28 Abschnitten von §§ 80—359 die Verbrechen und Vergehen (Hoch- und Landesverrat, Beleidigung des Landesherrn und von Bundesfürsten, feindliche Handlungen gegen befreundete

Staaten, in Beziehung auf die Ausübung staatsbürgerlicher Rechte, Widerstand gegen die Staatsgewalt, wider die öffentliche Ordnung, Münzverbrechen und Vergehen, Meineid, falsche Anschuldigung, wider Religion, Personenstand, Sittlichkeit, Beleidigung, Zweikampf, wider Leben, Körperverletzung, wider persönliche Freiheit, Diebstahl und Unterschlagung, Raub und Erpressung, Begünstigung und Hehlerei, Betrug und Untreue, Urkundenfälschung, Bankrott, Sachbeschädigung, Gemeingefährlichkeit, im Amte); schließlich in dem Abschnitt von §§ 360—370 die Übertretungen.

III. Gerichtsverfassung.

Ger.Verfassung.

Geschichtliches.

A. In Art 4 Nr. 13 der Reichsverfassung ist die Gerichtsverfassung nicht besonders aufgeführt. Wiederholte Anträge des Reichstags auf Ergänzung dieser Lücke, namentlich bei Erlassung des Ges. v. 20. Dez. 1873 (RGBl. S. 379) blieben erfolglos. Der Grund lag darin, daß man gelegentlich der Regelung des Zivil- und Strafverfahrens von Reichs wegen eine gleichzeitige Organisation der Gerichte mindestens insoweit für selbstverständlich hielt, als letztere die naturgemäße und notwendige Voraussetzung für erstere bilde, wie ja auch bereits eine gewisse Grundlage hierfür in dem Reichsoberhandelsgericht gegeben war. Übrigens konnte man sich für die Unzertrennlichkeit der Prozeßordnungen von der Gerichtsverfassung auf den Vorgang Preußens berufen, wo das ALR. in T. II Tit. 17 §§ 1 ff. und die AGO. in T. III zugleich die Organisation der Gerichte geregelt hatten.

Das neue Deutsche Reich faßte denn auch die ihm durch Art. 4 Nr. 13 erwachsene Gesetzgebungsaufgabe in ähnlichem Sinne auf. Im Herbst 1874 ging dem Reichstage neben den Entwürfen zu einer Zivil-, einer Straf- und (etwas später) einer Konkursordnung der Entwurf zu einem Gerichtsverfassungsgesetze zu. Nach Vorberatung aller dieser Vorlagen in der sog. RJK. wurden sie im Dezember 1876 in einer auf Kompromiß zwischen Bundesrat und Reichstag beruhenden Gestalt endgültig vereinbart und anfangs 1877 als sog. RJust.Gesetze verkündet, speziell als erstes das Ger.Verfass.Gesetz am 27. Jan. 1877 (RGBl. S. 41). Zur Ergänzung ergingen in den nächsten Jahren insbesondere das Gesetz über den Sitz des Reichsgerichts in Leipzig v 11. April 1877 (RGBl. S. 415), die RechtsanwaltsO. v. 1. Juli 1878 (RGBl. S. 177) und die Kostengesetze für Gerichte, Gerichtsvollzieher, Zeugen, Sachverständige und Rechtsanwälte. Das GVG. erfuhr weiterhin gewisse Änderungen durch die Ges. v. 17. März 1886 (RGBl. S. 61) und 5. April 1888 (RGBl. S. 133), wurde dann aber in das große Gesetzeswerk des BGB. mit hineingezogen. Dessen EG. bestimmt nämlich in Art. 1, daß gleichzeitig mit dem BGB. (am 1. Januar 1900) Gesetze über Änderungen des GVG., der ZPO. und der KonkO. (abgesehen von einem Zw.Versteig.- und Zw Verwalt.Gesetz) in Kraft treten sollten. Diese Gesetze sind unterm 17. Mai 1898 erlassen (RGBl. S. 230, 252, 256, 332), zugleich mit der Ermächtigung für den Reichskanzler, dieselben nebst mehreren anderen Gesetzen, namentlich solchen über die freiwill. Gerichtsbarkeit, in der künftig maßgebenden Fassung bekannt zu machen. Die Bekanntmachung ist am 20. Mai 1898 erfolgt, für das GVG. RGBl. S. 370, für die ZPO. S. 410, für die KonkO. S. 612, für das Gesetz über die freiwill. Ger. S. 771, für das Anfecht.Ges. außerhalb des

Konkurses v. 21. Juli 1879 S. 709, für das Gesetz über Zw.Versteig. und Zw.-Verw. S. 713, für die Gr.BO. S. 754.

GVG. **B,** Nach dem jetzt geltenden GVG. sind die Grundzüge der Deutschen Gerichtsverfassung folgende.

Tit 1. **a,** Der Tit. 1 (§§ 1—11) handelt vom Richteramt, in den §§ 1, 6—9 von dessen Rechtsstellung, in den §§ 2—5, 10 von der Befähigung zu demselben. Er gibt somit die staatsrechtlichen Grundlagen für die richterliche Gewalt im Reiche. In der dem Reichstage 1874 gemachten Vorlage war er nicht enthalten; der Reichstag fügte ihn in der Erwägung bei, daß der Richter das Hauptorgan der Rechtspflege bilde, der Titel 1 für dieses Organ nur die Mindestnormen nach dem Vorbilde Preußens gebe, und im übrigen einen Eingriff in die reichsverfassungsgemäß den Bundesstaaten verbliebene Justizhoheit nicht enthalte.

α) In betreff der Rechtsstellung des Richteramts hatte die Gesetzgebung Preußens in der Tat bereits Garantien für eine unabhängige und unparteiische Rechtspflege vorgesehen. In der AGO T. III § 28 war den Justizkollegien die gewissenhafteste Unparteilichkeit zur Pflicht gemacht, dergestalt, daß sie jedermann ohne Unterschied nach Beschaffenheit seiner Sache und nach Vorschrift der Gesetze Recht widerfahren zu lassen hätten. Die Preußische Verfass.Urkunde v. 31. Jan. 1850 hat diesen Grundsatz durch staatsrechtliche Schutzvorschriften befestigt; denn in ihren Art. 86, 87 ist bestimmt, daß die richterliche Gewalt im Namen des Königs durch unabhängige, keiner anderen Autorität als der des Gesetzes ausgeübt, die Richter vom Könige oder in dessen Namen auf Lebenszeit ernannt und ihres Amtes nur durch Richterspruch aus gesetzlichen Gründen entsetzt, zeitweise enthoben, unfreiwillig an eine andere Stelle oder in den Ruhestand versetzt werden sollen. Diese Artikel bezogen sich darauf zurück, daß in Preußen bis zur V. v. 2. Jan. 1849 (GS. S. 1) die Privatgerichtsbarkeit (standesherrliche, städtische, patrimoniale, geistliche) neben der staatlichen geherrscht hatte

Der Preußischen Verfassung schließen sich die §§ 1, 6—9 des GVG. in noch verstärkter Gestalt an. Der § 1 beseitigt die direkte Einwirkung Dritter, besonders der vollziehenden Gewalt (Kabinetsjustiz) auf die Gerichtsbarkeit, indem diese lediglich auf Grundlage des Gesetzes (im Sinne des Art. 2 der RVerf.) ausgeübt werden darf. Andererseits enthält er stillschweigend den Satz von der Trennung der Justiz von der Verwaltung, der seine nähere Begrenzung allerdings erst in §§ 12 ff. GVG. und in § 4 EG. dazu findet, indem nach diesen die Gerichtsbarkeit, soweit sie andere als die im GVG. fixierten Gebiete betrifft, und die sog. Justizverwaltung der Landesgesetzgebung offen gehalten wird. — Die §§ 6—9 schützen die persönliche Unabhängigkeit der Richter durch die Bestimmung, daß die Richter auf Lebenszeit ernannt werden, ein festes Gehalt mit Ausschluß von Gebühren (Sporteln) beziehen, unfreiwillig nur kraft richterlicher Entscheidung, aus gesetzlichen Gründen und unter gesetzlichen Formen, dauernd oder zeitweise des Amtes enthoben, an eine andere Stelle oder in den Ruhestand gesetzt, auch bezüglich dienstlicher vermögensrechtlicher Ansprüche vom Rechtswege nicht ausgeschlossen werden können. Wem die Ernennung der Richter zusteht, ergeben die Organisationstitel 3—9, indem nach § 127 betreffs der Reichsrichter der Kaiser kompetent, betreffs aller sonstigen Richter als bundesstaatlichen Organe das Bundesstaatsrecht maßgebend ist (für Preußen vgl. unten das AG. zum

GVG. v. 28. April 1878 § 7). Wegen der Nichtab- und Nichtversetzbarkeit der Reichsrichter treffen die §§ 128—131 besondere Schutzvorschriften. Die in § 9 gewahrte Zulässigkeit des Rechtsweges für dienstliche Ansprüche der Richter entspricht dem Preußischen Ges. v. 24. Mai 1861 (GS. S. 241), wie dem allgemeinen Reichsbeamtenges. v. 31. März 1873 (RGBl. S. 61) § 149.

β) Anlangend die Fähigkeit zum Richteramt, geben die §§ 2—5, 10 GVG. bloße Grundnormen und überlassen deren Ausführung der Landesgesetzgebung. Nach §§ 2, 4 wird diese Fähigkeit durch Ablegung zweier Prüfungen erlangt, deren es nur für öffentliche ordentliche Universitätsrechtslehrer nicht bedarf. Voraussetzung der ersten Prüfung ist ein mindestens dreijähriges Rechtsstudium auf einer Universität, und zwar für mindestens drei Halbjahre auf einer deutschen Universität, Voraussetzung der zweiten Prüfung ein mindestens dreijähriger Vorbereitungsdienst bei Gerichten und Rechtsanwälten, zeitweise etwa auch bei der Staatsanwaltschaft oder bei Verwaltungsbehörden. Wer die erste Prüfung in einem Bundesstaat abgelegt hat, kann in jedem anderen zur Vorbereitung zugelassen werden; und, wer in einem Bundesstaate die Fähigkeit zum Richteramt erlangt hat, ist ohne weiteres zum Richteramt im ganzen Deutschen Reich, abgesehen vom Amte des Reichsrichters (GVG. § 127, Alter von 35 Jahren noch erforderlich) befähigt.

Vorstehende Bestimmungen werden für Preußen durch das AG. zum GVG. v. 24. April 1878 (GS. S. 230), jetzt in der Fassung v. 21. Sept. 1899 (GS. S. 249) §§ 2—11 näher ergänzt. Nach § 1 dort erfolgen für die Referendare die juristischen Prüfungen und der vierjährige Vorbereitungsdienst in Gemäßheit des Ges. v. 6. Mai 1869 (GS. S. 656), nebst Regul. v. 1. Mai 1883 (JMBl. S. 131), mit Änderungen v. 12. März 1888 (JMBl. S. 64), 3. Nov. 1890 (JMBl. S. 277), 18. Jan. 1897 (JMBl. S. 19) und 13. Mai 1899 (JMBl. S. 150). Nach §§ 2—5 können Referendare, die seit zwei Jahren im Vorbereitungsdienste tätig sind, einstweilig zu einzelnen amtsrichterlichen Geschäften, ausgenommen die wichtigsten (Urteilsfällung, Beurkundung von letztwilligen Verfügungen und Eheverträgen, Durchsuchungen, Beschlagnahmen und Verhaftungen, Bildung der Schöffen- und Schwurgerichte) verwendet werden. Die zu Gerichtsassessoren ernannten Referendare werden einem Amts- oder Landgericht oder mit ihrer Zustimmung einer Staatsanwaltschaft zu unentgeltlicher Beschäftigung überwiesen, und ihre Versetzung von da erfordert ihre Zustimmung. Sie sind verpflichtet, zeitweilig die Verwaltung der Stelle eines Amtsrichters, eines Hilfsrichters oder eines Hilfsstaatsanwalts gegen Entgelt zu übernehmen. Nach §§ 7, 10 werden die Richter einschließlich der Handelsrichter vom Könige ernannt. Die Mitglieder der Landgerichte führen den Amtstitel Landrichter, die der Amtsgerichte den Amtstitel Amtsrichter; das Gehalt beider ist aber nach gleichen Grundsätzen zu bemessen. Laut § 11 dürfen die Richter nur gesetzliche Gehälter und Entschädigungen und stiftungsmäßige Bezüge erhalten, abgesehen von Unterstützungen bei außerordentlichem Bedürfnis.

b, Der Tit. 2 (§§ 11—21) regelt die Gerichtsbarkeit, aber beschränkt auf die Frage, durch welche Gerichte die ordentliche streitige Gerichtsbarkeit ausgeübt wird. Diese Frage findet in § 12 ihre Beantwortung dahin, daß die Ausübung erfolgt durch Amts- und Landgerichte, durch Oberlandsgerichte und Tit 2.

durch das Reichsgericht. Die danach für die freiwillige Gerichtsbarkeit gebliebene Lücke ist inzwischen ausgefüllt durch das RGes. über die Angelegenheiten der freiwill. Ger. v. 17./20. Mai 1898 (RGBl. S. 189, 771), und zwar derart, daß dieses laut §§ 19, 28, 35 usw. durchgängig auf die im GVG. geschaffene Organisation basiert ist.

Ord. streit. Gerichtsb. α) Die Beschränkung des Tit. 2 auf die ordentliche streitige Gerichtsbarkeit betrifft die Frage nach der Zulässigkeit des Rechtsweges und gründet sich darauf, daß vor die in Tit. 2 organisierten ordentlichen Gerichte nach § 13 die bürgerl. Rechtsstreitigkeiten und Strafsachen nur insoweit gehören sollen, als für diese nicht die Verwaltungsbehörden oder Verwaltungsgerichte zuständig oder reichsgesetzlich besondere Gerichte bestellt oder zugelassen sind, mit anderen Worten, als nicht für ihre Erledigung die ZPO., die StrPO. oder die KonkO. maßgebend sind (vgl. die EG. zur ZPO. und StrPO je § 3).

Der Begriff der bürgerl. Rechtsstreitigkeiten ist in der RJKommission nicht zur Bestimmung gelangt; die Bestimmung ist nach den Ges.Motiven und den Verhandlungen der RJKommission der Theorie und Praxis auf Grundlage des bestehenden Reichs- und Landesrechts überlassen worden, da jener Begriff aus der Natur der Sache sich kaum ermitteln läßt und tatsächlich eine sehr verschiedene positive Regelung in den einzelnen Bundesstaaten erlangt hat (vgl. RG. 10 S. 294, 11 S. 73, 12 S. 329, 13 S. 155, 21 S. 46, 23 S. 357, 32 S. 99). Von Bedeutung dürften dabei wesentlich folgende Gesichtspunkte sein. Der Umstand, daß ein Anspruch auf einem öffentlichrechtlichen Verhältnis beruht, schließt allein noch nicht die bürgerliche Rechtsstreitigkeit aus (vgl. RG. 41 S 272). In den Reichsgesetzen ist für die Landesgesetzgebung keine Schranke gesetzt, solche Rechtsstreitigkeiten, die an sich als bürgerliche sich kennzeichnen, statt den ordentlichen Gerichten (§ 12 GVG.) den Verwaltungsbehörden oder -Gerichten zu vorläufiger oder endgültiger Entscheidung zu übertragen, abgesehen von den Fällen der §§ 9, 17 GVG., des § 11 EG. dazu und der §§ 4, 5 EG. zur ZPO. Andererseits ist nach § 4 EG. zum GVG. die Landesgesetzgebung in der Frage, welche Geschäfte den ordentlichen Gerichten neben der ordentlichen streitigen Gerichtsbarkeit zuzuweisen sind, nur insoweit beschränkt, als Verwaltungssachen außer der Justizverwaltung, die für Preußen im AG. zum GVG. Tit. 12 (§§ 77—86) geordnet ist, in Betracht kommen.

Als besondere Gerichte sind, wie sich aus § 14 GVG. nach dem Vorgange des Art. 91 der Preuß. Verfass.Urk. ergibt, Gerichte für besondere Klassen von Angelegenheiten (insbesondere für Handel und Gewerbe) zu verstehen. Als reichsgesetzlich bestellte Gerichte dieser Art sind zunächst nach § 14 Nr. 4 GVG. die Gewerbegerichte auf Grundlage des Ges. v. 29. Juli 1890 (RGBl. S. 141), jetzt des Ges. v. 29. Juni 1901 (RGBl. S. 353), sowie die Kaufmannsgerichte gemäß Ges. v. 6. Juli 1904 (RGBl. S. 266) zu erwähnen. Im übrigen ist es vielfach fraglich und streitig, wieweit besondere Gerichte oder Verwaltungsbehörden (bzw. Gerichte) vorliegen. Hier kommen u. a. in Betracht die auf Arbeiterversicherungsansprüche bezüglichen Schiedsgerichte der Berufsgenossenschaften mit der höchsten Instanz des Reichsversicherungsamts (vgl. die Note zu dem Punkte „Versicherungswesen" in Art. 4). Die Militärgerichtsbarkeit, die nach dem RMilGes. v. 2. Mai 1874 (RGBl. S. 45) sich lediglich auf Strafsachen bezieht, wird durch das GVG. nach § 7 des EG. dazu nicht berührt und hat in dieser Begrenzung ihre mit der obersten Instanz des Reichsmilitärgerichts abschließende Organisation durch die RMilGerO. v. 1. Dez. 1898 (RGBl. S. 1189, mit V. v. 28. Dez. 1899, RGBl. 1900 S. 19) §§ 1—114 gefunden. Ebenso läßt das GVG. nach § 7 seines EG. die Landesgesetzgebung, soweit sie den Standesherren das Austrägalrecht gewährt, außer Berührung: ein Vorbehalt, bezüglich dessen für Preußen auf das Ed. v. 21. Juni 1815 (GS. S. 105), die Instrukt. dazu v. 30. Mai 1820 (GS. S. 81) §§ 16, 17, das Ges. v. 10. Juni 1854 (GS. S. 363) und die V. dazu v. 12. Nov. 1855 (GS. S. 688) zurückzugehen ist. In Patentsachen bildet nach dem PatGes. v. 7. April 1891 (RGBl. S. 79) §§ 13, 14, 28—31 das Patentamt für Streitigkeiten über die Nichtigerklärung oder Zurücknahme eines Patents die 1. Instanz mit der Oberinstanz des Reichsgerichts; eine Bestimmung, die auch für Gebrauchsmustersachen nach Ges. v. 1. Juni 1891 (RGBl. S. 290) gilt. Zur obersten Entscheidung über Ansprüche aus § 38 des Ges. über den Unterstützungswohnsitz v. 6. Juni 1870, 12. März 1894 (RGBl. S. 262) ist nach §§ 42 ff. a. a. O. das Bundesamt für das Heimatswesen eingesetzt. — Die in den Konsularbezirken amtierenden Konsuln und Konsulargerichte dürften, da sie dort nach dem Ges. über die Konf Gerichtsb. v. 7. April 1900 (RGBl. S. 213) die ordentliche Gerichtsbarkeit für das Deutsche Reich auszuüben haben, nicht als besondere Gerichte anzusehen sein; und dasselbe gilt von den in den Deutschen Schutzgebieten zur Ausübung der Gerichtsbarkeit bestellten Beamten nach dem Schutzgeb.Ges. v. 9. Nov. 1900 (RGBl. S. 1005). — Nach § 5 des EG. zum GVG., bzw. nach dem RGes. v. 25. März 1904 (RGBl. S. 149) unterliegen die Landesherren wie die Mitglieder ihrer Familien, der Fürstlich Hohenzollerschen Familie und der Familien der vormaligen hannoverschen, kurhessischen, nassauischen und holsteinschen Fürstenhäuser den Vorschriften des GVG. nur insoweit, als nicht die Haus- oder Landesgesetze Abweichendes bestimmen. Es handelt sich hierbei, wie die EG. zur ZPO. und StrPO. §§ 5 und 4 ergeben, wesentlich um besondere Gerichtsbarkeit und besondere Gerichtsstände. Für Preußen ist nach § 18 des AG. zum GVG. als bezügliches Sondergericht der Geheime Justizrat beim Kammergericht aufrecht erhalten, unter Übertragung der letzten Instanz auf das Reichsgericht.

In § 14 GVG. sind als besondere Gerichte zugelassen:

1. Die auf Staatsverträgen beruhenden Rheinschiffahrts- und Elbzollgerichte.

Die Rheinschiffahrtsgerichte gründen sich auf die revid. Rheinschiff.Akte v. 17. Okt. 1868 (Preuß. GS. 1869 S. 798) Art. 33 ff., und das Verfahren vor denselben ist für Preußen durch Ges. v. 8. März 1879 (GS. S. 129) nebst V. v. 1. Sept. 1879 (GS. S. 609) und 20. Aug. 1900 (GS. S. 314) geregelt.

Die Elbzollgerichte sind zufolge Elbschiff.Akte v. 23. Juni 1821 (Preuß. GS. 1822 S. 10) Art. 26 und Additionalakte v. 13. April 1844 (GS. S. 458) gebildet, und das Verfahren vor denselben hat jetzt durch Ges. v. 9. März 1879 (GS. S. 132) Regelung gefunden.

2. Gerichte zur Entscheidung von bürgerl. Rechtsstreitigkeiten bei Landeskultursachen (d. h. bei Ablösung von Gerechtigkeiten oder Reallasten, bei Separationen, Konsolidationen, Verkoppelungen, bei gutsherrlich-bäuerlichen Auseinandersetzungen u. a. m). — In Preußen bestehen als dergleichen Agrargerichte

7*

in 1. Instanz die Generalkommissionen, in 2. Instanz das Oberlandeskulturgericht (früher Revisionskollegium für Land.Kult.Sachen), während für die letzte Instanz das Reichsgericht zuständig ist (vgl. Preuß. AG. zum GVG. § 19, Ges. über das Verfahren in Auseinandersetz.Sachen v. 18. Febr 1880 [GS. S. 59], jetzt v. 10. Okt. 1899 [GS. S. 284], EG. zum GVG. § 3 Abs. 2 und Kais. V. v. 26. Sept. 1879 [RGBl. S. 287]).

3. Gemeindegerichte, sofern solchen die Entscheidung über Ansprüche im Werte von nicht mehr als 60 Mk. lediglich unter Ortsbewohnern und unter Vorbehalt des ordentlichen Rechtsweges zusteht, was früher in Württemberg und Baden der Fall war.

4. Gewerbe- und Kaufmannsgerichte, über die bereits zu § 13 gehandelt ist.

Staatsgerichte. β) Nach § 15 sind die Gerichte Staatsgerichte; d. h. sie üben die Gerichtsbarkeit lediglich im Namen des Staates, von dem sie bestellt werden, also eines Bundesstaats oder des Reichs aus Daran ist geknüpft die Aufhebung und bürgerlichrechtliche Unwirksamkeit jeder privaten, insbesondere der geistlichen, standesherrlichen, städtischen und ritterschaftlichen Patrimonialgerichtsbarkeit (vgl. § 76 des Person.Standsges. v. 6. Febr. 1875 [RGBl. S 23], die Preuß. V. v. 2. Jan. 1849 Abschn I und die Preuß. Verfass Urk. Art. 86 oben zu a).

γ) Nach § 16 sind Ausnahmegerichte unstatthaft, und niemand darf seinem ordentlichen Richter entzogen werden; jedoch ist ein Vorbehalt bezüglich der Kriegsgerichte und der Standrechte gemacht. Die Regel enspricht dem Art. 7 der Preuß. Verfass Urk.; der Vorbehalt weist auf den Art. 68 der ReichsVerfass. (vgl. Preuß. Verf Urk. Art. 111, AG. zum GVG. § 110) zurück

δ) Nach § 17 Abs. 1 GVG. entscheiden die Gerichte über die Zulässigkeit des Rechtsweges; indes kann nach Abs. 2 die Landesgesetzgebung bei bezüglichen Streitigkeiten zwischen Gerichten und Verwaltungsbehörden (Verwaltungsgerichten) die Entscheidung besonderen Behörden übertragen, unter gewissen Voraussetzungen für deren Unabhängigkeit, Besetzung und Verfahren und für die Unantastbarkeit der ohne Kompetenzkonflikt rechtskräftig ergangenen Gerichtsurteile. Hierzu kommen die §§ 11, 17 des EG. znm GVG. in Betracht Es treten nämlich nach § 11 die Landesgesetze außer Kraft, durch welche die zivil- oder strafrechtliche Verfolgung öffentlicher Beamten wegen Amtshandlungen an besondere Voraussetzungen gebunden sind, abgesehen von der Voraussetzung einer Vorentscheidung durch eine besondere Behörde, sofern es sich bei dieser Vorentscheidung nur um das Vorliegen einer Amtsüberschreitung oder Amtsunterlassung handelt, und sofern die Vorentscheidung in Staaten mit einem höchsten Verwaltungsgerichtshofe diesem, sonst dem Reichsgericht zusteht. Nach § 17 aber kann in den Streitfällen des § 17 GVG. auf Antrag eines Bundesstaats und mit Zustimmung des Bundesrats die Kompetenz dem Reichsgericht übertragen werden; und wo derartige besondere Behörden bestehen, können die gemäß der Garantievorschriften des § 17 GVG. erforderlichen Änderungen zu ihrer Einrichtung und Prozedur im Wege landesherrlicher Verordnung ergehen.

Der § 17 Abs. 1 GVG. stellt den wesentlich für bürgerl. Rechtsstreitigkeiten berechneten und dem früheren Deutschen Recht entsprechenden Grundsatz auf, daß die Gerichte über ihre Zuständigkeit ohne Einmischung anderer Behörden, lediglich nach Maßgabe des Gesetzes zu entscheiden haben; dagegen wahrt der Abs. 2 dort, dem Französ. Recht und der heute so verwickelt gewordenen Grenze zwischen Justiz und Verwaltung Rechnung tragend, der Landesgesetzgebung — nicht also dem Reiche — das Recht, für jene Entscheidung besondere Behörden (sog. Kompetenzkonfliktshöfe) einzurichten, bzw. gemäß § 17 EG. etwa bestehende Behörden aufrecht zu erhalten, d. h. überall die Beobachtung der dort unter Nr. 1—4 aufgestellten Normativbestimmungen vorausgesetzt. In Preußen ist demzufolge durch V. v. 1. Aug. 1879 (GS. S. 573; vgl. auch JMBl. 1888 S. 4) der bestehende Gerichtshof zur Entscheidung von Kompetenzkonflikten nur den vorbezeichneten Normativbestimmungen angepaßt worden. Aus den bezüglichen Vorschriften für das Verfahren ist von besonderer Bedeutung, daß nach § 4 Abs. 2 ein positiver Kompetenzkonflikt nicht mehr erhoben werden kann, sofern die Zulässigkeit des Rechtsweges durch rechtskräftiges Urteil des Gerichts feststeht (wodurch die Verwaltungsbehörde zu rechtzeitiger Erhebung des Konflikts genötigt wird), und daß andererseits nach § 21 im Falle eines negativen Kompetenzkonflikts auf Antrag einer Partei der Kompetenzgerichtshof über den Konflikt zu entscheiden hat. Aus Anlaß des § 4 Abs. 2 entstand Streit darüber, ob zu den Gerichten in dessen Sinne auch das Reichsgericht gehöre, oder ob nicht die Rechtsstellung desselben von Rechts wegen die Erhebung des Kompetenzkonflikts durch eine bundesstaatliche Verwaltungsbehörde schon für den Fall ausschließe, daß der Prozeß überhaupt nur beim Reichsgericht anhängig geworden sei. Das Reichsgericht hat durch Plenarentscheidung Bd. 48 S. 195 seine Rechtsstellung im Sinne der letzteren Alternative gewahrt. Darauf ist durch das Preuß. Ges. v. 22. Mai 1902 (GS. S. 145) noch weitergehend bestimmt worden, daß der § 4 Abs. 2 auch Platz greifen soll, sofern nur ein mit der Revision anfechtbares Gerichtsurteil ergangen ist, und daß der § 21 außer Anwendung bleiben soll, sobald die Unzuständigkeit des Gerichts vom Reichsgericht ausgesprochen ist. – Der § 11 des EG. zum GVG. beschränkt für diejenigen Bundesstaaten, in denen besondere Behörden im Sinne des Abs. 1 bestehen, deren Zuständigkeit auf die in Abs. 2 Nr. 1 bezeichnete Vorentscheidung unter der in Nr. 2 bestimmten Organisationsmaßgabe. In Preußen ist infolgedessen die Zuständigkeit betreffs obiger Vorfrage von dem Gerichtshofe zur Entscheidung von Kompetenzkonflikten ohne weiteres auf das Oberverwaltungsgericht als obersten Verwaltungsgerichtshof übergegangen.

c, In den Tit. 3—12 organisiert dann das GVG. im einzelnen die Einrichtung und Zuständigkeit der Gerichte nach ihrer Stufenfolge. Dies hatte für Preußen die Wirkung, daß durch AG. zum GVG. v. 28. April 1878 (GS. S. 230) §§ 12 ff. die mittels V. v. 2. Jan. 1849 (GS. S. 1) §§ 18 ff. eingeführte Gerichtsbarkeit, insbesondere das Obertribunal, die Appellations-, Oberlandes-, Stadt-, Land- und Kreisgerichte, die Kommerz- und Admiralitätskollegien und die Grundbuchämter, aufgehoben wurden (Abschn. III § 18). Tit. 3—12.

Während die Preußische Organisation v. 2. Jan. 1849 bestimmte, daß die Justiz in 1. Instanz durch kollegiale Kreis- und Stadtgerichte, in 2. Instanz durch Appellationsgerichte, in 3. Instanz durch das Obertribunal ausgeübt werden sollte, beruht die reichsgesetzliche Organisation zufolge der Tit. 3—12 des GVG. grundsätzlich auf einer Mischung des Einzelrichter- und des Kollegialgerichtssystems.

Als Einzelrichteramt sind nach Tit. 3 die Amtsgerichte formiert, indem Amtsgerichte.

(§ 22) jeder Amtsrichter, auch an Amtsgerichten mit mehreren Richtern, die Amtsgeschäfte als Einzelrichter zu erledigen hat, unbeschadet der Übertragung der allgemeinen Dienstaufsicht an einen der mehreren Richter (hierüber vgl. für Preußen das AG. von 1878 § 79 und die Ges. v. 10. April 1892 [GS. S. 77] und 16. Sept. 1899 [GS. S. 391] betreffs der Berliner Amtsgerichte). Die Sitze und Bezirke der Amtsgerichte sind in Preußen nach § 21 des AG. zum GVG. zunächst durch Königl. V. bestimmt und dürfen weiterhin (seit 1. Okt. 1882) nur kraft Gesetzes verändert werden.

Die Geschäftsverteilung unter mehrere Richter eines Amtsgerichts ist der bundesstaatlichen Regelung überlassen (vgl. § 23 des Preuß. AG. von 1878). In bürgerl. Rechtsstreitigkeiten ist den Amtsgerichten die Zuständigkeit nach zwei Gruppen beigelegt (§ 23), nämlich einerseits für die Sachen von geringfügigem Vermögenswerte (nicht über 300 Mk.), andererseits für solche Sachen, bei denen der Vermögenswert außer Betracht bleibt, aber eine schnelle oder lokale Erledigung zweckdienlich erscheint (Mietssachen betreffs Überlassung, Benutzung, Räumung von Mietsräumen und Zurückbehaltung von eingebrachten Gegenständen, Streitsachen zwischen Herrschaft und Gesinde, zwischen Arbeitgeber und -nehmer und nach § 3 Abs 1 des Gewerbegerichtsgesetzes, zwischen Reisenden und Wirten, Fuhrleuten, Schiffern, Auswanderungsagenten und Handwerkern, wegen Viehmängel, wegen Wildschadens, wegen Ansprüche aus außerehelichem Beischlaf, endlich im Aufgebotsverfahren). Im übrigen ist die Zuständigkeit den Amtsgerichten noch durch eine Reihe von Einzelvorschriften des GVG. und der Prozeßordnungen verliehen.

Nach Tit. 4 werden bei den Amtsgerichten Schöffengerichte zur Verhandlung und Entscheidung der Übertretungen und der leichteren Vergehen gebildet, die aus einem Amtsrichter als Vorsitzendem und aus zwei ehrenamtlichen Schöffen, die grundsätzlich mit dem vollen Richteramte bekleidet sind und aus einer Urliste jährlich durch einen Ausschuß gewählt und für die Sitzungen ausgelost werden, bestehen. — Das Kollegialgerichtssystem beginnt

Landgerichte. zufolge Tit. 5 (§§ 25—57) mit den Landgerichten. Diese werden mit einem Präsidenten und der erforderlichen Zahl von Direktoren und Mitgliedern besetzt, und zwar in Zivil- und Strafkammern mit je einem Vorsitzenden (Präsidenten oder Direktor), zu denen die durch die Landesjustizverwaltung nach Bedarf zu ernennende Untersuchungsrichter treten (§ 60). Vor Beginn jedes Geschäftsjahres werden durch das Präsidium, dem der Präsident, die Direktoren und das älteste Mitglied angehören, die Geschäfte unter die Kammern verteilt, deren regelmäßige Mitglieder bzw. Stellvertreter bestimmt, Anordnungen, die im Laufe des Geschäftsjahrs nur in gewissen Fällen geändert werden können. Der Präsident als solcher (d. h. in der Justizverwaltung) wird durch den ältesten Direktor, der Kammervorsitzende durch das älteste Kammermitglied vertreten. Für einen ordentlichen Mitgliedsvertreter kann im Bedarfsfalle zeitweise der Präsident einen Vertreter aus den Mitgliedern des Landgerichts ernennen; geht dies nicht an, so erfolgt die Ernennung auf Antrag des Präsidenten durch die Landesjustizverwaltung (§§ 58, 59, 61—66, 69). Auf Kammern für Handelssachen erstrecken letztere Vorschriften sich nicht (§ 67). In allen Kammern verteilt der Vorsitzende die Geschäfte (§ 68).

Vor die Zivilkammern (wegen der Kammern für Handelssachen vgl.

Tit. 7) gehören nach § 70 Abs. 1 die nicht den Amtsgerichten zugewiesenen bürgerl. Rechtsstreitigkeiten. Ferner sind sie ohne Rücksicht auf den Streitwert ausschließlich zuständig (Abs. 2) für Ansprüche über Flößereiabgaben und von Reichsbeamten gegen den Reichsfiskus (vgl. RBeamt.Ges. v. 31. März 1873 § 151), wie gegen Reichsbeamte wegen Überschreitung ihrer Amtsbefugnisse oder Unterlassung ihrer Amtsverpflichtungen. Überdies ist es nach Abs. 3 der Landesgesetzgebung überlassen, diese ausschließliche Zuständigkeit auf Ansprüche von Staatsbeamten an den Staat, gegen Staatsbeamte wegen Amtsverschuldung und Aufhebung von Privilegien, gegen Beamte überhaupt wegen Amtsüberschreitungen oder Amtsunterlassungen, und betreffs öffentlicher Abgaben zu erstrecken, mit welcher Vorschrift all diesen Ansprüchen im Hinblick auf die Beteiligung des öffentlichen Interesses eine einheitliche Beurteilung gesichert werden soll (vgl. Ges. v. 1. Juni 1870 [BGBl. S. 313] § 2, Ges. v. 31. März 1873 [RGBl. S. 61] §§ 152—154 wegen der Zuständigkeit des früheren RObHandGerichts). Von vorstehendem Vorbehalt hat Preußen durch § 39 des AG. zum GVG. (laut jetziger Fassung gemäß GS. v. 1899 S. 249) Gebrauch gemacht. Weiter bilden die Landgerichte die Berufungs- und Beschwerdeinstanz für die vor Amtsgerichten, einschließlich der Gewerbe- und Kaufmannsgerichte (§ 55 des GewGerGes., RGBl. 1901 S. 353, bzw. Ges. über KaufmGer. v. 6. Juli 1904, RGBl. S. 266, § 16), verhandelten Zivilprozesse (§ 71), sowie die Beschwerdeinstanz gegen erstinstanzliche Anordnungen in Sachen der freiwill. Ger. (RGes. v. 20. Mai 1898 [RGBl. S. 771] § 19, Preuß. AG. dazu v. 21 Sept. 1899 [GS. S. 249] Art. 4).

Die Strafkammern sind (§§ 72—76) zuständig für die den Gerichten in der Voruntersuchung obliegenden Entscheidungen, für Beschwerden über Anordnungen des Untersuchungsrichters, des Amtsrichters und der Schöffengerichte. Sie erkennen über die nicht vor die Schöffengerichte gehörigen Vergehen, über die in § 73 bezeichneten Verbrechen, sowie über die in § 74 sonst aufgeführten Straffälle; doch können sie die in § 75 vorgesehenen Straftaten auch den Schöffengerichten zuweisen. Endlich bilden sie die erkennenden Gerichte für das Rechtsmittel der Berufung gegen schöffengerichtliche Urteile. Sie entscheiden in der Besetzung von drei Mitgliedern einschließlich des Vorsitzenden; in der Hauptverhandlung sind sie mit fünf, jedoch in der Berufungsinstanz für Übertretungen und in Privatklagefällen nur mit drei Mitgliedern zu besetzen (§ 77).

Nach Tit. 6 treten bei den Landgerichten zeitweise Schwurgerichte zusammen. Sie sind, unbeschadet ihrer landesgesetzlichen Kompetenz für Preßvergehen (EG. zum GVG. § 6), für die Verhandlung und Entscheidung der nicht vor die Strafkammern oder das Reichsgericht gehörenden Verbrechen zuständig, während die sonstigen gerichtlichen Entscheidungen in solchen Sachen den richterlichen Mitgliedern des Schwurgerichts und außerhalb der Sitzungsperiode den Strafkammern obliegen. Der Vorsitzende des Schwurgerichts wird für jede Periode durch den Oberlandesgerichtspräsidenten aus der Zahl der Mitglieder des Oberlandesgerichts oder der zu diesem gehörenden Landgerichte, die sonstigen richterlichen Mitglieder des Schwurgerichts werden durch den Landgerichtspräsidenten ernannt. Das Amt der Geschworenen ist ein Ehrenamt. Die Schöffenurliste dient auch zur Auswahl der Geschworenen. Danach werden 30 Hauptgeschworene in öffentlicher Sitzung des Landgerichts ausgelost und vom Vorsitzenden zur Eröffnungssitzung geladen. Für die infolge Ablehnung oder Behinderung wegfallenden Geschworenen sind Hilfsgeschworene einzuberufen.

Nach Tit. 7 können bei den Landgerichten bedarfsweise Kammern für Handelssachen von der Landesjustizverwaltung auf Antrag der Handelsorgane gebildet werden, deren Zuständigkeit, im Anschluß an die Vorschriften des ehedem das ROHG. betreffenden Ges. v. 12. Juni 1869 (BGBl. S. 201), sich auf die in § 101 GVG. bezeichneten handelsrechtlichen Zivilprozesse, die sonst in 1. Instanz vor die Landgerichte gehören, erstreckt. Über die Verweisung zwischen Zivil- und Handelssachenkammer sind in §§ 103 – 107 bestimmte Vorschriften gegeben. Die Kammern für Handelssachen entscheiden in der Besetzung von zwei ehrenamtlichen Handelsrichtern (über deren Ernennung vgl. § 113 Abs. 1 in der Fassung des Ges. v. 20. März 1905, RGBl. S. 179) und einem Mitgliede des Landgerichts als Vorsitzendem. Die Handelsrichter werden auf gutachtlichen Vorschlag der Handelsorgane je für drei Jahre ernannt; und zwar in Preußen (§ 7 AG.) durch den König auf Vorschlag der Handelskammern (vgl. Ges. v. 24. Febr. 1870 in der Textbekanntm. v. 22. Aug. 1897, GS. S. 354). Sie haben, solange sie im Amte, alle richterlichen Rechte und Pflichten, sind daher auch unter Umständen der Amtsenthebung ausgesetzt (Art. 109 – 117).

Oberlandesgerichte. Nach Tit. 8 sind die Oberlandesgerichte ähnlich organisiert, wie die Landgerichte. Sie werden nämlich mit einem Präsidenten und der erforderlichen Zahl von Senatspräsidenten und Mitgliedern besetzt und in Zivil- und Strafsenaten formiert, nur daß zum Präsidium die zwei ältesten Mitglieder zuzuziehen und als Hilfsrichter nur ständig angestellte Richter zulässig sind. Den Oberlandesgerichten steht zu die Verhandlung und Entscheidung in Berufungen gegen Urteile der Zivilkammern, in Revisionen gegen Berufungsurteile der Strafkammern, in Revisionen gegen erstinstanzliche Urteile der Strafkammern, soweit es sich nur um Verletzung von landesgesetzlichen Normen handelt, in Beschwerden gegen landgerichtliche Entscheidungen in Zivilprozessen, in Beschwerden gegen erstinstanzliche strafrichterliche Entscheidungen, soweit nicht die Strafkammern zuständig sind, und gegen Entscheidungen der Strafkammern in Beschwerde- und Berufungssachen (§ 123, EG. § 6; vgl. dazu für Preußen noch das AG. in jetziger Fassung §§ 49, 50), außerdem in weiteren Beschwerden betreffs Sachen der freiwill. Gerichtsbarkeit (Ges. über freiw. Ger. § 28; dazu Preuß. AG. Art. 4). Die Senate der Oberlandesgerichte entscheiden in der Besetzung von fünf Richtern (GVG. §§ 119—124).

Reichsgericht. Der Tit. 9 regelt das Reichsgericht. Dieses unterscheidet sich von den übrigen Gerichten wesentlich darin, daß letztere Landesbehörden sind, ersteres eine Reichsbehörde ist. Das hat die Folge, daß seine Rechtsstellung und namentlich seine Zuständigkeit ihre alleinige Grundlage in der Reichsverfassung sowie in dem auf dieser beruhenden GVG. nebst etwaigen sonstigen Reichsgesetzen findet, dagegen durch die Landesgesetzgebung an sich nicht berührt werden kann (vgl. RG. 55 S. 138). Der Sitz des Reichsgerichts ist laut § 125 GVG. durch Ges. v. 11. April 1877 (RGBl. S. 415) § 2 nach Leipzig gelegt. Dasselbe wird mit einem Präsidenten und der erforderlichen Zahl von Senatspräsidenten und Mitgliedern besetzt, die auf Vorschlag des Bundesrats vom Kaiser ernannt werden. Ihr Amtsverhältnis weist eine gewisse Sonderstellung auf. Es kann nämlich zum

Mitgliede nur ernannt werden, wer 35 Jahre alt ist und die Fähigkeit zum Richteramt in einem Bundesstaat erlangt hat. Die Formierung des Gerichtshofes erfolgt in Zivil- und Strafsenaten. Für das Präsidium gelten die bei den Landgerichten gegebenen Vorschriften; nur sind aus der Zahl der Mitglieder die 4 ältesten zuzuziehen. Hilfsrichter dürfen überhaupt nicht verwendet werden (§§ 126—134). Das Reichsgericht ist zuständig in bürgerl. Rechtsstreitigkeiten für die Verhandlung und Entscheidung der Revision gegen Endurteile der Oberlandesgerichte und der Beschwerde gegen sonstige Entscheidungen derselben; in Strafsachen für die Untersuchung und Entscheidung von Hoch- und Landesverratsfällen gegen Kaiser und Reich als einzige Instanz mittels Hauptverhandlung vor dem vereinigten 2. und 3. Strafsenat (§ 138), für die Verhandlung und Entscheidung der Revision gegen erstinstanzliche Urteile der landgerichtlichen Strafkammern, soweit nicht die Oberlandesgerichte zuständig sind, und gegen Urteile der Schwurgerichte (§§ 135, 136). Will in einer Rechtsfrage ein Zivilsenat von einer Entscheidung eines anderen Zivilsenats oder der Vereinigten Zivilsenate, bzw. ein Strafsenat von einer Entscheidung eines anderen Strafsenats oder der Vereinigten Strafsenate abweichen, so ist eine Entscheidung der Vereinigten Zivil- bzw. Strafsenate einzuholen. Einer Entscheidung des Plenums bedarf es, wenn der Konflikt sich zwischen Zivil- und Strafsenaten erhebt. Die Konfliktsentscheidung ist für die gerade zur Beurteilung stehende Sache bindend. Wo das öffentliche Interesse beteiligt ist, wie in Plenar-, Straf-, Ehe-, Kindschafts-, Entmündigungs- und Sachen betreffend Anfechtung einer Todeserklärung, ist zuvor der Oberreichsamt mit schriftlichem Gutachten zu hören (vgl. § 137 nebst Ges. v. 17. März 1886, RGBl. S. 61, und Nov. dazu v. 17. Mai 1898). Ähnliches gilt für die freiwill. Gerichtsbarkeit nach § 30 des bezüglichen RGes. (vgl. noch für das Preußische Oberverwaltungsgericht das Ges. v. 27. Mai 1888, GS. S. 226). Die Senate des Reichsgerichts entscheiden in einer Besetzung von 7 Richtern; bei Konflikten und bei Entscheidungen des vereinigten 2. und 3. Strafsenats ist aber die Teilnahme von $^2/_3$ aller Mitglieder erforderlich (§§ 139, 140).

In einem Bundesstaat, in dem mehrere Oberlandesgerichte errichtet werden, kann nach §§ 8—10 EG. zum GVG. die Landesgesetzgebung ein entsprechend dem Reichsgericht organisiertes Oberstes Landesgericht mit der Verhandlung und Entscheidung der zur Zuständigkeit des Reichsgerichts gehörenden zivilprozessualen Revision und Beschwerde betrauen, außer da, wo früher das ROHG. zuständig war oder die Zuständigkeit des Reichsgerichts durch besonderes Reichsgesetz vorgesehen ist. Von dieser Befugnis hat nur Bayern Gebrauch gemacht durch das AG. zum GVG. v. 23. Febr. 1879 (G. u. VBl. S. 273) Art. 42, jetzt in der Fassung des AG. zum BGB. v. 9. Juni 1899 (G. u. VBl. Beilage zu Nr. 28 Art. 167).

In Tit. 10 (§§ 142—153) ist die Staatsanwaltschaft organisiert. Danach soll bei jedem Gericht eine solche bestehen, beim Reichsgericht mit dem Oberreichsanwalt nebst den erforderlichen Reichsanwälten, bei den Oberlandesgerichten, den Landgerichten und den Schwurgerichten mit einem oder mehreren Staatsanwälten, bei den Amts- und Schöffengerichten mit einem oder mehreren Amtsanwälten. Die örtliche Zuständigkeit der Staatsanwälte richtet sich nach derjenigen des Gerichts, für welches sie bestellt sind. Sie haben die Dienstan- Staatsanwaltschaft.

weisungen ihrer Vorgesetzten zu befolgen, und ihre Beaufsichtigung und Leitung steht beim Reichsgericht dem Reichskanzler, in den Bundesstaaten insgesamt der Landesjustizverwaltung, für die einzelnen Oberlandesgerichts- und Landgerichtsbezirke den Ersten Staatsanwälten dieser Bezirke zu. Der Oberreichsanwalt und die Reichsanwälte werden auf Vorschlag des Bundesrats vom Kaiser ernannt und können von diesem jederzeit mit gesetzlichem Wartegeld in den Ruhestand versetzt werden. Für die Ernennung zum Staatsanwalt beim Reichsgericht, bei den Oberlandes- und den Landgerichten ist die Befähigung zum Richteramt erforderlich. Die Staatsanwälte sind von den Gerichten unabhängig, dürfen aber auch keine richterlichen Geschäfte vornehmen und nicht mit der Dienstaufsicht über Richter betraut werden. Die Polizei- und Sicherheitsbeamten sind ihre Hilfsorgane.

Gerichtsschreiberei. Der Tit. 11, betreffend die Gerichtsschreiber, bestimmt, daß bei jedem Deutschen Gericht eine Gerichtsschreiberei eingerichtet werden soll, überläßt jedoch deren Einrichtung als Verwaltungssache beim Reichsgericht dem Reichskanzler, bei den Landesgerichten der Landesjustizverwaltung. In dieser Beziehung kommt für das Reichsgericht der Erlaß des Reichskanzlers v. 20. Sept 1879 (vgl. Pfafferoth, Jahrb. der Just.Verw 1880 S. 388) in Verbindung mit der Geschäftsordnung des Reichsgerichts v. 8. April 1880 (Zentr.Bl. f. d. D. R. S. 190) und 25. Juli 1886 (ebendort S 300) in Betracht, während für Preußen zufolge Art. 68 des AG zum GVG. bezüglich der Dienstverhältnisse der Gerichtsschreiber jetzt das Ges. v. 9. März 1879 (GS. S. 99), dessen § 5 durch Art. 131 des zum Freiwill. Ger.Gesetz ergangenen AG. v. 21. Sept. 1899 (GS. S. 249) geändert ist, und betreffs ihrer Geschäftsverhältnisse jetzt die Ger.SchreibO. v. 17. Dez. 1899 (JMBl. S. 849) und die laut Allg. Verf. v. 2. Dez. 1899 (JMBl. S. 394) erlassene GeschäftsO. für die Amts-, Land- und Oberlandesgerichte und die Sekretariate der Staatsanwaltschaften maßgebend sind.

Gerichtsvollzieher. Der Titel 12 betrifft Zustellungs- und Vollstreckungsbeamte. Nach § 155 sollen beim Reichsgericht und bei den Landesgerichten besondere Beamte behufs Zustellungen und Vollstreckungen (Gerichtsvollzieher) angestellt und deren Dienst- und Geschäftsverhältnisse beim Reichsgericht durch den Reichskanzler, bei den Landesgerichten durch die Landesjustizverwaltung bestimmt werden. In Preußen ist dies gemäß § 73 AG. zum GVG. seitens des Justizministers geschehen, und zwar neustens durch die GVO. v. 31. März 1900 (JMBl. S 345) und durch die Gesch.Anw. v. 12. Dez. 1899 (JMBl. S. 627). — Nach § 156 sind die Gerichtsvollzieher von der Amtsausübung ausgeschlossen in bürgerlichen wie in Strafsachen wegen eigener Beteiligung oder naher persönlicher Beziehung zu sonstigen Beteiligten. — In Preußen hat man sie nach § 74 AG. zum GVG. noch für zuständig zur Aufnahme von Wechselprotesten, zu freiwilligen Versteigerungen, zu gerichtlichen Siegelungen und Inventuren, zur Beurkundung des tatsächlichen Angebots von Leistungen und gerichtlicher öffentlicher Verpachtungen erklärt. — Hinzuweisen ist noch auf die Doppelstellung, welche der Gerichtsvollzieher gemäß §§ 166, 753 ZPO. in seiner Berufsstellung als Beauftragter der Partei und als Beamter einnehmen kann, wovon erhebliche rechtliche Folgen (Haftung) abhängen.

d. Der Tit. 13, betreffend die Rechtshilfe, ist bereits bei Art. 4 Nr. 11 erörtert.

e, Die Titel 14—17, welche die Öffentlichkeit und Sitzungspolizei, die Gerichtssprache, die Beratung und Abstimmung, die Gerichtsferien regeln, sind gleich dem Tit. 13 in das GVG. aufgenommen, weil sie wesentlich gemeinsame Bestimmungen für die verschiedenen Prozeßverfahren enthalten.

Speziell der Titel 14 (§§ 179—185) stellt die Öffentlichkeit neben der Mündlichkeit als fundamentalen Grundsatz des Zivil- und Strafverfahrens auf, und bestimmt demzufolge (§ 170), daß die Verhandlung vor dem erkennenden Gericht einschließlich der Verkündung der Urteile und Beschlüsse öffentlich erfolgen soll, und die Öffentlichkeit nur ausnahmsweise im öffentlichen Interesse (in Ehe- und Entmündigungssachen oder wegen Gefährdung der öffentlichen Sicherheit und Sittlichkeit) ausgeschlossen werden darf (vgl. § 175 und Ges. v. 5. April 1888, RGBl. S. 133), jedoch keinesfalls bezüglich der Verkündung des eigentlichen Urteils. Die Sitzungspolizei ist in die Hand des Vorsitzenden gelegt. Öffentlichkeit.

Der Tit. 15 (§§ 186—193) verordnet als Gerichtssprache grundsätzlich die deutsche. Wird unter Beteiligung von Personen, die dieser Sprache nicht mächtig sind, verhandelt, so ist ein Dolmetscher zuzuziehen, sofern nicht die Beteiligten sämtlich der fremden Sprache mächtig sind. Eine Protokollierung des in jener Form Verhandelten findet nur auf besonderen Beschluß statt. Entsprechendes gilt für die Verhandlung mit Tauben und Stummen. Gerichtssprache.

Nach Titel 16 gelten für die Beratung und Abstimmung der Richter (auch der Schöffen und Geschworenen) folgende Vorschriften (§§ 194—200). Bei der Entscheidung dürfen Richter nur in der gesetzlich bestimmten Zahl mitwirken, bei der Beratung und Abstimmung außer den Richtern nur die zur Ausbildung beschäftigten Referendare zugegen sein. Die Leitung jener Akte steht dem Vorsitzenden zu. Meinungsverschiedenheiten über Gegenstand, Fassung, Reihenfolge der Fragen und über das Ergebnis der Abstimmung erledigt das Gericht. Die Abstimmung über eine Frage darf von einem Richter nicht deshalb verweigert werden, weil er bezüglich einer früheren Frage überstimmt worden ist. Die absolute Stimmenmehrheit reicht aus, sofern nicht gesetzlich ein anderes bestimmt ist. Die Abstimmung beginnt beim Berichterstatter, ev. beim jüngsten Mitgliede und endet beim Vorsitzenden; bei Geschworenen richtet sie sich nach der Reihenfolge der Auslosung, doch so, daß der Obmann zuletzt stimmt. Beratung, Abstimmung.

Die Tit. 14—16, jedoch Tit. 14 mit Ausnahme der Vorschriften über die Öffentlichkeit, finden entsprechende Anwendung auf das gerichtliche Verfahren in der freiwilligen Gerichtsbarkeit gemäß §§ 8, 9 Ges. v. 20. Mai 1898 (RGBl. S. 771).

In Preußen war mit Bezug auf die Geschäftssprache der Behörden, Beamten und politischen Körperschaften des Staates überhaupt bereits durch Ges. v. 28. Aug. 1876 (GS. S. 389) das Deutsche grundsätzlich als ausschließliche Geschäftssprache bestimmt. Dieses Gesetz ist für die ordentliche streitige Gerichtsbarkeit durch Tit. 15 des GVG. (s. oben), für die freiwillige Gerichtsbarkeit durch das Preuß. AG. dazu v. 21. Sept. 1899 (GS. S. 249) Art. 1, 144 Nr. 18 aufgehoben, wogegen es im übrigen noch fortgilt. Für die Dienstverhältnisse der Dolmetscher ist in Preußen gegenwärtig die Dolm.O. v. 18. Dez. 1899 (JMBl. S. 856) maßgebend.

Der Schlußtitel 17 (§§ 201—204), betreffend die Gerichtsferien, be- Gerichtsferien.

stimmt für diese den Zeitraum vom 15. Juli bis zum 15. September, in dem Sinne, daß während desselben nur in sog. Feriensachen Termine abgehalten und Entscheidungen erlassen werden sollen. Das Motiv der Einrichtung ist, die Beurlaubung der Gerichtsbeamten behufs sommerlicher Erholung zu erleichtern und das Publikum während der heißen und Erntezeit möglichst von gerichtlichen Prozeßgeschäften zu befreien. — Es sind aber Feriensachen kraft Gesetzes Strafsachen, Arrestsachen, einstweilige Verfügungen, Streitigkeiten zwischen Mietsbeteiligten wegen Überlassung, Benutzung oder Räumung der Mietsräume, Streitigkeiten zwischen Dienstherrschaft und Gesinde, zwischen Arbeitsgeber und Arbeitsnehmer wegen des Dienst- oder Arbeitsverhältnisses, Streitigkeiten aus § 3 Nr. 1, 2 des GewGerGesetzes, Wechselsachen und Baufortsetzungssachen. Doch können auch andere schleunige Sachen auf Antrag (vgl. RG. 55 S. 327, auch stillschweigend) für Feriensachen erklärt werden. — Zur Erledigung der Feriensachen dürfen bei Kollegialgerichten bezügliche Kammern oder Senate gebildet werden. Die Feriensachen sind ohne Einfluß auf das Mahn-, Vollstreckungs- und Konkursverfahren; und dies gilt nach §§ 10, 194 Ges. v. 20. Mai 1898 (RGBl. S. 771) auch für das gerichtliche Verfahren in der freiwill. Gerichtsbarkeit (vgl dazu für Preußen § 91 des AG. zum GVG.).

C. Rechtsanwaltschaft.

Im Anschluß an die Organisation der Gerichte wird hier auf die Rechtsstellung, welche dem Anwaltsberuf in der Reichsgesetzgebung angewiesen worden ist, einzugehen sein.

Nach der altpreußischen Gerichtsverfassung, AGO. T. III Tit. 7, wurden die Rechtsanwälte unter dem Namen „Justizkommissare" als wirkliche Staatsdiener für bestimmte Bezirke angestellt (Anh. § 462), mit der Autorisation, dem Publikum in Prozessen als Bevollmächtigte oder Beistände und in sonstigen Rechtsangelegenheiten mit Rat zu dienen, und diese Anstellung konnte auf das Notariat ausgedehnt werden. Die V. v. 2. Januar 1849 über die anderweite Gerichtsorganisation (GS. S. 1) ließ es in §§ 30, 31 bei den bestehenden Vorschriften bewenden und verlieh den Justizkommissaren nur den Amtscharakter als Rechtsanwälte.

Demgegenüber hat die Reichsgesetzgebung eine grundsätzliche Änderung herbeigeführt. Danach unterliegen die Rechtsanwälte zwar nicht den Vorschriften der GewerbeO. (§ 6, vgl. RG. 55 S. 167); doch ist durch die im Gefolge der sog. RJust.Gesetze erlassene RAO v. 1. Juli 1878 (RGBl. S. 177), obschon solche für die Zulassung zur Rechtsanwaltschaft die Fähigkeit zum Richteramt verlangt, ihre Rechtsstellung dahin bestimmt, daß sie nicht zu Beamten angestellt werden, vielmehr in dem Bundesstaat, in dem sie jene Fähigkeit erlangt haben, zugelassen werden müssen und in jedem anderen zugelassen werden können, abgesehen von gewissen öffentlichrechtlichen Beschränkungen, jedoch ohne Prüfung der Bedürfnisfrage. Über die Zulassung wird auf Gutachten der Anwaltskammer durch die Landesjustizverwaltung, bei erfolgter Versagung im ehrengerichtlichen Wege entschieden. Auf Grund der in eine Liste einzutragenden und bekanntzumachenden Zulassung darf der Rechtsanwalt in Sachen nach der StrPO., ZPO. und KO. vor jedem Gericht als Verteidiger, als Beistand und, soweit nicht Anwaltszwang vorgeschrieben, als Bevollmächtigter auftreten, während letztere Berechtigung, soweit Anwaltszwang besteht, ihm nur bei dem Gericht seiner Zulassung zusteht. Seine Berufspflicht legt ihm die gewissenhafte Ausübung seiner Berufstätigkeit und ein der Achtung, welche sein Beruf erfordert, würdiges Verhalten innerhalb und außerhalb desselben auf. Deshalb soll er sich einer pflichtwidrigen Tätigkeit versagen, in den gesetzlichen Fällen die Bestellung zum Armenanwalt auf sich nehmen, den bei ihm im Vorbereitungsdienst beschäftigten Referendaren Gelegenheit und Anleitung zu praktischer Arbeit geben.

Zur Vertretung ihrer gemeinsamen Berufsinteressen bilden die Anwälte jedes Oberlandesgerichtsbezirks eine Anwaltskammer mit einem Vorstande, der über die Mitglieder die berufliche Aufsicht und die ehrengerichtliche Strafgewalt zu führen, Streitigkeiten zu vermitteln und das Vermögen der Kammer zu verwalten hat, selbst aber der Aufsicht des Oberlandesgerichtspräsidenten untersteht. Das gegen Verletzung der Berufspflichten beim Vorstande der Anwaltskammer stattfindende Strafverfahren ist dem allgemeinen Strafprozesse nachgebildet, mit den von der Warnung bis zur Ausschließung aufsteigenden Strafen, sowie mit dem Rechtsmittel der Berufung an den Ehrengerichtshof, einen beim Reichsgericht aus dem Präsidenten und drei Mitgliedern desselben, sowie drei Mitgliedern der reichsgerichtlichen Anwaltskammer zu bildenden Disziplinarhof. Aus vorstehenden Bestimmungen und denen der verschiedenen Prozeßordnungen ergibt sich, daß die Rechtsanwaltschaft als ein öffentlichrechtliches Mitorgan der Rechtspflege neben den Gerichten und der Staatsanwaltschaft gedacht und mit der Organisation der Gerichte verknüpft ist. Ob es angesichts dessen richtig ist, sie dennach von der Beamtenstellung loszulösen, kann, zumal bei den besonderen Versuchungen, denen ihr Beruf ausgesetzt ist, in Zweifel gezogen werden.

In Preußen ist zur Ausführung der RAO. die Allg. Verf. des Justizministers v. 28. Juni 1879 (JMBl. S. 151) ergangen.

D Justizverwaltung.

Dieser Teil der staatlichen Tätigkeit ist, abgesehen vom Reichsgericht (Tit. 9), im GVG. nicht berührt. Er ist mit der Justizhoheit den Bundesstaaten verblieben.

Für Preußen hat in dieser Beziehung das AG. zum GVG. v. 28. April 1878 (s. oben) Tit. 12 (§§ 77—86) Bestimmung getroffen. Danach bilden die Vorstände der Land- und Oberlandesgerichte (Präsidenten) und der Staatsanwaltschaften (Ober- und Erste Staatsanwälte) die Organe des Justizministers bei der Justizverwaltung. Die Aufsicht steht diesem Minister über alle Gerichte und Staatsanwaltschaften der Monarchie, dem Präsidenten eines Oberlandesgerichts, bzw. eines Landgerichts über das ihm unterstehende Gericht und sämtliche sonstige Gerichte seines Bezirks, dem Oberstaatsanwalt eines Oberlandesgerichts, bzw. dem Ersten Staatsanwalt eines Landgerichts über alle Staatsanwälte seines Bezirks, dem Ersten Staatsanwaltsbeamten bei einem Amtsgericht über diese Staatsanwaltschaft zu. Die Aufsicht gibt das Recht zu Rügen und Ordnungsstrafen gegen nichtrichterliche Beamten, gegen Richter nur nach Maßgabe der Disziplin.-Ges.Novelle v. 9. April 1879 (GS. S. 345). Beschwerden in betreff der Justizverwaltung, insbesondere des Geschäftsbetriebes und der Verzögerung, werden im Aufsichtswege erledigt.

IV. Das gerichtliche Verfahren.

Bei diesem Abschnitte kommt wesentlich das Verfahren in bürgerlichen Rechtsstreitigkeiten (Zivilprozessen), in Strafsachen (Strafprozessen), in Konkursen und in der freiwilligen Gerichtsbarkeit in Betracht. Es handelt sich dabei um sehr umfängliche und durch Hilfsmittel aller Art zugänglich gemachte Ausführungsgesetze des Reichs. Deshalb muß hier ein ganz kurzer Überblick über dieselben genügen.

Zivilprozeß. 1. Das zivilprozessuale Verfahren beruht jetzt auf der RZPO. v. 30. Jan. 1877 (RGBl. S. 83), geändert durch das Ges. v. 17. Mai 1898 (RGBl. S. 256) und in neuer Fassung bekannt gemacht am 20. Mai 1898 (RGBl. S. 369), mit der neuesten Änderung v. 5. Juni 1905 (RGBl. S. 536) zwecks Entlastung des Reichsgerichts.

Der Aufbau der ZPO. ist nach systematischen und praktischen Gesichtspunkten erfolgt. Das Buch I behandelt die allgemeinen sub- und objektiven Unterlagen des Zivilprozesses, nämlich die Gerichte, die Parteien (im weitesten Sinne) und die Grundlinien des Verfahrens. In Buch II wird als Normalverfahren dasjenige im Landgerichtsprozesse 1. Instanz im einzelnen geregelt, und sodann dasselbe vereinfacht auf den Amtsgerichtsprozeß übertragen. Das Buch III ordnet die Rechtsmittel, d. h. die Berufung, die Revision und die Beschwerde, unter modifizierter Anwendung des Normalverfahrens, dergestalt, daß mit der Berufung eine wesentlich vollständige (tatsächlich und rechtlich) Neuerörterung der Sache selbst, mit der Revision eine Nachprüfung des Berufungsurteils nur im Rechtspunkte, mit der Beschwerde lediglich eine Korrektur von Entscheidungen in Zwischen- und Nebenpunkten erzielt wird. Damit ist der regelmäßige Verlauf des Zivilprozesses bis zum rechtskräftigen Urteile geregelt. Die Bücher IV—VII sehen gewisse Sonderverfahren vor, teils in Durchbrechung des Prinzips der Rechtskraft (Wiederaufnahme), teils mit Hinblick auf ihre Eigenart (Urkunden- und Wechselprozeß, Ehe-, Kindschafts- und Entmündigungssachen, Mahnverfahren). In Buch VIII wird die Zwangsvollstreckung, in Buch IX das Aufgebots- und in Buch X das schiedsrichterliche Verfahren behandelt.

Durch die ZPO. sind die früheren partikularen Prozeßgesetze Deutschlands beseitigt, und ein neues Prozeßgesetz für das Reich auf Grundlage des GVG. und in freier Anlehnung an diese oder jene Vorschrift der alten Landesgesetze geschaffen. Den das normale Verfahren beherrschenden Grundsatz bildet, neben der Öffentlichkeit (GVG. § 170), die Mündlichkeit der Parteiverhandlung vor dem erkennenden Gericht (ZPO. § 128). Diese Verhandlung wird vorbereitet zwischen den Parteien durch einen deren Vorbringen in Angriff und Verteidigung ankündigenden Schriftwechsel (Klage, Klagebeantwortung, Re- und Dupliken). Die Verhandlung selbst bezweckt dann, den Streitstoff so, wie er zur Unterlage der Entscheidung werden soll, in unmittelbarer Wechseltätigkeit der Parteien und des Prozeßgerichts zu sammeln und aufzuklären, dergestalt, daß von den Parteien ein sachgemäßes, vollständiges und loyales Vorbringen und Gegenvorbringen, vom Prozeßgericht eine auf Erzielung eines solchen Parteivortrages und auf Feststellung der danach streitig gebliebenen Tatsachen durch eine der freien Würdigung ihres Ergebnisses unterfallende Beweisaufnahme gerichtete Prozeßleitung bis zur Reife der Entscheidung erwartet wird. Neben der Mündlichkeit kommt jedoch auch die Schriftlichkeit, und zwar nicht allein bei den vorbereitenden Schriftsätzen, sondern auch bei der nach gewissem Umfange gebotenen Protokollierung der Verhandlungs- und Beweisergebnisse zur Berücksichtigung (§§ 129—165).

Was die Form des Prozeßbetriebes außerhalb der Verhandlung, also die Art und Weise, wie die zur Einleitung und Durchführung des Verfahrens erforderlichen Handlungen zwischen den Parteien, wie zwischen Parteien und Gericht, vermittelt werden, insbesondere die Gestaltung des Zustellungswesens anlangt, hat die ZPO. von dem im Gebiete des Preuß. und Gem. Prozeßrechts üblich gewesenen Systeme des Offizialbetriebes grundsätzlich abgesehen und das dem Französ. und Hannöv. Prozeßrecht angehörige System des Parteibetriebes, wonach obige Handlungen durch einen von der Partei zu beauftragenden gerichtlichen Hilfsbeamten (Gerichtsvollzieher, GVG. § 155) vorgenommen werden, wenigstens für die wichtigsten Prozeßhandlungen, wie namentlich die Einleitung des Rechtsstreits und die Einlegung von Rechtsmitteln, adoptiert, so, daß dem Amtsbetriebe nur ein gewisser Spielraum in Gestalt der Terminsbestimmung und der Gerichtszustellung gelassen ist (§§ 208ff., Nov. v. 5. Juni 1905). Für die Prozeßkosten gilt die Regel, daß sie als Gesamtkosten behandelt werden und den unterliegenden Teil treffen (§§ 91ff.).

Auf dieser allgemeinen Grundlage ist sodann das obenbezeichnete Normalverfahren in der 1. Instanz des landgerichtlichen Prozesses (GVG. § 70) im einzelnen ausgestaltet (in zwei Abschnitten „bis zum Urteil" und „Urteil", §§ 253—494). Dieses Verfahren ist in vereinfachter Gestalt, namentlich durch Beseitigung des Anwaltszwanges (daher der Name Parteiprozeß) sowie durch Erweiterung der Offizialtätigkeit (Leitung des Richters, Zustellungsvermittlung des Gerichtsschreibers) auf den amtsgerichtlichen Prozeß (GVG. §§ 23, 24) übertragen (§§ 495—511). — Von den bereits erwähnten Rechtsmitteln findet die Berufung gegen die Endurteile der Amts- und Landgerichte ohne Wertserfordernis (§§ 512—544), dagegen die Revision gegen die Endurteile der Oberlandesgerichte bei vermögensrechtlichen Ansprüchen grundsätzlich nur insofern, als der Beschwerdewert 2500 Mk. (bisher 1500 Mk.) übersteigt, statt (§§ 545—566, Nov. v. 5./6. 1905 Art. I), indem nämlich mit Gewährung der Revision wesentlich nur die Einheitlichkeit der Rechtsprechung durch höchstrichterliche Entscheidung gesichert werden soll. Schon jetzt hat freilich die Erfahrung ergeben, daß trotz jener Beschränkung der Revision das Reichsgericht wegen Überbürdung seiner Aufgabe kaum mehr zu genügen vermag; und dem soll eben die Nov. v. 5. Juni 1905 durch Erhöhung der Revisionssumme, durch Einführung des Zwanges zur Revisionsbegründung und durch andere Maßnahmen entgegenwirken. Der Beschwerde ist, ihrem Zwecke gemäß, überhaupt nur eine beschränkte Wirksamkeit bei vereinfachtem Verfahren zugewiesen, und sie ist teils als einfache, teils als sofortige formiert, als letztere für solche Fälle, die dem Fortgange des Prozesses präjudizieren und deshalb der rechtskräftigen Abschließung bedürfen (§§ 567—577). Einen außerordentlichen Rechtsbehelf läßt die ZPO. nur als Wiederaufnahme eines durch rechtskräftiges Endurteil geschlossenen Verfahrens, also in Durchbrechung der Rechtskraft, aus Gründen der absoluten Nichtigkeit des Verfahrens oder der Billigkeit, in Gestalt eines rechtsmittelähnlichen Klageverfahrens zu. —

Von den Sonderverfahren zielt der Urkunden- und Wechselprozeß (§§ 592—605) darauf ab, gewissen urkundlich liquiden Ansprüchen provisorisch eine schleunige Rechtskraft zu verschaffen, wobei alle nicht sofort liquiden Verteidigungsmittel erst in einem sich unmittelbar anschließenden Nachverfahren Berücksichtigung finden. Unter Ehesachen versteht die ZPO. gleich dem BGB. Rechtsstreitigkeiten über Scheidung und Aufhebung der Ehegemeinschaft, über Nichtigkeit der Ehe und über Herstellung des Ehelebens. Das Verfahren ist, da bei diesen Sachen das öffentliche Interesse mit Rücksicht auf die Natur der Ehe als sittlicher Grundform des sozialen Lebens beteiligt ist, gegenüber dem Normalverfahren erheblichen Änderungen unterworfen, namentlich das Verfügungsrecht der Parteien über den Prozeß zugunsten der Nichtöffentlichkeit und des Amtsbetriebes eingeschränkt. In Prozessen über Feststellung des Rechtsverhältnisses zwischen Eltern und Kindern ist eine ähnliche Gestaltung des Verfahrens vorgesehen. In Entmündigungssachen will die ZPO eine zuverlässige Ermittlung des Geisteszustandes des zu Entmündigenden sichern, und hat deshalb das Verfahren, sowohl für die Entmündigung als für deren Wiederaufhebung, unter den Amtsbetrieb gestellt, vorbehaltlich der Anfechtung der amtsgerichtlichen Entscheidung im Klagewege. Mit dem Mahnverfahren sollen einfache Schuldverhältnisse auf Zahlung von Geldsummen oder ähnlichen Sachen kurzer Hand durch Erlassung eines gerichtlichen, die Rechtshängigkeit und die schleunige Vollstreckbarkeit herbeiführenden Zahlungsbefehls realisiert werden, allerdings mit der Maßgabe, daß der Schuldner durch Widerspruchserhebung die Überleitung der Sache in den ordentlichen Prozeß erzielen kann.

Die in den §§ 704—915 geregelte Zwangsvollstreckung steht unter dem Gesichtspunkte, dem Gläubiger die Durchführung eines erwirkten Rechtsspruchs oder gleichwertigen Titels mittels rascher und energischer Staatshilfe zu ermöglichen. Das Verfahren setzt sich aus zwei Abschnitten zusammen, der Vorbereitung und der Ausführung der Vollstreckung Für die Vorbereitung handelt es sich um die Rechtstitel, aus denen die Vollstreckung erfolgen darf (Urteile, andere Entscheidungen, sog. vollstreckbare [rechtsgeschäftliche] Urkunden), sowie um die sonstigen [zeitlichen, örtlichen 2c] Maßgaben der Vollstreckbarkeit. Für die Ausführung kommen in Betracht einerseits die Gegenstände, auf welche die geschuldete Leistung geht (Geldforderungen, Handlungen); andererseits die Gegenstände, in welche der Zwangszugriff geschehen darf, nämlich bewegliches Vermögen [körperliche Sachen, Forderungen, andere Vermögensrechte], unbewegliches Vermögen, Herausgabe von Sachen, andere Handlungen und Unterlassungen des Schuldners. Eine direkte Zwangshilfe ist bei Geldforderungen des Gläubigers mittels Pfändung und Verwertung von Vermögensstücken des Schuldners, bei Handlungen mittels Erzwingung vom Schuldner grundsätzlich vorgesehen, jedoch im einzelnen nicht streng durchgeführt, bei der Pfändung namentlich nicht in Anwendung des modernen Fürsorgeprinzips. Der Betrieb der Vollstreckung ist regelmäßig dem Gläubiger überlassen, der zur Vornahme der Zwangshilfe einen Gerichtsvollzieher zu beauftragen hat, während insoweit die Gerichte lediglich mit der Kontrolle der Vollstreckungsbeamten befaßt sind; nur in besonderen Fällen haben die Gerichte bei der Vollstreckung selbst mitzuwirken. Innerhalb des ganzen Verfahrens ist für Erörterung und Entscheidung von Widersprüchen und Einwendungen, die seitens eines Beteiligten oder eines Dritten mit Bezug auf die Zulässigkeit oder Ausführung der Vollstreckung erhoben werden könnten, Raum gelassen. Einen Rechtsbehelf, um noch vor Erlangung eines vollstreckbaren Schuldtitels dem Gläubiger eine antizipierte Vollstreckung behufs Sicherung seines Anspruchs zu ermöglichen, hat das Gesetz ihm im Falle der Gefährdung mit dem Arrest und der einstweiligen Verfügung (§§ 916—945) gewährt.

2. Die heutige Konkursordnung beruht auf dem Gesetze vom 10. Februar 1877, RGBl. S. 351, geändert durch Ges. v. 17. Mai 1898 (RGBl. S. 248), in der neuen Fassung bekannt gemacht am 20. Mai 1898 (RGBl. S. 612). Sie ist in 3 Bücher gegliedert, von denen Nr. I das materielle Konkursrecht, Nr. II das Konkursverfahren, Nr. III Strafbestimmungen enthält. Konkurs.

Durch die Konk.O. ist auch auf diesem Gebiet die bis dahin bestehende Zersplitterung für das ganze Reich beseitigt (EG. § 1). In Preußen hatte, nachdem die früheren Gesetze der einzelnen Landesteile (so für Altpreußen Tit. 50 T. I der AGO.) durch die Konk.O. v. 8. Mai 1855 (GS. S. 321) in Verbindung mit dem Anfecht.Gesetz außerhalb des Konkurses v. 9. Mai 1855 (GS. S. 429) aufgehoben waren, dieses Gesetzeswerk bis zur Betätigung der Reichsgesetzgebung in Geltung gestanden. Auch für letztere hat es dann in mannigfacher Beziehung zum Vorbilde gedient.

Das Buch I regelt die durch den Konkurs für die Beteiligten veranlaßten Rechtsverhältnisse von dem Grundgedanken aus, daß der Konkurs als eine das gesamte Vermögen des Gemeinschuldners (Konkursmasse) umfassende Zwangsvollstreckung zu behandeln ist (§ 1), daß deshalb die Konkursmasse zur gemeinschaftlichen Befriedigung aller Gläubiger, die zur Zeit der Konkurseröffnung einen persönlichen Anspruch an den Gemeinschuldner besessen, zu dienen hat (§ 3) und nur für gewisse Ansprüche eine abgesonderte Befriedigung vorzubehalten ist (§ 4). Demzufolge entzieht die Konk.O. dem Gemeinschuldner an der Konkursmasse, wenn auch nicht das Eigentum, so doch das Verwaltungs- und Verfügungsrecht, welches dann rechtswirksam nur durch den Konkursverwalter, als das im öffentlichen Interesse, d. h. zur Durchführung des Konkurszweckes vorgesehene Organ (vgl. RG. 29 S. 36, 53 S. 8) ausgeübt wird (§ 6), und erklärt Arreste und Zwangsvollstreckungen zugunsten einzelner Gläubiger in das Vermögen des Gemeinschuldners für unstatthaft (§ 14). Auch Rechtshandlungen, die der Gemeinschuldner vor der Konkurseröffnung, bzw. dem Eröffnungsantrage oder nach der Zahlungseinstellung vorgenommen hat, unterliegen unter gewissen, auf die Benachteiligung der Gläubiger und die Unredlichkeit der Kontrahenten gerichteten Voraussetzungen der Anfechtung durch den Verwalter (§§ 29—42; vgl. über das Anfechtungsrecht der einzelnen Gläubiger außerhalb des Konkurses das Ges. v. 21. Juli 1879, jetzt in der Fassung der Bekanntm. v. 20. Mai 1898, RGBl. S. 709). Dagegen bestimmen sich Eigentumsansprüche Dritter an Teile der Konkursmasse nach gewöhnlichem Recht und finden durch Aussonderung ihre Erledigung (§§ 43—46). Ansprüche an den Gemeinschuldner, mit denen ein Befriedigungsrecht aus Gegenständen der Konkursmasse verknüpft ist, werden aus diesen abgesondert befriedigt (§§ 47—52), und zwar bei unbeweglichem Vermögen gemäß ZwVersteig.- und ZwVerwGes., jetzt laut Bekanntm. v. 20. Mai 1898 (RGBl. S. 713), bei anderen

Gegenständen insoweit, als solche dem Gläubiger rechtsgeschäftlich verpfändet sind oder gleiche Rechte genießen (§ 49). Gläubiger mit rechtsgeschäftlicher oder gesetzlicher Aufrechnungsbefugnis brauchen ihre Forderungen im Konkurse nicht geltend zu machen (§§ 53—56). Naturgemäß müssen die Kosten und Schulden der Konkursmasse selbst vorweg aus dieser gedeckt werden (§§ 57—60). Die alsdann verbleibenden eigentlichen Konkursforderungen werden nach einer gewissen Rangordnung, bei gleichem Range nach Verhältnis ihrer Beträge befriedigt (§§ 61—69). Bevorzugt sind die letztjährigen Ansprüche des Dienstpersonals in Haushalt, Wirtschaft und Erwerbsgeschäft, die letztjährigen Abgaben und Leistungen an Reich, Staat, Gemeinde, andere Kommunal- und öffentliche Verbände, die Forderungen der Kinder (nicht auch Ehefrauen) und Pflegebefohlenen aus deren gesetzlich der Verwaltung des Gemeinschuldners unterworfenem Vermögen; alle sonstigen Konkursforderungen stehen im Range gleich.

Nach Buch II sind für das Konkursverfahren die Amtsgerichte zuständig, und die ZPO. findet grundsätzlich entsprechende Anwendung, jedoch mit der Abweichung, daß die mündliche Verhandlung entbehrlich, die Amtszustellung geboten und als Rechtsmittel nur die sofortige Beschwerde zulässig ist. Der vom Gericht zu bestellende Konkursverwalter führt die Verwaltung unter Aufsicht des Gerichts und Beihilfe des etwa gewählten Gläubigerausschusses, ev. auch unter Heranziehung der Gläubigerversammlung (§§ 71—101). Die Konkurseröffnung setzt die Zahlungsunfähigkeit (z. B. Zahlungseinstellung) des Gemeinschuldners, sowie einen Antrag desselben oder eines Konkursgläubigers voraus, und ihr können Ermittlungen und einstweilige Sicherungsmaßregeln (z. B. allgemeines Veräußerungsverbot) vorangehen. In dem bekannt zu machenden Eröffnungsbeschluß erfolgt die Bestellung eines Verwalters und die Bestimmung eines nahen Termins zu etwaiger Bestellung eines anderen Verwalters und eines Gläubigerausschusses, die Erlassung des offenen Arrestes, wie die Festsetzung der Frist für die Anmeldung der Konkursforderungen und des allgemeinen Prüfungstermins für dieselben (§§ 102—116). Nach der Konkurseröffnung liegt dem Verwalter ob, behufs Feststellung der Teilungsmasse sofort das zur Konkursmasse gehörige Gesamtvermögen in Besitz und Verwaltung zu nehmen und für die Teilung zu verwerten (§§ 117—137). Zur Feststellung der Schuldenmasse haben die Konkursgläubiger ihre Forderungen nebst Vorrecht anzumelden. Eine angemeldete Forderung gilt als festgestellt und wird als solche in eine Tabelle eingetragen, sofern gegen sie im Prüfungstermin von dem Verwalter und den Konkursgläubigern ein Widerspruch nicht erhoben oder festgehalten wird. Die bezügliche tabellarische Eintragung hat die Wirkung eines rechtskräftigen Urteils allen Konkursgläubigern gegenüber. Den Gläubigern streitig verbliebener Forderungen wird überlassen, solche im ordentlichen Prozesse durch Anstellung (oder Wiederaufnahme) einer Klage feststellen, und ev. die Tabelle berichtigen zu lassen (§§ 138—148). Nach dem allgemeinen Prüfungstermine hat der Verwalter, so oft zureichende Barmasse vorhanden, die Zustimmung des Gläubigerausschusses vorausgesetzt, Abschlagsverteilungen an die Konkursgläubiger vorzunehmen. Die Schlußverteilung erfolgt, sobald die Verwertung der Masse beendet ist, unter Genehmigung des Gerichts, welches dann in einem Schlußtermine die Abnahme der Schlußrechnung herbeizuführen und die Aufhebung des Konkurses zu beschließen und bekannt zu machen hat. Die Konkursgläubiger können, soweit sie nicht befriedigt sind, demnächst sich wieder unbeschränkt an den Gemeinschuldner halten, auch betreffs tabellarisch eingetragener Forderungen im Wege der Zwangsvollstreckung (§§ 149—172). Abweichend stellt sich die Sache, wenn auf Vorschlag des Gemeinschuldners zwischen diesem und den nicht bevorrechteten Konkursgläubigern ein sog. Zwangsvergleich geschlossen wird. Ein solcher Vorschlag ist überhaupt unstatthaft bei Flucht oder betrügerischem Bankerott des Gemeinschuldners. Sonst muß er ergeben, in welcher Art die Gläubiger befriedigt und etwa sichergestellt werden sollen. Über ihn wird von den stimmberechtigten Gläubigern in einem Termine abgestimmt. Zum Zustandekommen des Vergleichs ist die Mehrheit der anwesenden Gläubiger, vorausgesetzt, daß ihre Forderungen $^3/_4$ aller stimmberechtigten Forderungen ausmachen, erforderlich. Außerdem muß die gerichtliche Bestätigung hinzukommen, die zu versagen ist, sofern der Vergleich obiger Voraussetzungen entbehrt, nicht sämtlichen Gläubigern ohne Vorrecht gleiche Rechte gewährt, auf unredliche Weise (Begünstigung einzelner Gläubiger) zustande gekommen ist oder dem gemeinsamen Interesse der Gläubiger (z. B. Akkordrate unter $^1/_5$ ihrer Forderungen) widerspricht. Der bestätigte Zwangsvergleich zieht die Aufhebung des Konkurses nach sich und wirkt für und wider alle nicht bevorrechteten Konkursgläubiger mit Vollstreckungsbefugnis (§§ 173—201). — Abgesehen von vorstehendem Verfahren kann die Einstellung des Konkurses erfolgen, wenn nach Ablauf der Anmeldungsfrist die Gläubiger sämtlicher angemeldeten Forderungen zustimmen, oder wenn sich herausstellt, daß die Konkursmasse nicht einmal die Kosten deckt (§§ 202—206).

Gewisse Sonderbestimmungen sind für den Konkurs über eine Aktiengesellschaft, über einen Nachlaß und über das inländische Vermögen eines im Auslande unter Konkurs stehenden Schuldners vorgesehen (§§ 202—238).

Das Buch III enthält mehrfache Strafvorschriften (§§ 239—244).

3. Im Strafprozesse war schon vor der Reichsgesetzgebung in den Strafprozeß.
meisten Deutschen Staaten der moderne Grundsatz zur Geltung gelangt, daß eine Strafverfolgung nicht von Amts wegen, sondern nur auf öffentliche Klage, wenn schon im Amtsverfahren, erfolgen, die Entscheidung nur zufolge mündlicher öffentlicher Verhandlung, unter freier Verteidigungsbefugnis und unter Zuziehung des Laienelements ergehen dürfe. Für Preußen war ein solches Verfahren durch V. v. 3. Jan. 1849 (GS. S. 14) nebst Ergänzungsgesetzen v. 3./14. Mai 1852 (GS. S. 209, 245) eingeführt worden. Die vom Reiche in Verbindung mit den sog. RJGesetzen erlassene StrProzO. v. 1. Febr. 1877 (RGBl. S. 253) nebst EG. (RGBl. S. 346) hat das Strafverfahren auf gleicher Grundlage und noch unter Erweiterung derselben, im Anschluß an das GVG. für das ganze Reich geregelt. Sie ist in 7 Büchern aufgebaut, übrigens durch Art. 35 des EG. zum BGB. in zwei Punkten abgeändert. Eine Inhaltsskizze mag hier erfolgen.

Anlangend die allgemeinen Grundlagen des Strafverfahrens, Buch 1, greift für die örtliche Zuständigkeit (die sachliche ist bereits im GVG. geordnet) gleichmäßig der Tatort (§ 7; dazu für die Presse Novelle v. 13. Juni 1902, RGBl. S. 227), der Wohnsitz oder gewöhnliche Aufenthaltsort, ev. der Ort der Ergreifung des Beschuldigten Platz (Abschn. 2). Die gerichtlichen Entscheidungen, die im Lauf einer Hauptverhandlung ergehen, werden nach Anhörung der Beteiligten, die sonstigen nach Erklärung der Staatsanwaltschaft erlassen; sie müssen, wenn sie durch Rechtsmittel anfechtbar sind oder einen Antrag ablehnen, mit Gründen versehen, den anwesenden Beteiligten verkündet, abwesenden zugestellt werden (Abschn. 4). Als Mittel zur Feststellung des Tatbestandes kommen in Betracht die Vernehmung von Zeugen und Sachverständigen (wesentlich der ZPO. entsprechend), die Einnahme des Augenscheins, die Beschlagnahme und Durchsuchung, die Verhaftung oder vorläufige Festnahme. Die Verhaftung insbesondere erfordert sachlich, daß gegen den Angeschuldigten dringender Verdacht der Täterschaft 2c, der Flucht- oder Verdunklungsabsicht vorliegt, formell einen richterlichen Haftbefehl, während die vorläufige Festnahme bei Ertappung auf frischer Tat wegen Fluchtverdacht und gegen Unbekannte durch jedermann erfolgen darf. Die Untersuchungshaft kann unter Umständen durch Sicherheitsstellung abgewendet werden. Behufs seiner Verteidigung darf der Beschuldigte sich in jeder Lage des Verfahrens des Beistandes eines Verteidigers (Rechtsanwalts oder juristischen Professors) bedienen; anderer Personen nur unter gerichtlicher Genehmigung. Notwendig ist die Bestellung eines Verteidigers vor dem Reichsgericht als erster Instanz und vor dem Schwurgericht allemal, vor dem Landgericht nur unter besonderen Umständen. Der Verteidiger ist nach Schluß der Voruntersuchung, ev. nach Einreichung der Anklageschrift bei Gericht zur Einsicht der Akten befugt, kann aber auch schon vorher zur Einsicht der gerichtlichen Untersuchungsakten (mit Auswahl) verstattet werden (Abschn. 6—9).

Für das in Buch 2 geregelte Verfahren 1. Instanz ist der Grundsatz vorangestellt, daß die Eröffnung einer gerichtlichen Untersuchung nicht von Amts wegen erfolgen darf, vielmehr durch Erhebung einer öffentlichen Klage seitens der Staatsanwaltschaft bedingt ist, daß der letzten aber, ebenso wie die Ermittlung der zur Belastung, so auch die Ermittlung der zur Entlastung des Beschuldigten dienenden Umstände obliegt, und daß die Gerichte innerhalb der Grenze der öffentlichen Klage selbständig mittätig sein können und sollen. Demzufolge hat die Staatsanwaltschaft je nach dem Ergebnis der stattgehabten Ermittlungen die gerichtliche Voruntersuchung zu beantragen oder die Anklage zu erheben oder das Verfahren einzustellen. Das Gericht kann dann, bindend für die Staatsanwaltschaft, deren Antrag verwerfen und die Erhebung der öffentlichen Klage beschließen. Eine Voruntersuchung ist in Strafsachen vor dem Reichsgericht und dem Schwurgericht allemal, in Strafsachen vor dem Landgericht nur auf Antrag eines Beteiligten geboten, in Strafsachen vor dem Schöffengericht grundsätzlich unzulässig. Sie wird vom Untersuchungsrichter geführt, was nicht weiter geschehen darf, als zur Entscheidung über die Eröffnung des Hauptverfahrens oder über die Einstellung der Verfolgung erforderlich ist, und es muß darin allemal der Beschuldigte ohne Beisein der Staatsanwaltschaft und des Verteidigers vernommen werden. Nach Abschluß der Voruntersuchung gehen die Akten der Staatsanwaltschaft zu, um entweder die Eröffnung des Hauptverfahrens über die einzureichende Anklage oder die Einstellung der Strafverfolgung oder die vorläufige Einstellung des Verfahrens zu beantragen. Der Angeschuldigte ist, abgesehen vom Schöffenverfahren, vom Vorsitzenden zur Erhebung etwaiger Einwendungen gegen das Hauptverfahren oder etwaiger Beweisanträge aufzufordern. Erscheint nach den stattgehabten Ermittlungen der Angeschuldigte einer bestimmten Straftat hinreichend verdächtig, so beschließt das Gericht unanfechtbar die Eröffnung des Hauptverfahrens. Vor dem Schöffengericht kann unter Umständen, bei freiwilliger Gestellung oder bei Festnahme des Angeschuldigten oder bei Übertretungen, auch ohne Anklage und Eröffnungsbeschluß zum Hauptverfahren geschritten werden. Den Termin zur Hauptverhandlung bestimmt der Vorsitzende; die Ladungen und die Herbeischaffung der Beweismittel ist Sache der Staatsanwaltschaft. Der nicht verhaftete Angeklagte wird unter Mitteilung des Eröffnungsbeschlusses und ev. Androhung der Verhaftung bzw. Vorführung, der verhaftete Angeklagte unter Bekanntmachung des Eröffnungsbeschlusses geladen. Er kann Beweisanträge beim Vorsitzenden stellen oder Auskunftspersonen selbst laden lassen. Auch der Vorsitzende ist zu dergleichen Vorbereitungsakten befugt. Die Vernehmung am Erscheinen behinderter oder entfernter Zeugen und Sachverständigen darf kommissarisch erfolgen.

Die Hauptverhandlung erfordert die ununterbrochene Gegenwart der Richter (Geschworenen, Schöffen), der Staatsanwaltschaft und eines Gerichtsschreibers, und findet gegen einen ausgebliebenen Angeklagten nicht statt, außer bei geringen Straftaten oder bei Entbindung des entfernt sich aufhaltenden Angeschuldigten vom Erscheinen; doch kann letzteres vom Gericht stets durch Vorführung oder Verhaftung erzwungen werden. Die Leitung der Verhandlung, die Vernehmung des Angeklagten und die Beweisaufnahme liegt in der Hand des Vorsitzenden, der jedoch dem Staatsanwalt und dem Verteidiger das Kreuzverhör der gegenseitigen Auskunftspersonen überlassen, auch den Beisitzern, Geschworenen und Schöffen Auskunftsfragen gestatten muß. Die Beweisaufnahme ist auf sämtliche geladene Auskunftspersonen und sonst herbeigeschaffte Beweismittel zu erstrecken, soweit nicht Staatsanwalt und Angeklagter davon absehen. Nach Schluß der Beweisaufnahme erhalten diese Beteiligten zu ihren Ausführungen und Anträgen das Wort, der Angeklagte das letzte. Das die Hauptverhandlung abschließende und zu verkündende Urteil kann nur auf Freisprechung oder Verurteilung oder Einstellung des Verfahrens lauten. Das Gericht entscheidet über die Tatfrage nach seiner freien, aus dem Inbegriff der Verhandlung und Beweisaufnahme geschöpften Überzeugung, und auf die so festgestellte Tat richtet es dann die Urteilsfindung. Wenn sich eine Veränderung der Sachlage, auf welche die Anklage oder die Verteidigung nicht genügend vorbereitet erscheint, herausgestellt hat, so kann das Gericht auf Antrag oder von Amts wegen die Hauptverhandlung aussetzen. Im Fall einer Verurteilung müssen in den Urteilsgründen die erwiesenen strafbaren Handlungen, das angewendete Strafgesetz und die für die Strafzumessung bestimmenden Umstände bezeichnet werden.

Das Verfahren vor den Schwurgerichten folgt im allgemeinen obigen Vorschriften, unterliegt jedoch mehrfachen Besonderheiten. Zunächst muß die Spruchliste der Geschworenen dem Angeklagten zur Kenntnis gebracht werden, und die Hauptverhandlung beginnt mit der Bildung der Geschworenenbank durch Auslosung bzw. Ablehnung, und dann erfolgt die Verhandlung in der Sache selbst. Nach deren Schluß werden die den Geschworenen vorzulegenden, mit Ja oder Nein zu beantwortenden Fragen vom Gericht festgestellt und verlesen. Daran schließen sich die Ausführungen und Anträge der Beteiligten, wie die Rechtsbelehrung des Vorsitzenden für die Geschworenen. Diese ziehen sich mit den Fragen in das Beratungszimmer zurück, beraten und stimmen darüber ab unter Leitung eines gewählten Obmanns. Bei jeder dem Angeklagten nachteiligen Entscheidung muß angegeben werden, daß sie mit mehr als 7 Stimmen, bei Verneinung mildernder Umstände, daß sie mit mehr als 6 Stimmen erfolgt ist, während es sonst einer Angabe des Stimmenverhältnisses nicht bedarf. Nach Rückkehr der Geschworenen in den Sitzungssaal verliest der Obmann den Spruch, der dann auch dem inzwischen abgetretenen Angeklagten vorgelesen wird. Ist dieser für nicht schuldig erachtet, so hat das Gericht ihn freizusprechen. Anderenfalls muß es nochmals die Beteiligten hören, und zum Schlusse das Urteil auf Grundlage des Spruchs der Geschworenen abgeben. Meint es einstimmig, daß die Geschworenen in der Hauptsache sich zum Nachteil des Angeklagten geirrt haben, so darf es die Sache vor das Schwurgericht der nächsten Sitzungsperiode verweisen, welches allemal das Urteil erlassen muß.

In Buch 3 sind die Rechtsmittel geregelt. Diese stehen der Staatsanwaltschaft wie dem Angeklagten, der ersteren auch zugunsten des letzteren zu; übrigens hat jedes von der Staatsanwaltschaft eingelegte Rechtsmittel die Wirkung, daß die angefochtene Entscheidung auch zugunsten des Angeklagten geändert werden darf. — Zu den Rechtsmitteln gehört zunächst die Beschwerde über Beschlüsse der Gerichte erster und der Berufungsinstanz, ausgenommen solche der Oberlandesgerichte und des Reichsgerichts, und über Verfügungen des Vorsitzenden, des Untersuchungsrichters, des Amtsrichters und des Richterkommissars, dagegen grundsätzlich nicht über die der Urteilsfällung vorausgehenden Entscheidungen des erkennenden Gerichts; ferner die Berufung gegen die Urteile der Schöffengerichte; endlich die Revision gegen die Urteile der Land- und Schwurgerichte, die jedoch lediglich auf Gesetzesverletzung gestützt werden kann. Die Einlegung der sofortigen Beschwerde, der Berufung oder der Revision muß binnen einer Woche seit Verkündung der Entscheidung bzw. des Urteils erfolgen; bei der Revision müssen noch die Anträge und deren Begründung nach der Richtung, inwiefern im Verfahren oder sonst eine Rechtsnorm verletzt sei, binnen einer Woche nach der Einlegung, bzw. nach Zustellung des angefochtenen Urteils bei Gericht angebracht werden, widrigenfalls die Revision durch Beschluß als unzulässig zu verwerfen ist. Die Entscheidung über die Beschwerde ergeht ohne mündliche Verhandlung, über die Berufung und Revision auf Grund einer durch Vortrag eines Berichterstatters einzuleitenden Hauptverhandlung.

Weiter sind geregelt in Buch 4 die Wiederaufnahme eines durch rechtskräftiges Urteil geschlossenen Verfahrens; in Buch 5 die Beteiligung des Verletzten am Verfahren durch Privat- oder Nebenklage; in Buch 6 gewisse eigenartige Verfahren, nämlich bei amtsgerichtlichen Strafbefehlen, auf vorgängige polizeiliche Strafverfügung, bei Zuwiderhandlungen gegen die Vorschriften über die Erhebung von Abgaben und Gefällen, gegen Abwesende, die sich der Wehrpflicht entzogen haben, bei Einziehungen und Vermögensbeschlagnahmen; in Buch 7 die Strafvollstreckung, die grundsätzlich durch die Staatsanwaltschaft erfolgt, in Schöffensachen aber auch durch die Landesjustizverwaltung den Amtsrichtern übertragen werden kann (für Preußen geschehen, vgl. Verf. v. 14. Aug. 1879, JMBl. S. 237). Das Begnadigungsrecht steht in Sachen, für die in 1. Instanz das Reichsgericht zuständig ist (vgl. GVG. Tit. 9), dem Kaiser, sonst dem Landesherrn (für Preußen nach Maßgabe des Art. 49 der Verfass.Urk. v. 31. Jan. 1850) zu. In Preußen darf übrigens der Justizminister bei Personen, die zu Freiheitsstrafe verurteilt sind, für die aber bei längerer guter Führung eine Begnadigung in Aussicht genommen werden könnte, besonders bei erstmalig und zu weniger als sechs Monaten Freiheitsstrafe Verurteilten unter 18 Jahren, die Strafvollstreckung aussetzen (vgl. Erl. v. 23. Okt. 1895, JMBl. S. 348). Todesurteile bedürfen zu ihrer Vollstreckung keiner Bestätigung; indes wird dieselbe erst zulässig, sofern die Entschließung des Kaisers bzw. Landesherrn ergangen ist, vom Begnadigungsrecht keinen Gebrauch machen zu wollen. Sie erfolgt in umschlossenem Raume durch Hinrichtung.

Hier läßt sich noch das RGes. v. 14. Juli 1904 über die Entschädigung für unschuldig erlittene Untersuchungshaft (RGBl. S. 321) erwähnen, wonach eine Entschädigung aus der Staatskasse solchen zustehen soll, die als unschuldig oder nicht verdächtig freigesprochen oder außer Verfolgung gesetzt sind (vgl. dazu die Preuß. Anw. v. 27. Aug. 1904, JMBl. S. 239).

4. Unter der Freiwilligen Gerichtsbarkeit, die seit langer Zeit in Deutschland üblich geworden und auch in die Landesgesetzgebungen übergegangen ist, versteht man einen Zweig der zivilgerichtlichen Tätigkeit, der nicht der Entscheidung von Rechtsstreitigkeiten gilt, vielmehr nur aus rechtspolizeilichen Gründen den Gerichten übertragen ist, nämlich um, wie das Preuß. ALR. in T. II Tit. 17 § 5 es ausdrückt, gewisse nichtstreitige Rechtshandlungen gerichtlich zu vollziehen, zu bestätigen oder zu beglaubigen, oder, um konkreter ausgedrückt, gewissen Rechtsverhältnissen oder Rechtsgeschäften des bürgerlichen Lebens den Rechtsschutz mittels staatlicher Fürsorge oder sicherer Feststellung zu gewähren. Die Übertragung der freiwilligen Gerichtsbarkeit an die Gerichte geschah aber früher partikularrechtlich in sehr verschiedenem Umfange. Im Gebiete des Preuß. ALR. ließ die AGO. T. II für eine Reihe von Rechtsgeschäften die Wahl zwischen Gerichten und Notaren, worin durch die Notar.O. v. 11. Juli 1845 (GS. S. 487) keine Änderung erfolgte. Im Bereiche des Französ. Rechts war die Zuständigkeit für die freiwillige Gerichtsbarkeit im wesentlichen den Notaren beigelegt (vgl. die mehrfach ergänzte Rhein. Notar.O. v. 25. April 1822, GS. S. 109). Für Hannover stand die Notar.O. v. 18. Sept. 1853 (GS. Abt. I S. 345) in Geltung. Durch das Ges. v. 8. März 1880 (GS. S. 177) wurde unter diesen Systemen ein gewisser Ausgleich herbeigeführt. Freiwillige Gerichtsbarkeit.

Als das neue Deutsche Reich die Vereinheitlichung des bürgerlichen Rechts in die Hand nahm, machte sich auch mehr und mehr das Bedürfnis geltend, die freiwillige Gerichtsbarkeit zu regeln, mindestens insoweit, als es zur Durchführung des BGB., des revidierten HGB. und der dazu gehörigen Spezialgesetze, sowie für das Verfahren in anderen reichs- oder landesgesetzlich den Gerichten zugewiesenen Angelegenheiten der freiwilligen Gerichtsbarkeit erforderlich sei. In diesem Sinne wurde denn auch das RGes. über die freiwill. Gerichtsbarkeit v. 17. Mai 1898 (RGBl. S. 198), in der Fassung der Bekanntm. v. 20. Mai 1898 (RGBl. S. 771) erlassen, welches nach Art. 1 EG. zum BGB. gleichzeitig mit diesem, am 1. Jan. 1900, in Kraft getreten ist. Für Preußen hat das dazu ergangene AG. v. 21. Sept. 1899 (GS. S. 249) die Vorschriften des RGesetzes, soweit der Landesgesetzgebung Raum belassen war, ergänzt, insbesondere bezüglich der Amtsstellung und Zuständigkeit der Notare (Abschn. 4, 6, 8).

Das RGesetz v. 17./20. Mai 1898 gibt nun in Abschn. 1 (§§ 1—34) zunächst eine Reihe gemeinsamer Vorschriften für solche Angelegenheiten der freiwilligen Gerichtsbarkeit, welche durch Reichsgesetz den Gerichten übertragen sind. Es bestimmt damit zugleich grundsätzlich seine Tragweite, betreffs deren in dem Schlußabschnitt 11 (§§ 185—200) noch gewisse Bestimmungen über das Verhältnis zum Landesrecht getroffen sind (§§ 185, 194, 200). Obige gemeinsame Vorschriften regeln die allgemeinen Grundlagen des Verfahrens in wesentlicher Übereinstimmung mit der ZPO.; so namentlich über Rechtshilfe, Zuständigkeit, Gerichtssprache, Sitzungspolizei, Beratung und Abstimmung, Amtsbetrieb bei Feststellung des Tatbestandes, Beweisaufnahme, Fristen, Form von Bekanntmachungen, Rechtskraft, Rechtsmittel der Beschwerde.

Die Abschn. 2—10 betreffen einzelne Angelegenheiten. In Abschn. 2 handelt es sich um Vormundschafts- und Pflegschaftssachen (§§ 35—64). Zu diesem Teile des Familienrechts hat das BGB. selbst schon im Zusammenhange mit seinen materiellen Vorschriften mancherlei Bestimmungen über das Verfahren gegeben. In Ergänzung derselben überweist Abschn. 2 namentlich die Zuständigkeit den Amtsgerichten, und zwar selbst für solche Verrichtungen, die eigentlich gar nicht das Vormundschafts- und Pflegschaftswesen berühren, im BGB. aber den Gerichten zugewiesen sind, wie die Volljährigkeitserklärung, die elterlichen Handlungen für Person und Vermögen der Kinder, die persönlichen und güterrechtlichen Beziehungen der Eheleute zueinander. Ferner ordnet Abschn. 2 die Anzeigepflicht der Standesbeamten, des Gemeindewaisenrats und der Gerichte, dazu das Verfahren bei Volljährigkeitserklärungen und Beschwerden.

Abschn. 3 betrifft die Annahme an Kindesstatt (§§ 65—68); jedoch nur insofern, als die Bestätigung der Annahme den Amtsgerichten übertragen und für unabänderlich erklärt ist.

Abschn. 4 (§§ 69—71) vereinheitlicht das Verfahren für gewisse nach §§ 14, 11, 26, 66 des Personenstandsges. v. 6. Febr. 1875 (RGBl. S. 23) den Gerichten erster Instanz auferlegte Verrichtungen (Aufbewahrung und Berichtigung von Registern), für die aber infolge des § 84 a. a. O. bisher partikularrechtliche Verschiedenheiten bestanden.

Abschn. 5 hat Nachlaß- und Teilungssachen zum Gegenstande (§§ 72 bis 99). Das BGB. läßt die Form von Nachlaßregulierungen grundsätzlich der Entschließung der Beteiligten, und weist nur gewisse Punkte, wie die vorläufige Sicherung des Nachlasses gemäß § 1960, die Anordnung einer Nachlaßverwaltung nach §§ 1975 ff., die Bestimmung einer Inventurfrist laut §§ 1994 ff., die Entgegennahme von erbschaftlichen Erklärungen der Beteiligten nach §§ 1945, 1955, 1342, 1597, 2081, 2202, die Ausstellung von Erbscheinen gemäß §§ 2353 ff., einem Nachlaßgericht zu. Für diese Punkte regelt nun Abschn. 5 die Zuständigkeit und das Verfahren des Nachlaßgerichts (Amtsgerichts). Dabei ist demselben nicht bloß beim Vorhandensein mehrerer Erben die Auseinandersetzung über den Nachlaß, sondern auch nach Beendigung einer ehelichen oder fortgesetzten Gütergemeinschaft die Auseinandersetzung wegen des Gesamtguts übertragen (vgl. Art. 141 EG. zum BGB.).

Abschn. 6 (§§ 100—124) bestimmt zufolge der §§ 1259—1271 BGB., die zur Begründung des Schiffspfandrechts an registrierten Schiffen dessen Eintragung ins Schiffsregister erfordern, das bei der Eintragung und Löschung zu beobachtende Verfahren, im Anschluß an das Verfahren bei der Hypothek (GrBO. §§ 13—55, 71—88).

Abschn. 7 betrifft Handelssachen und regelt in Ausführung zahlreicher Bestimmungen des HGB. die Führung des Handelsregisters in bezug auf Zuständigkeit (Amtsgerichte) und Verfahren (Ordnungsvorschriften, Löschungen von Amts wegen, Ernennung und Abberufung von Liquidatoren, Revisoren und Minderheitsvertretern 2c. bei offenen Handels- und Aktiengesellschaften, Anordnungen und Feststellungen im Seerecht, nach den RGesetzen über Genossenschaften und Gesellschaften mit beschränkter Haftung, über die privatrechtlichen Verhältnisse der Binnenschiffahrt und Flößerei).

Abschn. 8 (§§ 159—162) betrifft die Vereinssachen und das Güterregister, und regelt in wesentlicher Anlehnung an Abschn. 7 die Zuständigkeit (Amtsgerichte) und das Verfahren bei den im BGB. vorgesehenen Eintragungen der nicht auf einen wirtschaftlichen Zweck gerichteten Vereine und ins Güterregister (BGB. §§ 21, 55, 1558 ff.).

Abschn. 9 enthält (§§ 163—166) hauptsächlich Bestimmungen über die gerichtliche Zuständigkeit für die Ausführung verschiedener, ohne Zusammenhang miteinander stehenden zivilrechtlichen Angelegenheiten, nämlich der nicht im Zivilprozeß vorkommenden Offenbarungseide, der Anordnungen bezüglich Untersuchung und Verwahrung von Sachen und der von der Regel abweichenden Pfandverkäufe.

In Abschn. 10 (§§ 167—184) handelt es sich um die Form gerichtlicher und notarieller Urkunden. Das BGB. geht grundsätzlich von der Formfreiheit der Rechtsgeschäfte aus und macht nur bei solchen Fällen eine Ausnahme, wo nach Gesetz oder Vereinbarung eine besondere Form erforderlich ist (BGB. § 125). In letzterer Hinsicht beschränkt es sich auf wenige allgemeine Bestimmungen über gerichtliche und notarielle Beurkundung und über öffentliche Beglaubigung (§§ 128, 129), während die gerichtliche oder notarielle Errichtung von Testamenten und Erbverträgen im einzelnen geregelt ist (§§ 2245, 2276), und läßt im übrigen teils selbst, teils im EG. für den Bereich der außerprozessualen Beurkundung der Landesgesetzgebung erheblichen Spielraum. Diesem Standpunkte des BGB. entsprechend begnügt sich der Abschn. 10 damit, die zur einheitlichen Durchführung des BGB. erforderlichen Vorschriften zu geben. Insbesondere ordnet er die Zuständigkeit und das Verfahren bei gerichtlicher Beurkundung von Rechtsgeschäften unter Lebenden, und dehnt dies zugleich auf die notarielle Beurkundung solcher Akte aus. Sonst aber läßt er betreffs der öffentlichen Beurkundung und Beglaubigung die Kompetenz der Landesgesetzgebung, abgesehen von einzelnen Ausnahmen (§§ 167 Abs. 2, 184), unberührt. Dazu vgl. noch das RGes. v. 28. Mai 1901 über die freiwill. Gerichtsbarkeit in Heer und Marine, RGBl. S. 185.

5. Zum Schluß ist noch das Verfahren vor den Gewerbe- und Kaufmannsgerichten in seinen Grundzügen vorzuführen. Es handelt sich bei diesen Gerichten, wie schon zu Art. 4 Nr. 1 zu II C bemerkt ist, um Sondergerichte im Sinne von § 14 Nr. 4 GerVerfGes. Das Gewerbegerichtsgesetz gilt jetzt in der am 29. Sept. 1901 bekanntgemachten Fassung (RGBl. S. 353); das Gesetz über Kaufmannsgerichte ist am 6. Juli 1904 erlassen (RGBl. S. 266; dazu Preuß. Ausführ.Bestimm., HandMBl. S. 413). Kommentare für beide Gesetze u. a. Menzinger-Prenner, 2. A. 1904, Kulka, 1904; für Gewerbegerichte W. Bewer; für Kaufmannsgerichte v. Schulz. Gewerbe- u. Kaufmannsgerichte.

a, Für die Errichtung und Zusammensetzung dieser Gerichte sind wesentlich folgende Grundsätze maßgebend (Abschn. 1).

α) Die Gewerbegerichte sollen der Entscheidung von gewerblichen Streitigkeiten teils zwischen dem Arbeitsgeber und dessen Arbeitern, teils zwischen diesen Arbeitern selbst dienen, wobei als Arbeiter die in Tit. VII der GewO. aufgeführten Personen gelten. Solche Gerichte können für einzelne oder mehrere Gemeinden oder weitere Kommunalbezirke durch Statut errichtet werden; die Errichtung kann aber auch auf Antrag der Beteiligten im Bedarfsfalle, und muß bei Gemeinden mit mehr als 20000 Einwohnern vermöge Anordnung der Landeszentralbehörde erfolgen. — Die Zuständigkeit der Gewerbegerichte umfaßt, ohne Rücksicht auf den Wert, die Streitigkeiten obiger Personen (einschließlich der Hausgewerbetreibenden) über Antritt, Fortsetzung und Auflösung des Arbeitsverhältnisses, wie die Leistungen und den Schadensersatz aus demselben. Soweit ihre Zuständigkeit reicht, ist die der ordentlichen Gerichte ausgeschlossen. — Für jedes Gewerbegericht sind mindestens ein Vorsitzender, ein Stellvertreter desselben und vier Beisitzer zu berufen, vorbehaltlich der Vermehrung, sofern mehrere Kammern nötig werden. Die Mitgliedschaft erfordert ein gewisses Alter (30 Jahre) und die bürgerliche Unbescholtenheit, die Beisitzerschaft eine gewisse Dauer des örtlichen Wohnens oder Arbeitens. Die Vorsitzenden werden von den Gemeindeorganen auf mindestens ein Jahr gewählt und dürfen weder Arbeitsgeber noch Arbeitsnehmer sein. Die Beisitzer werden je zu 1/2 von den Arbeitsgebern und Arbeitsnehmern des Bezirks in geheimer Wahl auf höchstens 6 Jahre gewählt, wobei auch die Proportionalwahl zulässig ist (§ 15). Das Amt der Beisitzer ist ein Ehrenamt und kann aus Gründen, welche die Wählbarkeit ausschließen würden, entzogen werden. Das Gewerbegericht verhandelt und entscheidet regelmäßig in der Besetzung von drei Mitgliedern.

β) Die Kaufmannsgerichte (§§ 1—15) können nach Bedarf für einzelne oder mehrere Gemeinden oder für weitere Kommunalbezirke durch Statut oder Anordnung der Landeszentralbehörde errichtet werden; die Errichtung muß in Gemeinden von mehr als 20000 Einwohnern erfolgen. Sie sind zuständig, ohne Rücksicht auf den Wert, für Streitigkeiten zwischen Kaufleuten und deren Handlungsgehilfen oder Lehrlingen über Antritt, Fortsetzung oder Auflösung des Dienst- oder Lehrverhältnisses, wie über die Leistungen und Schadensersatzansprüche aus demselben. Die Vorsitzenden müssen die Befähigung zum Richteramt oder höheren Verwaltungsdienste besitzen. Sie können zugleich Vorsitzende an einem Gewerbegericht desselben Ortes sein, wie überhaupt eine gemeinsame Organisation beider Sondergerichtsarten zulässig ist. Die Beisitzer (§ 12) müssen je zu 1/2 Kaufleute und Handlungsgehilfen sein und werden durch Wahl ihrer Berufskreise nach dem Grundsatz der Proportionalwahl bestellt. Im übrigen finden die Vorschriften für Gewerbegerichte entsprechende Anwendung.

b, Anlangend das Verfahren (GewGerGes. Abschn. 2—5, KaufmannsGerGes. §§ 16—19), ist dasselbe grundsätzlich dem amtsgerichtlichen (ZPO. §§ 495—510, GVG. §§ 23, 24) angepaßt, jedoch mit gewissen auf Verstärkung und Beschleunigung des Amtsbetriebes und auf gütliche Einigung abzielenden Abweichungen. So werden Rechtsanwälte und Rechtskonsulenten als Bevollmächtigte oder Beistände nicht zugelassen. Die Zustellungen erfolgen von Amts wegen, ebenso die Ansetzung der Verhandlungstermine. Als Rechtsmittel finden Berufung und Beschwerde an das Landgericht statt, die Berufung jedoch nur, sofern der Beschwerdewert in Gewerbesachen 100 Mk., in Kaufmannssachen 300 Mk. übersteigt.

Neben diesem Verfahren können die Gewerbe- und Kaufmannsgerichte, von den Streitteilen, soweit es sich um die Bedingungen für Fortsetzung oder Wiederaufnahme der Arbeit handelt, als Einigungsamt angerufen werden, und sie müssen dem entsprechen.

Schließlich kann an Orten, wo es an solchen Gerichten fehlt, für gewisse Streitigkeiten obiger Art jeder Teil beim Gemeindevorsteher eine vorläufige Entscheidung nachsuchen, die aber in Rechtskraft übergeht, falls nicht binnen zehn Tagen beim ordentlichen Gerichte geklagt wird.

Zu Art. 4 Nr. 14.

Die Nr. 14 überweist dem Reiche das Militärwesen desselben und die Kriegsmarine. Nr. 14.

Näher ausgeführt ist diese Zuständigkeit des Reichs in Art. 53 (Kriegsmarine) und 57 ff. (Reichskriegswesen). Vgl. daher die Erläuterungen zu diesen Artikeln.

Zu Art. 4 Nr. 15.

Nach Nr. 15 gehören zur Zuständigkeit des Reichs die Maßregeln der Medizinal- und Veterinärpolizei. Nr. 15.

Der Ausdruck Medizinal- und Veterinärpolizei würde, wörtlich genommen, vielleicht nur für solche Maßregeln zutreffen, die zum Schutze des Gemeinwesens in bezug auf die Heilung menschlicher und tierischer Krankheiten angeordnet werden. Diese Beschränkung dürfte aber nicht in der Absicht der Verfassung liegen. Allerdings war die staatliche Betätigung auf dem Gebiete des Gesundheitswesens bis in das 19. Jahrhundert hinein wesentlich nur auf Beseitigung von Krankheiten gerichtet (vgl. für Preußen die Mediz.O. und das Ed. v. 1625 und 1725, Mylius X 4 S. 11, 219). Aber im Laufe des 19. Jahrhunderts hatte sich die staatliche Fürsorge auf das ganze Gesundheitswesen, also auch auf die Verhütung von Krankheiten (Hygiene) ausgedehnt. Danach läßt sich folgern, daß obiger Ausdruck der Verfassung im weiteren Sinne gemeint ist. Dem entspricht auch der Inhalt der von den gesetzgebenden Faktoren des Reichs erlassenen Ausführungsgesetze. Ebenso ist das Wort Polizei augenscheinlich in dem weiten Sinne des § 10, II, 17 Preuß. ALR. gebraucht.

I. Maßregeln der Medizinalpolizei.

Hier handelt es sich um staatliche Schutzmaßregeln für die Volksgesundheit, teils zur Verhütung, teils zur Bekämpfung von Krankheiten oder anderen gesundheitsschädlichen Ursachen. Die Reichsgesetzgebung hat sich hier bis jetzt nach folgenden Richtungen betätigt.

a, Betreffs gemeingefährlicher Krankheiten (Seuchen) sind die internationalen Abkommen über Maßregeln gegen die Cholera, v. 15. April 1893

(RGBl. 1894 S. 343) und über Maßregeln gegen die Einschleppung und Verbreitung der Pest v. 19. März 1897 (RGBl. 1900 S. 43) mit Deklar. v. 24. Jan. 1900 (RGBl. S. 821) geschlossen, die wesentlich eine gesundheitliche Überwachung des internationalen Verkehrs bezwecken. Im übrigen ist das sog. Seuchengesetz v. 30. Juni 1900 (RGBl. S. 306) mit Ausführ.V. v. 4. Okt. 1900 (RGBl. S. 849, betreffend Pest) und 21. Febr. 1904 (RGBl. S. 67) erlassen, nach welchem für eine Reihe von Seuchen (Aussatz, Cholera, Fleck- und Gelbfieber, Pest, Pocken) eine ausgedehnte Pflicht zu polizeilicher Anzeige besteht, von der Polizei die Krankheiten zu ermitteln und Schutzmaßregeln gegen dieselben zu treffen sind, und für etwa zu Desinfektionszwecken vernichtete oder beschädigte Gegenstände Entschädigung aus öffentlichen Mitteln gewährt wird (§§ 1—34), während im übrigen die landesgesetzlichen Schutzvorschriften aufrecht erhalten sind (§ 48, vgl. das Preuß. Regul. v. 8. Aug. 1835, GS. S. 240, StrGB. § 327).

b, Der Förderung und dem Schutze der Volksgesundheit soll eine Anzahl von Reichsgesetzen dienen. Dahin gehören zunächst: Das Ges. über das Impfwesen v 8. April 1874 (RGBl. S. 31), wonach grundsätzlich alle Kinder vor Ablauf des zweiten Lebensjahres, alle Schüler im 12. Lebensjahre geimpft werden müssen, auch bei Pockenseuchen eine Zwangsimpfung angeordnet werden darf; sodann das Ges. über den Verkehr (Schutz gegen Verfälschung) mit Nahrungs- und Genußmitteln und Gebrauchsgegenständen v. 14. Mai 1879 (RGBl. S. 145) mit Abänderung v. 29. Juni 1887 (RGBl. S 276), das Ges. über die Verwendung gesundheitsgefährlicher Farben bei Herstellung von Nahrungs- und Genußmitteln und Gebrauchsgegenständen v. 5. Juni 1887 (RGBl. S. 277), das Ges. über den Verkehr mit blei- und zinkhaltigen Gegenständen v. 25. Juni 1887 (RGBl. S. 273) nebst Abänderung v. 22. März 1888 (RGBl. S. 114), das Ges. über den Verkehr mit Butter, Käse, Schmalz und anderen Ersatzmitteln v. 15. Juni 1897 (RGBl. S. 175), welches den Verkehr bezüglich des Handels mit künstlicher Butter (Margarine) und künstlichen Fettstoffen schützen will, das an Stelle des Ges. über den Verkehr mit künstlichen Süßstoffen (Saccharin) v. 6. Juli 1898 (RGBl. S. 919) getretene Süßstoffges. v. 7. Juli 1902 (RGBl. S. 253), das Ges. über den Verkehr mit künstlichem Wein, weinhaltigen und weinähnlichen Getränken v. 24. Mai 1901 (Schutz gegen schädliche Zusätze und Nachahmungen, RGBl. S. 175), mit Ausführ.Bestimm. v. 2. Juli 1901 (RGBl. S. 257), das Ges. über die Bekämpfung der Reblaus v. 6. Juli 1904 (RGBl. S. 261).

Zu erwähnen bleibt hier noch das RGes. über die Schlachtvieh- und Fleischbeschau v. 3. Juni 1900 (RGBl. S. 547), mit V. v. 30. Juni 1900 über die Inkraftsetzung (RGBl. S. 775) und Ausführungsbestimmungen v. 30. Mai 1902 (Zentr.Bl. Nr. 22 Beilage; dazu Preuß. Ges. v. 28. Juni 1902, GS. S. 229) und 23. Sept. 1904 (GS. S. 257), sowie die Fleischbeschau-Zoll-Ordn. v. 5. Febr. 1903 (Zentr.Bl. S. 32) und 9. Mai 1904 (Zentr.Bl. S. 140). Dieses Gesetz unterwirft das zum Genuß für Menschen bestimmte Schlachtvieh vor und nach dem Schlachten einer landesbehördlichen Amtsuntersuchung, jedoch mit Beschränkungen für Not- und Hausschlachten. Die Einfuhr von Fleisch aus dem Auslande ist teils verboten, teils beschränkt. Hierzu (§§ 20, 24) vgl. für Preußen die Ges. über die

Schlachthäuser v. 18. März 1868 (GS. S. 277), 9. März 1881 (GS. S. 273) und 19. Juli 1893 (GS. S. 152), sowie die RGewO. § 23 Abs. 2.

c, Zur Medizinalpolizei gehört auch die Organisation der Verwaltung des Gesundheitswesens. In dieser Beziehung hat die Reichsgesetzgebung als oberste technische Aufsichtsbehörde ein Reichsgesundheitsamt in Berlin in Verbindung mit einem Reichsgesundheitsrat eingesetzt (Seuchenges. v. 30. Juni 1900 § 46); sowie die Voraussetzungen (Approbation, Konzession) für die Ausübung der ärztlichen und zahnärztlichen Praxis, des Apothekergewerbes, des Heilgehilfen- und Hebammenberufs festgesetzt (RGewO. §§ 6, 29, 30, 40; vgl. Noten zu Art. 4 Nr. 1 zu II), im übrigen aber die Organisierung der Medizinalbehörden der Landesgesetzgebung überlassen. In Preußen kommen hier, neben der Ministerialinstanz, der wissenschaftlichen Deputation für das Medizinalwesen und dem Apothekerrate, die Medizinalkollegien der Provinzen (Instr. v. 23. Okt. 1817, GS. S. 245) und die Kreisärzte (Ges. v. 16. Sept. 1899, GS. S. 172, mit WirksamkV. v. 4. März 1901, GS. S. 47), in gewissem Maße auch die Organe der Selbstverwaltung in Betracht.

II. Maßregeln der Veterinärpolizei.

Auf diesem Gebiete hat das Reich eine Reihe von Schutzgesetzen gegen Viehseuchen erlassen. Mehrere davon richten sich bloß gegen die Rinderpest; so die Gesetze über Maßregeln wider die Rinderpest v. 7. April 1869 (BGBl. S. 105), mit Instruktion v. 26. Mai 1869 (BGBl. S. 149) und 9. Juni 1873 (RGBl. S. 147), über Zuwiderhandlungen gegen die zur Abwehr der Rinderpest erlassenen Vieheinfuhrverbote v. 21. Mai 1878 (RGBl. S. 95), über Beseitigung von Ansteckungsstoffen bei Viehbeförderungen auf Eisenbahnen v. 25. Febr. 1876 (RGBl. S. 163) mit neuster Ausführ.Bestimm. v. 16. Juli 1904 (RGBl. S. 311), besonders bei lebendem Geflügel laut jüngster Ausführ.Bestimm. v. 17. Juli 1904 (RGBl. S. 253). Gegen Viehseuchen im allgemeinen ist bestimmt das Ges. über die Abwehr und Unterdrückung von Viehseuchen v. 23. Juni 1880 (RGBl. S. 153), ergänzt durch Ges. v. 1. Mai 1894 (RGBl. S. 405) und zufolge desselben (Art. 9) in neuer Fassung bekannt gemacht (RGBl. S. 409); vgl. dazu Preußische Ausführ.Ges. v. 12. März 1881, GS. S. 128, 178 und v. 18. Juni 1894, GS. S. 115. Die in all diesen Gesetzen vorgesehenen Schutzmaßregeln laufen darauf hinaus, daß bezüglich kranken oder krankheitsverdächtigen Viehes eine ausgedehnte Anzeigepflicht besteht, daß amtlich eine Beobachtung, Absperrung ev. Tötung oder Vernichtung (gegen Entschädigung) und Desinfektion der Tiere nebst den dazu gehörigen Gebrauchs- und Transportgegenständen (Eisenbahnwagen) angeordnet werden soll, und daß Zuwiderhandlungen dagegen mit Strafe bedroht sind; vgl. auch StrGB. § 328, Vereinszollges. v. 1. Juli 1869 § 134 (BGBl. S. 355). Mittelbar dient der Veterinärpolizei das den Tierärzten durch die RGewO. §§ 29, 40, 53—56 für die Ausübung der Praxis auferlegte Erfordernis der Approbation. Im übrigen ist die Verwaltung des Tierheilwesens den Einzelstaaten überlassen. Vgl. für Preußen die Einrichtung der unter der Ministerialinstanz stehenden technischen Deputation für das Veterinärwesen (V. v. 21. Mai 1875, GS. S. 219) und der Departements- und Kreistierärzte (Ges.

v. 9. März 1872, GS. S. 265, 17. Sept. 1876, GS. S. 411, 2. Febr. 1881, GS. S. 13, 21. Juni 1897, GS. S. 193.

Zu Art. 4 Nr. 16.

Nr. 16. Nach Nr. 16 unterliegen der Beaufsichtigung und der Gesetzgebung des Reichs die Bestimmungen über die Presse und das Vereinswesen.

1. Presse.

Presse. Bei der Presse handelt es sich um neue, zur öffentlichen Verbreitung bestimmte, durch Buchdruck oder sonstige mechanische oder chemische Mittel hergestellte Vervielfältigungen von Schriften, bildlichen Darstellungen, Photographien und Musikalien, nicht um öffentliche Aufführung von Theaterstücken (vgl. Preuß. OVG. 24 S. 311).

Der seit Erfindung der Buchdruckerkunst entstandenen Möglichkeit, menschlichen Gedanken allgemeine Verbreitung zu geben, suchten die Regierungen allerorten durch Präventivmaßregeln, sei es mittels Verbots oder mittels Zensurbeschränkungen, entgegenzutreten. Auch in Preußen bestand bis 1848 eine Zensurbehörde. Mit den Bestrebungen nach nationaler und konstitutioneller Gestaltung in Deutschland machte sich ganz besonders auch das Verlangen nach Preßfreiheit geltend. Die preußische VerfassUrkunde v. 31. Jan. 1850 kam diesem Verlangen nach. Ihre Art. 27, 28 bestimmen, daß jeder Preuße durch Wort, Schrift, Druck und bildliche Darstellung seine Meinung frei zu äußern berechtigt sei, daß die Zensur überhaupt nicht, jede andere Beschränkung der Preßfreiheit nur im Wege der Gesetzgebung eingeführt werden dürfe, und die durch Wort, Schrift, Druck oder bildliche Darstellung begangenen Vergehen nach allgemeinen Strafgesetzen zu bestrafen seien.

Das Reich hat diese Materie gemäß Art. 4 Nr. 16 seiner Verfassung durch
Preßgesetz v. 7. Mai 1874. Ges. über die Presse v. 7. Mai 1874 (RGBl. S. 65) im Sinne der grundsätzlichen Preßfreiheit geregelt. Danach ist der Betrieb des Preßgewerbes an sich völlig frei und nicht entziehbar. Jedoch muß auf jeder Druckschrift (abgesehen von den bloß für häusliche, gesellige, gewerbliche oder Verkehrszwecke bestimmten) der Name des Verlegers und Druckers, auf periodischen Druckschriften auch der Name des verantwortlichen Schriftleiters angegeben werden. Bei der periodischen Presse besteht die Verpflichtung zur Aufnahme tatsächlicher Berichtigungen und amtlicher Bekanntmachungen (gegen Gebühren), und soweit es sich nicht bloß um Wissenschaft, Kunst, Gewerbe oder Industrie handelt, die Verpflichtung zur Ablieferung eines Exemplars an die Polizeibehörde. Bei gewissen Preßvergehen kann die Polizei eine Druckschrift vorläufig beschlagnahmen, hat aber alsbald die gerichtliche Entscheidung zu erwirken. Ist der Inhalt der Druckschrift strafbar, so muß zugleich auf Unbrauchbarmachung derselben erkannt werden (vgl. StrGB. §§ 41, 42; StrPO. § 480; Ges. v. 5. April 1888 Art. III, RGBl. S. 133). Übrigens gelten einfache Stimmzettel nicht als Druckschriften (Ges. v. 12. Mai 1884, RGBl. S. 17). Der ortspolizeilichen Erlaubnis bedarf es ausnahmsweise (GewO. §§ 43, 148, 149) zum gewerbsmäßigen Verkaufen, Verteilen und Anschlagen von Druckschriften; ferner zu unentgeltlichem öffentlichem Verteilen und Anschlagen von Aufrufen und

Bekanntmachungen (GewO. § 43, RPreßges. v. 7. Mai 1874 §§ 5, 30, Preuß. PreßGes. v. 12. Mai 1851 §§ 10, 41 [GS. S. 273; vgl. OVG. 5 S. 413]), jedoch unter Modifikationen für die Verteilung von Stimmzetteln und Druckschriften während der Zeit der Reichstags- und Landtagswahlen und für die gewerbsmäßige Verteilung von Druckschriften in geschlossenen Räumen. Besonderen Beschränkungen unterliegt wegen seiner möglichen Gemeingefährlichkeit der Kolportagehandel (GewO. §§ 56, 63, 149, Ges. v. 6. Aug. 1896 Art. 12, RGBl. S. 685). Zudem haben Drucker, Buchhändler, Leihbibliothekare u. a. den Beginn ihres Gewerbebetriebes nebst jedesmaliger Betriebsstätte polizeilich anzuzeigen (GewO. §§ 14, 15, 148). Strenger werden ausländische periodische Druckschriften behandelt; denn sie können, wenn binnen Jahresfrist wegen strafbaren Inhalts eine zweimalige Verurteilung ergangen ist, binnen zwei Monaten vom Reichskanzler verboten oder vom Postbetriebe ausgeschlossen werden (GewO. §§ 14, 15, 148). — Wegen grundsätzlicher Beseitigung des sog. fliegenden Gerichtsstandes der Presse vgl. die StrPO. § 7 Abs 2 nebst Ges. v. 13. Juni 1902 (RGBl. S. 227).

2. Vereinswesen.

Das Vereinswesen umfaßt nicht bloß Vereine, sondern auch Versammlungen. Beiden ist gemeinschaftlich der Zweck der Meinungsäußerung. Insofern gehören sie mit der Presse zusammen. Vereinswesen.

a, Auch die Vereine sind unter der absoluten Monarchie ein Gegenstand der Beaufsichtigung und der Zurückdrängung gewesen. Vgl. für Preußen das ALR. II, 6 §§ 1 ff., den BundBeschl. v. 5. Juli 1832 (GS. S. 116). Die Preuß. Verfass.Urkunde v. 31. Jan. 1850 hat dagegen in Art. 29, 30 die grundsätzliche Freiheit des Versammlungs- und Vereinsrechts ausgesprochen. Nach Art. 29 dürfen alle Preußen sich ohne polizeiliche Erlaubnis friedlich und ohne Waffen in geschlossenen Räumen versammeln, abgesehen von Versammlungen unter freiem Himmel; und nach Art. 30 haben sie das Recht, sich zu nicht strafwidrigen Zwecken (vgl. StrGB. §§ 128, 129, EG. dazu § 2) in Gesellschaften zu vereinigen. Die nähere Regelung dieser Rechte, namentlich zwecks Aufrechterhaltung der öffentlichen Sicherheit ist einem besonderen Gesetze vorbehalten. Speziell politische Vereine (über deren Begriff vgl. RG. in Straff. 16 S. 383, OVG. 20 S. 435, 34 S. 444) dürfen vorübergehend im Gesetzgebungswege verboten oder beschränkt werden. Das vorbehaltene Gesetz ist erlassen als V. v. 11. März 1850 über Verhütung eines Mißbrauchs des Versammlungs- und Vereinsrechts (GS. S. 277).

b, Das Reich hat von der ihm nach Art. 4 Nr. 16 seiner Verfassung zustehenden Gesetzgebungsbefugnis noch keinen vollen Gebrauch gemacht. Reichsrecht.

Dies trifft zu für das Gebiet des Versammlungsrechts. Hier gelten daher noch die Landesrechte, für Preußen die Verfass.Urkunde Art. 29, 30 und das obenerwähnte Ges. v. 11. März 1850. Nach letzterem ist in Ergänzung ersterer bestimmt, daß Versammlungen zur Erörterung oder Beratung öffentlicher Angelegenheiten 24 Stunden zuvor der Ortspolizeibehörde anzumelden sind, die darüber eine Bescheinigung erteilen soll, die Versammlung überwachen und ev. auflösen kann, wogegen Versammlungen unter freiem Himmel und öffentliche Aufzüge der polizeilichen Genehmigung bedürfen (Ges. v. 11. März 1850 §§ 1 ff.). Vereine, die eine Einwirkung auf öffentliche Angelegenheiten zum Zwecke haben, müssen ihre Statuten und ein Verzeichnis ihrer Mitglieder binnen drei Tagen nach ihrer Stiftung oder Veränderung polizeilich einreichen, abgesehen von kirchlichen und religiösen Vereinen mit Körperschaftsrechten; und politischen Vereinen ist die Aufnahme von Frauen, Schülern und Lehrlingen überhaupt verboten (Ges. v. 11. März 1850 §§ 8, 16, 21). Betreffs der Militärpersonen vgl. das RMil.-Ges. v. 2. Mai 1874 § 49 (RGBl. S. 45) und die Preuß. Verfass.Urk. Art. 38.

Von Reichs wegen sind namentlich folgende Gesetze hier zu erwähnen. — Das früher bestehende Verbot für Vereine, mit gleichartigen Vereinen in Verbindung zu treten, ist durch Ges. v. 11. Dez. 1899 (RGBl. S. 669) beseitigt. — Ebenso hat die GewO. §§ 152—154a gegenüber gewerblichen Arbeitern das Verbot der Koalition, d. h. der ohne Zwang erfolgenden Vereinigung zur Erlangung besserer Lohnverhältnisse, aufgehoben. — Das BGB. hat in §§ 21—89 für juristische Personen, als welche es Vereine, Stiftungen und juristische Personen des öffentlichen Rechts hinstellt, eine Seite ihrer Rechtsstellung, nämlich die Erwerbung und die Wirkung der Rechtsfähigkeit, geregelt. Vereine erlangen Rechtsfähigkeit, falls ihr Zweck nicht auf einen wirtschaftlichen Geschäftsbetrieb gerichtet ist (idealer Zweck), durch Eintragung in das amtsgerichtlich zu führende Vereinsregister (§ 21), wofür das Verfahren in §§ 55 ff. in Verbindung mit Abschn. 8 des RGes. über die freiw. Ger. v. 20. Mai 1898 geordnet ist. Bei Vereinen, deren Zweck auf einen wirtschaftlichen Geschäftsbetrieb sich richtet, ist der Erwerb der Rechtsfähigkeit von staatlicher Verleihung abhängig (§ 22 BGB.). Die Verleihung steht dem Bundesstaat, in dem der Verein seinen Sitz hat, zu (§ 22), und sie kann erfolgen durch einen besonderen Verwaltungsakt (vgl. für Preußen den Art. 31 der Verfass.Urkunde) oder durch ein generelles Reichs- oder Landesgesetz. Letzteres ist reichsgesetzlich u. a. geschehen bei der Aktiengesellschaft (HGB. § 208), bei den Innungen (GewO. §§ 81 ff.), bei den Wirtschaftsgenossenschaften (Ges. v. 1. Mai 1889, RGBl. S. 55, mit den Änderungen des EG. zum HGB. Art. 10, 13 in neuer Fassung am 20. Mai 1898 bekannt gemacht, (RGBl. S. 810), bei den Arbeiterversicherungsanstalten (vgl. die Noten zu Art. 4 Nr. 1 der ReichsVerfass.), bei dem Reichsfiskus (vgl. Ges. v. 25. Mai 1873, RGBl. S. 113); in der preußischen Gesetzgebung u. a. bei Dorf- und Stadtgemeinden (ALR. II, 7 § 19, 8 § 108), bei den größeren Kommunalverbänden (KreisO. § 2, ProvinzO. § 2), beim Landesfiskus (ALR. II, 14), bei anerkannten kirchlichen Gesellschaften und Schulen (ALR. II, 11 § 17, 12 §§ 54, 57). Vereine, die keine Rechtsfähigkeit besitzen, gelten nur als Gesellschaften im Sinne der §§ 705—740 BGB., mit der Maßgabe, daß aus ihren Rechtsgeschäften mit Dritten die Handelnden persönlich, ev. als Gesamtschuldner haften (BGB. § 54), sie jedoch als Gesamtheit verklagt werden können (ZPO. §§ 50 Abs. 2, 735). Vereinen, die keinen Sitz in einem Deutschen Bundesstaate haben, kann die Rechtsfähigkeit durch Beschluß des Bundesrats verliehen werden (BGB. § 23, dazu Art. 10 des EG.). — Die Verfassung rechtsfähiger Vereine bestimmt sich, soweit nicht das BGB. Normativbestimmungen enthält, nach ihrer Satzung. Zu ihrer gesetzlichen Vertretung bedürfen sie eines Vorstandes; im übrigen sind ihre Angelegenheiten durch Beschlüsse der Mitgliederversammlung zu besorgen. Sie sind befugt, unter ihrem Gesamtheitsnamen Rechte zu erwerben und Verpflichtungen einzugehen, vorbehaltlich der durch Art. 86 des EG. aufrecht erhaltenen landesgesetzlichen

Erwerbsbeschränkungen (vgl. Preuß. AG. zum BGB. Art. 6, 7, V. v. 16. Nov. 1899, GS. S. 562). Sie können durch Beschluß der Mitgliederversammlung aufgelöst werden, und verlieren die Rechtsfähigkeit durch Konkurseröffnung oder durch Entziehung in dem landesgesetzlich für streitige Verwaltungssachen bestimmten Verfahren (BGB. §§ 41—44). — Zur Entstehung rechtsfähiger Stiftungen erfordern die §§ 80 ff. BGB. ein Stiftungsgeschäft (unter Lebenden in Schriftform) und die Genehmigung des Domizilbundesstaates, ev. des Bundesrats. Die Verfassung der Stiftung beruht, soweit nicht Reichs- oder Landesgesetze maßgebend sind, auf dem Stiftungsgeschäft. Wenn die Erfüllung des Stiftungszwecks unmöglich oder gemeingefährlich wird, kann derselbe behördlich umgewandelt, oder auch die Stiftung aufgehoben werden. — Für juristische Personen des öffentlichen Rechts gibt das BGB. nur die Sondervorschrift des § 89.

Artikel 5.

Die Reichsgesetzgebung wird ausgeübt durch den Bundesrat und den Reichstag. Die Übereinstimmung der Mehrheitsbeschlüsse beider Versammlungen ist zu einem Reichsgesetze erforderlich und ausreichend.

Bei Gesetzesvorschlägen über das Militärwesen, die Kriegsmarine und die im Artikel 35 bezeichneten Abgaben gibt, wenn im Bundesrate eine Meinungsverschiedenheit stattfindet, die Stimme des Präsidiums den Ausschlag, wenn sie sich für die Aufrechthaltung der bestehenden Einrichtungen ausspricht.

Literatur: Laband §§ 54—56; G. Meyer §§ 163—169; H. Schulze, II. Buch, besonderer Teil Abt. 2 Kap. 1; Zorn § 15; Arndt §§ 23—26; Hänel, Studien II, 2 (Gesetz im formellen und materiellen Sinne, 1888); Jellinek, Gesetz und Verordnung, 1887; Binding, Strafrecht I, 197 ff.; Anschütz, gegenwärtige Theorien über den Begriff der gesetzgeb. Gewalt (2. Aufl. 1901); vgl. die sonstigen Zitate bei Laband § 54.

Der Art. 5 regelt die Ausübung der Reichsgesetzgebung, wofür in Art. 2 die Maßgabe offen gelassen war. Er weist diese Ausübung

A. in Abs. 1 regelmäßig dem Bundesrat und dem Reichstage zu, derart, daß zu einem Reichsgesetze übereinstimmende Mehrheitsbeschlüsse dieser beiden Versammlungen erforderlich und ausreichend sind,

B. in Abs. 2 jedoch für gewisse besondere Gesetzvorschläge mit der Maßgabe, daß im Bundesrate bei Meinungsdifferenzen die Präsidialstimme (Art. 11) den Ausschlag gibt, wenn sie sich für den bestehenden Zustand ausspricht.

A. Abs. 1.

1. Die Vorschrift des Abs. 1 schließt sich im wesentlichen an den Art. 62 der Preußischen Verfassungsurkunde v. 31. Jan. 1850 an. Dieser Art. 62 bestimmt nämlich, daß die gesetzgebende Gewalt gemeinschaftlich durch den König und durch zwei Kammern ausgeübt werde, und zu jedem Gesetze die Übereinstimmung des Königs und beider Kammern erforderlich sei. Hierin liegt eins der Entstehung.

Grundprinzipien der konstitutionellen Monarchie ausgedrückt; und zwar in Gestalt der damals in Deutschland herrschenden Theorie von der Teilung der Gewalten. Bei der Schaffung des Norddeutschen Bundes, wie später bei derjenigen des Reichs, ist man von der gleichen Auffassung, nur vom Einzelstaat auf den Bundesstaat übertragen, ausgegangen, was schon durch die vor dem Kriege von 1866 von Preußen am Bundestage gemachten Reformvorschläge v. 11. Mai und 10. Juni 1866 bestätigt wird. Mit dem danach dem Art. 5 Abs. 1 der Norddeutschen Bundes- und der Reichsverfassung gegebenen Wortlaute hat daher offenbar wesentlich nur die Umwandlung des im alten Deutschen Bunde und im Zollvereine herrschenden Erfordernisses der Einstimmigkeit in das konstitutionelle Prinzip der übereinstimmenden Mehrheitsbeschlüsse von Bundesrat und Volksvertretung (Reichstag) herbeigeführt werden sollen.

2a, Die heutige Fassung des Art. 5 Abs. 1 besagt, daß zu einem Reichsgesetze übereinstimmende Mehrheitsbeschlüsse des Bundesrats und des Reichstags erforderlich und ausreichend sind. Dies könnte den Anschein erwecken, als ob damit die Erfordernisse eines Reichsgesetzes erschöpft seien. Dem steht es aber entgegen, daß nach Art. 17 dem Kaiser die Ausfertigung und Verkündigung der Reichsgesetze zukommt, und daß zufolge Art. 2 die Reichsgesetze ihre verbindliche Kraft durch ihre Verkündigung von Reichs wegen im Reichsgesetzblatt erhalten. Somit sind nach dem Zusammenhange der Reichsverfassung zum Zustandekommen eines Reichsgesetzes teils übereinstimmende Mehrheitsbeschlüsse des Bundesrats und Reichstags, teils die Ausfertigung und Verkündigung geboten.

Der Art. 5 Abs. 1 will von diesen Erfordernissen nur den ersten Teil, der sich auf die Mitwirkung des Bundesrats und des Reichtags bezieht, regeln. Der Bundesrat repräsentiert nach Art. 6 die Bundesmitglieder, d. h. die Bundesstaaten, denen, entsprechend dem Oberhaupt in Einzelstaaten, in ihrer Gesamtheit die Regierungsgewalt im Reiche zusteht (Art. 7). Der Reichstag bildet laut Art. 29 die einheitliche Vertretung des gesamten Deutschen Volks. Beide Versammlungen haben gemäß Art. 7 und 23 das Recht, Gesetze vorzuschlagen.

b, Die Mitwirkung von Bundesrat und Reichstag richtet sich der Natur der Sache nach lediglich auf die durch ihre übereinstimmenden Mehrheitsbeschlüsse herbeizuführende Feststellung des Inhalts der Gesetze. Denn die Ausfertigung und Verkündigung dieses Gesetzinhalts ist eben nach Art. 17 Sache des Kaisers.

Der Inhalt der Gesetze erheischt aber naturgemäß wieder ein Doppeltes: er muß erkennen lassen, daß darin etwas zu rechtsverbindlicher Kraft (Art. 2) angeordnet wird, und was den Gegenstand dieser Anordnung bildet. Man hat danach in der Theorie, wiewohl nicht unbestritten, zwischen Gesetzesbefehl und Gesetzesinhalt unterschieden (vgl. die Literatur hierüber bei Laband § 54 zu 2). Demzufolge ergibt sich für die Mitwirkung des Bundesrats und des Reichstags, daß dieselbe in betreff beider Punkte übereinstimmende Mehrheitsbeschlüsse beider Bundesorgane voraussetzt und erst mit deren Erzielung zum Abschluß gelangt. Über das hierbei zu beobachtende Verfahren treffen die Art. 2, 7 Abs. 1—4, 16, 23 und 29 Bestimmung. Die Praxis der Reichsgesetzgebung hat, nach dem Vorgange der Preußischen und anderer Deutschen Gesetzgebungen, sich obigem Erfordernisse ständig angepaßt mittels der Formel: „Wir verordnen im Namen des Deutschen Reichs, nach erfolgter Zustimmung des Bundesrats und des Reichstags, was folgt ꝛc.“

3. Nach obigem ist, soweit es auf die Ausübung der Reichsgesetzgebung im Sinne des Abs. 1 ankommt, die Mitwirkung anderer Faktoren, als des Bundesrats und des Reichstags, ausgeschlossen und wirkungslos. Dies gilt insbesondere vom Kaiser, dem nach Art. 17 nur für das weitere Zustandekommen der Reichsgesetze eine Betätigung, nämlich die der Ausfertigung und Verkündigung, zusteht. Die Volksvertretungen der Einzelstaaten stehen nicht in unmittelbarer staatsrechtlicher Beziehung zum Reich, und entbehren daher der Legitimation zur Mitwirkung bei der Reichsgesetzgebung.

4. Dagegen läßt sich, wenn man dem Art. 5 den Art. 17 gegenüberhält, immerhin fragen, mit welchem Akte die Feststellung, daß und welches Reichsgesetz erlassen werden soll, zum staatsrechtlichen Abschluß gelangt. Es handelt sich hierbei um die sog. Sanktion der Reichsgesetze und insbesondere um die subjektive Berechtigung zu diesem Staatsakte. In der Reichsverfassung ist von einem Erfordernis der Sanktion überhaupt nicht besonders die Rede. Indes kann man ein solches stillschweigend darin ausgedrückt finden, daß nach Art. 5 die Ausübung der Reichsgesetzgebung durch den Bundesrat und den Reichstag stattfinden, nach Art. 17 nur die Ausfertigung und Verkündigung der Reichsgesetze durch den Kaiser erfolgen soll. Denn, mögen auch nach Art. 2 die Reichsgesetze ihre verbindliche Kraft erst durch ihre Verkündigung im Reichsgesetzblatt erhalten, so ist doch mit Rücksicht auf Art. 5 bei ihrer Ausfertigung und Verkündigung Voraussetzung, daß sie bereits mit endgültig festgestelltem Inhalt vorliegen. Dem Kaiser steht eine Einwirkung auf den Inhalt, abgesehen von den sog. Vetofällen des Art. 5 Abs. 2, nicht zu; er hat daher neben dem Recht auch die Pflicht, die ihm zugehenden Gesetze, wie ihr Inhalt liegt, zur Ausfertigung und Verkündigung zu bringen. Die Übermittlung der inhaltlich festgestellten Gesetze an den Kaiser ist Sache des Bundesrats (Art. 16). Der Reichstag steht nur mit diesem in direktem Geschäftsverkehr, nicht mit dem Kaiser. Für die Feststellung des definitiven Gesetzinhalts, wie für die Herbeiführung der Ausfertigung und Verkündigung desselben bleibt daher der Bundesrat, was auch mit dessen Stellung als eigentlichen Trägers der Reichshoheit in Einklang steht, der letztmaßgebende Faktor. Dies gilt ohne Unterschied, ob ein Gesetzesvorschlag vom Bundesrat oder vom Reichstag ausgeht, und ob derselbe sofort oder erst nach Zwischenverhandlungen die Zustimmung beider Versammlungen findet. In allen Fällen hängt es schließlich vom Bundesrat ab, ob das Gesetz in der so erlangten Gestalt durch Ausfertigung und Verkündigung zur verbindlichen Anordnung erhoben werden soll. In diesem Sinne läßt sich somit von einer Sanktion der Reichsgesetze durch den Bundesrat reden. Sanktion.

Eine erhebliche praktische Bedeutnng möchte obiger Frage kaum beiwohnen, da naturgemäß der Sanktionsbeschluß mit dem Zustimmungsbeschluß des Bundesrats gewöhnlich zusammenfallen wird. In der Theorie gehen allerdings die Meinungen darüber auseinander. Von dem Sanktionserfordernisse gehen aus namentlich Laband § 55, II, G. Meyer § 163; Zorn § 15; Hänel Studien II, S. 52; Jellinek S. 324; Fricker, Verpflichtung des Kaisers zur Verkündigung der Reichsgesetze S. 16; Arndt Note zu Art. 5; Seydel ebendort; a. A. namentlich Gierke in D. PrivR. § 18, Kolbow im Arch. f. öff. R. V S. 97, Rosenberg in Hirths Ann. 1900 S. 577.

Dauer des Sanktionsrechts. 5. An die Frage des Sanktionsrechts des Bundesrats knüpft sich die weitere Frage nach der Dauer dieses Rechts. Die Frage wird praktisch angesichts der Möglichkeit, daß, bevor der Bundesrat zu einem ihm vom Reichstage mit dessen Zustimmung zugehenden Gesetz endgültige Stellung genommen hat, die Sitzungsperiode oder die Legislaturperiode, in welcher die Zustimmung des Reichstags erfolgt ist, in normaler Weise oder durch Auflösung (Art. 24, 26) beendet wird. In diesen Fällen kann die Frage erhoben werden, wie lange der Bundesrat das Sanktionsrecht ausüben darf, namentlich, ob über den Ablauf der vertagten Sitzungsperiode oder über den Ablauf der Legislaturperiode. Diese Frage ist in der Theorie neuerlich (bei Aufhebung des § 2 des Jesuitengesetzes) lebhaft erörtert und verschiedenartig beantwortet worden

Die Reichsverfassung enthält darüber keine ausdrückliche Bestimmung. Auch für die Annahme einer stillschweigenden Anordnung bietet der Wortlaut ihrer einschlägigen Vorschriften, nämlich der Art. 5, 7, 16, 17, 23ff. keine sichere Unterlage. Wohl aber läßt sich das Bedenken aufwerfen, ob nicht das aus den ebenbezeichneten Artikeln erhellende staatsrechtliche Verhältnis zwischen Reichstag und Bundesrat und der Periodizität für die Sessionen und Legislaturen des Reichstags zu dem Schlusse nötigt, daß von der Reichsverfassung nur eine beschränkte Dauer des bundesrätlichen Sanktionsrechts gewollt sei. Letzterer Gesichtspunkt ist auch in der Tat geltend gemacht worden, in dem Sinne, daß zwischen den einzelnen Legislatur- bzw. Sessionsperioden eine Diskontinuität bestehe, insofern das in einer Periode Verhandelte überhaupt nur für deren Dauer rechtliche Wirksamkeit behalte. Allein dem läßt sich auf Grundlage der Reichsverfassung nicht beitreten; denn die Beschlüsse des Bundesrats und des Reichstags sind hinsichts ihrer rechtlichen Fortdauer an sich von einem Wechsel ihres Mitgliederbestandes nicht abhängig, so daß Kontinuität zwischen den einzelnen Perioden anzunehmen sein wird. Andererseits hat man ein konstitutionelles Gewohnheitsrecht gegen eine zeitliche Einschränkung des Sanktionsrechts geltend gemacht. Nun mag es ja richtig sein, daß tatsächlich bisher weder in Preußen, dem verfassungsmäßigen Vorbilde des Reichs, noch im Reiche selbst der Sanktion eine Zeitgrenze gesteckt worden ist; indes hat dies bei der zweifelhaften Bedeutung eines solchen Gewohnheitsrechts nicht viel zu sagen. M. E. ist ein anderer Gesichtspunkt für die Frage maßgebend, nämlich derjenige der wechselseitigen Gebundenheit des Bundesrats und des Reichstags an ihre beiderseitigen Beschlüsse. Hierbei darf man angesichts der selbständigen Rechtsstellung beider Versammlungen davon ausgehen, daß an sich jede von ihnen, solange ein Gesetzentwurf noch nicht gemäß Art. 2, 5, 17 der Reichsverfassung als Gesetz zustande gekommen ist, seine mit Bezug auf denselben gefaßten Beschlüsse zurückziehen darf. Deshalb kann für das wechselseitige Bindungsverhältnis zwischen Reichstag und Bundesrat nur der auch das Gebiet der öffentlichrechtlichen Vereinbarung beherrschende Grundsatz von Treu und Glauben in Betracht kommen. Zufolge dieses Grundsatzes wird in allen Fällen, wo der Bundesrat einen vom Reichstag (auf Vorlage oder aus eigener Initiative) angenommenen Gesetzentwurf genehmigt oder sanktioniert, entscheidend sein, ob vor letzterem Akte der Reichstag, sei es noch derselbe oder ein neugewählter, bereits seinerseits den früheren Annahmebeschluß zurückgezogen hat. Ist dies der Fall, so läßt sich das Verfahren des Bundesrats nicht mit Treu und Glauben vereinigen und als verfassungsmäßig anerkennen. Ist es nicht der Fall, so erscheint die Handlungsweise des Bundesrats noch loyal. Daran kann es auch nichts ändern, ob seit dem früheren Beschlusse des Reichstags ein längerer oder kürzerer Zeitraum verflossen ist, oder ob die Besetzung des Reichstags sich parteilich geändert hat. Vgl. Laband § 55 und in der DJZ. 1904 S. 322; G. Meyer § 163; Arndt Komm. zu Art. 5; Jellinek S. 330; Seydel Komm. S. 117; Geffcken in Köln. Zeitung v. 30. März 1904 u. a.

6. Der Art. 5 Abs. 1 hat noch Anlaß zu einer begrifflichen Unterscheidung zwischen Reichsgesetzen im formellen und im nichtformellen (materiellen) Sinne gegeben. Die Unterscheidung, die auf Laband zurückzuführen ist und jetzt überwiegend Anerkennung findet, wird auf mancherlei Gebieten, namentlich auf denen der Kompetenz und des Budgetrechts mit Rücksicht auf den Fall, daß entgegen Art. 69 das jährliche Etatsgesetz sich verzögert oder überhaupt nicht zustande kommt, verwertet. Sie fußt auf dem Gedanken, daß zu Reichsgesetzen im Sinne des Art. 5 eine besondere (mit der konstitutionellen Theorie von der Teilung der Gewalten zusammenhängende) Form, nämlich die Zustimmung der Volksvertretung, erfordert wird, andere Anordnungen, auch wenn sie verbindliche Kraft besitzen, doch nicht mit der gleichen Form ausgestattet sind (wie z. B. Rechtsverordnungen), während die Materie überall die gleiche sein kann. Von diesem Gesichtspunkt aus läßt sich die obige Unterscheidung wohl rechtfertigen. Vgl. Laband § 56, meine Noten zu Art. 2, 7, 69 (Nr. II). Gesetz in formellem Sinne.

Abs. 2.

Abs. 2.

1. Nach Abs. 1 steht dem Präsidium, d. h. nach Art. 11 dem Könige von Preußen als Deutschem Kaiser, in der Regel eine Mitwirkung bei der Reichsgesetzgebung nicht zu; vielmehr hat das Präsidium nur die gemäß Abs. 1 zwischen Reichstag und Bundesrat vereinbarten Gesetze auszufertigen und zu verkündigen (Art. 17). Eine Ausnahme zu seinen Gunsten ist jedoch in Abs. 2 für die dort bezeichneten Angelegenheiten vorgesehen. Der Grund zu dieser Ausnahme liegt augenscheinlich darin, daß es sich hier um die wesentlichsten Interessen des Reichs handelt. Es gilt nämlich die Ausnahme für Gesetzvorschläge über das Militärwesen (Art. 57—67), die Kriegsmarine (Art. 53) und die in Art. 35 bezeichneten Abgaben (Zölle, Salz-, Tabak-, Branntwein, Bier, Rübenzucker und Sirup). Diese Angelegenheiten sind ohne Einschränkungen hingestellt, somit im weitesten Sinne zu nehmen. Vetofälle.

2. Voraussetzung des Präsidialvetos ist, daß im Bundesrat eine Meinungsverschiedenheit stattfindet, d. h. bei der Beschlußfassung über einen bezüglichen Gesetzvorschlag (Abs. 1, Art. 7 Nr. 1) dieser zwar die Mehrheit findet, jedoch die Stimmen des Präsidialstaats Preußen gegen sich hat (Art. 6), und ferner, daß letztere Stimmen sich für die Aufrechthaltung der auf dem betreffenden Gebiete bestehenden Einrichtungen aussprechen. Anders ausgedrückt, müssen in Fällen, wo eine solche Gesetzvorlage auf Abänderung des bestehenden Zustandes geht, in der Mehrheit des Bundesrats die Stimmen Preußens mit-

enthalten sein. Unter den „Einrichtungen" wird die Regelung im Prinzip wie in dessen Ausführung zu verstehen sein.

3. Trifft obige Voraussetzung zu, so steht dem Präsidialstaate ein Veto zu, mit dem praktischen Ergebnis, daß der Präsidialstaat die Erfordernisse eines Reichsgesetzes als nicht gegeben ansehen und ausnahmsweise (vgl. Art 17) die Ausfertigung und Verkündigung des fraglichen Gesetzentwurfs verweigern darf.

III. Bundesrat.

Vornote.

Zur Entstehung des Bundesrats. 1. In den Abschn. III—V wird die Rechtsstellung der drei höchsten Organe des Reichs, des Bundesrats, des Präsidiums und des Reichstags, geregelt. Es entspricht der rechtsgeschichtlichen Entwicklung der Deutschen Staaten und der Natur des heutigen Deutschen Reichs, daß der Abschnitt über den Bundesrat voransteht. Denn die Schaffung des Norddeutschen Bundes (1867), des Vorgängers des Reichs, war von Preußen eigentlich nur als Fortentwicklung des 1815 gestifteten Deutschen Bundes gedacht, nämlich im Sinne einer Kräftigung des aus Gesandten der souveränen Bundesglieder bestehenden Bundestags, unter dem Präsidium Preußens und unter Anfügung einer Volksvertretung. Dieser Absicht entsprach denn auch die Verfassung des Norddeutschen Bundes, und entspricht die jetzige Reichsverfassung in den Abschn. III—V. Speziell in Abschn. III treten unverkennbare Reminiszenzen an die alte Bundesverfassung zutage; so die Bestimmungen, daß bei der Stimmführung der Bundesmitglieder auch die ehemaligen Stimmen von Hannover, Kurhessen, Holstein und Nassau an Preußen zugeteilt sind, daß die Bundesmitglieder bei den dem Bundesrat zugewiesenen Gesetzgebungs- und Verwaltungsgeschäften durch instruierte Bevollmächtigte sich vertreten zu lassen haben, und daß diese Vertreter vom Kaiser den üblichen diplomatischen Schutz empfangen. Von erheblicher praktischer Bedeutung wird freilich diese Betrachtung kaum sein. Immerhin wird an ihrer Hand die Konstruktion des Bundesrats, die theoretisch vielfach erörtert worden ist, sich erklären lassen.

Zur Charakteristik des Bundesrats. 2. Nach Abschn. III stellt sich der Bundesrat als dasjenige Reichsorgan dar, welches aus den Vertretern der Bundesmitglieder (Art. 6), d. h. den Bevollmächtigten der zum Reiche geeinten souveränen Staaten (Art. 1) besteht. Diese Vertreter sind also einzeln Organe der sie bevollmächtigenden Bundesstaaten, bilden aber in ihrer Gesamtheit die grundsätzliche (Art. 11, 50, 53, 63, 64, 68) Repräsentantin der im Reiche enthaltenen Staatensouveränetät (vgl. die Auslassungen des Grafen Bismarck in dem Nordd. Reichstage v. 1867 laut Stenogr. Ber. S. 388, 430).

Artikel 6.

Der Bundesrat besteht aus den Vertretern der Mitglieder des Bundes, unter welchen die Stimmführung sich in der Weise verteilt, daß Preußen mit den ehemaligen Stimmen von

Hannover, Kurhessen, Holstein, Nassau und Frankfurt 17 Stimmen
führt, Bayern . . . . 6 „
Sachsen . . . . 4 „
Württemberg . . . . . 4 „
Baden . . . . 3 „
Hessen . . . . 3 „
Mecklenburg-Schwerin . . 2 „
Sachsen-Weimar . . . . 1 „
Mecklenburg-Strelitz . . . 1 „
Oldenburg . . . . . . 1 „
Braunschweig . . . . . 2 „
Sachsen-Meiningen . . . 1 „
Sachsen-Altenburg . . . . 1 „
Sachsen-Coburg-Gotha . . 1 „
Anhalt . . . . 1 „
Schwarzburg-Rudolstadt . . 1 „
Schwarzburg-Sondershausen 1 „
Waldeck . . . . 1 „
Reuß älterer Linie . . . 1 „
Reuß jüngerer Linie . . . 1 „
Schaumburg-Lippe . . . . 1 „
Lippe . . . . 1 „
Lübeck . . . . 1 „
Bremen . . . . 1 „
Hamburg . . . . 1 „
zusammen 58 Stimmen.

Jedes Mitglied des Bundes kann so viel Bevollmächtigte zum Bundesrat ernennen, wie es Stimmen hat, doch kann die Gesamtheit der zuständigen Stimmen nur einheitlich abgegeben werden.

Abs. 1.

Der Abs. 1 regelt die Verteilung der Stimmführung im Bundesrate, das will sagen des Souveränitätsanteils, der jedem Bundesstaate mit Bezug auf die Wirksamkeit des Bundesrats zusteht. Stimmenverteilung.

Diese Verteilung kennzeichnet so recht die in der Vornote zu 1 erwähnte Anlehnung an den alten Deutschen Bund: der Verteilung liegt das in der Bundesakte v. 8. Juni 1815 Art. 6 (Preuß. GS. S. 143) bestimmte Stimmenverhältnis zugrunde, nur mit der Änderung, daß Preußen auch die ehemaligen Stimmen der der 1866 von ihm einverleibten Bundesstaaten Hannover, Kurhessen, Holstein und Nassau erhielt und Bayern die ihm im Zollbundesrat (Art. 8 § 1 des Zollvereinsvertr. v. 8. Juli 1867) gewährten 6 Stimmen behielt.

Die in Art. 6 aufgeführten Mitglieder des Bundes entsprechen naturgemäß den in Art. 1 benannten Staaten des Bundesgebiets; nur fehlt das Reichsland Elsaß-Lothringen. Dies beruht darauf, daß Elsaß-Lothringen bis jetzt nicht als souveräner Bundesstaat, sondern nur als Zubehör des souveränen

Reichs organisiert ist. Immerhin darf nach dem RGes. v. 4. Juli 1879 § 7 (RGBl. S. 166) der Statthalter des Reichslandes Kommissare in den Bundesrat senden, welche in diesem die Vorlagen aus der Gesetzgebung des Reichslandes vertreten und bei anderen Fragen der Reichsgesetzgebung die Interessen des Reichslandes wahrnehmen, auch an allen Verhandlungen des Bundesrats ohne Stimmrecht teilnehmen dürfen.

Abs. 2.

Stimmenabgabe. 1. Nach Abs. 2 kann jedes Bundesmitglied zwar soviel Bevollmächtigte (nebst Stellvertretern) zum Bundesrat ernennen, als es Stimmen hat, jedoch seine Stimme nur einheitlich abgeben lassen, d. h. ohne Widerspruch unter den mehreren. Eine widerspruchsvolle Stimmabgabe muß unwirksam, also ungezählt bleiben (Art. 7 Abs. 3).

2. Ob und inwieweit die Bundesmitglieder von ihrer Vertretung im Bundesrat Gebrauch machen, bleibt von Reichs wegen ihre Sache; denn es handelt sich insoweit nur um ein Recht, dessen Nichtausübung die in Art. 7 Abs. 3 bezeichnete Folge hat. Eine andere Frage ist, in welche Rechtslage sie sich durch den Nichtgebrauch ihrem Einzelstaat gegenüber setzen. Dies wird sich nach der Verfassung des letzteren bestimmen.

3. Das in Art. 6 den Bundesmitgliedern eingeräumte Recht kennzeichnet sich als ein Recht der Einzelstaaten in ihrem Verhältnis zur Gesamtheit, und kann daher gemäß Art. 78 Abs. 2 in allen Fällen nur mit ihrer Zustimmung abgeändert werden.

Stellung der Vertreter. 4. Die von den Bundesregierungen bestellten Vertreter sind deren gewillkürte Organe, und haften daher ihren Auftraggebern als solche nach Landesrecht. Maßgebend für ihre Vertretungshandlungen ist ihre Instruktion, für ihre Legitimation ihre Bestellung durch den Machtgeber. Die Instruktion geht naturgemäß den Bundesrat nichts an; wohl aber ist dieser zur Prüfung der Legitimation befugt, wobei unter Umständen nicht bloß die Rechtmäßigkeit des Bestellungsakts selbst, sondern auch die Legitimation des Bestellers in Betracht gezogen werden kann (vgl. die Noten zu Art. 7).

Artikel 7.

Der Bundesrat beschließt:

1. **über die dem Reichstage zu machenden Vorlagen und die von demselben gefaßten Beschlüsse;**
2. **über die zur Ausführung der Reichsgesetze erforderlichen allgemeinen Verwaltungsvorschriften und Einrichtungen, sofern nicht durch Reichsgesetz etwas anderes bestimmt ist;**
3. **über Mängel, welche bei der Ausführung der Reichsgesetze oder der vorstehend erwähnten Vorschriften oder Einrichtungen hervortreten.**

Jedes Bundesglied ist befugt, Vorschläge zu machen und in Vortrag zu bringen, und das Präsidium ist verpflichtet, dieselben der Beratung zu übergeben.

Die Beschlußfassung erfolgt, vorbehaltlich der Bestimmungen in den Artikeln 5, 37 und 78, mit einfacher Mehrheit. Nicht vertretene oder nicht instruierte Stimmen werden nicht gezählt. Bei Stimmengleichheit gibt die Präsidialstimme den Ausschlag.

Bei der Beschlußfassung über eine Angelegenheit, welche nach den Bestimmungen dieser Verfassung nicht dem ganzen Reiche gemeinschaftlich ist, werden die Stimmen nur derjenigen Bundesstaaten gezählt, welchen die Angelegenheit gemeinschaftlich ist.

Der Art. 7 regelt die Zuständigkeit des Bundesrats im Anschluß an Art. 5; und zwar im Abs. 1 die der Beschlußfassung desselben unterliegenden Angelegenheiten, in den Abs. 2—4 die Maßgaben dieser Beschlußfassung. Allgemeines.

Für die Erledigung der ihm danach obliegenden Tätigkeit hat der Bundesrat sich selbst eine Geschäftsordnung gegeben, die v. 26. April 1880 datiert, aber am 31. Januar 1895 zum Teil abgeändert ist. Dieselbe ist nicht amtlich verkündigt, findet sich aber abgedruckt bei Triepel, Quellensammlung zum Deutschen RStaatsR., S 227.

Abs. 1.

Der Abs. 1 stand in der Verfassung des Norddeutschen Bundes unter Art. 37, in dem es sich um Zölle und Verbrauchssteuern handelte. Dieser Artikel übertrug dem Bundesrat zu Nr. 1 die Mitwirkung beim Erlaß von Zoll- und Steuergesetzen, zu Nr. 2 den Erlaß von bezüglichen Verwaltungsverordnungen, zu Nr. 3 die Beschlußfassung über Mängel, die bei der Ausführung obiger Gesetzgebung hervorträten. Diese Fassung lehnte sich an Art. 8 § 12 des Zollvereinsvertrags v. 8. Juli 1867, betreffend den Zollbundesrat, an. Die jetzige Fassung in Abs. 1 Art. 7 der Reichsverfassung ging hervor aus der Redigierung der im Herbst 1870 zu Versailles mit den Südstaaten vereinbarten Verfassung. Nach der damals im Reichstage gelegentlich der Beratung der Süddeutschen Verträge gemachten Erklärung (vgl. Sten. Ber. des Reichstags v. 1870 S. 68ff.) des Staatsministers Delbrück sollte der veränderten Fassung eine erhebliche materielle Bedeutung nicht beiwohnen, immerhin jedoch dadurch eine für das Verständnis der Bundesratskompetenz nicht wertlose Zusammenfassung derselben an Einer Stelle der Verfassung herbeigeführt werden. Eine Erweiterung dieser Kompetenz auf alle dem Reiche gemäß Art. 4 zugewiesenen Angelegenheiten verstand sich dabei von selbst. Abs. 1. Zuständigkeit des Bundesrats.

Auch an die jetzige Fassung des Art. 7 Abs. 1 knüpfen sich mehrfache Zweifelsfragen, besonders mit Bezug auf die Nr. 2, 3.

Nr. 1.

Nach Nr. 1 steht dem Bundesrat die Beschlußfassung über die Vorlagen für den Reichstag und über dessen Beschlüsse zu. Diese Bestimmung korrespondiert mit Art. 16, nach welchem die erforderlichen Vorlagen gemäß den Beschlüssen des Bundesrats im Namen des Kaisers an den Reichstag zu bringen und vor diesem durch Mitglieder oder besondere Kommissare des Bundesrats zu vertreten sind. Nr. 1.

Bei den Vorlagen kommen hauptsächlich solche für die Reichsgesetzgebung in Betracht, und es ist bereits zu Art. 5 erörtert, ob und wieweit bei diesen Vorlagen neben der Zustimmung die Sanktion durch den Bundesrat erforderlich und zulässig ist.

Nr. 2.

Nr. 2. Laut Nr. 2 hat der Bundesrat zu beschließen über die zur Ausführung der Reichsgesetze erforderlichen allgemeinen Verwaltungsvorschriften und Einrichtungen, sofern nicht durch Reichsgesetz etwas anderes bestimmt ist. Diese Nr. korrespondiert teils mit Art. 37, wonach in Zoll- und den zu Art. 35 bezeichneten Besteuerungssachen bei der Beschlußfassung über die Verwaltungsvorschriften und Einrichtungen, die zur Ausführung der bezüglichen gemeinschaftlichen Gesetzgebung (Art. 35) dienen, die Präsidialstimme für den Fall, daß sie sich für Aufrechthaltung der bestehenden Vorschriften oder Einrichtungen ausspricht, den Ausschlag geben soll, teils mit Art. 38 Abs. 2 Nr. 1, worin als Abzug von dem an die Reichskasse fließenden Ertrage der gedachten Zölle und Steuern u. a. die auf Gesetzen oder allgemeinen Verwaltungsvorschriften beruhenden Steuervergütungen und Ermäßigungen hingestellt sind.

Rechtsverordnungen. Die Nr. 2 hat zu der vielumstrittenen Frage Anlaß gegeben, was unter Verwaltungsvorschriften und Einrichtungen zur Ausführung der Reichsgesetze zu verstehen ist, ob namentlich auch die sog. Rechtsverordnungen, und ob deshalb zum Erlasse dieser Verordnungen der Bundesrat trotz Art. 5 ohne besondere Ermächtigung (Delegation) nach Art. 7 Nr 2 befugt ist. Diese Fragen werden in der Theorie in sehr verschiedenem Sinne und aus sehr verschiedenen Gründen beantwortet, so daß es schwierig ist, die streitigen Meinungen übersichtlich vorzuführen. Vielleicht genügt die nachstehende Erörterung.

Der Begriff der allgemeinen Verwaltungsvorschriften zur Ausführung der Reichsgesetze weist naturgemäß auf den die Reichsverfassung durchziehenden Grundsatz von der Teilung der Gewalten im Reiche zurück, soweit es sich um Gesetzgebung und Ausführung der Gesetze (Verwaltung) handelt. Nach Art. 5 müssen bei der Gesetzgebung der Bundesrat und der Reichstag durch übereinstimmende Beschlüsse zusammenwirken. Danach kann auf andere Weise ein Reichsgesetz im Sinne des Art. 2, d. h. ein solches, welches allgemein, also für das Volk und die Reichsgewalten gleichmäßig verbindlich und zwingend ist, nicht zustande kommen. Naturgemäß machen die Reichsgesetze, soweit sie nicht bloß abstrakte Sätze aussprechen, organische Anordnungen und Einrichtungen zu ihrer Ausführung, mithin im Wege der Verwaltung, erforderlich. Diese Tätigkeit ist in Art. 7 Nr. 2, 3, Art. 8, 9, 35—40, soweit nicht etwa dem Kaiser, dem Reichskanzler oder den Bundesstaaten übertragen, dem Bundesrate zugewiesen. Die bezüglichen Erfordernisse können sich je nach Lage der Dinge verschieden gestalten. Sie können sich auf Anordnungen beschränken, die lediglich als Anweisungen zur Nachachtung für die der vollziehenden Gewalt unterstehenden Organe (Behörden, Beamten) dienen sollen. Sie können sich aber auch auf Anordnungen erstrecken, die nicht bloß als Dienstanweisungen, sondern selbst wieder als gesetzesgleiche Akte, d. h. mit zwingender Kraft gegen Privatpersonen, Verwaltungs- und Gerichtsbehörden zu gelten beanspruchen. Die letztere Wirkung können sie an sich nur nach der Regel des Art. 5, also unter Zustimmung des Reichstags erzielen. Soll dieses Erfordernis sich erübrigen, so ergibt sich dafür nur ein Weg, nämlich der, daß der Bundesrat allein zur Erlassung solcher gesetzesgleichen Ausführungsanordnungen ermächtigt (delegiert) wird. Damit befindet man sich gemäß Art. 7 Nr. 2 (3) auf dem Gebiete der eigentlichen Streitfrage, was betreffs einer derartigen Ermächtigung des Bundesrats Rechtens sei.

Von manchen Schriftstellern wird nun angenommen, daß dem Bundesrat eine allgemeine verfassungsmäßige Delegation zur Erlassung von Ausführungsvorschriften in Gestalt von Rechtsverordnungen zur Seite stehe, so daß er einer Delegation für den Einzelfall nicht bedürfe. Man beruft sich dafür teils auf die staatsrechtliche Stellung des Bundesrats im Reiche (vgl. Zorn, Staatsrecht § 15 und in Hirths Annalen 1885 S. 313; Klöppel in Preuß. Jahrb. 52 S. 173); teils auf den Begriff der in Art. 7 Nr. 2, 37, 38 der Reichsverfassung bezeichneten Verwaltungsvorschriften, der offenbar den Art. 45, 62, 63 der Preußischen Verfass.-Urkunde entlehnt sei (vgl. G. Meyer § 165, Riedel S. 22, v. Held S. 109, besonders Arndt, Verordn.Recht [1884], in Hirths Annalen 1885 S. 701, im Kommentar zu Art. 7 Nr. 2, u. a.). M. E. sind diese Begründungen nicht durchgreifend. Dies trifft namentlich in bezug auf die „allgemeinen Verwaltungsvorschriften" zur Ausführung von Reichsgesetzen zu. Nach dem gewöhnlichen Sprachgebrauche läßt sich hierbei an bloße Dienstanweisungen, wie an Rechtsverordnungen denken. Die Auffassung (vgl. Arndt a. a. O.), daß dem Art. 7 Nr. 2 der Grundsatz in Art. 45 der Preußischen Verf.-Urkunde, wonach der König die zur Ausfertigung der Landesgesetze nötigen Verordnungen zu erlassen habe, zugrunde liege, findet wohl in dem Gesamtinhalt der Reichsverfassung und in der oben mitgeteilten Entstehungsgeschichte (Äußerung des Staatsministers Delbrück) keine Stütze und hat die eigenartige staatsrechtliche Natur des Reichs wider sich.

Liegt deshalb eine Nötigung zu obiger Auslegung nicht vor, so bleibt nur übrig, daß man für jeden Fall, wo der Bundesrat eine Verwaltungsvorschrift zur Ausführung von Reichsgesetzen mit der Kraft einer Rechtsverordnung erläßt, eine vorgängige formell gesetzliche (Art. 5) Ermächtigung dazu für ihn erfordert. Will man nachprüfen, ob diesem Erfordernisse genügt ist, so muß man feststellen, ob die Verwaltungsvorschrift nach ihrem Inhalt und der Absicht des Bundesrats zur allgemeinen zwingenden Befolgung bestimmt ist, und ob sie auf einer Delegation mittels Reichsgesetzes (Art. 5) beruht. Beides wird nicht durchweg eine ausdrückliche Erklärung erfordern; es läßt sich denken, daß es stillschweigend in konkludenter Weise erklärt ist. Die Absicht der zwingenden Verbindlichkeit wird besonders daran kenntlich sein, ob in der Verordnung Rechte oder Verpflichtungen oder Strafen für gewisse Personen vorgesehen sind. Auf die Art der Verkündigung kommt es nicht wesentlich an, wie zu Art. 2 erörtert ist. Die Praxis des Bundesrats hat in dieser Materie bisher der Rechtsprechung manche Schwierigkeiten bereitet, insofern der Charakter der von ihm erlassenen Verwaltungsvorschriften mitunter Zweifel beließ; es wäre immerhin in jedem Falle eine bestimmte Erklärung hierüber im Eingange der Verordnung und eine bestimmte Art der Verkündung zu wünschen. Vgl. aus der Rechtsprechung ROHG. 21 S. 60, RG. 24 S. 1, 40 S. 68, 48 S. 84; aus der Theorie Laband §§ 29, 58 II, Hänel Studien II, 62 ff., Seydel Kommentar S. 140 und in Hirths Annalen 1874 S. 1154, Anschütz, gegenwärtige Theorien über den Begriff der gesetzgebenden Gewalt und den Umfang des Kgl. Verordnungsrechts in Preußen (2. Aufl., 1901) S. 82ff., G. Meyer § 165, E. Mayer in Krit. Viert.JSchr. 27 S. 136, Rosin, Pol. Verordn.Recht S. 262ff., Seligmann, Begriff des Gesetzes (1886) S. 115 u. a.

Nr. 3.

Nr. 3. Die Nr. 3 weist dem Bundesrat die Beschlußfassung über Mängel zu, die bei der Ausführung der Reichsgesetze oder der zu 2 erwähnten Verwaltungsvorschriften oder Einrichtungen hervortreten.

Kontrollorgan. **a,** Die Fassung dieser Bestimmung kann nicht für besonders klar gelten, gewinnt aber Klarheit dadurch, daß man auf ihre Entstehungsgeschichte zurückgeht und andere Artikel der Reichsverfassung heranzieht.

Im allgemeinen ist zu bemerken, daß dem Gegenstande nach die Nr. 3 mit Nr. 2 augenscheinlich zusammenhängt, insofern es sich auch bei ersterer um die Ausführung von Reichsgesetzen, also um die Verwaltung von Reichsangelegenheiten, handelt. Die Besonderheit der Nr. 3 besteht aber darin, daß sie die Beschlußfassung über Mängel der Verwaltung betrifft. Das kann schon an sich keinen anderen Sinn haben, als daß der Bundesrat zum Kontrollorgan über jene Ausführung bestellt ist. Bestätigt wird es aber durch folgende Betrachtung. In dem Deutschen Zollvereine, in welchem den souveränen Vereinsstaaten naturgemäß die Verwaltung der Zölle und Abgaben überlassen blieb, wurde diese Verwaltung durch Vereinsbevollmächtigte überwacht, und die von diesen gerügten Mängel fanden äußerstenfalls durch eine Vereinskonferenz ihre Erledigung (vgl. Zollvereinsvertrag v. 16. Mai 1865 Art. 34a). Diese Einrichtung wurde in der Verfassung des Norddeutschen Bundes festgehalten, nur mit der Änderung, daß die Kontrollbevollmächtigten nunmehr namens des Bundes durch das Präsidium desselben bestellt werden sollten (vgl. Art. 35 dort); und im Anschluß daran wurde (Art. 37 Nr. 3 a. a. O.) dem Bundesrat des Nordd. Bundes die Beschlußfassung über Mängel, die bei der Ausführung der gemeinschaftlichen Gesetzgebung nach Art. 35, also betreffs der Zölle und Abgaben, hervortreten würden, zugewiesen. Die gleiche Bestimmung ging auch in den Zollvereinsvertrag v. 8. Juli 1867 Art. 8 § 12 über. Demzufolge ist jetzt in Art. 36 der Reichsverfassung, in betreff der Erhebung und Verwaltung der Zölle und Verbrauchssteuern (Art. 35) bestimmt, nach Abs. 2, daß der Kaiser die Einhaltung des gesetzlichen Verfahrens durch Reichsbeamte zu überwachen hat, nach Abs. 3, daß die von diesen angezeigten Mängel dem Bundesrate zur Beschlußfassung vorzulegen sind. Diese Bestimmung hat zugleich in Art. 17 und 7 Nr. 3 eine Verallgemeinerung erfahren, indem das Überwachungsrecht des Kaisers und das Beschlußrecht des Bundesrats auf dem Einzelgebiete der Zölle und Verbrauchsabgaben auf die Ausführung der gesamten Reichsgesetzgebung ausgedehnt ist. Danach ergibt sich, daß im Sinne des Art. 7 Nr. 3 der Bundesrat grundsätzlich als oberstes Reichsorgan zur Kontrolle der Ausführung von Reichsgesetzen und Verwaltungsvorschriften, sowie zur Behebung etwaiger Mängel dabei berufen ist (vgl. Laband § 29 zu II, Zorn § 6, Arndt Kommentar zu Art. 7, Seydel ebendort).

Mängel. **b,** Bei den Mängeln kann mancherlei in Betracht kommen; so namentlich die Zuständigkeit der mit der Ausführung eines Reichsgesetzes befaßten Reichs-

oder Landesverwaltungsstelle, die Gültigkeit, Auslegung und Zweckmäßigkeit des Reichsgesetzes nebst den dazu erlassenen Ausführungsvorschriften usw.

Auf welche Weise die Mängel zur Kenntnis des Bundesrats gelangen, dürfte bedeutungslos sein. In Art. 36 Abs. 3 ist die Anzeige von Reichsbeamten erwähnt; doch werden auch andere Quellen Berücksichtigung finden.

c, Die Tätigkeit des Bundesrats bei der Beseitigung von Ausführungsmängeln beschränkt sich nach dem Eingange des Art. 7 auf eine Beschlußfassung. Sie geht daher nicht auf ein direktes Eingreifen, etwa im Wege eines Offizial- oder eines Beschwerdeverfahrens; denn der Bundesrat ist eben keine oberste Verwaltungsbehörde des Reichs, sondern nur das Organ der souveränen vollziehenden Gewalt im Reiche. Der Bundesrat hat nur im Beschlußwege auszusprechen, welche Mängel vorhanden seien, und wie rechts- oder zweckgemäß hätte verfahren werden sollen. Die Ausführung dieses Beschlusses muß er der zuständigen Amtsstelle im Reich oder im Bundesstaat überlassen. Ein Zwangsrecht steht ihm nicht zu; höchstens daß er gegen einen die Bundespflichten nicht erfüllenden Einzelstaat auf Grund des Art. 19 die Bundesexekution beschließen darf. Mängelbehebung.

d, Die Nr. 3 findet keine Anwendung, wo die bezügliche Tätigkeit gesetzlich dem Kaiser (Art. 63 Abs. 3, Militärangelegenheiten) oder obersten Reichsstellen übertragen ist. Ausnahmen.

e, Es mag hier bemerkt werden, daß nach mehrfachen Reichsgesetzen dem Bundesrat Funktionen zugewiesen sind, die auf der Grenze zwischen Verwaltung und Verwaltungsgerichtsbarkeit liegen. Dahin gehört u. a. die oberste Entscheidung in den Fällen des Ges. v. 30. Mai 1873 (RGBl. S. 124) Art. 4 Abs. 2 (Erweiterung von Festungsstädten im öffentlichen Interesse), des Ges. v. 19. Juni 1883 (RGBl. S. 106) §§ 3, 5 (Rekurse und behördliche Differenzen wegen Anlagen in Reichskriegshäfen), des Ges. v. 6. Juli 1884 (RGBl. S. 69) und des sog. Mantelges. v. 30. Juni 1900 (RGBl. S. 320), jetzt in der Fassung v. 5. Juli 1900 (RGBl. S. 573) zu I (Genehmigung und Auflösung von Berufsgenossenschaften), des RBeamtGes. v. 31. März 1873 (RGBl. S. 61) § 66 (zwangsweise Versetzung von Reichsbeamten in den Ruhestand), des Konsul.Gerichtsb.Ges. v. 7. April 1900 (RGBl. S. 218) § 23 (Verwaltungsstreitverfahren in Konsularbezirken), des Art. 77 der Reichsverfassung (Justizverweigerung in Bundesstaaten), des Art. 76 Abs. 1, 2 der Reichsverfassung (Streitigkeiten zwischen verschiedenen Bundesstaaten, Verfassungsstreitigkeiten in Bundesstaaten ohne Verfassungsgerichtshof, vgl. die Noten zu Art. 76, 77).

Abs. 2—4.

Die Abs. 2—4 regeln das Verfahren bei den Beschlüssen des Bundesrats. Abs. 2—4.

a, Der Abs. 2 gibt für die der Beschlußfassung vorausgehende Beratung jedem Bundestaate das Recht, selbständig Vorschläge zu machen und mündlich zu begründen, und legt dem Präsidium (Art. 15) die Verpflichtung auf, dieselben zur Beratung zu stellen.

b, Zur Beschlußfassung ist nach Abs. 3 und Art. 5 grundsätzlich nur die einfache Stimmenmehrheit erforderlich. Hiervon sind jedoch mehrere Ausnahmen vorgesehen. In den Fällen der Art. 5 Abs. 2, 35, 37 muß nämlich in der einfachen Mehrheit zugleich die Stimme Preußens mitenthalten sein, d. h. die Stimme des Präsidialstaats nicht entgegenstehen (sog. Veto des Kaisers); und andererseits gelten nach Art. 78 Abs. 1 Gesetzesvorschläge zur Abänderung der Reichsverfassung als abgelehnt, sofern sich bei der Beschlußfassung überhaupt 14 Stimmen dagegen erklären (vgl. Note zu Art. 78).

Bei Berechnung der Mehrheit werden in allen Fällen nicht mitgezählt die Stimmen von Bundesstaaten, die bei der Beschlußfassung nicht vertreten sind, oder deren Vertreter von ihren Machtgebern nicht instruiert zu sein erklären, oder die nach Abs. 4 im gegebenen Falle kein Stimmrecht haben. Mithin kommen zur Berechnung immer nur die tatsächlich und berechtigt abgegebenen Stimmen.

Bei Stimmengleichheit soll nach Abs. 3 die Präsidialstimme den Ausschlag geben; das will sagen, daß dasjenige der Abstimmungsergebnisse, dem die Stimmen Preußens (Art. 6) angehören, wirksam ist.

c, Bezüglich der äußeren Form bei den Sitzungen, Beratungen und Abstimmungen des Bundesrats vgl. die in der Vornote zu Art. 7 erwähnte autonome Geschäftsordnung desselben (Laband § 30, Seydel Kommentar zu Art. 7).

Artikel 8.

Der Bundesrat bildet aus seiner Mitte dauernde Ausschüsse
1. für das Landheer und die Festungen;
2. für das Seewesen;
3. für Zoll- und Steuerwesen;
4. für Handel und Verkehr;
5. für Eisenbahnen, Post und Telegraphen;
6. für Justizwesen;
7. für Rechnungswesen.

In jedem dieser Ausschüsse werden außer dem Präsidium mindestens vier Bundesstaaten vertreten sein, und führt innerhalb derselben jeder Staat nur Eine Stimme. In dem Ausschuß für das Landheer und die Festungen hat Bayern einen ständigen Sitz, die übrigen Mitglieder desselben, sowie die Mitglieder des Ausschusses für das Seewesen werden vom Kaiser ernannt; die Mitglieder der anderen Ausschüsse werden von dem Bundesrate gewählt. Die Zusammensetzung dieser Ausschüsse ist für jede Session des Bundesrats resp. mit jedem Jahre zu erneuern, wobei die ausscheidenden Mitglieder wieder wählbar sind.

Außerdem wird im Bundesrat aus den Bevollmächtigten der Königreiche Bayern, Sachsen und Württemberg und zwei, vom Bundesrat alljährlich zu wählenden Bevollmächtigten anderer Bundesstaaten ein Ausschuß für die auswärtigen Angelegenheiten gebildet, in welchem Bayern den Vorsitz führt.

Den Ausschüssen werden die zu ihren Arbeiten nötigen Beamten zur Verfügung gestellt.

Der Art. 8 schreibt in Abs. 1 die Bildung dauernder Ausschüsse des Bundesrats für die unter Nr. 1—7 bezeichneten Angelegenheiten vor und regelt in Abs. 2

deren Zusammensetzung. Der Abs. 3 sieht die Bildung eines 8. Ausschusses für auswärtige Angelegenheiten vor. In Abs. 4 werden allen Ausschüssen die erforderlichen Beamtenkräfte zur Verfügung gestellt.

Abs. 1, 2.

a, In diesen Absätzen ist nur von dauernden Ausschüssen des Bundesrats für 7 Angelegenheiten die Rede. Naturgemäß hindert dies nicht, daß der Bundesrat auch für andere Angelegenheiten dauernde oder nicht dauernde Ausschüsse einsetzt, wie er dies z. B. mit den Ausschüssen für Elsaß-Lothringen (Beschluß v. 27. Mai 1871), für die Verfassung, für die Geschäftsordnung getan hat. Abs. 1, 2. Ausschüsse Nr. 1—7.

Der Ausschuß Nr. 2 (für Seewesen) hat nur die Kriegsmarine (vgl. Sten.Ber. des verfassungsberatenden Reichst. v. 1870 S. 304, 355), nicht auch die Handelsmarine (Nr. 4), der Ausschuß Nr. 7 (für Rechnungswesen) das Finanz-, Etats- und Rechnungswesen des Reichs im Sinne.

b, Anlangend die Zusammensetzung der 7 Ausschüsse, stimmt solche insoweit überein, als in jedem Ausschusse mindestens 5 Staaten, darunter der Präsidialstaat Preußen, vertreten sein müssen, als die Bildung der Ausschüsse nur aus der Mitte des Bundesrats, d. h. aus Bevollmächtigten zu demselben, erfolgen darf, als in jedem Ausschuß jeder beteiligte Staat eine Stimme hat (auch bei gemeinschaftlicher Beratung mehrerer Ausschüsse, vgl. revid. Gesch.O § 19), und als die Zusammensetzung der Ausschüsse für jede Session derselben, bzw. für jedes Jahr (vgl. Gesch.O. § 18) zu erneuern und dabei eine Wiederwahl ausgeschiedener Mitglieder zulässig ist. — Eine Abweichung findet nur hinsichts des Verfahrens für die Bildung der Ausschüsse statt. Grundsätzlich erfolgt diese durch Wahl des Bundesrats, was in der Gesch.O. § 18 dahin formuliert ist, daß die nach Wahl des Bundesrats bei einem Ausschuß beteiligten Staaten aus ihren Bevollmächtigten (bzw. deren Stellvertretern) die Ausschußmitglieder wählen. Indes ist bei den Ausschüssen Nr. 1 und 2 (den die äußere Sicherheit des Reichs betreffenden) eine Abweichung vorgesehen. Zu Nr. 1 hat Bayern einen ständigen Sitz, d. h. ernennt immer ein Mitglied. Die übrigen Mitglieder zu Nr. 1 und die Mitglieder zu Nr. 2 werden vom Kaiser ernannt, der allerdings den Bundesstaaten Württemberg und Sachsen laut ihrer Militärkonventionen (vgl. Art. 66) Art. 15 bzw. 2 auch eine ständige Vertretung im Ausschuß Nr. 1 zugesichert hat, d. h. ihnen die Ausübung des Ernennungsrechts überläßt (vgl. Laband § 31 II).

c, Der Zweck der Ausschüsse ist in den Abs. 1, 2 nicht besonders bezeichnet, ergibt sich aber aus der Natur der Sache. Er geht dahin, durch Berichterstattung der Ausschüsse eine Unterlage für die Beschlüsse des Bundesrats zu gewinnen; er ist also wesentlich ein vorbereitender. Daneben sind jedoch durch anderweite Vorschriften einzelnen Ausschüssen noch besondere, mehr oder minder selbständige Funktionen zugewiesen. Demzufolge stellt sich der Geschäftskreis der 7 Ausschüsse dahin: Zweck der Ausschüsse.

Dem Ausschusse Nr. 1 (für Landheer und Festungen) liegt es, außer der Berichterstattung an das Plenum, laut Art. 63 Abs. 5 ob, die für das Preußische Heer ergehenden (vgl. Art. 62) Anordnungen in Administration, Verpflegung, Ausrüstung und Bewaffnung behufs Aufrechterhaltung der Heereseinheit den

Preußische Staatsangehörige sind, Anspruch auf die sog. Exterritorialität haben, und damit die Befreiung von direkten Preußischen Steuern genießen. Sonst vgl. noch die Sonderrechte aus §§ 18, 19 GVG., §§ 382, 402 ZPO. §§ 49, 72 StrPO.

IV. Präsidium.

Artikel 11.

Das Präsidium des Bundes steht dem Könige von Preußen zu, welcher den Namen Deutscher Kaiser führt. Der Kaiser hat das Reich völkerrechtlich zu vertreten, im Namen des Reichs Krieg zu erklären und Frieden zu schließen, Bündnisse und andere Verträge mit fremden Staaten einzugehen, Gesandte zu beglaubigen und zu empfangen.

Zur Erklärung des Krieges im Namen des Reichs ist die Zustimmung des Bundesrats erforderlich, es sei denn, daß ein Angriff auf das Bundesgebiet oder dessen Küsten erfolgt.

Insoweit die Verträge mit fremden Staaten sich auf solche Gegenstände beziehen, welche nach Artikel 4 in den Bereich der Reichsgesetzgebung gehören, ist zu ihrem Abschluß die Zustimmung des Bundesrats und zu ihrer Gültigkeit die Genehmigung des Reichstags erforderlich.

Abs. 1.

Kaiser.

I. Nach dem Eingange des Art. 11 steht das Präsidium des Bundes dem jedesmaligen Könige von Preußen zu, der den Namen Deutscher Kaiser führt.

Rechtsstellung. Geschichtliches.

1 a, Diese Bezeichnung hatte in der Verfassung des Norddeutschen Bundes gefehlt, in der abwechselnd vom Präsidium, vom Bundesfeldherrn und von der Krone Preußen die Rede war. Erst durch ein Schreiben des Königs Ludwig II. von Bayern im Spätherbst 1870 (vgl. Sten.Ber. der II. außerord. Reichst.Session v. 1870 S. 167, Äußerung des Staatsministers Delbrück) wurde sie beim König von Preußen angeregt, der am 18. Januar 1871 zu Versailles ihre Annahme proklamierte. So ist sie in die Reichsverfassung gelangt. Eine rechtliche Änderung ist dadurch kaum herbeigeführt, mag die Kaiserwürde auch politisch nicht ohne Bedeutung sein. Daß als Name „Deutscher Kaiser", nicht „Kaiser von Deutschland" gewählt ist, erklärt sich dadurch, daß der Kaiser nicht Alleinsouverän von Deutschland ist (vgl. Fürst Bismarcks Gedanken und Erinnerungen II S. 119).

Rechtsstellung.

b, Die Rechtsstellung des Kaisers im allgemeinen hat sehr verschiedene Auffassungen gefunden (vgl. Laband § 24). Aus dem Zusammenhange der Vorschriften der Reichsverfassung dürfte sich folgendes ergeben.

Der Kaiser ist nicht Souverän des Reichs, da diese Souveränität nach Art. 6 der im Bundesrat vertretenen Gesamtheit der Bundesstaaten zusteht, auch nicht kollektiver Bevollmächtigter der Bundesstaaten behufs der ihm beigelegten Rechte.

Vielmehr stellt er sich in seiner Eigenschaft als Träger der Krone Preußen von selbst als Anteilhalber an der Reichssouveränität dar; aber zugleich sind ihm wegen ebenjener Eigenschaft gewisse selbständige Reichsregierungsrechte zugewiesen, die im Bereich der Reichsgesetze sich grundsätzlich (Art. 17, 37) auf die Ausfertigung und Verkündigung derselben und die Überwachung ihrer Ausführung beschränken, sonst aber die völkerrechtlichen Beziehungen (Art. 11) und eine Reihe innerer Verwaltungsgebiete (Art. 12—19, 36, 46, 50, 53, 56, 62, 65, 68) betreffen. Sonach hängt die Stellung des Kaisers im Reich ihrer Entstehung nach unzertrennlich mit derjenigen als König von Preußen zusammen, bleibt aber ihrem Inhalt nach von letzterer Stellung unabhängig.

c, Aus dieser Rechtslage folgt, daß für die Frage, wer im Einzelfalle zur Krone Preußen und damit zur Kaiserstellung berechtigt ist, auf das Preußische Verfassungsrecht, bzw. die Hohenzollernschen Hausgesetze, zurückgegangen werden muß. Danach stellt sich als berechtigt zunächst der jeweilig zur Tronfolge in Preußen Berechtigte dar. Für die nicht normalen Fälle einer Regentschaft oder einer Stellvertretung werden die Art. 56—58 der Preußischen Verfass.Urkunde maßgebend sein, mit der Folge, daß die hiernach zur Ausübung der Preußischen Thronrechte Legitimierten auch zur Ausübung der Kaiserrechte, wenn auch ohne den Kaisertitel, befugt sind.

d, Die inhaltliche Unabhängigkeit der Rechtsstellung des Kaisers von derjenigen des Königs von Preußen wird sich namentlich in folgendem Punkte geltend machen. Die dem Kaiser zustehenden Rechte beruhen auf der Reichsverfassung und finden in dieser ihre Begrenzung. Anders verhält es sich mit den Rechten des Königs von Preußen. Hier hat, besonders in der ersten Zeit nach der Verkündigung der Preuß. Verfass.Urkunde v. 31. Jan. 1850, sich eine lebhafte Streitfrage darüber erhoben, inwieweit die vor der Verfassung bestandene absolute Monarchie durch die in der Verfassung dem Volke gewährten Rechte beschränkt sei. Dabei ist von einer Seite behauptet, die Krone besitze infolge der Verfassung nur noch diejenigen Rechte, welche ihr darin ausdrücklich belassen oder übertragen seien. Von anderer Seite hat man gemeint, daß in der Verfassung weder die Rechte der Krone, noch die Rechte der Volksvertretung erschöpfend aufgestellt seien. Von dritter Seite ist geltend gemacht, der Krone seien alle Rechte, die ihr durch die Verfassung nicht entzogen worden, verblieben, und der Volksvertretung kämen nur die Rechte, die ihr in der Verfassung eingeräumt worden, zu. — M. E. sind die beiden ersteren Ansichten mit der geschichtlichen Grundlage der Verfassung nicht zu vereinigen. Sie würden voraussetzen, daß nach dem Willen der beteiligten Faktoren durch das Verfassungswerk eine völlige Zäsur zwischen der Vorperiode der absoluten Monarchie und der Jetztperiode der konstitutionellen Monarchie habe gemacht werden sollen, in dem Sinne, daß ein Zurückgreifen auf den staatsrechtlichen Zustand der ersteren Periode ganz ausgeschlossen bliebe. Diese Voraussetzung läßt sich aber weder aus dem Inhalt, noch aus den begleitenden Umständen der Verfass.Urkunde nachweisen. Ein kurzer Überblick über dieselbe ergibt schon, daß sie für sich keineswegs das Preußische Staatsrecht erschöpfend regeln will. Denn, wenn eine solche Regelung auch auf verschiedenen Gebieten erfolgt ist, so sind auf anderen nur Grundsätze für eine künftige Regelung vorgesehen, und auf noch anderen ist lediglich eine Verheißung für letztere gegeben. Aber die Verfassung hält sogar in mehrfachen Artikeln den bestehenden staatsrechtlichen Zustand ausdrücklich aufrecht, soweit er ihr nicht zuwiderläuft. So sollen nach Art. 109—112 die bestehenden Steuern und Abgaben forterhoben werden, alle Vorschriften der Gesetzbücher, einzelne Gesetze und Verordnungen in Kraft bleiben, alle bestehenden Behörden bis zur Ausführung der dieselben betreffenden organischen Gesetze in Tätigkeit bleiben. Dem entspricht auch der Inhalt der Übergangsbestimmungen. Nimmt man dazu noch die Vor- und die Entstehungsgeschichte der Preußischen Verfassung (vgl. Einleitung zu I), so erscheint die Annahme geboten, daß eine Kontinuität zwischen den beiden obenbezeichneten staatsrechtlichen Perioden obwaltet. Diese Kontinuität findet ihre bedeutsamste Betätigung wohl darin, daß dem ALR., soweit es, namentlich in T. II Tit. 9—19, staatsrechtliche Vorschriften enthält, die Fortgeltung nach Maßgabe des Art. 109 der Verfassung gewahrt ist, in dem Sinne, daß der Krone Preußen von der ihr seit altersher zustehenden Vollgewalt nur soviel entzogen ist, als in der Verfassung ausdrücklich oder stillschweigend bestimmt worden, während der übrige Teil unberührt geblieben ist. Allerdings, den von manchen Theoretikern aufgestellten Satz, daß im Zweifel eine Vermutung für das königliche Recht spreche, möchte ich nicht billigen. Wohl aber stimme ich der Ansicht zu, daß alle vor dem Inkrafttreten der Verfassung von der Krone getätigten Akte der Gesetzgebung und der vollziehenden Gewalt insoweit noch heute fortgelten, als sie mit der Verfassung nicht in Widerspruch stehen. — Diese Rechtslage der Krone in Preußen kann aber naturgemäß keine Rückwirkung auf die Stellung des Kaisers im Reich üben; denn diese findet lediglich in der Reichsverfassung ihre Grundlage.

Persönliche Rechte

2. Außem dem Kaisertitel sind für den Kaiser in der Reichsverfassung persönliche Befugnisse behufs der Repräsentation nicht festgesetzt. Seine Würde stellt sich daher als Ehrensache dar.

a, Insbesondere bezieht er als Präsidialfürst keine besondere Vergütung, sei es an Zivilliste oder anderen Vorteilen. Nur wird ihm alljährlich im Reichshaushaltsetat (Art. 69) ein Dispositionsfonds zur Verfügung gestellt.

b, Mit Rücksicht auf die Vererbung der kaiserlichen Würde innerhalb der Krone Preußen (Art. 11) ist dem jedesmaligen Kronprinzen von Preußen zugleich der Titel „Kronprinz des Deutschen Reichs" beigelegt (vgl. Kais. Erl. v. 18. Jan. 1871, Min.Bl. d. inneren Verwaltung 1871 S. 2).

c, Als Insignien stehen dem Kaiser die Kaiserkrone, das Kaiserliche Wappen und die Kaiserliche Standarte zu (vgl. Erl. v. 3. Aug. 1871, RGBl. S. 318/458, wegen unbefugter industrieller Nachbildung des Wappens StrGB. § 360 Nr. 7 und dazu Erl. v. 16. März 1872 [RGBl. S. 90, OVG. 24 S. 308]).

d, Wegen Ernennung Kaiserlicher Behörden und Beamten vgl. Art. 18, wegen des Kaiserlichen Begnadigungsrechts unten Note 2.

Regierungsrechte.

II. Die Regierungsrechte, die der Abs. 1 dem Kaiser zuweist, betreffen lediglich das Verhältnis des Reichs nach außen. Sie bestehen in der völkerrechtlichen Vertretung, in der Kriegserklärung und Friedensschließung, in der Eingehung von Bündnissen und sonstigen Verträgen mit fremden Staaten in der Beglaubigung und im Empfange von Gesandten.

Allgemeine Vertretung des Reichs.

1. Aus dem Zusammenhalt dieser Rechte mit anderen in der Reichsverfassung dem Kaiser übertragenen Rechten ergibt sich jedoch, daß der Kaiser zur

Vertretung des Reichs nicht nur völkerrechtlich, sondern jedem Dritten gegenüber, mag es ein fremder Staat oder eine inländische öffentlichrechtliche oder eine Privatperson sein, in jeder Rechtsbeziehung, sei sie eine öffentlichrechtliche oder eine privatrechtliche, ausschließlich befugt wie verpflichtet ist. Denn es ist nicht abzusehen, inwiefern das Recht des Kaisers, Bündnisse und andere Verträge mit fremden Staaten einzugehen, nicht auch sub- und objektiv in obiger Ausdehnung sich wirksam betätigen sollte. Naturgemäß gilt dies nur im Grundsatz und läßt einzelne Beschränkungen offen, wie solche gleich in Abs. 2, 3 des Art. 11 vorgesehen sind. Speziell wegen Vertretung des Reichs bzw. der Kontingente in Militärsachen vgl. die Noten zu Art. 63 ff.

2. Hier wird auch die Frage am Platze sein, inwieweit dem Kaiser ein Begnadigungsrecht zukommt. Die Reichsverfassung selbst bestimmt nichts darüber; nach anderen Reichsgesetzen ist der Rechtsstand folgender. Begnadigungsrecht.

a. Dem Kaiser ist das Begnadigungsrecht eingeräumt mit Bezug auf Strafurteile der Marinegerichte (MilStrGerO. v. 1. Dez. 1898, RGBl. S. 1189, §§ 424 ff.), auf Urteile der Prisengerichte (V. v. 15. Febr. 1889, RGBl. S. 5, § 27), auf Strafurteile des Reichsgerichts als erster und letzter Instanz (StrPO. §§ 484, 485 verbunden mit GVG. § 146), auf Strafurteile der Konsuln oder Konsulargerichte als erster Instanz (Ges. über die Konsul.Ger. v. 7. April 1900, RGBl. S. 213, § 72), auf Strafurteile von Schutzgebietsgerichten als erster Instanz (Schutzgebietsges. v. 25. Juli 1900, RGBl. S. 812, § 3), auf Diszipl.Strafurteile gegen Reichsbeamte (RBeamt.Ges. v. 31. März 1873 § 118), auf Strafurteile der Elsaß-Lothringischen Gerichte als erster Instanz (hier der Kaiser Landesherr; vgl. Ges. v. 4. Juli 1879, RGBl. S. 165, § 1; Laband § 93 III). — In Elsaß-Lothringischen Strafsachen hat der Kaiser zugleich das Abolitionsrecht, welches sonst reichsgesetzlich für ihn nicht vorgesehen ist.

Soweit das Begnadigungsrecht des Kaisers wirksam ist, steht solches den Landesherren nicht zu. In anderen Strafsachen ist das Begnadigungs- und Abolitionsrecht, denselben, soweit es landesgesetzlich bestand, durch die Reichsgesetzgebung nicht berührt worden, gleichviel, ob es sich um ein Strafgesetz des Reichs oder eines Bundesstaats handelte oder das Reichsinteresse durch die Straftat unmittelbar verletzt war (vgl. Zollvereinsvertrag v. 8. Juli 1867 Art. 18, Arndt, in Zeitschr. f. ges. Strafr.Wiss. 5 S. 323).

Im Bereich der durch Militärkonventionen begründeten kontingentsherrlichen Militärgerichtsbarkeit kommt das Begnadigungsrecht grundsätzlich dem Kontingents-, d. h. Landesherrn zu, von dessen Gericht das betreffende Strafurteil erlassen war, vorbehaltlich der in den Militärkonventionen enthaltenen Zusicherung des Königs von Preußen, Wünsche der Landesherren mit Bezug auf deren Untertanen tunlichst zu berücksichtigen (vgl. Laband § 99 a. E.).

3. Anlangend das in Abs. 1 spezialisierte Recht des Kaisers zur völkerrechtlichen Vertretung des Reichs, sind, abgesehen von den Fällen der Abs. 2, 3, die auf Grund dieser Vertretungsmacht mit fremden Staaten geschlossenen Rechtsgeschäfte in der Art wirksam, daß das Reich aus ihnen unmittelbar berechtigt und verpflichtet wird. Der Abs. 1 hebt Kriegserklärungen, Friedensschlüsse, Bündnsse und andere Staatsverträge hervor (vgl. die Haager Abkommen v. 29. Juli 1899 über friedliche Erledigung internationaler Völkerrechtl. Vertretung.

Streitfälle, über Gesetze und Gebräuche im Landkriege und über die Anwendung der Genfer Konvention auf den Seekrieg, RGBl. 1901 S. 393, 482), und fügt schließlich noch das Halten und Empfangen von Gesandten (Botschaftern) an.

Soweit es sich um die eigentliche völkerrechtliche Vertretung des Reichs handelt, ist das Recht des Kaisers dazu ein ausschließliches. Anders verhält es sich mit dem sonstigen diplomatischen Verkehr, also mit dem Halten und Empfangen von Gesandten außerhalb der Reichsvertretung, z. B. zur Unterhaltung freundschaftlicher Beziehung zwischen bundesstaatlichen und auswärtigen Höfen, zur Wahrnehmung der nicht der Reichszuständigkeit unterliegenden bundesstaatlichen Angelegenheiten. Einem solchen Gesandtschaftsrechte der Einzelstaaten tritt Art. 11 nicht entgegen; und dasselbe ist sogar Bayern gegenüber in dem Schlußprotokolle zu dessen Bündnisvertrage mit dem Norddeutschen Bunde v. 23. Nov. 1870 Art. VII, VIII besonders anerkannt. Beiläufig erstreckt sich diese Rechtslage nicht auf das Konsulatswesen; denn nach Art. 56 Abs. 2 dürfen in den Amtsbezirken Deutscher Konsuln keine Landeskonsulate errichtet werden.

Abs. 2, 3.

Maßgaben. Die in Abs. 1 bestimmte völkerrechtliche Vertretungsbefugnis des Kaisers unterliegt nach Abs. 2, 3 gewissen Maßgaben. Es ist nämlich erforderlich:

a, nach Abs. 2 zur Kriegserklärung im Namen des Reiches die Zustimmung des Bundesrats (Art. 7), es sei denn, daß gegnerischerseits ein Angriff auf das Bundesgebiet (Art. 1) oder dessen Küsten erfolgt, und

b, nach Abs. 3 bei Staatsverträgen, soweit sie solche Gegenstände betreffen, die laut Art. 4 in den Bereich der Reichsgesetzgebung fallen, zu ihrem Abschluß die Zustimmung des Bundesrats und zu ihrer Gültigkeit die Genehmigung des Reichstags.

Zu a.

Abs. 2. Die Vorschrift des Abs. 2 ist hervorgegangen aus dem Bündnisvertrage nebst Verfassungsanlage zwischen Hessen-Baden und dem Nordd. Bunde v. 15. Nov. 1870; und sie soll nach einer Äußerung des Ministers Delbrück in der II. außerord. Reichstagssession v. 1870 (Sten. Ber. S. 70) dem defensiven Charakter des Reichs Ausdruck geben.

Zu a und b.

Abs. 2, 3. Der Wortlaut der Abs. 2, 3 hat eine sehr lebhafte Kontroverse über deren Tragweite, insbesondere darüber hervorgerufen, ob bei den dort bezeichneten internationalen Staatsakten das Erfordernis der Zustimmung bez. Genehmigung des Bundesrats oder Reichstags bloß die innere, staatsrechtliche Gültigkeit, d. h. die zwingende Verbindlichkeit für alle öffentlichen und privaten Personen im Reiche, oder auch die äußere, völkerrechtliche Gültigkeit berühren, mit anderen Worten, ob es die völkerrechtliche Vertretungsbefugnis des Kaisers aus Abs. 1 einschränken soll oder nicht. M. E. ist der Streitfrage eine große praktische Bedeutung angesichts der rechtlichen Gesamtverhältnisse im Deutschen Reiche kaum beizumessen. Theoretisch hat sie zu recht verschiedenen Meinungen Anlaß gegeben. Wegen der

Literatur nehme ich auf Laband § 61 zu I Bezug. Die Hauptgesichtspunkte dabei dürften folgende sein.

Ein sehr erhebliches Gewicht kommt, wie ich glaube, dem Zwischensatze in Abs. 3 zu, nach welchem es sich darin um solche Staatsverträge handeln muß, deren Gegenstände „nach Art. 4 in den Bereich der Reichsgesetzgebung gehören". Von manchen Seiten ist hier der Ton auf die Worte „nach Art. 4" gelegt worden, so daß es auf die Zuständigkeit des Reichs ankäme. Dies erscheint aber nicht zutreffend. Daß die Kompetenz des Reichs vorliegen muß, ist selbstverständlich. Vielmehr ist der Ton auf die Worte „Gegenstände ..., die in den Bereich der Reichsgesetzgebung gehören" zu legen. Denn bei Gegenständen der Reichsgesetzgebung wird allgemein für ihre staatsrechtliche Gültigkeit die Zustimmung des Bundesrats und des Reichstags nach Maßgabe des Art. 5 erfordert. Deshalb liegt es nahe, daß Art. 11 Abs. 3 dieses allgemeine Erfordernis nur auf den besonderen Fall des Abschlusses von Staatsverträgen über Gegenstände, die der Form von Reichsgesetzen unterliegen, hat ausdehnen wollen. Demzufolge betrifft aber das Erfordernis aus Abs. 2 lediglich die innere staatsrechtliche Verbindlichkeit der bezüglichen vom Kaiser geschlossenen Staatsakte, und sie greifen nicht in die kaiserliche Vertretungsmacht ein.

Auf den Abs. 2 paßt die vorstehende Begründung nicht. Dort ist für Kriegserklärungen des Kaisers nur (grundsätzlich) die Zustimmung des Bundesrats, nicht auch die des Reichstags, erfordert. Der Grund für dieses Erfordernis ist ersichtlich in der außerordentlichen Bedeutsamkeit eines solchen Staatsakts zu suchen. Immerhin berührt dasselbe auch nur die staatsrechtliche, nicht die völkerrechtliche Gültigkeit der Kriegserklärung.

Befremden kann äußerlich die Fassung des Abs. 3 insofern, als bei den dort bezeichneten Staatsverträgen zum Abschluß die Zustimmung des Bundesrats, zur Gültigkeit die Genehmigung des Reichstags erfordert wird. Dieser Unterscheidung kommt indes nach der Entstehungsgeschichte und sonstigen Momenten keine sachliche Bedeutung zu. Aus der Entstehungsgeschichte ist zu bemerken, daß mit der eben auffälligen Anfügung des Passus „und zu ihrer Gültigkeit die Genehmigung des Reichstags" nach der Erklärung des Antragstellers (Lette) nichts anderes beabsichtigt sei, als daß eine, wenn auch nur nachträgliche Genehmigung des Reichstags (entsprechend dem Preuß. Staatsrecht, Art. 48 der Verfass.Urkunde) hinzutreten müsse (vgl. Sten.Ber. des verfassungsgebenden Nordd. Reichstags v. 1867 S. 518). Dieser Umstand spricht daher ebenfalls mehr für, als gegen die Annahme, daß das Erfordernis des Abs. 3 nicht die völkerrechtliche Vertretungslegitimation des Kaisers, sondern nur die staatsrechtliche Gültigkeit der von diesem geschlossenen Staatsverträge im Sinne des Abs. 3 einschränken soll.

Ein Gegengrund läßt sich aus der Natur der Sache und dem internationalen Recht nicht entnehmen. Einem auswärtigen Staat gegenüber würde eine Verfassungsbestimmung, welche die völkerrechtliche Vertretungsbefugnis des Kaisers mit komplizierten staatsrechtlichen Schutzvorschriften umgeben wollte, von zweifelhaftem Werte sein, insofern man den fremden Staat zu deren Beachtung nicht zwingen könnte, und der internationale Rechtsverkehr naturgemäß einfache Formen erheischt. In vorstehendem Sinne ist denn auch die Praxis bei mehrfachen

Staatsverträgen des Nordd. Bundes und des Reichs verfahren (vgl. Laband § 61 zu I 6).

Nach alledem laufen m. E. die Abs. 2, 3 darauf hinaus, daß sie die Legitimation des Kaisers zur völkerrechtlichen Vertretung des Reichs nicht einschränken, aber ihm die staatsrechtliche Verpflichtung auferlegen, zu den von ihm in Vertretung des Reichs bezüglichen Staatsakten (Kriegserklärungen, Staatsverträgen über Gegenstände der Reichsgesetzgebung) die Zustimmung, oder Genehmigung des Bundesrats, bzw. Reichstags einzuholen, mit der Folge, daß dieselben ohne Erfüllung der Verpflichtung staatsrechtlich ungültig bleiben (vgl. z. B. mit Bezug auf Art. 19). Völkerrechtlich perfekt werden sie üblicherweise kraft der Ratifikation.

Artikel 12.

Dem Kaiser steht es zu, den Bundesrat und den Reichstag zu berufen, zu eröffnen, zu vertagen und zu schließen.

I. Vornote zu Art. 12—19.

Vornote. Ist dem Kaiser in Art. 11 die völkerrechtliche Vertretung des Reichs überlassen, so weisen ihm die Art. 12—19 die Leitung der inneren Regierung im Reiche zu. In dieser Beziehung richtet sich seine Tätigkeit

1. nach Art 12—16 darauf, daß er formell die Geschäfte des Bundesrats und des Reichstags regelt durch zeitweilige Berufung dieser Reichsorgane, durch den Vorsitz im Bundesrate mittels des von ihm zu ernennenden Reichskanzlers und durch Vorbereitung der Vorlagen für den Reichstag;

2. nach Art. 17 darauf, daß er bei der Reichsgesetzgebung durch Ausfertigung und Verkündigung der Reichsgesetze mitwirkt und deren Ausführung überwacht, wobei die Gültigkeit seiner Anordnungen und Verfügungen von der Gegenzeichnung des verantwortlichen Reichskanzlers abhängig gemacht ist;

3. nach Art. 18 darauf, daß der Kaiser Reichsbeamte nach Bedarf ernennt und entläßt;

4. nach Art. 19 darauf, daß er gegen Bundesglieder die vom Bundesrat beschlossene Exekution vollstreckt.

II. Art. 12 (Laband § 35).

Art. 12. Nach Art. 12 hat der Kaiser das Recht, den Bundesrat und den Reichstag zu berufen, zu eröffnen, zu vertagen und zu schließen, nach Maßgabe der Art. 13, 14.

Dieses Recht ist ein ausschließliches, in der Art, daß jene Organe vor der kaiserlichen Berufung und Eröffnung, wie nach der kaiserlichen Vertagung und Schließung rechtswirksam und rechtsgeschützt (Art. 10, 30, 31) ihre Geschäfte nicht erledigen können. Der Unterschied zwischen Vertagung und Schließung des Reichstags hat sich in der Praxis dahin festgestellt, daß erstere die Session in Kontinuität erhält, letztere solche beendet, was auf Berufung, Konstituierung und Geschäftsstoff zurückwirkt.

Artikel 13.

Die Berufung des Bundesrats und des Reichstags findet alljährlich statt und kann der Bundesrat zur Vorbereitung der Arbeiten ohne den Reichstag, letzterer aber nicht ohne den Bundesrat berufen werden.

Artikel 14.

Die Berufung des Bundesrats muß erfolgen, sobald sie von einem Drittel der Stimmenzahl verlangt wird.

---

1 a, Der Art. 13 stellt das Berufungsrecht des Kaisers aus Art. 12 unter eine doppelte Maßgabe, nämlich Art. 13.

α) einerseits, daß die Berufung des Bundesrats und des Reichstags alljährlich einmal erfolgen muß;

β) andrerseits, daß zwar der Bundesrat ohne den Reichstag, nicht aber letzterer ohne ersteren berufen werden kann.

Zu α legt dem Kaiser eine periodische Berufspflicht auf, wenn auch nur jahrweise, nicht im Zeitpunkt innerhalb des Jahres bestimmt (vgl. aber Art. 25).

Zu β spricht von der einseitigen Berufung des Bundesrats nur mit Bezug auf die „Vorbereitung der Arbeiten". Diese Maßgabe ist wohl nicht zutreffend gefaßt; gemeint ist doch der Natur der Sache nach „zur Erledigung seiner Arbeiten". Das Verbot, den Reichstag ohne den Bundesrat zu berufen, erklärt sich ebenfalls aus der Natur der Sache im Hinblick auf Art. 16.

b, Betreffs der streitigen Frage, wie lange mit Bezug auf einen aus der Initiative des Reichstags hervorgegangenen Gesetzentwurf das Sanktionsrecht des Bundesrats besteht, vgl. die Note 4 zu Art. 5 Abs. 1.

2. Die Maßgabe in Art. 14 legt dem Kaiser die Verpflichtung auf, den Bundesrat zu berufen, sobald dies von 1/3 seiner Stimmen verlangt wird. Das 1/3 erfordert, da nach Art. 6 der Bundesrat aus 58 Stimmen besteht, 20 Stimmen. Art. 14.

Artikel 15.

Der Vorsitz im Bundesrate und die Leitung der Geschäfte steht dem Reichskanzler zu, welcher vom Kaiser zu ernennen ist.

Der Reichskanzler kann sich durch jedes andere Mitglied des Bundesrats vermöge schriftlicher Substitution vertreten lassen.

Laband §§ 30, 40; Meyer § 135; Schulze, Buch II, Spez. Teil, Abt. 1; Zorn § 7; Hänel, Studien (1880) S. 24ff.; Rosenberg, staatsrechtl. Stellung des Reichskanzlers (1889); Preuß, Organ. Bedeutung der Art. 15, 17 in Zeitschr. f. ges. Staatswiss. 1889 S. 420.

Der Art. 15 in Verbindung mit Art. 17 regelt im allgemeinen die staatsrechtliche Stellung des Reichskanzlers in der Art, daß dieser vom Kaiser ernannt wird, den Vorsitz im Bundesrat und die Leitung der Geschäfte (Art. 15), sowie bei den Anordnungen und Verfügungen des Kaisers die zu deren Gültigkeit erforderliche, zugleich aber die kanzlerische Verantwortlichkeit begründende Gegenzeichnung zu übernehmen hat (Art. 17).

In dem Entwurfe zur Verfassung des Norddeutschen Bundes waren nur die im jetzigen Art. 15 enthaltenen Befugnisse des Reichskanzlers vorgesehen. Aber bei der Beratung des Entwurfs im Reichstage wurde der Schlußpassus des jetzigen Art. 17 über die Gegenzeichnung des Reichskanzlers hinzugefügt.

Abs. 1.

Abs. 1. Aus dem obigen Inhalt der Art. 15 und 17 erhellt, unter Berücksichtigung ihrer Entstehungsgeschichte wie der in Abschn. III, IV vorgesehenen Organisation des Bundesrats und des Präsidiums, eine zwiefache Seite in der staatsrechtlichen Stellung des Reichskanzlers.

1a, Den Vorsitz und die Geschäftsleitung im Bundesrat, Art. 15, kann er nur als bevollmächtigter Vertreter des Präsidialstaats Preußen (oder dessen Königs) zu diesem Reichsorgane ausüben. In diesem Sinne bestimmt Abs. 2 auch, daß der Reichskanzler sich in jenen Geschäften durch jedes „andere" Mitglied des Bundesrats vertreten lassen darf. Als Bevollmächtigter zum Bundesrat ist er an die Instruktion seines Machtgebers gebunden. Daß er zugleich Ministerpräsident oder doch Minister in Preußen sei, ist in der Reichsverfassung nicht ausdrücklich vorgeschrieben, folgt aber doch wohl stillschweigend aus der Identität der Interessensphäre für beide (vgl. Laband § 40 zu I 3, Arndt Note 2, Preuß a. a. O. S. 446).

b, Der Vorsitz im Bundesrate bezieht sich naturgemäß auf dessen Sitzungen (Art. 7, 8), die Leitung der Geschäfte auf seine sonstige Tätigkeit innerhalb und außerhalb der Sitzungen (Art. 7–9, 16, 17; vgl. die revid. Gesch.O. des Bundesrats §§ 3—16).

Behandlung der Vorlagen. 2. In betreff der Anordnungen und Verfügungen des Kaisers (Art. 17), also der Geschäfte der eigentlichen Reichsregierung, fungiert der Reichskanzler, indem er diesen Staatsakten seines unverantwortlichen Chefs durch seine Gegenzeichnung erst die Gültigkeit verleiht und damit für sich selbst die Verantwortlichkeit übernimmt, naturgemäß als leitender Beamter des Reichs; zwar nicht mit dem Namen Reichsminister, aber doch tatsächlich als solcher, und als alleiniger, da, wie zu Art. 18 näher ausgeführt ist, die jetzt bestehenden Staatssekretäre der einzelnen Verwaltungszweige mangels Verantwortlichkeit für die Staatsakte des Kaisers staatsrechtlich die Ministerstellung nicht besitzen. Hierin liegt ein erheblicher Unterschied von Preußen, in welchem nach Abschn. IV der Verfass.Urkunde v. 31. Jan. 1850 ein kollegiales Staatsministerium vorgesehen ist.

3. Hinsichts der **Ernennung** und **Entlassung** des Reichskanzlers ist der Kaiser (vgl. aber Note 1a oben) nach keiner Seite beschränkt, namentlich nicht lediglich auf Preußische Staatsangehörige angewiesen, auch nicht an Beschlüsse des Bundesrats oder des Reichstags gebunden.

Die Gegenzeichnung dabei kann durch den abtretenden oder den neu ernannten Reichskanzler oder durch dessen Stellvertreter (vgl. zu Art. 17) erfolgen.

Abs. 2.

Nach Abs. 2 kann der Reichskanzler sich in den zu Abs. 1 bezeichneten Befugnissen durch jedes andere Mitglied des Bundesrats mittels schriftlicher Substitution vertreten lassen.

Damit ist dem Reichskanzler eine Befugnis gegeben, deren Ausübung sowohl hinsichts der Vertretungsfälle als des zu bestellenden Vertreters in sein Ermessen gestellt ist, nur daß der Vertreter ein anderes Mitglied des Bundesrats sein muß. Er kann ein anderes Preußisches oder ein nicht Preußisches Mitglied auswählen. Eine Beschränkung ist ihm jedoch Bayern gegenüber durch das zum Bündnisvertrage v. 23. Nov. 1870 vereinbarte Schlußprotokoll Nr. IX (BGBl. 1871 S. 23) auferlegt. Darin ist vom Preußischen Bevollmächtigten das Recht Bayerns anerkannt, daß dessen Vertreter im Falle der Verhinderung Preußens den Vorsitz im Bundesrat führe. Auf Grund dessen hat der Reichskanzler nur für den Fall, daß er weder selbst den Vorsitz führen, noch durch einen anderen Preußischen Bevollmächtigten führen lassen will, die Verpflichtung, sich in erster Linie den Bayerischen Bevollmächtigten zu substituieren.

Die Substitution erfordert die urkundliche Form.

Artikel 16.

Die erforderlichen Vorlagen werden nach Maßgabe der Beschlüsse des Bundesrats im Namen des Kaisers an den Reichstag gebracht, wo sie durch Mitglieder des Bundesrats oder durch besondere von letzterem zu ernennende Kommissarien vertreten werden.

Laband §§ 40, 55; G. Meyer § 163; Hänel, Studien II S. 43 ff.

Der Art. 16 regelt die geschäftliche Behandlung der erforderlichen Vorlagen für den Reichstag in dem Verhältnis zwischen Bundesrat, Kaiser, Reichskanzler und Reichstag.

1. Unter den erforderlichen Vorlagen sind solche zu verstehen, die der Bundesrat, teils zum Zweck der Gesetzgebung, teils zum Zweck der Ausführung oder der Überwachung der Ausführung von Reichsgesetzen (Art. 5, 7), an den Reichstag zu bringen beschließt.

2. Solche Vorlagen sollen nach Maßgabe der Bundesratsbeschlüsse im Namen des Kaisers an den Reichstag gebracht werden. Sie können daher nur in der Gestalt (materiell und formell), in der sie von diesem beschlossen sind, an den Reichstag gelangen. Ein direkter Geschäftsverkehr zwischen Bundesrat und Reichstag ist nicht beabsichtigt. Vielmehr liegt die Übermittlung der Vorlagen dem Kaiser ob, der sich dazu des Reichskanzlers in der Art bedient, daß dieser die Vorlagen im Namen des Kaisers, aber unter seiner eigenen verantwortlichen Gegenzeichnung (Art. 15), dem Reichstage zugehen läßt. Eine Änderung an den Vorlagen dürfen der Kaiser und der Reichskanzler nicht vornehmen. Keiner von ihnen hat dabei das Recht der Initiative; wohl aber kann der Reichskanzler der Übermittlung erläuternde oder begründende Bemerkungen beifügen (vgl. RG. in Strafsachen 32 S. 236), wie ihm dies auch vor dem Reichstage zusteht (Art. 16).

Betreffs solcher Vorlagen des Bundesrats, die formell oder materiell die Verfassung verletzen, z. B. das Vetorecht der Krone Preußen (Art. 5 Abs. 2, 78), wird dem Kaiser die Befugnis zur Ablehnung ihrer Vorlegung an den Reichstag zuzusprechen sein.

3. Die an den Reichstag gebrachten Vorlagen sollen nach Art. 16 im Reichstage durch Mitglieder oder besondere Kommissare des Bundesrats vertreten werden.

Danach ist anzunehmen, daß der Reichstag solche Vorlagen in irgend einer Gestalt, sei es ablehnend, annehmend oder abändernd, erledigen und bei deren Beratung den Mitgliedern des Bundesrats oder Komissaren desselben, die nicht Mitglieder zu sein brauchen, aber Sachkunde besitzen sollen, Gehör schenken muß, und daß etwaige Abänderungsvorschläge durch Verhandlung zwischen Bundesrat und Reichstag, unter formeller Vermittlung des Reichskanzlers, zur Erledigung zu bringen sind. Ein entsprechendes Verfahren ergibt sich naturgemäß hinsichts der Initiativvorschläge des Reichtags (Art. 23). In diesem Sinne treffen auch die Gesch.O. des Bundesrats § 8 und die revidierte Gesch.O. des Reichstags §§ 53 ff. Bestimmung.

Artikel 17.

Dem Kaiser steht die Ausfertigung und Verkündigung der Reichsgesetze und die Überwachung der Ausführung derselben zu. Die Anordnungen und Verfügungen des Kaisers werden im Namen des Reichs erlassen und bedürfen zu ihrer Gültigkeit der Gegenzeichnung des Reichskanzlers, welcher dadurch die Verantwortlichkeit übernimmt.

Laband §§ 39, 40 zu III, 55 zu II, G. Meyer § 135, Zorn § 7, Joel in Hirths Annalen 1878 S. 402, 761 ff., Hänel Studien II S. 24, Hensel bei Hirt 1882 S. 1, Rosenberg in Zeitschr. f. ges. Staatswiss. 1889 S. 420.

I. Der Art. 17 regelt

1. die Mitwirkung des Kaisers bei Erlassung und Ausführung der Reichsgesetze (Satz 1, 2),

2. die Mitwirkung des Reichkanzlers zur Gültigkeit aller Anordnungen des Kaisers (Satz 2).

Zu 1.

Reichsgesetze. **a,** In Art. 5, 7 Nr. 1 ist vorgeschrieben, daß die Reichsgesetzgebung durch den Bundesrat und den Reichstag ausgeübt wird, indem zu einem Reichsgesetz, abgesehen von den Fällen des Art. 5 Abs. 2, übereinstimmende Mehrheitsbeschlüsse jener beiden Reichsorgane genügen. Nun verordnet Art. 17, daß dem Kaiser die Ausfertigung und Verkündigung der Reichsgesetze und die Überwachung ihrer Ausführung zustehen soll. Daraus ergibt sich, daß, nachdem ein Reichsgesetzentwurf inhaltlich vom Reichstag und abschließend vom Bundesrat genehmigt ist, seine formelle Verbindlichkeit dadurch erhält, daß der Bundesrat ihn dem Kaiser behufs Ausfertigung und Verkündigung übermittelt und der Kaiser diese Akte veranlaßt. Der Kaiser kann sich derselben, mangels der Berechtigung zu inhaltlicher Einwirkung auf den Gesetzentwurf, nicht entziehen, es sei denn, daß ein Fall des Art. 5 Abs. 2 vorliegt.

Eine Ausfertigungsformel ist nicht besonders vorgeschrieben. Die Praxis stellt, der in Deutschland üblichen Formel folgend, dem Gesetzesinhalt den Verordnungspassus im Namen des Reichs und unter Erwähnung der Zustimmung von Bundesrat und Reichstag, voran. Ausfertigung.

Für die Verkündigung ist Art. 2 maßgebend.

b, An Art. 17 Abs. 1 läßt sich die Frage knüpfen, inwieweit das obige Verfahren auf die sog. Rechtsverordnungen Anwendung finden kann. Nach den Noten zu Art. 2 und Art. 7 Nr. 2 sind Rechtsverordnungen solche, welche zur Ausführung von Reichsgesetzen kraft besonderer Ermächtigung der gesetzlichen Faktoren, sei es vom Bundesrat oder vom Kaiser oder vom Reichskanzler oder von einem Einzelstaat, ohne Zustimmung des Reichstags (Art. 5) erlassen werden dürfen. Der Fall bezüglich der Einzelstaaten bleibt hier naturgemäß außer Betracht. Im übrigen wird auch hier die Ausfertigung und Verkündigung im Namen des Reichs und, sofern der Reichskanzler nicht selbst der delegierte Faktor ist, durch den Kaiser unter Vermittlung des Reichskanzlers zu erfolgen haben (vgl. Laband im Arch. f. öff. Recht 18 S. 305).

Zu 2.

a, Die Mitwirkung des Reichskanzlers besteht, abgesehen von den Fällen, wo er selbst zum Erlasse von Rechtsverordnungen delegiert ist, darin, daß er alle Anordnungen und Verfügungen des Kaisers, also in Gesetzgebung und Verwaltung, als leitender Minister des Kaisers gegenzeichnet zur Beurkundung, daß er dieselben, bzw. die denselben zugrunde liegenden Beschlüsse des Bundesrats oder Reichstags für verfassungsmäßig erachtet und die Verantwortung hierfür übernimmt, und daß er demnächst sie gemäß den Beschlüssen des Bundesrats bzw. Reichstags, sowie der Anordnung des Kaisers zur Ausfertigung und Verkündigung bringt. Will er diese Akte nicht vornehmen, so muß er den Kaiser um seine Entlassung bitten. Ohne seine Gegenzeichnung fehlt den Anordnungen und Verfügungen des Kaisers die verbindliche Kraft. Seine Verantwortlichkeit erstreckt sich auf den richtigen Abdruck, steht jedoch nicht dem entgegen, daß er etwaige Druckfehler durch öffentliche Bekanntmachung in der gehörigen Form berichtigen läßt. Übrigens ist ein die Verantwortlichkeit näher regelndes Reichsgesetz bisher noch nicht zustande gekommen.

b, Eine von Art. 17 abweichende Organisation besteht jetzt für Elsaß-Lothringen. Zwar war zuerst durch Ges. v. 9. Juni 1871 (RGBl. S. 212) § 4 auch der Reichskanzler zum verantwortlichen leitenden Minister des dem Kaiser zur Ausübung der Reichsgewalt überlassenen Reichslandes eingesetzt worden; allein durch Ges. v. 4. Juli 1879 (RGBl. S. 165) § 2 ist diese Funktion auf den Statthalter des Reichslandes übertragen.

c, In Art. 15 Abs. 2 ist dem Reichskanzler die Befugnis erteilt, für den Vorsitz und die sonstige Geschäftsleitung im Bundesrat sich durch ein anderes Mitglied dieses Reichsorgans vertreten zu lassen. Für eine Stellvertretung in der durch Art. 17 ihm zugewiesenen Tätigkeit als verantwort- Stellvertreter des Reichskanzlers.

licher Minister des Kaisers enthält die Reichsverfassung keine Bestimmung (a. M. Joel a. a. O. S. 403, Hensel a. a. O. S. 2ff.). Dies ist durch Ges. v. 17. März 1878 (RGBl. S. 7) nachgeholt. Danach steht dem Kaiser (nicht, wie nach Art. 15, dem Reichskanzler selber) das Recht zu, auf Antrag des Reichskanzlers diesem, sofern er sich aus irgend einem Grunde für zeitweilig oder dauernd behindert erachtet, behufs der verantwortlichen Gegenzeichnung im Sinne des Art. 17 und der ihm reichsgesetzlich sonst obliegenden Geschäfte einen Stellvertreter zu ernennen (§ 1); und zwar entweder für den Gesamtumfang seiner Geschäfte einen allgemeinen Vertreter, oder für einzelne solcher Dienstzweige, die sich in eigener unmittelbarer Verwaltung des Reichs (im Gegensatz zu den in bundesstaatlicher Selbstverwaltung stehenden, bloß kaiserlicher Aufsicht unterliegenden Dienstzweigen) befinden, einen speziellen Vertreter, der aber nur der Vorstand der betreffenden obersten Reichsbehörde sein kann (§ 2; wegen der obersten Reichsbehörden vgl. die Note zu Art 18). Übrigens ist dem Reichskanzler das Recht gewahrt, auch während einer Stellvertretung selbst jedes Dienstgeschäft vorzunehmen (§ 3).

II. Es bleibt noch zu erörtern, welche staatsrechtliche Bedeutung das nach Art. 17 dem Kaiser zustehende Recht zur Ausfertigung und Verkündigung der Reichsgesetze hat, insbesondere, ob dadurch, daß der Kaiser in Ausübung dieses Rechts Gesetze ausgefertigt und verkündigt hat, deren verfassungsmäßiges Zustandekommen endgültig und unanfechtbar festgestellt ist, oder noch ein Nachprüfungsrecht in dieser Beziehung von irgend einer Seite, namentlich richterlicherseits, offen bleibt. Diese Frage hat vor der Begründung des nationalen Staates, namentlich bei der nach 1848 noch herrschenden Unsicherheit der konstitutionellen Einrichtungen, in Deutschland eine sehr lebhafte theoretische Diskussion hervorgerufen. Es ist besonders geltend gemacht, daß gegenüber der Annahme, ein Gesetz sei verfassungsgerecht zustande gekommen, es ein Schutzmittel in der Hand der Gerichte, als der für die Anwendung der Gesetze maßgebenden Stelle geben müsse. Die Preußische Verfass.Urkunde v. 31. Jan. 1850 Art. 106 bestimmt freilich, daß die Prüfung der Rechtsgültigkeit gehörig verkündeter Königl. Verordnungen nicht den Behörden, sondern nur den Kammern zustehen soll. In der Reichsverfassung fehlt ein entsprechender Satz. Bei dieser Sachlage gehen noch heute die Meinungen nach Ergebnis und Begründung auseinander, wennschon man meistens zugibt, daß unter jetzigen Verhältnissen das Bedürfnis nach einem Rechtsschutz obiger Art praktisch zurückgetreten sei. Unter den noch jetzigen Gegnern des richterlichen Nachprüfungsrechts tritt besonders Laband hervor; vgl. dessen Reichsstaatsrecht § 55 zu III 2. Weniger schroff ablehnend verhält sich Jellinek in „Gesetz und Verordnung" (1887) S. 395 ff. Die herrschende Meinung steht auf seiten des richterlichen Nachprüfungsrechts. M. E. sprechen auch überwiegende Gründe für diese Ansicht.

Die Gegner berufen sich in erster Linie darauf, daß durch die Ausfertigung eines Gesetzes seitens des Kaisers dessen verfassungsmäßiges Zustandekommen in unanfechtbarer Weise konstatiert werde, da dem Kaiser mit dem Ausfertigungsrechte die Kontrolle über die Beobachtung der verfassungsmäßigen Gesetzesformen übertragen sei, und somit in der erfolgten Ausfertigung eine öffentliche Beurkundung dafür liege, daß diese Gesetzesform gewahrt sei. Eventuell meint man, daß mit der Nachprüfung dem Richter etwas Unmögliches zugemutet werden würde. Diesen Gegengründen vermag ich nicht zu folgen. Anlangend die Bedeutung der kaiserlichen Ausfertigung von Gesetzen, meint man (vgl. Laband II S. 45), daß in dieser Ausfertigung, wie in jeder obrigkeitlichen Beurkundung, das Urteil und die formelle Konstatierung liege, daß die verfassungsmäßigen Voraussetzungen der formellen Gesetzeskraft erfüllt seien. Allein dies braucht nicht allemal in dem Begriff einer öffentlichen Beurkundung zu liegen; solche kann sich lediglich auf die Richtigkeit tatsächlicher Erklärungen und Vorgänge beziehen (vgl. ZPO. §§ 415, 418), wobei der Beweis der Unrichtigkeit offen bleibt. Der Gesichtspunkt, daß das kaiserliche Ausfertigungsrecht ohne jene Rechtswirkung bedeutungslos sein würde, dürfte der Reichsverfassung nicht entsprechen. Das Zustandekommen eines Reichsgesetzes erfordert zuächst nach Art. 5 die Feststellung in Bundesrat und Reichstag, daß und worüber solches erlassen werden soll. Bei diesem staatsrechtlichen Akt ist allerdings der Kaiser nicht mitbeteiligt. Demnächst aber soll es nach Art. 17 dessen eigene Sache sein, von der Gesetzesurkunde eine Vervielfältigung zu öffentlichem Glauben nehmen und diese Ausfertigung von Reichswegen im RGBl. verkündigen zu lassen, wofür ihm der Reichskanzler als verantwortliches Ausführungsorgan zur Seite gestellt ist; daß ihm hierdurch eine gewichtige Aufgabe, nämlich die Herbeiführung der verbindlichen Kraft des Gesetzes (Art. 2) zugewiesen ist, liegt auf der Hand. Mag man nun aber auch es noch als weitere Aufgabe des Kaisers ansehen, eine Prüfung der verfassungsmäßigen Rechtsgültigkeit des ihm vom Bundesrat zugegangenen Gesetzeswerkes vorzunehmen, so kann m. E. doch daraus nicht der Schluß gezogen werden, daß mit der von ihm so veranlaßten Ausfertigung und Verkündigung des Gesetzes dessen formale Rechtsgültigkeit als Reichsgesetz jeder Anfechtung entzogen sei. Für diese Frage wird ein ganz anderer Gesichtspunkt maßgebend, nämlich der, inwieweit für die Wahrung der verfassungsmäßigen Erfordernisse von Reichsgesetzen ein Rechtsschutz in Gestalt eines richterlichen Nachprüfungsrechts stattfindet. Über diesen Punkt enthält die Reichsverfassung keine besondere Vorschrift. Auch die Entstehungsgeschichte derselben läßt hierüber in Stich (vgl. Bezold, Materialien Bd. 1—3). Man sollte meinen, daß der Gesetzgeber der Reichsverfassung, wenn er ein so erhebliches Recht hätte versagen wollen, diesen Punkt nicht übergangen haben würde. Und dies um so weniger, als die Preußische Verfass.Urkunde v. 31. Jan. 1850, die sonst vielfach das Vorbild der Reichsverfassung gewesen ist, in Art. 106 Abs. 2 ausdrücklich ein Prüfungsrecht hinsichts der Rechtsgültigkeit gehörig verkündeter Königlicher Verordnungen für die Behörden ausgeschlossen und nur den Kammern eingeräumt hat. Mangels einer entgegenstehenden Vorschrift der Reichsverfassung darf man aber aus dem Wesen des konstitutionellen Rechtsstaats die Zulässigkeit des fraglichen Nachprüfungsrechts der Gerichte herleiten. Diese sind auch sonst unbestritten zur Mitenscheidung über öffentlichrechtliche Fragen befugt, und hinsichts der verfassungsmäßigen Gültigkeit von Rechtsverordnungen ist ihre Kompetenz fast allerseits anerkannt. Schließlich dürfte auch der Einwand, daß die Ausführung der Nachprüfung im vorliegenden Falle dem Richter Unmögliches zumute, nicht zutreffen. Es handelt sich dabei doch wesentlich nur um dieselbe Prüfung, die man dem Kaiser auf Grund des Art. 17 zumutet, und um eine Prüfung der Richtigkeit von Tathergängen, natürlich insoweit, als dafür Beweis=

material zugänglich ist; und zur Wahrung der Rechtseinheit der Entscheidungen bildet das Reichsgericht die maßgebende Instanz. Vgl. aus der Rechtsprechung RG. in ZivS. 24 S. 3, 40 S. 69, 48 S. 84, nicht entgegenstehend 9 S. 23; von früher ObAppGer. Lübeck in Seufferts Arch. 32 Nr. 101.

Artikel 18.

Der Kaiser ernennt die Reichsbeamten, läßt dieselben für das Reich vereidigen und verfügt erforderlichenfalls deren Entlassung.

Den zu einem Reichsamte berufenen Beamten eines Bundesstaates stehen, sofern nicht vor ihrem Eintritt in den Reichsdienst im Wege der Reichsgesetzgebung etwas anderes bestimmt ist, dem Reiche gegenüber diejenigen Rechte zu, welche ihnen in ihrem Heimatslande aus ihrer dienstlichen Stellung zugestanden hatten.

Laband §§ 39—44; G. Meyer §§ 134, 142; Zorn §§ 9, 10; Löning, Verwaltungsrecht §§ 7, 24; O. Mayer, Verwaltungsrecht II; Pieper, Reichsbeamtengesetz (2. Aufl.); Rehm, rechtl. Natur des Staatsdienstes nach Deutsch. Staatsr. in Hirths Ann. 1884 S. 565 u. 1885 S. 65; Jellinek, System der subjekt. öff. Rechte S. 168.

Vornote.

Vornote. Reichsbeamte. **I.** Nach Abs. 1 ernennt der Kaiser die Reichsbeamten, läßt solche vereidigen und verfügt erforderlichenfalls deren Entlassung. Nach Abs. 2 bleiben solchen Reichsbeamten, die bis dahin Landesbeamte gewesen waren, mangels abweichender Reichsgesetze diejenigen Rechte, die ihnen gegenüber ihrem Heimatstaate zugestanden hatten.

Aus diesem Inhalt des Art. 18 erhellt, daß demselben wesentlich der Gegensatz von Reichsbeamten zu Landesbeamten zugrunde liegt. Und dieser Unterschied beruht selbst wieder darauf, daß nach Art. 4 der Reichsverfassung und den dazu sowohl in der Verfassung, als durch besondere Reichsgesetze erlassenen Ausführungsvorschriften die Erledigung der bezüglichen Geschäfte teilweise dem Reiche selbst zugewiesen, teilweise aber den Bundesstaaten, nur unter Aufsicht des Reichs, überlassen worden ist. Danach stellen sich als Reichsbeamte solche Beamte dar, die unmittelbar von der Reichsgewalt mit der Besorgung von Reichsgeschäften betraut sind, hingegen als Landesbeamte solche Beamte, die von einem Bundesstaate kraft des Selbstverwaltungsrechts desselben mittelbar zur Besorgung von Reichsgeschäften betraut sind. Übrigens ist in manchen Dienstzweigen die gleichzeitige Betrauung eines Landesbeamten mit unmittelbaren Reichsgeschäften nicht ausgeschlossen, wie z. B. die Preußische Oberrechnungskammer zugleich als Rechnungshof des Deutschen Reichs fungiert (vgl. die Reichsges. v. 4. Juli 1868 [BGBl. S. 433] und 11. Febr. 1875 [RGBl. S. 61]), die Preußische Hauptverwaltung der Staatsschulden zugleich als Reichsschuldenverwaltung (vgl. Reichsschuld.Ordn. v. 19. März 1900 [RGBl. S. 131]) usw.

In einer über Art. 18 der Reichsverfassung zum Teil hinausgehenden Weise bestimmt das RGes. v. 31. März 1873 (RGBl. S. 61) den Begriff der Reichsbeamten. Der § 1 dort (entsprechend dem Kautionsges. v. 2. Juni 1869 [BGBl. S. 161] § 1) verordnet, daß Reichsbeamter im Sinne dieses Gesetzes jeder Beamte sein soll, der entweder vom Kaiser angestellt oder zufolge der Reichsverfassung den Anordnungen des Kaisers Folge zu leisten verpflichtet ist. Die Klasse der vom Kaiser zu ernennenden Reichsbeamten weist einfach auf Art. 18 Abs. 1 der Reichsverfassung zurück. Die andere Klasse betrifft Beamte, die an sich Landesbeamte sind, aber nach der Reichsverfassung den kaiserlichen Anordnungen unmittelbar gehorchen müssen, und will auch für letztere das Gesetz v. 31. März 1873 maßgebend sein lassen. Zu dieser Klasse gehören die Post- und Telegraphenbeamten gemäß Art. 50 Abs. 5 der Reichsverfassung, sowie die Militärbeamten gemäß Art. 66 dort (nicht Soldaten, § 157 des RGes. v. 31. März 1873), vorbehaltlich etwaiger Konventionen und abgesehen von den verfassungsmäßigen Sonderrechten Bayerns und Württembergs bezüglich der Post- und Telegraphenbeamten und Bayerns bezüglich der Militärbeamten (vgl. Art. 52, Schlußbestimmung zu Abschn. XI). Daß die vorbezeichneten Beamten aber verpflichtet sind, den Anordnungen des Kaisers zu gehorchen, folgt aus Art. 50 Abs. 3 der Reichsverfassung und Ges. v. 31. März 1873 §§ 120 ff. Den Beamten der ersten Klasse ist durch V. v. 29. Juni 1871 (RGBl. S. 303) die Bezeichnung als unmittelbare, in dem Kais. Erl. v. 3. Aug. 1871 (RGBl. S. 318) der Titel als kaiserliche beigelegt, während für die Beamten der zweiten Klasse die Bezeichnung als mittelbare in Gebrauch gekommen ist (vgl. Urt. des Kais. Disziplin.Hofes v. 2. April 1874, Zentr.Bl. S. 145).

Außerdem kommt die Stellung der Reichsbeamten noch zu: den Beamten des Reichstags (Ges. v. 31. März 1873 § 156), denen der Reichsbank (RBankges. v. 14. März 1875 § 28), denen des Reichslandes Elsaß-Lothringen (vgl. übrigens Ges. v. 23. Dez. 1873 u. v. 18. Aug. 1890, GBl. f. Els.-Lothr. 1873 S. 479 und 1890 S. 37) und denen der Schutzgebiete (Ges. v. 17. April 1886, RGBl. S. 75, § 1).

II. Die Reichsbeamten lassen sich nach den Geschäftszweigen, in denen sie tätig sind, in solche der Verwaltung und der Rechtspflege, nach ihrer Organisation einerseits in Einzelbeamte und Mitglieder von Kollegien, andererseits in Beamte verschiedener Stufen scheiden. Hierzu ist folgendes zu bemerken. Organisation.

A. Eine ganz eigenartige Rechtsstellung ist dem Reichskanzler zugewiesen. Er ist nach Art. 15—17 der Reichsverfassung der oberste Chef der Reichsregierung, und zwar als allein verantwortlicher Berater und Ausführer der kaiserlichen Anordnungen und Verfügungen (mit einer Modifikation für Elsaß-Lothringen). Vgl. die Noten zu Art. 17. Reichskanzler.

B. Neben dem Reichskanzler ist mit der wachsenden Ausdehnung der dem Reiche nach Art. 14 zugewiesenen Angelegenheiten für dasselbe auch der Bedarf an Behörden und Beamten der verschiedensten Art gestiegen. Das Nähere darüber, soweit es für den Zweck dieses Werkes erforderlich, ist bei den einzelnen Materien angegeben. Hier soll nur noch dargelegt werden, welche obersten Verwaltungs-, Justiz- und Disziplinarbehörden sich bis jetzt herausgebildet haben. Oberste Reichsbehörden.

1. Verwaltung.

Nach der Gründung des Nordd. Bundes wurde durch Präsidial-Erl. v. 12. Aug. 1867 (BGBl. S. 29) für die Erledigung der Geschäfte des Bundeskanzlers das Bundeskanzleramt errichtet. Dasselbe umfaßte, da zunächst noch die auswärtigen Angelegenheiten dem Preußischen Ministerium, die Verwaltung und der Oberbefehl in der Kriegsmarine sowie die Aufsicht und der Oberbefehl im Kriegsheer dem König von Preußen verblieben (Art. 53, 63 ff. der Bund.Verfassung), tatsächlich nur das Post- und Telegraphenwesen und die sonst dem Amt übertragenen Geschäfte, und wurde deshalb in zwei besonderen Abteilungen und einer Zentralabteilung formiert. In den Jahren von 1871 bis 1879 erfuhr diese Organisation mehrfache Um- und Weiterbildungen, dergestalt, daß nunmehr eine Reihe oberster Verwaltungsämter, je mit besonderem Vorstande, der meist den Titel Staatssekretär führt, nebeneinander, aber sämtlich unter Leitung des verantwortlichen Reichskanzlers, besteht. Diese Behörden sind folgende:

a, Das Reichsamt des Innern, bestehend aus der Zentralabteilung des ehemaligen Bundes- bzw. Reichskanzleramts (vgl. Kais. Erl. v. 24. Dez. 1879, RGBl. S. 321) und aus der Abteilung für wirtschaftliche Angelegenheiten. Ihr unterstehen das Statistische Amt, die Normaleichungskommission, die Physikalisch-technische Reichsanstalt, das Gesundheitsamt, das Schiffsvermessungsamt, die Zentraldirektion der Monumenta Germaniae historica, das Kanalamt (für den Nordostseekanal), die Technische Kommission für Seeschiffahrt, die Inspektionen für Schiffer- und Maschinistenprüfungen, die Reichsschulkommission, der Börsenausschuß, die Aufsicht über das Auswanderungswesen und über die privaten Versicherungsunternehmungen, außerdem mehrere Verwaltungsgerichtsbehörden, wie das Bundesamt für das Heimatwesen, die Reichsdisziplinarbehörden, das Patentamt, das Reichsversicherungsamt, die Behörden zur Untersuchung von Seeunfällen.

b, Das Auswärtige Amt, seit 1870 als Ersatz für das Preußische Ministerium der auswärtigen Angelegenheiten (dieses seitdem nur noch mit dem diplomatischen Verkehr zwischen Preußen und den übrigen Bundesstaaten befaßt) eingerichtet. Es besteht aus vier Abteilungen für eigentliche Politik, für Handels-, Verkehrs- und Konsulatssachen, für Rechtsangelegenheiten, für Kolonialsachen. Von ihm ressortieren daher die Reichs- und die auswärtigen Konsulate und Gesandtschaften, die Schutzgebiete, die diplomatischen Sachen des Preußischen Staates, mehrere wissenschaftliche Reichsanstalten im Auslande.

c, Das Reichsmarineamt, ebenfalls aus mehrfachen Umbildungen hervorgegangen, zuständig für die Verwaltung der Marine (auch für die Deutsche Seewarte). Daneben besteht das Oberkommando der Marine (vgl. Kais. Erl. v. 30. März 1889, RGBl. S. 47).

d, Das Reichspostamt, früher die besonderen Abteilungen des Bundeskanzleramts bildend, zuständig für Post- und Telegraphenwesen (abgesehen von Bayern und Württemberg). Ihm sind die Oberpostdirektionen mit Post- und Telegraphenämtern und Postagenturen untergeordnet.

e, Das Reichsschatzamt, durch Kais. Erl. v. 14. Juli 1879 (RGBl. S. 196) eingerichtet, bearbeitet die Finanzverwaltung des Reichs (Art. 36, 69), und von ihm ressortieren das Münzwesen, die Reichshauptkasse, die Verwaltung des Reichskriegsschatzes und der Reichsschulden, die Reichsbevollmächtigten für Zölle und Steuern nebst Stationskontrolleuren, das Zoll- und Steuerrechnungsbureau, die Rayonkommission.

f, Das Reichsjustizamt, seit 1877 vom Reichskanzleramt abgetrennt, ist mit der Vorbereitung juristischer Gesetzentwürfe, mit der rechtlichen Begutachtung anderer Gesetzvorlagen und mit der Aufsicht über die Ausführung von Reichsjustizgesetzen befaßt, und von ihm ressortieren das Reichsgericht nebst der Reichsanwaltschaft und dem Ehrengerichtshof für Rechtsanwälte.

g, Das Reichseisenbahnamt, begründet durch Ges. v. 27. Juni 1873 (RGBl. S. 164), hat im Sinne der Art. 41—47 der Reichsverfassung die bezüglich des Eisenbahnwesens der Reichsregierung eingeräumten Befugnisse, namentlich die Aufsicht über das Eisenbahnwesen auszuüben und auf die gehörige Ausführung der bezüglichen Reichsgesetze hinzuwirken. Außerdem entscheidet es, unter Heranziehung von Richtern, als selbständiger kollegialer Verwaltungsgerichtshof über die Gesetzlichkeit von ihm erlassener angefochtener Verfügungen.

h, Das Reichsamt für die Verwaltung der Reichseisenbahnen. Dasselbe ist durch Kais. Erl. v. 27. Mai 1878 (RGBl. 1879 S. 193) als selbständige Behörde, unter Leitung des Preußischen Ministers der öffentlichen Arbeiten als Chefs der Preußischen Eisenbahnen, errichtet. Es ressortieren von ihm die dem Reiche gehörigen (in Elsaß-Lothringen) oder von demselben gepachteten (in Luxemburg und Schweiz) Eisenbahnen, mit der Generaldirektion in Straßburg i/E.

i, Die Behörden der Reichsbank, nämlich das Kuratorium als Aufsichtsbehörde und das Direktorium als Verwaltungsbehörde, beide unter der obersten Leitung des Reichskanzlers. Diese gemischte Organisation erklärt sich aus der zu Art. 4 Nr. 4 angegebenen Doppelnatur der Reichsbank.

k, Selbständige Reichsfinanzbehörden. Hierbei handelt es sich um drei Behörden, die teils die Verwaltung, teils die Beaufsichtigung des Aktiv- und Passivvermögens des Reichs und seiner Zubehörungen zu führen haben, aber in richtergleicher, vom Reichskanzler unabhängiger Selbständigkeit. Diese Behörden sind:

α) Der Rechnungshof des Deutschen Reichs zu Potsdam. Die Kontrolle der Staatsrechnungen wurde im Norddeutschen Bunde durch Ges. v. 4. Juli 1868 (BGBl. S. 433) unter obiger Bezeichnung der Preußischen Oberrechnungskammer nach Maßgabe der für diese Behörde bestehenden Vorschriften mitübertragen. Durch Reichsges. v. 11. Febr. 1875 (RGBl. S. 61) erfuhr diese Maßgabe insofern eine Veränderung, als nunmehr die Vorschriften des inzwischen ergangenen Preuß. Ges. v. 27. März 1872 (GS. S. 278) in Anwendung kommen sollten. Die Unabhängigkeit der Mitglieder ist durch ihre Gleichstellung mit den Richtern gemäß § 158 des Reichsbeamt.Gesetzes verbürgt. Der Rechnungshof erledigt seine Geschäfte grundsätzlich durch kollegialische Beratung und Beschließung. Die Geschäfte bestehen in Prüfung und Feststellung der Rechnungen über den Etat des Reichs, des Reichslandes Elsaß-Lothringen, über den Ab- und Zugang des aktiven Reichsvermögens, über die Verwaltung des Reichsinvalidenfonds, des Reichskriegsschatzes, der Reichsbank und der Reichsschulden.

β) Die Verwaltung der Reichsschulden. Sie ist der Preußischen

Hauptverwaltung der Staatsschulden (Preuß. Ges. v. 24. Febr. 1850 § 6, GS. S. 57, mit Novellen v. 29. Jan. 1879, GS. S. 10, und 13. Febr. 1884, GS. S. 64) nachgebildet und mit dieser verbunden. Sie war zunächst nur für einzelne Anleihen (Ges. v. 19. Juni 1868, BGBl. S. 339), später für alle weiteren Anleihen, für die Ausgabe von Schatzscheinen (Ges. v. 30. April 1874, RGBl. S. 41) und für die Führung des Reichsschuldbuchs (Ges. v. 31. Mai 1891, RGBl. S. 321) mit Abänderungsges. v. 28. Juni 1904 (RGBl. S. 251) eingerichtet, und ist in diesem Geschäftsumfange auch in die Reichsschuldenordnung v. 19. März 1900 (RGBl. S. 129) eingefügt. Ihre staatsrechtliche Stellung ist insofern kompliziert, als sie von der allgemeinen Finanzverwaltung abgetrennt ist, den Anordnungen des Reichskanzlers Folge zu leisten hat, jedoch nur unter der Voraussetzung, daß sie bei freier unabhängiger Prüfung das Gesetz gewahrt findet.

γ) Die Verwaltung des Reichsinvalidenfonds. Sie bildet auf Grund des Ges. v. 23. Mai 1873 (RGBl. S. 117) eine von der allgemeinen Finanzverwaltung abgezweigte, in ihrer Rechtsstellung der Reichsschuldenverwaltung ähnliche Behörde, welche mit der Verwaltung des aus der Französischen Kriegskostenentschädigung entnommmenen Fonds für die Unterstützung der Reichsinvaliden mit 187 Millionen Talern betraut ist.

δ) Die Reichsschuldenkommission. Sie ist nach dem Muster der Preußischen Staatsschuldenkommission (Ges. v. 24. Febr. 1850 § 1, GS. S. 57) durch RGes. v. 19. Juni 1868 (BGBl. S. 339) gebildet und hat jetzt auch in der Reichsschuldenordnung v. 19. März 1900 (RGBl. S. 129) Platz gefunden. Sie setzt sich zusammen aus je sechs Mitgliedern des Bundesrats und des Reichstags, sowie aus dem Chefpräsidenten des Rechnungshofes. Bei dieser Besetzung kann ihre Rechtsstellung der Regierung gegenüber nur eine völlig selbständige sein; dem Bundesrat und dem Reichstage gegenüber hat sie allerdings eine gewisse Verantwortlichkeit. Zu ihrem Geschäftskreise gehört die Kontrolle über die Verwaltung der Reichsschulden, des Reichskriegsschatzes und des Reichsinvalidenfonds, sowie über die Ausgabe und Einziehung von Reichsbanknoten und Reichskassenscheinen.

2. Justiz.

Als oberste Justizgerichte des Reichs kommen in Betracht:

a) Das Reichsgericht in Leipzig, über dessen Organisation der Titel 9 des GVG. (vgl. Noten zu Art. 4 Nr. 13) sich verhält;

b) das Reichsmilitärgericht zu Berlin. Dasselbe beruht auf der Militärstrafgerichtsordnung v. 1. Dez. 1898 (RGBl. S. 1189) § 18, durch welche, in Ausführung des Militärges. v. 2. Mai 1874, die bisherigen Landesgesetze sowohl bezüglich der Gerichtsordnung als bezüglich des Strafprozesses gemeinsame und einheitliche Regelung erfahren haben. Das Reichsmilitärgericht ist gleich dem Reichsgericht nur für die Revision im Militärstrafverfahren zuständig. Seine Organisation weicht von der des Reichsgerichts erheblich ab (§§ 71 ff.). Der Präsident (und dessen Stellvertreter) wird vom Kaiser als Gerichtsherrn ernannt, nimmt aber an der Rechtsprechung nicht teil. Die Senatspräsidenten und Räte ernennt ebenfalls der Kaiser, und zwar die militärischen auf Vorschlag des Kontingentsherrn, die aus der Marine nach eigener Wahl, die nichtmilitärischen auf

Vorschlag des Bundesrats. Bayern hat auch bei dieser Reichsbehörde seine Sonderstellung gewahrt: der König von Bayern ernennt für einen sog. Bayerischen Senat den Präsidenten und die sonstigen Mitglieder (vgl. RGes. v. 9. März 1899, RGBl. S. 135).

3. Disziplin.

Als Reichsdisziplinargerichte oberster Instanz fungieren:

a) Für nicht richterliche Reichsbeamte (erste Instanz die Disziplinarkammern) der nicht ständige, am Reichsgericht zusammentretende Disziplinarhof, welcher aus elf Mitgliedern besteht, von denen der Präsident und wenigstens fünf Beisitzer Mitglieder des Reichsgerichts, im übrigen mindestens vier Beisitzer Mitglieder des Bundesrats sein müssen, während zur Verhandlung in den einzelnen Disziplinarsachen sieben Mitglieder gehören (RBeamtGes. §§ 86 ff.);

b) für die richterlichen Militärjustizbeamten (erste Instanz die Militärdisziplinarkommissionen) und für die juristischen Mitglieder des Reichsmilitärgerichts (ohne Vorinstanz) der mit letzterem verbundene Disziplinarhof, der aus den juristischen Mitgliedern desselben besteht und in der Besetzung von sieben entscheidet (RGes. v. 1. Dez. 1898 §§ 7 ff.);

c) für die Mitglieder des Reichsgerichts, bzw des Bundesamts für das Heimatswesen (ohne Vorinstanz) je das Plenum dieser Gerichtshöfe (GVG. §§ 128 ff., RGes. v. 6. Juni 1870 (BGBl. S. 368 §§ 42 ff., RBeamtGes. § 158).

I. Abs. 1.

a, Aus der Vorschrift des Abs. 1, wonach der Kaiser die Reichsbeamten zu ernennen hat, dürfte ebensowenig, wie aus der Natur der Sache ein Anhalt für die alte Auffassung (vgl. u. a. Gönner, Staatsdienst vom Gesichtspunkt des Rechts und der Nationalökonomie [1808]; Perthes, Staatsdienst in Preußen [1838]; Dahlmann, Politik 3. Aufl.), zu entnehmen sein, daß die Anstellung der Reichsbeamten (wie der Staatsbeamten überhaupt) auf einem einseitigen Staatsakte beruhe, insofern es zur Untertanenpflicht gehöre, ein Staatsamt zu übernehmen, und der Staat ein solches kraft seines Hoheitsrechts verleihe. Die heutige überwiegende Meinung geht denn auch dahin, daß das Beamtenverhältnis seine Grundlage in einem zweiseitigen Vertrage des öffentlichen Rechts zwischen der Staatsgewalt und dem Beamten findet, bei dessen formellem Abschlusse es einer Beurkundung nur von seiten des einen Teil seiner Gewalt delegierenden Staates behufs Legitimation des Beamten bedarf, dessen Inhalt aber auf seiten des Beamten die freie Übernahme einer Staatsdienerpflicht unter Gegenverpflichtungen des Staates (Versorgung, Schutz) bedeutet (vgl. Laband § 45, I und die dort zitierten Schriftsteller, besonders Rehm in Hirths Ann. 1885 S. 65; aus der Praxis RG. in Ziv. Sachen 17 S. 240, 21 S. 286, 37 S. 161, 38 S. 323, 42 S. 125). Anstellungsbegriff.

b, Das Recht des Kaisers zur Anstellung von Reichsbeamten wird laut kais. V. v. 23. Nov. 1874 (RGBl. S. 135) von ihm selbst nur bezüglich der höheren Reichsbeamten und der Konsuln ausgeübt, während es bezüglich der übrigen Reichsbeamten dem Reichskanzler, vielfach auch kraft dessen Substitution oder kraft Gesetzes den Leitern von Reichsbehörden übertragen ist. Anstellung.

Für die Beurkundung der Anstellung bestimmt der § 4 des RBeamtGesetzes, daß jeder Reichsbeamte bei seiner Anstellung eine Anstellungsurkunde (Bestallung, V. v. 31. März 1873, RGBl. S. 135) erhält. Damit wird vom Beamten eine vorbehaltlose Annahme der Anstellungsurkunde erfordert.

In betreff der Befähigung zu Bekleidung oder Erlangung von Reichsämtern ist auf die allgemeinen Grundsätze der §§ 31 ff. StrGB. zu verweisen. Großjährigkeit, Freiheit von elterlicher Gewalt und Reichsangehörigkeit sind als Anstellungserfordernisse nicht vorgesehen.

Vereidigung. c, Ferner soll der Kaiser die Reichsbeamten für das Reich vereidigen lassen. Dem entspricht der § 3 des Reichsbeamtengesetzes. Der Diensteid bildet das Treugelöbniszeichen für die Übernahme des Amtes. Eine Amtstätigkeit vor erfolgter Vereidigung führt zwar im Zivil- und Strafprozeß mit bezug auf die Besetzung des erkennenden Gerichts die Nichtigkeit der Entscheidung herbei (ZPO. § 551 Nr. 1, StrPO. § 377 Nr. 1), hat aber sonst nicht ohne weiteres diese Folge (vgl. RBeamtGesetz § 45, Motive dazu S. 31, StrGB. § 359).

Der Diensteid ist für die unmittelbaren Reichsbeamten allgemein durch V. v. 29. Juni 1871 (RGBl. S. 303) dahin festgesetzt, daß, nachdem sie zu Beamten des Deutschen Reichs bestellt worden, sie in dieser Eigenschaft dem Kaiser treu und gehorsam sein, die Reichsverfassung und die Gesetze des Reichs beobachten und alle ihnen vermöge ihres Amts obliegenden Pflichten nach ihrem besten Wissen und Gewissen genau erfüllen wollen. Besondere Eidesformeln sind aber gesetzlich für mehrfache Reichsbeamte vorgesehen. — Die mittelbaren Reichsbeamten haben, soweit sie der Post- und Telegraphenverwaltung angehören, nach Art. 50 der Reichsverfassung zusätzlich zu ihrem Diensteide zu schwören, daß sie den kaiserlichen Anordnungen Folge leisten wollen, und dieser Zusatz ist auf Grund eines (in den Motiven zum RBeamtGesetze S. 31 angegebenen) Beschlusses des Bundesrats auch für andere mittelbare Reichsbeamte festgesetzt worden.

Entlassung. d, Endlich soll nach Abs. 1 der Kaiser erforderlichenfalls die Reichsbeamten entlassen.

Die Fälle der Erforderlichkeit können verschieden sein, namentlich auf freiwilligem Antrage der Reichsbeamten, aber auch auf gesetzlichem Zwange beruhen (vgl. RBeamtGesetz §§ 24—32).

II. Abs. 2.

Der Abs. 2 dient zur Ausgleichung der Beamtenrechte beim Übertritt aus dem bundesstaatlichen in den Reichsdienst, und dadurch mittelbar zur Beförderung dieses Übertritts.

III. Zusatz.

In den Noten zu Abs. 1, 2 hat es sich hauptsächlich um die Rechte des Kaisers bezüglich der Reichsbeamten gehandelt, wenn auch deren eigene Rechtsstellung nicht ganz ohne Berücksichtigung geblieben ist.

Reichsbeamt.Ges. v. 31. März 1873. Es dürfte sich hier Gelegenheit bieten, noch näher auf die allgemeine Rechtsstellung der Reichsbeamten einzugehen. Die Grundlage hierfür bildet das Reichsbeamtengesetz v. 31. März 1873 (RGBl. S. 61). Denn dieses betrifft, wie es selbst sagt, die Rechtsverhältnisse der Reichsbeamten und hat nach Inhalt und Begründung ersichtlich den Zweck, die Rechtsstellung der Reichsbeamten im Verhältnis zum Reich im allgemeinen erschöpfend zu regeln (vgl. RG. in ZivS. 43 S. 131).

Sonach wird hier ein kurzer Überblick über den Inhalt dieses Ges. angefügt. Das Gesetz zerfällt in allgemeine und besondere Bestimmungen und in 159 Paragraphen. In den einleitenden allg. Bestimmungen zu §§ 1—22 ist folgendes verordnet. Als Reichsbeamten gelten alle Beamten, die vom Kaiser angestellt sind oder dessen Anordnungen verfassungsgemäß Folge zu leisten haben. Die Anstellung erfolgt grundsätzlich (abgesehen von ausdrücklichem Vorbehalt des Widerrufs oder der Kündigung) auf Lebenszeit. Jeder Beamte erhält bei der Anstellung eine Anstellungsurkunde, ist vor dem Dienstantritt eidlich auf die Erfüllung der ihm übertragenen Amtsobliegenheiten zu verpflichten, und hat selbst vom Dienstantritt ab Anspruch auf das mit dem Amte verbundene Diensteinkommen, während im Falle seines Todes, sofern er mit Wahrnehmung einer im Besoldungsetat aufgeführten Stelle betraut war, seine Hinterbliebenen für das auf den Sterbemonat folgende (Gnaden-) Quartal noch seine volle Besoldung und den Genuß seiner Dienstwohnung zu beanspruchen haben. Seine Dienstverpflichtung geht dahin, das ihm übertragene Amt der Verfassung und den Gesetzen entsprechend gewissenhaft wahrzunehmen und durch sein Verhalten in und außer dem Amte der Achtung, die sein Beruf erfordert, sich würdig zu zeigen, und über Dienstangelegenheiten, selbst nach Auflösung des Dienstverhältnisses, Verschwiegenheit zu üben. Für die Gesetzmäßigkeit seiner Amtshandlungen trifft ihn die Verantwortlichkeit. Über seine Beurlaubung und Stellvertretung sind die vom Kaiser zu erlassenden Vorschriften maßgebend (vgl. V. v. 2. Nov. 1874, RGBl. S. 129, bzw. für den auswärtigen Dienst v. 23. April 1879, RGBl. S. 134). Titel, Rang und Uniform der Reichsbeamten unterliegen kaiserlicher Verordnung; ebenderselben, unter Zustimmung des Bundesrats, die Tagegelder und Fuhrkosten, bei Dienstreisen und die Umzugskosten bei Versetzungen (vgl. V. v. 25. Juni 1901, RGBl. S. 241). — In den §§ 23—155 folgen besondere Vorschriften über die Versetzung in ein anderes Amt (§ 23), über einstweilige Versetzung in den Ruhestand (§§ 24—31), über Entlassung der auf Probe, Kündigung oder Widerruf angestellten Beamten (§ 32), über die Wiederanstellung ausgeschiedener Beamten (§ 33), über Pensionierung und Pensionsanspruch der Beamten (§§ 34—39, durch spätere Pensionsgesetze teilweise abgeändert), über Anspruch auf Umzugskosten der im Auslande stationierten Beamten (§ 40), über den Pensionsbetrag (§§ 41—44, mit einzelnen Abänderungen; § 42 Nr. 6 jetzt aufgehoben durch RGes. v. 22. April 1905, RGBl. S. 316), über Berechnung der Dienstzeit (§§ 45—52, zum Teil abgeändert), über Nachweis der Dienstunfähigkeit (§§ 53, 54), Zahlbarkeit, Kürzung, Einziehung und Wiedergewährung der Pension (§§ 55—60a, mit gewissen Änderungen), über zwangsweise Versetzung in den Ruhestand (§§ 61—68), über Bewilligungen für Hinterbliebene (§ 69, in geänderter Fassung), über transitorische Pensionsverhältnisse (§§ 70, 71), über Dienstvergehen und deren Bestrafung (§§ 72—79), über Disziplinarverfahren (§§ 80—124), über vorläufige Dienstenthebung (§§ 125—133), über Defekte der Beamten (§§ 134—148), über Verfolgung vermögensrechtlicher Ansprüche (§§ 149—155). — In den Schlußbestimmungen der §§ 156—159 ist die Rechtsstellung der Reichsbeamten auf die Beamten des Reichstags, dessen Präsidenten ihre Anstellung zusteht, erstreckt. Auf Personen des Soldatenstandes findet das Gesetz nur nach Maßgabe der §§ 134—138, auf die Mitglieder des Reichsoberhandelsgerichts, jetzt des Reichsgerichts (vgl. GVG. §§ 128—131), des Bundesamts für das Heimatswesen, des Rechnungshofs des Deutschen Reichs und auf richterliche Militärjustizbeamte (vgl. wegen deren Dienstvergehen und unfreiwilliger Versetzung in den Ruhestand das RGes. v. 1. Dez. 1898, RGBl. S. 1297) nur in geringerem oder größerem Umfange Anwendung. In § 159 ist der Kaiser ermächtigt, Ausführungsbestimmungen, namentlich betreffs der Bezeichnung der im Gesetz angezogenen Reichsbehörden zu erlassen (vgl. V. v. 27. Dez. 1899, RGBl. S. 730).

Artikel 19.

Wenn Bundesglieder ihre verfassungsmäßigen Bundespflichten nicht erfüllen, können sie dazu im Wege der Exekution angehalten werden. Diese Exekution ist vom Bundesrate zu beschließen und vom Kaiser zu vollstrecken.

In Art. 19 handelt es sich um Anordnung und Durchführung eines Zwangsverfahrens des Reichs gegen einen Bundesstaat behufs Erzielung der Bundestreue. Voraussetzung ist, daß ein Bundesstaat seine verfassungsmäßigen Bundespflichten nicht erfüllt. Dies kann geschehen durch Bestreiten oder Handeln, durch Verzögerung oder Nichtleistung einer verfassungsgemäßen Verpflichtung oder auch durch Vornahme einer gegen die Reichsverfassung verstoßenden Handlung.

Dann darf gegen das ungehorsame Bundesmitglied die Bundesexekution beschlossen und vollstreckt werden. Für die Beschließung ist entsprechend Art. 7 Nr. 2 oder 3 der Bundesrat zuständig. Derselbe hat durch Beschluß festzustellen, daß und welche Nichterfüllung der verfassungsmäßigen Bundespflichten vorliege, und auf Grund dessen die Exekution anzuordnen. Die Vollstreckung ist eines der verfassungsmäßigen Präsidialrechte des Kaisers. In der Auswahl der Exekutionsart hat der Bundesrat freie Hand. Dieselbe wird bis zu den äußersten Mitteln, also auch zu Sequestration und Waffengewalt, gehen dürfen.

V. Reichstag.

Laband §§ 32—38, G. Meyer §§ 128 ff., Zorn § 8, Arndt §§ 19—21, Seydel, Noten zu Art. 20 ff., Rieker, rechtl. Natur der modernen Volksvertretung (1893).

Vornote.

1. Der Abschn. V über den Reichstag ist wesentlich einer Reihe von Artikeln des Abschn. V der Preußischen Verfass.Urkunde v. 31. Jan. 1850 über die Kammern nachgebildet, wie eine Vergleichung ihrer Art. 51, 52, 64, 73, 78—84 (in Verbindung mit § 38 des Preßges. v. 12. Mai 1851) ergibt. Sonst ist aus der Entstehungsgeschichte des vorliegenden Abschn. V noch mitzuteilen, daß bei der Schaffung der Reichsverfassung als Art. 28 Abs. 2 eine dem Art. 7

Abs. 4 entsprechende Vorschrift (Stimmenzählung bei nicht dem ganzen Bunde gemeinschaftlichen Angelegenheiten) aufgenommen, diese Vorschrift jedoch durch das RGes. v. 24. Febr. 1873 (RGBl. S. 45) wieder beseitigt ist.

2. Der Abschn. V regelt die Vertretung und die Mitwirkung des Deutschen Volkes bei der staatsrechtlichen Wirksamkeit des Reichs, also einen der wesentlichen konstitutionellen Punkte in der Reichsverfassung.

a, Die Vertretung findet ihr Organ in dem Reichstage, dessen Mitglieder aus Wahlen des Deutschen Volkes hervorgehen und Vertreter des gesamten Volkes sind (Art. 20, 29). Letztere Bestimmung entspricht dem Art. 83 der Preußischen Verfass.Urkunde, paßt freilich für das Reich insofern eigentlich nicht, als dieses kein Einheits-, sondern nur ein Bundesstaat ist, kommt aber auch dem letzteren in dem Sinne zugute, daß damit eine Vertretung nach Einzelstaaten und Ständen ausgeschlossen ist. Reichstag.

b, Die Mitwirkung des Reichstags im Staatsleben des Reichs tritt hauptsächlich in folgenden Punkten hervor: Allg. Zuständigkeit.

Reichsgesetze können ohne seine Zustimmung nicht zustande kommen (Art. 5, 11 Abs. 2, 69, 73, 76 Abs. 2), und er selbst darf auch Gesetzesvorschläge machen. Sodann hat er das Recht, an ihn gerichtete Petitionen dem Bundesrate bzw. Reichskanzler zu überweisen (Art. 23). Alle Einnahmen und Ausgaben des Reichs müssen jährlich durch Etatsgesetz, also unter seiner Zustimmung festgestellt werden (Art. 69), und der Reichskanzler hat ihm über die Verwendung aller Einnahmen auch jährlich Rechnung zu legen (Art. 72). Bei außerordentlichen Bedürfnissen kann die Aufnahme von Anleihen und die Übernahme einer Garantie durch das Reich nicht ohne seine Zustimmung erfolgen (Art. 73). Hält man diese Vorschriften zusammen, so folgt daraus stillschweigend, daß, soweit der Reichstag zur Fassung der ihm obliegenden Beschlüsse der mündlichen oder schriftlichen Auskunft über den jeweiligen Stand der Reichsangelegenheiten bedarf, er dem Bundesrat oder dem Reichskanzler gegenüber Anspruch auf Gewährung dieser Unterlage hat. Dem hat denn auch Gesetzgebung und Praxis in zahlreichen Materien Rechnung getragen (vgl. Laband § 33 III).

3. Nach vorstehendem wird dem Reichstage der Charakter eines bei Ausübung der Reichsgewalt mitwirkenden Organs nicht abzusprechen sein, da er dabei Willenserklärungen abzugeben hat. Dagegen fehlt ihm die Eigenschaft einer rechtsfähigen juristischen Person des öffentlichen Rechts im Sinne des BGB. § 89; denn er kann weder Rechte erwerben, noch Verpflichtungen eingehen.

Artikel 20.

Der Reichstag geht aus allgemeinen und direkten Wahlen mit geheimer Abstimmung hervor.

Bis zu der gesetzlichen Regelung, welche im § 5 des Wahlgesetzes vom 31. Mai 1869 (BGBl. S. 145) vorbehalten ist, werden in Bayern 48, in Württemberg 17, in Baden 14, in Hessen südlich des Main 6 Abgeordnete gewählt, und beträgt demnach die Gesamtzahl der Abgeordneten 382.

Allgemeines.

Nach Abs. 1 soll der Reichstag aus allgemeinen und direkten Wahlen mit geheimer Abstimmung hervorgehen. Damit sind für die Bildung des Reichstags die allgemeinen Grundsätze gegeben. Der Abs. 2 führt durch die Bezugnahme auf das Wahlgesetz v. 31. Mai 1869 (BGBl. S. 145) und durch dessen Ergänzung betreffs der Zahl der Süddeutschen Abgeordneten die für jetzt geltende Einzelregelung der Reichstagswahlen herbei.

Das Wahlgesetz v. 31. Mai 1869 war nämlich noch zur Zeit des Norddeutschen Bundes ergangen, ist auf Grund der Bündnisverträge desselben mit den Süddeutschen Staaten (im Herbst 1870) gemäß § 2 des Ges. über die Reichsverfassung v. 16. April 1871 (BGBl. S. 63) zum Reichsgesetze erhoben, und hat auch durch Ges. v. 25. Juni 1873 (RGBl. S. 161) § 6 in Elsaß-Lothringen wie durch Ges. v. 15. Dez. 1890 (RGBl. S. 207) § 4 für die Insel Helgoland Einführung gefunden. Es gilt somit jetzt für das ganze Reich. In betreff des dazu erlassenen Wahlreglements vgl. die Note zu § 15.

Abs. 1.

a, Die Wahlen zum Reichstage sollen zunächst allgemeine sein. Dadurch werden Wahlen nach Ständen, Berufs- oder Steuerklassen ausgeschlossen. Dem entsprechen die §§ 1—3 des Wahlges. v. 31. Mai 1869, wonach aktiv wahlfähig jeder 25 Jahre alte Deutsche, und eine Beschränkung nur für Personen des Soldatenstandes während des Dienstes bei der Fahne, und für die in § 3 bezeichneten Personen zugelassen ist (vgl. unten die Note zu §§ 2, 3).

b, Die Reichstagswahlen sollen ferner direkte sein. Das will sagen, daß von den Wahlberechtigten die Abgeordneten unmittelbar, nicht erst Zwischenwahlmänner (wie nach Art. 72 der Preußischen Verfass.Urkunde) gewählt werden. Vgl. § 12 des Wahlgesetzes.

c, Die Wahlen sollen endlich in geheimer Abstimmung erfolgen. Das Verfahren hierbei ist in §§ 10, 11 des Wahlgesetzes geregelt.

Abs. 2.

Die Zahl der Abgeordneten war in dem Wahlgesetze v. 31. Mai 1869 § 5 für die Staaten des Norddeutschen Bundes auf zusammen 297 bestimmt. Nach Art. 20 Abs. 2 der Reichsverfassung sind für die Süddeutschen Bundesstaaten 85 und nach § 3 des Ges. betr. die Einführung der RV. in Elf.-Lothr. v. 25. Juni 1873 (RGBl. S. 161) für Elsaß-Lothringen 15 Abgeordnete hinzugefügt. Demnach beträgt deren Gesamtzahl zurzeit 397. Die dort vorbehaltene anderweite gesetzliche Regelung hat bisher nicht stattgefunden.

Anhang.

Wahlgesetz für den Reichstag des Norddeutschen Bundes v. 31. Mai 1869. (BGBl. S. 145.)

§ 1. Wähler für den Reichstag des Norddeutschen Bundes ist jeder Norddeutsche, welcher das fünfundzwanzigste Lebensjahr zurückgelegt hat, in dem Bundesstaate, wo er seinen Wohnsitz hat.

§ 2. Für Personen des Soldatenstandes des Heeres und der Marine ruht die Berechtigung zum Wählen so lange, als dieselben sich bei der Fahne befinden.

§ 3. Von der Berechtigung zum Wählen sind ausgeschlossen:

1. Personen, welche unter Vormundschaft oder Kuratel stehen;
2. Personen, über deren Vermögen Konkurs- oder Fallitzustand gerichtlich eröffnet worden ist und zwar während der Dauer dieses Konkurs- oder Fallitverfahrens;
3. Personen, welche eine Armenunterstützung aus öffentlichen oder Gemeindemitteln beziehen, oder im letzten der Wahl vorhergegangenen Jahre bezogen haben;
4. Personen, denen infolge rechtskräftigen Erkenntnisses der Vollgenuß der staatsbürgerlichen Rechte entzogen ist, für die Zeit der Entziehung, sofern sie nicht in diese Rechte wieder eingesetzt sind.

   Ist der Vollgenuß der staatsbürgerlichen Rechte wegen politischer Vergehen oder Verbrechen entzogen, so tritt die Berechtigung zum Wählen wieder ein, sobald die außerdem erkannte Strafe vollstreckt, oder durch Begnadigung erlassen ist.

§ 4. Wählbar zum Abgeordneten ist im ganzen Bundesgebiete jeder Norddeutsche, welcher das fünfundzwanzigste Lebensjahr zurückgelegt und einem zum Bunde gehörigen Staate seit mindestens einem Jahre angehört hat, sofern er nicht durch die Bestimmungen in dem § 3 von der Berechtigung zum Wählen ausgeschlossen ist.

§ 5. In jedem Bundesstaate wird auf durchschnittlich 100000 Seelen derjenigen Bevölkerungszahl, welche den Wahlen zum verfassunggebenden Reichstage zugrunde gelegen hat, Ein Abgeordneter gewählt. Ein Überschuß von mindestens 50000 Seelen der Gesamtbevölkerung eines Bundesstaats wird vollen 100000 Seelen gleich gerechnet. In einem Bundesstaate, dessen Bevölkerung 100000 Seelen nicht erreicht, wird Ein Abgeordneter gewählt.

Demnach beträgt die Zahl der Abgeordneten 297 und kommen auf Preußen 235, Sachsen 23, Hessen 3, Mecklenburg-Schwerin 6, Sachsen-Weimar 3, Mecklenburg-Strelitz 1, Oldenburg 3, Braunschweig 3, Sachsen-Meiningen 2, Sachsen-Altenburg 1, Sachsen-Koburg-Gotha 2, Anhalt 2, Schwarzburg-Rudolstadt 1, Schwarzburg-Sondershausen 1, Waldeck 1, Reuß ältere Linie 1, Reuß jüngere Linie 1, Schaumburg-Lippe 1, Lippe 1, Lauenburg 1, Lübeck 1, Bremen 1, Hamburg 3.

Eine Vermehrung der Zahl der Abgeordneten infolge der steigenden Bevölkerung wird durch das Gesetz bestimmt.

§ 6. Jeder Abgeordnete wird in einem besonderen Wahlkreise gewählt.

Jeder Wahlkreis wird zum Zwecke der Stimmabgabe in kleinere Bezirke geteilt, welche möglichst mit den Ortsgemeinden zusammenfallen sollen, sofern nicht bei volkreichen Ortsgemeinden eine Unterabteilung erforderlich wird.

Mit Ausschluß der Exklaven müssen die Wahlkreise, sowie die Wahlbezirke räumlich abgegrenzt und tunlichst abgerundet sein.

Ein Bundesgesetz wird die Abgrenzung der Wahlkreise bestimmen. Bis dahin sind die gegenwärtigen Wahlkreise beizubehalten, mit Ausnahme derjenigen, welche zurzeit nicht örtlich abgegrenzt und zu einem räumlich zusammenhängenden

Bezirke abgerundet sind. Diese müssen zum Zwecke der nächsten allgemeinen Wahlen gemäß der Vorschrift des dritten Absatzes gebildet werden.

§ 7. Wer das Wahlrecht in einem Wahlbezirke ausüben will, muß in demselben, oder, im Falle eine Gemeinde in mehrere Wahlbezirke geteilt ist, in einem derselben zur Zeit der Wahl seinen Wohnsitz haben.

Jeder darf nur an Einem Orte wählen.

§ 8. In jedem Bezirke sind zum Zwecke der Wahlen Listen anzulegen, in welche die zum Wählen Berechtigten nach Zu- und Vornamen, Alter, Gewerbe und Wohnort eingetragen werden.

Diese Listen sind spätestens vier Wochen vor dem zur Wahl bestimmten Tage zu jedermanns Einsicht auszulegen, und ist dies zuvor unter Hinweisung auf die Einsprachefrist öffentlich bekannt zu machen. Einsprachen gegen die Listen sind binnen acht Tagen nach Beginn der Auslegung bei der Behörde, welche die Bekanntmachung erlassen hat, anzubringen und innerhalb der nächsten vierzehn Tage zu erledigen, worauf die Listen geschlossen werden. Nur diejenigen sind zur Teilnahme an der Wahl berechtigt, welche in die Listen aufgenommen sind.

Bei einzelnen Neuwahlen, welche innerhalb Eines Jahres nach der letzten allgemeinen Wahl stattfinden, bedarf es einer neuen Aufstellung und Auslegung der Wahlliste nicht.

§ 9. Die Wahlhandlung, sowie die Ermittlung des Wahlergebnisses, sind öffentlich.

Die Funktion der Vorsteher, Beisitzer und Protokollführer bei der Wahlhandlung in den Wahlbezirken und der Beisitzer bei der Ermittlung des Wahlergebnisses in den Wahlkreisen ist ein unentgeltliches Ehrenamt und kann nur von Personen ausgeübt werden, welche kein unmittelbares Staatsamt bekleiden.

§ 10. Das Wahlrecht wird in Person durch verdeckte, in eine Wahlurne niederzulegende Stimmzettel ohne Unterschrift ausgeübt.

Die Stimmzettel müssen von weißem Papier und dürfen mit keinem äußeren Kennzeichen versehen sein.

§ 11. Die Stimmzettel sind außerhalb des Wahllokals mit dem Namen des Kandidaten, welchem der Wähler seine Stimme geben will, handschriftlich oder im Wege der Vervielfältigung zu versehen.

§ 12. Die Wahl ist direkt. Sie erfolgt durch absolute Stimmenmehrheit aller in einem Wahlkreise abgegebenen Stimmen. Stellt bei einer Wahl eine absolute Stimmenmehrheit sich nicht heraus, so ist nur unter den zwei Kandidaten zu wählen, welche die meisten Stimmen erhalten haben.

Bei Stimmengleichheit entscheidet das Los.

§ 13. Über die Gültigkeit oder Ungültigkeit der Wahlzettel entscheidet mit Vorbehalt der Prüfung des Reichstags allein der Vorstand des Wahlbezirks nach Stimmenmehrheit seiner Mitglieder.

Die ungültigen Stimmzettel sind zum Zwecke der Prüfung durch den Reichstag dem Wahlprotokoll beizufügen. Die gültig befundenen bewahrt der Vorsteher der Wahlhandlung in dem Wahlbezirke so lange versiegelt, bis der Reichstag die Wahl definitiv gültig erklärt hat.

§ 14. Die allgemeinen Wahlen sind im ganzen Bundesgebiete an dem von dem Bundespräsidium bestimmten Tage vorzunehmen.

§ 15. Der Bundesrat ordnet das Wahlverfahren, soweit dasselbe nicht durch das gegenwärtige Gesetz festgestellt worden ist, durch ein einheitliches, für das ganze Bundesgebiet gültiges Wahlreglement.

Dasselbe kann nur unter Zustimmung des Reichstags abgeändert werden.

§ 16. Die Kosten für die Druckformulare zu den Wahlprotokollen und für die Ermittlung des Wahlergebnisses in den Wahlkreisen werden von den Bundesstaaten, alle übrigen Kosten des Wahlverfahrens werden von den Gemeinden getragen.

§ 17. Die Wahlberechtigten haben das Recht, zum Betrieb der den Reichstag betreffenden Wahlangelegenheiten Vereine zu bilden und in geschlossenen Räumen unbewaffnet öffentliche Versammlungen zu veranstalten.

Die Bestimmungen der Landesgesetze über die Anzeige der Versammlungen und Vereine, sowie über die Überwachung derselben, bleiben unberührt.

§ 18. Das gegenwärtige Gesetz tritt bei der ersten nach dessen Verkündigung stattfindenden Neuwahl des Reichstages in Kraft. Von dem nämlichen Zeitpunkte an verlieren alle bisherigen Wahlgesetze für den Reichstag nebst den dazu erlassenen Ausführungsgesetzen, Verordnungen und Reglements ihre Gültigkeit.

Urkundlich rc.

Dieses jetzt im ganzen Reiche geltende Gesetz ist derart gegliedert, daß es in §§ 1—3 die aktive Wahlfähigkeit, in § 4 die passive Wahlfähigkeit, in §§ 5—7 die Verteilung der Abgeordneten auf Bundesstaaten und Wahlkreise, in § 8 die Aufstellung der Wählerlisten, in §§ 9—17 die Wahlhandlung selbst regelt.

Zu §§ 1—3.

Der § 1 erfordert zur aktiven Wahlfähigkeit die Reichsangehörigkeit (im Sinne des RGes. v. 1. Juni 1870, BGBl. S. 355), männliches Geschlecht und ein Lebensalter von 25 Jahren. Der Wahlfähige kann wählen in dem Bundesstaate, in dem er zur Wahlzeit seinen Wohnsitz hat. Unter Wohnsitz hat die Praxis (vgl. Kommiss.Bericht des Reichstags in den Drucks. desselben für 1879 Nr. 166 S. 1347) ein Verweilen im Sinne der ZPO. § 20, d. h. ein solches, welches naturgemäß auf längeren Aufenthalt hinweist, wie bei Studierenden, Dienstboten und Arbeitern, nicht eine Niederlassung gemäß § 7 BGB. verstanden; und die Theorie ist gleicher Ansicht (vgl. Laband § 34 I, Arndt Note 4, Seydel Note 4). § 1.

Nach § 2 ruht das Wahlrecht, d. h. kann nicht ausgeübt werden, für Personen des Soldatenstandes in Heer und Marine (hierüber s. RMilitGes. v. 2. Mai 1874 [RGBl. S. 45] §§ 49, 38). Wegen anderer Fälle des Ruhens ist auf §§ 7, 8 Abs. 2 zu verweisen. § 2.

Nach § 3 ist das Wahlrecht ausgeschlossen für vier Wählerklassen: § 3.

Die Klasse 1, betrifft Personen, die unter Vormundschaft oder Kuratel stehen. Den Begriff Kuratel kennt das BGB. nicht mehr; es hat neben der Vormundschaft nur die Pflegschaft (§§ 1909 ff.). Das Verhältnis zwischen Kuratel und Pflegschaft ist nicht besonders bestimmt; doch dient, rechtshistorisch betrachtet, die letztere im ganzen doch wohl als Ersatz der ersteren. Immerhin kann bei der Pfleg=

schaft aus § 1910 (§ 1920) BGB., die nur wegen Gebrechen und auf Antrag eingeleitet wird, die Anwendung der Nr. 1 bedenklich sein (vgl. Laband § 34 zu I, 1a, Arndt Note 1 zu § 3).

Die Klasse 2, betrifft Personen, über deren Vermögen der Konkurs gerichtlich eröffnet ist (vgl. KO. § 102; den „Fallitzustand“ kennt die KO. nicht), während der Dauer des Konkursverfahrens (KO. §§ 173—206).

Die Klasse 3, betrifft Personen, die eine Armenunterstützung aus öffentlichen oder Gemeindemitteln beziehen oder im letzten Jahre vor der Wahl bezogen haben. Der Begriff „Armenunterstützung“ weist naturgemäß auf Art. 3 Abs. 3 der Reichsverfassung und auf das RGes. v. 6. Juni 1870 (BGBl. S. 63) über den Unterstützungswohnsitz zurück, und erscheint daher auf andere Versorgungsquellen, namentlich die Arbeiterversicherung, nicht anwendbar (vgl. Beschluß des Reichstags v. 25. April 1874 [Sten.Ber. S. 276], Laband a. a. O., Arndt a. a. O. Note 2).

Die Klasse 4, betrifft Personen, denen durch rechtskräftiges Strafurteil der Vollgenuß der staatsbürgerlichen Rechte entzogen ist (RStrGB. § 34 Nr. 4), für die Entziehungszeit, außer im Falle der Restitution und mit einer kaum noch praktischen Maßgabe (Abs. 3) bei politischen Straftaten (nach früheren Landesstrafgesetzen gedacht; jetzt vgl. RStrGB. §§ 20, 34; Laband a. a. O.).

Zu § 4.

§ 4. Danach kann zum Abgeordneten gewählt werden (passive Wahlfähigkeit), und zwar im ganzen Reichsgebiete (Art. 1 der Reichsverfassung), jeder Deutsche (s. § 1), der das 25. Lebensjahr vollendet und einem Bundesstaate seit einem Jahre vor der Wahl angehört hat (RGes. v. 1. Juni 1870), außer in den Fällen des § 3. Keine Ausnahme wird somit herbeigeführt für die bei der Fahne befindlichen Personen des Soldatenstandes (§ 2), die nicht im Wohnsitze Verweilenden (§ 1) und die in den Wahllisten Übergangenen (§ 8). Dagegen kann nach Art. 9 der Reichsverfassung niemand zugleich Mitglied des Bundesrats und des Reichstags sein; und deshalb muß ein Bundesratsmitglied (auch der Reichskanzler, Art. 15), sofern es zum Reichstage gewählt wird, aus dem Bundesrat ausscheiden. Ist wider obige Vorschriften des § 3 oder des Art. 9 gefehlt, so muß die Wahl, wenn der Gewählte nicht durch Verzicht zuvorkommt, für ungültig erklärt werden (Art. 27). Übrigens ist auch den Landesfürsten (einschließlich des Königs von Preußen) und den regierenden Bürgermeistern der Hansestädte als Vollmachtgebern zum Bundesrate die Wählbarkeit zu versagen (Art. 6), nicht aber den Prinzen der landesfürstlichen Häuser.

Zu § 5.

§ 5. Die Zahl der Abgeordneten ist nach Abs. 1 grundsätzlich dahin bestimmt, daß in jedem Bundesstaat auf durchschnittlich 100000 Seelen der den Wahlen zum verfassungsgebenden Norddeutschen Reichstage zugrunde gelegten Bevölkerung ein Abgeordneter zu wählen ist, wobei ein Überschuß von 50000 Seelen auf die Gesamtbevölkerung eines Bundesstaats vollen 100000 Seelen gleich gilt, für den Fall aber, daß diese Gesamtbevölkerung überhaupt nicht 100000 Seelen erreicht, doch wenigstens ein Abgeordneter gewählt wird.

Nach diesem Grundsatz ist in Abs. 2, 3 die Gesamtzahl der im Norddeutschen Bunde zu wählenden Abgeordneten auf 297 festgesetzt, mit Unterverteilung auf die Einzelstaaten, und mit Vorbehalt einer höheren Festsetzung bei steigender Bevölkerung. — Zu Abs. 2 ist jetzt der zu Art. 20 Abs. 2 der Reichsverfassung dargelegte Rechtsstand maßgebend.

Zu § 6.

Nach § 6 wird jeder Abgeordnete in einem besonderen Wahlkreise gewählt, § 6.
derart, daß die Wahlkreise behufs der Stimmenabgabe nach Bedarf in kleinere, den Ortsgemeindebezirken tunlichst entsprechende Bezirke geteilt, und Wahlkreise und Wahlbezirke (abgesehen von Enklaven) geographisch abgegrenzt und tunlichst abgerundet werden. Die Abgrenzung der Wahlkreise erfolgt durch Gesetz; bis zur Erlassung eines solchen aber bleiben sie in ihrem einstweiligen Bestande.

Zu §§ 7, 8.

Will ein Wahlberechtigter in einem bestimmten Wahlbezirke wählen, §§ 7, 8.
so muß er darin zur Zeit der Wahl seinen Wohnsitz (vgl. zu § 1) haben, und in der behördlich aufzustellenden, öffentlich auszulegenden und nach Erledigung rechtzeitig erhobener Einsprachen abzuschließenden Wählerliste aufgenommen sein, widrigenfalls er zur Wahl nicht zugelassen wird.

Zu §§ 9—17.

Der Wahlakt selbst einschließlich der Ermittlung des Wahlergebnisses findet §§ 9—17.
bei allgemeinen Wahlen im ganzen Reich an demselben Tage statt. Ein besonderer Wahlakt wird erforderlich, wenn ein Gewählter die Wahl ablehnt oder während der Legislaturperiode ausscheidet oder seine Wahl für ungültig erklärt wird (Art. 27). Der Wahlakt ist allemal öffentlich und erfolgt unter Leitung eines Vorstandes, dessen Mitglieder nicht unmittelbare Staatsbeamte sein dürfen.

Ausübbar ist das Wahlrecht nur persönlich und durch Niederlegung verdeckter, den Namen des zu wählenden Kandidaten, aber keine Unterschrift und keine äußeren Kennzeichen enthaltender weißer Stimmzettel, worauf auch der Name des Druckers nicht angegeben zu sein braucht (Ges. v. 12. März 1884, RGBl. S. 17), in eine Wahlurne.

Die Wahl erfolgt durch absolute Mehrheit aller in dem Wahlkreise abgegebenen Stimmen. Mangels einer absoluten Mehrheit wird die Wahl unter den zwei meiststimmigen Kandidaten wiederholt. Bei Stimmengleichheit entscheidet das Los.

Über die Gültigkeit der Stimmzettel entscheidet zunächst, jedoch vorbehaltlich späterer Nachprüfung des Reichstags (Art. 27), der Wahlvorstand nach Stimmenmehrheit. Das Wahlprotokoll nebst Stimmzetteln wird deshalb auch aufbewahrt.

Zu § 15.

Auf vorstehender gesetzlicher Grundlage hat der Bundesrat ein Wahl- § 15.
reglement zu erlassen; doch unterliegen etwaige Abänderungen desselben der Zustimmung des Reichstags.

Vom Bundesrat ist ein solches Wahlreglement am 28. Mai 1870 erlassen (BGBl. S. 275), und mit Zustimmung des Reichstags abgeändert zunächst am 27. Febr. 1871 (RGBl. S. 35) und 1. Dezbr. 1873 (RGBl. S. 374) aus Anlaß des Hinzutritts der Südstaaten und Elsaß-Lothringens, alsdann am 28. April 1903 (RGBl. S. 202) in betreff der §§ 9, 11—13, 15—21, 27, 34 und der Anlage B zu § 22.

Zu § 17.

§ 17 Die landesgesetzlichen Beschränkungen hinsichts der Bildung von Vereinen und der Veranstaltung von öffentlichen Versammlungen in geschlossenen Räumen und ohne Waffen (vgl. Preußisches Ges. v. 11. März 1850, GS. S. 277) bleiben für den Betrieb der einzelnen Reichstagswahlen seitens der Wahlberechtigten (§§ 1, 7, 8) außer Anwendung, was sich jedoch nicht auf die Anzeige und Überwachung von Vereinen und Versammlungen erstreckt.

Artikel 21.

Beamte bedürfen keines Urlaubs zum Eintritt in den Reichstag.
Wenn ein Mitglied des Reichstags ein besoldetes Reichsamt oder in einem Bundesstaat ein besoldetes Staatsamt annimmt oder im Reichs- oder Staatsdienste in ein Amt eintritt, mit welchem ein höherer Rang oder ein höheres Gehalt verbunden ist, so verliert es Sitz und Stimme in dem Reichstag und kann seine Stelle in demselben nur durch neue Wahl wieder erlangen.

Der Art. 21 enthält zwei auf Sicherung der Reichstagswahlen gegen regierungsseitige Beeinflussung abzielende Vorschriften, entsprechend dem Art. 78 Abs. 2, 3 der Preußischen Verfass.Urkunde (vgl. v. Rönne-Zorn § 118).

Abs. 1.

a, Zunächst bedürfen Beamte keines Urlaubes zum Eintritt in den Reichstag. Dies entspricht dem Art. 78 der Preußischen Verfass.Urkunde. Zugrunde liegt augenscheinlich der Gedanke, daß die Übernahme eines Mandats zum Reichstage auch eine Wirksamkeit zum öffentlichen Wohle enthält, und deshalb dem Beamten, wie seine Wahlfähigkeit nach Art. 20 nicht beschränkt ist, auch der Eintritt in den Reichstag nicht durch regierungsseitiges Belieben erschwert oder unmöglich gemacht werden darf. Er gilt daher kraft Gesetzes für befugt, nach Anzeige seiner Wahl bei der vorgesetzten Behörde ohne weiteres sich vom Amte zu entfernen.

Unter Beamten werden bei der Allgemeinheit des Ausdrucks alle öffentlichen, unmittelbaren und mittelbaren Beamten des Reichs und der Bundesstaaten zu verstehen sein.

b, Darüber, ob die Kosten der Stellvertretung für den in den Reichstag eingetretenen Beamten diesen selbst oder seinen Dienstgeber, also das Reich, den Bundesstaat oder die Kommune treffen, spricht sich die Reichsverfassung so wenig, wie die Preußische Verfassungsurkunde, aus. In Preußen legte ein Urteil des Obertribunals v. 17. März 1865 (Entsch. 52 S. 320) dem in das Abgeordnetenhaus gewählten Beamten die durch seine Stellvertretung dem Staat oder einer Kommune erwachsenen Kosten auf; aber das Staatsministerium beschloß am 24. Okt. 1869, die Stellvertretungskosten für unmittelbare Staatsbeamte bis auf weiteres auf den Staat zu übernehmen (vgl. Reskr. v. 21. Nov. 1869, BMBl. S. 276). Für Reichsbeamte bestimmt entsprechend der § 14 Abs. 2 des RGes. v. 31. März 1873, daß die Stellvertretungkosten der Reichskasse zur Last fallen sollen. Auch abgesehen von diesen Verwaltungs- und gesetzlichen Anordnungen möchte man im Interesse einheitlicher Durchführung des dem Art. 21 Abs. 1 zugrunde liegenden Gedankens (vgl. Note a) meinen, daß die Stellvertretungskosten für unmittelbare und mittelbare Landesbeamte, soweit nicht positive Vorschriften der Landesgesetze entgegenstehen, der Staats- oder Kommunalkasse aufzuerlegen seien.

Abs. 2.

Der Abs. 2 trägt für die Fälle, daß ein Mitglied des Reichstags ein besoldetes Reichs- oder bundesstaatliches Amt annimmt, oder, sofern es schon Reichs- oder Staatsbeamter ist, gesetzlich oder etatsmäßig in ein mit Rang- oder Gehaltserhöhung verbundenes Amt obiger Art eintritt, Vorkehrung, daß es sich zunächst einer Prüfung zu unterwerfen hat, ob es dann noch das Vertrauen seiner Wähler genießt. Zu diesem Zwecke soll es seine Mitgliedschaft verlieren und solche erst durch erneute Wahl wiedererlangen. Die Prüfung, ob diesen Vorschriften genügt ist, gehört zur alleinigen Zuständigkeit des Reichstags (Art. 27).

Artikel 22.

Die Verhandlungen des Reichstags sind öffentlich.

Wahrheitsgetreue Berichte über Verhandlungen in den öffentlichen Sitzungen des Reichstags bleiben von jeder Verantwortlichkeit frei.

Die beiden Vorschriften des Art. 22 bezwecken, dem Volke von den Verhandlungen seiner Vertreter jederzeit die Erlangung einer unverschränkten und unverfälschten Kenntnis zu sichern.

a, Nach Abs. 1 sind die Verhandlungen des Reichstags öffentlich. Unter diesen Verhandlungen lassen sich naturgemäß nur die Beratungen und Abstimmungen der Versammlung selbst, nicht auch die ihrer vorbereitenden Kommissionen verstehen.

Angesichts des Wortlauts und des obigen wesentlichen Zweckes des Art. 22 wird, ungeachtet dessen, daß die Preußische Verfass.Urkunde in Art. 79 geheime Sitzungen für die Kammern zuläßt und die Geschäftsordnung des Reichstags in § 36 dasselbe für diesen bestimmt, doch anzunehmen sein, daß der Abs. 1, ebenso wie der Abs. 2, in zwingender Weise der Gestattung nichtöffentlicher Sitzungen entgegenstehen. Die Ansichten gehen freilich auseinander (vgl. Laband § 36), mag auch die Sache praktisch nicht viel Bedeutung haben.

b, Nach Abs. 2 bleiben wahrheitsgetreue Berichte über die Reichstagsverhandlungen von jeder Verantwortung frei.

Eine fast wörtlich übereinstimmende Bestimmung enthält § 12 des StrGB. Was als wahrheitsgetreue Berichte anzusehen, ist Tatfrage. In allen Fällen wird es auf tatsächlich richtige und vollständige Wiedergabe der Verhandlungen ankommen (vgl. Entsch. des RG. in Strafs. 15 S. 32, 18 S. 208, 28 S. 45).

Der Schutz des Abs. 2 kommt jedem wahrheitsgetreuen Berichterstatter zugute, mag er Reichstagsmitglied sein oder nicht, der Bericht durch Schrift, Druck oder Wort erfolgt sein, die Verantwortlichkeit auf straf- oder disziplinarrechtlichem Gebiete liegen.

Artikel 23.

Der Reichstag hat das Recht, innerhalb der Kompetenz des Reichs Gesetze vorzuschlagen und an ihn gerichtete Petitionen dem Bundesrate resp. Reichskanzler zu überweisen.

Der Art. 23 spricht dem Reichstage das konstitutionell bedeutungsvolle Recht zu, innerhalb der Reichszuständigkeit (Art. 4, 78) Gesetze vorzuschlagen und an ihn gerichtete Petitionen dem Bundesrate bzw. Reichskanzler zu überweisen.

1. Das Recht der Gesetzesvorschlagung ermöglicht es dem Deutschen Volke, durch seine Vertretung selbständig auf den Gang der Reichsgesetzgebung einzuwirken. Damit ist der Reichstag im Punkte der Gesetzesinitiative dem Bundesrate gleichgestellt (Art. 7 Nr. 1). Bezüglich der Sanktionsberechtigung und Sanktionsfrist des Bundesrats vgl. die Noten 3, 4 zu Art. 5.

2. Das Recht der Überweisung von Petitionen an den Bundesrat oder Reichskanzler (Abs. 2) ist gegenüber Abs. 1 wesentlich auf die Verwaltung der Reichsangelegenheiten (Art. 7 Nr. 2, 3) zu beziehen, und enthält insoweit mehr, als der bloße Wortlaut ergibt. Es liegt nämlich dieser Vorschrift ersichtlich der Gedanke zugrunde, dem Deutschen Volke durch Vermittlung seiner Vertreter Einsicht in die Führung der Reichsregierung zu verschaffen und gegen etwaige Mängel oder Unzuträglichkeiten derselben die Anbringung von Beschwerden und von Abhilfegesuchen zu gewährleisten, sei es im öffentlichen, sei es im privaten Interesse. Diesem Gedanken gibt der Art. 32 der Preußischen Verfass.Urkunde besonderen Ausdruck dadurch, daß er allen Preußen das Petitionsrecht zuspricht. Auch nach der Reichsverfassung aber wird stillschweigend ein gleiches Recht für jeden Deutschen gewollt sein, dahin, daß der Reichstag im Interesse seines Machtgebers, des Deutschen Volkes, von den Faktoren der Reichsregierung Auskunft über allgemeine oder besondere Reichsangelegenheiten beanspruchen, und in dieser Beziehung an jene Faktoren Petitionen aus dem Volke überweisen oder selbst Interpellationen, insbesondere auch Adressen an den Kaiser (vgl. Preußische Verfass.Urkunde Art. 81), richten darf.

Artikel 24.

Die Legislaturperiode des Reichstags dauert fünf Jahre. Zur Auflösung des Reichstags während derselben ist ein Beschluß des Bundesrats unter Zustimmung des Kaisers erforderlich.

Der Art. 24 regelt die Legislaturperiode des Reichstags.

a, Nach dem jetzigen Satz 1 dauert dieselbe fünf Jahre. Ursprünglich hieß es drei Jahre; die Erweiterung ist durch RGes. v. 19. März 1888 (RGBl.

S. 110) erfolgt. In Preußen ist eine gleiche Abänderung zu Art. 73 der Verfass.Urkunde durch Ges. v. 27. Mai 1888 (GS. S. 137) herbeigeführt.

Die Legislaturperiode beginnt nach der herrschenden Ansicht (vgl. u. a. Laband § 34 IX, G. Meyer §§ 128—133; Seydel zu Art. 24) mit dem Tage der stattgehabten allgemeinen Reichstagswahl (§ 14 des Wahlges. v. 31. Mai 1869, zu Art. 20). Einzelne Schriftsteller (vgl. Arndt Note 2, Herrfurth in D.Jur.Zeit. 1898 S. 2, v. Stengel, Preuß. Staatsrecht § 26) rechnen erst vom Tage des Zusammentretens ab, und für die Preußischen Kammern ist dem die Praxis der Staatsregierung gefolgt. M. E. lassen sich Gründe für die eine und für die andere Meinung anführen. Für die erste spricht, daß der Reichstag mit der Wahl existent wird (Art. 20); für die zweite, daß der Reichstag erst mit der Berufung und Eröffnung durch den Kaiser in legislatorische Wirksamkeit, d. h. zur Mitwirkung bei der Legislatur und zur Kontrolle der Reichsverwaltung (Art. 5, 23, 69, 78), tritt. Dieses letztere Element dürfte überwiegend sein, und zudem die Streitfrage der praktischen Bedeutung entbehren.

b, Nach Satz 2 erfordert die Auflösung des Reichstags während einer Legislaturperiode einen Bundesratsbeschluß unter Zustimmung des Kaisers, d. h. praktisch genommen eine bezügliche Kaiserliche zufolge Bundesratsbeschlusses (Art. 7) ergangene Verordnung. Die Auflösung hat nach Art. 25 von selbst das Ende des Reichstags und der Reichstagsmandate, sowie eine unter Frist gestellte Neuwahl und Zusammenrufung desselben zur Folge, so daß seine nochmalige Berufung nach der Auflösung unwirksam wäre. Übrigens läßt Art. 24 stillschweigend auch die Auflösung des nicht versammelten Reichstags zu, immer aber unter der Maßgabe des Art. 25.

Artikel 25.

Im Falle der Auflösung des Reichstags müssen innerhalb eines Zeitraumes von 60 Tagen nach derselben die Wähler und innerhalb eines Zeitraumes von 90 Tagen nach der Auflösung der Reichstag versammelt werden.

Der Art. 25 zieht die Konsequenz einer Reichstagsauflösung dahin, daß das Deutsche Volk nicht auf längere Zeit ohne Vertretung bleiben soll und deshalb eine Neuwahl und Zusammenrufung (Art. 12) des Reichstags innerhalb bestimmter Fristen erfolgen muß. Diese Folge ist naturgemäß eine zwingende; doch würde gegen ihre Nichtbeachtung es kaum eine verfassungsmäßige Abhilfe geben. Die Fristen des Art. 25 beginnen, wie die Wirksamkeit der Auflösung überhaupt, mit der öffentlichen Bekanntmachung der Auflösungsverordnung, für die es einer bestimmten Form nicht bedarf.

Artikel 26.

Ohne Zustimmung des Reichstags darf die Vertagung desselben die Frist von 30 Tagen nicht übersteigen und während derselben Session nicht wiederholt werden.

Der Art. 26 weist auf Art. 12 zurück, wonach der Kaiser den versammelten Reichstag vertagen und schließen darf, und knüpft das Vertagungsrecht an die Beschränkung, daß die Vertagung ohne Zustimmung des Reichstags nicht eine 30tägige Frist übersteigen und während derselben Session (Art. 31, Sitzungsperiode) nur einmal erfolgen darf.

1. Der rechtliche Unterschied zwischen Vertagung und Schließung ist in dem Verhältnis beider zur jeweiligen Sitzungsperiode zu suchen und stellt sich hier nach der Natur der Sache und der konstitutionellen Übung (vgl. Gesch.Ordnung des Reichstags § 70) dahin. Die Vertagung läßt die Existenz der laufenden Sitzungsperiode unberührt und unterbricht nur deren Geschäfte. Dies hat die Folge, daß zur Wiederaufnahme der vertagten Sitzung keine neue Berufung, Eröffnung, Konstituierung und Einbringung der vor der Vertagung nicht erledigten Geschäftsvorlagen erforderlich wird. Die Schließung dagegen beendigt die laufende Sitzungsperiode, dergestalt, daß eine Wiederaufnahme der letzteren unmöglich ist, vielmehr die soeben für die Wiederaufnahme der nur vertagten Sitzungsperiode als entbehrlich hingestellten Akte erforderlich sind. Das maßgebende Moment für die Unterscheidung zwischen Vertagung und Schließung ist demnach die Frage der Kontinuität. Mitberührt wird hierbei auch das Schicksal der in der laufenden Sitzungsperiode eingesetzten Kommissionen des Reichstags. Diese verlieren mit der Schließung ihre vorberatende Wirksamkeit, und es ist in der Praxis, um ihnen ausnahmsweise die Fortführung ihrer Tätigkeit nach der Schließung zu ermöglichen, mehrfach der Weg eines besonderen Reichsgesetzes beschritten, wie namentlich bei der sog. Reichsjustizkommission mittels Ges. v. 23. Dez. 1874 (RGBl. S. 194).

2. Als Schutzmittel gegen längere oder wiederholte Vertagungen in einer Sitzungsperiode soll nun die Vorschrift des Art. 26 dienen, daß der Kaiser eine Vertagung in solcher Periode, falls sie 30 Tage übersteigt, nur mit Zustimmung des Reichstags selbst und jedenfalls nur einmal verordnen darf.

Artikel 27.

Der Reichstag prüft die Legitimation seiner Mitglieder und entscheidet darüber. Er regelt seinen Geschäftsgang und seine Disziplin durch eine Geschäftsordnung und erwählt seinen Präsidenten, seine Vizepräsidenten und Schriftführer.

In Art. 27 wird die innere Organisation des Reichstags geregelt, und zwar auf autonomischer Grundlage. Dies wird durchgeführt betreffs der Entscheidung über die Legitimation seiner Mitglieder, betreffs der Handhabung der Geschäfte und der Disziplin und betreffs der Einrichtung seines Vorstandes.

1. Anlangend die Legitimation seiner Mitglieder, steht ihm freie Prüfung und Entscheidung zu. Bei der Legitimation kann es sich, da er aus Wahlen hervorgeht (Art. 20), rechtlich nur darum handeln, ob die Wahlen gültig erfolgt sind, wenn auch die Versuchung zur Geltendmachung parteipolitischer Rücksichten nahe liegen mag. Zum Behuf der Prüfung sind nach § 35 nebst Anl. D des Wahlreglements (vgl. zu Art. 20) sämtliche Akten über die Wahlen und deren Ergebnisse den Zentralbehörden der Bundesstaaten einzureichen und durch diese dem

Reichstage vorzulegen. Für das Prüfungsverfahren sind nach §§ 3 ff. der Gesch.O. des Reichstags eine Vorprüfung in einer der sieben Abteilungen, im Falle von Protesten oder Anfechtungen eine weitere Prüfung durch eine Wahlprüfungskommission und die Entscheidung durch das Plenum vorgesehen. Vor der Entscheidung kann die Beanstandung einer Wahl und eine Aufklärung der Tatumstände durch Ersuchen des Reichskanzlers beschlossen werden. Bis zur Entscheidung behält das betreffende Mitglied Sitz und Stimme im Reichstage. Ergeht dann die Entscheidung auf Ungültigkeitserklärung der Wahl, so ist die Legitimationsfrage erledigt, und die Behörde hat eine Neuwahl zu veranlassen.

2a, Bei der Regelung seines Geschäftsganges und seiner Disziplin hat der Reichstag freie Hand, und er kann diese durch eine Geschäftsordnung betätigen. Dieselbe bildet dann eine autonome, aber jederzeit abänderliche Festsetzung, der sich die Mitglieder des Reichstags unbedingt fügen müssen. Den Mitgliedern des Bundesrats und dem Reichskanzler darf das verfassungsmäßige Recht auf jederzeitiges Gehör und auf Vertretung der Vorlagen im Reichstage (Art. 9, 16) nicht verkürzt werden; andererseits aber kann der Reichstag gegenüber einem formalen Mißbrauche dieses Rechts sein Hausrecht wahren.

b, Die jetzt bestehende Geschäftsordnung ist hervorgegangen aus der vom Norddeutschen Reichstage am 12. Juni 1868 angenommenen, seitdem mit geringen Änderungen festgehaltenen und nur am 10. Febr. 1876 neu redigierten Ordnung (vgl. Hirts Ann. 1877 S. 490, Triepel, Quell.Samml. S. 188).

Aus der Gesch.O. ist folgendes hervorzuheben. Es liegt dem Reichstage zunächst ob (Art. 27 der Reichsverfassung), sich zu konstituieren durch Wahl eines Präsidenten, mehrerer Vizepräsidenten und Schriftführer. Der Präsident und im Falle seiner Vertretung ein Vizepräsident handhabt die Vorbereitung und Leitung der Verhandlungen (Redeordnung, Disziplin, Abstimmung, Protokollführung), wie die Vertretung des Reichstags nach außen, namentlich im Verkehr mit dem Reichskanzler. Vorlagen zu Gesetzentwürfen von seiten des Bundesrats und der Reichstagsmitglieder unterliegen grundsätzlich einer dreimaligen Beratung, während für andere Vorlagen (z. B. Petitionen) das Verfahren vereinfacht ist. Zur Vorbereitung der Vorlagen für das Plenum dienen Abteilungen und Kommissionen. Es werden sieben Abteilungen ausgelost, welche die Wahlen vorzuprüfen und die Mitglieder der Kommissionen zu wählen haben. Die Kommissionen können für einzelne Angelegenheiten oder für Gruppen von solchen eingesetzt werden, und ihre Aufgabe besteht darin, dieselben vorzuberaten und dem Plenum schriftlich oder mündlich Bericht zu erstatten.

Artikel 28.

Der Reichstag beschließt nach absoluter Stimmenmehrheit. Zur Gültigkeit der Beschlußfassung ist die Anwesenheit der Mehrheit der gesetzlichen Anzahl der Mitglieder erforderlich.

Laband § 36 zu 2.

1. Der Art. 28 bestimmt die Voraussetzungen für eine gültige Beschlußfassung, im Gegensatz zu bloßen Beratungen, des Reichstags.

a, Nach Satz 1 gehört dazu absolute Stimmenmehrheit. Das will sagen, die Mehrheit der wirklich abgegebenen Stimmen, nicht der bloß anwesenden; und zwar die absolute, d. h. mehr als die Gesamtheit aller übrigen Stimmen betragende. Demnach gibt, abweichend von der Beschlußfassung des Bundesrats (Art. 7 Abs. 3), bei Stimmengleichheit nicht der Präsident den Ausschlag, sondern die Vorlage gilt als abgelehnt (vgl. Gesch.O. § 51).

b, Nach Satz 2 ist aber zugleich die Beschlußfähigkeit des Reichstags geboten, indem nämlich die Mehrzahl der gesetzlichen Mitgliederzahl anwesend (abgesehen vom Stimmen) sein muß. Diese Zahl beträgt nach Art. 20 Abs. 2 397. Daher müssen zur Beschlußfassung mindestens 199 Mitglieder anwesend sein. Dies Erfordernis ist an sich zwingend; doch ist nicht zugleich vorgeschrieben, daß vor jeder Beschlußfassung die Beschlußfähigkeit (durch Auszählung oder namentliche Abstimmung) besonders festgestellt werde, und legalia praesumuntur. Dergestalt kann auch wohl bei tatsächlicher Beschlußunfähigkeit, sofern der Bundesrat und der Reichstag über die Frage der Beschlußfähigkeit stillschweigend hinweggegangen sind, ein der Anfechtung sich entziehender Beschluß zustande kommen. Ist die Beschlußunfähigkeit allerdings rechtzeitig konstatiert, so muß die Abstimmung ausgesetzt werden, während die Beratung weitergehen kann (vgl. Gesch.O. § 54, Rieker in Vierteljahrsschr. f. Staats- u. Volkswirtsch. 4 S. 266; Laband § 36 zu 2 teilweise abweichend).

2. Bei den Vorschriften des Art. 28 ist wesentlich an die Beschlußfassung über Vorlagen im Sinne der Art. 5, 23 zu denken. Bei rein internen Geschäften, wie Wahlen zu Schriftführern, Kommissionen und Abteilungen, kann der Reichstag von ihnen absehen, und eine relative Stimmenmehrheit (d. h. im Verhältnis zu jedem anderen Kandidaten), sowie bei Stimmengleichheit das Los entscheiden lassen. So auch § 10 der Gesch.O.

3. Ein früherer Abs. 2, der dem Schlußsatze des Art. 7 entsprach, ist im Hinblick auf die damit unvereinbare Vorschrift des Art. 29 durch RGes. v. 24. Febr. 1873 (RGBl. S. 43) beseitigt.

Artikel 29.

Die Mitglieder des Reichstags sind Vertreter des gesamten Volkes und an Aufträge und Instruktionen nicht gebunden.

Laband § 32, G. Meyer § 133, Arndt § 20.

Der Art. 29 stellt den bedeutungsvollen Unterschied in der staatsrechtlichen Stellung der Mitglieder des Bundesrats und der Mitglieder des Reichstags klar. Nach Art. 6 sind die Mitglieder des Bundesrats Vertreter (Abs. 1) oder Bevollmächtigte (Abs. 2) der Bundesglieder, d. h. der Bundesstaaten, und sie haben demgemäß nach den Aufträgen und Ansichten (Art. 9) ihrer Landesregierung zu handeln. Nach Art. 29 dagegen sind die Mitglieder des Reichstags Vertreter des gesamten Deutschen Volkes. Danach vertreten sie nicht die Bevölkerung des Bundesstaats oder des Wahlkreises, in dem sie gewählt sind, sondern das Deutsche Volk als Gesamtheit, also eine Idealperson, welche ohne selbständige Rechtspersönlichkeit und Aufträge zu erteilen außer Lage ist. Der

Art. 29 erklärt sie aber überhaupt an keinerlei Aufträge und Instruktionen, woher solche auch kommen mögen, für gebunden. Daraus folgt, daß ihre Aufgabe darin besteht, die Interessen des gesamten Volkes nach eigener Überzeugung gewissenhaft wahrzunehmen. Sie dürfen nicht bloß das Interesse eines einzelnen Wirtschaftszweiges (wie z. B. der Landwirtschaft, der Industrie oder des Handels), einer einzelnen konfessionellen Gemeinschaft, einer einzelnen Berufsklasse (wie z. B. der Arbeitgeber oder Arbeitnehmer) berücksichtigen; und wo sie einen Gegensatz mehrerer berechtigter Interessen finden, müssen sie solchen tunlichst auszugleichen suchen. Zur gewissenhaften Vertretung gehört naturgemäß auch der regelmäßige Besuch der Sitzungen. Ein Zuwiderhandeln gegen vorstehende Pflichten verstößt gegen den Geist der Reichsverfassung.

Artikel 30.

Kein Mitglied des Reichstags darf zu irgend einer Zeit wegen seiner Abstimmung oder wegen der in Ausübung seines Berufes getanen Äußerungen gerichtlich oder disziplinarisch verfolgt oder sonst außerhalb der Versammlung zur Verantwortung gezogen werden.

Artikel 31.

Ohne Genehmigung des Reichstags kann kein Mitglied desselben während der Sitzungsperiode wegen einer mit Strafe bedrohten Handlung zur Untersuchung gezogen oder verhaftet werden, außer wenn es bei Ausübung der Tat oder im Laufe des nächstfolgenden Tages ergriffen wird.

Gleiche Genehmigung ist bei einer Verhaftung wegen Schulden erforderlich.

Auf Verlangen des Reichstags wird jedes Strafverfahren gegen ein Mitglied desselben und jede Untersuchungs- oder Zivilhaft für die Dauer der Sitzungsperiode aufgehoben.

Laband § 37, G. Meyer § 133, Arndt § 20, Zorn § 8, Hubrich, Die parlament. Redefreiheit u. Disziplin (1899).

Um den Mitgliedern des Reichstags die Vertretung des deutschen Volkes nach freier gewissenhafter Überzeugung zu sichern, treffen die Art. 30, 31 gewisse zwingende Schutzbestimmungen für sie; und zwar der Art. 30 hinsichts ihrer Abstimmungen und Äußerungen im Reichstage, der Art. 31 hinsichts ihrer sonstigen straf- und schuldenrechtlichen Verfolgung.

Art. 30.

a, Der Art. 30 sichert die Mitglieder des Reichstags wegen ihrer in dieser Eigenschaft innerhalb des Reichstags erfolgten Abstimmungen und Äußerungen dauernd gegen irgendwelche Verfolgung oder Verantwortlichmachung außerhalb des Reichstags (sog. Immunität). Er entspricht dem Grundsatze des § 11 StrGB., nur daß dieser einen weiteren Schutzkreis zieht (vgl. Ols- Art. 30.

hausen, Kommentar zu § 11 a. a. O., und die bei Laband § 37 zu 1 angegebene Literatur). Als „Äußerungen" kommen nach allgemeinen Rechtssätzen nicht bloß ausdrücklich, sondern auch durch bloße Zeichen usw. erklärte Meinungsäußerungen in Betracht, im Gegensatz zu weitergehenden Handlungen. Der Begriff „innerhalb des Reichstags" umfaßt naturgemäß auch die zu diesem gehörigen Abteilungen und Kommissionen, nicht aber Versammlungen außerhalb des Reichstags. Die Verantwortlichmachung ist wesentlich als eine von behördlicher Seite ausgehende zu denken. Unter Umständen wird die Tatsache, daß eine Meinungsäußerung im Sinne des Art. 30 vorliegt, sich auch für die Frage des strafrechtlichen Schutzes aus § 193 StrGB. verwerten lassen. Der disziplinarischen Ahndung nach der autonomen Geschäftsordnung des Reichstags selbst (Art. 27) werden die Mitglieder desselben nicht entzogen.

b, Auf die allgemeine Zeugnispflicht (ZPO. § 380) der Reichstagsmitglieder wirkt der Art. 30 in betreff ihrer im Reichstage getanen Äußerungen nicht beschränkend ein, da es sich dabei nicht um eine Verfolgung oder Verantwortlichmachung handelt (a. M. Fuld in Hirths Ann. 1888 S. 6 u. im Arch. f. öff. R. 4 S. 345). Wegen des Vernehmungsorts während der Sitzungsperiode vgl. aber die §§ 382, 402 ZPO. und die §§ 49, 72 StrPO.

Art. 31.

Art. 31. Der Art. 31 trifft, entsprechend dem Art. 84 Abs. 2—4 der Preußischen Verfass.Urkunde, eine Schutzvorschrift für den Reichstag als Ganzes, insoweit es sich darum handelt, während einer Sitzungsperiode eines seiner Mitglieder einem Strafverfahren oder einer Straf- oder Zivilhaft zu entziehen.

a, Abs. 1 hat den Fall im Auge, daß ein Reichstagsmitglied während jener Periode wegen einer Straftat erst noch zur Untersuchung gezogen oder verhaftet werden soll. Der Fall erstreckt sich gemäß Art. 12 auch auf den Zeitraum einer Vertagung; nach der Schließung der Sitzungsperiode oder der Auflösung des Reichstags ist kein Raum mehr für ihn. Ferner setzt Abs. 1 voraus, daß es sich um irgend eine strafprozessuale Untersuchung gegen die Person eines Reichstagsmitgliedes handelt; daher könnte auch die Voruntersuchung, nicht aber ein unbestimmtes Ermittlungsverfahren in Betracht kommen, und ebenso nicht die Vollstreckung einer auf Grund einer Untersuchung erkannten Strafe (vgl. Laband § 37 zu 2 a. E., G. Meyer § 133). Eine Abweichung ist nur für eine Verhaftung vorgesehen, die sich gegen ein bei der Tat oder am nächsten Tage ergriffenes Reichstagsmitglied richtet (vgl. Seydel in Hirths Ann. 1880 S. 352).

In solchen Fällen darf die Untersuchung oder Verhaftung nur mit Genehmigung des Reichstags erfolgen. Dieses Erfordernis ist zwingend und kann daher nicht durch freiwillige Zustimmung des bezüglichen Reichstagsmitgliedes erübrigt werden. Vielmehr ist es Amtspflicht der Untersuchungsbehörde, allemal die Genehmigung des Reichstags einzuholen. Die Genehmigung geschieht in Form eines Beschlusses (Art. 28). — Vgl. übrigens für den Fall von Beleidigungen gegen den Reichstag selbst das Erfordernis der Ermächtigung aus § 197 StrGB.

b, Nach Abs. 2 gilt die Vorschrift des Abs. 1 auch für die Verhaftung eines Reichstagsmitgliedes wegen Schulden. Diese Haft betrifft gemäß §§ 904—914 ZPO. ein zivilprozessuales Zwangsmittel, welches in § 904 Nr. 1

a. a. O. im öffentlichen Interesse schon gegenüber den Mitgliedern aller deutschen gesetzgebenden Versammlungen nur unter Genehmigung derselben zugelassen ist.

c, Der Abs. 3 gibt dem Reichstage das Recht, während einer Sitzungsperiode die Unterbrechung eines bereits schwebenden Strafverfahrens oder einer bestehenden Untersuchungs- oder Zivilhaft zu erwirken. Diese Vorschrift entspricht dem allgemeinen zivilprozessualen Grundsatze des §§ 905 Nr. 1 ZPO. Im übrigen ist auf die Noten zu a, b zu verweisen.

d, Wegen Ruhens der Strafverjährung in den Fällen des Art. 31 Abs. 1, 3 vgl. den § 69 StrGB. in der Fassung des Ges. v. 26. März 1893 (RGBl. S. 133).

Anderweite Schutzvorschriften für die Reichstagsmitglieder finden sich noch in §§ 106, 339 Abs. 3 StrGB. und Art. 74 der Reichsverfassung, betreffs der freien Versammlung und Abstimmung, sowie in GVG. §§ 35 Nr. 1, 85 Abs. 2 und in § 10 Nr. 1 des Ges. v. 27. Juli 1877 über Untersuchung von Seeunfällen (RGBl. S. 549) betreffs Ablehnung des Amts als Schöffe, Geschworener und Beisitzer im Seeamt (vgl. SeemannsO. v. 2. Juni 1902, RGBl. S. 175).

Artikel 32.

Die Mitglieder des Reichstags dürfen als solche keine Besoldung oder Entschädigung beziehen.

Laband § 38, G. Meyer § 133 zu 5, Arndt § 20 a. E.

Nach Art. 32 dürfen die Mitglieder des Reichstags als solche eine Besoldung oder Entschädigung nicht beziehen. Der Sinn dieses Verbots ist naturgemäß der, die Vertretung des Deutschen Volkes als reine Ehrenfunktion hinzustellen.

a, Eine staats- oder strafrechtliche Ahndung der Verletzung des Verbots ist nicht vorgesehen; namentlich fehlt es für die Rechtsfolge (vgl. Thudichum S. 209), daß ein Abgeordneter mit Annahme einer angebotenen Besoldung oder Entschädigung stillschweigend auf sein Mandat Verzicht leiste, an jeder Grundlage. Eine andere Frage ist, ob das Reich oder die Bundesstaaten nicht disziplinarrechtlich gegen ihre Beamten wegen solcher Handlungsweise vorgehen können, da in dieser doch eine Dienstverfehlung gemäß § 10 des RBeamtGes. v. 31. März 1873 usw. zu finden ist (vgl. Fürst Bismarck im verfassungsgebenden Reichstage v. 1867, Sten. Ber. S. 727).

b, Zivilrechtlich bietet das Verbot aus Art. 32 eine Handhabe, rechtsgeschäftlichen Abmachungen zwischen Reichstagsmitgliedern und Dritten, oder einseitigen Willenserklärungen letzterer, wonach, sei es ausdrücklich oder stillschweigend, den Reichstagsmitgliedern als solchen Diäten versprochen oder ausgesetzt werden, die Rechtswirksamkeit zu entziehen. Dies ist schon unter der Herrschaft des Preuß. ALR. (auf Grund des in T. I Tit. 16 § 173 vorgesehenen Konditionsrechts des Fiskus) erwirkt worden (vgl. Urt. des RG. v. 25. Nov. 1886, Entsch. 16 S. 89; Fuchs im Arch. f. öff. Recht 2 S. 123; abweichend Joël in Hirths Ann. 1886 S. 613). Das gleiche wird auch jetzt nach dem BGB. insofern der Fall sein, als nach § 134 dort ein Rechtsgeschäft, das gegen ein gesetzliches Verbot verstößt, nichtig sein soll, und ein solcher Verstoß bei obigen Rechtsgeschäften doch vorliegt, wenn auch das fiskalische Kondiktionsrecht dem BGB. fremd ist (vgl. §§ 812—822), und sonst für eine Zurückforderung hier der § 817 maßgebend sein würde.

c, Unter Entschädigung und Besoldung fällt nach allgemeinem Sprachgebrauch die Vergütung für alle Ausgaben, die der während der Ausübung des Reichstagsmandats erforderliche Lebensunterhalt mit sich bringt, mag die Vergütung in Geld oder in anderen Leistungen bestehen.

Es versteht sich von selbst, daß das Verbot aus Art. 32 in erster Linie die Regierungen des Reichs und der Bundesstaaten wie andere öffentlich-rechtliche Körperschaften (Kommunen usw.) trifft, so daß bezügliche Zahlungen oder Leistungen aus deren Kassen unzulässig sind.

Indes umgeht die Etatsgesetzgebung des Reichs (Art. 69) seit 1874 das Verbot insoweit, als den Mitgliedern des Reichstags während der Sitzungsperiode sowie acht Tage vor- und nachher freie Fahrt auf den Staatsbahnen und auf den (aus Reichsmitteln abzufindenden) Privatbahnen gewährt wird, eine Vergünstigung, die jedoch seit 1884 auf Reisen zwischen dem Wohnsitz der Abgeordneten und dem Sitze des Reichstags beschränkt ist.

Behufs sonstiger Abweichung von dem Verbot des Art. 32 ist nach Art. 78 ein Reichsgesetz erforderlich, wie ein solches auch z. B. zugunsten der Mitglieder der sog. Reichsjustizkommission durch die Ges. v. 23. Dez. 1874 (RGBl. S. 194) und 1. Febr. 1876 (RGBl. S. 15) erlassen worden ist.

Das Bestehen des Art. 32 ist neuerdings zunehmend in Frage gestellt. Der Reichstag hat in mehrfachen Beschlüssen auf Gewährung von Diäten angetragen, der Bundesrat jedoch bisher seine Zustimmung versagt.

VI. Zoll- und Handelswesen.

A. Systematik der Abschn. VI—XIII.

Mit Abschn. VI geht die Reichsverfassung dazu über, für eine große Reihe der in Art. 4 dem Reiche zugewiesenen staatsrechtlichen Angelegenheiten selbst, sogleich Ausführungs- oder Aufsichtsvorschriften zu geben. Dieser Teil der Verfassung umfaßt die Abschn. VI—XIII, und man könnte ihn als besonderen Teil bezeichnen. Im einzelnen bezieht sich

Abschn. VI auf Art. 4 Nr. 2,
Abschn. VII auf Art. 4 Nr. 8,
Abschn. VIII auf Art. 4 Nr. 10,
Abschn. IX auf Art. 4 Nr. 7, 14,
Abschn. X auf Art. 4 Nr. 7,
Abschn. XI auf Art. 4 Nr. 14,
Abschn. XII auf Art. 4 Nr. 2,
Abschn. XIII auf Art. 4 Nr. 13

zurück.

B. Allgemeiner Inhalt des Abschn. VI.

1. Nach Art. 4 Nr. 2 unterliegen der Beaufsichtigung und Gesetzgebung des Reiches die Zoll- und Handelssachen, sowie die zu Reichszwecken zu verwendenden Steuern. Diese Materie erfährt nun in Abschn. VI ihre nähere Regelung.

Hierbei kommen wesentlich zwei Gesichtspunkte in Betracht. Einmal nämlich sind nach Art. 70 die aus den Zöllen und den gemeinschaftlichen Verbrauchssteuern (Art. 35) fließenden gemeinschaftlichen Einnahmen des Reichs zur Bestreitung aller gemeinschaftlichen Ausgaben desselben mitbestimmt, und sie bilden daher eine der Einnahmequellen für die Reichsfinanzen. Sodann finden die Zölle und Verbrauchssteuern ihren hauptsächlichen Rechtsgrund nicht erst in der Reichsverfassung, sondern, wie aus Art. 40 derselben erhellt, in dem als wirtschaftliche Vorstufe zum nationalen Staate sich kennzeichnenden Deutschen Zollvereine.

Der finanzpolitische Gesichtspunkt wird zu Art. 70 erörtert werden. Auf den wirtschaftspolitischen ist hier einzugehen.

Deutscher Zollverein.

2. Den ersten Schritt zur Herbeiführung eines einheitlichen Zoll- und Handelsgebiets in Deutschland tat Preußen innerhalb seines eigenen Gebiets durch das Zoll- und Handelsgesetz v. 26. Mai 1818 (GS. S. 65). Danach sollten der Verkehr zwischen den verschiedenen Landesteilen frei und unbeschränkt sein und alle Staats-, Kommunal- und privaten Binnenzölle fortfallen, hingegen von einer großen Zahl ausländischer Ein- und Durchfuhrartikel Grenzzölle unter Grenzbewachung erhoben werden. Durch diese Maßregel wurden die übrigen Deutschen Staaten, teils aus eigenem wirtschaftlichem Interesse, teils unter dem Einflusse patriotischer, die wirtschaftliche Einheit Deutschlands erstrebender Männer (wie des Badischen Ministers Nebenius, des Nationalökonomen Friedrich List, der Preußischen Staatsmänner Motz und Maaßen) allmählich genötigt, sich in wirtschaftliche Verbindung mit Preußen zu setzen. Schon bis zum März 1833 hatte eine große Anzahl mittel- und norddeutscher Staaten Zollvereinsverträge mit Preußen geschlossen. Am 1. Januar 1833 trat der Zollverein in Kraft (vgl. über den Zollverein v. Festenberg-Packisch (1869) und Weber (2. Aufl. 1872, über die Verträge und Verhandlungen dazu die Sammlung Bd. I—V). Weitere Vereins- bzw. Beitrittsverträge wurden, unter Beteiligung der süddeutschen Staaten, am 22. und 30. März und 11. Mai 1833, 12. Mai und 10. Dez. 1835, 2. Januar 1836, 8. Mai, 19. Okt. und 13. Nov. 1841, 4. April 1853 und 16. Mai 1865 errichtet. Von den dann noch übrigen Staaten schlossen sich beide Mecklenburg, Schleswig-Holstein-Lauenburg und die Hansestadt Lübeck erst gelegentlich des Norddeutschen Bundes dem Zollverein an, während die Hansestädte Hamburg und Bremen einstweilen noch fernblieben (vgl. Art. 34). Der so zustande gekommene und erweiterte Zollverein brachte den beteiligten Staaten im wesentlichen teils eine übereinstimmende Zollgesetzgebung (über Einfuhr-, Durchfuhr[Transit]- und Ausfuhrzölle, weiterhin auch über Rübenzuckersteuer, über Bestrafung und Strafverfahren betreffs Zoll- und Steuervergehen), teils eine gleichmäßige Organisation der Zollverwaltung, teils eine gemeinschaftliche Vereinnahmung der Zölle und der Rübensteuer, teils endlich eine gleichmäßige (nach der Bevölkerungszahl) Verteilung der Erträge unter die Beteiligten. Der rein völkerrechtliche Charakter des Zollvereins trat aber schon darin hervor, daß zur Abänderung der Zollgesetzgebung und Zollverwaltung eine Vereinbarung, d. h. die Einstimmigkeit, der jährlich zusammentretenden General-Zollkonferenz geboten war, daß die von dieser beschlossenen Gesetze und sonstigen Anordnungen erst durch Verkündigung in den beteiligten Vereinsstaaten verbindliche Kraft erhielten, und daß die Zollvereinsverträge auf

Kündigung und (seit 1841) auf bestimmte Zeitdauer gestellt wurden. In letzterer Beziehung ist zu erwähnen, daß der Zollverein durch die Verträge v. 8. Mai 1841, 4. April 1853 und 16. Mai 1865 jedesmal auf 12 Jahre verlängert wurde.

Durch den Krieg von 1866 wurde auch der Zollverein rechtlich in Frage gestellt. Die Friedensschlüsse desselben Jahres und die Verfassung des Norddeutschen Bundes (vgl. Publikandum v. 26. Juli 1867 im BGBl. S. 1) führten dann folgende Gestaltung des Zollvereins herbei. In den Friedensschlüssen (Art. 7) mit den süddeuschen Staaten war vereinbart, daß der Zollverein vorläufig als wiederhergestellt gelten solle, jedoch unter Vorbehalt sechsmonatiger Kündigung. Im Verhältnis zu den in den Norddeutschen Bund eintretenden Staaten bewirkte die Bundesverfassung eine erhebliche Änderung des Zollvereins in der Gestalt, die er durch den Vertrag v. 16. Mai 1865 empfangen hatte. Er wurde nämlich dadurch aus einem völkerrechtlichen, kündbaren, auf den Grundsätzen der Vereinbarung, der Gleichberechtigung und der Verteilung seiner Einnahmen unter die Mitglieder aufgebauten Staatenvereine zu einem verfassungsmäßigen, unkündbaren, auf Gesetzgebung und Verordnung gestellten, seine Einnahmen zur Bestreitung seiner Ausgaben verwendenden Bundesstaate unter dem Präsidium der Krone Preußen umgewandelt. Auch gegenüber den süddeutschen Staaten erzielte Preußen mit Hilfe der Kündigungsklausel eine der Norddeutschen Bundesverfassung sich annähernde Änderung des Zollvereinsvertrages v. 16. Mai 1865 durch den zwischen dem Norddeutschen Bunde und den süddeutschen Staaten abgeschlossenen Zollvereinigungsvertrag v. 8. Juli 1867 (BGBl. S. 81). Durch diesen Vertrag wurde zwischen den Kontrahenten ein Zollverein auf 12 Jahre (bis Ende 1877), stillschweigend auf den gleichen Zeitraum verlängerbar, des Inhalts begründet, daß für den Verein die früheren Zollverträge maßgebend bleiben sollten, soweit nicht der neue Vertrag Änderungen vorsehe, in dieser Beziehung aber fortan die Vereinsangelegenheiten entsprechend den in der Norddeutschen Bundesverfassung eingeführten Formen und Einrichtungen, d. h. durch einen Bundesrat und ein Präsidium des Zollvereins und ein Zollparlament, zu erledigen seien, wobei für die Bildung des Zollbundesrats eine Heranziehung süddeutscher Bevollmächtigten zum Norddeutschen Bundesrat, für die Bildung des Zollparlaments eine Verstärkung des Norddeutschen Reichstags durch 85 süddeutsche, nach dem Wahlgesetz des Norddeutschen Bundes zu erwählende Abgeordneten vorgeschrieben war.

Mit der Errichtung des Deutschen Reiches (1870/1) wurde der durch den Vertrag v. 8. Juli 1867 geschaffene Zollverein für sich gegenstandslos, infolge einer entsprechenden Wandlung, wie solche durch die Begründung des Norddeutschen Bundes für die in diesen eintretenden Staaten des alten Zollvereins herbeigeführt war. Die süddeutschen Zollvereinsstaaten traten dem Norddeutschen Bunde bei, der dadurch zum Deutschen Reich erweitert wurde, und unterwarfen sich der Reichsverfassung. In Art. 40 der letzteren sind die Bestimmungen des Zollvereinigungsvertrages v. 8. Juli 1867, und somit nach Art. 1 desselben die Zoll- und Handelsverträge v. 16. Mai 1865 und älteren Datums, nebst zugehörigen Separatartikeln aufrecht erhalten, soweit sie nicht durch die Reichsverfassung abgeändert sind oder auf dem Wege der Art. 7, bzw. 78 abgeändert werden. Aber in den vorhergehenden Art. 33—39 der Reichsverfassung ist bestimmt, daß grundsätzlich ganz Deutschland ein Zoll- und Handelsgebiet bilden, die Gesetzgebung über das gesamte Zollwesen und die Besteuerung gewisser Verbrauchsgegenstände ausschließlich dem Reiche zustehen, die Erhebung und Verwaltung der Zölle und gemeinschaftlichen Verbrauchssteuern den Bundesstaaten verbleiben, jedoch durch den Kaiser überwacht werden, und der Ertrag derselben in die Reichskasse fließen soll; lauter Vorschriften, die auf reichsverfassungsmäßigem Grunde erhebliche Abweichungen von den früheren Zollvereinsverträgen enthalten.

Aus diesem rechtsgeschichtlichen Rückblicke folgt, daß bei der Erläuterung des Abschn. VI der Reichsverfassung eine Heranziehung des Inhalts des Zollvereinigungsvertrages v. 8. Juli 1867 nicht zu umgehen ist.

Artikel 33.

Deutschland bildet ein Zoll- und Handelsgebiet, umgeben von gemeinschaftlicher Zollgrenze. Ausgeschlossen bleiben die wegen ihrer Lage zur Einschließung in die Zollgrenze nicht geeigneten einzelnen Gebietsteile.

Alle Gegenstände, welche im freien Verkehr eines Bundesstaats befindlich sind, können in jeden anderen Bundesstaat eingeführt und dürfen in letzterem einer Abgabe nur insoweit unterworfen werden, als daselbst gleichartige inländische Erzeugnisse einer inneren Steuer unterliegen.

R. Delbrück, Der Art. 40 der RVerfassung (1881), S. 23ff.; Laband § 120; Hänel in Hirths Ann. 1874 S. 1487; Aufseß, Zölle u. Steuern des D. Reichs in Hirths Ann. 1893 S. 160; Zorn, RStaatsrecht §§ 44, 47, 48; G. Meyer, RStaatsrecht §§ 208, 209; Arndt, RStaatsrecht §§ 37, 38.

Der Art. 33 stellt

in Abs. 1 den Grundsatz auf, daß Deutschland ein von gemeinschaftlicher Zollgrenze umgebenes Zoll- und Handelsgebiet bilden soll, und zieht hieraus

in Abs. 2 eine praktische Folgerung hinsichts der Besteuerung des wirtschaftlichen Verkehrs zwischen den Bundesstaaten.

Der Art. 33 ist auch für Elsaß-Lothringen eingeführt (Ges. v. 17. Juli 1871, RGBl. S. 325), nicht aber für Helgoland.

Abs. 1.

Der Abs. 1 spricht den Grundsatz der Einheitlichkeit des Reichsgebiets für Zölle und Handel aus, ein Grundsatz, der auch für andere staatliche Zweige des Reichs (z. B. solche der Justiz, der Volkswirtschaft, der Wehrmacht) gilt.

1a. Der Grundsatz erfährt aber in Abs. 1 zunächst eine Beschränkung hinsichts solcher einzelnen Gebietsteile, die ihrer Lage wegen zur Einschließung in die Zollgrenze ungeeignet sind. — Diese Ausnahme weist auf den Art. 6 des Zollvereinsvertrages v. 8. Juli 1867 zurück. In diesem Artikel war von der vollen Anwendung jenes Vertrags (d. h. der Art. 3—5, 10—20, 22) vorläufig eine Reihe von Staaten und Gebietsteilen des Norddeutschen Bundes (Nr. 1), wie von Gebietsteilen Badens ausgeschlossen, mit der Maßgabe, daß die Ausschließung zu Nr. 1, sobald deren Gründe wegfielen, auf Anregung des Präsidiums durch Beschluß des Zollbundesrats und ohne Mitwirkung des beteiligten Einzelstaats beseitigt werden dürfe. Der Art. 6 ist inzwischen durch die Ausbildung des Norddeutschen Bundes zum Deutschen Reiche überwiegend unwirksam gemacht worden. Jetzt sind nach der Reichsverfassung Art. 33 Ausschließungen von der Einheit des Zoll- und Handelsgebiets nur noch wegen der Lage, d. h. der örtlichen Schwierigkeit der Miteingrenzung, zulässig. Nach Art. 7 Nr. 2, 35 steht die Beschlußfassung dem Bundesrate zu. Die heute noch ausgeschlossenen Gebietsteile des Reichs sind: von der Nr. 1 des Art. 6 des Vertrages v. 8. Juli 1867 für Preußen die Hafenanlagen bei Geestemünde nebst der Schiffsbevölkerung in denselben, für Hamburg das Freihafengebiet (vgl. Art. 34) nebst etlichen Cuxhavener Häusern und der Schiffsbevölkerung, für Bremen ein Gebiet bei Bremerhaven nebst Schiffsbevölkerung (vgl. Art. 34); von der Nr. 2 a. a. O. etliche Ortschaften in den Badischen Bezirken Konstanz und Waldshut. Dazu tritt noch die Preußische Insel Helgoland, deren Ausschluß durch Ges. v. 15. Dez. 1890 (RGBl. S. 207) festgesetzt ist.

b, Eine weitere Ausnahme ist in Art. 34 der Reichsverfassung selbst hinsichts der Hansestädte Bremen und Hamburg bestimmt. Hierüber vgl. die Note zu diesem Artikel.

c, Andererseits ergibt sich eine Erweiterung des Grundsatzes in Abs. 1 aus dem Art. 40 der Reichsverfassung. Denn dort sind die Vorschriften des Zollvereinsvertrags v. 8. Juli 1867 grundsätzlich aufrecht erhalten; und dazu gehört auch der Art. 2, inhalts dessen in dem Gesamtzollvereine auch solche Staaten oder Gebietsteile verbleiben sollen, welche dem Zoll- und Handelssystem der Kontrahenten oder eines von ihnen angeschlossen sind, und zwar unter Wahrung ihrer besonderen Vertragsverhältnisse. Damit ist auch die Beteiligung ausländischer Staaten und Gebiete an dem einheitlichen Zoll- und Handelsgebiet des Reichs zugelassen. Solche Anschlüsse bestehen teils für das Großherzogtum Luxemburg, welches sich durch einen mehrfach erneuerten Staatsvertrag v. 8. Febr. 1842 dem Zollsystem Preußens und der mit diesem vereinten Staaten angeschlossen hat (vgl. den letzten Vertrag v. 20./25. Okt. 1865 in der Preuß. GS. 1866 S. 207, sowie den § 14 des Vertrags v. 11. Juni 1872, betreffend die Übernahme der Wilhelm-Luxemburgschen Eisenbahnen in deutsche Verwaltung (RGBl. S. 337), teils für die Österreichischen Gemeinden Jungholz und Mittelberg, von denen die erstere durch Staatsvertrag v. 3. Mai 1868 seitens Österreichs dem Bayerischen Zollsystem (Bayr. Reg.Bl. S. 1183, 1241), die letztere, als zu Bayern gehörig, durch Staatsvertrag v. 2. Dez. 1890 seitens Österreichs dem deutschen Zollgebiet angeschlossen ist (RGBl. 1891 S. 59).

Aus vorstehendem Rechtsstande folgt, daß die Gebiete des Reichs und der Zollgemeinschaft sich nicht vollständig decken (vgl. R. Delbrück a. a. O. S. 10).

2. Es fragt sich noch, inwieweit der Grundsatz des Abs. 1 auf Stromläufe und Meeresküsten anzuwenden ist.

a, Nach der allgemeinen Fassung des Abs. 1 ist die Anwendung für die ganze Länge der Ströme, selbst da, wo diese schon der Seeschiffahrt unterliegen, zu bejahen. Eine lebhafte Erörterung hierüber hat mit Bezug auf die Unterelbe (von Hamburg bis zur Mündung) um 1880 herum stattgefunden, indem für diesen Stromteil, als er auf Grund der Reichsverfassung in die Zollgrenze eingeschlossen werden sollte, eine Ausnahmestellung zufolge der Elbschiffahrtsakte v. 21. Juni 1821 begehrt wurde. Der Bundesrat hat jedoch durch Beschluß v. 8. Dez. 1881 (Zentr.Bl. f. d. D. R. S. 464) die Einschließung angeordnet, wodurch die Sache praktisch erledigt ist. Die Einbeziehung der Unterweser ist im Jahre 1888 zugleich mit derjenigen Bremens erfolgt, wie zu Art. 34 erläutert worden.

b, Anlangend die Meeresküsten, gehören solche völkerrechtlich bis auf Kanonenschußweite vom Strande zum Reiche. Zollrechtlich dagegen wird nach § 16 des Zollges. v. 1. Juli 1869 (BGBl. S. 320) die Zollinie durch die den jeweiligen Wasserspiegel abgrenzende Landlinie gebildet, was auch für andere Gewässer gilt, auf deren Stand Ebbe und Flut einwirken.

Abs. 2.

Der Abs. 2 zieht eine praktische Folge aus dem Grundsatze des Abs. 1 dahin, daß alle im freien Verkehr eines Bundesstaats befindlichen Gegenstände in jeden anderen Bundesstaat eingeführt und dort mit einer Abgabe nur insoweit, als ebendort gleichartige inländische Erzeugnisse einer inneren Steuer unterliegen, belegt werden dürfen.

Diese knappe Vorschrift erfährt ihre Erläuterung erst aus den darauf bezüglichen Art. 4, 5 des Zollvereinsvertrags v. 8. Juli 1867. Daraus ergeben sich wesentlich folgende Grundsätze.

α) Nach Art. 5, I a. a. O. dürfen in den Einzelstaaten von nachweisbar ausländischen Erzeugnissen, sofern solche vom Reiche bei der Einfuhr mit einer die allgemeine Eingangsabgabe (Art. 3 § 7 a. a. O.) von 15 Groschen vom Zentner (= 3 M. von 100 kg) übersteigenden Abgabe besteuert werden, keine weitere Eingangsabgabe, sei es für Rechnung des Staats oder für Rechnung von Kommunen oder Korporationen, erhoben werden, jedoch vorbehaltlich solcher inneren Steuern, die in einem Einzelstaat auf die weitere Verarbeitung (Fabrikation), bzw. bei Getränken auf den Umsatz (Zirkulation) allgemein gelegt sind. Dabei sind unter Fabrikationssteuern nur solche von Branntwein, Bier und Essig und die Mahl- und Schlachtsteuer zu verstehen. Anlangend die Zirkulationssteuer von Getränken, sollen diese bei ihrer ersten Einlage, d. h. der ihrem Bezuge aus dem Ausland oder aus öffentlichen bzw. privaten Lagern unmittelbar folgenden Einlage, von jeder inneren Steuer freibleiben. Nach Ges. v. 27. Mai 1885 (RGBl. S. 109) ist übrigens der Einschränkung aus Art. 5 I eine Reihe von Erzeugnissen (Mühlenfabrikate, Backwaren, Fleisch, Fleischwaren und Fett, bei Kommunal- und Korporationssteuern Bier und Branntwein) wieder entzogen.

β) In Ansehung der inländischen und vereinsländischen Erzeugnisse, denen ausländische Erzeugnisse, die vom Reiche beim Eingange zollfrei gelassen oder mit einer Abgabe nicht über 15 Groschen vom Zentner belegt sind, gleichstehen, gilt nach Art. 4, 5 II, §§ 1—8 folgendes. Von inländischen Erzeugnissen, die einen Vereinsstaat nur zum Transit in einen anderen Vereinsstaat oder ins Ausland passieren, dürfen keinerlei innere Steuern erhoben werden. Die auf der Hervorbringung, Zubereitung oder Verbrauchung der Erzeugnisse ruhenden inneren Steuern können die Einzelstaaten beibehalten, ändern, beseitigen oder neu einführen; jedoch für jetzt (d. h. mangels anderweiter reichsgesetzlicher Regelung) nur mit Bezug auf gewisse Erzeugnisse (Wein, Most, Cider, Mühlenfabrikate, Backwaren, Fleisch, Fleischwaren, Fett). In betreff des in Art. 5 noch erwähnten inländischen Bieres und Branntweins hat die Reichsverfassung, Art. 35 Abs. 2 für Bayern, Württemberg, Baden und (laut RGes. v. 25. Juni 1873, RGBl. S. 161) Elsaß-Lothringen die Landesbesteuerung offen gelassen; doch vgl. wegen des jetzigen Rechtszustands die Noten zu Art. 35 Abs. 2. — Abgaben für Rechnung von Kommunen oder Korporationen dürfen nur für gewisse zur örtlichen Konsumtion bestimmte Produkte auferlegt werden (vgl. a. a. O. Art. 5, II, § 7).

γ) Überall, wo nach obigem eine Besteuerung durch Einzelstaaten zulässig ist, darf zur Wahrung der Gleichmäßigkeit das Erzeugnis eines anderen Vereinsstaats keine höhere oder lästigere Besteuerung erfahren, als das gleiche inländische oder sonst vereinsländische oder vom Ausland eingeführte Erzeugnis, nach näherer Maßgabe des Art. 5, II, § 3 a. a. O. Insbesondere dürfen solche Steuern, die auf Hervorbringung oder Zubereitung von Verbrauchsgegenständen gelegt sind, bei deren Einfuhr aus anderen Vereinsstaaten zum gesetzlichen Vollbetrage als sog. Übergangssteuern erhoben werden (vgl. das Vereinszollges. v. 1. Juli 1869, RGBl. S. 317, § 8); jedoch mit dem sonderrechtlichen (Art. 78 der Reichsverfassung) Vorbehalt für die Süddeutschen Staaten, daß der in diesen erzeugte Wein und Traubenmost in den Staaten des früheren Norddeutschen Bundes einer solchen Abgabe nicht unterliegt. Dagegen können innere Steuern, die auf einen Verbrauchsgegenstand gelegt sind, bei dessen Ausfuhr in einen anderen Vereinsstaat entweder unerhoben bleiben oder zurückerstattet werden, letzteres jedoch nicht in einem höheren Betrage, als es bei der Ausfuhr ins Ausland geschieht.

δ) In keinem Falle sind die Einzelstaaten zur Erhebung von Abgaben auf die bloße Durchfuhr oder den Export ins Ausland befugt (Art. 3 § 1, Art. 4, Art. 5, II, § 1).

ε) Für die Frage, inwieweit einem Einzelstaate mit Wirkung gegen die anderen die Befugnis zustehe, Ausfuhrverbote oder Erschwerungen (angesichts außerordentlicher Umstände, wie namentlich eines Krieges) zu erlassen, galten früher die Abs. 2—4 von Art. 4 des Zollvereinsvertrags v. 8. Juli 1867. Jetzt dürfen nach der Reichsverfassung Art. 7 Nr. 2 und 35 (vgl. auch das Zollges. v. 1. Juli 1869 § 2) von den Einzelstaaten Ausfuhrverbote überhaupt nicht mehr erlassen werden, weil solche danach der Zuständigkeit des Bundesrats unterliegen.

Das Recht, zur Abwehr ansteckender Krankheiten die erforderlichen Maßregeln zu treffen, war den Einzelstaaten ohne Unterschied zwischen Auslands- und Binnenverkehr, in Art. 4 Abs. 5 des Zollvereinsvertrags v. 8. Juli 1867 zugestanden. Die Zuständigkeit für diese Materie ist nach der Reichsverfassung Art. 4 Nr. 15 und Art. 35 auf das Reich übergegangen. Dieses hat, wie in der Note zu Art. 4 Nr. 15 näher dargelegt ist, seine Zuständigkeit bisher durch eine Reihe von Gesetzen, welche Schutzmaßregeln der Medizinal- und Veterinärpolizei vorsehen, betätigt, und darin ist auch den Einzelstaaten eine erhebliche Mitverwaltung, wenn auch immer auf dem Boden gegenseitiger Gleichmäßigkeit, eingeräumt. Soweit die Reichsgesetzgebung sich noch nicht betätigt hat, muß noch der Art. 4 Abs. 5 des Zollvereinsvertrags v. 8. Juli 1867 als wirksam gelten.

Artikel 34.

Die Hansestädte Bremen und Hamburg mit einem dem Zweck entsprechenden Bezirke ihres oder des umliegenden Gebietes bleiben als Freihäfen außerhalb der gemeinschaftlichen Zollgrenze, bis sie ihren Einschluß in dieselbe beantragen.

G. Tuch in Schmollers Jahrb. 1882 S. 113.

Der Art. 34 schließt sich, dem Art. 33 Abs. 1, wie bereits in der Note 2b dazu erwähnt ist, an, indem er festsetzt, daß die Hansestädte Bremen und Hamburg mit einem zweckentsprechenden Freihafengebiet außerhalb der nach Art. 33 gemeinschaftlichen Zollgrenze so lange bleiben sollen, bis sie ihre Einschließung beantragen. Der Unterschied zwischen beiden Artikeln tritt aber insofern hervor, als die Gebietsausschlüsse im Sinne des Art. 33 Abs. 1 durch bloßen Bundesratsbeschluß aus Zweckmäßigkeitsgründen und ohne Zustimmung der beteiligten Einzelstaaten, hingegen diejenigen im Sinne des Art. 34 nur durch einen auf Antrag der beteiligten Hansestadt ergehenden Bundesratsbeschluß, also nur in Weise von Sonderrechten (Art. 78 Abs. 2), beseitigt werden können. Einer Zustimmung des Reichstags bedarf es daneben überall nur, soweit das Reich zu den Kosten der Einschließung beitragen soll.

Auf dem letzteren Wege ist inzwischen auch der größte Teil des Hamburger und des Bremischen Staatsgebiets in den Zollverein, unter Kostenzuschuß des Reichs, eingeschlossen. Auf seiten Hamburgs liegt dem das auf Grund eines Abkommens zwischen dem dortigen Senat und dem Reichskanzler ergangene RGes. v. 16. Febr. 1882 (RGBl. S. 39) zugrunde; und es ist jetzt nur noch das Freihafengebiet zu Hamburg nebst Hafenanlage zu Cuxhaven ausgeschlossen. Auf seiten Bremens beruht die Einschließung auf dem vom Bremischen Senat erwirkten Bundesratsbeschlusse vom 6. Nov. 1884 und dem RGes. v. 31. März 1885 (RGBl. S. 79), wonach nur noch die Hafenanlagen zu Bremerhaven nebst umliegenden Petroleumlagerplätzen und ein bei Bremen einzurichtender Freihafen außerhalb der Zollgrenze verblieben sind. In Wirksamkeit getreten sind diese Anschlüsse am 15. Okt. 1888 (Zentr.Bl. S. 913, 914).

Soweit jetzt noch Gebietsteile obiger Hansestädte nicht eingeschlossen sind, findet der Art. 34 noch Anwendung auf sie.

Artikel 35.

Das Reich ausschließlich hat die Gesetzgebung über das gesamte Zollwesen, über die Besteuerung des im Bundesgebiete gewonnenen Salzes und Tabaks, bereiteten Branntweins und Bieres und aus Rüben oder anderen inländischen Erzeugnissen dargestellten Zuckers und Sirups, über den gegenseitigen Schutz der in den einzelnen Bundesstaaten erhobenen Verbrauchsabgaben gegen Hinterziehungen,

sowie über die Maßregeln, welche in den Zollausschüssen zur Sicherung der gemeinsamen Zollgrenze erforderlich sind.

In Bayern, Württemberg und Baden bleibt die Besteuerung des inländischen Branntweins und Bieres der Landesgesetzgebung vorbehalten. Die Bundesstaaten werden jedoch ihr Bestreben darauf richten, eine Übereinstimmung der Gesetzgebung über die Besteuerung auch dieser Gegenstände herbeizuführen.

Die grundsätzliche Zoll- und Handelsgemeinschaft des Deutschen Reichs, die in Art. 33, 34 mit Bezug auf das Reichsgebiet festgesetzt worden, erfährt in Art. 35, 36—39 mit Bezug auf Gesetzgebung und Verwaltung ihre nähere Regelung.

Abs. 1.

Abs. 1. Für den Zollverein war die Gemeinschaft der Gesetzgebung zuletzt in dem Vertrage v. 8. Juli 1867 Art. 3 §§ 1—5 festgesetzt. Nach Art. 35 der Reichsverfassung ist sie nunmehr ausschließlich dem Reiche insoweit überwiesen, als sie

A. das gesamte Zollwesen,

B. die Besteuerung gewisser inländischer Verbrauchserzeugnisse, nämlich von Salz, Tabak, Branntwein, Bier, Rüben- oder sonstwie dargestelltem Zucker und Sirup,

C. den Schutz gegen Hinterziehung der von Bundesstaaten zu erhebenden Verbrauchsabgaben,

D. die in den Zollausschlußgebieten (Art. 33, 34) zur Sicherheit der Zollgemeinschaftsgrenze erforderlichen Maßregeln

betrifft.

Danach ist insoweit den Einzelstaaten das Recht entzogen, in obige Angelegenheiten durch Erlaß von Gesetzen oder gesetzesgleichen Verordnungen irgendwie, sei es ändernd, ergänzend oder neuschaffend, einzugreifen.

A. Das gesamte Zollwesen.

Zollwesen. Bei den Zöllen handelt es sich um die Besteuerung von Waren gelegentlich ihrer Ein-, Durch- oder Ausfuhr über eine Staatsgrenze. Die Besteuerung kann zu verschiedenen Zwecken, nämlich zu wirtschafts- oder finanzpolitischen (Schutz- oder Finanzzölle, häufig kombiniert), aber auch zu rein politischen Zwecken erfolgen.

1. Nach Art. 35 soll die Gesamtheit des Zollwesens der Reichsgesetzgebung unterstehen. Deshalb fällt naturgemäß darunter die Regelung der Zollpflicht (Gegenstände, Verkehrsarten, Befreiungen, Ermäßigungen, Zollsätze usw.), der Erhebung und Kontrolle der Zölle, der Behördenorganisation, des strafrechtlichen und strafprozessualen Schutzes der Zollgesetze und des Schutzes der gemeinschaftlichen Zollgrenze in den Ausschlußgebieten (oben zu D, Zollvereinsvertrag v. 8. Juli 1867 Art. 3 § 7).

2. Der jetzige Stand der bezüglichen Reichsgesetzgebung ist, unter Berücksichtigung des Art. 40 der Reichsverfassung, im wesentlichen folgender.

Zollges. v. 1. 7. 1869. a. Die Grundlage bildet das Vereinszollgesetz v. 1. Juli 1869 (BGBl. S. 317), durch Ges. v. 18. April 1889 (RGBl. S. 53) zu § 108 abgeändert, durch Ges. v. 17. Juli 1871 auch auf Elsaß-Lothringen ausgedehnt (RGBl. S. 37), damit aber als Reichsgesetz anerkannt. Dasselbe will die Vereinbarungen, die laut Zollvereinsvertrags v. 8. Juli 1867, Art. 3 § 7 über das Zollgesetz, die Zollordnung, den Zolltarif und die zollstrafrechtlichen Grundsätze getroffen worden, zusammenfassen; und daher gibt es in XXI Abschnitten mit 167 Paragraphen eingehende Vorschriften über den Verkehr mit dem Vereinsauslande und im inneren Vereinsgebiet, über die Zollerhebung und deren Beaufsichtigung, über die Ein-, Aus- und Durchfuhr im allgemeinen und speziell auf Landstraßen, Flüssen und Kanälen, Eisenbahnen, seewärts, über die Behandlung des Postverkehrs, der Reisenden und der wertzollpflichtigen Gegenstände, über den Warenverschluß und die Niederlagen unverzollbarer Waren, über die Zollbefreiungen und Zollerleichterungen, über die Zollkontrolle im Grenzbezirk, im Binnenland, über Haussuchungen und Personenvisitationen, über Dienststellen und Beamte, über Strafen und Strafverfahren.

Aus den allgemeineren Vorschriften des Gesetzes möchte folgendes hervorzuheben sein. Für den Verkehr mit dem Vereinsauslande gilt der Grundsatz, daß von dem Auslande her für alle Natur-, Kunst- und gewerblichen Erzeugnisse im ganzen Vereinsgebiet die Ein-, Aus- und Durchfuhr, abgesehen von besonderen Umständen, offensteht, daß ihre Einfuhr zollfrei, soweit nicht der Vereinstarif einen Eingangszoll festsetzt, daß die Ausfuhr regelmäßig (seit Aufhebung des Lumpenzolles ausnahmslos) nicht zollpflichtig, die Durchfuhr ganz abgabenfrei ist (§§ 1—6). Anlangend den Verkehr mit ausländischen (zollfreien oder verzollten) oder mit vereinsländischen Waren, ist er regelmäßig frei, und Binnenzölle der Staaten, Kommunen und Privaten dürfen, abgesehen von Gebrauchsabgaben für Verkehrsanstalten, nicht erhoben werden (§§ 7, 8). Die Erhebung des Zolles erfolgt nach Gewicht, Maß, Stück oder Wert der Ware; und zwar nach demjenigen Tarif, der an dem Tage der Anmeldung zur Abfertigung gerade gilt, auf Grundlage des amtlichen Warenverzeichnisses, unter Haftung der Ware für den Zoll, wie unter Sicherung (durch Warenverschluß) und Kontrollierung der Zollfeststellung und Erhebung (durch besondere Amtsstellen, §§ 9—20, 94—96). Zur Beförderung des mittelbaren Durchfuhrhandels und des inneren Verkehrs können noch unverzollte Waren einstweilig gegen Lagergeld in öffentlichen Niederlagen oder in Privatlagern unter amtlichem Mitverschluß gelagert werden (§§ 97—110). Gewisse Verkehrserleichterungen und Zollbefreiungen sind auch zugelassen für im freien Verkehr stehende Gegenstände, bei denen es sich um Versendung aus dem Vereinsgebiet durch das Ausland in das Vereinsgebiet handelt, insbesondere im Meß- und Markt-, Retour-, Veredlungs- und Grenzverkehr (§§ 111—118).

b, Der Teil des Zollwesens, der die zollpflichtigen Waren und die Zollsätze im einzelnen bezeichnet, und mithin das zollpolitische Verhältnis eines Staates zu anderen Verkehrsstaaten bestimmt, ist der Zolltarif. Zolltarif.

Für dessen Ausgestaltung hat sich in neuerer Zeit eine mehrfache Weise entwickelt. Ein Staat kann nämlich seinen Zolltarif einseitig als für alle anderen Staaten gültig festsetzen (autonomer Tarif). Er kann aber daneben mit anderen Staaten Vereinbarungen treffen (Handelsverträge), wodurch er diesen Staaten Vergünstigungen gegenüber dem autonomen Tarife gewährt; und zwar entweder dergestalt, daß für bestimmte Waren während der Vertragszeit eine Zollermäßigung, vielleicht nur bis zu einer Minimalgrenze, eintreten, oder eine Zollerhöhung, vielleicht auch nur bis zu einem Maximalsatze, nicht eintreten soll (Konventionaltarife, mit gewissen vom Tarif verschiedenen [Differenzial-] Zöllen), oder aber dergestalt, daß die Vertragsstaaten sich gegenseitig (oder nur einseitig) im voraus alle Vergünstigungen, die sie anderen Staaten zusichern möchten, einräumen (Meistbegünstigungsverträge).

Deutsche Tarifgesetze. α) Das Deutsche Reich fand im Zollverein die von Preußen überkommenen Grundsätze eines mäßigen Zollsystems vor. Die übrigen Verkehrsstaaten fingen aber allmählich und steigernd an, mit Schutzzöllen sich zu umgeben, abgesehen von England; und dadurch wurde das Deutsche Reich nicht nur hinsichts seiner volkswirtschaftlichen Verhältnisse, sondern auch hinsichts der ihm nach Art. 70 der Reichsverfassung überwiesenen Einnahmequellen in Nachteil gesetzt. Deshalb kehrte das Reich im Jahre 1879 sich ebenfalls dem Schutzzollsysteme zu. Aus

Tarifges. v. 15. 7. 1879. dieser Wendung ging das Zolltarifgesetz v. 15. Juli 1879 nebst Tarif hervor (RGBl. S. 207, 212). Dasselbe wurde, nachdem es bis 1885 hin mehrfach geändert war, zufolge Ges. v. 22. Mai 1885 (RGBl. S. 93) am 24. desf. Mts. in neuer Fassung bekannt gemacht (RGBl S. 112). Auch in dieser Gestalt unterlag es verschiedenen Abänderungen, und zwar mittels der Ges. v. 21. Dez. 1887 (RGBl. S. 533), 14. April 1894 (RGBl. S. 335), 18. Mai 1895 (RGBl. S. 233) und 14. Juni 1900 (RGBl. S. 298). Von dem neu erlassenen und in Kraft gesetzten Zolltarifgesetze nebst Zolltarif v. 25. Dez. 1902 (RGBl. S. 303) wird weiter unten die Rede sein.

Aus dem Tarifgesetze von 1879/85 mit späteren Änderungen treten gewisse allgemeine und das Vereinszollges. v. 1. Juli 1869 ergänzende Vorschriften hervor.

Bei der Einfuhr von Waren werden Zölle fortan nicht mehr nach dem Tarif v. 15. Juli 1879, sondern nach dem Tarif v. 24. Mai 1885 erhoben (§ 1). Die Erhebung erfolgt grundsätzlich nach Nettogewicht von 100 kg, ausnahmsweise nach Stück oder Faß (§ 2). Zollfrei sind postalische Warensendungen bis zu 250 gr brutto, alle gewichtszollpflichtigen Waren in Mengen unter 50 gr, land- und forstwirtschaftlichen Erzeugnisse im Zollgrenzgebiet, Gegenstände, die zur Bekleidung, zur Hauswirtschaft, zum Handwerk, zur Reise, zur Emballage, zu Verkaufsmustern und Proben, für Kunst- und Antikensammlungen oder Ausstellungen, zur Schiffsreparatur oder Ausrüstung, mithin überall nicht zum Weiterverkaufe bestimmt sind (§§ 4, 5, Ges. v. 18 April 1886, RGBl. S. 123). Für Waren aus Staaten, welche Deutsche Schiffe oder Erzeugnisse ungünstiger, als die anderer Staaten behandeln, kann durch Kaiserliche Verordnung unter Zustimmung des Bundesrats und Reichstags ein Retorsionszoll in Gestalt eines Zuschlags zum tarifmäßigen Zolle festgesetzt werden (§ 6). Bei der Zollbehandlung sind gewisse Sicherheitsmaßregeln für den Zolleingang, daneben aber auch gewisse Verkehrsbegünstigungen vorgesehen. Ersterem Zwecke dient der Warenverschluß und die Aufbewahrung in Transitlagern oder zollfreien Niederlagen. In bezug auf letzteren Zweck ist zu bemerken, daß Gegenstände, die für den Veredlungs-(Verarbeitungs-)Verkehr zur Wiederaus- oder Wiedereinfuhr bestimmt sind, vom Eingangszolle freigelassen werden können, sowie, daß für zollpflichtige Eingangswaren bis zu deren Absatz die Gewährung eines Zollkredits gestattet ist (vgl. Vereinszollges. v. 1. Juli 1869 §§ 95—118; zu § 108 Ges. v. 18. April

1889, RGBl. S. 53). Ganz besondere Begünstigungen bestehen einmal für Getreide und Holz, insofern für deren Wiederausfuhr die zollfreie Niederlegung in Transitlagern bewilligt wird, sodann für Getreide, Ölfrüchte, Mühlen- und Malzfabrikate, indem bei deren Ausfuhr Einfuhrscheine mit der Berechtigung, eine im Wert entsprechende Menge ebensolcher Ware zollfrei einzuführen, ausgestellt werden (Tarifges. v. 15. Juli 1879 § 7 laut Fassung des Ges. v. 14. April 1894, RGBl. S. 335). Zum Schlusse (§ 8) enthält das Tarifges. v. 1879/85 noch eine finanzpolitische Bestimmung mit Bezug auf den Ertrag der Zölle und der Tabaksteuer, in Gestalt der sog. v. Franckensteinschen Klausel, wovon zu Art. 70 der Reichsverfassung die Rede sein wird. Übrigens wird zufolge Ges. v. 20. Juli 1879 (RGBl. S. 261) eine geringe statistische Gebühr zur Reichskasse für die auf die vorgeschriebene schriftliche Anmeldung aller zollpflichtigen Ein-, Durch- und Ausfuhrwaren erfolgende Feststellung des Verkehrs mit dem Ausland erhoben.

β) Die vorstehende Tarifgesetzgebung ist aber in ihrer Anwendung eingeschränkt durch die Handels- und Meistbegünstigungsverträge, die das Deutsche Reich mit anderen Staaten geschlossen hat (vgl. v. Schraut, System solcher Verträge, 1884; v. Poschinger, Wirtschaftl. Verträge Deutschlands, 1892; v. Aufseß, Zoll-, Handels- und Schiffahrtsverträge des Deutschen Reichs mit fremden Staaten in Hirths Ann. 1893 S. 435). Handels- u. Meist-begünst.-Verträge.

Hier kommt zunächst der Frankfurter Friedensvertrag mit Frankreich v. 10. Mai 1871 (RGBl. S. 223) in Betracht, nach dessen nur mit beiderseitiger Zustimmung lösbarer Vereinbarung in Art. 11 das Deutsche Reich und Frankreich an allen Zollvergünstigungen, die eines von ihnen gewissen anderen Staaten (Belgien, England, Niederlande, Österreich-Ungarn, Rußland, Schweiz) einräumen sollte, teilzunehmen haben.

Mit dem Britischen Reiche war vom Deutschen Zollverein am 30. Mai 1865 ein Handelsvertrag abgeschlossen. Derselbe ist auf Kündigung des Britischen Reichs zum 30. Juli 1898 außer Kraft getreten (Bek. des Reichskanzlers v. 31. Juli 1898, RGBl. S. 1019); doch hat nach jenem Zeitpunkt in den Jahren 1899—1903 je der Bundesrat auf Grund reichsgesetzlicher Ermächtigung den Angehörigen und Erzeugnissen des Britischen Reichs nebst Kolonien (außer Kanada) noch weiter die Meistbegünstigung zugestanden, zuletzt auf Grund des Ges. v. 23. Dez. 1903 (RGBl. S. 319) für die Zeit nach dem 31. Dez. 1903 bis auf weiteres (Bek. des Reichskanzlers v. 30. Dez. 1903, RGBl. S. 320).

Im Jahre 1891 hat das Deutsche Reich auf 12 Jahre Handelsverträge unter Konventionaltarifen mit Österreich-Ungarn, Italien, Belgien und der Schweiz abgeschlossen (RGBl. 1892 S. 3, 97, 241, 195), und in den Jahren 1892—1894 entsprechende Verträge mit Serbien (RGBl. 1893 S. 269), mit Rumänien (RGBl. 1894 S. 1) und mit Rußland (RGBl. 1894 S. 153).

In dem Rechtsverhältnis der Meistbegünstigung steht das Reich zu einer größeren Zahl Staaten, insbesondere zu den Vereinigten Staaten von Nordamerika auf Grund des 1828 zwischen diesen, Preußen und den Hansestädten errichteten Vertrags, und zu Spanien. Mit Bezug auf letzteren Staat ist zu erwähnen, daß zufolge Ges. v. 30. Jan. 1892 (RGBl. S. 300) der Bundesrat ermächtigt ist, vom 1. Febr. 1892 ab die gewissen Staaten in Handelsverträgen zugesicherten Zollvergünstigungen auch anderen Staaten ohne Vertragsverhältnis gegen angemessene Gegenvorteile einzuräumen, und daß hiervon der Bundesrat gegenüber Spanischen Erzeugnissen Gebrauch gemacht hat (Bek. des Reichskanzlers v. 30. Jan. 1892, RGBl. S. 301).

Neues Tarifges. v. 1902. γ) Inzwischen ist vom Deutschen Reich ein neues Zolltarifgesetz mit Zolltarif v. 25. Dez. 1902 erlassen (RGBl. S. 303), auch die Kaiserliche Verordnung unter Zustimmung des Bundesrats vorbehaltene (§ 16) Inkraftsetzung desselben durch V. v. 27. Febr. 1905 (RGBl. S. 155) für den 1. März 1906 erfolgt.

Nach den allgemeinen Vorschriften dieses Tarifgesetzes sollen bei der Einfuhr von Waren in das Deutsche Zollgebiet, soweit nicht für bestimmte Länder Besonderheiten gelten, Zölle nach Maßgabe des aus den Beschlüssen der vorberatenden Reichstagskommission (Nr. XVI) endgültig hervorgegangenen und dem Reichstage am 6. Okt. 1902 vorgelegten Tarifs (mit geringfügigen Änderungen) erhoben werden. Dabei sind für die Getreidezölle im Falle von Handelsverträgen gewisse Minimalsätze vorgesehen (§ 1). Die Zölle sind regelmäßig Reingewichtszölle auf Grundlage des Doppelzentners (§ 3, Tarif). Zollfrei sind Postsendungen bis zu 250 g Rohgewicht und zollpflichtige Waren in Mengen unter 50 g (§ 5). Vom Zolle befreit sind oder können befreit werden die in § 6 Nr. 1—14 und §§ 7, 8 aufgeführten Gegenstände, die ihrer Natur oder ihren Verhältnissen nach nicht dem internationalen Verkehre, sondern zur Befriedigung persönlicher, erwerblicher oder beruflicher Bedürfnisse oder dem bloßen Grenzverkehre dienen. Tritt für eine Ware je nach ihrem Herstellungslande eine verschiedene Zollabfertigung ein, so erfährt sie die ungünstigste Behandlung, sofern der Einbringer nicht ihr Herstellungsland angibt und auf Erfordern nachweist (§ 9). In den §§ 10—12 ist, entsprechend dem geltenden Rechte, die Aufstellung von Retorsionszöllen, die Erteilung von Einfuhrscheinen, die Gewährung von Zollkrediten und die Zulassung der Aufbewahrung in Niederlagen und Transitlagern vorgesehen. Die Erhebung von Abgaben auf Getreide, Hülsenfrüchte, Mühlenfabrikate, Backwaren, Vieh, Fleisch, Fleischwaren und Fett ist den Kommunen oder Korporationen vom 1. April 1910 ab untersagt, abgesehen von Malz zur Bierbereitung (§ 13, unter Beseitigung des RGes. v. 27. Mai 1885, RGBl. S. 109). Der § 14 enthält Strafbestimmungen. In § 15 ist die Verwendung gewisser Zollerträge für die Versorgung von Witwen und Waisen nach Maßgabe eines künftigen Gesetzes vorbehalten. Zufolge § 16 soll mit dem Inkrafttreten des neuen Zolltarifgesetzes das bisherige Gesetz von 1879/85 in Wegfall kommen, jedoch dessen § 8, betreffend die v. Franckensteinsche Klausel, bis auf weiteres in Wirksamkeit bleiben (vgl. Art. 70). — Der neue Zolltarif weist eine ungleich größere Spezialisierung der zollpflichtigen Gegenstände und der Zollsätze auf, als der alte (XIX Abschnitte mit 946 Nummern gegen 43 Nummern des alten Tarifs). Inhaltlich treten mancherlei Zollerhöhungen, besonders zum Schutze der Landwirtschaft hervor.

In Anschluß an diese neue Tarifgesetzgebung sind vom Reiche mit den zu β oben bezeichneten Staaten Zusatzverträge zu den mit ihnen bestehenden Handelsverträgen geschlossen. Davon sind bereits verkündet die Zusatzverträge mit Rußland v. 28./15. Juli 1904 (RGBl. 1905 S. 35), mit Rumänien v. 8. Okt./25. Sept. 1904 (RGBl. 1905 S. 253) und mit der Schweiz v. 12. Nov. 1904 (RGBl. 1905 S. 319).

c, Anlangend den strafrechtlichen Schutz gegen Übertretung der Gesetze über Zölle und, wie hier gleich vorweggenommen werden kann, indirekte Abgaben (vgl. unten zu B), sind die materiellen Strafbestimmungen teils im StrGB., teils im Vereinszollges. v. 1. Juli 1869 (§§ 134—164), die strafprozessualen Vorschriften in der StrPO. (§§ 459—469, beruhend auf dem System der vorgängigen Strafbescheide im landesgesetzlichen Verwaltungsstrafverfahren, vgl. Preuß. Ges. v. 26. Juli 1897, GS. S. 237) vorgesehen.

B. Die Besteuerung gewisser inländischer Verbrauchserzeugnisse.

Nach Art. 70 der Reichsverfassung gehören zu den Deckungsmitteln für die gemeinschaftlichen Ausgaben die gemeinschaftlichen Einnahmen, welche aus den gemeinschaftlichen Verbrauchssteuern fließen. Dies bezieht sich zurück auf den in Art. 35 ausgesprochenen Grundsatz, daß die Besteuerung des im Bundesgebiete gewonnenen Salzes und Tabaks, bereiteten Branntweins und Bieres und dargestellten Zuckers und Sirups der Reichsgesetzgebung ausschließlich unterfallen soll (mit der Ausnahme in Abs. 2). Verbrauchssteuer.

I. Die Salzsteuer (Appelt, Gesetzgebung über die Salzabgabe, 1870; Arndt in Zeitschr. f. Bergrecht 1883 S. 39; v. Aufseß in Hirths Ann. 1893 S. 287; Trautvetter, Das Salzabgabengesetz, 1898). Salzsteuer.

Als ersten Verbrauchsgegenstand führt Art. 35 das im Bundesgebiete gewonnene Salz an.

Vorwegzuschicken ist, daß die Zollsätze für das vom Zollausland eingehende Salz in dem Tarif von 1879/85 unter Nr. 25, in dem neuen Tarif v. 25. Dez. 1902 unter Nr. 280 geregelt sind.

a, Für die Besteuerung des im Zollinlande gewonnenen Salzes bildet für jetzt noch die gesetzliche Grundlage im ganzen Reiche die bezügliche, von den Zollvereinsstaaten am 8. Mai 1867 geschlossene Übereinkunft (BGBl. S. 41) und die zufolge derselben inhaltlich übereinstimmend von den Einzelstaaten erlassenen Gesetze, insbesondere das Norddeutsche Bundesgesetz v. 12. Okt. 1867 (BGBl. S. 49). Zu diesem Gesetze hat der Bundesrat des Deutschen Reichs mehrfache Ausführungsbestimmungen erlassen; so namentlich am 5. Juli 1888 (Zentr.Bl. S. 613), 10. Januar 1900 (Zentr.Bl. S. 12), 11. Dez. 1902 (Zentr.Bl. S. 422), 23. Juli 1904 (Zentr.Bl. S. 274). Bei dieser Sachlage läßt sich wohl behaupten, daß das Ges. v. 12. Okt. 1867, wenngleich es von Hause aus kein Reichsgesetz gewesen, doch inzwischen mindestens die Wirksamkeit eines solchen erlangt hat.

b, Unter dem im Bundesgebiete gewonnenen Salze ist das im ganzen Bundesgebiete, abgesehen von den sog. Zollausschlüssen (Art. 33, 34), gewonnene zu verstehen, soweit es zum inländischen Verbrauche bestimmt ist, d. h. als menschliches Lebensmittel. Daher bleibt von der Steuer das zur Ausfuhr ins Zollausland, zur Viehfütterung und zu gewerblichen Zwecken bestimmte Salz frei, nur daß es für letztere Zwecke erst zum menschlichen Genuß unbrauchbar gemacht (denaturiert) werden muß. Andrerseits unterliegt der Steuer überhaupt nur das Kochsalz (Chlornatrium), welches aber auch aus dem mit dem eigentlichen Steinsalz auf derselben Lagerstätte vorkommenden sog. Abraumsalz ausgeschieden werden kann (vgl. RG. in ZivS. 34 S. 145).

c, Für die Frage, inwieweit durch diese Reichssteuer gegenüber den Einzelstaaten die Erhebung einer landesgesetzlichen Salzsteuer ausgeschlossen wird, ist auf die geschichtliche Entwicklung der Salzbesteuerung zurückzugehen. Das Salz wurde ehedem in Deutschland, wie nach Gemeinem Bergrecht, so auch nach Preußischem Recht, als Gegenstand eines nutzbaren Regals behandelt. Das Preuß. ALR. erklärte in T. II Tit. 14 § 22, Tit. 16 §§ 6ff. u. a. die Salze als Staatsregal, mit dem Rechte zugleich auf einen monopolartigen Betrieb. Nachdem inzwischen das Salzregal sich vielfach zu einer Verbrauchsabgabe auf Salz abgeschwächt hatte, führte auch das Preuß. Allg. Bergges. v. 24. Juni 1865 (GS. S. 705) in §§ 1, 2 die Aufhebung des Monopols auf Salzgewinnung, sowie das weitere Ges. v. 9. August 1867 (GS. S. 1317ff.) die Aufhebung des Monopolhandels mit Salz herbei. Diese Maßregel hing damit zusammen, daß nach der Übereinkunft der Zollvereinsstaaten v. 8. Mai 1867 Art. 2 und dem zufolge deren erlassenen Norddeutschen Bundesges. v. 12. Juli 1867 (vgl. oben zu a), Art. 2 festgesetzt ist, daß neben der Bundessalzsteuer eine weitere Abgabe vom Salze weder für Staatsrechnung, noch für Rechnung von Kommunen oder Korporationen erhoben werden dürfe. Bei der allgemeinen Fassung dieser Bestimmungen und im Hinblick auf die Entwicklung der Salzsteuer läßt sich wohl annehmen, daß neben der reichsgesetzlichen Verbrauchssteuer vom Salze jede auf öffentlichem Rechtstitel beruhende landesgesetzliche Besteuerung des Salzes dem Art. 35 der Reichsverfassung widerstreitet; und dies muß nicht nur für das gewonnene und zubereitete Salz selbst, sondern auch für die Bergwerksabgaben, wie die Regalitäts- und die Aufsichtssteuer, gelten (vgl. RG. in ZivS. 6 S. 91, 21 S. 48, 34 S. 149). Eine wesentlich andere, in das Privatrecht fallende Frage ist es, inwieweit ein Bundesstaat, dem das Salz ausschließlich vorbehalten ist, einem Dritten rechtsgeschäftlich das Recht zur Ausübung der Salzgewinnung überlassen kann.

Tabaksteuer. **II. Die Tabakssteuer** (v. Aufseß in Hirths Ann. 1893 S. 227; Graf dort 1893 S. 521, 1894 S. 1, Kommentare von Reinhold (2. Aufl. 1891) und Wiesinger (2. Aufl. 1889).

Der Tabak als bloßes Genußmittel ist naturgemäß seit langer Zeit Gegenstand einer mehr oder minder hohen Besteuerung gewesen. In Preußen (seit 1819) und im Norddeutschen Bundesgebiet (seit 1868) mit einer Flächensteuer belegt, wird er auf Grund des RGes. v. 16. Juli 1879 (RGBl. S. 245), welches durch Ges. v. 5. April 1885 (RGBl. S. 83) einzelne Änderungen erfahren hat und mit einer Reihe von Ausführ.Bestimmungen (vgl. Graf Hue de Grais § 161, zuletzt v. 1. April 1903, ZBl. S. 129) versehen worden ist, grundsätzlich einer Gewichtssteuer unterworfen. Die von der Reichsregierung erstrebte und noch in der Mehrzahl der Europäischen Staaten herrschende Besteuerung mittels Staatsmonopols ist nicht durchzubringen gewesen.

Der vom Zollausland eingehende Tabak hat einen Eingangszoll für 100 kg unbearbeiteten Tabaks von 85 Mk., bearbeiteten Tabaks von 270 bzw. 180 Mk. zu tragen (§ 1). Vgl. den neuen Zolltarif v. 25. Dez. 1902 zu Nr. 29.

Der im Zollinland erzeugte Tabak wird für 100 kg in fermentiertem oder getrocknetem fabrikationsreifem Zustande mit 45 Mk. Steuer belegt (§ 2). Bei Tabakspflanzungen auf weniger als 4 Ar Grundfläche tritt statt der Gewichtsteuer eine Flächensteuer von 4,5 Pf. jährlich für das □m ein; doch kann der

Bundesrat bei solchen Tabakpflanzungen die Gewichtsteuer und bei größeren Tabakpflanzungen umgekehrt die Flächensteuer anordnen (§§ 23—25). Zur Sicherung der vollständigen Gestellung des erzeugten Tabaks zur Verwiegung ist eine Reihe von Kontrollbefugnissen für die Steuerbehörden vorgesehen (§§ 6—15); und daran schließt sich die Ermittlung der Steuer (§ 16). Für die Entrichtung der Steuer gewähren die Gesetze von 1879 und 1885 mehrfache Vergünstigungen; so die Verwahrung des Tabaks in steuerfreien Niederlagen, die Stundung der Steuer und unter Umständen sogar eine Befreiung von der Steuer (bei der Ausfuhr, bei der durch Mißernten oder sonstige Unglücksfälle eingetretenen Verdorbenheit des Tabaks, Ges. v. 1879 §§ 9, 16, 17, 30, 31).

III. Die Branntweinsteuer (v. Aufseß in Hirths Ann. 1893 S. 307; Teßmer, 2. Aufl. 1897 u. a. Kommentare). Branntweinsteuer.

a. Der Branntwein eignet sich nach seiner Natur und seiner Herstellung zu verschiedenartiger Besteuerung und ist auch seit langem dazu herangezogen. In Preußen erhob man seit 1820 eine Rohstoffsteuer, bemessen nach dem Raume der jedesmaligen Einmaischung (Maischbottichsteuer). Diese Besteuerung erlangte auch weitere gesetzliche Wirksamkeit zunächst durch Staatsverträge für die zwischen Preußen und verschiedenen nord- und mitteldeutschen Staaten eingegangene Branntweinsteuergemeinschaft; sodann durch die V. v. 11. Mai 1867 (Preuß. GS. S. 633) für die zufolge des Krieges von 1866 von Preußen neuerworbenen Provinzen; später durch das Norddeutsche Bundesges. v. 8. Juli 1868 (BGBl. S. 384) für die noch übrigen in die Zollinie fallenden Bundesteile, wobei dieses Gesetz die Branntweinsteuer auf Grundlage der Maischbottich- und Materialsteuer selbständig regulierte; weiter durch den zwischen dem Norddeutschen Bunde und Hessen geschlossenen Staatsvertrag v. 9. April 1868 (BGBl. S. 466) für Südhessen; endlich durch RGes. v. 16. Mai 1873 (RGBl. S. 111) für Elsaß-Lothringen. Für die Hohenzollernschen Lande war durch Bundesges. v. 4. Mai 1868 (BGBl. S. 151) eine besondere Regelung der Steuer erfolgt. Zugunsten der süddeutschen Staaten Bayern, Württemberg und Baden wurde durch die Reichsverfassung in Art. 35 Abs. 2 ein Sonderrecht eingeräumt, wonach die Branntweinsteuer in ihren Gebieten der Landesgesetzgebung überlassen blieb, mithin sie der Branntweinsteuergemeinschaft nicht beitraten und dafür ein Aversum zu zahlen hatten. Allgemeines.

Das Bund.Ges. v. 8. Juli 1868 erfuhr demnächst aber eine grundlegende Abänderung durch das RGes. v. 24. Juni 1887 (RGBl. S. 253); denn dieses führte, abgesehen von bedeutsamer Umgestaltung der bestehenden Rohstoffsteuer, zwei neue Besteuerungsarten, nämlich die Verbrauchsabgabe und die Brennsteuer, ein und zugleich den Eintritt der drei Südstaaten Bayern, Württemberg und Baden in die Branntweinsteuergemeinschaft herbei. Weiteren Abänderungen unterlag dieser Gesetzesstand durch die RGes. v. 7. April 1889 (RGBl. S. 49), v. 8. Juni 1891 (RGBl. S. 338) und v. 16. Juni 1895 (RGBl. S. 265), und auf Grund des letztgedachten (Art. V) wurde der so festgestellte Text im RGBl. v. 1895 S. 272 bekannt gemacht. Zu diesem Ges. v. $\frac{\text{24. Juni}}{\text{16. Juni}}$ 1887/95 ergingen schließlich noch zwei Novellen, die eine v. 4. April 1898 (RGBl. S. 159) und die andere v. 7. Juli 1902 (RGBl. S. 243). Anlangend die Einführung des RGes. v. 24. Juni 1887 in die Südstaaten Bayern, Württemberg, Baden und Hohenzollern, war nach den für diese bestehenden Sonderrechtsverhältnissen in §§ 47, 49 des Ges. v. 24. Juni 1887 ihre Zustimmung dazu vorbehalten; und diese ist laut V. v. 9., 23., 25. und 27. Sept. 1887 (RGBl. S. 485—491) erfolgt. Auf gleiche Weise hat die Novelle v. 4. April 1898 für die Südstaaten Bayern, Württemberg und Baden Gesetzeskraft erlangt (RGBl. S. 1018). — Zu vorbezeichneten Gesetzen sind vom Bundesrat eine Reihe zum Teil höchst umfangreicher Ausführ.Bestimmungen erlassen, insbesondere seit 1900 solche v. 10. Juli 1900 (ZBl. S. 473), 28. März 1901 (ZBl. S. 91), 18. Sept. 1902 (ZBl. S. 315) und 15. Juni 1903 (ZBl. S. 207).

Einzelnes. b, Danach stellen sich die einzelnen Besteuerungsarten des Branntweins in ihren Grundzügen dahin:

1. Zoll und Übergangsabgabe.

Zoll. Der Zoll für den aus dem Zollausland eingehenden Branntwein beträgt nach § 44 Ges. v. 1887/95 bei Likör 180 Mk., bei sonstigen Arten 125 bzw. 180 Mk. auf 100 kg. — Nach dem neuen Zolltarif Nr. 176/7 ist der Zoll für Branntwein aller Art auf 240 (Likör) bzw. 160 Mk. bestimmt.

Übergangsabgabe. Von solchem Branntwein, der aus dem freien Verkehre der nicht zur Branntweinsteuergemeinschaft gehörigen Teile des Zollinlandes (vgl. Art. 33, 34 der Reichsverfassung) eingeht, ist, sofern nicht dessen vorgängige Verzollung nachgewiesen wird, eine Übergangsabgabe von 96 Mk. für das hl reinen Alkohols zu entrichten (§ 45 a. a. O.).

2. Inländische Besteuerung.

Verbrauchsabgabe. *α*) Der Verbrauchsabgabe unterliegt nach dem Ges. v. 1887/95 §§ 1—39 nebst Nov. v. 7. Juli 1902 Art. I (seit dem 1. Okt. 1887) der im Gebiete der Branntweinsteuergemeinschaft hergestellte Branntwein, sobald er aus der steuerlichen Kontrolle in den freien Verkehr tritt, und in der Hand dessen, dem er zu diesem Zwecke freigelassen ist.

Für die Steuer bestehen zwei Sätze, von 50 Pfg. und von 70 Pfg. für das Liter reinen Alkohols. Es wird nämlich (vgl. die Ausführ.Bestimm. v. 18. Sept. 1902, ZBl. S. 315, T. 10) für Perioden von je 5 Jahren (Kontingentsperioden) die Gesamtjahresmenge Branntwein, die zu dem niedrigeren Steuersatze von 50 Pfg. hergestellt werden darf, nach dem Durchschnitt des in der Vorperiode stattgehabten Verbrauchs im Inlande festgestellt. Davon ist für die einzelnen bisher beteiligten Brennereien und für die inzwischen entstandenen landwirtschaftlichen nnd Materialbrennereien (über deren Begriff vgl. unten zu *β*) die Jahresmenge, die sie zu dem niedrigeren Satze erzeugen dürfen (Kontingent), zu bemessen, wobei als Maßstab (Kontingentsfuß) entweder das bisherige Kontingent oder ein Veranlagungsverfahren mit Schätzung dient. — Befreit von der Verbrauchsabgabe und daher für die Kontingentierung außer Ansatz bleibt derjenige Branntwein, welcher ausgeführt, für gewerbliche Zwecke, für Essigbereitung, zum Putzen, Heizen, Kochen und Beleuchten, sowie in öffentlichen Anstalten für Heil- ꝛc. und wissenschaftliche Zwecke verwendet wird. Bei der vorbehaltenen Revision von 5 zu 5 Jahren können Änderungen bestehender Kontingentsmengen und des Betrages des niedrigeren Abgabesatzes erfolgen; jedoch, soweit die Südstaaten Bayern, Württemberg und Baden dabei interessiert sind, nur mit deren Zustimmung. — Die über das Kontingent hinaus von der einzelnen Brennerei hergestellte Branntweinmenge unterliegt dann der höheren Abgabe von 70 Pfg. für das Liter reinen Alkohols.

Die Reineinnahme aus der Verbrauchsabgabe ist den Bundesstaaten nach Maßgabe der matrikelmäßigen Bevölkerung, mit der sie an der Branntweinsteuergemeinschaft beteiligt sind, zu überweisen (§ 39 a. a. O.).

β) Neben der Verbrauchsabgabe für den im Inland erzeugten Branntwein wird zunächst noch die alte Maischbottichsteuer erhoben, aber nur noch in landwirtschaftlichen Brennereien. Als solche gelten Brennereien, die während des ganzen Jahres ausschließlich mehlige Stoffe, insbesondere Kartoffeln und Getreide, brennen und die dabei verbliebenen Rückstände mit Dung in die Gutswirtschaft verwenden (§ 41 I a. a. O). Der Steuersatz ist in der alten Höhe von 1,31 Mk. für jedes hl Maischraum und für jede Einmaischung belassen, übrigens unter Ermäßigungen für kleine Brennereien. Maischbottichsteuer.

γ) Ferner ist noch beibehalten die Branntweinmaterialsteuer für Brennereien, welche als Materialbrennereien gelten. Dies sind solche, die während des ganzen Betriebsjahres lediglich nichtmehlige Stoffe (z. B. Obst und Trebern, außer Melasse, Rüben und Rübensaft) verarbeiten (§ 41 III a. a. O.). Die Steuer beträgt für das hl Rohstoff in Abstufungen 25—85 Pf. Auch bei dieser Steuer sind mancherlei Vergünstigungen vorgesehen. Rohstoffsteuer.

δ) In gewerblichen Brennereien (§ 42 a. a. O.) finden die Maischbottich- und die Rohstoffsteuer überhaupt nicht mehr statt. Als gewerbliche Brennereien gelten alle diejenigen, die nicht landwirtschaftliche oder Materialbrennereien sind. Von dem in jenen gewonnenen Branntwein, soweit er der Verbrauchsabgabe überhaupt unterliegt, wird noch ein Zuschlag zu dieser von 20 Pfg. für jedes Liter reinen Alkohols erhoben, unter Ermäßigungen für gewisse ältere Brennereien. Zuschlag z. Verbrauchsabgabe.

Auf Antrag können auch landwirtschaftliche und Materialbrennereien von der Maischbottich- und Materialsteuer freigelassen werden, und dann ist von dem ihrerseits hergestellten Branntwein ebenfalls ein Zuschlag zur Verbrauchsabgabe in Abstufungen zu entrichten, jedoch erheblich geringer als bei den gewerblichen Brennereien (10—20, bzw. 4—20 Pfg.).

ε) Eine besondere Steuer wird noch nach § 43a—d des Ges. v. 16. Juni 1895, bzw. Art. IV des Ges. v. 4. April 1898 und Art. II des Ges. v. 7. Juli 1902 erhoben, die sog. Brennsteuer. Brennsteuer.

Danach wird in Brennereien, die in einem Jahre mehr als 200 hl reinen Alkohols herstellen, von dem Mehrprodukt (außer zu *δ*) noch ein besonderer Zuschlag zur Verbrauchsabgabe erhoben, und zwar in Abstufungen, je nachdem das Mehrprodukt 200—1800 hl beträgt, von jedem hl 2—6,50 Mk. Diese Steuer ist, sobald die fragliche Mehrmenge Alkohol in der Brennerei oder durch Vereinbarung festgestellt ist, vom Brenner ohne Stundung zu entrichten.

IV. Die Brausteuer (v. Aufseß in Hirths Ann. 1893 S. 295; Appelt, Die Brausteuer-Reichsgesetzgebung, 2. Aufl. 1885; Bertho, Brausteuergesetz, 1885). Brausteuer.

Die Brausteuer ist reichsgesetzlich bis jetzt ohne Einheitlichkeit.

α) In dieser Beziehung ist der Abs. 2 des Art. 35 der Reichsverfassung, welcher (wie beim Branntwein) die Besteuerung des Bieres in Bayern,

Württemberg und Baden der Landesgesetzgebung vorbehält, und dem durch RGes. v. 26. Juni 1873 (RGBl. S. 161) § 4 eine gleiche Rechtsstellung für Elsaß-Lothringen hinzugefügt ist, noch wirksam. Diese Reichsteile stehen noch außerhalb der Brausteuergemeinschaft des Reichs und erheben eine Biersteuer nach erheblich höheren Sätzen, unter besonderen Abstufungen und Formen. Deshalb wird auch neben einem Aversum eine Übergangsabgabe von dem in ihnen erzeugten Bier beim Übertritt in das Gebiet der Brausteuergemeinschaft erhoben.

β) Für das übrige Reich, naturgemäß soweit es dem Zollinlande angehört (Art. 33, 34), ist die Brausteuer einheitlich als Rohstoffsteuer geregelt durch das Ges. v. 31. Mai 1872 (RGBl. S. 153) mit Nov. v. 23. Dez. 1876 (RGBl. S. 237) und Ausführ Bestimm. v. 5. Juli 1888 (Zentr.Bl. S. 720), 2. Juni 1892 (Zentr.Bl. S. 468), 26. Juni 1901 (Zentr.Bl. S. 228), 23. Mai 1901 (Zentr.Bl. S. 228), 20. Mai 1903 (Zentr.Bl. S. 171). Wegen der Ausschließung der von Bayern umschlossenen kleinen Bezirke des Weimarschen Vordergerichts Ostheim und des Sachsen-Koburg-Gothaischen Amtes Königsberg vgl. den Eingang des Ges. v. 31. Mai 1872, wegen ihrer Anschließung an Bayern die bezüglichen Staatsverträge bei v. Aufseß a. a. O.

Die Reichsbrausteuer ist nach den zur Bierbereitung verwendeten Rohstoffen (§ 1 Nr. 1—7) abgestuft, und zwar in Sätzen von 2—4 Mk. für jeden Zentner netto. Die Entrichtung hat grundsätzlich vor der Einmaischung zu erfolgen. Die Herstellung steht unter steuerlicher Überwachung. Das bloße Brauen für den Hausbedarf und ohne Brauanlagen bleibt steuerfrei. Geht demnächst das Bier ins Zollausland, so findet eine gewisse Rückvergütung der Steuer statt (§§ 1—6).

Für das von dort eingehende Bier wird ein Eingangszoll von 6 Mk. auf 100 kg erhoben (Tarif Nr. 25a; ebenso nach Nr. 184 des Tarifs v. 25. Dez. 1902).

Zuckersteuer. **V. Die Zuckersteuer** (v. Aufseß in Hirths Ann. 1893 S. 262; v. Mayr in v. Stengels Wört.Buch II S. 982, III S. 336; Troje, Das Zuck.Steuerges. v. 27. Mai 1896 (1896).

a, Für die Herstellung des Zuckers bot sich als Rohmaterial bis zur Mitte des 18. Jahrhunderts lediglich das tropische Zuckerrohr dar. Zu dieser Zeit trat die heimische Zuckerrübe hinzu, deren praktische Verwendbarkeit damals erprobt wurde. Der neue Rohstoff hatte im Laufe des 19. Jahrhunderts ein starkes Anwachsen des Zuckerrübenbaues und der Rübenzuckerindustrie zur Folge, und gewährte zugleich den Staaten ein ergiebiges Objekt der Besteuerung.

Im Deutschen Zollvereine wurde eine bezügliche Besteuerung in Gestalt einer Materialsteuer bereits seit dem 1. Sept. 1844 zu einer gemeinschaftlichen gemacht, und hieran hat man grundsätzlich in dem auf der Übereinkunft v. 16. Mai 1865 beruhenden Zollvereinigungsvertrage zwischen dem Norddeutschen Bunde und Bayern, Württemberg, Baden, (Süd-)Hessen v. 8. Juli 1867 (BGBl. S. 81; vgl. die Vornote zu Art. 33—40) Art. 3 festgehalten, wennschon durch die BGes. v. 26. Juni 1869 (BGBl. S. 282) und 2. Mai 1870 (BGBl. S. 311) im einzelnen Änderungen erfolgten.

b, In diese Rechtslage trat das Deutsche Reich ein.

α) Der Art. 35 der Reichsverfassung überwies in Abs. 1 auch die Besteuerung des im Bundesgebiete aus Rüben und anderen inländischen Erzeugnissen dargestellten Zuckers und Sirups als ausschließlichen Gegenstand der Reichsgesetzgebung. An die letztere trat auch bald das dringende Bedürfnis nach Reform der Zuckersteuer heran. Mit der hohen Entwicklung des Rübenbaues und der Rübenzuckertechnik hatte nämlich inzwischen die Zuckersteuer erhebliche Steigerungen der Steuersätze erfahren. Andrerseits aber war inzwischen das Institut der Ausfuhrvergütung (Exportprämie) eingeführt, deren grundsätzlicher Zweck dahinging, der inländischen Landwirtschaft und Industrie bei der Ausfuhr des hergestellten Zuckers ins Zollausland eine dem Werte des verwendeten Rohmaterials annähernd entsprechende Vergütung zu gewähren. Diese Einrichtung brachte zwar den Interessenten zeitweise reichen Gewinn, minderte aber angesichts des unsicheren Verhältnisses, welches sich praktisch zwischen Steuer und Steuervergütung herausstellte, die finanzielle Ergiebigkeit der Zuckersteuer für das Reich. Von diesen Gesichtspunkten aus versuchte das Reich in dem Zeitraum von 1883—1896 durch verschiedenfache gesetzliche Eingriffe Abhilfe zu schaffen. Durch Ges. v. 7. Juli 1883 (RGBl. S. 157) wurde die Steuervergütung ermäßigt, durch Ges. v. 1. Juni 1886 (RGBl. S. 181) neben weiterer Ermäßigung derselben die Zuckersteuer erhöht, durch Ges. v. 9. Juli 1887 (RGBl. S. 308) eine vereinigte Materialsteuer und Verbrauchsabgabe eingeführt, durch Ges. v. 31. Mai 1891 (RGBl. S. 295) aber an der Verbrauchsabgabe allein grundsätzlich festgehalten, unter Vorbehalt zweier Endperioden für gewisse Steuervergütungssätze. Allein diese Maßnahmen blieben gegenüber der steigenden Überproduktion und Konkurrenz der in- und ausländischen Industrie ohne den gehofften Erfolg.

β) So nahm denn das Reich eine Neuordnung dieser Materie durch Ges. v 27. Mai 1896 (RGBl. S. 117) vor, zu welchem vom Bundesrat mehrfache Ausführ.Bestimmungen erlassen sind, so namentlich am 9. Juli 1896 (Zentr.Bl. S. 231), 29 Juni 1901 (Zentr.Bl. S. 236), 25. Juni 1903 (Zentr.Bl. S. 283). — Nach diesem Gesetze, T. I (§§ 1—64), unterliegt der inländische Rübenzucker einer Verbrauchsabgabe (Zuckersteuer) von 20 Mk. auf 100 kg netto und zu deren Sicherung der steuerlichen Kontrolle (§§ 1, 2). Die Steuer ist zu entrichten, sobald der Zucker in den freien Verkehr tritt, und von demjenigen, welcher den Zucker zu freier Verfügung erhält, übrigens unter gewisser Stundung und unter Haftung des Zuckers für die Steuer (§§ 3—6). Zu dieser Zuckersteuer wurde nach T. II (§§ 65—76) noch ein doppelter Zuschlag erhoben. Es traf ein solcher Zuschlag nämlich einerseits den in einer Zuckerfabrik zur steuerlichen Abfertigung gelangenden Zucker als Betriebssteuer, deren Sätze je nach der Menge des in einem Betriebsjahr abgefertigten Zuckers abgestuft waren, andrerseits denjenigen Zucker, welcher in einer Zuckerfabrik über die bei der jährlichen Kontingentierung der inländischen Zuckerproduktion für sie festgesetzte Menge hinaus produziert worden, und zwar zu einem dem Ausfuhrzuschusse (Exportprämie) gleichkommenden Betrage. Der Ausfuhrzuschuß selbst wurde nach T. III (§§ 77—79) im Falle der Ausfuhr oder der Verwahrung in öffentlicher oder unter amtlichem Mitverschluß stehender Niederlage gewährt. Der vom Ausland eingehende Zucker war nach T. IV (§§ 80—83) mit einem Zolle von 40 Mk. für 100 kg belegt.

γ) In dieses Steuersystem ist aber jetzt eine wesentliche Änderung durch den am 5. März 1902 zu Brüssel zwischen dem Deutschen Reich und verschiedenen anderen Staaten auf 5 Jahre und stillschweigende einjährige Verlängerung über die Behandlung des Zuckers geschlossenen Vertrag (RGBl. 1903 S. 7) und durch das hierauf beruhende RGes. v. 6. Januar 1903 (RGBl. S. 1) gebracht. Jener Vertrag war (vgl. dessen Eingang) auf das Ziel gerichtet, die Bedingungen für den Wettbewerb der einzelnen Länder hinsichts des Rüben- und des Rohrzuckers auszugleichen und zugleich den Verbrauch des Zuckers zu befördern, und zwar durch Abschaffung der Ausfuhrprämien wie durch Begrenzung des Überzolls, d. h. der Differenz zwischen dem Eingangszolle auf ausländischem Zucker und der Besteuerung des inländischen Zuckers. Demgemäß ändert das RGes. v. 6. Jan. 1903, das mit dem 1. Sept. 1903 in Kraft getreten ist, an dem RGes. v. 27. Mai 1896 wesentlich folgendes ab. Die T. II und III, betreffend den zwiefachen Zuschlag zur Zuckersteuer und die Ausfuhrzuschüsse, sind aufgehoben (Art. 1). In T. I, §§ 2, 3 ist die Zuckersteuer (Verbrauchsabgabe) auf 14 Mk. von 100 kg Reingewicht herabgesetzt (Art. 2). In T. IV hat der § 80, nach welchem der Eingangszoll für Zucker 40 Mk. für 100 kg beträgt, einen Zusatz dahin erhalten, daß dieser Zoll für Zucker, für den im Erzeugungslande keine Prämie gewährt worden, während der Dauer des Brüsseler Vertrags nach dem laut dieses Vertrags (§ 3) zulässigen Maximalbetrage erhoben werden soll. Endlich ist in T. IV der § 81 aufgehoben.

C. Schutz gegen Hinterziehung von Verbrauchsabgaben.

Steuerhinterziehung. Anlangend den gegenseitigen Schutz der in den einzelnen Bundesstaaten erhobenen Verbrauchsabgaben, ist auf die zu B bezeichneten, für die einzelnen Steuerobjekte maßgebenden RGesetze zu verweisen, welche dergleichen Schutzbestimmungen vorsehen.

D. Sicherung der gemeinsamen Zollgrenze in den Zollausschlußgebieten.

Schutz der Zollgrenze in den Ausschlüssen. Welche Gebiete des Deutschen Reichs heute noch von dem gemeinschaftlichen Zoll- und Handelsgebiet ausgeschlossen sind, ist zu Art. 33, 34 dargelegt.

Über die Maßregeln nun, welche zur Sicherung der Zollvereinsgrenze in diesen Ausschlußgebieten dienen sollen, sind vom Norddeutschen Bunde, bzw. Reiche die Ges. v. 1. Juli 1869 (betreffend Hamburg, BGBl. S. 370) und 28. Juni 1879 (betreffend Bremen, RGBl. S. 159) erlassen.

Abs. 2.

Wie bereits zu Abs. 1, B erörtert ist, gewährt der Abs. 2 den Süddeutschen Staaten Bayern, Württemberg und Baden in bezug auf die Besteuerung des inländischen Branntweins und Bieres ein Sonderrecht im Sinne des Art. 78 dahin, daß solche der Landesgesetzgebung vorbehalten bleiben soll; doch ist heutzutage dies Sonderrecht bezüglich der Branntweinsteuer weggefallen und nur noch bezüglich der Biersteuer in Wirksamkeit.

Der Schlußsatz, wonach die Bundesstaaten auch in diesem Punkt auf eine übereinstimmende Gesetzgebung bedacht sein wollen, ist ohne rechtliche Bedeutung.

Artikel 36.

Die Erhebung und Verwaltung der Zölle und Verbrauchssteuern (Art. 35) bleibt jedem Bundesstaate, soweit derselbe sie bisher ausgeübt hat, innerhalb seines Gebietes überlassen.

Der Kaiser überwacht die Einhaltung des gesetzlichen Verfahrens durch Reichsbeamte, welche er den Zoll- oder Steuerämtern und den Direktivbehörden der einzelnen Staaten, nach Vernehmung des Ausschusses des Bundesrats für Zoll- und Steuerwesen, beiordnet.

Die von diesen Beamten über Mängel bei der Ausführung der gemeinschaftlichen Gesetzgebung (Art. 35) gemachten Anzeigen werden dem Bundesrate zur Beschlußnahme vorgelegt.

Laband § 122; Delbrück, Der Art. 40 der RVerfassung S. 81; v. Auffeß a. a. O.

Der Art. 35 hat die Gesetzgebung über das gesamte Zollwesen und über die Besteuerung der dort bezeichneten inländischen Verbrauchsgegenstände dem Reiche zugewiesen, aber die Frage der Erhebung und Verwaltung der Zölle und Verbrauchssteuern offen gelassen. Diese Frage wird in den Art. 36—39 (40) geregelt; und zwar dergestalt, daß

a, in Art. 36 die Erhebung und Verwaltung der Zölle und Verbrauchssteuern den Einzelstaaten zur Selbstverwaltung überlassen ist, aber unter Kontrolle des Kaisers,

b, daß in Art. 37 bei der Beschlußfassung über die zur Ausführung der gemeinschaftlichen Gesetzgebung (Art. 35) dienenden Verwaltungs- und Organisationsvorschriften dem Präsidium eine ausschlaggebende Stimme gemäß Art. 5 Abs. 2 zustehen soll,

c, daß für die Abführung des Ertrages der Zölle und Verbrauchssteuern seitens der Einzelstaaten an die Reichskasse in Art. 38 die sachlichen Regeln über die Berechnung des abzuführenden Betrages aufgestellt sind, und

d, in Art. 39 das Verfahren für die Ermittlung und Feststellung desselben geordnet ist.

Abs. 1.

a, Nach Art. 36 Abs. 1 bleibt die Erhebung und Verwaltung der Zölle und Verbrauchssteuern (Art. 35) jedem Bundesstaate überlassen. **Selbstverwaltung d. Bundesstaaten.**

Das entspricht dem in Art. 4 (Eingang und Nr. 2) ausgesprochenem Grundsatze, daß betreffs der Zölle und der für Reichszwecke zu verwendenden Steuern die Beaufsichtigung und Gesetzgebung dem Reiche unterstehen soll. Damit hat das Reich statt eigener Erhebung und Verwaltung der Zölle und Verbrauchssteuern solche den Bundesstaaten zu selbständiger verfassungmäßiger Ausübung überlassen.

b, Die Selbstverwaltung der Einzelstaaten erfährt nur nach dreifacher Richtung eine Schranke. Nach Art. 36 Abs. 2, 3 unterliegt sie der Überwachung des Kaisers. Aus Art. 36, 37 ergibt sich, daß sie in allen Bundesstaaten nach gleichen Normen erfolgen soll. Nach Art. 36 Abs. 1 erstreckt sie sich für jeden Bundesstaat soweit, als er sie bisher ausgeübt hat.

Die letztgedachte Schranke trägt nur der geschichtlichen Entwicklung Rechnung, nämlich denjenigen besonderen Abmachungen, welche über die Ausübung der Verwaltung der gemeinschaftlichen Zölle und Steuern in den Zollvereinsverträgen oder in den sog. Zoll- und Steuerkonventionen einzelner Vereinsstaaten getroffen sind. Solche Konventionen bestehen für den Thüringischen Zoll- und Steuerverein, der von den Sächsisch-Thüringischen Staaten und Preußen gebildet ist, und auf Grund dessen obige Steuern für die Sächsisch-Thüringischen Staaten und die umliegenden Preußischen Gebiete gemeinschaftlich unter einem von Preußen zu ernennenden Generaldirektor in Erfurt verwaltet werden (vgl. Staatsverträge v. 20. Nov. 1889, Preuß. GS 1890 S. 13) und 20. Nov. 1900 (Schwarzburg, GS. 1901 S. 93); außerdem zwischen Preußen und einigen norddeutschen Staaten (Lübeck, Hamburg, Oldenburg, Lippe, Waldeck; vgl. Bekanntm. v. 5. Juni 1879, Preuß. GS. S. 567).

Bezüglich der beiden anderen Beschränkungen ist auf die Noten zu Art. 36 Abs. 2, 3 und 37 zu verweisen.

Im übrigen stellt sich die Selbstverwaltung der Bundesstaaten ebenso, wie bei ihrer sonstigen Staatsverwaltung. Insbesondere bleibt ihnen die behördliche Organisation der Verwaltung — immer freilich unter Wahrung der Gleichmäßigkeit — überlassen, wie dies der zollvereinsmäßigen Entwicklung (vgl. den Zollvereinigungsvertrag v. 8. Juli 1867 (BGBl. S. 81) Art. 3 § 6, 16, 19) entspricht.

c, Es handelt sich aber nicht bloß um eine Berechtigung, sondern zugleich, was der Natur der Sache und dem Zusammenhange der Art. 36—39 entspricht, um eine verfassungsmäßige Verpflichtung der Bundesstaaten. Deshalb würde auch gegen Bundesglieder, die dieser Verpflichtung nicht genügten, die Anwendung des Art. 19 in Frage kommen.

d, Aus der Natur des Rechtsverhältnisses und dem Zusammenhalt des Art. 36 mit den Art. 38, 39 folgt weiter, daß die Erhebung der Zölle und Verbrauchssteuern seitens der Einzelstaaten für deren Kassen, mithin allemal für Rechnung eines Landesfiskus erfolgt, vorbehaltlich der Verpflichtung, den Ertrag nach bestimmten Maßgaben an die Reichskasse abzuführen (vgl. Entsch. des RG. in Ziv.S. 5 S. 36, 11 S. 65, 93 und 96).

Abs. 2, 3.

a, Zur Sicherheit, daß die Verwaltung der Zölle und Verbrauchsabgaben durch die Bundesstaaten unter Einhaltung des gesetzlichen Verfahrens erfolge, räumt Abs. 2 dem Kaiser die Befugnis ein, namens des Reichs durch Reichsbeamte die Verwaltung überwachen zu lassen. Die Einrichtung ist dem Zollvereine nachgebildet, in dem schon früher Abmachungen getroffen waren, wonach die Kontrollierung der Verwaltung in allen Vereinsstaaten durch Delegierte (Vereinskontrolleure) als Kommissare des Gesamtvereins geschehen sollte (vgl. v. Aufseß in Hirths Ann. 1893 S. 420). Die Reichsbeamten nach Art. 36 Abs. 2 haben die Rechtsstellung unmittelbarer Reichsbeamten im Sinne der Art. 17, 18. Sie werden entweder den Direktivbehörden oder den Zoll- und Steuerämtern der Einzelstaaten beigeordnet. Sie heißen im ersteren Falle „Reichsbevollmächtigte für Zölle und Steuern", im letzteren Falle „Stationskontrolleure", und diese sind jenen untergeordnet. Der Beiordnung durch den

Kaiser hat die Vernehmung des Bundesratsausschusses für Zoll- und Steuerwesen voranzugehen (Art. 8 Nr. 3).

b, Die Kompetenz der obigen Reichsbeamten grenzt sich nach dem Zweck ihrer Beiordnung ab, nämlich, die Einhaltung des gesetzlichen Verfahrens zu überwachen. Demzufolge haben sie Anspruch darauf, sich fortlaufend von der gesamten einzelstaatlichen Verwaltung zu unterrichten. Nicht aber dürfen sie in diese Verwaltung unmittelbar durch eigene Anordnungen eingreifen (vgl. den Zollvereinigungsvertrag v. 8. Juli 1867 Art. 20 nebst dem Schlußprotokolle dazu Nr. 15 [BGBl. 1867 S. 81, 110]). Vielmehr legt Abs. 3 ihnen nur das Recht bei, von vorgefundenen Mängeln des Verfahrens (Abs. 3 sagt „bei der Ausführung der gemeinschaftlichen Gesetzgebung") Anzeige zu machen.

Naturgemäß ist eine solche Anzeige zunächst bei der zuständigen Landes-Direktivbehörde behufs Erzielung einer formlosen Erledigung der Mängel zu erstatten. Bleibt dies erfolglos, so sind die Mängel auf dem geordneten Wege zur Beschlußnahme des Bundesrats gemäß Art. 7 Nr. 3, 8 zu bringen.

Artikel 37.

Bei der Beschlußnahme über die zur Ausführung der gemeinschaftlichen Gesetzgebung (Art. 35) dienenden Verwaltungsvorschriften und Einrichtungen gibt die Stimme des Präsidiums alsdann den Ausschlag, wenn sie sich für Aufrechthaltung der bestehenden Vorschrift oder Einrichtung ausspricht.

Laband §§ 121, 122; Arndt § 27; Zorn § 17.

Die Beschlußnahme, welche der Art. 37 im Auge hat, ist eine solche, wie sie dem Bundesrate nach Art. 7 Nr. 2, 3 zusteht und mit Bezug auf die Nr. 3 für Mängel in der Verwaltung der gemeinschaftlichen Zölle und Verbrauchsabgaben noch eine besondere Bekräftigung durch Art. 36 Abs. 3 findet. Vgl. die Noten zu Art. 7.

Für diese Beschlußnahme bringt nun Art. 37 den in Art. 7 Abs. 3 gegenüber der Regel der einfachen Majorität gemachten Vorbehalt zur Geltung, wonach die Präsidialstimme den Ausschlag geben soll, sofern sie sich für Aufrechthaltung des Bestehenden (Verwaltungsvorschriften oder Einrichtungen) ausspricht (vgl. die Art. 5, 78, und für die frühere Zeit den Zollvereinigungsvertrag v. 8. Juli 1867 Art. 8). Das hat die Bedeutung, daß, sofern in der Mehrheit der Stimmen sich nicht auch die Stimme Preußens befindet, der Beschluß als unwirksam gilt.

Artikel 38.

Der Ertrag der Zölle und der anderen in Artikel 35 bezeichneten Abgaben, letzterer soweit sie der Reichsgesetzgebung unterliegen, fließt in die Reichskasse.

Dieser Ertrag besteht aus der gesamten von den Zöllen und den übrigen Abgaben aufgekommenen Einnahme nach Abzug:

1. der auf Gesetzen oder allgemeinen Verwaltungsvorschriften beruhenden Steuervergütungen und Ermäßigungen,

2. der Rückerstattungen für unrichtige Erhebungen,
3. der Erhebungs- und Verwaltungskosten, und zwar:
   a) bei den Zöllen der Kosten, welche an den gegen das Ausland gelegenen Grenzen und in dem Grenzbezirke für den Schutz und die Erhebung der Zölle erforderlich sind,
   b) bei der Salzsteuer der Kosten, welche zur Besoldung der mit Erhebung und Kontrollierung dieser Steuer auf den Salzwerken beauftragten Beamten aufgewendet werden,
   c) bei der Rübenzuckersteuer und Tabaksteuer der Vergütung, welche nach den jeweiligen Beschlüssen des Bundesrats den einzelnen Bundesregierungen für die Kosten der Verwaltung dieser Steuern zu gewähren ist,
   d) bei den übrigen Steuern mit fünfzehn Prozent der Gesamteinnahme.

Die außerhalb der gemeinschaftlichen Zollgrenze liegenden Gebiete tragen zu den Ausgaben des Reichs durch Zahlung eines Aversums bei.

Bayern, Württemberg und Baden haben an dem in die Reichskasse fließenden Ertrage der Steuern von Branntwein und Bier und an dem diesem Ertrage entsprechenden Teile des vorstehend erwähnten Aversums keinen Teil.

Laband §§ 126, 128.

Abs. 1, 2.

I. Nach Art. 36 ist die Erhebung und Verwaltung der Zölle und der in Art. 35 bezeichneten Verbrauchssteuern den Bundesstaaten zur Selbstverwaltung übertragen, dergestalt, daß die aufgekommenen Einnahmen (Art. 38 Abs. 2) in deren Kassen fließen und in ihr Eigentum übergehen (vgl. die Noten zu Art. 36).

Allein nach Art. 38 liegt in diesem Erhebungs- und Verwaltungsrecht der Einzelstaaten nur die eine Seite des verfassungsmäßigen Finanzverhältnisses zwischen Reich und Bundesstaaten; es tritt die andere Seite hinzu, daß der Ertrag der Zölle und obiger Verbrauchsabgaben in die Reichskasse fließt (Abs. 1), wobei als Ertrag die aufgekommene Gesamteinnahme abzüglich der in Abs. 2 zu 1—3 bestimmten Posten gilt. Daraus ergibt sich neben dem Erhebungs- und Verwaltungsrecht die Verpflichtung der Einzelstaaten, „über den der Reichskasse schuldigen Betrag" (Art. 39 Abs. 2) dem Reiche Rechnung zu legen und mit demselben sich durch Zahlung oder Abrechnung auszugleichen.

Inwieweit der Grundsatz des Art. 38 inzwischen durch die mit Art. 70 zusammenhängende, sog. v. Franckensteinsche Klausel modifiziert ist, die zuerst im Zolltarifges. v. 15. Juli 1879 (RGBl. S. 211) § 8 aufgestellt worden, inzwischen auch noch gelegentlich anderweiter Reichsfinanzgesetze Anwendung gefunden hat, ist bei Art. 70 zu erörtern.

II. Die in Abs. 2 vorgesehenen Abzüge, die ihren Ursprung im wesentlichen schon in dem Zollvereinigungsvertrage v. 8. Juli 1867 finden, zerfallen in drei Klassen je nach ihrem Rechtstitel.

Zu 1, betrifft Steuervergütungen und Steuerermäßigungen, die auf Gesetzen oder allgemeinen Verwaltungsvorschriften, seien es Rechtsverordnungen oder bloße Dienstanweisungen, beruhen, mithin rechtlich notwendig waren. — Daraus folgt stillschweigend, daß Vergütungen und Ermäßigungen ohne solche Grundlage den Bundesstaaten selbst zur Last fallen.

Zu 2, bezieht sich auf Rückerstattungen für unrichtige Erhebungen. Dieser Abzug gründet sich auf Billigkeitsrücksichten.

Dabei ist zu bemerken, daß die Bundesstaaten, da sie nach Art. 36 selbständig für eigene Rechnung verwalten, für Defekte ihrer Beamten aufzukommen haben.

Zu 3, handelt es sich um die Erhebungs- und Verwaltungskosten der Einzelstaaten.

Hier ist kein allgemeiner Maßstab für die Abzugsfähigkeit solcher Kosten bestimmt, wohl mit Rücksicht auf die Verschiedenheit der tatsächlichen Verhältnisse; vielmehr sind besondere Vorschriften für jede Besteuerungsklasse ergangen.

Zu a. Bei den Zöllen sollen diejenigen Kosten in Abzug kommen, welche an den Auslandsgrenzen und im Grenzbezirke zum Schutz und zur Erhebung der Zölle erforderlich sind.

Diese Vorschrift ist aus dem Zollvereinigungsvertrage v. 8. Juli 1867 herübergenommen, und sie fand dort ihre nähere Bestimmung in Art. 16 Abs. 1 Nr. 1—4, und zwar in Nr. 2 dahin, daß der Kostenbedarf nach Panschsummen vereinbart werden sollte. Nach Art. 40 der Reichsverfassung kommt diesen Bestimmungen noch jetzt rechtliche Geltung zu. Durch Beschluß des Bundesrats v. 30. Juni 1882 (vgl. v. Aufseß in Hirths Ann. 1893 S. 397) ist jedoch das Pauschalsystem verlassen worden, und es wird nun alljährlich der wirkliche Bedarf der Einzelstaaten betreffs der Zollverwaltung auf Voranschlagetats gebracht, die von den Einzelstaaten entworfen und von den in Art. 8 Nr. 3, 8 der Reichsverfassung bezeichneten Bundesratsausschüssen festgestellt werden, ohne daß sie freilich in den Reichsetat (Art. 69) gelangen.

Zu b. Bei der Salzsteuer gelten solche Kosten als abzugsfähig, welche zur Besoldung der mit Erhebung und Kontrollierung dieser Steuer auf den Salzwerken betrauten Beamten aufgewendet werden.

Danach bleiben alle sachlichen Ausgaben und die Besoldungen der nicht auf Salzwerken tätigen Beamten außer Abzug. Auch für diese Steuer kommt nach dem zu a bezeichneten Beschlusse des Bundesrats das System der jährlichen Voranschlagsetats zur Anwendung.

Zu c. Bei der Rübenzucker- und der Tabaksteuer gelangen diejenigen Vergütungssätze in Abzug, welche den Einzelstaaten für die Verwaltung dieser Steuern durch Beschluß des Bundesrats jeweilig gewährt werden. Die so bestimmten Vergütungen für das Rechnungsjahr 1904 sind aus der Anlage XVII zum Reichsetat für 1904 S. 5 zu entnehmen.

Zu d. Bei den übrigen Steuern setzt Art. 38 die Verwaltungsvergütung auf 15 Prozent der Gesamteinnahme fest. Diese Steuern sind im Sinne des Art. 35 die Branntwein- und die Biersteuer. Hinsichtlich der Branntweinsteuer ist jedoch eine Vergütung nach Art. IV des Ges. v. 4. April 1898 und Art. II des Ges. v. 7. Juli 1902 (vgl. die Noten zu Art. 36) ausgeschlossen; sonst vgl. die Anlage XVII zum Reichsetat für 1904 S. 8, 9.

Auf die Vergütung für Verwaltung der Reichsstempelabgaben ist zu Art. 70 zurückzukommen.

Abs. 3.

Eine besondere Stellung nehmen nach Abs. 3 naturgemäß die sog. Zollausschlußgebiete, d. h. die außerhalb der gemeinschaftlichen Zollgrenze liegenden Reichsgebiete, ein. Dieselben weisen nach dem Eintritt Hamburgs und Bremens in das gemeinschaftliche Zollgebiet nur noch eine geringe Bevölkerungszahl auf (Art. 33, 34). Da sie an der Erhebung und Verwaltung der Zölle und Verbrauchssteuern für das Reich nicht beteiligt sind, haben die Bundesstaaten, zu denen sie gehören, für sie keine Einnahmen daraus an die Reichskasse abzuführen (Art. 36, 37), dafür jedoch Aversen an solche zu zahlen, die nach ihrer bei der letzten Volkszählung ortsanwesend gewesenen Bevölkerungszahl berechnet werden.

Abs. 4.

In Abs 4 ist bestimmt, daß Bayern, Württemberg und Baden an dem zur Reichskasse fließenden Ertrage der Branntwein- und Biersteuer nebst den nach Abs. 3 hinzutretenden Aversen keinen Teil haben sollen. Dies hängt mit Art. 35 Abs. 2 zusammen. Der dort zugunsten jener Südstaaten gemachte Vorbehalt für die landesgesetzliche Besteuerung ist inzwischen betreffs des Branntweins weggefallen (vgl. die Note zu Art. 35 Abs. 2) und gilt nur noch hinsichts des Bieres. Danach bezieht sich Art. 38 Abs. 4 jetzt nur noch auf die Biersteuer nebst Aversen dazu. Insoweit ist er aber zufolge Ges. v. 25. Juni 1873 (RGBl. S. 161) § 4 auch für Elsaß-Lothringen wirksam geworden.

Artikel 39.

Die von den Erhebungsbehörden der Bundesstaaten nach Ablauf eines jeden Vierteljahres aufzustellenden Quartal-Extrakte und die nach dem Jahres- und Bücherschlusse aufzustellenden Finalabschlüsse über die im Laufe des Vierteljahres beziehungsweise während des Rechnungsjahres fällig gewordenen Einnahmen an Zöllen und nach Artikel 38 zur Reichskasse fließenden Verbrauchsabgaben werden von den Direktivbehörden der Bundesstaaten, nach vorangegangener Prüfung, in Hauptübersichten zusammengestellt, in welchen jede Abgabe gesondert nachzuweisen ist, und es werden diese Übersichten an den Ausschuß des Bundesrates für das Rechnungswesen eingesandt.

Der letztere stellt auf Grund dieser Übersichten von drei zu drei Monaten den von der Kasse jedes Bundesstaates der Reichskasse schuldigen Betrag vorläufig fest und setzt von dieser Feststellung den Bundesrat und die Bundesstaaten in Kenntnis, legt auch alljährlich die schließliche Feststellung jener Beträge mit seinen Bemerkungen dem Bundesrate vor. Der Bundesrat beschließt über diese Feststellung.

Der Art. 39 bestimmt auf Grundlage der sachlichen Vorschriften, die in Art. 38 über die Berechnung des von den verwaltenden Einzelstaaten an die Reichskasse abzuführenden Ertrages der Zölle und Verbrauchssteuern aufgestellt sind, das formale Verfahren, nach welchem die Rechnungslegung der Bundesstaaten gegenüber dem Reich (Abs. 1), wie die Feststellung des danach dem Reiche zukommenden Abführungsbetrages zu erfolgen hat.

Abs. 1.

Nach Abs. 1 haben die Erhebungsbehörden der verwaltenden Bundesstaaten, d. h. diejenigen Behörden, die für die unmittelbare Erhebung zuständig sind (Haupt- und Nebengrenz- und Steuerämter), aus ihren Büchern an jedem Quartalsschlusse Quartalsextrakte und am Schlusse des Rechnungsjahres Finalabschlüsse über die während der bezüglichen Perioden fällig gewordenen Einnahmen an Zöllen und Verbrauchsabgaben (Art. 38) aufzustellen und ihren Landesdirektivbehörden (in Preußen Provinzialsteuerdirektionen) einzureichen. Diese prüfen die Extrakte und Abschlüsse, geben den Reichsbevollmächtigten gemäß Art. 36 Abs. 2 Gelegenheit zur Mitprüfung, stellen danach die Abschlüsse in Hauptübersichten, für jede Abgabe gesondert, zusammen, und reichen solche dem Ausschuß des Bundesrats für das Rechnungswesen (Art. 8 Nr. 7) ein. Diese Bestimmungen entsprechen wesentlich dem Art. 17 des Zollvereinigungsvertrages v. 8. Juli 1867. Zu ihrer Ausführung sind vom Bundesrat Bestimmungen am 13. Januar 1872 und ergänzend am 3. April 1878 (vgl. v. Aufseß in Hirths Ann. 1893 S. 389) erlassen.

Abs. 2.

a, Der vorgedachte Bundesrats*ausschuß* setzt auf Grund der ihm eingereichten Quartalshauptübersichten den von jedem Einzelstaat der Reichskasse schuldigen Betrag zunächst quartalsweise *vorläufig* fest, und macht hiervon dem Bundesrat wie den Einzelstaaten, offenbar zu ihrer einstweiligen Informierung, Mitteilung.

b, Die auf Grund des Finalabschlusses für jedes Rechnungsjahr anzufertigenden Jahreshauptübersichten legt der mehrgedachte Ausschuß mit seinen Bemerkungen dem *Bundesrate* vor; und diesem steht die *endgültige* Beschlußfassung darüber zu.

c, In betreff der *Fälligkeit* des zur Reichskasse fließenden Ertrages der Zölle und Verbrauchssteuern und der Aversen (Art. 38) ist durch das Etatsges. v. 4. Dez. 1871 (RGBl. S. 412) § 3 Abs. 1, 2 vom 1. Januar 1872 ab Bestimmung getroffen.

Artikel 40.

Die Bestimmungen in dem Zollvereinigungsvertrage vom 8. Juli 1867 bleiben in Kraft, soweit sie nicht durch die Vorschriften dieser Verfassung abgeändert sind und solange sie nicht auf dem im Artikel 7, beziehungsweise 78 bezeichneten Wege abgeändert werden.

Vgl. die Literatur zur Vornote B des Abschn. VI.

Der Art. 40 hängt mit der rechtsgeschichtlichen Entwicklung des Deutschen Zoll- und Handelsvereins zusammen. Diese Entwicklung ist bereits in der Vornote B zu Abschn. VI dargelegt. Jetzt bleibt noch übrig, die abschließende Gestaltung, die sie auf Grund des Art. 40 empfangen hat, näher zu betrachten.

1. Der Art. 40 bestimmt, daß die Vorschriften des Zollvereinigungsvertrages v. 8. Juli 1867 (BGBl. S. 81) unter gewissen, später zu erörternden Maßgaben in Kraft bleiben sollen.

Dieser Vertrag ist zwischen dem Norddeutschen Bunde und den Süddeutschen Staaten Bayern, Württemberg, Baden und Hessen zwecks der Fortsetzung des gemeinschaftlichen Zoll- und Handelsvereins und der zeitgemäßen Fortbildung der Vereinseinrichtungen geschlossen (vgl. Eingangsworte). Nach Art. 1 sollten während der Fortsetzungsperiode (12 Jahre) die früheren Zollvereinsverträge seit der Vereinsgründung im Jahre 1833 bis zu dem die Grundlage des Vertrages v. 8. Juli 1867 bildenden Abkommen v. 16. Mai 1865, und zwar nebst den dazu gehörenden Schlußprotokollen, Separatartikeln und Generalkonferenzbeschlüssen in Kraft bleiben, soweit sie bis dahin noch in Kraft ständen und nicht durch die folgenden Artikel abgeändert seien. Offensichtlich bezweckten diese Vorschriften, grundsätzlich den gesamten Rechtsbestand des Zollvereins, wie er damals gerade lag, ohne Unterscheidung der Rechtsquelle, in das zwischen dem Norddeutschen Bunde und den Süddeutschen Staaten fortzusetzende Vereinsverhältnis hinüberzunehmen, mit anderen Worten, die Kontinuität zwischen dem Recht des früheren und des neuen Vereins herzustellen.

Wenn nunmehr, nachdem das Deusche Reich geschaffen, dessen Verfassung in Art. 40 die Bestimmungen des Zollvereinigungsvertrags v. 8. Juli 1867 (grundsätzlich) in Kraft läßt, so will das naturgemäß nur bedeuten, daß jene Kontinuität jetzt auch dem Reiche gegenüber Platz greifen soll. Nicht aber läßt sich daraus folgern, daß etwa der Zollverein selbst neben dem Reiche noch rechtliche Existenz besäße.

2. Aber der Art. 40 hält das im Vertrage v. 8. Juli 1867 gewissermaßen kodifizierte Recht des früheren Zollvereins nur mit einer doppelten Beschränkung aufrecht, nämlich

a, insoweit, als dieses Recht nicht durch die Reichsverfassung abgeändert ist,

b, und solange, als es nicht auf dem in Art. 7, bzw. 78 bezeichneten Wege abgeändert wird.

Zu a, betrifft die Frage, inwieweit der Inhalt des Zollvereinigungsvertrags v. 8. Juli 1867 (in der zu 1 erörterten Tragweite) durch die Reichsverfassung selbst geändert ist. Dies erfordert eine Prüfung des Gesamtinhalts beider Rechtsurkunden. Einige allgemeine und grundsätzliche Gesichtspunkte dafür sind bereits in der Vornote B zu Abschn. VI herausgehoben; von besonderer Bedeutung werden naturgemäß die Art. 33—39 sein. Es ist zuzugeben, das in Einzelfällen für obige Feststellung Schwierigkeiten entstehen können. Insbesondere kommt dabei das höchst umfangreiche Material, das in den gesamten Zollvereinsverträgen steckt, in Betracht; aber dies wird wieder abgeschwächt dadurch, daß die letzten Verträge von 1865 und 1867 gewissermaßen eine Kodifikation des geltenden Rechts geben. Demnach dürfte jene Eventualität sich nicht besonders praktisch geltend machen.

Zu b, hat künftige Änderungen des Zollvereinigungsvertrags v. 8. Juli 1867 (in der zu 1 erörterten Tragweite) auf dem in Art 7, bzw. 78 bezeichneten Wege im Auge. Die Beziehung auf Art. 7 und Art. 78 weist naturgemäß auf die verschiedenen Wege hin, auf denen nach der Reichsverfassung überhaupt Veränderungen bestehender Vorschriften erfolgen können. Es ist dies nach Art. 78

derjenige Weg der Gesetzgebung, zu welchem die dort bezeichnete erhöhte Majorität im Bundesrat oder die Zustimmung eines sonderberechtigten Bundesstaats erfordert wird, nach Art. 7 teils der Weg der gewöhnlichen Gesetzgebung (Art. 7 Abs. 3), teils der Weg der Verwaltungsvorschriften (Art. 7 Abs. 1 Nr. 2). Welcher Weg nun im Einzelfalle der maßgebende ist, wird nach den Grundsätzen der Reichsverfassung unter Würdigung des Gesamtinhalts der Zollvereinsverträge festzustellen sein. Von einer reichsgesetzlichen Klassifikation dieses Inhalts hat man bei der Schwierigkeit der Sache Abstand genommen (vgl. die Äußerungen des Präsidenten des Bundeskanzleramts Delbrück in der Reichtagssitzung v. 7. Dez. 1870, Verh. der II. außerord. Sess. S. 126). Eingehende Untersuchungen hierüber finden sich besonders bei Delbrück, der Art. 40 der Reichsverfassung, und bei Hänel, Studien I S. 121 ff. Ein rechtshistorisches Auslegungsmoment kann aber die Tatsache bieten, daß die Zollvereinsstaaten bei Abfassung des dem Zollvereinigungsvertrage v. 8. Juli 1867 zugrunde liegenden Vertrags v. 16. Mai 1865 die von ihnen als Gesetze erachteten Bestimmungen in den eigentlichen Vertrag (im Gegensatz zum Schlußprotokoll) haben zusammenstellen wollen (vgl. die Preußische Denkschr. bei Vorlegung des Vertrags v. 16. Mai 1865 im Abg.Hause, Verh. desselben für 1865, IV S. 1538; Hänel, Studien I S. 127).

Nachtrag zu S. 198 a. E.

Während des Druckes sind noch folgende Zusatzverträge zu Handelsverträgen verkündigt: mit der Schweiz v. 12. Nov. 1904, mit Italien v. 3. Dez. 1904, mit Belgien v. 6. Dez. 1904 (RGBl. 1905 S. 319, 413, 599).

VII. Eisenbahnwesen.

Laband § 74; Zorn § 31; Arndt § 35; H. Schulze, Buch II Abt. 2 Kap. 3 Tit. 2 II; G. Meyer §§ 191—194; Seydel, Kommentar zu Abschn. VII; Hänel, Staatsr. S. 634; Coermann, Deutsche Reichs-Eisenb.-Gesetzgebung; Fischer in v. Holtzendorffs Jahrb. 1 S. 412, 2 S. 211, 4 S. 421; Endemann, Recht der Eisenb., 1886; Eger, Handb. des Preuß. Eisenb.Rechts, 1886; Gleim, Recht der Eisenb. in Preußen, 1891; Löning, Verwalt.R. S. 620.

Vornote.

I. Die Eisenbahnen waren in der ersten Zeit nach ihrer Einführung in Deuschland (1835) wesentlich Gegenstand von Privatunternehmungen, denen gegenüber die Staatsgewalt sich nur durch Konzessionierung und Kontrollierung im polizeilichen Interesse betätigte. In dieser Beziehung erging für Preußen das Gesetz über die Eisenbahnunternehmungen v. 3. Nov. 1838 (GS. S. 505), mit welchem nach seinem Eingange bezweckt wurde, über die Eisenbahnunternehmungen und insbesondere über die Verhältnisse der Eisenbahngesellschaften zum Staat und zum Publikum allgemeine Bestimmungen zu treffen. Angesichts der regen Entwicklung, die das Eisenbahnwesen nahm, erkannten aber die Staaten bald die steigende Bedeutung desselben für das öffentliche Verkehrsinteresse, und die Folge davon war, daß sie nicht bloß auf finanzielle Förderung der privaten Eisenbahnunternehmungen bedacht wurden, sondern auch selbst solche in die Hand nahmen. So entstand ein gemischtes System von privaten und staatlichen Eisenbahnunternehmungen. Indes verblieb es auch bei diesem Systeme nicht lange, im Hinblick auf die immer wachsende Rückwirkung, die das Eisenbahnwesen auf das innere und äußere Staatsleben der Deutschen Einzelstaaten ausübte. Die durch die vielen privaten Eisenbahnen herbeigeführte Zersplitterung stand der für den Verkehr so wichtigen Gleichmäßigkeit des Betriebes und der Tarife entgegen. Der alte Deutsche Bund war dabei zu erfolgreichem Eingreifen nach Lage der staatsrechtlichen Verhältnisse außerstande, und der zur Aushilfe gebildete Verein Deutscher Eisenbahnverwaltungen vermochte nur geringen Ersatz zu bieten. Andererseits machte sich mehr und mehr die Erfahrung geltend, welche Vorteile der Staatseisenbahnbetrieb dem Gemeinwesen neben dem wirtschaftspolitischen auch auf dem finanzpolitischen Gebiete zu gewähren vermöge. Diese Erfahrungen hatten die Wirkung, daß man, und namentlich in Preußen vom Jahre 1879 ab bis in die neueste Zeit, zu einer umfassenden Verstaatlichung der vorhandenen Privateisenbahnunternehmungen geschritten ist.

II. Sonach unterstand bei Gründung des Norddeutschen Bundes und des Deutschen Reiches das Eisenbahnwesen lediglich dem Hoheitsrechte der Einzelstaaten. Auf diesem Rechtsstande beruhen die Verfassungen der neuen nationalen Staatsschöpfungen, die in vorliegender Materie fast gleichlauten.

1. Der Art. 4 Nr. 8 der Reichsverfassung bestimmt, daß dem Reiche die Beaufsichtigung und die Gesetzgebung über das Eisenbahnwesen (vorbehaltlich des Sonderrechts aus Art. 46 für Bayern) im Interesse der Landesverteidigung und des allgemeinen Verkehrs zustehen soll. Diese Vorschrift ist für sich unbedenklich. Sie läßt in bezug auf das Eisenbahnwesen das Hoheitsrecht und die Verwaltung der Einzelstaaten unberührt. Dagegen gibt sie dem Reiche die Befugnis, die Gesetzgebung, also die leitenden Normen über das Eisenbahnwesen zu regeln, und zwar ohne jede Beschränkung, also für das Ganze oder einzelne Teile dieses Gebietes. Von dieser Befugnis hat das Reich bis jetzt keinen Gebrauch gemacht. Der in den Jahren 1874/76 vom Reichseisenbahnamt ausgearbeitete Entwurf eines Reichseisenbahngesetzes bieb unerledigt (vgl. Hirths Ann. 1875 S. 1225 und 1877 S. 683), und ein weiterer legislativer Versuch ist nicht gemacht. Außerdem ist in Art. 4 Nr. 8 dem Reiche die Beaufsichtigung des Eisenbahnwesens gegenüber den Einzelstaaten zugewiesen. Hierbei wird es sich, da es ein Reichseisenbahngesetz aber noch nicht gibt, zunächst wesentlich um die Innehaltung der besonderen Bestimmungen in Abschn. VII (§§ 41—47) handeln. Zur Ausübung der Reichsaufsicht ist durch Ges. v. 27. Juni 1873 (RGBl. S. 164) das Reichseisenbahnamt in Berlin eingesetzt, eine unter dem Reichskanzler stehende Behörde (vgl. deren GeschO. v. 13. März 1876, Zentr.Bl. S. 197).

Übrigens sind, wenngleich auf Grund des Art. 4 Nr. 8 bisher kein Reichseisenbahngesetz zustande gekommen ist, doch auf dem Wege des Art. 4 Nr. 13, 15 mancherlei Normen des öffentlichen und Privatrechts von Reichs wegen erlassen worden. So ist u. a. hinzuweisen auf bezügliche Vorschriften der Strafgesetze (vgl. StrGB. §§ 90 Nr. 2, 243 Nr. 4, 250 Nr. 3, 305, 306 Nr. 3, 315, 316, 319, 320); auf das Haftpflichtges. v. 7. Juni 1871 (RGBl. S. 207) nebst Änderungen in Art. 42 EG. zum BGB.; auf den in demselben EG. Art. 105, 112, 123, 125 gemachten Vorbehalt zugunsten privatrechtlicher Landesgesetze; auf die im HGB. §§ 453—473 enthaltene Regelung des Eisenbahnfrachtgeschäfts, in Verbindung mit dem Internationalen Übereinkommen über den Eisenbahnfrachtverkehr v. 14. Okt. 1890 (RGBl. 1892 S. 793) nebst Zusätzen v. 16. Juli 1895 (RGBl. S. 465) und 16. Juni 1898 (RGBl. 1901 S. 295); auf die für die Zwangsvollstreckung in Eisenbahngrundstücke und Eisenbahn-Fahrbetriebsmittel beachtlichen Vorschriften des § 871 ZPO. und des Ges. v. 3. Mai 1886 (RGBl. S. 131); endlich auf das Ges. v. 25. Febr. 1876 über die Beseitigung von Ansteckungsstoffen bei Viehbeförderung auf Eisenbahnen (RGBl. S. 163).

2. Ergänzt wird dann der Art. 4 Nr. 8 durch den vorliegenden Abschn. VII (Art. 41—47). Diese Bestimmungen können eher Anlaß zu Rechtsbedenken geben. Ihr Inhalt ist mannigfacher Art: Rechte des Reichs konkurrieren mit Pflichten der Einzelstaaten. Durchweg tritt dabei als leitendes Interesse, wie schon in Art. 4 Nr. 8 hingestellt, das der Landesverteidigung und des allgemeinen Verkehrs hervor. Für die Tragweite und Bedeutung der einzelnen Vorschriften wird der Auslegungsmaßstab anzulegen sein, ob sie nach Form, Grund und Zusammenhang eine genügend bestimmte, schon jetzt erfüllbare und erzwingbare Verpflichtung oder aber nur Grundsätze für eine künftige Regelung zum Ausdruck bringen. Eine Prüfung von diesen Gesichtspunkten aus führt m. E. zu dem Ergebnis, daß zwar für vereinzelte Bestimmungen (Art. 46, 47) die erste Alternative, jedoch für deren Mehrzahl die zweite Alternative zutrifft. Vgl. die Äußerungen Miquels in der Reichstagssitzung v. 21. April 1870, Sten. Ber. S. 784, Laband § 74 zu 1, Hänel, Studien I S. 637, G. Meyer § 164, Arndt, Vornote zu Abschn. VII. Praktische Schwierigkeiten hat die vorbezeichnete Rechtslage noch nicht hervorgerufen.

Dem Gegenstande nach handelt es sich in Art. 41—47 wesentlich um die Anlegung, die Ausrüstung, den Betrieb, die Tarife und die Benutzung von Eisenbahnen.

Artikel 41.

Eisenbahnen, welche im Interesse der Verteidigung Deutschlands oder im Interesse des gemeinsamen Verkehrs für notwendig erachtet werden, können kraft eines Reichsgesetzes auch gegen den Widerspruch der Bundesglieder, deren Gebiet die Eisenbahnen durchschneiden, unbeschadet der Landeshoheitsrechte, für Rechnung des Reichs angelegt oder an Privatunternehmer zur Ausführung konzessioniert und mit dem Expropriationsrechte ausgestattet werden.

Jede bestehende Eisenbahnverwaltung ist verpflichtet, sich den Anschluß neu angelegter Eisenbahnen auf Kosten der letzteren gefallen zu lassen.

Die gesetzlichen Bestimmungen, welche bestehenden Eisenbahn-Unternehmungen ein Widerspruchsrecht gegen die Anlegung von Parallel- oder Konkurrenzbahnen einräumen, werden, unbeschadet bereits erworbener Rechte, für das ganze Reich hierdurch aufgehoben. Ein solches Widerspruchsrecht kann auch in den künftig zu erteilenden Konzessionen nicht weiter verliehen werden.

Der Art. 41 zielt offensichtlich darauf ab, von Reichs wegen die Anlegung von Eisenbahnen, im Interesse der Verteidigung Deutschlands oder des allgemeinen Verkehrs, selbst unter Beschränkung des Hoheitsrechts und der Landesgesetze der Einzelstaaten, zu fördern. Zu diesem Zwecke stellt er drei Rechtsnormen auf.

Abs. 1.

Nach Abs. 1 können Eisenbahnen, die im obigen Sinne für notwendig ererachtet werden, kraft eines Reichsgesetzes für Rechnung des Reichs angelegt oder für Private zur Ausführung konzessioniert und mit Enteignungsrechten ausgestattet werden; und zwar auch gegen den Widerspruch der mit ihrem Gebiet beteiligten Bundesstaaten, unbeschadet ihres Hoheitsrechts.

Diese Vorschrift beruht darauf, daß nach Art. 4 Nr. 8 der Reichsverfassung in betreff des Eisenbahnwesens dem Reiche nur die Gesetzgebung und die Beaufsichtigung der einzelstaatlichen Verwaltung zusteht, so daß das Reich an sich von Anlegung von Eisenbahnen für eigene Rechnung überhaupt ausgeschlossen ist und, falls es eine solche Anlage vornehmen wollte, die mit ihrem Gebiet beteiligten Bundesstaaten widersprechen können. Sollte demgegenüber für das Reich dennoch die Befugnis zu einem derartigen Unternehmen geschaffen werden, so bedurfte es dazu einer besonderen Verfassungsvorschrift. Auf Grund derselben war aber noch für jeden Unternehmungsfall der Erlaß eines Reichsgesetzes (Art. 5) vorauszusetzen, um auf diese Weise konstatiert zu sehen, daß das Unternehmen im Interesse der Verteidigung Deutschlands oder des allgemeinen Verkehrs für notwendig erachtet worden, und einen etwaigen Widerspruch jener Bundesstaaten, natürlich unbeschadet ihrer sonstigen Landeshoheit, unwirksam zu machen.

Ein Unterschied, ob das Reich die Eisenbahn selbst anlegt, oder ob ein Privater zur Anlegung konzessioniert wird, ist nicht gemacht. In jedem Falle müssen die obenbezeichneten Bundesstaaten dann dulden, daß dem Reichsgesetze gemäß die Enteignung und die Bahnanlegung vor sich geht, selbstverständlich nach Maßgabe des Landesrechts.

Abs. 2.

Der Abs. 2 legt, im Interesse des Anschlusses neuangelegter Eisenbahnen an bestehende Eisenbahnen, den Verwaltungen der letzteren, ohne Unterschied zwischen Staats- und Privatverwaltung, die Verpflichtung auf, einen solchen Anschluß auf Kosten der ersteren zu dulden. Eine weitere Handlung wird den Verpflichteten nicht angesonnen. Die Vorschrift macht naturgemäß auch einen Widerspruch der mit ihrem Gebiet beteiligten Bundesstaaten unwirksam.

Abs. 3.

Der Abs. 3 soll (nach Absicht des Antragstellers Michaelis) auch der Anlegung von Parallel- oder Konkurrenzbahnen ein Hindernis aus dem Wege schaffen, insoweit nach Landesgesetzen gegen deren Herstellung seitens bestehender Eisenbahnunternehmungen ein Widerspruchsrecht erhoben werden könnte. Deshalb werden solche Landesgesetze, zu denen z. B. das Preußische Eisenbahngesetz v. 3. Nov. 1838 [GS. S. 505] § 44 gehört, für das ganze Reich, also auch für Bayern, aufgehoben, unbeschadet bereits erworbener (d. h. auf speziellen Rechtstiteln beruhender) Rechte, andererseits aber mit der Tragweite, daß ein solches Widerspruchsrecht auch künftig in Eisenbahnkonzessionen der Einzelstaaten nicht mehr verliehen werden kann, somit zugleich unter Beschränkung des Hoheitsrechts der Einzelstaaten.

Artikel 42.

Die Bundesregierungen verpflichten sich, die Deutschen Eisenbahnen im Interesse des allgemeinen Verkehrs wie ein einheitliches Netz verwalten und zu diesem Behuf auch die neu herzustellenden Bahnen nach einheitlichen Normen anlegen und ausrüsten zu lassen.

1. Die Art. 42 und 43, die gemäß Art. 46 Abs. 2 für Bayern nicht gelten, stehen, wie das Wort „demgemäß" in Art. 43 ergibt, in Zusammenhang. Ihre Fassung hat der Auslegung Schwierigkeiten bereitet, insbesondere in Art. 42 die Stellen „Die Bundesregierungen verpflichten sich" und „wie ein einheitliches Netz zu verwalten", in Art. 43 „Das Reich hat dafür Sorge zu tragen" (vgl. Laband § 74, II, Arndt, Note zu Art. 42). Es läßt sich wohl nicht verkennen, daß die Form jener Artikel, denen noch der Art. 45 mit dem Eingangspassus „Dasselbe (das Reich) wird namentlich dahin wirken" beigerechnet werden kann, für Verfassungsbestimmungen auffällig ist. Allein dieser Umstand klärt sich m. E. genügend auf, wenn man Grund, Zweck und Zusammenhang der Art. 41—47 in Betracht zieht. Danach ergibt sich unzweideutig, daß man bei Schaffung der Norddeutschen, bzw. der Reichsverfassung sich der Mißstände des Deutschen Eisenbahnwesens, insbesondere der Vielspaltigkeit in Bau, Ausrüstung und Betrieb der Eisenbahnen neben Geltendmachung fiskalischer Rücksichten, bewußt war, und deshalb, wenn auch eine Betriebsgemeinschaft nicht zu erzielen, doch wenigstens auf eine möglichst gleichmäßige Verwaltung in jenen drei technischen Beziehungen Bedacht nahm, und zwar in der Art, daß einerseits die Kontrolle des Reichs speziell auf diese Punkte gerichtet, andrerseits den Bundesregierungen und Eisenbahnverwaltungen insoweit mehr oder minder konkrete und bestimmte Verpflichtungen dem Reiche gegenüber auferlegt wurden.

2. Danach finde ich in Art. 42 eine lediglich *grundsätzliche*, mangels bestimmter Formulierung nicht erzwingbare (Art. 19) *Verpflichtung der Bundesstaaten* dahin, daß sie im Interesse des allgemeinen Verkehrs die Verwaltung der Eisenbahnen gleichmäßig einrichten, und dazu auch neu anzulegende Bahnen nach gleichmäßigen Normen anlegen und ausrüsten lassen.

3. Angesichts des Scheiterns einer Reichseisenbahngemeinschaft (vgl. die Vornote zu Abschn. VII) und der aus der Konkurrenz der verschiedenen Staatsbahnen untereinander entstehenden Nachteile hat der Gedanke, solche, durch Verträge einzelner Bundesstaaten über eine zwischen ihnen zu begründende Betriebsgemeinschaft abzuwenden, bereits eine gewisse Realisierung gefunden. Es haben nämlich *Preußen* und *Hessen* durch Staatsverträge v. 23. Juni und 8./9. Juli 1896 (Preuß. Ges. v. 16. Dez. 1896, GS. S. 215), unter Übernahme der Hessischen Ludwigsbahn und der Hessischen Staatsbahnen, eine Gemeinschaft der Betriebs- und Finanzverwaltung, mit gemeinschaftlichen Eisenbahndirektionen in Frankfurt a/M. und Mainz begründet.

4. Erwähnt mag noch werden, daß zwischen einer *Reihe Staaten des Europäischen Kontinents* (Deutschland, Frankreich, Italien, Österreich-

Ungarn, Schweiz) Vereinbarungen über die technische Einheit im Eisenbahnwesen getroffen sind (vgl. RGBl. 1887 S. 111, 148, 1890 S. 175, 1891 S. 387, 1896 S. 177, 702, 1899 S. 543).

Artikel 43.

Es sollen demgemäß in tunlichster Beschleunigung übereinstimmende Betriebseinrichtungen getroffen, insbesondere gleiche Bahnpolizei-Reglements eingeführt werden. Das Reich hat dafür Sorge zu tragen, daß die Eisenbahnverwaltungen die Bahnen jederzeit in einem die nötige Sicherheit gewährenden baulichen Zustande erhalten und dieselben mit Betriebsmaterial so ausrüsten, wie das Verkehrsbedürfnis es erheischt.

Der Art. 43 gibt in formeller Anknüpfung an Art. 42 („demgemäß") und in sachlicher Abgrenzung der den Bundesstaaten dort grundsätzlich auferlegten Verpflichtung zwei Vorschriften:

1. Nach Satz 1 sollen übereinstimmende Betriebseinrichtungen, insbesondere gleiche Bahnpolizeireglements eingeführt werden.

2. Nach Satz 2 soll das Reich dafür sorgen, daß von den Eisenbahnverwaltungen die Bahnen jederzeit in sicherem Bauzustande erhalten und mit einem verkehrsgerechten Betriebsmaterial ausgerüstet werden.

Zu 1.

In diesem Satze ist der Verpflichtete nicht ausdrücklich bezeichnet; er muß daher im Wege der Auslegung ermittelt werden. Hierbei kommen aber gewisse Akte, mit denen nach Erlaß der Reichsverfassung die Reichsgewalt selbst eingegriffen hat, wesentlich in Betracht.

Es sind nämlich vom Bundesrat seitdem bis in die neueste Zeit auf Grund der Art 42, 43 eine Anzahl von Reglements oder Ordnungen mit mannigfachem Inhalt und in wechselnder Verkündungsweise (zuerst nur im Zentr.Bl. f. d. Deutsche Reich, später auch im Reichsgesetzblatt) erlassen. Heutzutage wird es auf eine spezielle Mitteilung aller dieser Ordnungen nicht mehr ankommen. Denn unterm 5. Juli 1892 ist seitens des Bundesrats eine Neufassung derselben in fünf Verordnungen beschlossen und im RGBl. von 1892 verkündigt. Davon betraf die erste die Betriebsordnung für die Haupteisenbahnen Deutschlands (RGBl. S. 691), die zweite die Vorschriften über die Befähigung der Eisenbahnbetriebsbeamten (RGBl. S. 723), die dritte die Signalordnung für die Deutschen Eisenbahnen (RGBl. S. 733), die vierte die Normen für den Bau und die Ausrüstung der Haupteisenbahnen (RGBl. S. 747), und die fünfte endlich die Bahnordnung für die Nebenbahnen Deutschlands (RGBl. S. 764). — Inzwischen aber hat der Bundesrat diese Ordnungen mehrfach wieder umgestaltet. An Stelle der Bau- und Ausrüstungsnormen, der Betriebsordnung für die Hauptbahnen und der Bahnordnung für die Nebenbahnen mit Nachträgen ist am 3. Nov. 1904 die Eisenbahnbau- und Betriebsordnung erlassen (RGBl. S. 387). Diese trifft in Abschn. 1 (§§ 1—5) allgemeine Bestimmungen, in Abschn. II (§§ 6—26) Bestimmungen über Bahnanlagen, in Abschn. III (§§ 27—44) Bestimmungen über Fahrzeuge, in Abschn. IV (§§ 45—73) Bestimmungen über den Bahnbetrieb (nicht

Verkehr, Art. 45), in Absch. V (§§ 74—76) Bestimmungen über Bahnpolizei, in Abschn. VI (§§ 77—83) Bestimmungen für das Publikum (mit Strafandrohungen). In den Abschn. I—IV sind die Vorschriften, soweit sie für Haupt- und Nebenbahnen gemeinsam, ungetrennt, soweit sie dafür verschieden, in besondere Rubriken gefaßt. Die Signalordnung hat am 23. Mai 1898 eine im RGBl. S. 353 verkündigte Änderung erfahren. Die Vorschriften über die Befähigung der Eisenbahn-Betriebsbeamten ist am 13. Juli 1897 (RGBl. S. 601), am 23. Mai 1898 (RGBl. S. 353) und am 15. Mai 1903 (RGBl. S. 219) abgeändert. — Endlich hat der Bundesrat am 2. Febr. 1899 Bestimmungen zur Beseitigung von Ansteckungsstoffen bei Beförderung lebenden Geflügels erlassen (RGBl. S. 11), die aber am 17. Juli 1904 durch anderweite Bestimmungen ersetzt sind (RGBl. S. 253).

Zu den vorbezeichneten Verordnungen hat der Bundesrat sich auf Grund der Art. 42, 43 für zuständig erachtet, auch deren Verkündigung im Reichsgesetzblatt von Hause aus für nicht geboten erachtet und späterhin nur aus Vorsicht neben der Bekanntmachung im Zentr.Bl. f. d. Deutsche Reich veranlaßt. Muß die Auslegung, die der Bundesrat dem Art. 43 Satz 1 gegeben hat, für gerechtfertigt gelten, so erledigt sich damit der Mangel in der Fassung des Art. 43. Die Theorie hat allerdings zum Teil die Rechtsgültigkeit der Verordnungen angefochten (vgl. die bezügliche Literatur bei Laband § 74 zu II), indem sie geltend macht, daß nach dem Zusammenhange der Art. 42 und 43 die Bundesregierungen, nicht der Bundesrat, als zur Anordnung übereinstimmender Betriebseinrichtungen und insbesondere gleicher Bahnpolizeireglements verpflichtet anzusehen seien. Dieser Einwand, mag er logisch etwas für sich haben, kann nach jetziger Rechtslage nicht durchschlagen. Die Bundesregierungen besitzen in der Reichsgewalt ihr verfassungsgemäßes (Art. 6) Organ in dem aus ihren Vertretern gebildeten Bundesrate. Dieser hat nach Art. 7 Nr. 2 über die zur Ausführung der Reichsgesetze erforderlichen allgemeinen Verwaltungsvorschriften und Einrichtungen zu beschließen, und er ist im Falle besonderer gesetzlicher Ermächtigung auch zum Erlaß von Rechtsverordnungen befugt (vgl. die Noten zu Art. 7). Er hat nun als Vertreter der Bundesregierungen seine Zuständigkeit gemäß Art. 43 durch Erlaß der dort bezeichneten Verordnungen angenommen, selbst soweit diese nicht bloß technischen, sondern zugleich polizei- und strafrechtlichen Inhalts sind. Von seiten des Reichstags ist diese Auffassung nicht bemängelt; im Gegenteil hat derselbe seinerseits den Bundesrat im Jahre 1869 zur Erlassung solcher Verordnungen aufgefordert (vgl. Sten. Ber. über die Reichst.Verh. v. 1869 S. 828). Man darf doch auch behaupten, daß, da es sich nach Art. 42 und 43 um tunlichst schleunige Erlassung gleichmäßiger Normen über Anlegung und Ausrüstung, Betrieb und Sicherheit der Deutschen Eisenbahnen handelte, der Weg, die Ausführung dieser Vorschrift der Initiative zahlreicher Einzelregierungen zu überlassen, sich naturgemäß als zweckwidrig ergeben hätte. Die Frage der Verkündigung im Reichsgesetzblatt ist mit Bezug auf die neueren Verordnungen gegenstandslos geworden. Aus ähnlichen Erwägungen hat denn auch die höchstrichterliche Rechtsprechung ständig die Rechtsgültigkeit der Verordnungen anerkannt. Vgl. Entsch. des ROHG. 21 S. 61, des RG. in ZivS. 15 S. 147, 156, in Strafs. 10 S. 326, 15 S. 266, 24 S. 319. Überdies ist darauf hinzuweisen, daß diejenigen Verordnungen, welche der Bundesrat auf Grund des Art. 45 als Eisenbahnverkehrsordnung erlassen hat, von der Reichsgesetzgebung bei Revision des HGB. im Jahre 1897 sogar der Neuregelung des Abschn. VII über die Beförderung von Gütern und Personen auf Eisenbahnen mit zugrunde gelegt sind (§§ 453—473 HGB).

Zu 2.

Der Satz 2 weist dem Reiche Recht und Pflicht zur Überwachung der Eisenbahnverwaltungen (ohne Unterscheidung von Staats- und Privatbahnen) in der Richtung zu, ob die Bahnen jederzeit in sicherem Bauzustande und in einer dem Verkehrsbedarf entsprechenden Ausrüstung mit Betriebsmaterial gehalten werden.

Die Ausübung der Kontrolle liegt gemäß Art. 17 dem Kaiser ob. Als zentrales Aufsichtsorgan ist durch Ges. v. 27. Juni 1873 (RGBl. S. 164) das Reichseisenbahnamt zu Berlin eingesetzt, mit der Maßgabe, daß zur Entscheidung in Fällen, wo eine Maßnahme desselben von Bahnverwaltungen als gesetzlich ungerechtfertigt angefochten wird, richterliche Beamte hinzugezogen werden (§§ 4, 5 Nr. 4 Ges. v. 27. Juni 1873).

Artikel 44.

Die Eisenbahnverwaltungen sind verpflichtet, die für den durchgehenden Verkehr und zur Herstellung ineinandergreifender Fahrpläne nötigen Personenzüge mit entsprechender Fahrgeschwindigkeit, desgleichen die zur Bewältigung des Güterverkehrs nötigen Güterzüge einzuführen, auch direkte Expeditionen im Personen- und Güterverkehr, unter Gestattung des Überganges der Transportmittel von einer Bahn auf die andere, gegen die übliche Vergütung einzurichten.

Dem Art. 44, der gemäß Art. 46 Abs. 2 nicht für Bayern gilt, liegt offensichtlich der Gedanke zugrunde, daß die Eisenbahnen öffentliche Verkehrsanstalten zu gleichmäßiger und dem Verkehrsinteresse entsprechender Benutzung für die Personen- und Güterbeförderung bilden. Von dieser Auffassung aus zielt er darauf ab, daß im Betriebe der Eisenbahnen die Personenzüge für den durchgehenden und ineinandergreifenden Verkehr mit entsprechender Fahrgeschwindigkeit, ebenso die Güterzüge für die Bewältigung des Güterverkehrs ausreichend, und für Personen- und Güterbeförderung direkte Expeditionen eingerichtet werden.

Die Pflicht zu dieser Einrichtung ist den Deutschen Bahnverwaltungen auferlegt. Die Überwachung der Ausführungen übt nach Art. 17 der Kaiser durch das Zentralorgan des Reichseisenbahnamts aus (vgl. Note zu Art. 43).

Artikel 45.

Dem Reiche steht die Kontrolle über das Tarifwesen zu. Dasselbe wird namentlich dahin wirken:

1. daß baldigst auf allen Deutschen Eisenbahnen übereinstimmende Betriebsreglements eingeführt werden;

2. daß die möglichste Gleichmäßigkeit und Herabsetzung der Tarife erzielt, insbesondere, daß bei größeren Entfernungen für den Transport von Kohlen, Koks, Holz, Erzen, Steinen, Salz, Roheisen, Düngungsmitteln und ähnlichen Gegenständen ein dem Bedürfnis der Landwirtschaft und Industrie entsprechender ermäßigter Tarif, und zwar zunächst tunlichst der Einpfennig-Tarif eingeführt werde.

I. In Art. 45, der gemäß Art. 46 Abs. 2 nicht für Bayern Geltung hat, handelt es sich um den letzten Punkt des Eisenbahnwesens, nämlich um das Betriebs- oder, wie es jetzt heißt, Verkehrswesen. Dabei ist von besonderer Bedeutung die Tariffrage. Deshalb wird im Eingange dem Reiche die Kontrolle darüber auferlegt, deren Ausübung nach Art. 17 dem Kaiser zusteht und für diesen nach Ges. v. 27. Juni 1873 (RGBl. S. 164) §§ 4, 5 durch das Reichseisenbahnamt als Zentralbehörde erfolgt.

II. Weiter aber soll das Reich insbesondere dahin wirken, daß auf allen Deutschen Eisenbahnen

1. baldigst übereinstimmende Betriebsreglements eingeführt
2. und dabei möglichste Gleichmäßigkeit und Herabsetzung der Tarife nach gewissen Maßgaben erzielt werden.

Zu 1.

Hier weist, wie in Art. 43, die Fassung eine Unbestimmtheit auf, indem die zur Einführung gleichmäßiger Betriebsreglements verpflichteten Faktoren nicht ausdrücklich bezeichnet sind. Es ist daher Sache der Auslegung, diese Lücke zu ergänzen. Geht man hierbei bloß nach dem Wortlaut, so könnten, wie dies auch von manchen Seiten angenommen ist (vgl. Laband § 74 zu IV), die Bundesregierungen als Verpflichtete angesehen werden. Allein es sind nach Erlaß der Reichsverfassung gewisse Akte seitens des Bundesrats und der Gesetzgebung getätigt, die über die Auslegungsfrage hinweghelfen dürften. Betriebsordnung.

Der Bundesrat hat nämlich auf Grund des Art. 45 sich selbst für zuständig erachtet, ein für alle Eisenbahnen Deutschlands (außer Bayern, Art. 46, Abs. 2) verbindliches Betriebsreglement, worin freilich die Tariffrage noch unberührt blieb, zu erlassen. Dasselbe ist am 11. Mai 1874 ergangen und im Zentr.Bl. f. d. Deutsche Reich 1874 S. 179 verkündigt. Zu einer weitergehenden Entwicklung gab demnächst aber Anlaß das zu Bern geschlossene Internationale Abkommen über den Eisenbahnfrachtverkehr v. 14. Okt. 1890, reichsgesetzlich verkündigt im RGBl. 1892 S. 793, mit Zusätzen v. 16. Juli 1895 (RGBl. S. 465) und 16. Juni 1898 (RGBl. 1901 S. 295). In diesem Abkommen sind für den Transport von Gütern, die mit der Eisenbahn auf Grund durchgehender Frachtbriefe aus einem Vertragsstaat in einen anderen befördert werden, gleichmäßige Bedingungen festgesetzt. Dieser Vorgang legte es nahe, auch für den im Inlande stattfindenden Eisenbahngüterfrachtverkehr entsprechende Bedingungen festzusetzen. Der Bundesrat hat hierfür wiederum seine Kompetenz in Anspruch genommen und auf Grund des Art. 45 die Verkehrsordnung v. 15. Nov. 1892 erlassen (RGBl. S. 923). Aber diese Ordnung ging in den Internat. Berner Vertrag. VerkehrsO. v. 15. 11. 1892.

Jahren 1897—1899 wieder einer bedeutungsvollen Umgestaltung entgegen aus Anlaß der Revision des HGB. In dem **neuen** HGB. v. 10. Mai 1897 ist nämlich zu Buch III ein Abschn. 7 über Beförderung von Gütern und Personen auf den öffentlichen Eisenbahnen, §§ 453—473, gebildet. Dieser Abschnitt erweiterte zunächst die Bestimmungen des alten HGB. über das Frachtgeschäft der Eisenbahnen durch Mithineinziehung der Personenbeförderung (§ 472), die dem Berner Internationalen Frachtabkommen fremd war. Sodann änderte er die rechtlichen Bestimmungen über die Güterbeförderung auf Eisenbahnen in der Richtung ab, daß, im Gegensatze zum alten HGB., unter dessen Herrschaft die zur Begrenzung der Vertragsfreiheit gegebenen Vorschriften über die Haftung der Eisenbahnen in die Transportbedingungen aufgenommen und so zum Bestandteile jedes einzelnen Frachtvertrages gemacht wurden, nunmehr betreffs des Inhalts des Frachtvertrages die Bestimmungen der Verkehrsordnung ohne weiteres für mitverbindliche und zwingende Rechtssätze erklärt und als solche dem neuen HGB. einverleibt worden sind. Die Absicht dabei war, das Publikum vor willkürlichen Bedingungen der Eisenbahnen zu schützen. Betreffs der Personenbeförderung auf Eisenbahnen ist bestimmt, daß die Vorschriften durch die Verkehrsordnung getroffen werden sollen. In diesem Sinne wird in den §§ 453—472 mehrfach allgemein auf die Verkehrsordnung Bezug genommen, ohne solche näher zu bezeichnen. Die damals geltende Verkehrsordnung war noch diejenige vom 15. Nov. 1892. An deren Stelle hat dann der **Bundesrat** auf Grund des
Verk.O. v. 26. 10. 1899. Art. 45 unterm 26. Okt. 1899 eine **andere Verkehrsordnung** mit Anlagen A, B erlassen (RGBl. S. 557), die, abgesehen von einzelnen Änderungen aus dem Jahre 1904 (vgl. RGBl. S 29, 143, 253, 383) und 1905 (RGBl. S. 7), noch heute in Geltung steht, auch für Bayern in wesentlich übereinstimmender Fassung durch V. v. 16. Dez. 1899 (VBl. f. d. Bayerischen Verkehrsanstalten 1899 Nr. 81) eingeführt ist Diese Verkehrsordnung bestimmt, im Anschluß an das neue HGB., zunächst, daß sie auf die dem öffentlichen Verkehr dienenden Haupt- und Nebenbahnen (nicht Kleinbahnen) Deutschlands, aber grundsätzlich nur im Rahmen des inländischen Verkehrs, Anwendung finden soll (Abschn. I), gibt dann gewisse allgemeine Vorschriften für Eisenbahnbedienstete, über die Verpflichtung zum Personen- und Sachentransport, über Tarife und Zahlungsmittel (Abschn. II), und läßt weiterhin spezielle Rechtsbestimmungen über die Beförderung von Personen, Reisegepäck, Expreßgut, Leichen, lebenden Tieren und Gütern (Abschn. III bis VIII) folgen. Vgl. Laband § 74 zu IV, 1; Denkschr. des RJust.Amts zum Entw. des neuen HGB. S. 268ff.; Eger, Einl. zum Komm. zur Eisenb.Verk.O. (2. Aufl. 1901); Gerstner im Arch. f. öff. Recht 1896 S. 161; Staub, Komm. zum HGB. Abschn. 7 Buch III.

Daß durch diese staatsrechtlichen Akte die Verkehrsordnung jetzt zu einer Rechtsverordnung (vgl. Noten zu Art. 2, 7 Nr. 2) erhoben ist, darüber herrscht keine Meinungsverschiedenheit. Wohl aber wird von manchen Seiten (vgl. Laband § 74 zu IV 1) noch heute die Gültigkeit der Verkehrsordnung bezweifelt, weil der Bundesrat zu deren Erlassung nicht zuständig gewesen sei. Das beruht m. E. auf einer Unterschätzung der staatsrechtlichen Bedeutung jener Akte. Selbst angenommen, daß die Kompetenz des Bundesrats zum Erlasse des ursprünglichen Betriebsreglements vom 11. Mai 1874 anfechtbar gewesen sei, so haben doch die gesetzgebenden Faktoren dadurch, daß sie in das neue HGB. von 1897 die Bestimmungen „der Verkehrsordnung" schlechthin, ohne deren nähere Bezeichnung, als Bestandteil der Rechtssätze über den Güter- und Personentransport auf Eisenbahnen aufgenommen haben, in konkludenter Weise nicht bloß die damals vorhandene Verkehrsordnung vom 15. Nov. 1892, sondern auch künftige Änderungen und Umgestaltungen derselben, wie solche durch die jetzt vorhandene Verkehrsordnung vom 26. Okt. 1899 nebst Zusätzen getätigt sind, als vom Bundesrat verfassungsgemäß erlassene Rechtsverordnungen genehmigt, somit aber stillschweigend auch die vom Bundesrat auf Grund des Art. 45 Nr. 1 in Anspruch genommene Ermächtigung zur Erlassung der dort bezeichneten Betriebsreglements in Rechtsverordnungsform anerkannt. Die ältere Praxis steht dem nicht entgegen: vgl. RG. 6 S. 104, 13 S. 38, 15 S. 147, 47 S. 33.

Zu 2.

Nach Nr. 2 soll das Reich namentlich dahin wirken, daß tunlichste Gleichmäßigkeit und Herabsetzung der Tarife, insbesondere für den Transport gewisser landwirtschaftlicher und industrieller Hauptartikel auf größere Entfernungen ein ermäßigter (tunlichst der Einpfennigs-) Tarif erzielt werde. Gleiche Tarife.

Auch hier handelt es sich nur um eine vermittelnde Kontrollpflicht des Reichs in grundsätzlich bestimmter Richtung, ohne daß derselben eine ob- und subjektiv präzisierte Verpflichtung anderer Faktoren gegenübergestellt ist. Es liegt daher eine erzwingbare Norm nicht vor. Hier hat auch bis jetzt nicht, wie zu Nr. 1, ein Eingreifen des Bundesrats oder der Reichsgesetzgebung stattgefunden. Die in den Jahren 1874—1879 gemachten Versuche, ein Eisenbahntarifgesetz zustande zu bringen, sind gescheitert. Nur im Wege der Vereinbarung zwischen den Mitgliedern des Vereins Deutscher Eisenbahnverwaltungen ist seither die Erzielung und Aufrechterhaltung eines gemeinschaftlichen Tarifsystems gelungen (vgl. Eger, Preuß. Eisenb.Recht II S. 250).

Zu bemerken bleibt noch, daß in der Verhandlung v. 25. Nov. 1870, worin der Vertrag, betreffend den Beitritt Württembergs zu der zwischen dem Norddeutschen Bunde, Baden und Hessen vereinbarten Verfassung, zur Unterzeichnung gelangte, anerkannt worden ist, daß auf den Württembergischen Eisenbahnen nach deren Beschaffenheit nicht alle in Art. 45 der (Reichs-) Verfassung aufgeführten Transportartikel durchweg zum Einpfennigsatze befördert werden könnten (BGBl. S. 657). Diese Erklärung ist nach Lage der Dinge bisher ohne erhebliche Bedeutung gewesen.

Artikel 46.

Bei eintretenden Notständen, insbesondere bei ungewöhnlicher Teuerung der Lebensmittel, sind die Eisenbahnverwaltungen verpflichtet, für den Transport, namentlich von Getreide, Mehl, Hülsenfrüchten und Kartoffeln, zeitweise einen dem Bedürfnis entsprechenden, von dem Kaiser auf Vorschlag des betreffenden Bundesrats-Ausschusses festzustellenden, niedrigen Spezialtarif einzuführen, welcher jedoch nicht unter den niedrigsten auf der betreffenden Bahn für Rohprodukte geltenden Satz herabgehen darf.

Die vorstehend, sowie die in den Artikeln 42 bis 45 getroffenen Bestimmungen sind auf Bayern nicht anwendbar.

Dem Reiche steht jedoch auch Bayern gegenüber das Recht zu, im Wege der Gesetzgebung einheitliche Normen für die Konstruktion und Ausrüstung der für die Landesverteidigung wichtigen Eisenbahnen aufzustellen.

Abs. 1.

Notstände. Im Interesse des Gemeinwohls legt Art. 46 den Deutschen Eisenbahnverwaltungen, also ohne Unterschied zwischen Staats- und Privatbahnen, für Notstandsfälle, insbesondere bei ungewöhnlicher Teuerung der Lebensmittel die Verpflichtung auf, für den Transport derselben, namentlich der notwendigsten wie Getreide, Mehl, Hülsenfrüchte und Kartoffeln, zeitweise einen niedrigen Spezialtarif einzuführen. Die Verpflichtung tritt dem Reiche gegenüber ein, dergestalt, daß namens desselben der Kaiser auf den (gutachtlichen) Vorschlag des Eisenbahnausschusses im Bundesrat (Art. 8 Nr. 5) den Spezialtarif festzustellen hat, welcher dem Bedürfnis entsprechen, aber nicht unter den auf der beteiligten Bahn für Rohprodukte geltenden Mindestsatz hinabgehen soll.

Sonach enthält Art. 46 Abs. 1 eine bestimmt formulierte und der Erzwingung fähige Rechtsnorm.

Abs. 2, 3.

Sonderrecht Bayerns. a, Als Abs. 2 ist hier die sonderrechtliche Stellung Bayerns gegenüber den Art. 42—45, 46 Abs. 1 vorgesehen. Zu Art. 45 Nr. 1 ist übrigens bereits bemerkt, daß die vom Bundesrat erlassene Verkehrsordnung v. 26. Okt. 1899 auf Grund besonderer Bayerischer V. v. 16. Dez. 1899 auch in Bayern eingeführt worden ist.

Einschränkung. b, Der Abs. 3 unterwirft aber das Sonderrecht Bayerns im Interesse der Landesverteidigung wieder einer Beschränkung. In betreff der für die Verteidigung des Reichs wichtigen Eisenbahnen soll nämlich, auch soweit solche in Bayern liegen, das Reich befugt sein, im Gesetzgebungswege gleichmäßige Normen für Bau und Ausrüstung jener Eisenbahnen zu erlassen (vgl. Art. 4 Nr. 8). Hiervon hat das Reich zwar bisher keinen Gebrauch gemacht; indessen gelten kraft besonderer Verordnungen auch in Bayern wesentlich gleiche Normen jener Art, wie nach der Betriebsordnung für die Deutschen Eisenbahnen (vgl. Seydel zu Art. 46).

Artikel 47.

Den Anforderungen der Behörden des Reichs in betreff der Benutzung der Eisenbahnen zum Zweck der Verteidigung Deutschlands haben sämtliche Eisenbahnverwaltungen unweigerlich Folge zu leisten. Insbesondere ist das Militär und alles Kriegsmaterial zu gleichen ermäßigten Sätzen zu befördern.

Militärtransporte. 1. Eine noch verschärftere Verpflichtung legt im Interesse der Verteidigung des Reichs, also seiner Sicherheit nach außen und innen, der

Art. 47 den Deutschen Eisenbahnverwaltungen, ohne Vorbehalt für Bayern, hinsichtlich des Transportes von Militär und Kriegsmaterial auf. Angesichts der hohen Bedeutung der Eisenbahnen für die Bewegung von Truppen und Kriegsmaterial müssen nämlich die Eisenbahnverwaltungen den Anforderungen, welche die Reichsbehörden bezüglich der Benutzung der Bahnen an sie richten, unweigerlich Folge leisten. Letzteres will sagen, daß sie etwaige Einsprüche zunächst zurückzustellen haben. Betreffs der Benutzung ist besonders vorgeschrieben, daß die Beförderung des Militärs und des Kriegsmaterials zu gleichen ermäßigten Sätzen zu erfolgen hat. Es handelt sich hierbei um Leistungen, die zu den Militärlasten im Sinne des Art. 58 gehören und in den dort zu erörternden Gesetzen über die Kriegs- und die Friedensleistungen näher bestimmt sind.

2. Noch auf eine andere, im öffentlichen Interesse getroffene Verpflichtung der Eisenbahnen ist hier wenigstens hinzuweisen. Ich meine ihre durch Ges. v. 20. Dez. 1875 (RGBl. S. 318, in Abänderung von § 4 des Postges. v. 28. Okt. 1871, RGBl. S. 347, erlassen) begründete Verpflichtung, ihren Betrieb tunlichst in Übereinstimmung mit den Bedürfnissen des Postdienstes zu halten. Das Nähere hierüber vgl. zu Art. 48. Posttransporte.

VIII. Post- und Telegraphenwesen.

Laband § 73; G. Meyer, Verwalt.R. § 173; Schulze II, 189; Zorn § 30; Arndt § 34; Löning, Verwalt.R. S. 596.

Über Postwesen: Dambach, 6. Aufl. 1901, mit Nachtrag von v. Grimm (1904); G. Meyer, Verwalt.R. I S. 562; Löning, Verwalt.R. S. 596; Mittelstein, Beiträge zum Postrecht, 1891; Rösler, Verwalt.R. I, 2 S. 461; Sachs, Verkehrsmittel I S. 211.

Über Telegraphenwesen: Meili, 2. Aufl., u. Telephonrecht 1885; Ludewig, 1872; Fischer in Schmollers Jahrb. f. Gesetzgebung rc. 1892 S. 645; Maas, 1892; v. Bar, 1892; Fischer-König, Die Deutsche Post- u. Teleg.Gesetzgebung (5. Aufl. 1902); Aron, ebenso (1902).

Vornote.

I. Geschichtliches.

1a. Mit Bezug auf das Postwesen bestand in Deutschland vor Begründung des Norddeutschen Bundes eine ähnliche Zersplitterung, wie auf so vielen anderen Gebieten des Staatslebens. In Nord- wie in Süddeutschland gab es eine große Anzahl von selbständigen Staatspostverwaltungen nebeneinander. In Norddeutschland insbesondere fanden sich solche in Preußen, Sachsen, den beiden Mecklenburg, Oldenburg, Braunschweig und den Hansestädten, wozu noch das Fürstlich Thurn- und Taxis'sche Postwesen trat. Für Preußen, welches zugleich in einigen kleinen Nachbargebieten das Postregal ausübte, war dieses Regal im Bereiche des ALR. gemäß T. II Tit. 15 §§ 141—228 dahin bestimmt, daß der Staat die ausschließende Befugnis, Posten anzulegen und zu regeln, haben und, damit er diese Anstalten zum gemeinen Besten unterhalten könne und Postwesen.

wegen deren Benutzung gesichert sei, von niemand in den Posteinkünften geschmälert werden, insbesondere aber die Verschickung von versiegelten oder sonst geschlossenen Briefen oder von Paketen unter 40 ℔. Gewicht nur durch die Post zulässig sein sollte (§§ 141—143). Diese Vorschriften des ALR. wurden aber durch das Ges. v. 5. Juni 1852 über das Postwesen (GS. S. 345) ersetzt und erweitert. Durch Vertrag v. 28. Januar 1867 (GS. S. 353) erwarb Preußen von dem Fürsten v. Thurn und Taxis die diesem im Jahre 1615 vom Kaiser verliehenen Postgerechtsame, die sich auf die im Jahre 1866 in Preußen einverleibten Staatsgebiete, das Großherzogtum Hessen, die Sächsisch-Thüringischen und die Lippeschen Fürstentümer erstreckte. Während in Sachsen, das auch für Sachsen-Altenburg die Postverwaltung führte, und in Braunschweig förmliche Postgesetze erlassen waren, gab es im übrigen Norddeutschland solche nur vereinzelt. In den Hansestädten unterhielten neben mehreren Deutschen Staaten sogar Schweden und Dänemark noch gewisse Postämter, die erst in den Jahren 1868 und 1869 zur vertraglichen Aufhebung gelangten. Für den Postverkehr zwischen den Deutschen Staaten und Österreich-Ungarn waren allerdings in dem Deutsch-Österreichischen Postvereinsvertrage v. 18. Aug. 1860 (Preuß. GS. 1861 S. 25) rechtliche Grundlagen geschaffen.

b, Die Begründung des Norddeutschen Bundes hatte eine teilweise Beseitigung dieses Zustandes zur Folge. Die Art. 48 Abs. 1, 50 der Norddeutschen Bundesverfassung bestimmten, daß das Post- und Telegraphenwesen im ganzen Bunde als einheitliche Staatsverkehrsanstalten eingerichtet und verwaltet werden sollten, und daß das Bundespräsidium für Herstellung und Erhaltung dieser Einheit in Organisation, Verwaltung und Betrieb zu sorgen habe; außerdem war in Art. 4 Nr. 10 dem Bunde die Gesetzgebung über das Post- und Telegraphenwesen und die Beaufsichtigung desselben übertragen. Danach trat mit dem 1. Januar 1868 an Stelle der bisherigen Landespostverwaltungen die Verwaltung des Norddeutschen Bundes; und diese wurde infolge der Art. 10, 11 des Preußisch-Hessischen Friedensvertrags v. 3. Sept. 1866 zugleich für den südlichen Teil von Hessen wirksam. In Betätigung des Art. 4 Nr. 10 a. a. O. erließ der Bund das wesentlich dem Preußischen Postgesetze v. 5. Juni 1852 nachgebildete Gesetz über das Postwesen v. 2. Nov. 1867 (BGBl. S. 61), sowie die Gesetze über das Posttaxwesen v. 4. Nov. 1867 (BGBl. S. 75) und über die Portofreiheiten v. 5. Juni 1869 (BGBl. S. 141), womit das Postwesen auf bestimmte gesetzliche Grundlagen gestellt wurde.

c, Mit der Erweiterung des Norddeutschen Bundes zum Deutschen Reiche in den Jahren 1870/71 hat die Erweiterung des Deutschen Post- und Telegraphenwesens nicht gleichen Schritt gehalten. Zwar hat das letztere in Südhessen und Baden auf Grund des Hessischen Friedensvertrags v. 3. Sept. 1866 und des Badisch-Hessischen Bündnisvertrags v. 15. Nov. 1870, bzw. des Art. 48 der Reichsverfassung in vollem Umfange Eingang gefunden; dagegen ist Bayern und Württemberg zufolge der Bündnisverträge v. 23. und 25. Nov. 1870, bzw. des Art. 52 der Reichsverfassung die Fortdauer ihrer eigenen Post- und Telegraphenverwaltung als Sonderrecht zugestanden (vgl. das Nähere hierüber in den Noten zu Art. 48, 52).

Das Reich machte von der ihm nach Art. 4 Nr. 10 und 48 Abs. 2 eingeräumten Gesetzgebungskompetenz alsbald Gebrauch, um die gesetzlichen Grundlagen des Norddeutschen Postwesens auf das Reich zu übertragen. In dieser Beziehung wurden die beiden Gesetze v. 28. Okt. 1871 über das Postwesen im Deutschen Reiche (RGBl. S. 347) und über das Posttaxwesen (RGBl. S. 358), in Elsaß-Lothringen eingeführt durch Ges. v. 4. Nov. 1871 (GBl. f. Els.Lothr. S. 348), erlassen. Das Reichspostgesetz lehnte sich im ganzen an das Norddeutsche Postgesetz an; doch enthielt es die wichtige Änderung, daß es das in § 1 des letzteren Gesetzes noch aufrecht erhaltene Postregal betreffs der Personenbeförderung stillschweigend beseitigte. Ein in ihm (§ 4) nicht geregelter bedeutsamer Punkt, nämlich das Verhältnis der Post zu den Eisenbahnen, fand später seine Erledigung durch das Gesetz, betreffend Abänderung des § 4 des Postgesetzes v. 20. Dez. 1875 (RGBl. S. 318), in dem Sinne, daß der Eisenbahnbetrieb grundsätzlich mit dem Postdienst nach den Bedürfnissen beider Verwaltungen tunlichst in Übereinstimmung zu bringen sei. Eine weitere Änderung erlitt das Reichspostgesetz noch durch die Novelle v. 20. Dez. 1899 (RGBl. S. 715) Art. 2 insofern, als gegensätzlich zu seinem § 1, der Postzwang auch auf verschlossene Ortsbriefe ausgedehnt wurde. Das Gesetz über das Posttaxwesen unterlag mehrfachen Abänderungen durch die Gesetze v. 17. Mai 1873 (RGBl. S. 107) und 3. Nov. 1874 (RGBl. S. 127), die vorerwähnte Novelle v. 20. Dez. 1899 Art. 1 und durch das Ges. v. 11. März 1901 (RGBl. S. 15). Das Norddeutsche Bundesgesetz v. 5. Juni 1869 über die Portofreiheiten wurde auch in Süddeutschland eingeführt, und zwar in Baden durch Art. 80, II[4] der Bündnisverfassung v. 15. Nov. 1870 (BGBl. S. 627), in Südhessen durch Ges. v. 20. Dez. 1875 (RGBl. S. 323), in Elsaß-Lothringen durch Ges. v. 1. März 1872 (GBl. f. Els.Lothr. S. 150), in Bayern und Württemberg durch Ges. v. 29. Mai 1872 (RGBl. S. 167).

Auf Grund des Gesetzes über das Postwesen v. 28. Okt. 1871 § 50 ist im Verordnungswege durch den Reichskanzler eine Postordnung erlassen, ursprünglich in der Fassung v. 18. Dez. 1874 und 8 März 1879 (Zentr.Bl. v. 1879 S. 185 u. 538), weiterhin vielfach abgeändert, jetzt in der Fassung v. 20. März 1900 (Zentr.Bl. S. 53) mit Nachträgen v. 4. Aug. und 14. Nov. 1900 (Zentr.Bl. S. 495, 599), 8. April und 12. Dez. 1901 (Zentr.Bl. S. 107 u. 429), 25 April 1903 (RPostA.Bl. S. 103), 25. Juli 1903 (Zentr.Bl. S. 478), 15. März und 17. Juni 1904 (Zentr.Bl. S. 73 u. 227).

Hierzu treten noch die zwischen dem Deutschen Reiche und anderen Kulturstaaten geschlossenen Staatsverträge und Konventionen, die der § 51 des Reichspostgesetzes aufrecht erhalten hat, und unter diesen besonders der Weltpostvertrag (Washingtoner Revision) v. 15. Juni 1897 (RGBl. 1898 S. 1079) nebst den dazu gehörigen Übereinkommen über Einzelpunkte des Postbetriebes (RGBl. 1898 S. 1115, 1133, 1145, 1166, 1176).

Telegraphenwesen.

2. Das Telegraphenwesen ist zwar weit jüngerer Entstehung, als das Postwesen, hat aber angesichts der ungeahnten Fortschritte der Naturwissenschaften und des öffentlichen Verkehrs in der zweiten Hälfte des 19. Jahrhunderts eine um so viel raschere Entwicklung gefunden. Vor Begründung des Deutschen Reichs befand es sich in den Deutschen Staaten gleich dem Postwesen in großer Zersplitterung und ohne zureichende gesetzliche Grundlage (Ausnahmen z. B. das Sächsische Gesetz v. 21. Sept. 1855, das Elsaß-Lothringische Dekret v. 27. Dez. 1851).

Im neuen Deutschen Reiche ist gemäß der Reichsverfassung Art. 4 Nr. 10, 48, 50, 52, neben dem Postwesen auch das Telegraphenwesen der Beaufsichtigung und Gesetzgebung des Reichs unterstellt, und soll zugleich als einheitliche Reichsverkehrsanstalt unter Leitung des Kaisers eingerichtet und verwaltet werden, jedoch mit einem Sonderrechte Bayerns und Württembergs betreffs der Verwaltung. Das Reich hat dann seine Gesetzgebungskompetenz betätigt durch das Gesetz v. 6. April 1892 über das Telegraphenwesen des Deutschen Reichs (RGBl. S. 467), durch das Ges. über die Telegraphenwege v. 18. Dez. 1899 (RGBl. S. 705) mit Ausführ.Bestimmungen v. 26. Jan. 1900 (RGBl. S. 7), und durch die Fernsprech-GebührenO. v. 20. Dez. 1899 (RGBl. S. 711). Im Verordnungswege ist nach mehrfachen Vorgängen die TelegraphenO. v. 9. Juni 1897 (Zentr.Bl. S. 163), inzwischen unterm 18. Aug. 1901 geändert (Zentr.Bl. S. 313), und die V. über gebührenfreie Beförderung von Telegrammen v. 2. Juni 1877 (RGBl. S. 524) erlassen.

Die nähere Würdigung der unter 1 und 2 angegebenen Gesetze und Verordnungen wird zu den Art. 48—52 erfolgen.

II. Systematik.

Der Abschn. VIII ist in folgender Weise gegliedert.

Der Art. 48 stellt in Abs. 1 den leitenden Grundsatz auf, daß das Post- und Telegraphenwesen für das gesamte Reichsgebiet als einheitliche staatliche Verkehrsanstalten eingerichtet und verwaltet werden, die Gesetzgebung des Reichs im Sinne des Art. 4 Nr. 10 aber nur mit Ausschluß der in Abs. 2 bezeichneten Angelegenheiten Platz greifen soll.

Der Art. 49 erklärt im Hinblick auf Art. 70 die Einnahmen des Post- und Telegraphenwesens im ganzen Reiche für gemeinschaftlich, dergestalt, daß davon die Ausgaben bestritten werden und die Überschüsse in die Reichskasse fließen sollen.

In Art. 50 wird die obere Leitung des Post- und Telegraphenwesens dem Kaiser, unter gewissen Maßgaben bezüglich der Organisation der Verwaltung (Art. 48), zugewiesen.

In Art. 51 wird in betreff der in Art. 49 vorgesehenen Überweisung der Postüberschüsse zu allgemeinen Reichszwecken für eine bestimmte Übergangsperiode ein besonderes Ausgleichungsverfahren unter den bisherigen Landespostverwaltungen festgesetzt.

Der Art. 52 schließt für Bayern und Württemberg die Anwendung der Art. 48—51 aus und gestaltet dieses Sonderrecht näher aus.

Artikel 48.

Das Postwesen und das Telegraphenwesen werden für das gesamte Gebiet des Deutschen Reichs als einheitliche Staatsverkehrs-Anstalten eingerichtet und verwaltet.

Die im Artikel 4 vorgesehene Gesetzgebung des Reichs in Post- und Telegraphen-Angelegenheiten erstreckt sich nicht auf diejenigen Gegenstände, deren Regelung nach den in der Norddeutschen Post- und Telegraphenverwaltung maßgebend gewesenen Grundsätzen der reglementarischen Festsetzung oder administrativen Anordnung überlassen ist.

Literatur in der Vornote.

Allgemeines.

Der Art. 48 enthält gegenüber dem Art. 4 Nr. 10 eine Ergänzung und eine Einschränkung; nämlich eine Ergänzung insofern, als bei dem Post- und Telegraphenwesen dem Reiche neben der Beaufsichtigung und Gesetzgebung auch noch die Einrichtung und Verwaltung desselben im Sinne einheitlicher Staatsverkehrsanstalten übertragen ist (Abs. 1), eine Einschränkung insofern, als das Gesetzgebungsrecht auf gewisse in Abs. 2 bezeichnete Punkte sich nicht erstrecken soll.

Durch Abs. 1 in Verbindung mit Art. 49 (70) ist das Post- und Telegraphenwesen des Deutschen Reichs betreffs seiner Organisation und Verwaltung grundsätzlich geregelt. Es soll nach Art. 48 als einheitliche Staatsverkehrsanstalt, d. h. als gemeinschaftliche Anstalt im Interesse des öffentlichen Verkehrs, und nach Art. 49 zugleich im finanziellen Interesse des gesamten Reichs behandelt werden. Eine territoriale Beschränkung ist jedoch sonderrechtlich gemäß Art. 52 für Bayern und Württemberg vorgesehen. Abs. 1.

Die einheitliche Organisation der Post- und Telegraphenverwaltung ist in Art. 50 schon grundsätzlich ausgestaltet. Im übrigen ist die Regelung der öffentlich- und privatrechtlichen Beziehungen der Post und Telegraphie von der Reichsverfassung späterer Gesetzgebung bzw. Verordnung vorbehalten. Diese Regelung ist dann durch die in der Vornote I, 1 c 2 bezeichneten Gesetze und Verordnungen ausgeführt, wozu aber noch verschiedene Einzelvorschriften in anderen Reichsgesetzen, namentlich im HGB., in der StrPO., Konk.O. und ZPO. und im StrGB., treten. Danach stellt sich der Rechtszustand kurz, wie folgt.

I. Postwesen.

A. Für das Postwesen kommt in erster Linie das Postgesetz v. 28. Okt. 1871 (RGBl. S. 347) mit den Abänderungen v. 20. Dez. 1875 (RGBl. S. 318, sog. Eisenbahnpostgesetz) und 20. Dez. 1899 zu Art. 2—6 (RGBl. S. 715) in Betracht. Dasselbe erschöpft nicht die Rechtsstellung der Post, regelt indes die bedeutungsvollsten Bestandteile derselben, welche den Versendungs- und Reiseverkehr im Verhältnis zum Publikum und anderen Transportanstalten betreffen (vgl. RG. in Straff. 18 S. 49), nämlich in Abschn. I (§§ 1—5) die grundsätzlichen Rechte und Pflichten der Post, in Abschn. II (§§ 6—15) die Garantie der Post, in Abschn. III (§§ 16—26) die besonderen Vorrechte der Posten, in Abschn. IV (§§ 27—33) Strafbestimmungen bei Post- und Portodefraudationen, in Abschn. V (§§ 34—46) das bezügliche Strafverfahren, in Abschn. VI (§§ 47—52) allgemeine Bestimmungen. Postgesetz.

1. Der Abschn. I behandelt in §§ 1—3 den Postzwang, in dem an Stelle des § 4 getretenen Eisenbahnpostgesetze v. 20. Dez. 1875 das Verhältnis der Eisenbahnen zur Post, in § 5 das Briefgeheimnis.

a, Für den Postzwang (§ 2) gelten folgende Vorschriften. Die Beförderung von verschlossenen Briefen, mit Einschluß der Ortsbriefe, und von Postzwang.

politischen, wöchentlich mehr als einmal erscheinenden Zeitungen gegen Bezahlung zwischen in- oder ausländischen Orten mit Postanstalten ist in anderer Weise, als durch die Post, verboten, jedoch mit der Maßgabe, daß die Beförderung politischer Zeitungen innerhalb eines nur zweimeiligen Umkreises von ihrem Ursprungsorte, die entgeltliche Beförderung von Briefen und politischen Zeitungen durch expresse Boten oder Fuhren des Absenders, sowie die entgeltliche Beförderung von Ortsbriefen durch Boten, die das Einsammeln von postzwangspflichtigen Gegenständen weder gewerbsmäßig betreiben, noch im Dienst einer privaten Beförderungsanstalt stehen, gestattet wird.

Der Postzwang ist als Ausfluß des früher in Deutschland vorherrschend gewesenen Postregals (oder Postmonopols; der Ausdruck erscheint nicht wesentlich) herübergenommen. Vgl. z. B. für Preußen ALR. II, 15 §§ 141—143, Postges. v. 5. Juni 1852 (GS. S. 345); RG. in Strafs. 20 S. 125. Er richtet sich nach §§ 1—2a zunächst gegen das Sachen versendende und das reisende Publikum, nach § 3 aber auch gegen die Postverwaltung selbst Denn diese darf die Annahme und Beförderung von Postsendungen aller Art, sofern sie dem Gesetz und dem Reglement (§ 50) entsprechen, nicht verweigern oder ungleich behandeln; und dies gilt insbesondere von inländischen politischen Zeitungen. Das Postregal hinsichts der Personenbeförderung hat das Postgesetz allerdings stillschweigend fallen lassen; aber nach der Postordnung § 51 darf diese Beförderung doch nur wegen Platzmangels verweigert werden. Andrerseits ist zufolge Art. 3 der Nov. v. 20. Dez. 1899 der Betrieb von Privatanstalten zur gewerbsmäßigen Einsammlung, Beförderung oder Verteilung auch unverschlossener Briefe usw. mit bestimmtem Adressaten verboten.

b, Rechtsverhältnis zu den Eisenbahnen.

Eisenbahnen. α) Nach dem Beginne des Eisenbahnbaues in Deutschland stellte sich bald heraus, daß die Eisenbahnen der Post ein unentbehrliches Hilfsmittel böten, jedoch in den Händen von Privatunternehmern, wie es damals die Regel war, den weitgreifenden Bedürfnissen des postalischen Betriebes ohne gewissen Ausgleich nicht gerecht werden könnten. Während in dieser Beziehung man sich vielfach durch besondere Vereinbarungen bei der Konzessionierung von Bahnen half, erfolgte für die Preußische Monarchie eine entsprechende gesetzliche Regelung durch das Gesetz über die Eisenbahnunternehmungen v. 3. Nov. 1838 (GS. S. 505) § 36, aufrecht erhalten durch das Postgesetz v. 5. Juni 1852 (GS. S. 345) § 9 und durch die für die 1866 erworbenen Landesteile erlassene V. v. 19. Aug. 1867 (GS. S. 1426). An dieser gesetzlichen Grundlage hielten demnächst im wesentlichen auch das Norddeutsche Postgesetz v. 2. Nov. 1867 (BGBl. S. 61) § 5 und das Reichs-Postgesetz v. 28. Okt. 1871 (RGBl. S. 347) § 4 fest. Da die letztere Vorschrift sich aber mit Rücksicht auf das Verhältnis der Post zu den Reichs- und Staatseisenbahnen als unzureichend erwies, wurde an ihrer Stelle das sog. Eisenbahnpostgesetz v. 20. Dez. 1875 erlassen (RGBl. S. 318), mit Ausführ.Best. (nach Art. 10) v. 9. Febr. 1876 (Zentr.Bl. S. 87), geändert laut Bek. v. 9. Mai 1878 (Zentr.Bl. S. 261) und 24. Dez. 1881 (Zentr.Bl. 1882 S. 4).

β) Dieses Gesetz, welches nach Art. 13 (vgl. Reichsverfassung Art. 52) für Bayern und Württemberg nicht gilt, stellt an seine Spitze (Art. 1) den (mit § 36 Nr. 1 des Preuß. Eisenb.Ges. v. 3. Nov. 1838 übereinstimmenden) Grundsatz, daß der Eisenbahnbetrieb tunlichst in die notwendige Übereinstimmung mit den Bedürfnissen des Postdienstes zu bringen ist, wobei über etwaige Meinungsverschiedenheiten zwischen der Post- und der Eisenbahnverwaltung betreffs dieser Bedürfnisse die Landesaufsichtsbehörde und schließlich der Bundesrat zu entscheiden hat. Die Einlegung besonderer Postzüge kann die Postverwaltung nicht verlangen, wohl aber, daß mit jedem zum regelmäßigen Eisenbahndienst bestimmten Zuge ein von ihr zu gestellender Postwagen mit Postsendungen aller Art (jedoch bei solchen, die nicht Briefe, Zeitungen, Geld nebst Gold und Silber und Pretiosen enthalten, nur bis zum Gewicht von 10 kg), mit Begleitungspersonal und mit nötigem Dienstgerät unentgeltlich befördert wird (Art. 2). Auf Grund besonderer Verständigung kann an Stelle eines Postwagens ein für die Post herzustellender Abteil eines Eisenbahnwagens gegen Kosten- und Mietsvergütung eingeräumt werden (Art. 3). Sonst darf die Post der Eisenbahnverwaltung auch Briefbeutel oder Brief- und Zeitungspakete zur unentgeltlichen Beförderung überweisen (Art. 4). Gebraucht die Post Räume über Art. 2, 3 hinaus, so kann die Eisenbahnverwaltung dem Bedarf durch Einstellung mehrerer Postwagen, durch Einräumung mehrerer Abteile in Personenwagen oder geeigneter Güterwagen oder durch Übernahme der zu befördernden Postsendungen zu eigener Beförderung gegen Vergütung genügen (Art. 5). Bei Errichtung neuer Um- oder Erweiterungsbauten bestehender Stationsgebäude hat die Eisenbahnverwaltung auf Verlangen der Postverwaltung unter Berücksichtigung des beiderseitigen Bedürfnisses die für den Postdienst erforderlichen Räumlichkeiten und Anlagen gegen Mietsvergütung zu beschaffen und zu unterhalten (Art. 7). Ist beim Eisenbahnbetriebe ein im Dienst befindlicher Postbeamter getötet oder verletzt, und hat die Eisenbahnverwaltung dafür gesetzlich haften müssen, so ist ihr das Geleistete von der Postverwaltung zu ersetzen, außer bei ursächlichem Verschulden des Betriebsunternehmers oder eines Betriebsbeamten der Eisenbahn (Art. 8). Eine Ermäßigung oder völlige Erlassung vorstehender Verpflichtungen kann der Reichskanzler für schmalspurige oder Eisenbahnen von untergeordneter Bedeutung eintreten lassen (Art. 9, dazu Ausführ.Best. v. 28. Mai 1879, ZBl. S. 380; für Preußen vgl. § 42 des Ges. v. 28. Juli 1892 über Klein- und Privatanschlußbahnen, GS. S. 225). Auf bereits konzessionierte Eisenbahnen soll das Gesetz nur unter Wahrung wohlerworbener Rechte Anwendung finden (Art. 11). Betreffs der Reichs- und bundesstaatlichen Eisenbahnen ist keine Ausnahme vorgesehen (Art. 12).

c, In § 5 des Postgesetzes ist die grundsätzliche Unverletzlichkeit des Briefgeheimnisses ausgesprochen, und die prozessualisch gebotenen Ausnahmen sind, da das vorbehaltene Spezialgesetz nicht erlassen ist, den bezüglichen Reichsjustizgesetzen eingefügt. Briefgeheimnis.

α) Der Ausdruck Briefgeheimnis erschöpft nicht den Gegenstand des Geheimzuhaltenden. Dieser umfaßt Postsendungen aller Art mit Ausnahme von Zeitungen. So gefaßt, stellt sich das Briefgeheimnis als ein Teil des Amtsgeheimnisses mit Bezug auf Wahrung öffentlicher und privater Interessen dar. Deshalb ist dasselbe auch auf alles, was mit den Postsendungen zusammenhängt, also auf die Tatsache, die Art und den Inhalt derselben, zu erstrecken. Beim Telegraphenwesen ist dies jetzt in § 8 des Telegraph.Ges. v. 6. April 1892 (RGBl. S. 467) ausdrücklich anerkannt. Die früher in der Theorie hervorgetretenen Bedenken sind meist zurückgetreten (vgl. Laband § 73, II 4; Dambach Note 2; Sydow in v. Stengels Wört.Buch I, S. 245; Schwarze, strafprozessuale Erört. I S. 103; Löwe-Hellweg, StrPO. seit der 8. Aufl.). Persönlich bindet das Postgeheimnis alle im Postdienst angestellten Beamten (auch Postagenten), gleichviel ob etatmäßig oder nicht (vgl. StrGB. § 354; unabhängig davon § 299 dort).

β) Ausnahmen vom Briefgeheimnis läßt § 5 nur im Straf- und Zivilprozeß und im Konkurse, also zum Schutze der Rechtspflege zu. Solche sind vorgesehen für den Strafprozeß in §§ 99—101 StrPO. und in §§ 233 ff. MilStrGerO. v. 1. Dez. 1898, für den Konkurs in § 121 KO., dagegen für den Zivilprozeß bisher nicht.

Die Folgen widerrechtlicher Verletzung des Briefgeheimnisses können strafrechtlicher, disziplinarer und privatrechtlicher Natur sein.

Einen mittelbaren Schutz des Briefgeheimnisses bezwecken die Vorschriften der StrPO. §§ 51—53, 76 (vgl. dazu aber § 139 StrGB., betr. Kenntnis von verbrecherischen Absichten), der ZPO. §§ 376, 383, 385, des Reichsbeamtengeſ. v. 31. März 1873 § 12, betreffend die Auskunftspflicht der Postbeamten. — Über Beschränkungen des Briefgeheimnisses in anderweiten Reichsgesetzen vgl. Dambach Note 12 und Sydow a. a. O. S. 246.

Garantie. 2. Der Abschn. II des Postgesetzes behandelt die Garantie der Postverwaltung, d. h. die privatrechtliche Haftpflicht derselben aus Anlaß ihrer Amtstätigkeit. Dieser Regelung liegen nachfolgende Normen zugrunde, neben denen, da nach § 452 des neuen HGB. die Deutschen Postverwaltungen nicht als Kaufleute im Sinne dieses Gesetzbuchs gelten, subsidiär das BGB. Anwendung zu finden hat, soweit nicht das Postgesetz und die Reglements entgegenstehen.

Die Haftpflicht der Postverwaltungen ist von dem Gesichtspunkt aus zu beurteilen, daß sie durch Annahme einer Postsendung zur Beförderung in ein eigenartiges Vertragsverhältnis zum Absender nach Maßgabe des § 50 Abs. 2 (vgl. die Noten dazu) treten.

Postsendungen. a, Bei Postsendungen (§§ 6—10) tritt ihre Haftpflicht nur gegenüber dem Absender ein (§ 6). Der Adressat hat kein selbständiges Recht darauf, wie ihm solches auch nicht ohne weiteres auf Auslieferung der am Bestimmungsort eingetroffenen Postsendung zusteht, da nach § 50 des Postgesetzes und § 33 der Postordnung v. 20. März 1900 die Postsendung bis zu deren Aushändigung an den Adressaten vom Absender zurückgefordert oder in der Adresse geändert werden kann, und zumal der Art. 405 des alten HGB. jetzt beseitigt ist (vgl. Laband § 73, V A; Dambach Note 3; Mittelstein, Beiträge zum Postrecht [1891] S. 65; Weltpostvereinsvertrag v. 15. Juni 1897 Art. 9, RG. in ZivS. 43 S. 100).

Inhaltlich ist die Haftung der Postverwaltung (§ 6) mit Rücksicht auf deren besondere Stellung und Aufgabe abweichend vom Frachtgeschäft (HGB. Buch III Abschn. 6), und zwar teils ermäßigt, teils erhöht, aber unter Ausschluß eines über §§ 6—10 hinausgehenden Umfanges, bestimmt, (vgl. Sten. Reichst.-Berichte v. 1871 S. 684; RG. in Ziv. 19 S. 105).

Die Haftung geht danach auf Ersatzleistung

1. für Verlust oder Beschädigung von Briefen mit Wertangabe, sowie von Paketen mit oder ohne Wertangabe, so daß für gewöhnliche Briefe,

Zeitungen, Postkarten, Warenproben und Drucksachen überhaupt kein Ersatz stattfindet,

2. für Verlust rekommandierter Sendungen,

3. für verzögerte Beförderung oder Bestellung der zu 1 bezeichneten Sendungen nur im Falle hinzugetretener Beschädigung derselben,

4. für die auf Postanweisungen eingezahlten Beträge unbedingt.

In den Fällen zu 1—3 ist Voraussetzung der Haftung, daß die Postsendung erweislich reglementsgemäß (§ 50) eingeliefert ist. Die Haftung bleibt grundsätzlich ausgeschlossen, sofern der Verlust, die Beschädigung oder die Verzögerung erweislich durch eigene Fahrlässigkeit des Absenders, durch die unabwendbaren Folgen eines Naturereignisses oder durch die natürliche Beschaffenheit des Postgutes herbeigeführt, oder auf einer außerdeutschen Beförderungsanstalt vorgekommen ist (§ 6, vgl. aber Weltpostvereinsvertrag Art. 8), oder sofern bei der Aushändigung von Postsendungen deren Verschluß und Verpackung äußerlich unverletzt und zugleich ihr Gewicht mit dem bei der Einlieferung ermittelten übereinstimmend befunden wird, für welche Voraussetzung im Falle der Annahme der Sendung ohne Erinnerung eine Vermutung spricht (§ 7). Bei Postsendungen mit Wertangabe wird diese für den Ersatzbetrag zugrunde gelegt, jedoch, falls sie den gemeinen Wert übersteigt, was die Postverwaltung zu beweisen hat, nur dieser Wert ersetzt (§ 8). Bei Verlust oder Beschädigung von Paketen ohne Wertangabe beschränkt sich der Ersatz auf den nachweisbaren Schaden im Höchstbetrag von 3 Mk. für 500 g der ganzen Sendung (§ 9). Für eine rekommandierte Sendung beträgt der Verlustersatz durchweg und ohne Rücksicht auf den Wert 42 Mk. (§ 10).

b, Bei Reisen mit ordentlichen Posten (§ 16) ersetzt die Post- Postreisen. verwaltung teils den Verlust oder die Beschädigung des reglementsmäßig eingelieferten Passagierguts nach §§ 8, 9, teils die erforderlichen Kur- und Verpflegungskosten eines körperlich beschädigten Reisenden, falls nicht erweislich höhere Gewalt oder eigene Fahrlässigkeit des Reisenden ursächlich ist (§ 11).

c, Ein weitergehender Ersatz, namentlich von mittelbarem Schaden (dem BGB. fremd, vgl. Motive zu § 252 bei Mugdan, Mater. II S. 10; Preuß. ALR. I, 3 §§ 4, 5; RG. 41 S. 243) und entgangenem Gewinn, findet nicht statt (§ 12).

d, Die Klage auf Ersatzleistung ist in allen Fällen gegen die Oberpostdirektion, in Bayern und Wüttemberg gegen die gleichstehende Behörde zu richten, in deren Bezirke die Einlieferung der Sendung oder die Einschreibung des Reisenden erfolgt ist (§ 13).

e, Der Ersatzanspruch verjährt in sechs Monaten seit Einlieferung der Postsendung oder seit Beschädigung des Reisenden, und die Verjährung wird unterbrochen durch Klageerhebung, Zustellung des Zahlungsbefehls im Mahnverfahren und durch Reklamation bei der nach § 13 zuständigen Oberpostdirektion (§ 14; EG. zur ZPO. § 13 Nr. 4, ZPO. § 693).

f, Falls ein Krieg oder eine sonstige gemeine Gefahr ausgebrochen ist, darf die Postverwaltung im Wege öffentlicher Bekanntmachung jede Garantie ablehnen und Postsendungen lediglich auf Gefahr des Absenders übernehmen, wogegen für den letzteren auch der Postzwang (§ 1) wegfällt (§ 15).

Vorrechte der Posten. 3. Der Abschn. III behandelt die besonderen Vorrechte der Posten. Darunter sind nicht solche zu verstehen, die der Post mit Bezug auf zu schließende Beförderungsverträge, also den Absendern oder Reisenden gegenüber, zustehen, sondern solche, die ihr überhaupt zur ungehemmten Durchführung ihres Betriebes also gegen jedermann, gegeben sind, geschichtlich betrachtet als Bestandteile des alten Postregals (vgl. Preuß. Postges. v. 5. Juni 1852 § 20, Sächs. Postges. v. 7. Juni 1859 § 11).

Diese Vorrechte bestehen darin, daß die ordentlichen Posten, die zu deren Ersatz von der Postverwaltung verwendeten Privatpersonenposten, Briefträger und Postboten von Kommunikationsabgaben, namentlich Chausseegeldern befreit und in Notfällen zur Benutzung von Neben- und Feldwegen, ungehegten Wiesen und Äckern, ev. gegen Entschädigung, berechtigt sind, daß ordentliche Posten und das Inventar der Posthaltereien nicht gepfändet werden dürfen, daß den ordentlichen Posten auf deren Signal jedes Fuhrwerk auszuweichen und bei Unfällen von den Straßenanwohnern schleunigste Hilfe zum Weiterkommen gegen volle Entschädigung zu leisten ist, daß die Postpferde und Postillone zu öffentlichen Spanndiensten nicht herangezogen werden dürfen, daß den Posten auf Signal des Postillons schleunigst Tore und Schlagbäume zu öffnen und Überfahrten auf Fähren zu gewähren sind, und daß die Postanstalten das Recht auf administrative Beitreibung von Rückständen an Personengeld, Porto und Gebühren, vorbehaltlich des Rechtsweges, haben (vgl. für Preußen V. v. 15. Nov. 1899, GS. S. 545, Dambach Note 10 zu § 25).

Strafen. 4. Der Abschn. IV (§§ 27—33) behandelt die der Strafverfolgung unterliegenden Post- und Portohinterziehungen gegenüber dem StrGB. entschöpfend, schließt sich aber dessen allgemeinen Bestimmungen an (vgl. Motive S. 18). Daraus ist hervorzuheben:

Mit dem vierfachen Betrage des defraudierten Portos, jedoch mindestens mit drei Mark Geldstrafe wird bestraft, wer Briefe oder politische Zeitungen zuwider den §§ 1, 2 sonstwie als durch die Post entgeltlich versendet, eine portopflichtige Sendung in einer vom Porto befreienden Weise bezeichnet oder verpackt, entwertete Postwertzeichen zur Frankierung einer Sendung benutzt, Briefe oder andere Sachen zur Umgehung des Portos einem Postbeamten oder Postillon zur Mitnahme übergibt. Diese Strafe wird im ersten Rückfalle verdoppelt, bei weiteren Rückfällen auf das Vierfache erhöht. Wer wissentlich zur Entziehung des Personengeldes uneingeschrieben mit der Post reist, wird mit dem Vierfachen des Personengeldes, jedoch mindestens mit drei Mark Geldstrafe bestraft (§§ 27—29). Außerdem ist das defraudierte Porto oder Personengeld nachzuzahlen (§ 30).

5. In Abschn. V (§§ 34—46) ist das Strafverfahren bei Post- und Portodefraudationen besonders geregelt.

Allgemeine Normen. 6. In Abschn. VI (§§ 47—51) werden noch mehrere allgemeine Bestimmungen zum Postrecht angefügt.

Zunächst stellt der § 47 für die Richtigkeit der diensteidlichen Anzeigen, welche Briefträger oder Postboten über ihre Postbestellungen erstatten, eine Rechtsvermutung bis zur Erbringung des Gegenbeweises auf. Nach §§ 48, 49 ist die Postverwaltung für die richtige Bestellung nicht verhaftet, falls der Adressat ihr schriftlich (§ 50) erklärt, daß er die für ihn eingehenden Postsendungen selbst oder durch andere abholen werde, und sie dann ohne Prüfung der Legitimation des Boten ausliefert; und ebenso ist sie zur Legitimationsprüfung nicht verpflichtet bezüglich eines dem Adressaten reglementsgemäß ausgelieferten und mit dessen Namen unterschriebenen bzw. untersiegelten Formulars zum Ablieferungsscheine, oder bezüglich desjenigen, der die Aushändigung einer Postsendung unter Vorlegung des vollzogenen Ablieferungsscheines, bzw. des reglementsmäßig ausgelieferten Paketbegleitbriefes begehrt.

a, Sodann ist von besonderer Bedeutung formell wie materiell der § 50. § 50.

Danach ist der Reichskanzler ermächtigt, durch ein von ihm zu erlassendes, teilweise (Nr. 2, 4, 6) der Beschlußfassung des Bundesrats bedürfendes, in amtlichen Publikationsblättern bekannt zu machendes Reglement die bei Benutzung der Postanstalt, abgesehen vom inneren Verkehr in Bayern und Württemberg, weiter (d. h. außer den vorangehenden) zu beobachtenden Vorschriften zu treffen, welche als Bestandteil des Postbeförderungsvertrags gelten sollen. Das Reglement hat zu enthalten: bei Postsendungen 1. die Annahmebedingungen für deren Einlieferung, 2. das Höchstgewicht der Briefe und Pakete, 3., 4. die Behandlung unbestellbarer Postsendungen, 5. Angabe der unzulässigen Beförderungsgegenstände, 6. die Gebühren für alle Geldübermittlungen, für Sendungen von Drucksachen, Warenproben, Mustern, Korrespondenzkarten und mit Rekommandierung, für Zustellung von Sendungen mit Behändigungsscheinen und für Überweisung von Zeitungen, 7. Anordnungen über Bestellung beförderter Postsendungen nebst Gebühren dafür, bei Reisenden 8. die Beförderungsbedingungen, 9. die Anordnungen über Kontierung und Kreditierung von Porto, und 10. Ordnungsvorschriften für Posten, Postlokale und Passagierstuben. Post-ordnung.

Die nach § 50 vorgesehene Ermächtigung des Reichskanzlers beruht auf Art. 48 Abs. 2 der Reichsverfassung. Dort ist bestimmt, daß die nach Art. 4 Nr. 10 dem Reiche überwiesene Gesetzgebung in Post- und Telegraphensachen sich nicht auf solche Gegenstände erstrecken soll, die in der Norddeutschen Post- und Telegraphenverwaltung der reglementarischen Festsetzung oder administrativen Anordnung vorbehalten gewesen. Die in § 50 bezeichneten Punkte unterlagen aber bereits zufolge des Norddeutschen Postges. v. 2. Nov. 1867 (BGBl. S. 61) der reglementarischen Ordnung, entsprechend der früheren Preußischen Postverwaltung, und zwar auf Grund der Erwägung, daß jene Punkte teils überwiegend technischer Natur und teils nach den Verkehrsverhältnissen öfterem raschen Wechsel ausgesetzt seien (vgl. Motive zum Preuß. Postges. v. 5. Juni 1852 S. 37). Art. 48 Abs. 2.

Zufolge obiger Ermächtigung ist vom Reichskanzler die sog. Postordnung erlassen, jetzt in der Fassung v. 20. März 1900 (Zentr.Bl. S. 53) mit den in der Vornote I, 1 zu Abschn. VIII bezeichneten kleinen Änderungen gültig. Diese PostO. regelt denn auch in 3 Abschnitten und 71 Paragraphen die Postsendungen, die Personenbeförderung mit den Posten und die Extrapost-Beförderung im einzelnen. Post-ordnung.

An Art. 48 der Reichsverfassung in Verbindung mit § 50 des Postgesetzes knüpfen sich mehrere Rechtsfragen von Erheblichkeit.

α) Die rechtliche Natur und Gültigkeit der Postordnung anlangend, ist davon auszugehen, daß in Ergänzung des Art. 50 Abs. 2 der Reichsverfassung, worin dem Kaiser die reglementarischen Festsetzungen übertragen sind, Natur der PostO.

der § 50 des Postgesetzes dem Reichskanzler bzw. Bundesrat eine im Sinne des Art. 7 Nr. 2 der Reichsverfassung wirksame Ermächtigung zum Erlasse von Vorschriften, die neben den in §§ 1—49 des Postgesetzes bestimmten Vorschriften bei Benutzung der Postanstalt zu beobachten sind und zugleich als Bestandteil des Beförderungsvertrags zwischen Post und Publikum gelten sollen, erteilt, und daß der Reichskanzler bzw. Bundesrat kraft dieser Delegation die Postordnung erlassen hat. Den Inhalt dieser Postordnung bilden danach Vorschriften, die, sofern das Publikum die Postanstalt benutzt, für beide in der Art zwingend sind, daß sie einen der Vertragsfreiheit entzogenen Bestandteil des Postbeförderungsvertrags abgeben. Es liegt daher m. E. eine gesetzesgleiche Rechtsverordnung vor. Dieselbe bedurfte gemäß Art. 2 der Reichsverfassung und § 50 Abs. 1 des Postgesetzes der Verkündigung im Reichsgesetzblatt nicht (vgl. die Noten zu Art. 2 und 7 Nr. 2). Somit dürfte die Postordnung der verfassungsmäßigen Gültigkeit nicht entbehren. Dennoch bestehen hierüber mancherlei verschiedene Auffassungen (vgl. Laband § 73 zu V; Arndt Note 5 zu Art. 48; Dambach a. a. O. Note 2 zu § 50; Schott in Endemanns Handbuch des Hand.zc.R. Bd. 3 S 533 (IV. Die Posten); Mittelstein a. a. O. S. 2; RG. in ZivS. 19 S. 101, 40 S. 68, 48 S. 84, in Straff. 12 S. 323, 17 S. 141).

Natur des Postbeförd. Vertrags. β) Weiter hat die rechtliche Natur des Postbeförderungsgeschäfts in Verbindung mit der staatsrechtlichen Stellung der Postverwaltung überhaupt, besonders in neuerer Zeit Anlaß zu theoretischen Erörterungen gegeben (Literatur: Kompo in Zeitschr. f. Deutsch. R. 18 S. 301; Schott in Endemanns Handb. des Hand.zc.R. 3 S. 531; Mittelstein, Beiträge zum Postrecht (1891) S. 36; Arndt, Vornote zu Abschn. VIII; Laband § 73 zu II, V; Zorn § 30; G. Meyer § 177; Dambach a. a. O. Noten 3—5 zu § 1 und Noten 1—3 zu § 50 des Postgesetzes).

In § 50 Abs. 2 des Postgesetzes ist ausdrücklich bestimmt, daß die vom Reichskanzler zu erlassenden reglementarischen Vorschriften (die jetzige Postordnung) als Bestandteil der zwischen der Postanstalt und dem Publikum geschlossenen Beförderungsverträge gelten sollen. Unverkennbar liegt überhaupt dem Postgesetz und der Postordnung die Anschauung zugrunde, daß das durch die Benutzung der Post seitens des Publikums begründete Rechtsverhältnis ein vertragsmäßiges sei, und zwar in der Richtung, daß die Postanstalt zur Beförderung von Postsendungen oder Reisenden, bzw. zur Besorgung von Geldeinziehungen gegen Entrichtung von Vergütungen von seiten des anderen Geschäftsbeteiligten verpflichtet sei. Angesichts dessen wären diese Geschäfte, vom rein privatrechtlichen Standpunkt aus betrachtet, im Sinne des BGB. wohl dem Werkvertrage bzw. dem Auftrage zuzurechnen (BGB. §§ 631, 662, 675). Eine derartige Subsumierung fand eine Stütze in dem alten HGB., insofern dieses in Art. 421, 449 bestimmte, daß, wie auf andere öffentliche Verkehrsanstalten (z. B. Eisenbahnen), so auch auf die Postanstalten bezüglich ihrer Gütertransportgeschäfte (im Gegensatz zur Personenbeförderung) die handelsrechtlichen Vorschriften über das Frachtgeschäft zu Lande und zur See Anwendung finden sollten, soweit nicht für die Postanstalten durch Gesetz oder Verordnung ein anderes bestimmt sei.

Nun ist aber unter Heranziehung gewisser anderweiter Momente die Frage erhoben und bis heute noch nicht außer Streit gelangt, ob und inwieweit der privatrechtliche Standpunkt gerechtfertigt sei. Die Frage hängt mit der gesamten Rechtsstellung der Postanstalten zusammen. Dieselben bilden nämlich nach Art. 48, 49 der Reichsverfassung Reichsverkehrsanstalten und zugleich eine Finanzquelle für das Reich (abgesehen von Bayern und Württemberg, Art. 52). Ferner erschöpfen nach § 50 Abs. 2 des Postgesetzes die laut Abs. 3 in der Postordnung bestimmten reglementarischen Punkte erfahrungsgemäß die gewöhnlichen Bedingungen des Postbeförderungsgeschäfts, und sind doch von Gesetzes wegen zum Bestandteil dieses Geschäfts erklärt. Zudem sollen nach §§ 452, 663 des neuen HGB. v. 10. Mai 1897 auf die Gütertransportgeschäfte der Reichs- oder bundesstaatlichen (Art. 52 der Reichsverfassung) Postverwaltungen die Vorschriften über das handelsrechtliche Güterfrachtgeschäft zu Lande und zur See keine Anwendung finden und diese Postverwaltungen nicht als Kaufleute im Sinne des HGB. gelten. In der Denkschrift zum Entwurf des neuen HGB. (Drucks. des Reichstags v. 1895/97 Nr. 632) ist diese Änderung damit gerechtfertigt, daß, nachdem die Rechtsverhältnisse der Post aus jenen Geschäften durch das Postgesetz nebst Postordnung eingehend geregelt sei, für die Anwendung der handelsrechtlichen Vorschriften über den Frachtvertrag kein Bedürfnis mehr bestehe, zugleich aber eine ausdrückliche Klarstellung darüber, daß die Postverwaltungen überhaupt nicht als Kaufleute im Sinne des HGB anzusehen seien, zweckmäßig erscheine, weil über diese Frage bisher Streit geherrscht habe, und für deren Bejahung auf den Art. 421 des alten HGB. mit Bezug genommen sei, während es dem wahren Wesen und Berufe der Post nicht entspreche, deren Betrieb, für den der Erwerbszweck keineswegs das Entscheidende sei, als kaufmännisches Gewerbe zu behandeln. — Aus diesen Umständen ist von mancher Seite gefolgert, daß der Postverwaltung mit Bezug auf ihren Geschäftsbetrieb mit dem Publikum nicht bloß die Eigenschaft als Kaufmann, vielmehr überhaupt die Eigenschft als Gewerbetreibender abgehe, daß sie deshalb nicht der Besteuerung unterliege, und daß für die von ihr mit dem Publikum geschlossenen Beförderungsgeschäfte nicht das private Vertragsrecht, sondern gewisse besondere öffentlichrechtliche Normen maßgebend seien. Diesen Standpunkt vertreten, wenn auch in verschiedener Begründung, Arndt (Vornote zu Abschn. VIII), Zorn (Staatsr. § 30), Schott a. a. O. S. 539, O. Mayer (Französ. Verwalt.R. S. 323).

Dieser Schluß geht, wie ich glaube, zu weit. Die Frage, ob die Postverwaltung in betreff ihrer Gütertransportgeschäfte dem handelsrechtlichen Frachtvertrage unterliegt, welche früher vom alten HGB. und von der Praxis (vgl. ROHG. 12 S. 411, 17 S. 127, 23 S. 11) verneint wurde, hat jetzt durch das neue HGB. ihre Erledigung in verneinendem Sinne gefunden. Auch der Annahme möchte (gegen Laband § 73 zu II und V und ROHG. a. a. O.) beizutreten sein, daß der Geschäftsbetrieb der Post nicht den Charakter eines reinen Gewerbebetriebes besitzt. Für einen solchen käme schlechthin der Erwerbszweck in Betracht. Dieser Zweck ist aber für den Postbetrieb gemäß Art. 48, 49 (70) der Reichsverfassung nicht der einzige und nicht einmal der vorwiegende; denn danach steht der Zweck, dem öffentlichen Verkehre zu dienen, mindestens gleich. Indes, diese Natur des Postbetriebes berührt doch nur die öffentlichrechtliche Stellung der Post, und mag auf die mit dieser zusammenhängenden Rechtsverhältnisse (Besteuerung, Rechtsweg, Verwaltungszwangsverfahren) zurückwirken (vgl. Preuß. ObVerw.Ger. 4 S. 11, 15 S. 427, 25 S. 151; RG. in Strafs. 25 S. 25). Dagegen schließt sie nicht aus, daß die bei Benutzung der Post vom Publikum mit der Postverwaltung eingegangenen Geschäfte sich als privatrechtliche Verträge charakterisieren. Als solche werden sie in § 50 Abs. 2 des Postgesetzes selbst bezeichnet. Daß dabei die wesentlichen Vertragsbedingungen in Abs. 3 gesetzlich normiert sind, steht, wie auch auf anderen staatlichen Verkehrsgebieten, namentlich dem Gebiet der Eisenbahnen, rechtlich nicht entgegen, da dies die materielle Vertragsfreiheit der Beteiligten nur beschränkt, ohne sie aufzuheben, indem die Post lediglich auf Antrag des Publikums kontrahiert. Zudem erhellt aus §§ 452, 633 des neuen HGB. und den Motiven dazu (s. oben), doch wohl, daß bloß der handelsrechtliche, nicht überhaupt der privatrechtliche Vertragscharakter des postalischen Gütertransportgeschäfts hat verneint werden sollen. Dies entspricht denn auch der eigenen Auffassung der Postverwaltung (vgl. Dambach Note 6 zu § 1 des Postgesetzes), der vorherrschenden Theorie (vgl. Laband § 73 zu II u. V, G. Meyer § 177, Mittelstein a. a. O. S. 9, Seydel, Bayr. Staatsr. III S. 320, Jaffe a. a. O. S. 23), sowie der Praxis (vgl. RG. in ZivS. 43 S. 99, in Strafs. 17 S. 141, 20 S. 436, 25 S. 25).

§ 51. b, Schließlich kommt noch der § 51 in Betracht, der alle älteren Vorschriften über die im Postgesetze behandelten Materien aufhebt, mit Ausnahme solcher, die auf Staatsverträgen und sonstigen Konventionen mit dem Auslande beruhen. Unter solchen Staatsverträgen ist von besonderer Bedeutung der Weltpostvertrag mit den dazu gehörigen Übereinkommen, deren Daten zu I, 1 der Vornote zu Abschn. VIII mitgeteilt sind, und die durch die Zustimmung der gesetzgebenden Reichsfaktoren und die Verkündigung im RGBlatt Gesetzeskraft für das Reich erlangt haben. Der Weltpostverein bildet jetzt eine die meisten Kulturstaaten umfassende völkerrechtliche Organisation mit dem Sitz in Bern und mit periodischen Kongressen, wonach innerhalb des Vereinsgebietes Sendungen von Briefen, Postkarten, Drucksachen und Warenproben unter gleichmäßigen Bedingungen und Gebühren befördert werden, während über die Beförderung von Wertbriefen, Postanweisungen, Paketen, Postaufträgen, Zeitungen und Zeitschriften die zugehörigen Übereinkommen nur unter gewissen Staaten getroffen sind.

Posttaxwesen. **B.** Das Posttaxwesen war von Hause aus durch ein zweites Gesetz v. 28. Okt. 1871 (RGBl. S. 358) geregelt, und zwar in der Art, daß in §§ 1—3 die Portosätze für Briefe, Pakete und Sendungen mit Wertangabe, in §§ 4—9 die Modalitäten für Berechnung und Entrichtung des Portos, in § 10 die Provision für Beförderung von Zeitungen festgesetzt wurden. Das Gesetz hat inzwischen mehrfache Änderungen erfahren: zu § 1 durch Gesetze v. 3. Nov. 1874 (RGBl. S. 127) und 20. Dez. 1899 Art. 1 (RGBl. S. 715), zu §§ 2, 3 durch Gesetz v. 17. Mai 1873 (RGBl. S. 107), zu § 10 durch das vorgenannte Gesetz v. 20. Dez. 1899 Art. 1 zu II.

Portobefreiungen. **C.** In bezug auf Portobefreiungen und Portobegünstigungen ist das Gesetz v. 5. Juni 1869 erlassen (BGBl. S. 141), welches auch in Süddeutschland zufolge der am Schluß der Vornote I, 1 zu Abschn. VIII angegebenen Gesetze gilt.

Nach diesem Gesetze besteht Portofreiheit für regierende Fürsten, deren Gemahlinnen und Witwen im bisherigen Umfange; ferner in reinen Reichsdienstsachen für solche Postsendungen, die von Reichsbehörden oder vom Reichstag ausgehen oder an dieselben gerichtet sind (§§ 1—4). Ebenso bleiben die vorhandenen

Portovergünstigungen für Personen des Militärstandes und der Kriegsmarine einstweilen aufrecht erhalten, jedoch so, daß deren Aufhebung oder Ermäßigung dem Kaiser zusteht (§ 5), während alle sonstigen Portofreiheiten und Ermäßigungen aufgehoben sind, und zwar bei wohlerworbenen Rechten gegen Entschädigung aus der Reichskasse (§§ 6 ff.). Vgl. zu obigem Gesetze das von der obersten Postbehörde erlassene Regulativ, ursprünglich v. 15. Dez. 1869, jetzt in der bei Dambach-v. Grimm, Nachtrag VI A, B abgedruckten Fassung.

II. Telegraphenwesen.

a, Dem Telegraphenwesen ist die rechtliche Grundlage erst durch das Reichsgesetz v. 6. April 1892 (RGBl. S. 467) gegeben, wenn dieses auch die Rechtsbeziehungen der Telegraphie nicht erschöpft. Telegraphenwesen. Telegr.Ges.

Ausgehend davon, daß nach Art. 48, 49 der Reichsverfassung das Telegraphenwesen, gleich dem Postwesen, für das Reichsgebiet als einheitliche Staatsverkehrsanstalt eingerichtet und verwaltet und zugleich als Finanzquelle verwertet werden soll, legt das Gesetz v. 6. April 1892 das Recht, Telegraphen- und Fernsprechanlagen zu errichten und zu betreiben, grundsätzlich dem Reiche ausschließlich bei (vgl. RG. in Strafs. 19 S. 55); jedoch mit den Maßgaben, daß das Reich (durch den Reichskanzler) die Ausübung dieses Rechts an Privatunternehmer für gewisse Bezirke verleihen kann, an Gemeinden aber für deren Bezirke mangels Errichtung von Reichstelegraphen und bei Garantie für ordnungsmäßigen Kommunalbetrieb verleihen muß, sowie daß es der Reichsgenehmigung in gewissen Fällen, nämlich wenn die Telegraphenanlagen ausschließlich entweder für den inneren Dienst von öffentlichen Korporationen oder für die Linien einer Transportanstalt oder für die Verbindung mehrerer Grundstücke desselben Besitzers bestimmt sind, nicht bedarf (§§ 1—3). Dagegen hat jedermann das Recht auf Beförderung ordnungsmäßiger Telegramme, wie auf ordnungsmäßige telephonische Unterhaltung gegen Zahlung der Gebühren, und jeder Grundbesitzer kann den Anschluß an öffentliche Ortstelegraphenlinien gegen Erfüllung der veröffentlichten Bedingungen verlangen (§§ 4—6; vgl. dazu Bestimmungen über Fernsprech-Nebenanschlüsse v. 31. Jan. 1900, Zentr.Bl. S. 23). Eine Erhöhung der bestehenden Gebühren für Benutzung des Telegraphen darf ebenso, wie eine Ausdehnung der bestehenden Gebührenfreiheiten, nur durch Gesetz erfolgen (§ 7). Das Telegraphengeheimnis ist mit denselben Maßgaben, wie in § 5 des Postgesetzes (s. oben zu 1), für unverletzlich erklärt (§ 8). Die unbefugte Errichtung oder Betreibung von Telegraphenanlagen zieht Bestrafung und zwangsweise Außerbetriebsetzung oder Beseitigung der Anlagen, vorbehaltlich des Rechtsweges, nach sich (§§ 9—11, vgl. für Preußen die §§ 132—134 des Landes-VerwaltGes. v. 30. Juli 1883, GS. S. 195). Eine Erweiterung über die bestehenden Ansprüche auf fremden Grund und Boden (namentlich auf öffentliche Wege und Straßen) hinaus liegt außer Absicht des Gesetzes (§ 14; aber s. unten das Telegr.Wegeges. v. 18. Dez. 1899). — Dasselbe findet auch auf Bayern und Württemberg Anwendung nach Maßgabe des Art. 52 der Reichsverfassung (§ 15).

Auf Grund des Art. 48 der Reichsverfassung ist, entsprechend der Postordnung, eine Telegraphenordnung erlassen, jetzt gültig in der Fassung vom 9. Juni 1897 (Zentr.Bl. S. 163) mit Änderung v. 18. Aug. 1901 (Zentr.Bl. S. 318). Telegr.O.

Diese Verordnung trifft nähere Bestimmungen über Benutzung des Telegraphen, über Einteilung der Telegramme behufs deren Behandlung, über Ordnungsmäßigkeit derselben, über Höhe, Berechnung und Entrichtung der Gebühren (für gewöhnliche und dringende Telegramme, solche mit bezahlter Rückantwort, Vergleichung, Empfangsanzeige, Postanweisung, Vervielfältigung, Weiterbeförderung, über See), über Zurückziehung von Telegrammen, über deren Unbestellbarkeit. Betreffs der Gebührenfreiheit für Telegramme vgl. die V. v. 2. Juni 1877 (RGBl. S. 524). Das Gesetz gilt auch für die Benutzung von Eisenbahntelegraphen, während für den Verkehr mit dem Auslande die internationalen Verträge maßgebend sein sollen. In letzterer Beziehung kommt hauptsächlich in Betracht der Internationale Telegraphenvertrag, der sich seit 1850 aus kleinen Anfängen heraus auf einer Reihe von Konferenzen zu der jetzt gültigen, in Petersburg vereinbarten Fassung v. 10./22. Juli 1875 (Amtsbl. der RTel.Verw. S. 243) entwickelt hat, mit der Ausführungs-Übereinkunft, jetzt in der zu Budapest 1896 beschlossenen Fassung (PAmtsBl. 1897 S. 197). Dazu tritt der Internationale Vertrag zum Schutz der unterseeischen Telegraphen-Kabel v. 14. März 1884 nebst dem RAusführ.Ges. v. 21. Nov. 1887 (RGBl. 1888 S. 151, bzw. 169).

Die Fernsprechgebühren sind gesetzlich durch die Fernsprechgebühr.O. v. 20. Dez. 1899 (RGBl. S. 711) geregelt, welche auf Bayern und Württemberg nach Maßgabe des § 12 Anwendung findet, mit Ausführ.Bestimm. v. 26. März 1900 (Zentr.Bl. S. 242).

Schließlich ist durch das sog. Telegraphenwege-Gesetz v. 18. Dez. 1899 (RGBl. S. 705) der Telegraphenverwaltung im Reiche, mit Einschluß von Bayern und Württemberg, grundsätzlich das Recht zugesprochen, für die dem öffentlichen Verkehre gewidmeten Telegraphenlinien die öffentlichen Straßen, Plätze, Brücken, Gewässer und sonstigen Verkehrswege zu benutzen, soweit dadurch deren Gemeingebrauch nicht dauernd beschränkt wird, unter Umständen nur gegen Entschädigung. Dazu vgl. Ausführ.Bestimmungen v. 26. Jan. 1900 (RGBl. S. 7).

b, Aus vorstehenden Gesetzen und Verordnungen ergibt sich, daß die rechtlichen Beziehungen des Telegraphenwesens im wesentlichen denen des Postwesens entsprechen. Dies trifft insbesondere zu für die Gültigkeit der bezeichneten Verordnungen, die öffentlichrechtliche Stellung der Telegraphenanstalt und die privatrechtliche Natur der von ihr mit dem Publikum, wennschon unter Bindung durch gesetzliche Normativbedingungen, eingegangenen Betriebsgeschäfte. Es ist deshalb auf die bezüglichen Erörterungen zum Postwesen zu verweisen.

Artikel 49.

Die Einnahmen des Post- und Telegraphenwesens sind für das ganze Reich gemeinschaftlich. Die Ausgaben werden aus den gemeinschaftlichen Einnahmen bestritten. Die Überschüsse fließen in die Reichskasse (Abschnitt XII).

Dieser Artikel, der die zweite Eigenschaft des Post- und Telegraphenwesens als Reichsfinanzquelle (vgl. aber Art. 52 Abs. 1) betrifft, findet seine

Erläuterung naturgemäß im Zusammenhange mit Art. 70. Vgl. deshalb die Noten dazu.

Artikel 50.

Dem Kaiser gehört die obere Leitung der Post- und Telegraphenverwaltung an. Die von ihm bestellten Behörden haben die Pflicht und das Recht, dafür zu sorgen, daß Einheit in der Organisation der Verwaltung und im Betriebe des Dienstes, sowie in der Qualifikation der Beamten hergestellt und erhalten wird.

Dem Kaiser steht der Erlaß der reglementarischen Festsetzungen und allgemeinen administrativen Anordnungen, sowie die ausschließliche Wahrnehmung der Beziehungen zu anderen Post- und Telegraphenverwaltungen zu.

Sämtliche Beamte der Post- und Telegraphenverwaltung sind verpflichtet, den Kaiserlichen Anordnungen Folge zu leisten. Diese Verpflichtung ist in den Diensteid aufzunehmen.

Die Anstellung der bei den Verwaltungsbehörden der Post und Telegraphie in den verschiedenen Bezirken erforderlichen oberen Beamten (z. B. der Direktoren, Räte, Oberinspektoren), ferner die Anstellung der zur Wahrnehmung des Aufsichts- usw. Dienstes in den einzelnen Bezirken als Organe der erwähnten Behörden fungierenden Post- und Telegraphenbeamten (z. B. Inspektoren, Kontrolleure) geht für das ganze Gebiet des Deutschen Reichs vom Kaiser aus, welchem diese Beamten den Diensteid leisten. Den einzelnen Landesregierungen wird von den in Rede stehenden Ernennungen, soweit dieselben ihre Gebiete betreffen, behufs der landesherrlichen Bestätigung und Publikation rechtzeitig Mitteilung gemacht werden.

Die anderen bei den Verwaltungsbehörden der Post und Telegraphie erforderlichen Beamten, sowie alle für den lokalen und technischen Betrieb bestimmten, mithin bei den eigentlichen Betriebsstellen fungierenden Beamten usw. werden von den betreffenden Landesregierungen angestellt.

Wo eine selbständige Landespost- resp. Telegraphenverwaltung nicht besteht, entscheiden die Bestimmungen der besonderen Verträge.

Laband § 73 zu I, 2.

Nach Art. 48 Abs. 1 unterstehen das Post- und Telegraphenwesen der einheitlichen Verwaltung des Reiches als Staatsverkehrsanstalten. Diese Verwaltung ist, soweit sie die Organisation betrifft, in Art. 50 näher geregelt.

I a, Die obere Leitung steht nach Abs. 1 (vgl. Art. 15 ff.) dem Kaiser zu, welcher die erforderlichen Verwaltungsbehörden nach Maßgabe des Art. 50 bestellt. Eine gesetzliche Organisation dieser Behörden ist danach nicht vorgesehen. Dem Kaiser kommt also hier eine freiere Stellung zu, namentlich gegenüber den sonst nach Art. 7 Nr. 2 dem Bundesrat eingeräumten Rechten. Abs. 1–3.

b, Dem entspricht auch der Abs. 2, insofern er dem Kaiser den Erlaß der reglementarischen Festsetzungen und allgemeinen Verwaltungsanordnungen, sowie die ausschließliche Wahrnehmung der Beziehungen zu anderen Post- und Telegraphenverwaltungen, d. h. der internationalen Post- und Telegraphenverhältnisse überweist. Hiermit steht die in § 50 des Postgesetzes dem Reichskanzler erteilte Unterermächtigung zum Erlasse der Postordnung in Verbindung (vgl. die Noten zu Art. 48), und zugleich folgt, daß die vom Kaiser geschlossenen internationalen Post- und Telegraphenverträge, soweit sie nicht auf Änderung gesetzlicher Vorschriften abzielen, der Zustimmung des Bundesrats und des Reichstages nicht bedürfen (vgl. Sten.Ber. der Verhandl. des verfassungsgebenden Reichstags v. 1867 S. 519).

c, Die heutige Organisation der Reichspost- und Telegraphenbehörden ist dem früheren Preußischen (vgl. Stephan, Geschichte der Preuß. Post [1859] S. 698) System der Dreiteilung nachgebildet. Sie zerfällt in eine oberste Zentralbehörde, die, ursprünglich, wie in Preußen, für Post und Telegraphie getrennt, durch Kaiserl. V. v. 22. Dez. 1875 (RGBl. S. 379) und 23. Febr. 1880 (RGBl. S. 25) zu einem Reichspostamt, mit einem Staatssekretär an der Spitze, vereinigt ist, dem übrigens auch die Reichsdruckerei untersteht; ferner in eine Anzahl von Oberpostdirektionen, die für größere Bezirke, je unter Leitung eines Oberpostdirektors, zur Beaufsichtigung des Post- und Telegraphenbetriebes und zur gesetzlichen Vertretung des Postfiskus (vgl. § 13 des Postges. v. 28. Okt. 1871) eingesetzt sind; endlich in die eigentlichen lokalen Betriebsämter, die sich in mehrere Klassen von Postämtern und in Postagenturen gliedern.

d, Die sämtlichen Behörden und Beamten der Post- und Telegraphenverwaltung haben nach Abs. 1—3 den Anordnungen des Kaisers zu gehorchen, in dem Sinne, daß die einheitliche Organisierung und der einheitliche Betrieb zur dauernden Ausführung gelangt. Diese Verpflichtung ist in den Diensteid aufzunehmen.

Abs. 4—6. **II a,** Eine Modifikation der Rechte des Kaisers ist jedoch in Abs. 4—6 bezüglich der Anstellung der Post- und Telegraphenbeamten bestimmt, indem daran den bundesstaatlichen Regierungen ein gewisser Anteil belassen ist (Abs. 4—6) Die Anstellung der oberen Beamten, d. h. der Direktoren, Räte, Inspektoren, Kontrolleure und Kassenrendanten der Bezirksverwaltungsbehörden (Oberpostdirektionen), geht allein vom Kaiser aus, und die erfolgte Ernennung ist nur der beteiligten Landesregierung rechtzeitig behufs ihrer landesherrlichen Bestätigung und Verkündigung mitzuteilen. Dagegen bleibt die Anstellung der anderen Beamten bei den Bezirksverwaltungsbehörden, sowie aller für den lokalen und technischen Betrieb (bei den Post- und Telegraphenämtern und Agenturen) bestimmten Beamten den betreffenden Landesregierungen überlassen.

b, Die letztere Befugnis der Bundesstaaten erleidet jedoch ihrerseits nach Abs. 6 wieder eine gewisse Beschränkung. Danach sollen, soweit in einem Bundesstaat eine selbständige Landespost- bzw. Telegraphenverwaltung nicht besteht, die besonderen Verträge entscheiden. Der Wortlaut dieser Vorschrift erscheint unbestimmt. Im rechtsgeschichtlichen Zusammenhange ergibt sich aber, daß, soweit einzelne Bundesstaaten mit anderen Verträge über die Ausübung der Post- oder

Telegraphenverwaltuug geschlossen haben oder schließen, es bei diesen Verträgen verbleiben und der Abs. 5 nicht Platz greifen soll.

Mit Bezug auf solche besonderen Vertragsverhältnisse ist folgendes hervorzuheben.

α) Von seiten Preußens ist die Ausübung der in diesem Bundesstaate bestehenden Post- und Telegraphenverwaltung durch Königl. Erlaß v. 28. Sept. 1867 (GS. S. 1780), wenn auch nicht förmlich, auf den Norddeutschen Bund übertragen, und damit mindestens tatsächlich auf diesen Bund, und weiter auf das Reich übergegangen.

Das gleiche Rechtsverhältnis hat sich naturgemäß für diejenigen Staaten und Staatsgebiete ergeben, welche schon vor Gründung des Norddeutschen Bundes ihre Post- und Telegraphenverwaltung auf Preußen, bzw. später auf das Reich, übertragen haben. Hierher gehören die Thüringischen Staaten, Hessen, Anhalt, die beiden Lippeschen Fürstentümer, Waldeck und das Oldenburgische Fürstentum Birkenfeld.

β) Das Großherzogtum Oldenburg hat für seine sonstigen Gebiete das Post- und Telegraphenregal durch Übereinkommen aus den Jahren 1868 und 1870 an das Norddeutsche Bundespräsidium abgetreten.

γ) In den Hansestädten Hamburg, Bremen und Lübeck bestanden vor Gründung des Norddeutschen Bundes abnorme Post- und Telegraphenzustände, nämlich neben den Hanseatischen noch andere Deutsche und außerdeutsche Postanstalten. Die Verfassung des Norddeutschen Bundes (BGBl. 1867 S. 1) bestimmte in Art. 51, 52, daß zur Beseitigung dieser Zersplitterung das Bundespräsidium die Vereinigung der Deutschen Anstalten und die Beseitigung der außerdeutschen Anstalten herbeizuführen habe. Dies ist auch geschehen, und so das Post- und Telegraphenwesen, unter dem finanziellen Schutze der Übergangsbestimmung des Art. 51 Abs. 5 der Reichsverfassung, auf das Reich übergegangen.

δ) Elsaß-Lothringen bildet nach Art. 1 der Reichsverfassung keinen selbständigen Bundesstaat, sondern ein Reichsland; und deshalb untersteht es, ohne daß es besonderer Verträge bedurfte, im Post- und Telegraphenwesen der Reichsverwaltung.

ε) Nachdem Sachsen, die beiden Mecklenburg und Braunschweig in die Norddeutsche, sowie Baden in die Reichs-Post- und Telegraphenverwaltung eingetreten, sind zwischen dem Bundes- bzw. Reichskanzler und den Regierungen der vorbezeichneten Bundesstaaten in den Jahren 1868 uud 1871 Verträge (nicht publiziert; vgl. Laband § 73, I, Sydow in v. Stengels Wört.B. II S. 293) geschlossen über die Verteilung des Anstellungsrechts betreffs der Post- und Telegraphenbeamten auf Grundlage des Art. 50 Abs. 4, 5 der Bundes- bzw. Reichsverfassung.

ζ) Bezüglich Bayerns und Württembergs s. die Noten zu Art. 52.

b, Auf Grund des Art. 50 der Reichsverfassung ist die Rechtsstellung der Post- und Telegraphenbeamten eine verschiedene, je nachdem man sie vom Gesichtspunkt des Art. 18 a. a. O. oder von dem des § 1 des Reichsbeamtengesetzes v. 31. März 1873 (RGBl. S. 61) betrachtet. Der Begriff der Reichsbeamten ist nämlich nach ersterer Vorschrift enger, als nach letzterer. Nach jener beschränkt er sich auf die vom Kaiser zu ernennenden und für das Reich zu beeidigenden Beamten, also auf die im Sinne der V. v. 29. Juli 1871 (RGBl.

S. 303) unmittelbaren (vgl. auch den Erlaß v. 3. Aug. 1871, RGBl. S. 318) Reichsbeamten; nach dem Reichsbeamtengesetz umfaßt er auch die von den Landesregierungen zu ernennenden, zugleich aber reichsverfassungsgemäß zur Befolgung der kaiserlichen Anordnungen verpflichteten Beamten, also die mittelbaren Reichsbeamten. Danach gehören zufolge Art. 50 a. a. O. die Post- und Telegraphenbemten, soweit sie vom Kaiser angestellt werden, zu den Reichsbeamten sowohl nach Art. 18 der Reichsverfassung als nach § 1 des Reichsbeamtengesetzes, hingegen, soweit sie vom Landesherrn ernannt werden und zugleich dem Kaiser zum Gehorsam verpflichtet sind, zu den Reichsbeamten nur gemäß § 31 des Reichsbeamtengesetzes. Vgl. ROHG. 21 S. 48, RG. 1 S. 306, 2 S. 101, sowie das Ges. v. 23. Mai 1903 (RGBl. S. 241), wonach § 51 des Reichsbeamt.Gesetzes auch auf Post- und Telegraphenbeamte Anwendung finden soll.

Artikel 51.

Bei Überweisung des Überschusses der Postverwaltung für allgemeine Reichszwecke (Art. 49) soll, in Betracht der bisherigen Verschiedenheit der von den Landespostverwaltungen der einzelnen Gebiete erzielten Reineinnahmen, zum Zwecke einer entsprechenden Ausgleichung während der unten festgesetzten Übergangszeit folgendes Verfahren beobachtet werden.

Aus den Postüberschüssen, welche in den einzelnen Postbezirken während der fünf Jahre 1861 bis 1865 aufgekommen sind, wird ein durchschnittlicher Jahresüberschuß berechnet, und der Anteil, welchen jeder einzelne Postbezirk an dem für das gesamte Gebiet des Reichs sich danach herausstellenden Postüberschusse gehabt hat, nach Prozenten festgestellt.

Nach Maßgabe des auf diese Weise festgestellten Verhältnisses werden den einzelnen Staaten während der auf ihren Eintritt in die Reichspostverwaltung folgenden acht Jahre die sich für sie aus den im Reich aufkommenden Postüberschüssen ergebenden Quoten auf ihre sonstigen Beiträge zu Reichszwecken zugute gerechnet.

Nach Ablauf der acht Jahre hört jene Unterscheidung auf, und fließen die Postüberschüsse in ungeteilter Aufrechnung nach dem im Artikel 49 enthaltenen Grundsatz der Reichskasse zu.

Von der während der vorgedachten acht Jahre für die Hansestädte sich herausstellenden Quote des Postüberschusses wird alljährlich vorweg die Hälfte dem Kaiser zur Disposition gestellt zu dem Zwecke, daraus zunächst die Kosten für die Herstellung normaler Posteinrichtungen in den Hansestädten zu bestreiten.

Der Art. 51 enthält eine kaum mehr wirksame Übergangsbestimmung zu Art. 49. Dort ist verordnet, daß die Einnahmen aus Post und Telegraphie im ganzen Reiche (außer in Bayern und Württemberg, Art. 52) gemeinschaftlich sein und zu allgemeinen Reichszwecken verwendet (Art. 51 Abs. 1), die Überschüsse aber in die Reichskasse abgeführt werden (Art. 70) sollen. Diese Abführung hätte naturgemäß sogleich in ungeteilter Aufrechnung (Abs. 4) erfolgen müssen. Nun hatten aber die bis dahin in den einzelnen bundesstaatlichen Gebieten vorhanden gewesenen Landespostverwaltungen sehr verschiedene Reineinnahmen erzielt (Abs. 1), und in den Hansestädten galt es zudem, die abnormen Posteinrichtungen überhaupt noch erst in normalen Stand zu setzen (Abs. 5; vgl. die Note II b zu Art. 50). Angesichts dieser Verhältnisse ist in Art. 51 eine Übergangszeit von acht Jahren bis zur Einführung der ungeteilten Aufrechnung der Überschüsse gesetzt. Diese Zeit sollte für jeden Einzelstaat von seinem Eintritt in die Reichspostverwaltung ab berechnet werden, und während derselben eine entsprechende Ausgleichung in der Art stattfinden, daß auf Grundlage der in den Jahren 1861—1865 in den einzelnen Postbezirken aufgekommenen Überschüsse ein durchschnittlicher Jahresüberschuß und ein prozentualer Anteil daran für die einzelnen Postbezirke ermittelt, nach diesem Verhältnis aber in der achtjährigen Periode die Anteilsquote der einzelnen Bundesstaaten an den während derselben aufkommenden Reichspostüberschüssen auf ihre sonstigen Reichsbeiträge (Art. 70) zugut gerechnet würden. (Abs. 1—4). Betreffs der Quote der Hansestädte wurde zusätzlich (Abs. 5) noch bestimmt, daß deren Hälfte jährlich vorweg dem Kaiser zur Verfügung gestellt werden sollte, um normale Posteinrichtungen in den Hansestädten einzurichten. Der achtjährige Zeitraum ist längst verstrichen. Daher erscheint Art. 51 jetzt gegenstandslos.

Artikel 52.

Die Bestimmungen in den vorstehenden Artikeln 48 bis 51 finden auf Bayern und Württemberg keine Anwendung. An ihrer Stelle gelten für beide Bundesstaaten folgende Bestimmungen.

Dem Reiche ausschließlich steht die Gesetzgebung über die Vorrechte der Post und Telegraphie, über die rechtlichen Verhältnisse beider Anstalten zum Publikum, über die Portofreiheiten und das Posttaxwesen, jedoch ausschließlich der reglementarischen und Tarifbestimmungen für den internen Verkehr innerhalb Bayerns, beziehungsweise Württembergs, sowie, unter gleicher Beschränkung, die Feststellung der Gebühren für die telegraphische Korrespondenz zu.

Ebenso steht dem Reiche die Regelung des Post- und Telegraphenverkehrs mit dem Auslande zu, ausgenommen den eigenen unmittelbaren Verkehr Bayerns, beziehungsweise Württembergs mit seinen dem Reiche nicht angehörenden Nachbarstaaten, wegen dessen Regelung es bei der Bestimmung im Artikel 49 des Postvertrages vom 23. November 1867 bewendet.

An den zur Reichskasse fließenden Einnahmen des Post- und Telegraphenwesens haben Bayern und Württemberg keinen Teil.

Das in Art. 4 Nr. 10 den Bundesstaaten Bayern und Württemberg in bezug auf das Post- und Telegraphenwesen eingeräumte Sonderrecht (Art. 78 Abs. 2) findet in Art. 52 seine nähere Ausgestaltung.

Abs. 1. Grundsatz ist dabei, daß für jene Bundesstaaten die Art. 48—51 nicht anwendbar sein, vielmehr gewisse Ersatzvorschriften gelten sollen. Danach gestaltet sich der Rechtszustand dahin:

I. Infolge des Wegfalls der Art. 48, 49 steht das Post- und Telegraphenwesen in Bayern und Württemberg unter der Sonderverwaltung dieser
Abs. 4. Bundesstaaten und für Sonderrechnung derselben (Abs. 4). Damit entfallen auch die nach Art. 50 dem Kaiser zustehenden Rechte auf Anstellung der höheren Beamten und auf Befolgung seiner Anordnungen seitens sämtlicher Beamten; und diese Rechte kommen den Landesfürsten zu Für Art. 51 ist überhaupt kein Raum gewesen.

Hinsichts Württembergs ist dabei zu bemerken, daß es laut der zwischen ihm und dem Norddeutschen Bunde am 21./25. Nov. 1870 (BGBl. S. 658) geschlossenen Militärkonvention Art. 11 sich verpflichtet hat, für den Kriegsfall die Leitung des Telegraphenwesens dem Bundesfeldherrn zu überlassen und bereits zu Friedenszeiten gewisse bezügliche Einrichtungen in Übereinstimmung mit denen des Bundes zu bringen.

Abs. 2. **II.** Die Gesetzgebung (Art. 4 Nr. 10) steht dem Reiche auch Bayern und Württemberg gegenüber insoweit zu, als es sich um die Vorrechte der Post und Telegraphie, über das Rechtsverhältnis der Post- und Telegraphenanstalt zum Publikum, sowie über das Posttaxwesen, die Portofreiheiten und die Gebührenfeststellung für die telegraphische Korrespondenz handelt, jedoch hinsichts der drei letzten Punkte ausschließlich der reglementarischen und Tarifbestimmungen für den inneren Verkehr in Bayern und Württemberg selbst. — Durch Abs. 2 werden insbesondere berührt, wie die Noten I, II zu Art. 48 ergeben: das Postgesetz v. 28. Okt. 1871 (vgl. die §§ 4 [nebst Eisenbahnpostges. v. 20. Dez. 1875 Art. 13] und 50 Abs. 5); das Posttaxgesetz v. 28. Okt. 1871 (vgl. § 13); das Gesetz über Portofreiheiten v. 5. Juni 1869; das Telegraphengesetz v. 6. April 1892 (vgl. §§ 15, 16); die Fernsprech-Gebühr.O v. 20. Dez. 1899 (vgl. § 12); das Telegraph.Wegegesetz v. 18. Dez. 1899.

Abs. 3. **III a,** Die Regelung des Post- und Telegraphenverkehrs mit dem Auslande ist nach Abs. 3 dem Reiche, und zwar laut Art. 50 Abs. 2 dem Kaiser ausschließlich zugewiesen; jedoch mit der Maßgabe, daß Bayern und Württemberg ihren eigenen direkten Verkehr mit ihren nicht zum Reiche gehörigen Nachbarstaaten selbständig regeln dürfen unter Wahrung der im Postvertrage v. 23. Nov. 1867, Art. 49 (s. u. zu b) getroffenen Bestimmungen. Wegen der Internationalen Verträge vgl. die Noten I und II zu Art. 48.

Post- u. Telegr.Verträge. **b,** Angesichts der nach Art. 52 Bayern und Württemberg zustehenden Selbständigkeit der Post- und Telegraphenverwaltung blieb für eine Regelung des Post- und Telegraphenverkehrs zwischen diesen Bundesstaaten selbst und zwischen ihnen und dem übrigen Bundesgebiete nur der Weg der Staatsverträge übrig. Solche Staatsverträge bestehen denn auch zwischen dem Norddeutschen Bunde, bzw. dem Reiche und den Süddeutschen Staaten in Gestalt des (oben zu III erwähnten) Postvertrages v. 23. Nov. 1867 (BGBl. S. 41) mit der späteren Übereinkunft v. 9. Nov. 1872 (vgl. Amtliches Handbuch für den Wechselverkehr 2c. 1872, auch in Hirths Ann. 1873 S. 1257), ferner des Telegraphenvereinsvertrages v. 25. Okt. 1868 mit Tarifbekanntmachung v. 15. Jan. 1891 (Zentr.Bl. S. 13).

Neuerdings ist zwischen den Postverwaltungen des Reiches und Württembergs ein Übereinkommen zwecks Einführung einheitlicher Postwertzeichen geschlossen, wirksam seit dem 1. April 1902.

c, Sonach kann der Postverkehr der Postverwaltungen des Reiches, Bayerns und Württembergs sich in dreifacher Weise gestalten: einmal so, daß er in dem Absendungsgebiete verbleibt (interner Verkehr); sodann so, daß er innerhalb des Reiches verbleibt, aber das Absendungsgebiet mit einem der beiden anderen wechselt (Wechselverkehr); endlich so, daß er mindestens zwei Gebiete des Wechselverkehrs und ein ausländisches Postgebiet berührt (Durchgangsverkehr). Vgl. dazu den Postvertrag mit Österreich-Ungarn v. 7. Mai 1872 Art. 1, Schlußprot. Nr. 2 (RGBl. 1873 S. 1).

IX. Marine und Schiffahrt.

Vornote.

Die Zusammenfassung von Marine und Schiffahrt unter Abschn. IX beruht wohl darauf, daß bei beiden Angelegenheiten das nationale Schiffahrtswesen, zwecks der Verteidigung des Reiches oder des Schutzes des Deutschen Handels in Frage steht (Art. 53, 54), und weil zur Kenntlichmachung der Deutschen Kriegs- und Handelsmarine eine gemeinsame Nationalflagge festgesetzt ist (Art. 55).

Artikel 53.

Die Kriegsmarine des Reichs ist eine einheitliche unter dem Oberbefehl des Kaisers. Die Organisation und Zusammensetzung derselben liegt dem Kaiser ob, welcher die Offiziere und Beamten der Marine ernennt, und für welchen dieselben nebst den Mannschaften eidlich in Pflicht zu nehmen sind.

Der Kieler Hafen und der Jadehafen sind Reichskriegshäfen.

Der zur Gründung und Erhaltung der Kriegsflotte und der damit zusammenhängenden Anstalten erforderliche Aufwand wird aus der Reichskasse bestritten.

Die gesamte seemännische Bevölkerung des Reichs, einschließlich des Maschinenpersonals und der Schiffshandwerker, ist vom Dienste im Landheere befreit, dagegen zum Dienste in der Kaiserlichen Marine verpflichtet.

(Abs. 5 beseitigt; vgl. Note dazu.)

(Literatur zu Abschn. XI).

Abs. 1—3.

Ia, Eine Kriegsmarine gab es in Deutschland vor Errichtung des Norddeutschen Bundes bloß in Preußen. Die Preußische Verfassungsurkunde v. 31. Jan. 1850 (GS. S. 17) enthält über diesen Punkt nichts (vgl. Art. 35). In dem Königl. Erl. v. 16. April 1861 (GS. S. 205) war aber für das Marine- Geschichtliches.

wesen (gleich dem Landheere) eine Doppelbehörde, nämlich das Oberkommando der Marine und das Marineministerium, eingerichtet, und in dem dazu gehörigen Regulativ v. 30. April 1861 (MBl. d. inneren Verw. S. 152) war deren gegenseitige Zuständigkeit näher abgegrenzt.

Die Verfassung des Norddeutschen Bundes (BGBl. 1867 S. 1) bestimmte in Art. 53 Abs. 1, 3, daß die Bundeskriegsmarine eine einheitliche unter Preußischem Oberbefehle sei und ihre Organisation und Zusammensetzung dem Könige von Preußen obliege, der ihre Offiziere und Beamten zu ernennen und solche wie die Mannschaften eidlich in Pflicht zu nehmen habe, daß aber der Aufwand dafür aus der Bundeskasse zu bestreiten sei. Diese Bestimmung wurde in dem Sinne gehandhabt, daß man die bestehenden Preußischen Marine-Einrichtungen fortbestehen ließ und die Kosten dafür auf den Bundesetat brachte.

Die Reichsverfassung hat die obige Bestimmung des Art. 53 der Norddeutschen Bundesverfassung übernommen, nur mit der Änderung, daß nunmehr die Kriegsmarine als solche des Reiches hingestellt, ihre Organisierung und Zusammensetzung dem Kaiser auferlegt, und mit dem Aufwande dafür die Reichskasse belastet ist. Um mit der Reichsverfassung den vorhandenen, noch auf der Preußischen Organisation beruhenden Zustand der Kriegsmarine in Einklang zu bringen, ordnete der Kaiser durch Erlaß v. 1. Jan. 1872 (RGBl. S. 5) an, daß die, bereits durch Erlaß v. 15. Juni 1871 herbeigeführte Verschmelzung der beiden obersten Marinestellen unter dem Namen „Kaiserliche Admiralität" fortbestehen, und deren Chef die Marineverwaltung unter Verantwortlichkeit des Reichskanzlers (Art. 17), das Oberkommando gemäß den Befehlen des Kaisers führen solle. Durch Kaiserlichen Erlaß v. 30. März 1889 (RGBl. S. 47) sind jedoch die vereinigten Amtsstellen wieder getrennt, und dafür als Oberkommando ein kommandierender Admiral, als oberste Verwaltungsbehörde das Reichsmarine-Amt mit einem Staatssekretär an der Spitze (vgl. zu Art. 18 die Note II, 1c) eingesetzt. Durch anderweiten Erlaß v. 14 März 1899 (Mar.Verordn.Bl. S. 61) kam der kommandierende Admiral wieder in Wegfall, indem der Kaiser selbst den Oberbefehl über die Flotte übernahm und sich nur einen Admiralstab unterstellte.

b, Eine gesetzliche Organisation der Kriegsflotte selbst und der mit dieser zusammenhängenden Anstalten, als Grundlage für ihren etatsmäßigen Aufwand (Abs. 3), war so wenig in Preußen, wie im Norddeutschen Bunde vorhanden. Erst im Reich ist eine solche Grundlage geschaffen, und zwar auch erst durch das Flottengesetz v. 10. April 1898 (RGBl. S. 165), welches durch das Flottengesetz v. 14. Juni 1900 (RGBl. S. 255) aufgehoben ist. Das letztere Gesetz behandelt in Abschn. I—IV den Schiffsbestand, die Indienststellung, den Personalbestand und die Kosten der Flotte. Nach Abschn. I soll diese bestehen aus der Schlachtflotte (2 Flaggschiffen, 4 Geschwadern zu je 8 Linienschiffen, 32 Kreuzern zur Aufklärung), aus der Auslandsflotte (13 Kreuzern) und aus der Materialreserve (4 Linienschiffen, 7 Kreuzern). Auf diesen Bestand kommen die in einer Anlage A aufgeführten Schiffe in Anrechnung. Ein Ersatz tritt für Linienschiffe nach 25, für Kreuzer nach 20 Jahren ein, jedoch mit der Maßgabe, daß die Ersatzbauten für den Zeitraum 1901—1917 nach einer Anlage B stattfinden. Der Abschn. II setzt hinsichts der Indienststellung der Schlachtflotte fest, daß diese in die aktive (1. und 2. Geschwader) und in die Reserve (3. und 4. Geschwader) zerfallen, von letzterer aber zu Manövern einzelne Schiffe vorübergehend in Dienst gestellt werden sollen. Nach Abschn. III gelten für den Personalbestand der verschiedenen Flottenbestandteile die in § 4 bestimmten Einzelsätze. Die zur Ausführung des Gesetzes erforderlichen Mittel sind jährlich im Reichsetat bereit zu stellen, wobei noch eine an die gleichzeitig erlassenen Novellen zum Reichsstempelgesetz und zum Zolltarif anknüpfende Maßgabe vorgesehen ist (§ 6).

II. Auf Grundlage dieser geschichtlichen Entwicklung der Kriegsmarine ergibt sich für die heutige Anwendung der Abs. 1—3 folgendes.

1. Mit der Vorschrift des Abs. 1, daß die Kriegsmarine unter dem Oberbefehl des Kaisers steht und ihre Organisation und Zusammensetzung dem Kaiser obliegt, ist sie, ganz abgesehen von Abs. 3, als eine unmittelbare Reichseinrichtung hingestellt; und dem entspricht es, daß sie in Abs. 4 noch speziell als Kaiserliche Marine bezeichnet ist. Den Einzelstaaten steht eine Einwirkung auf sie nur mittels des Bundesrats insoweit zu, als die Reichsgesetzgebung nach Maßgabe der Reichsverfassung (Art. 53 Abs. 3 und 4, 69) und der Flottengesetze sich zu betätigen hat. Das letztere gilt auch vom Reichstage. Im übrigen ist der Kaiser unbeschränkt im Oberbefehl wie in der Verwaltung, nur daß seine Anordnungen außerhalb des Oberbefehls der politischen Gegenzeichnung durch den Reichskanzler bedürfen (Art. 17). Eine naturgemäße Folge dieser Rechtslage ist es, daß der Kaiser die Offiziere und Beamten der Marine ernennt und diese und die Mannschaften für sich eidlich in Pflicht nimmt (vgl. Art. 18, 50 Abs. 3). Abs. 1.

a, Anlangend die Organisation der Marine im einzelnen, wird nach den Erlassen v. 30. März 1889 und 14. März 1899 (s. zu I) der Oberbefehl vom Kaiser selbst unter Beirat eines Admiralstabes, die oberste Verwaltung durch das Reichsmarine-Amt unter Verantwortlichkeit des Reichskanzlers geführt.

Für die weitere Zusammensetzung der Marine bildet deren Einteilung in zwei Stationen, nämlich die der Ostsee in Kiel und die der Nordsee in Wilhelmshaven, je mit einem Stationschef, nebst dem Detachement Kiautschou, die Grundlage. Dem Kommando jeder Station sind bestimmte Bestandteile der Flotte unterstellt (vgl. die zu I oben aufgeführten V. v. 30. März 1889 und 14. März 1899 und die V. v. 23. Mai 1899, MarVBl. S. 133). — Als Verwaltungsbehörden stehen unter dem Reichsmarine-Amt die Werften für den Schiffsbau zu Danzig, Kiel und Wilhelmshaven, die Depots für Artillerie und Torpedos in Wilhelmshaven, Geestemünde, Kuxhaven und Friedrichsort, die Intendanturen der Stationen Kiel und Wilhelmshaven, die Sanitätsämter dort, die Deutsche Seewarte zu Hamburg nebst den Observatorien zu Kiel und Wilhelmshaven, auch die Inspektionen der Ost- und Nordseeküste. — Daneben ist durch den Kaiserl. Erlaß v. 30. März 1889 (MarVBl. S. 77) behufs Bearbeitung der Personalsachen der Offiziere, der Gerichts- und Gnadensachen das Marinekabinett eingesetzt. Für das Bildungswesen innerhalb der Marine bestehen, meistens in Kiel, mehrfache wissenschaftliche und technische Vorbereitungs- bzw. Fortbildungsschulen (u. a. die Marineakademie für Seeoffiziere, die Marineschule für Seeoffiziers-Aspiranten), über welche der direkt unter dem Kaiser stehende Inspekteur des Bildungswesens die Aufsicht führt.

b, Die zur Marine gehörigen Soldaten und Beamten gelten nach § 4 des MilStrGesBuchs v. 20. Juni 1872 (RGBl. S. 174) als Militärpersonen. Sie unterliegen daher auch strafrechtlich diesem Gesetzbuch, und im Verfahren jetzt der MilStrGerOrdnung v. 1. Dez. 1898 (RGBl. S. 1189). Für das disziplinarische Verfahren gegen sie ist die Kaiserliche V. v. 4. Juni 1891 (MarVBl. S. 116) ergangen.

Abs. 2. 2. In Abs. 2 sind der Kieler und der Jadehafen zu Reichskriegshäfen erklärt. Vgl. hierzu die Kaiserl. V. v. 15. Febr. 1873 (MarVBl. S. 37), nach welcher diesen Häfen die Eigenschaft von Festungen (Art. 65) beigelegt ist, sowie das Ges. v. 19. Juni 1883 (RGBl. S. 105), in welchem u. a. die Zuständigkeit des Stationschefs in see- und hafenpolizeilicher Hinsicht festgesetzt ist.

Abs. 3. 3. Die Bestimmung des Abs. 3, daß die zur Gründung und Erhaltung der Kriegsflotte erforderlichen Aufwendungen aus der Reichskasse bestritten werden sollen, stellt sich als Konsequenz des Abs. 1 dar. Für ihre Ausführung wird Art. 69 maßgebend, indem danach alle Einnahmen und Ausgaben des Reiches jährlich durch das Etatsgesetz festgestellt werden müssen (vgl. die Noten zu Art. 69).

Abs. 4. 4. Der Abs. 4 betrifft den Personalersatz der Kriegsmarine. Er bestimmt, daß die gesamte seemännische Bevölkerung des Reichs vom Dienst im Landheere befreit, dagegen zum Dienst in der Kaiserl. Marine verpflichtet ist. Dieser Bestimmung liegt daher, wie beim Landheere, das Prinzip der allgemeinen Wehrpflicht zugrunde, das in Art. 57 ausgesprochen ist und demnächst seine nähere Ausgestaltung durch das Gesetz über die Verpflichtung zum Kriegsdienste v. 9. Nov. 1867 (BGBl. S. 131) und durch das Gesetz betreffs Änderung der Wehrpflicht v. 11. Febr. 1888 (RGBl. S. 11) gefunden hat Als seemännische Bevölkerung sind in dem gedachten Gesetze v. 9. Nov. 1867, § 13 Nr. 2 Seeleute (einschließlich der Maschinisten und Schiffshandwerker) von Beruf hingestellt, d. h. solche, die beim Eintritt ins dienstpflichtige Alter mindestens ein Jahr auf Deutschen Handelsschiffen (Art. 54) gedient oder die Seefischerei gewerbsmäßig betrieben haben. Nach § 3 desselben Gesetzes v. 9. Nov. 1867 wird das Heer in das stehende Heer und die Landwehr, die Marine in die Flotte und die Seewehr eingeteilt, so daß stehendes Heer und Flotte, Landwehr und Seewehr einander entsprechen. Die Bestimmungen darüber, wie lange dienstpflichtige Deutsche dem stehenden Heer und der Landwehr angehören, sind im allgemeinen in Art. 59 der Reichsverfassung, und zwar jetzt in der durch Art. I der obigen Novelle v 11. Febr. 1888 vorgesehenen Fassung, sowie betreffs der Seewehr und der Marine-Ersatzreserve in den §§ 20—22 derselben Novelle getroffen. Zu bemerken ist dabei, daß das Reichsmilitärgesetz v. 2. Mai 1874 (RGBl. S. 45) und das Gesetz über die Friedenspräsenzstärke des Deutschen Heeres v. 3. Aug. 1893 (RGBl. S. 233), beide mit Änderungen (vgl. Ges. v. 25. März 1899, RGBl. S. 213 und 215), die Kriegsmarine nicht berühren.

Anlangend die Ersatzverteilung, ist für die Marine in Art. II des Gesetzes v. 26. Mai 1893 (RGBl. S. 185) § 1 bestimmt, daß der Bedarf an jährlichen Rekruten vom Kaiser festgestellt, die Verteilung dieses Bedarfs durch den Preußischen Kriegsminister nach Maßgabe des Bestandes an tauglichen Militärpflichtigen aus der seemännischen Bevölkerung, beim Mangel an solchen aber durch Hinübergreifen auf geeignete Militärpflichtige aus der Landbevölkerung bewirkt werden soll. In Verbindung damit hat zugleich der Art. I des Gesetzes v. 26. Mai 1893 dem Art. 53 der Reichsverfassung die jetzige Fassung gegeben, indem er dessen ursprünglich noch vorhandenen, etwas abweichend lautenden Abs. 5 beseitigt hat. Abs. 5.

Artikel 54.

Die Kauffahrteischiffe aller Bundesstaaten bilden eine einheitliche Handelsmarine.

Das Reich hat das Verfahren zur Ermittlung der Ladungsfähigkeit der Seeschiffe zu bestimmen, die Ausstellung der Meßbriefe, sowie der Schiffszertifikate zu regeln und die Bedingungen festzustellen, von welchen die Erlaubnis zur Führung eines Seeschiffes abhängig ist.

In den Seehäfen und auf allen natürlichen und künstlichen Wasserstraßen der einzelnen Bundesstaaten werden die Kauffahrteischiffe sämtlicher Bundesstaaten gleichmäßig zugelassen und behandelt. Die Abgaben, welche in den Seehäfen von den Seeschiffen oder deren Ladungen für die Benutzung der Schiffahrtsanstalten erhoben werden, dürfen die zur Unterhaltung und gewöhnlichen Herstellung dieser Anstalten erforderlichen Kosten nicht übersteigen.

Auf allen natürlichen Wasserstraßen dürfen Abgaben nur für die Benutzung besonderer Anstalten, die zur Erleichterung des Verkehrs bestimmt sind, erhoben werden. Diese Abgaben sowie die Abgaben für die Befahrung solcher künstlichen Wasserstraßen, welche Staatseigentum sind, dürfen die zur Unterhaltung und gewöhnlichen Herstellung der Anstalten und Anlagen erforderlichen Kosten nicht übersteigen. Auf die Flößerei finden diese Bestimmungen insoweit Anwendung, als dieselbe auf schiffbaren Wasserstraßen betrieben wird.

Auf fremde Schiffe oder deren Ladungen andere oder höhere Abgaben zu legen, als von den Schiffen der Bundesstaaten oder deren Ladungen zu entrichten sind, steht keinem Einzelstaate, sondern nur dem Reiche zu.

Laband § 80; Zorn §§ 51—54; Graf Hue de Grais §§ 359—361; Perels, Handb. des allg. Deutschen öff. Seerechts (1901/2); Wagner, Handb. des Seerechts (1884); Knitschky, Seegesetzgebung (3. Aufl. 1902); Brodmann, Seegesetzgeb. (1903).

Abs. 1.

Nach Art. 4 Nr. 7 unterliegt der Aufsicht und Gesetzgebung des Reiches die Organisation eines gemeinsamen Schutzes der Deutschen Schiffahrt und ihrer Flagge zur See (Nr. 7), die Herstellung von Wasserstraßen im Interesse der Landesverteidigung und des allgemeinen Verkehrs (Nr. 8), der Flößerei- und Schiffahrtsbetrieb auf den mehreren Bundesstaaten gemeinsamen Wasserstraßen und deren Zustand, wie die Seeschiffahrtszeichen (Nr. 9). In Art. 33 Abs. 1 ist Deutschland für Ein Handelsgebiet erklärt. Nach Art. 54 Abs. 1 bilden die Kauffahrteischiffe aller Bundesstaaten eine einheitliche Handelsmarine. Abs. 1.

Mit all diesen Bestimmungen ist der Grundsatz der Deutschen Handelseinheit in bezug auf die Handelsschiffahrt zum Ausdruck gebracht. Die Einheitlichkeit stellt sich hier indes nicht, wie in den Fällen der Art. 42, 48, 53 und 62, als eine einheitliche Staatsanstalt dar, da das Reich die Handelsschiffahrt dem Privatbetriebe überläßt; vielmehr kennzeichnet sie sich nur dahin, daß die gesamte Deutsche Kauffahrteischiffahrt, sofern sie ihre Reichsangehörigkeit in vorgeschriebener Weise nachweisen kann, vermöge des Indigenats (Art. 3) den gemeinsamen Schutz des Reiches nach innen und außen beanspruchen darf. Das Kennzeichen hierfür bildet die Deutsche Flagge im Sinne des Art. 55.

Abs. 2—5.

Abs. 2—5. In den Abs. 2—5 ist dann die nähere Ausgestaltung der in obigen Verfassungsartikeln dem Reiche zugewiesenen Kompetenzen von dem naturgemäßen Gesichtspunkte der Zweiteilung der Schiffahrt in See- und Binnenschiffahrt erfolgt.

Abs. 2.

Abs. 2. 1, Nach Abs. 2 sind dem Reiche der Seeschiffahrt gegenüber, im Hinblick offenbar auf deren besondere Gefahren, gewisse Schutzmaßregeln namentlich auferlegt.

Vermessung, Meßbriefe. a, Die Ermittlung der Ladungsfähigkeit der Seeschiffe und die Ausstellung der Meßbriefe.

Das Verfahren hierbei ist allgemein geregelt durch eine vom Bundesrat erlassene SchiffsvermessungsO., früher v. 5. Juli 1872 (RGBl. S. 270), geändert am 20. Juni 1888 (RGBl. S. 190) und 1. März 1895 (RGBl. S. 153) und hiernach in neuer Fassung im RGBl. v 1895 S. 161 bekannt gemacht (daneben vgl. für den Verkehr durch den Suezkanal und die Ostasiatischen Gewässer die V. v. 30. März 1895, RGBl. S. 96, und 25. Juli 1898, RGBl. S. 1017). Die Verfassungsmäßigkeit dieser Verordnungen erscheint theoretisch nicht anfechtungsfrei und ist auch von mehreren Seiten angefochten, weil dieselben zum Teil zwingende Rechtsnormen enthalten, somit der Bundesrat zu ihrer Erlassung gemäß Art. 7 Nr. 2 der Reichsverfassung besonderer Ermächtigung bedurft hätte, aber der Art. 54, auf den der Bundesrat sich beruft, eine solche Delegation vermissen läßt (vgl. über den Stand der Streitfrage Laband § 77, IV). Praktische Schwierigkeiten haben sich indes aus dieser Rechtslage noch nicht ergeben.

Nach der Schiffsvermess.O. sind alle Schiffsfahrzeuge, die überwiegend mindestens zur Seefahrt bestimmt sind, bei Neubauten jedesmal, bei Umbauten unter Umständen zu vermessen. Die Vermessung erfolgt durch bezügliche Landesbehörden, jedoch unter Oberaufsicht eines dem Reichskanzler unterstehenden Reichsvermessungsamts zu Berlin. Über jede Vermessung hat die bezügliche Behörde einen Meßbrief mit Feststellung des Raumgehalts und der Identitätsumstände des Schiffes auszufertigen (§§ 1—37). Mit einer Reihe ausländischer Staaten bestehen übrigens Staatsverträge, zufolge deren die von einem Vertragsstaat ausgefertigten Meßbriefe von den anderen anerkannt werden (vgl. Graf Hue de Grais § 359 Note 52).

b, Die Ausstellung von Schiffszertifikaten.

Diese Angelegenheit hängt mit dem Flaggenrechte der Kauffahrteischiffe zusammen. Die Flagge zur See bildet das altherkömmlich gebotene

Nationalitätsmerkmal von Kauffahrteischiffen. Auf dieser Anschauung beruhte auch das Norddeutsche Bundesgesetz v. 25. Okt. 1867 (BGBl. S. 35), und beruht jetzt das anläßlich der Revision des HGB. (1897) erlassene Reichsgesetz über das Flaggenrecht der Kauffahrteischiffe, v. 22. Juni 1899 (RGBl. S. 319), dessen § 26 demnächst eine Erweiterung durch Ges. v. 29. Mai 1901 (RGBl. S. 183) erfahren hat. Nach § 1 müssen Kauffahrteischiffe, d. h. die zum Erwerbe durch Seefahrt bestimmten Schiffe, nebst den in § 26 ihnen gleichgestellten Fahrzeugen als Nationalflagge ausschließlich die in Art. 55 der Reichsverfassung festgesetzte Reichsflagge führen, deren Form und Führungsart der Kaiserl. Anordnung unterliegt (vgl. die V. v. 25. Okt. 1867, BGBl. S. 39, v. 8. Nov. 1892, RGBl. S. 1050, und v. 1. Juli 1896, RGBl. S. 181). Berechtigt zur Flaggenführung sind nach §§ 2, 3 Schiffe obiger Art nur, sofern sie im Alleineigentum von Reichsangehörigen (Art. 3 der Reichverfassung) stehen. Über solche Schiffe werden bei Amtsgerichten an Seeplätzen auf Grund glaubhaften Nachweises des Flaggenrechts, des Vermessungsergebnisses, der Benennung 2c. der Schiffe öffentliche Schiffsregister geführt, aus denen Zertifikate zu erteilen sind (vgl. §§ 4—10; RGes. über die freiwill. Ger. § 120 u. dazu Preuß. AG. v. 21. Sept. 1899, GS. S. 249, Art. 29; zu § 25 [3] des RFlaggenGes. die Ausführ.V. v. 10. Nov. 1899, Zentr.Bl. S. 380). Erst durch das Schiffszertifikat (bzw. Flaggenzeugnis) wird der Nachweis des Flaggenrechts grundsätzlich erbracht (§§ 11, 12; Ausnahme in § 16). Rechtliche Veränderungen sind tunlichst anzuzeigen und glaubhaft zu machen, danach im Register und im Zertifikat zu vermerken (§§ 13—15). Es folgen in §§ 18—24 Strafbestimmungen. Zu § 22 vgl. die Kais. V. v. 21. Aug. 1900 (RGBl. S. 807), welche den Kauffahrteischiffen die Verpflichtung auferlegt, die Nationalflagge Kriegsschiffen gegenüber zu zeigen. Auf Grund des § 26 ist übrigens nach der Kais. V. v. 1. März 1900 (RGBl. S. 41) das Flaggenrecht auch Binnenschiffen, die lediglich in gewissen ausländischen Gewässern verkehren, zugänglich.

c, Die Feststellung der Bedingungen für die Erlaubnis zur Führung von Seeschiffen. Befähig.-Nachweis.

Hier handelt es sich um den Befähigungsnachweis und die Prüfung im Sinne des § 31 der GewO. Auf Grund dieser Vorschrift hat der Bundesrat mehrfache bezügliche Bestimmungen für Seeschiffer (Kapitäne) und Seesteuerleute (vgl. jetzt die V. v. 16. Jan. 1904, RGBl. S. 3), wie für Maschinisten (vgl. V. v. 26. Juli 1891, RGBl. S. 359) erlassen. Die Prüfung geht auf Küsten-, kleine oder große Fahrt (Vorbereitung auf Navigationsschulen; Prüfungsinspektionen).

2, Außer den in Abs. 2 bezeichneten Organisationen zum Schutze und zur Förderung der Seeschiffahrt ist gemäß Art. 4 Nr. 7—9 noch eine Anzahl ähnlicher Einrichtungen von Reichs wegen getroffen.

a, Dahin gehört zunächst die Einsetzung zweier beratender Behörden, nämlich einer Technischen Kommission für Seeschiffahrt in Berlin und der Deutschen Seewarte in Hamburg. Erstere steht unter dem Reichsamt des Innern und hat Gutachten und Vorschläge auf dem Gebiete der Seeschiffahrt zu machen; letztere ressortiert vom Reichsmarine-Amt und soll die Ergebnisse der Meeres- und Wettererforschung der Seeschiffahrt zu Diensten stellen.

b, Sodann die Einrichtung von Seeschiffahrtszeichen, wie Leuchtfeuer, Tonnen, Baken und sonstiger Tagesmarken. Hierüber ist vom Reiche das Ges.

v. 3. März 1873 erlassen (RGBl. S. 47), mit der V. des Bundesrats v. 31. Juli 1887 (RGBl. S. 387). Vgl. auch noch die strafrechtlichen Bestimmungen der §§ 322, 325, 326 StrGB.

c, Weiter die zufolge § 145 StrGB. vom Kaiser erlassenen Anordnungen mit Bezug auf Schiffskollisionen. Hier sind zu erwähnen die V. v. 9. Mai 1897 zur Verhütung des Zusammenstoßens von Schiffen auf See (RGBl. S. 203), v. 10. Mai 1897 über die Not- und Lotsensignale für Schiffe auf See und in Küstengewässern (RGBl. S. 250), v. 15. Aug. 1876 über das Verhalten der Schiffer nach Zusammenstößen (RGBl. S. 189), v. 16. Okt. und 8. Dez. 1900 (RGBl. S. 1003 u. 1036), wozu noch das Ges. über die Verpflichtung der Kauffahrteischiffe zur Mitnahme hilfsbedürftiger bzw. heimzuschaffender Seeleute, ursprünglich v. 27. Dez. 1872 (RGBl. S. 432), jetzt v. 2. Juni 1902 (RGBl. S. 212) tritt.

d, Das auf den Schutz der Schiffsleute bei der Stellenvermittlung abzielende Reichsges. v. 2. Juni 1902 (RGBl. S. 215).

e, Die zur Untersuchung von Seeunfällen Deutscher Kauffahrteischiffe oder ausländischer Kauffahrteischiffe in Deutschen Küstengewässern von Reichs wegen getroffenen Organisationen. Hierüber verhält sich das Ges. v. 27. Juli 1877 (RGBl. S. 549) nebst Nachtrag v. 11. Juni 1878 (RGBl. S. 109; vgl. § 31 der GewO.). Danach sind für vorbezeichneten Zweck landesbehördliche Seeämter und das reichsbehördliche Oberseeamt zu Berlin errichtet. Erstere haben auf Grund eines öffentlich-mündlichen Verfahrens festzustellen und zu entscheiden, worin Seeunfälle ihre Ursache haben, und namentlich, ob letztere auf mangelnder Berufsfähigkeit der Schiffer, Steuerleute oder Maschinisten beruht, unter der Befugnis, letzteren Personen eventuell die Berufserlaubnis zu entziehen. Für Beschwerden über solche Entscheidungen ist das Oberseeamt zuständig.

f, Die Strandungsordnung v. 17. Mai 1874 (RGBl. S. 73) nebst Novelle v. 30. Dez. 1901 (zu §§ 25, 43, RGBl. 1902 S. 1). Nach Abschn. I dieses Gesetzes sind zur Verwaltung der Verhältnisse bei Strandungen, unter Oberaufsicht des Reiches, landesbehördliche Strandämter nebst Strandvögten eingesetzt. Die Abschn. II, III regeln das Verfahren bei Bergung und Hilfeleistung in Seenot für Menschen und Eigentum, der Abschn. IV das Aufgebotsverfahren in Bergungssachen und das Recht auf dergleichen herrenlose Sachen, der Abschn. V die Festsetzung der Bergungs- und Hilfskosten (wegen des Anspruchs auf solche Kosten vgl. HGB. §§ 740—753, StrandO. §§ 36—41), während der Abschn. VI allgemeine Bestimmungen anfügt. Das früher vielfach geltend gemachte sog. Strandrecht der Küstenanwohner oder des Landesfiskus war in Preußen schon durch die §§ 81—87, II, 15 des ALR. beseitigt.

g, Die Regelung der Rechtsverhältnisse der Seeschiffahrt ist vom Reich in zwiefacher Beziehung getätigt:

α) Im neuen HGB., Buch 4, §§ 474—905 betreffs der privatrechtlichen Verhältnisse der Reeder (Schiffseigentümer), der Schiffer (Schiffsführer), des Seefrachtgeschäfts für Güter und Personen, der Bodmerei (Darlehne gegen Schiffsverpfändung), der Haverei (Schade an Schiff und Ladung, verursacht entweder durch Maßnahmen zur Errettung aus Seegefahr (große H.) oder durch Unfall oder Zusammenstoß (besondere H.), des Anspruchs auf Berge- und Hilfslohn in Seenot (s. oben zu f), der Schiffsgläubiger und der Seeversicherung.

β) Mit Bezug auf die Rechtsverhältnisse der Kapitäne (Schiffsführer, Schiffer), der Schiffsoffiziere (zur Unterstützung des Kapitäns) und der Schiffsmannschaft die Seemannsordnung, ursprünglich v. 27. Dez. 1872 (RGBl. S. 429), jetzt v. 2. Juni 1902 (RGBl. S. 175) mit Novellen v. 23. März 1903 (RGBl. S. 57, zu § 52 Abs. 2 Nr. 2) und v. 12. Mai 1904 (RGBl. S. 167, zu §§ 59, 61).

Die SeemannsO. findet nach Abschn. I (§§ 1—6) in grundsätzlich zwingenden Rechtsnormen auf alle flaggberechtigten Kauffahrteischiffe Anwendung. Sie organisiert als Behörden im Reichsgebiete selbst landesbehördliche Seemannsämter für die Schutzgebiete die vom Reichskanzler zu bestellenden Behörden, für das Ausland die Deutschen Hafenkonsulate. Nach Abschn. II (§§ 7—26) müssen alle Schiffsleute ein vom Seemannsamt auszufertigendes Seefahrtsbuch führen und durch den Kapitän vor einem Seemannsamt an- und abgemustert werden. Die Anmusterung, der eine Untersuchung auf Tauglichkeit vorangehen muß (vgl. V. v. 1. Juli 1905, RGBl. S. 561), besteht in der Verlautbarung des Heuervertrages (Abschn. III) und in der Ausfertigung der Musterrolle, die Abmusterung in der Verlautbarung der Dienstbeendigung (Vermerk im Seefahrtsbuch, Dienstzeugnis). Der Abschn. III (§§ 27—83) regelt den Heuervertrag mit Bezug auf die Eingehungsform (Schriftlichkeit nicht geboten, jedoch Aushändigung eines Heuerscheines), auf die Erfüllung (Inhalt: einerseits unweigerlicher Gehorsam der Mannschaft gegen die dienstlichen Anordnungen der Vorgesetzten; andrerseits Zahlung der Heuer vom Dienstantritt an, Pflege und Heilbehandlung in Krankheitsfällen gemäß V. v. 2./3. Juli 1905, RGBl. S. 563/8), wie auf die gegenseitigen Rechte zur Vertragsaufhebung. Daran knüpft Abschn. IV (§§ 84—92) disziplinare Vorschriften (gegenüber Ungehorsam bis zu äußerster Gewalt), und Abschn. V (§§ 93—127) strafrechtliche Bestimmungen (zu § 123, betreffend das Verfahren vor den Seemannsämtern vgl. BundesratsV. v. 13. März 1903, RGBl. S. 42). Auch Streitigkeiten über den Dienstan- und und Austritt sind den Seemannsämtern, zur Schlichtung und eventuellen Entscheidung, vorbehaltlich des Rechtsweges, überwiesen.

h, Behufs der Sicherung der Deutschen Seeschiffahrt in ausländischen Gewässern bestehen mit verschiedenen Ländern auf Grundlage der Gegenseitigkeit Schiffahrtsverträge, zum Teil in Handelsverträge eingeschlossen (vgl. Graf Hue de Grais §§ 146 Note 59, 352 Note 25 u. meine Note S. 198).

i, Schließlich ist von Reichs wegen die Küstenschiffahrt geregelt. Der Begriff des Küstenmeeres erfordert naturgemäß eine Abgrenzung zur offenen See hin, und diese Abgrenzung läßt sich nur im Wege internationaler Abmachungen erledigen. Nach dem heutigen Stande des internationalen Seerechts wird als Küstenmeer (auch für die Fischerei) nur ein Küstenstreifen von drei Seemeilen Breite, bei Meerbusen bis zu einer Öffnungsbreite von zehn Seemeilen angesehen (vgl. Perels Seerecht S. 293). Das Recht zur Küstenfrachtfahrt, d. h. zur Güterbeförderung aus einem Deutschen Seehafen in einen anderen, ist im RGes. v. 22. Mai 1881 (RGBl. S. 97) Deutschen Schiffen ausschließlich vorbehalten; es kann jedoch durch Staatsvertrag oder durch Kaiserl. V. unter Zustimmung des Bundesrats ausländischen Schiffen eingeräumt werden. Dies ist einer großen

Anzahl fremder Staaten gegenüber geschehen (vgl. die Bekanntm. im RGBl. 1881 S. 275, 276, 1883 S. 249, 1885 S. 31, 213, 1886 S. 179, 1888 S. 249, 273, 1892 S. 6, 106, 1893 S. 20, 84, 1894 S. 163, 472, 506, 1897 S. 182).

Abs. 3.

Abs. 3. Zwei weitere Vergünstigungen werden den Kauffahrteischiffen aller Deutschen Bundesstaaten noch in Abs. 3 gewährt, Vergünstigungen, die sich ebenfalls aus dem Grundsatz des Indigenats erklären und dem Art. 33 Abs. 2 (wie dem Art. 23 des Zollvereinig.Vertrags v. 8. Juli 1867) entsprechen.

a, Zunächst sollen diese Kauffahrteischiffe in allen zum Reichsgebiet gehörigen Seehäfen und auf den natürlichen und künstlichen Wasserstraßen der Einzelstaaten (vgl. über diese Begriffe für Preußen das ALR. II, 15 §§ 80, 38, I, 8 § 100) gleichmäßig zugelassen und behandelt werden.

b, Sodann dürfen die Abgaben, die in den Seehäfen von den Seeschiffen oder deren Ladung für Benutzung der Schiffahrtsanstalten (Abs. 2, 3) erhoben werden, die gewöhnlichen Herstellungs- und die Unterhaltungskosten solcher Anlagen nicht übersteigen. Diese Bestimmung zielt ersichtlich darauf ab, den Seehandelsverkehr nicht zu stark durch Auflagen zu belasten, insbesondere nicht aus Anlaß ungewöhnlich kostspieliger Schiffahrtsanstalten oder zu rein fiskalischen Zwecken. Dergestalt enthält die Vorschrift immerhin eine grundsätzliche Schranke für Gesetzgebung und Verwaltung der Einzelstaaten.

Abs. 4.

Abs. 4. Der Abs. 4, der dem Art. 25 Abs. 1 des Zollvereinig.Vertrags v. 8. Juli 1867 entspricht, bezieht sich, im Gegensatz zu Abs. 1—3, wesentlich auf die Binnenschiffahrt; und zwar in den beiden ersten Sätzen auf deren eigentlich schiffahrtsmäßigen Betrieb, im Schlußsatz auf den Flößereibetrieb.

a, Hinsichts des Betriebes mit Schiffen ist ein Doppeltes verordnet: nach Satz 1, daß auf allen natürlichen Wasserstraßen Abgaben nur für die Benutzung besonderer zur Verkehrserleichterung bestimmter Anstalten erhoben werden, nach Satz 2, daß diese, sowie Abgaben für die Befahrung künstlicher im Staatseigentum stehender Wasserstraßen nicht die gewöhnlichen Herstellungs- und die Unterhaltungskosten übersteigen dürfen.

Über die Auslegung des Satzes 1 ist neuerdings ein lebhafter (hauptsächlich Interessen-) Streit entstanden (vgl. Löning in DJurZ. 1905 S. 278 und Rehm in Münch. Neuesten Nachr. 1905 Nr. 75), und bei Gelegenheit des Preußischen Gesetzes über die Herstellung und den Ausbau von Wasserstraßen v. 1. April 1905 (GS. S. 179) praktisch geworden. Darin hat nämlich die Bestimmung Aufnahme gefunden, daß auf den im Interesse der Schiffahrt regulierten Strömen künftig Abgaben zur Vergütung für solche Anstalten erhoben werden sollen, durch welche die Schiffbarkeit über den natürlichen Zustand hinaus erhöht worden ist. Dies ruft die Frage hervor, ob ein Einzelstaat für ein solches Gesetz ohne Änderung des Art. 54 Abs. 3 der Reichsverfassung zuständig ist. Die Entscheidung wird davon abhängen, was unter besonderen zur Erleichterung des Verkehrs bestimmten Anstalten im Verhältnis zu natürlichen Wasserstraßen zu verstehen ist, und hierbei wird der Wille der verfassunggebenden Faktoren des Reichs zu ermitteln sein, da es sich um rein wirtschaftliche Begriffe dabei handelt.

In dieser Beziehung läßt der gewöhnliche Wortsinn des Abs. 4 Zweifel übrig. Von den begleitenden Umständen bieten die Materialien zur Norddeutschen Bundes- und Reichsverfassung; wie zu den voraufgegangenen Bündnisverträgen keine Aushilfe (vgl. v. Bezold Bd. I—III). Beachtenswerter kann der Art. 25 des Zollvereinigungsvertrags v. 8. Juli 1867 (BGBl. S. 81), aus welchem der Art. 54 Abs. 4, nur verkürzt, entnommen ist, erscheinen; denn dessen Eingang lautet: „Kanal-, Schleusen-, Fähr-, Hafen-, Wage-, Krahnen- und Niederlagegebühren und Leistungen für Anstalten, die zur Erleichterung des Verkehrs bestimmt sind, sollen nur bei Benutzung wirklich bestehender Einrichtungen erhoben werden und, mit Ausnahme der Abgaben für die Befahrung der nicht im Staatseigentum befindlichen künstlichen Wasserstraßen, die zur Unterhaltung und gewöhnlichen Herstellung erforderlichen Kosten nicht übersteigen." Bei Berücksichtigung dieser Grundlage des Art. 54 Abs. 4 erscheint zunächst der Schluß bedenkenfrei, daß die Erhebung von Abgaben auf natürlichen Wasserstraßen reichsrechtlich überhaupt nur insofern zulässig ist, als bei deren Befahrung zugleich die Benutzung besonderer Anstalten zur Erleichterung des Verkehrs erfolgt, während die Erhebung von Abgaben auf künstlichen Wasserstraßen schon für deren bloße Befahrung, also auch ohne Benutzung besonderer Anlagen jener Art statthaft ist. Alsdann wird die erstere Alternative durch die Frage bedingt, was die Benutzung von derartigen Anstalten voraussetzt. Speziell in dem obigen Falle des Preußischen Gesetzes handelte es sich darum, ob von einer solchen Benutzung schon die Rede sein kann bei Befahrung von Wasserstraßen, deren natürliche Schiffbarkeit durch besondere Veranstaltungen, die zur dauernden Erhöhung oder Erhaltung der Schiffbarkeit des von Natur gegebenen Wasserlaufs, sei es mittels Vertiefungen des Flußbettes oder mittels Regulierung des Gewässers, bestimmt sind, erhöht ist. Diese Frage läßt sich m. E., namentlich mit Rücksicht auf die in Art. 25 des Zollvereinigungsvertrags v. 8. Juli 1867 den Einzelbeispielen beigefügte allgemeine Hinweisung auf Einrichtungen zur Erleichterung des Schiffsverkehrs, nicht ohne weiteres von der Hand weisen, vorausgesetzt nur, daß es sich um Benutzung noch wirklich bestehender Einrichtungen handelt. Zu der Annahme, daß die Einrichtungen äußerlich selbständig hervortreten müßten, dürfte darin kein genügender Anhalt liegen. Vielmehr kann man zu der Folgerung gelangen, daß die Absicht der Reichsgesetzgebung darauf gegangen ist, in ihrer Wirksamkeit dauernde Einrichtungen, die vom Staat unter Aufwendung besonderer Kosten im Interesse des Schiffahrtsverkehrs über den natürlichen Zustand der Wasserstraßen hinaus getroffen sind oder werden, den Schiffahrtstreibenden nicht ohne ein billiges Benutzungsentgelt zugute kommen zu lassen. Der vorgesehene Vergütungsmaßstab entspricht demjenigen des Abs. 3. Zweifelhaft bleibt aber der Sinn des Abs. 4 wohl immerhin, und die Reichsgesetze, die über die Erhebung von Schiffahrtsabgaben auf speziellen Strömen ergangen sind (betreffs der Elbe v. 11. Juni 1870, BGBl. S. 416, betreffs der Unterweser v. 5. April 1886, RGBl. S. 67) bieten keinen sicheren Stützpunkt für die allgemeine Auslegung des Abs. 4.

b, Auf die Flößerei sollen die Vorschriften zu a nur insoweit Anwendung finden, als ihr Betrieb auf von Natur schiffbaren Wasserstraßen stattfindet. Die Erhebung von Abgaben für den Flößereibetrieb auf bloß flößbaren natürlichen Wasserstraßen, die mehreren Bundesstaaten gemeinsam sind, ist bereits zufolge RGes. v. 1. Juni 1870 (BGBl. S. 312) § 1 nur noch insoweit gestattet, als es sich dabei um die Benutzung besonderer zur Verkehrserleichterung bestimmter Anstalten handelt. Auf Grund dieses Gesetzes verfielen mehrfache Flößereiabgaben auf deutschen Flüssen der Aufhebung. Der Zeitpunkt dazu sollte vom Kaiser bestimmt werden. Dies ist geschehen durch die Kais. V. v. 1. Juli 1870 (BGBl. S. 314, für Saale und Werra), v. 19. Febr. 1871 (BGBl. S. 31, für Neckar), v. 13. Febr. 1874 (RGBl. S. 14, für Enz und Nagold).

c, Eine besondere Stellung nimmt der Nord-Ostsee- oder Kaiser Wilhelm-Kanal ein. Derselbe ist infolge eines RGes. v. 16. März 1886 (RGBl. S. 58) vom Reiche, unter Beitragsleistung Preußens, als ein zur Benutzung durch die Deutsche Kriegsflotte geeigneter Seeschiffahrtskanal, aber doch auch zur Benutzung für den öffentlichen Verkehr bestimmt, von der Elbmündung nach der Kieler Bucht hergestellt. Er steht unter Verwaltung einer Kais. Kanalkommission in Kiel, die unmittelbar vom Reichsamt des Innern ressortiert (V. v. 15. Juni 1895, RGBl. S. 345; BetriebsO. v. 17. Sept. 1895, Zentr.Bl. 1895 Beilage zu Nr. 3, und 12. Nov. 1898, Zentr.Bl. Nr. 9 Beilage). Für die in § 3 des RGes. v. 16. März 1886 vorbehaltene Festsetzung des Abgabetarifs kommen in Betracht das RGes. v. 27. Mai 1896 (RGBl. S. 150), die V. v. 4 Aug. 1896 (RGBl. S. 681), das RGes. v. 20. Juni 1899 (RGBl. S. 315) und das RGes. v. 20. Mai 1902 (RGBl. S 167).

Abs. 5.

Abs. 5. In Abs. 5 handelt es sich um die Zuständigkeit, ausländische Schiffe oder deren Ladungen im Reichsgebiet mit Abgaben zu belegen. Hier ist grundsätzlich bestimmt, daß auf solche die Bundesstaaten nicht andere oder höhere Abgaben, als nach Abs. 3, 4 auf inländische Schiffe oder deren Ladungen, legen dürfen, während im weiteren das Reich zuständig sein soll.

Artikel 55.

Die Flagge der Kriegs- und Handelsmarine ist schwarz-weiß-rot.

Der Art. 55 ergänzt die Art. 53, 54, indem er, ausgehend davon, daß Kriegs- und Handelsmarine zusammengehören, und daß die Farben der Flagge das hervorstechendste Kennzeichen derselben bilden, gemeinsam für beide Marinen als Flaggenfarben Schwarzweißrot bestimmt.

In dem zu Art. 54 Abs. 2 erwähnten Flaggengesetze v. 22. Juni 1899 (RGBl. S. 319), § 1 Abs. 2 ist die Bestimmung der Form und Führungsart der Reichsflagge dem Kaiser vorbehalten. Damit sind die hierüber bereits vorher ergangenen Kaiserl. V. v. 25. Okt. 1867 (BGBl. S. 39), 8. Nov. 1892 (RGBl. S. 1050) und 1. Juli 1896 (RGBl. S. 181) verfassungsrechtlich gedeckt.

X. Konsulatwesen.

v. König, Handb. des Deutschen Konsularwesens (6. Aufl., 1902); Laband § 72; G. Meyer, Verwalt.R. § 192; Zorn § 36; Schulze, Kap. III, Tit. 4 zu V; Arndt § 64.

Vornote.

Die Konsulate gehören, gleich den Gesandtschaften, der Verwaltung der auswärtigen Angelegenheit an.

Vor der Begründung des Norddeutschen Bundes gab es in Deutschland, auch im Bereiche des Zollvereins, keine gemeinsamen, vielmehr nur Konsulate der einzelnen Deutschen Staaten (Landeskonsulate, Reichsverfassung Art. 56 Abs. 2). Dagegen nahm der Norddeutsche Bund bereits in seiner Verfassung ein bundesmäßiges Konsulatswesen in Absicht, indem nach Art. 4 Nr. 7 seiner Aufsicht und Gesetzgebung die Organisation eines gemeinsamen Schutzes des Deutschen Handels- und Schiffsverkehrs im Ausland und zur See und die Anordnung einer gemeinsamen, vom Bunde auszustattenden Konsularvertretung unterstellt, sowie nach Art. 56 die Aufsicht über das gesamte Norddeutsche Konsulatswesen und die Anstellung der Bundeskonsuln dem Bundespräsidium (der Krone Preußen, Art. 11) übertragen wurde. Tatsächlich wurde auch vom Herbst 1867 bis zur Begründung des Deutschen Reichs eine Anzahl von Bundeskonsuln angestellt. Zur rechtlichen Grundlage für die neue Einrichtung erging das Gesetz v. 8. Nov. 1867 über die Organisation der Bundeskonsulate und die Amtsrechte und Pflichten der Bundeskonsuln (BGBl. S. 137), mit der Allg. Dienstinstruktion des Bundeskanzlers v. 15. März 1868. Das Deutsche Reich übernahm die vorgedachten Artikel der Norddeutschen Bundesverfassung in die Reichsverfassung vom 16. April 1871 und erklärte durch Ges. vom gleichen Tage (BGBl. S. 63) das Konsulargesetz zum Reichsgesetze, womit sich in den Gesetzestexten die Umwandlung des Ausdrucks „Bund" in „Reich" von selbst gebot.

Seit der Schaffung des Deutschen Reichs ist auf obiger Grundlage die nähere Ausgestaltung des Konsulatswesens teils inmitten anderer, teils durch besondere Reichsgesetze und Verordnungen erfolgt; von welchen letzteren besonders die Allg. Dienstinstruktion für die Reichskonsuln v. 6. Juni 1870 und 22. Febr. 1872 (nicht verkündigt, aber bei Zorn, Konsul.Gesetzgebung, 2. Aufl. S. 16 abgedruckt) hervorzuheben ist.

Artikel 56.

Das gesamte Konsulatwesen des Deutschen Reichs steht unter der Aufsicht des Kaisers, welcher die Konsuln, nach Vernehmung des Ausschusses des Bundesrats für Handel und Verkehr, anstellt.

In dem Amtsbezirk der Deutschen Konsuln dürfen neue Landeskonsulate nicht errichtet werden. Die Deutschen Konsuln üben für die in ihrem Bezirk nicht vertretenen Bundesstaaten die Funktionen eines Landeskonsuls aus. Die sämtlichen bestehenden Landeskonsulate werden aufgehoben, sobald die Organisation der Deutschen Konsulate dergestalt vollendet ist, daß die Vertretung der Einzelinteressen aller Bundesstaaten als durch die Deutschen Konsulate gesichert von dem Bundesrat anerkannt wird.

Der Art. 56 regelt im Anschluß an Art. 4 Nr. 7, wonach dem Reiche die Anordnung und Ausstattung gemeinsamer konsularischer Vertretung zustehen soll, das Konsulatswesen nur insoweit, als dieses insgesamt der Aufsicht des Kaisers unterstellt und letzterem namentlich die Anstellung der Konsuln übertragen wird (Abs. 1), und als mit der vollendeten Einrichtung der Reichskonsulate die bestehenden Landeskonsulate aufgehoben und weiterhin Landeskonsulate nicht mehr zulässig sein sollen (Abs. 2).

Eine speziellere Ausführung dieser Regeln ist offenbar stillschweigend späterer Gesetzgebung vorbehalten. Die letztere wird daher überall zusätzlich heranzuziehen sein.

I. Abs. 1.

Abs. 1. 1. Aus Art. 4 Nr. 7 und Art. 56 ergibt sich zunächst als leitender Grundsatz, daß das Konsulatswesen nicht bloß der Aufsicht und Gesetzgebung, sondern auch der unmittelbaren Verwaltung des Reichs unterliegt, und daß die gesamte Aufsicht über diesen Verwaltungszweig und insbesondere die Anstellung dem Kaiser delegiert ist (Art. 11).

Hierin liegt ein bemerkenswerter Unterschied vom Gesandtschaftswesen. Denn bei diesem ist es nach Art. 11 den Einzelstaaten nicht verschränkt, mit fremden Staaten diplomatische Beziehungen zu unterhalten.

2. Für die weitere Durchführung ist dann das Gesetz v. 8. Nov. 1867, betreffend die Organisation der Bundeskonsulate und die Amtsrechte und Pflichten der Bundeskonsuln (BGBl. S. 137), maßgebend. Dasselbe behandelt, seinem Titel entsprechend, in Abschn. I die Organisierung der Konsulate, in Abschn. II die Amtsstellung der Konsuln. Daraus ist folgendes hervorzuheben.

A. Nach Abschn. I liegt der Organisation der Bundeskonsuln der Gedanke zugrunde (§ 1) daß diese das Reichsinteresse, namentlich bezüglich des Handels, des Verkehrs und der Schiffahrt, tunlichst schützen und fördern, die Beobachtung der Staatsverträge überwachen, und den Angehörigen des Reichs und befreundeter Staaten in deren Angelegenheiten Rat und Beistand gewähren sollen, wobei sie nach den Reichsgesetzen und ihren Instruktionen sich zu richten und die durch Gesetze oder Gewohnheiten ihres Amtsbezirks gebotenen Schranken einzuhalten haben. Organisiert sind die Konsuln (§ 2) als Vorsteher eines Generalkonsulats, Konsulats oder Vizekonsulats. Sie gehören hinsichts der Verwaltung zum Auswärtigen Amte, und stehen unter Aufsicht des Kaisers (Art. 56), bzw. des Reichskanzlers (§ 3). Die Konsuln werden eingeteilt in Berufskonsuln und Wahlkonsuln. Für erstere ist das Reichsindigenat und der Nachweis einer gewissen Fachbefähigung erforderlich, während zu Wahlkonsuln vorzugsweise Kaufleute mit Reichsindigenat ernannt werden sollen. Die Konsuln können mit Genehmigung des Reichskanzlers in ihrem Amtsbezirke Konsularagenten, d. h. konsulare Privatbevollmächtigte ohne selbständige Amtsrechte, bestellen. Alle Konsuln werden vom Kaiser nach Vernehmung, d. h. gutachtlicher Anhörung des Bundesratsausschusses für Handel und Verkehr (Art. 8 Nr. 4) angestellt, die Wahlkonsuln im unbesoldeten Ehrenamt, die Berufskonsuln als besoldete Beamte des Reichs (§§ 4—11). Die Konsuln unterliegen im allgemeinen dem Reichsbeamtengesetz v. 31. März 1873 (RGBl. S. 61), jedoch mit gewissen, auf die Eigenart ihres Amtes zurückzuführenden Besonderheiten. So u. a. geht ihr Diensteid auf Erfüllung ihrer Dienstpflichten nach Maßgabe nicht bloß der Gesetze (RBeamtGes.

§§ 3, 10), sondern auch ihrer Instruktionen (§ 4 KonsGes.). Berufskonsuln dürfen nach § 25 RBeamtGes. jederzeit gegen Wartegeld in den einstweiligen Ruhestand versetzt werden. Falls sie sich ohne Urlaub vom Amt entfernt halten, so gelten sie als ihre Entlassung begehrend (§ 6 des KonsGes.); und ihre Beurlaubung und Stellvertretung ist besonders geregelt durch V. v. 23. April 1879 (RGBl. S. 134). Kaufmännische Geschäfte sind ihnen verboten (KonsGes. § 8, V. v. 23. April 1879 [RGBl. S. 127] u. 7. Febr. 1881 [RGBl. S. 27]).

B. In Abschn. II, dessen §§ 16, 17 durch Art. 38 des EG. zum BGB. Zusätze erhalten haben, sind die Amtsrechte und Amtspflichten der Reichskonsuln zusammengestellt.

1. Dazu ist im allgemeinen folgendes vorauszuschicken.

Die Konsuln sollen in Staaten außerhalb des Deutschen Reichs als Reichsbeamte fungieren. Deshalb ist es naturgemäße Voraussetzung ihrer Wirksamkeit, daß der fremde Staat eine konsulare Tätigkeit für das Deutsche Reich überhaupt und im Einzelfalle durch den zu ernennenden Konsul gestattet. Ersterer Punkt weist auf den Weg völkerrechtlicher Vereinbarungen hin, sei es in besonderen Staatsverträgen, sei es in Handels- und Schiffahrtsverträgen, wobei eine nähere Abgrenzung der konsularischen Amtsbefugnisse unter Berücksichtigung des Herkommens und der fremdstaatlichen Gesetzgebung erfolgen wird. Derartige Vereinbarungen haben freilich, solange sie nicht zu Reichsgesetzen gemäß Art. 2, 5, 17 der Reichsverfassung erhoben sind, nur internationale Bedeutung. Ein Verzeichnis der zwischen dem Deutschen Reich und anderen Staaten bestehenden, überaus zahlreichen Konsularverträge und sonstigen Abmachungen s. bei v. König S. 24, 28, auch bei Laband § 72 zu II, Note 4 auf S. 13. Letzterer Punkt bringt es mit sich, daß ein ernannter Reichskonsul vor seiner Amtstätigkeit von dem fremden Staat, in dem sein Amtsbezirk liegt, erst das sog. Exequatur (Plazet) erhält (Dienstinstr. § 1). Im übrigen hat er sich nach den Gesetzen des Deutschen Reichs, nach den internationalen Staatsverträgen und nach seinen Instruktionen zu richten. Diese Grundlagen der Amtsstellung der Konsuln sind in § 1 des KonsGes. v. 8 Nov. 1867 skizziert.

2. Im einzelnen liegen den Konsuln wesentlich folgende Amtsgeschäfte ob.

a, Die Matrikelführung. Nach § 12 des KonsGes. soll nämlich jeder Konsul über die in seinem Amtsbezirke wohnenden und zu diesem Behuf bei ihm angemeldeten Reichsangehörigen ein Verzeichnis führen. Es folgt hieraus, daß die Anmeldung Sache des freien Willens ist. Sie kann aber, von anderem abgesehen, insofern nützlich werden, als die Eintragung in die Matrikel gegen den Verlust der Staatsangehörigkeit schützt (KonsGes. § 12 Abs 2; RGes. v. 1. Juni 1870 über die Bundes- und Staatsangehörigkeit [BGBl. S. 355] § 21).

Eine Modifikation tritt nur in gewisser Richtung ein, wobei der Begriff der Schutzbefohlenen oder Schutzgenossen der Konsuln in Frage kommt. Der § 1 des KonsGes. unterstellt dem Schutze der Konsuln neben Reichsangehörigen auch Angehörige befreundeter Staaten. Dies sind solche Staaten, die durch internationale Vereinbarung Anspruch auf Konsularschutz für ihre Staatsangehörigen haben (vgl. darüber die Allg. Dienstinstr. § 1 u. v. König S. 21). Aber im Türkischen Reiche nebst Vasallenstaaten und in anderen Außereuropäischen Staaten tritt nach einer Instrukt. v. 1. Mai 1872, welche übrigens mittels Instrukt. v. 10. Sept. 1879 (Zentr.Bl. S. 557) auf alle Staaten, in denen Konsulargerichtsbarkeit ausgeübt wird (s. unten), ausgedehnt ist, noch eine Klasse von Schutzgenossen hinzu, nämlich die sog. de facto Untertanen, d. h. Personen, welche von Deutscher Nationalität sind, jedoch die Reichsangehörigkeit verloren haben, Angehörige derselben, Unterbeamte der Gesandtschaften und Konsulate nebst Familien, sowie frühere Beamte dieser Art. Allerdings erfolgt die Aufnahme solcher Schutzgenossen allemal nur auf Antrag und grundsätzlich nach Zustimmung des Gesandten. In obigen Staaten haben nun instruktionsgemäß die Konsuln über sämtliche Schutzgenossen die Matrikel zu führen; daher sind auch die Reichsangehörigen zur Meldung verpflichtet.

Bei den Reichsangehörigen erfolgt regelgemäß die Löschung in der Matrikel, falls sie die Reichsangehörigkeit verlieren, aus dem Amtsbezirk des Konsuls verziehen, sich abmelden oder versterben.

b, Als Standesbeamte. Nach § 13 des KonsGes. und §§ 1 ff. des RGes. v. 4. Mai 1870 (BGBl. S. 599) kann einem Reichskonsul vom Reichskanzler die zu veröffentlichende allgemeine Ermächtigung für dessen Amtsbezirk erteilt werden, Eheschließungen von Reichsangehörigen oder von einem Reichsangehörigen und einem Schutzgenossen (RGes. v. 4. Mai 1870 § 10, v. 25. Febr. 1875 § 85 Abs. 2), vorzunehmen, sowie Geburten, Heiraten und Sterbefälle zu beurkunden, und zwar nach Maßgabe des PersonenstandsGes. v. 6. Febr 1875 (RGBl. S. 23), wenn schon nicht kostenfrei (Ges. v. 4. Mai 1870 § 4, Ges. v. 1. Juni 1872, RGBl. S. 245).

c, Als Urkundspersonen. In dieser Hinsicht sind die Konsuln nach §§ 14—17a des KonsGes. zuständig:

α) Urkunden, die in ihrem Amtsbezirk ausgestellt oder beglaubigt sind, zu legalisieren, ihnen den Beweis der Echtheit im Inlande zu sichern (§ 14; Ges. v. 1. Mai 1878 (RGBl. S. 89) § 2; ZPO. § 438 Abs. 2);

β) schriftliche Zeugnisse über ihre Amtshandlungen und Amtswahrnehmungen, in Kraft öffentlicher Urkunden zu erteilen (§ 15; ZPO. § 418, FreiwGerGes. § 188);

γ) Notariatsurkunden über Rechtsgeschäfte zwischen Reichsangehörigen untereinander, oder mit Fremden, unter Lebenden oder von Todes wegen aufzunehmen (§ 16 Abs. 1), und zwar mit den Maßgaben der §§ 16 Abs. 2, 17 u. 17a (vgl. EG. zum BGB. Art. 38 I, II; FreiwGerGes. §§ 167 ff.; ZPO. § 415).

d, Als Nachlaßbehörden. Sofern in bezug auf die in einem Konsularbezirk befindliche Verlassenschaft eines Reichsangehörigen ein amtliches Eingreifen, namentlich wegen Abwesenheit der nächsten Erben, geboten erscheint, hat der Konsul sich dem zu unterziehen, den Nachlaß zu siegeln und zu inventarisieren, den beweglichen Nachlaß zu versilbern und die feststehenden Schulden, soweit die vorhandenen Geldmittel reichen, zu tilgen (§ 18; Erl. v. 6. Dez. 1875, Zentr.Bl. S. 817).

e, Rechshilfe. Die Konsuln dürfen innerhalb ihres Amtsbezirks auf Ersuchen Deutscher Behörden Zustellungen jeder Art an dort sich aufhaltende Personen (also auch an Nichtreichsangehörige) bewirken, wobei die Zustellung durch ihr schriftliches Zeugnis nachgewiesen wird (§ 19; ZPO. §§ 199—202), sowie Zeugen abhören und Eide abnehmen, sofern sie hierzu vom Reichskanzler besonders ermächtigt sind (§ 20; Allg. Dienstinstr. dazu; ZPO. §§ 363, 373, 478; GVG. § 157; KonsGerGes. v. 7. April 1900 [s. zu f] §§ 7 Nr. 1, 18).

f, Richterliche Geschäfte bei Rechtsstreitigkeiten von Reichsangehörigen unter sich und mit Fremden.

α) Hier haben die Konsuln nach § 21 auf Antrag sich der Vermittlung von Vergleichen und dem Amt als Schiedsrichter zu unterziehen.

β) Anlangend die eigentliche Konsulargerichtsbarkeit, sind die §§ 22—24 des Konsularges. v. 8. Nov. 1867 durch das Ges. über die Konsulargerichtsbarkeit v. 10. Juli 1879 (RGBl. S. 197) § 48 aufgehoben, und letzteres selbst ist durch das neue Konsulargerichtsgesetz v. 7. April 1900 (RGBl. S. 213), eingeführt zum 1. Januar 1901 durch Kais. V. v. 25. Okt. 1900 (RGBl. S. 999), nebst V. des Reichskanzlers v. 27. Okt. 1900 betreffend Schutzgenossen (Zentr.Bl. S. 574) und Dienstanweisung zur Ausführ. des KonsGerGes. v. 27. Okt. 1900 (Zentr.Bl. S. 577), außer Wirksamkeit gesetzt.

Das Gesetz v. 7. April 1900 behandelt in 9 Abschnitten den Umfang der Konsulargerichtsbarkeit, die Gerichtsverfassung, allg. Vorschriften über das anzuwendende Recht, besondere Vorschriften über das bürgerl. Recht, über das Verfahren im Zivilprozeß, im Konkurs und in der freiwill. Gerichtsbarkeit, über das Strafrecht und den Strafprozeß und über die Kosten, sowie Schlußbestimmungen. — Leitende Grundsätze sind dabei: Die Konsulargerichtsbarkeit wird nur in solchen Ländern ausgeübt, in denen sie nach Herkommen oder Staatsverträgen gestattet ist (vgl. Laband § 86, II), und sie erstreckt sich auf Deutsche und Schutzgenossen, aber nicht auf die Militärgerichtsbarkeit (§§ 1—3). Ausgeübt wird sie nach Bezirken, die vom Reichskanzler nach Vernehmung des Bundesratsausschusses für Handel und Verkehr (R.Verf. Art. 8 Nr. 4) bestimmt werden, sowie durch den Konsul, das Konsulargericht und das Reichsgericht. Der Konsul selbst ist zuständig für die durch das Ger.Verf.Gesetz, die Prozeßordnungen und die Konkursordnung den Amtsgerichten zugewiesenen Sachen, wie für die durch Reichs- oder Preußische allg. Landesgesetze den Amtsgerichten übertragenen Angelegenheiten der freiwill. Gerichtsbarkeit. Das Konsulargericht besteht regelgemäß aus dem Konsul und zwei Beisitzern (unter Umständen aus vier Beisitzern, bzw. auch ohne Beisitzer), und es ist zuständig für die durch das GVG. und die Prozeßordnungen den Landgerichten in 1. Instanz und den Schöffengerichten zugewiesenen Sachen, wie über Beschwerden gegen strafgerichtliche Entscheidungen des Konsuls. Den Beisitzern steht grundsätzlich (Ausnahme in § 11 Abs. 2) das volle Stimmrecht zu. Sie werden vom Konsul jahrweise aus achtbaren Personen seines Bezirks ernannt und beeidigt (§§ 4—13). Das Reichsgericht ist zuständig für die Rechtsmittel der Beschwerde und Berufung in den vor dem Konsul oder dem Konsulargericht verhandelten Zivilprozessen, in Konkurssachen und in konsulargerichtlichen Strafsachen, wie der Beschwerde gegen Entscheidungen des Konsuls in Sachen der freiwill. Gerichtsbarkeit (§ 14). Eine Mitwirkung der Staatsanwaltschaft findet grundsätzlich nicht statt (§ 15). Die zur Rechtsanwaltschaft zuzulassenden Personen bestimmt der Konsul (§ 17). In den Konsulargerichtsbezirken kommen zur Anwendung: im bürgerl. Rechte die bezüglichen Reichsgesetze und daneben die noch geltenden allg. Gesetze Preußens aus dem Bereiche des ALR., im Verfahren (nebst Kosten) betr. Zivilprozesse, Konkurs- u. Sachen der freiwill. Gerichtsbarkeit die darauf bezüglichen Reichs- und Preußischen allg. Landesgesetze, im Strafrecht und Strafverfahren (nebst Kosten) die bezüglichen Reichsgesetze (§ 19). Daneben sind über gewisse allgemeine Rechtspunkte (§§ 20—30), namentlich das Verwaltungsstreitverfahren, die polizeilichen Befugnisse, das Zustellungswesen und den Beginn der Wirksamkeit neuer Gesetze, Bestimmungen vorgesehen, sowie in den §§ 31—76 gewisse Sondervorschriften über das bürgerliche und das Strafrecht und das sich daran knüpfende Verfahren getroffen.

g, Die Ausübung gewisser polizeilicher und administrativer Befugnisse, teils insofern, als die Konsuln Pässe für Reichsangehörige auszustellen und zu visieren, für Unterstützung bzw. Heimschaffung bedürftiger Reichsangehörigen tunlichst zu sorgen haben (§§ 25, 26), teils im Gebiete des Seehandels, der Kriegs- und Handelsmarine (vgl. die Erläuterungen zu Abschn. IX der Reichsverfassung), namentlich insofern, als die Konsuln Funktionen der Seeämter wahrzunehmen haben (§§ 27—37).

II. Abs. 2.

Der Abs. 2 zieht mehrere praktische Konsequenzen aus dem Abs. 1 den Einzelstaaten gegenüber.

Zunächst nimmt er den Einzelstaaten das Recht, in den Amtsbezirken von Reichskonsuln künftig noch Landeskonsuln zu errichten. Nach Art. 3 Abs. 6 haben alle Deutschen dem Auslande gegenüber gleichmäßig Anspruch auf den Schutz des Reiches. Danach dürfen die Einzelstaaten erwarten, daß Reichskonsulate auch da, wo ihre Interessen es erheischen, errichtet werden, wie dies in den Bündnisverträgen zwischen dem Norddeutschen Bunde und den Süddeutschen auch besonders vorgesehen ist. Vgl. Protokoll zum Vertrage v. 15. Nov. 1870 betreffs Baden-Hessens (BGBl. S. 650) zu Nr. 6; Prot. zum Vertrage betreffs Württembergs v. 25. Nov. 1870 (BGBl. S. 654) zu 1e; Schlußprot. zum Vertrage betreffs Bayerns v. 23. Nov. 1870 (BGBl. 1871 S. 9) zu XII.

Sodann ist folgerecht bestimmt, daß die Reichskonsuln für die in ihren Bezirken nicht vertretenen Bundesstaaten die Funktionen von Landeskonsuln ausüben sollen. Daher haben sie auch den Bundesregierungen auf Erfordern zu berichten und deren Aufträge zu erledigen (vgl. KonsGes. v. 8. Nov. 1867 § 3).

Endlich ist vorgesehen, daß nach gesicherter Durchführung der Organisation der Reichskonsulate die noch bestehenden Landeskonsulate aufgehoben werden sollen. Dies ist seit 1869/70 geschehen, so daß die Vorschrift heute gegenstandslos ist.

XI. Reichskriegswesen.

Laband §§ 95—113; G. Meyer, Staatsr. §§ 195—200, Verwaltungsr. §§ 198—236; Hänel, Staatsr. §§ 80 ff.; Schulze II. Kap. 3 Tit. 3; Zorn §§ 37—43; Arndt §§ 45—57 u. Kommentar zu Abschn. XI; Seydel, Kommentar ebendazu, Bayr. Staatsr. III S. 704, in Hirths Ann. 1874, 1875; Brockhaus, Das Deutsche Heer und die Kontingente der Einzelstaaten (1888), und dazu Laband im Arch. f. öff. R. Bd. 3 S. 491; Die MilGesetze des D. Reiches, herausgegeben auf Veranlassung des Preuß. Kriegsminist. (2 Bde., 2. Ausg. 1888); v. Helldorff, Dienstvorschr. der Preuß. Armee (4 Teile, 3. bzw. 4. Ausg.); Frölich, Die Verwalt. d. D. Heeres (4. Aufl. 1875, mit Ergänz.-Heften); Bornhak, Preuß. Staatsr. Bd. 3; v. Savigny im Arch. f. öff. R. Bd. 3; Gümbel in Hirths Ann. 1899; Tepelmann, Rechtl. Natur der MilKonventionen (1891); Gau, Konting. Herrlichkeit, in Rostocker Studien 1903; W. F. Müller, Teilung der MilGewalt im D. Bundesstaat, 1905; Heer und Kriegsflotte, I. T. Allg. Bestimmungen v. Graf Hue de Grais, II. T. MilStrafrecht v. Schlayer, 1904.

Vornote.

I. Gliederung des Abschn. XI.

Die Regelung des Reichskriegswesens ist in Abschn. XI entsprechend der Natur der Sache gegliedert.

Für das Kriegswesen handelt es sich nämlich zunächst darum, die erforderlichen Mannschaften wie Natural- und Geldleistungen zu beschaffen. Die Art. 57—59 legen zu diesem Behuf allen Deutschen die staatsbürgerliche Verpflichtung auf, mit ihrer Person und ihrem Vermögen obigem Zwecke zu dienen.

Sodann kommt es darauf an, den Mannschaftsbedarf der bewaffneten Macht für die Friedenszeit, als die Vorbereitungszeit zum Kriege, festzustellen. Hierfür gibt Art. 60 die Grundnormen.

Alsdann gilt es, das beschaffte Kriegsmaterial zu organisieren. Nach dieser Richtung wird in Art. 61—63, 67 die gesamte Deutsche Wehrmacht als ein einheitliches Heer organisiert, auf Grundlage der Preußischen Militärgesetzgebung, unter gleichmäßiger Verteilung der Aufwandsbeiträge auf die Reichsbevölkerung, unter ständigem Oberbefehl des Kaisers, dessen Befugnisse in Art. 63—65 näher abgegrenzt werden gegenüber den nach besonderen Militärkonventionen oder sonst nach Art. 63 und 66 den Kontingentsherren vorbehaltenen Rechten.

Schließlich legt Art. 68 dem Kaiser die Befugnis bei, für Fälle der Bedrohung der öffentlichen Sicherheit im Bundesgebiet jeden Teil desselben in Kriegszustand zu erklären.

II. Zur staatsrechtlichen Entwicklung des Reichskriegswesens.

Gerade für die staatsrechtliche Gestaltung des Reichskriegswesens ist dessen Vorgeschichte von besonderer Bedeutung, weil dieser Zweig des Staatswesens an sich von höchster Bedeutung ist, und man auch in den Deutschen Einzelstaaten auf die Militärhoheit von jeher besonderen Wert gelegt hat, und daher diese Materie für die Schaffung des nationalen Staates einer der heikelsten Punkte gewesen ist.

A. Während bis dahin eine Kriegsmarine nur in Preußen bestand (vgl. zu Art. 53), besaßen die übrigen Staaten selbständige militärische Hoheitsrechte und Truppenkörper, ein Zustand, demgegenüber durch die Verfassung des alten Deutschen Bundes nur ein lockerer Verband geschaffen wurde. Als im Sommer 1866 der Konflikt unter den Deutschen Staaten dem kriegerischen Ausbruche zutrieb, legte Preußen den anderen Staaten unterm 10. Juni Grundzüge zu einer neuen Bundesreform (vgl. L. Hahn, Zwei Jahre Preußisch-Deutscher Politik, S. 12) vor, die darauf hinausliefen, daß die Kontingente der Einzelstaaten an sich selbständig, ohne Verschmelzung zu einem Bundesheere, fortbestehen, jedoch einem Bundesoberfeldherrn mit Funktionen, entsprechend wesentlich dem Art. 63 der jetzigen Reichsverfassung, sowie einem gemeinschaftlichen Militäretat mit Matrikularbeiträgen im Sinne der Art. 62, 67 der Reichsverfassung unterstehen sollten. Auf Grund dieser Proposition kam im Jahre 1867 die Norddeutsche Bundesverfassung zustande. Dieselbe übertrug in Art. 4 Nr. 14 der Aufsicht und Gesetzgebung des Bundes das Militärwesen desselben und die Kriegsmarine, und regelte in Abschn. XI das Bundeskriegswesen entsprechend jenen Grundzügen. Diese Bestimmungen sind demnächst wesentlich in die Reichsverfassung übernommen worden.

B. Zur Durchführung und Fortentwicklung der Norddeutschen und der Reichsverfassung ist zwischendurch und hinterher sowohl der Weg der Reichsgesetzgebung, als der der Verordnung und der der Konvention in reichem Maße nutzbar gemacht worden.

In bezug hierauf ist für das einzelne auf die Noten zu den Art. 57—67 zu verweisen. Zur allgemeinen Übersicht wird hier folgendes vorweggeschickt.

1. Im Wege der Reichsgesetzgebung sind die in Art. 57—67 der Reichsverfassung gezogenen Grundlinien des Militärwesens im Sinne der Einheitlichkeit näher ausgeführt:

a, Bezüglich der Wehrpflicht, Art. 57, 59, durch Kriegsdienstges. v. 9. Nov. 1867 (BGBl. S. 131), in Bayern eingeführt durch Ges. v. 24. Sept. 1871, (RGBl. S. 398), geändert durch ReichsmilitGes. v. 2. Mai 1874 (RGBl. S. 45) und 6. Mai 1880 (RGBl. S. 103), durch die RGes. über Änderung der Wehrpflicht v. 11. Febr. 1888 (RGBl. S. 11), 8. Febr. 1890 (RGBl. S. 23, Geistliche) und 15. April 1905 (RGBl. S. 249), durch Kontrollges. v. 15. Febr. 1875 (RGBl. S. 65), durch Gesetz über die Friedenspräsenzstärke v. 3. Aug. 1893 Art. II (RGBl. S. 233) und 25. März 1899 Art. II (RGBl. S. 213), durch Landsturmges. v. 12. Febr. 1875 (RGBl. S. 63), jetzt ersetzt mittels des schon erwähnten Wehrpflichtges. v. 11. Febr. 1888 Abschn. 4;

b, bezüglich der Militärlasten, Art. 58, und zwar

α) im Frieden durch Quartierleistungsges. v. 25. Juni 1868 (BGBl. S. 523) und durch Naturalleistungsges. v. 13. Febr. 1875 (RGBl. S. 52), beide geändert durch Ges. v. 21. Juni 1887 (RGBl. S. 245), ferner durch Gesetz v. 24. Mai 1898 (RGBl. S. 357, neu redigiert laut S. 360); durch Servistarifges. v. 26. Juli 1897 (RGBl. S. 619), geändert durch Etatsges. v. 31. März 1898 § 7 (RGBl. S. 107) und Ges. v. 7. Juli 1902 (RGBl. S. 239) und 6. Juli 1904 (RGBl. S. 272);

β) im Kriege durch Kriegsleistungsges. v. 13. Juni 1873 (RGBl. S. 129),

γ) durch die Ges. betreffend Unterstützung der Familien der zu Friedensübungen einberufenen Mannschaften v. 10. Mai 1892 (RGBl. S. 661), bzw. der in den Kriegsdienst eingetretenen Mannschaften v. 28. Febr. 1888 (RGBl. S. 59);

δ) zwecks Beschränkung des Grundeigentums durch das Festungsrayonges. v. 21. Dez. 1871 (RGBl. S. 459) und das Reichskriegshafenges. v. 19. Juni 1883 (RGBl. S. 105);

c, bezüglich der Organisation und Ergänzung des Reichsheeres, Art. 60 ff., α) durch das schon erwähnte Reichsmilitärges. v. 2. Mai 1874 (RGBl. S. 45) und dessen Ergänzungen v. 6. Mai 1880 (RGBl. S. 103), 31. März 1885 (RGBl. S. 81), 11. März 1887, § 3 (RGBl. S. 117), 27. Jan. 1890 (RGBl. S. 7), 26. Mai 1893 (RGBl. S. 185), 25. März 1899 (RGBl. S. 215);

β) durch das bereits genannte Ges. über die Friedenspräsenzstärke v. 3. Aug. 1893 (RGBl. S. 233) nebst Ergänzungen v. 28. Juni 1896 (RGBl. S. 179) und 25. März 1899 (RGBl. S. 213);

γ) durch das MilStrafgesetzbuch v. 20. Juni 1872 (RGBl. S. 173) und durch die MilStrafgerichtsO. v. 1. Dez. 1898 (RGBl. S. 1189);

δ) durch mehrfache Gesetze über die Versorgung der Militärpersonen und ihrer Familien, namentlich die Pensionsgesetze v. 27. Juni 1871 (RGBl. S. 275) mit Ergänzungen v. 4. April 1874 (RGBl. S. 25), 21. April 1886 (RGBl. S. 78), 24. März 1887 (RGBl. S. 149), 22. Mai 1893 (RGBl. S. 171) und 14. Jan. 1894 (RGBl. S. 107), das Fürsorgegesetz für Beamte und Personen des Soldatenstandes bei Betriebsunfällen v. 15. März 1886 (RGBl. S. 53), das Fürsorgegesetz für Witwen und Waisen der Angehörigen des Reichsheeres und der Kais. Marine v. 17. Juni 1887 (RGBl. S. 237), 5. März 1888 (RGBl. S. 65, Erlassung der Witwen- und Waisenbeiträge), 13. Juni 1895 (RGBl. S. 261) und 17. Mai 1897 Art. II (RGBl. S. 456).

Verordnungsweg.

2. Anlangend den Verordnungsweg, ist davon auszugehen, daß zufolge Art. 61 Abs. 1 der (Norddeutschen Bundes- und) Reichsverfassung nach Publikation dieser Verfassung im ganzen Reiche die gesamte Preußische Militärgesetzgebung, sowohl die Gesetze selbst, als die zu ihrer Ausführung, Erläuterung oder Ergänzung erlassenen Reglements, Instruktionen und Reskripte (wobei verschiedene Materien noch namentlich aufgeführt sind), ungesäumt eingeführt werden soll, daß zufolge Abs 2 nach gleichmäßiger Durchführung der Heeresorganisation die Erlassung eines umfassenden Reichsmilitärgesetzes in Aussicht genommen ist, und daß laut Art. 63 Abs. 5 die künftig für die Preußische Armee ergehenden Anordnungen betreffs einheitlicher Administration, Verpflegung, Bewaffnung und Ausrüstung aller Deutschen Truppenteile den Kommandeuren der übrigen Kontingente durch den Bundesratsausschuß für Landheer und Festungen zur Nachachtung mitgeteilt werden sollen. — Diese Verfassungsvorschriften haben mancherlei staatsrechtliche Zweifel darüber hervorgerufen, welche Teile der Heeresorganisation, von welchem Faktor und auf welche Art dieselben durch Verordnung geregelt werden sollen. Über diese Streitfragen wird auf die Erörterungen zu Art. 61, 63 verwiesen. Von amtlicher Seite hat man von dem Verordnungswege in verschiedener Weise Gebrauch gemacht. Auf Grund des Art. 61 Abs. 1 sind zur Einführung der bestehenden Preußischen Militärgesetze rc. im ganzen Bundesgebiete hauptsächlich drei Verordnungen seitens des Bundespräsidiums erlassen: eine allgemeine V. v. 7. Nov. 1867 (BGBl. S. 125) zur Einführung einer großen Anzahl von Preuß. MilGesetzen und Verordnungen, ferner eine V. v. 29. Dez. 1867 (BGBl. S. 185) behufs Einführung des Preuß. materiellen und formellen MilStrafrechts, und eine V. v. 22. Dez. 1868 (BGBl. S. 571) zwecks Einführung der Preuß. Vorschriften über Heranziehung der MilPersonen zu Kommunalauflagen. Ein umfassendes Reichsmilitärgesetz gemäß Art. 61 Abs. 2 ist bisher nicht zustande gekommen. Hinsichts der in Art. 63

Abs. 5 bezeichneten künftig (d. h. nach Einführung der bisherigen Preuß. Militärgesetze ꝛc.) ergehenden Anordnungen zur Wahrung einheitlicher Verwaltung, Verpflegung, Bewaffnung und Ausrüstung ist das Verfahren beobachtet, daß diese Verordnungen vom Könige von Preußen, unter Gegenzeichnung seitens des Preußischen Kriegsministers und bei etatsrechtlichen Punkten (vgl. Art. 62 Abs. 3, 69) zugleich seitens des Reichskanzlers, erlassen, im Preußischen ArmeeVerordnBlatt verkündigt und den übrigen Kontingentsherren, soweit nicht vertragsgemäß ihre Truppen den Preußischen eingegliedert sind, also Sachsen und Württemberg, zur Bekanntmachung in ihren ArmeeVerordnBlättern mitgeteilt werden. Zu bemerken ist hierbei, daß auf Bayern die Art. 61 und 63 Abs. 5 keine Anwendung finden.

3. Was endlich die in Art. 66 Abs. 1 angezogenen Konventionen betrifft, ist vorweg zu bemerken, daß der zwischen dem Norddeutschen Bunde und Bayern geschlossene Bündnisvertrag v. 23. Nov. 1870 (BGBl. 1871 S. 9), wie die zwischen dem Norddeutschen Bunde und Württemberg zusätzlich ihres Bündnisvertrags am 21./25. Nov. 1870 geschlossene Militärkonvention (BGBl. S. 658) zufolge der Schlußbestimmung zum Abschn. XI reichsverfassungsmäßige Geltung erlangt haben (vgl. dazu Vertrag wegen der Festung Ulm v. 16. Juni 1874). Die zwischen Preußen und Sachsen errichtete Militärkonvention v. 7. Febr. 1867 (vgl. die MilGesetze des D. Reiches I S. 66) ist, weil vor der Bundesverfassung datierend, in dieser wie in der Reichsverfassung nicht besonders berücksichtigt. Von seiten der übrigen Bundesstaaten, die ihre Truppen vertragsgemäß der Preußischen Armee eingefügt haben, sind mit Preußen folgende Konventionen geschlossen: von Baden am 25. Nov. 1870, von Hessen am 13. Juni 1871, von Mecklenburg-Schwerin am 24. Juni 1868 und 19. Dez. 1872, von Mecklenburg-Strelitz am 9. Nov. 1868 und 23. Dez. 1872, von Oldenburg am 15. Juli 1867, von Braunschweig am 9./18. März 1886, von den Thüringischen Staaten am 15. Sept. 1873, von Anhalt am 16. Sept. 1873, von Schwarzburg-Sondershausen am 17. Sept. 1873, von Waldeck am 24. Nov. 1877, von Lippe-Schaumburg und Lippe-Detmold am 25. Sept. bzw. 14. Nov. 1873, von Lübeck und Bremen am 27. Juni 1867, von Hamburg am 23. Juli 1867. Für Elsaß-Lothringen sind die militärischen Ressortverhältnisse geordnet durch eine zwischen den beteiligten Kriegsministern vereinbarte Instruktion v. 10. April 1872 und 1. April 1886 (vgl. über alle diese Daten die MilGesetze des D. Reiches I S. 75—193).

Aus vorstehendem ergibt sich, daß im Reiche nur vier Bundesstaaten eine eigene, wenn auch in ihrer Selbständigkeit teilweise (zu drei und vier) beschränkte Kontingentsverwaltung besitzen, nämlich Preußen, Bayern, Württemberg und Sachsen.

Artikel 57.

Jeder Deutsche ist wehrpflichtig und kann sich in Ausübung dieser Pflicht nicht vertreten lassen.

Laband § 106; G. Meyer §§ 96—99; Zorn § 39; Schulze Kap. III Tit. 3[4]; Arndt § 55.

I. Allgemeines.

a, Der Art. 57 stellt als allgemeinen Grundsatz die persönliche Wehrpflichtigkeit aller Deutschen auf. Wehrpflichtgesetze.

Dieser Grundsatz ist, soweit er die Kriegsmarine betrifft, in Art. 53 Abs. 3 näher durchgeführt. Soweit das Landheer in Frage kommt, hat er seine nähere Regelung gefunden (vgl. Vornote B, 1 zu Abschn. XI) durch das Kriegsdienstgesetz v. 9. Nov. 1867 (BGBl. S. 131), das Reichsmilitärgesetz v. 2. Mai 1874 (RGBl. S. 45) und 6. Mai 1880 (RGBl. S. 103), das Wehrpflichtgesetz v. 11. Febr. 1888 (RGBl. S. 11) und 8. Febr. 1890 (RGBl. S. 23), das Friedenspräsenzstärkegeſ. v. 3. Aug. 1893 Art. II (RGBl. S. 233) und 25. März 1899 Art. II (RGBl. S. 213), das Landsturmgeſ. v. 12. Febr. 1875 (RGBl. S. 63), mitgeändert durch das vorbezeichnete Wehrpflichtgeſ. v. 11. Febr. 1888 Abschn. 4, und das sog. Kontrollegeſ. vom 15. Febr. 1875 (RGBl. S. 65). In diesen Gesetzen hat man sich teilweise auf die durch den Titel angekündigte Materie nicht beschränkt, vielmehr in verwandte Materien übergegriffen, was allerdings die Übersicht erschwert.

b, Am Schlusse obiger Gesetze ist dem Kaiser jedesmal ein Verordnungsrecht für Ausführungsbestimmungen übertragen. Auf Grund dieser Ermächtigung hat der Kaiser insbesondere behufs Zusammenstellung der in jenen Gesetzen enthaltenen Vorschriften über Wehrpflicht und Heeresorganisation eine sog. Wehrordnung erlassen. Diese datierte zuerst vom 28. Sept. 1875 (Zentr.Bl. S. 535), und diente als Ersatz der zur Ausführung des Kriegsdienstgeſ. v. 9. Nov. 1867 vom Bundespräsidium erlassenen Mil.Ersatzinstr. v. 26. März 1868 (vgl. MilGesetze des D. Reichs II S. 2 und die gleichlautende Wehrordnung für Bayern v. 21. Nov. 1875, Bayr. Geſ. u. VBl. Nr. 63). Sie ist inzwischen mehrfach geändert, namentlich durch die Wehrordnung v. 22. Nov. 1888 (Zentr.Bl. 1889 S. 1); jetzt gilt die auf Grund des Kaiſ. Erlasses v. 18. Febr. 1901 (Zentr.Bl. S. 41) vom Reichskanzler nach dem neusten Gesetzesstande zusammengestellte Wehrordnung v. 22. Juli 1901, bekanntgemacht im Zentr.Bl. 1901 als Beilage zu Nr. 32. Als militärische Ergänzung der Wehrordnung ist, da es insoweit an einer Delegation des Verordnungsrechts für den Kaiser fehlte, vom Könige von Preußen gemäß Art. 63 Abs. 5 der Reichsverfassung eine sog. Heerordnung erlassen, ursprünglich vom 28. Sept. 1875 datierend, inzwischen durch eine neue vom 22. Nov. 1888 ersetzt. Dieselbe ist auch für die Kontingente von Sachsen und Württemberg eingeführt, und Bayern hat sich durch eine inhaltlich übereinstimmende Heerordnung (jetzt v. 26. Dez. 1889) angeschlossen. Wehr- u. Heerordnung.

Die Wehrordnung v. 22. Juli 1901 zerfällt inhaltlich in zwei Teile, deren erster das Ersatzwesen und deren zweiter das Kontrollwesen behandelt. Speziell der Teil I regelt in Abschn. 1—16 die Organisation des Ersatzwesens, die Wehrpflicht und deren Gliederung, die Militärpflicht, Grundsätze für Entscheidungen über Militärpflichtige, Listenführung, Ersatzverteilung, Vorbereitungs- und Aushebungsgeschäft, Schluß des Ersatzgeschäfts, Einstellung und Entlassung, den freiwilligen Eintritt, den Einjährig-freiwilligen-Dienst, Ersatzgeschäft zum Kriege und den Landsturm. In Teil II sind geordnet die Organisation der Kontrolle, die Erfüllung der Wehrpflicht bis zum Beginn der Dienstpflicht, Erfüllung der

Dienstpflicht und der Landsturmpflicht, Zurückstellungs- und Unabkömmlichkeitsverfahren (§§ 1—128).

II. Leitende Grundsätze betreffs der Wehrpflicht.

Auf Grund des Kriegsdienstges. v. 9. Nov. 1867 und der dasselbe abändernden und ergänzenden Gesetze zu I, sowie der Wehrordnung v. 22. Juli 1901 ergibt sich folgender Überblick über die Wehrpflicht.

Wehrpflicht. A. Die allgemeine Wehrpflicht der Deutschen entspringt, wie die Schutzpflicht des Reichs (Art. 3 Abs. 5), aus der Reichs- bzw. Staatsangehörigkeit. Befreit sind jedoch die Mitglieder der regierenden, mediatisierten, vormals reichsständischen und solcher Häuser, denen besondere Rechtstitel zur Seite stehen (§ 1 Kriegsdienstges.), außerdem die vor dem 1. Januar 1851 geborenen Angehörigen Elsaß-Lothringens (Ges. v. 23. Jan. 1872 § 2, RGBl. S. 31) und die von der Insel Helgoland stammenden Personen nebst ihren vor dem 11. Aug. 1890 geborenen Kindern (Ges. v. 15. Dez. 1890 § 3, RGBl. S. 207). Personen, die an sich wehrpflichtig und, wenn auch nicht zum Waffendienst, so doch gemäß ihrem bürgerlichen Berufe zu anderen militärischen Dienstleistungen fähig sind, können zu diesen herangezogen werden. Infolge des Indigenats (Art. 3) können Deutsche ihre Militärpflicht in dem Bundesstaat ihres Wohnsitzes erfüllen. Freiwilligen steht die Wahl des Truppenteils frei. Reserve- und Landwehrleute treten beim Verziehen in einen anderen Bundesstaat in dessen Rerserve bzw. Landwehr über (vgl. § 17 Ges. v. 9. Nov. 1867). Als Ausfluß der Reichsangehörigkeit trifft die Wehrpflicht nicht Ausländer, berührt sich dagegen mit der Auswanderungsfreiheit, bzw. mit der Reichs- und Staatsangehörigkeit in der Art, daß durch eine Reihe von Vorschriften teils die Erfüllung der Wehrpflicht gesichert, teils die Auswanderung nicht zu sehr beschränkt wird. Maßgebend ist dabei der Gesichtspunkt, daß im Frieden nur die Erfüllung der aktiven Dienstpflicht im stehenden Heere, nicht auch die der Reserve, Landwehr- und Ersatzreserve gewahrt werden soll, während weitergehende Beschränkungen allerdings im Kriege oder bei Kriegsgefahr angeordnet werden dürfen (vgl. über diese Gliederung der Wehrpflicht den § 5 der WehrO. v. 22. Juli 1901; sonst Reichsverfassung Art. 59 Abs. 2, Kriegsdienstges. v. 9. Nov. 1867 § 15 Abs. 3, Ges. v. 11. Febr. 1888 § 4 Nr. 3, Ges. v. 1. Juni 1870 §§ 15, 17). Demzufolge ist die Entlassung aus der Staatsangehörigkeit Deutscher Bundesstaaten unzulässig für solche Wehrpflichtigen, die im Alter vom vollendeten 17. bis zum vollendeten 25. Lebensjahre stehen und nicht ein Zeugnis der Ersatzkommission darüber erwirken, daß sie die Entlassung nicht lediglich in der Absicht, sich der Dienstpflicht im stehenden Heere zu entziehen, beantragen (WehrO. § 27); ferner für Militärpersonen im aktiven Heerdienst, Reserveoffiziere und Beamten vor ihrer Entlassung aus dem Dienst; endlich für die zur Reserve, zur Landwehr oder zum Landsturm gehörigen, nicht als Offiziere angestellten Personen, nachdem sie zum aktiven Dienst einberufen sind (§§ 15, 17, 19 Ges. v. 1. Juni 1870, § 27 WehrO.). Betreffs der Frage, ob und wieweit Personen, die als Wehrpflichtige das Reichsgebiet verlassen haben, aber dorthin dauernd zurückkehren, noch herangezogen werden können, bestimmen die §§ 11, 68 RMilGes. v. 2. Mai 1874, daß die Heranziehung zulässig bleibt, falls die Personen noch die Reichsangehörigkeit besitzen, dagegen nicht mehr bei Erwerb fremder Staatsangehörigkeit, wohl aber mangels eines solchen Erwerbes, wenn auch nur bis zum vollendeten 31. Lebensjahre. Strafbar machen sich Wehrpflichtige, die in der Absicht, sich dem Eintritt in den aktiven Heeresdienst zu entziehen, ohne Erlaubnis das Bundesgebiet verlassen oder nach Erreichung des militärpflichtigen Alters sich außerhalb dieses Gebiets aufhalten (wegen des Verfahrens vgl. §§ 470 ff. StrPO.), oder die sich vorsätzlich durch Selbstverstümmlung oder sonstwie zur Erfüllung der Wehrpflicht untauglich machen oder, in der Absicht, sich dieser Erfüllung zu entziehen, auf Täuschung abzielende Mittel anwenden (StrGB. §§ 140—143, 360 Nr. 3).

Ihre Dauer, Gliederung.

B. Die Wehrpflicht dauert vom vollendeten 17. bis zum vollendeten 45. Lebensjahre (Ges. v. 11. Febr. 1888, Art. II § 24, WehrO. § 4 Nr. 3).

Sie gliedert sich in die Dienstpflicht und die Landsturmpflicht. Die Dienstpflicht bezieht sich auf den Dienst im Heere (und in der Marine); sie dauert in der Regel vom vollendeten 20. Lebensjahre bis zum 31. März des Kalenderjahres, in dem der Dienstpflichtige sein 39. Lebensjahr vollendet; sie wird eingeteilt in die aktive und Reservedienstpflicht im stehenden Heere, in die Landwehrpflicht und die Ersatzreservepflicht. Die Landsturmpflicht umfaßt alle nicht zum Dienst im Heere (oder in der Marine) eingezogenen Wehrpflichtigen. Die Bestimmungen über die Dauer der verschiedenen Teile der Dienstpflicht gelten nur im Frieden; andererseits beschränkt die Landsturmpflicht sich darauf, in Kriegsfällen an der Verteidigung des Vaterlandes mittels Ergänzung des Heeres teilzunehmen. Die Dienstpflicht im stehenden Heer, als dem (neben der Flotte) beständig zum Kriegsdienst bereiten und zur nationalen Kriegsbildungsschule dienenden Teile der bewaffneten Macht (vgl. § 4 Ges. v. 9. Nov. 1867), dauert 7 Jahre; und zwar mit der Maßgabe, daß in der Regel die Mannschaften der Kavallerie und der reitenden Feldartillerie für die ersten 3, alle übrigen Mannschaften für die ersten 2 Jahre zum aktiven Dienste bei der Fahne verpflichtet sind, und die Mannschaften nach Ableistung des aktiven Dienstes zur Reserve beurlaubt werden, daß aber bei Einjährig-Freiwilligen schon nach einjähriger Dienstzeit, sowie bei Volksschullehrern und geprüften Kandidaten des Volksschulamts schon nach abgekürztem Waffendienste (laut Vorschrift der Heerordnung) die Beurlaubung zur Reserve erfolgen kann. — Die Landwehrpflicht vollzieht sich in zwei Aufgeboten. Die Dienstpflicht im ersten Aufgebote dauert in der Regel 5 Jahre (vgl. Note zu Art. 59 Abs. 1, 2) nach Versetzung aus der Reserve, die Dienstpflicht im zweiten Aufgebote bis zum 31. März des Kalenderjahres, in dem das 39. Lebensjahr vollendet wird. — Für die Ersatzreserve, welche zur Heeresergänzung bei Mobilmachungen und zur Bildung von Ersatztruppenteilen dient, sind jährlich so viel Mannschaften zu überweisen, daß mit 7 Jahresklassen der erste Heeresbedarf zur Mobilmachung gedeckt wird, und die Dienstpflicht für sie dauert 12 Jahre vom 1. Okt. des Kalenderjahres ab, in dem das 20. Lebensjahr vollendet wird (wegen der Kandidaten der katholischen Theologie vgl. Ges. v. 8. Febr. 1890, RGBl. S. 23). — Die Landsturmpflicht zerfällt ebenfalls in zwei Aufgebote, und trifft alle Wehrpflichtigen vom vollendeten 17. bis zum vollendeten 45. Lebensjahre, die nicht zum Heere (oder zur Marine) gehören (vgl. für alles dies WehrO. §§ 4—20, 100—104 und die dort angezogenen Gesetze).

Militärpflicht.

C. Die Militärpflicht ist diejenige Seite der Wehrpflicht, vermöge deren die Wehrpflichtigen der Aushebung für Heer oder Marine unterworfen sind. Sie beginnt mit dem 1. Januar des Kalendesjahres, in dem der Wehrpflichtige das 20. Lebensjahr vollendet, und dauert so lange, bis über dessen Dienstverpflichtung endgültig entschieden ist. Ein freiwilliger Eintritt in den aktiven Heeresdienst auf 2—4 Jahre ist aber schon vorher, und zwar nach vollendetem 17. Lebensjahre, beim Nachweise moralischer und körperlicher Befähigung zulässig. Der Inhalt der Militärpflicht besteht darin, daß der Militärpflichtige sich zur Aufnahme in die Rekrutierungsstammrolle in der Zeit vom 15. Januar bis zum 1. Februar bei der Ortsbehörde seines dauernden Aufenthaltsorts zu melden und sich zur Herbeiführung endgültiger Entscheidung über seine Dienstverpflichtung jährlich höchstens zweimal bei den Ersatzbehörden seines Stammrollebezirkes zu gestellen hat. Die Entscheidungen der Ersatzbehörden werden bedingt durch die Würdigkeit und Tauglichkeit, die bürgerlichen Verhältnisse (Unentbehrlichkeit) und die Rangierung (Überzähligkeit); sie sind entweder vorläufige, bestehend in der Zurückstellung für (regelmäßig) das laufende Jahr, und in endgültige, bestehend in Ausschließung (wegen Unwürdigkeit, Bestrafung) oder Ausmusterung (wegen körperlicher oder geistiger Gebrechen) vom Heeres- (oder Marine-)Dienst, in Überweisung zum Landsturm oder zur Ersatzreserve, oder aber in Aushebung für einen Truppenteil (bzw. Marine). — Der Ersatzbedarf an einzustellenden Rekruten wird alljährlich vom Kaiser für das ganze Heer festgestellt, und danach für das unter Preußischer Verwaltung stehende Reichskontingent durch das Preußische Kriegsministerium, für die übrigen Reichskontingente durch die betreffenden Kriegsministerien auf die Armeekorps und Brigaden verteilt. Organisiert ist das Ersatzwesen in der Art, daß das Reichsgebiet in militärischer Hinsicht in 22 Armeekorpsbezirke, jeder von diesen regelmäßig in 4 Infanteriebrigadebezirke, jeder von letzteren in zugehörige Landwehrbezirke zerfällt, und daß die Ersatzbehörden aus vier Instanzen, nämlich aus den Ersatzkommissionen der Aushebungsbezirke, aus den Oberersatzkommissionen der Infanteriebrigadebezirke, aus den Ersatzbehörden dritter Instanz für die Armeekorpsbezirke, aus der Ministerialinstanz, bestehen, durchgängig aus Offizieren und Zivilbeamten zusammengesetzt. Das Ersatzgeschäft selbst zerfällt in drei Abschnitte, den der Vorbereitung, den der Musterung und den der Aushebung (vgl. zu C. WehrO. §§ 1—3, 22—104 und die dort angezogenen Gesetze).

Kontrollwesen.

D. Das Kontrollwesen bezweckt, die Erfüllung der militärischen Pflichten der nicht zum aktiven Heere (bzw. Marine) gehörigen Wehrpflichtigen zu beaufsichtigen. Es ist in der Art organisiert, daß es teils durch die Ersatzbehörden, teils durch die Landwehrbehörden unter Mitwirkung von Zivilbehörden ausgeübt wird, und zwar durch die Ersatzbehörden für die Wehrpflichtigen vom Eintritt in das militärpflichtige Alter bis zur endgültigen Entscheidung über das Dienstverhältnis (§§ 1 ff.), im übrigen durch die Landwehrbehörden, als welche, soweit Zivilbehörden mitwirken (Polizeibehörden), die Bezirkskommandos, die Meldeämter und die Bezirksfeldwebel funktionieren. Die Kontrolle bezieht sich auf die Erfüllung der Wehrpflicht bis zum Beginne der Militärpflicht, auf die Erfüllung der Militärpflicht im aktiven Heere (Marine), im Beurlaubtenstande (An- und Abmeldung, Auslandspässe im Frieden, unverzügliche Heimkehr bei Mobilmachungen, Kontrollversammlungen, Übungen für Offiziere und Mannschaften, Disziplinarstrafen), in der Landwehr und in der Ersatzreserve, im Landsturm (vgl. §§ 105—128 WehrO. und die dort angezogenen Gesetze).

Freiwilliger Militärdienst.

E. Neben der gesetzlichen Wehrpflicht wird eine freiwillige Übernahme der Militärdienstpflicht in Heer und Marine zugelassen. Eine solche findet statt bei den Offizieren und Sanitätsoffizieren, wie bei den Kapitulanten, d. h. Mannschaften, die nach Erfüllung der gesetzlichen aktiven Dienstpflicht sich zu gewisser Verlängerung ihres aktiven Dienstes gegen gewisse Vorteile verbindlich machen. Ein näheres Eingehen auf diese Verhältnisse liegt außerhalb des Rahmens dieses Buches (vgl. Laband § 107).

Schutztruppen.

F. Schließlich kommt noch das einen gewissen Zusammenhang aufweisende Verhältnis der Afrikanischen Schutztruppen zur Reichswehrpflicht in Betracht.

Für diese Schutzgebiete zusammengefaßt ist vom Reiche das Ges. v. 7. Juli 1896 (RGBl. S. 187, in Form einer Novelle zu den RGes. v. 22. März 1891, RGBl. S. 53, und 9. Juni 1895, RGBl. S. 258) über die Organisation der Kaiserl. Schutztruppe und die Wehrpflicht daselbst ergangen, jetzt gültig in der Fassung v. 18. Juli 1896 (RGBl. S. 653), wozu seitens des Kaisers die V. v. 30. März 1897 (RGBl. S. 167) erlassen ist. Danach stehen die Schutztruppen unter dem Oberbefehl des Kaisers, und sie werden gebildet teils aus Offizieren, Sanitätsoffizieren, Beamten und Unteroffizieren des Reichsheeres und der Marine, die auf Grund freiwilliger Meldung, unter Vorbehalt des Rücktritts, den Schutztruppen zeitweise zugeteilt werden, teils aus angeworbenen Farbigen (§§ 1—3 Ges. v. 18. Juli 1896). Hinsichts der Wehrpflicht hängt es von der Bestimmung des Kaisers ab, in welchen Schutzgebieten und unter welchen Voraussetzungen wehrpflichtige, dort wohnhafte Reichsangehörige ihre aktive Dienstpflicht erfüllen dürfen, und inwiefern in Fällen der Gefahr Reservisten des Reichsheeres und der Marine zur notwendigen Verstärkung der Schutztruppen herangezogen werden können (§§ 18, 19 a. a. O.).

Artikel 58.

Die Kosten und Lasten des gesamten Kriegswesens des Reichs sind von allen Bundesstaaten und ihren Angehörigen gleichmäßig zu tragen, so daß weder Bevorzugungen, noch Prägravationen einzelner Staaten oder Klassen grundsätzlich zulässig sind. Wo die gleiche Verteilung der Lasten sich in natura nicht herstellen läßt, ohne die öffentliche Wohlfahrt zu schädigen, ist die Ausgleichung nach den Grundsätzen der Gerechtigkeit im Wege der Gesetzgebung festzustellen.

Laband § 98, Seydel, Kommentar und Bayr. Staatsr. 3 S. 713.

I. Der Art. 58 bringt den Grundsatz der **Einheitlichkeit des gesamten Reichskriegswesens** zur Durchführung in bezug auf die Kosten und Lasten desselben (Aufwand, Art. 62), also auf die finanzielle Seite. Er bestimmt zu diesem Behuf, daß jene Kosten und Lasten von allen Bundesstaaten und deren Angehörigen grundsätzlich gleichmäßig getragen werden sollen, derart, daß Bevorzugungen und Überbürdung einzelner Staaten und Klassen ausgeschlossen bleiben (Satz 1), bei etwaiger Unmöglichkeit gleicher Verteilung von Naturallasten ohne Schädigung der öffentlichen Wohlfahrt eine billige Ausgleichung im Gesetzgebungswege festzustellen ist (Satz 2).

Der Satz 1 stellt einen bestimmten Maßstab für die Aufbringung der vorbezeichneten Kosten und Lasten seitens der Einzelstaaten und ihrer Angehörigen auf. Nicht so der Satz 2; denn, wenn seine Tendenz auch die gleiche ist, so entbehrt er doch eines bestimmten Ausgleichungsmaßstabes, abgesehen davon, daß zu dessen Feststellung der Weg der Reichsgesetzgebung erforderlich ist.

Kosten. **II. Kosten.** Betreffs der Kosten des Reichskriegswesens ist zwischen Marine und Heer zu unterscheiden.

1. Der zur Gründung und Erhaltung der Kriegsflotte und der mit ihr zusammenhängenden Anstalten erforderliche Aufwand wird durchweg nach Art. 53 Abs. 3 aus der Reichskasse bestritten, unter Verwaltung des Reichs, wie unter Feststellung und Beschaffung der Aufwandsmittel von Reichs wegen gemäß Art. 69—72, d. h. durch die eigenen Einnahmen des Reichs und ev. durch Matrikularbeiträge der Einzelstaaten nach Verhältnis ihrer Bevölkerung.

2. Bei dem für das Landheer und den damit zusammenhängenden Einrichtungen erforderlichen Aufwande sind indes gewisse Abweichungen, nicht von dem Grundsatze des Art. 58, aber doch in dessen Ausführung, durch die Schlußbestimmungen zu Abschn. XI und XII der Reichsverfassung, betreffend ein Sonderrecht Bayerns aus dem Bündnisvertrage v. 23. Nov. 1870 zu III, 5 (BGBl. 1871 S. 9) und ein Sonderrecht Württembergs aus der Militärkonvention v. 21./25. Nov. 1870 Art. 12 (BGBl. S. 658) herbeigeführt.

Für das übrige Reichsheer werden die erforderlichen Ausgaben im Reichsetat nach Einzelsätzen und gemeinschaftlichen Regeln festgestellt, durch die dazu gehörigen Bundesstaaten mit selbständiger Militärverwaltung (Preußen, Sachsen) für das Reich geleistet und, soweit geleistet, auch gegenüber dem Reiche zur Abrechnung gebracht, während etwaige Ersparnisse der Reichskasse zufallen (Art. 67, 69, 72).

Für das Württembergische Kontingent besteht aber nach obigem die Modifikation, daß der im Reichsetat speziell festgestellte Aufwand für dasselbe der Württembergischen Regierung zu selbständiger Verwaltung nach Maßgabe jenes Etats, sowie etwaige hierbei durch besondere Verhältnisse erzielte Ersparnisse zur Verfügung derselben Regierung überlassen bleiben.

Noch weiter geht nach obigem das Bayern für sein Kontingent eingeräumte Sonderrecht. Der bezügliche Bündnisvertrag v. 23. Nov. 1870 bestimmt zu III § 5 hierüber, daß zur Erfüllung der Verpflichtung aus Art. 58 Bayern die Kosten und Lasten seines Kriegswesens, wie den Unterhalt seiner festen Plätze ausschließlich und allein tragen soll, wobei es allerdings einen gleichen Geldbetrag, wie nach Verhältnis der Kopfstärke für die übrigen Teile des Reichsheeres etatsgemäß ausgesetzt werden, in Anschlag zu bringen hat; und die Schlußbestimmung zu Abschn. XII der Reichsverfassung bringt den Art. 72 auf Bayern nur insoweit zur Anwendung, als dem Bundesrat und Reichstage die wirkliche Überweisung des im Reichsetat in Einem Posten für das Bayerische Heer ausgeworfenen Kostenbedarfs an Bayern nachzuweisen ist, wogegen die Dechargierung vor den nach Bayerischem Staatsrecht zuständigen Staatsfaktoren herbeizuführen bleibt. Folgerecht müssen auch die von Bayern bei seiner selbständigen Kontingentsverwaltung etwa erzielten Ersparnisse ihm selbst zufallen.

III. Militärlasten (vgl. MilGesetze des D. R. III S. 1; Laband § 111; G. Meyer §§ 196 ff.; Zorn § 43; Arndt § 56; H. Schulze Kap. III Tit. 3 V; Kommentare von Zenetti [1880], Sieckmann [1883], Matos [2. Aufl. 1897], Siegfried [1875]; Seydel in Hirths Ann. 1874 S. 1038 u. 1875 S. 1082).

Die Entwicklung der Reichsgesetzgebung über die Militärlasten ist bereits in der Vornote B zu Abschn. XI angegeben.

Für die rechtliche Charakterisierung der Militärlasten gegenüber der Wehrpflicht ergibt sich, abgesehen davon, daß es sich bei beiden um öffentlichrechtliche Verpflichtung zwecks des Reichskriegswesens handelt, eine grundsätzliche Verschiedenheit. Die Wehrpflicht legt jedem Reichsangehörigen Dienste für die bewaffnete Macht mit seiner Person auf. Die Militärlasten dagegen treffen, unabhängig von der Reichsangehörigkeit, solche Personen, die nach ihren körperlichen und Vermögensverhältnissen dem Reich Aushilfe in gewissen Militärbedürfnissen gewähren können, mit der Verpflichtung, für diesen Zweck Sachen zu liefern, Arbeiten zu leisten oder sich Entziehung oder Beschränkung ihres Eigentums gefallen zu lassen, aber auch mit dem Anspruch auf Entschädigung. Demgemäß unterscheiden sich die Militärlasten von der Wehrpflicht im sub- und objektiven Inhalt der Verpflichtung.

Einteilen lassen sich dieselben in Lasten während des Friedens und während des Krieges, andererseits in Quartierleistungen, Naturalleistungen und Beschränkungen des Grundeigentums in der Umgebung von Festungen.

A. Friedensleistungen.

Für die Militärlasten im Frieden sind jetzt für das ganze Reich (vgl. Vornote B) das Quartierleistungsgesetz v. 13. Juni 1873 (RGBl. S. 129) und das Naturalleistungsgesetz v. 24. Mai 1898 (RGBl. S. 360), wozu auf Grund des § 18 die Kaiserl. AusführV. v. 13. Juli 1898 (RGBl. S. 921) ergangen ist und noch das Servistarifgesetz v. 6. Juli 1904 (RGBl. S. 272) tritt, maßgebend. In bezug auf das Verhältnis des Naturalleistungsgesetzes zum Quartierleistungs- und zum Kriegsleistungsgesetze v. 13. Juni 1873 (RGBl. S. 129) stellt der § 1 des ersten Gesetzes den Grundsatz an die Spitze, daß Naturalleistungen, soweit nicht das zweite und dritte Gesetz Anwendung finden, nur nach Maßgabe des ersten Gesetzes gefordert werden können. Friedensleistungen.

Im übrigen sind die Grundzüge der Friedensleistungsgesetze folgende.

a, Quartierleistungsgesetz v. 25. Juni 1868 (BGBl. S. 523) nebst AusführV. v. 31. Dez. 1868. Das Gesetz bezweckt die Fürsorge für die räumliche Unterbringung der bewaffneten Macht im Frieden. Es geht davon aus, daß diese Unterbringung eine öffentliche Last des Reichs ist, derart, daß in Garnisonen die Truppen regelgemäß kaserniert werden, und gibt dem Reiche da, wo dies noch nicht hat durchgeführt werden können, einen Anspruch auf Gewährung von Quartier für Mannschaften, aber nur vom Feldwebel abwärts, und von Stallung für Dienstpferde. Bei Truppen in Kantonnements, deren Dauer von vornherein auf mehr als sechs Monate festgesetzt ist, besteht der gleiche Anspruch. Quartierleistung.

Bei Truppen in ihrer Dauer nach kürzeren oder unbestimmten Kantonnements oder auf Märschen bzw. Kommandos erweitert obiger Anspruch sich auf Quartier für Offiziere und Beamte, auf Stallung für deren Dienstpferde und auf sonst erforderliche Diensträume. Zur Befriedigung dieser Bedürfnisse darf das Reich alle benutzbaren Räumlichkeiten (mit gewissen Ausnahmen, § 4) in Anspruch nehmen, soweit solche nicht dem Quartiergeber in wohnlicher, wirtschaftlicher oder gewerblicher Hinsicht unentbehrlich sind. Die örtliche Verteilung der Quartierleistung erfolgt auf die Gemeinden (Gutsbezirke), unter Vermittlung der Gemeindebehörden als Organe des Reiches, gemäß Ortsstatuts. Den Quartierträgern steht dagegen Anspruch auf Entschädigung durch das Reich (d. h. den Reichsfiskus, vgl. RG. in ZivS. 15 S. 38) zu (§§ 1—18). Maßgebend für den Umfang der Quartierleistung ist das dem § 3 beigefügte Regulativ A, für die Quartierentschädigung der ebendort beigefügte Servistarif B nebst Klasseneinteilung der Orte C, für welche letzteren (nach mehrfachen Änderungen) das Gesetz v. 6. Juli 1904 (RGBl. S. 272) gilt.

Naturalleistungen. **b**, Naturalleistungsgesetz v. 24. Mai 1898 (RGBl. S. 360), mit Kaiserl. AusführV. v. 13. Juli 1898 (RGBl. S. 921).

Als Naturalleistungen im Frieden können gefordert werden die Stellung von Vorspann, wie die Verabreichung von Naturalverpflegung und von Fourage durch Vermittlung der Gemeinden. Zu Vorspann sind verpflichtet alle Besitzer von Zugtieren und Wagen, in erster Linie Fuhrgewerbetreibende, mit gewissen Ausnahmen (§ 3); und zwar nur für Truppen auf Märschen, im Biwak oder vorübergehenden Quartieren, sowie nur im Notbedarf. Zu Naturalverpflegung sind die Quartiergeber für Truppen auf Märschen, in vorübergehenden Quartieren außerhalb ihrer Garnison zu Übungs- oder anderen Zwecken verbunden. Zu Verabreichung von Fourage sind alle Besitzer von Fouragebeständen (mit gewissen Ausnahmen, § 5) verpflichtet für die Reitpferde und Zugtiere von Truppen auf Märschen oder in vorübergehenden Quartieren mit Verpflegung, aber nur in Notfällen (§§ 1—5). Die Verpflichtung tritt auf Grund von Anordnungen (Marschrouten) der zuständigen Zivilbehörden ein, wobei die örtliche Verteilung auf die Gemeinden (Gutsbezirke) und die Unterverteilung in diesen durch deren Vorstände stattfindet (§§ 6, 7). Die Vergütung der Leistungen wird aus Militärfonds nach gewissen Grundsätzen (§ 9) gewährt. Besondere Verpflichtungen legt das Gesetz (§§ 10—15) den Besitzern von Schiffen und Fahrzeugen zu Transporten für die Kriegsmarine, den Besitzern von Grundstücken zu Truppenübungen, allen Eisenbahnen zu Beförderung von Truppen, Heer- und Marinematerial auf. Nähere Ausführungsbestimmungen sind in der V. v. 13. Juli 1898 getroffen.

B. Kriegsleistungen.

Kriegsleistungen. Über diese Leistungen ist das RGesetz v. 13. Juni 1873 (RGBl. S. 129) nebst AusführV. v. 1. April 1876 (RGBl. S. 137), mit heutiger Gültigkeit für das ganze Reich, ergangen. Es sind darin alle diejenigen Leistungen (außer der Wehrpflicht) festgestellt, die für Kriegszwecke nach Aussprechung der vollständigen oder teilweisen Mobilmachung der bewaffneten Macht bis zum Wiedereintritt des Friedenszustandes (§§ 1, 32) beansprucht werden dürfen. Das Vorbild des Gesetzes ist das Preußische Gesetz v. 11. Mai 1851 (GS. S. 362). Die Grundzüge der Regelung gehen dahin.

Es handelt sich nur um Beschaffung solcher Kriegsbedürfnisse, die das Reich nicht anderweit beschaffen kann, gegen Vergütung aus Reichsmitteln (§§ 1, 2). Zunächst sind die Gemeinden (Gutsbezirke) dem Reiche zu einer Reihe von Kriegsleistungen verpflichtet (Naturalquartier- und Verpflegung, Transportmittel, Gespann- und Wegeführer, Boten, Grundstücke, Gebäude, Feuerungs- und Lagermaterial, Bewaffnungs-, Ausrüstungs-, Heilgegenstände und sonstiger Bedarf im militärischen Interesse, §§ 3—15). Sodann kann auf Beschluß des Bundesrats zur Sicherstellung des Unterhalts der Truppen die Lieferung des Proviantbedarfs zur Füllung der Kriegsmagazine (sog. Landlieferung) gewissen an die Bezirkseinteilung sich tunlichst anschließenden Lieferungsverbänden auferlegt werden (§§ 16—19). Die Modalitäten der Vergütung für obige Leistungen (Anerkenntnisse, Einlösung derselben) sind in den §§ 20—22 näher bestimmt. Besondere Verpflichtungen sind weiterhin (§§ 23—31) noch für Besitzer von Schiffen, Fahrzeugen und Pferden behufs Hergabe, wie für Eisenbahnen behufs Beförderung für Kriegszwecke (vgl. Art. 47 der Reichsverfassung; MilTransportO. für Eisenbahnen im Kriege v. 26. Jan. 1887, Preuß. ArmVBl. S. 131) vorgesehen.

C. Grundeigentums-Beschränkungen in der Umgebung von Festungen.

Das hierauf bezügliche (sog. Rayon-) Gesetz v. 21. Dez. 1871 (RGBl. S. 459) ist bei Art. 65, in dem es seine Grundlage hat, erörtert. Hier mag nur erwähnt werden, daß dasselbe mit den Militärlasten insofern zusammenhängt, als danach den Grundbesitzern in der nächsten Umgebung von Festungen die Benutzung ihres Eigentums zwecks der Verteidigungsfähigkeit der Festungen gegen Entschädigung von Reichs wegen beschränkt werden kann. Heranzuziehen ist dabei auch noch das die Grenzen der Reichskriegshäfen bestimmende Ges. v. 19. Juni 1883 (RGBl. S. 105). Rayongesetz.

D. Familienversorgung.

Endlich fallen in den Bereich der Militärlasten die sozialpolitischen RGesetze, betreffend die Unterstützung von Familien der in den Dienst eingetretenen Mannschaften v. 28. Febr. 1888 (RGBl. S. 59) und der zu Friedensübungen einberufenen Mannschaften v. 10. Mai 1892 (RGBl. S. 661). Familienversorgung.

Das erstere Gesetz bezweckt die Unterstützung bedürftiger Familien von Reserve-, Landwehr-, Ersatzreserve-, Seewehr- und Landsturm-Mannschaften, sofern solche bei Mobilmachungen oder notwendigen Heeres- oder Flottenverstärkungen in den Dienst treten. Das gleiche gilt aber auch bezüglich der Familien der zur Disposition der Truppen- (Marine-) Teile beurlaubten und der nach Überschreitung des wehrpflichtigen Alters freiwillig in den Dienst getretenen Mannschaften. Unterstützungsberechtigt sind die Ehefrau, eheliche Kinder unter 15 Jahren, unter Umständen auch ältere Kinder, Aszendenten und Geschwister des Eingetretenen. Unterstützungspflichtig sind die im Kriegsleistungsgesetze v. 13. Juni 1873 § 7 (oben zu B) bezeichneten Lieferungsverbände (§§ 1—4). Die Maßgaben der Unterstützung haben dann in den §§ 5—12 nähere Bestimmung gefunden.

Nach dem zweiten Gesetze sollen die Familien der aus der Reserve, Land- und Seewehr zu Friedensübungen und der aus der Ersatzreserve zur zweiten oder dritten Übung einberufenen Mannschaften auf Verlangen aus öffentlichen Mitteln Unterstützung erhalten. Voraussetzung ist die Anmeldung des Anspruchs bei der Gemeindebehörde des gewöhnlichen Aufenthaltsorts des Einberufenen und binnen vier Wochen nach beendigter Übung. Die Gewährung der Unterstützung erfolgt nach Maßgabe des ersteren Gesetzes mit gewissen Abweichungen. Die gezahlten Beträge werden aus Reichsmitteln erstattet.

Artikel 59.

Jeder wehrfähige Deutsche gehört sieben Jahre lang, in der Regel vom vollendeten 20. bis zum beginnenden 28. Lebensjahre, dem stehenden Heere, die folgenden fünf Lebensjahre der Landwehr 1. Aufgebots und sodann bis zum 31. März des Kalenderjahrs, in welchem das 39. Lebensjahr vollendet wird, der Landwehr 2. Aufgebots an.

Während der Dauer der Dienstpflicht im stehenden Heere sind die Mannschaften der Kavallerie und reitenden Feldartillerie die ersten drei, alle übrigen Mannschaften die ersten zwei Jahre zum ununterbrochenen Dienste bei den Fahnen verpflichtet.

In bezug auf die Auswanderung der Reservisten sollen lediglich diejenigen Bestimmungen maßgebend sein, welche für die Auswanderung der Landwehrmänner gelten.

Abs. 1, 2.

a, In dem ursprünglichen Abs. 1 fehlten, entsprechend den §§ 6, 7 des Kriegsdienstges. v. 9. Nov. 1867, die oben gesperrt gedruckten Worte in Abs. 1 und der ebenso gedruckte Abs. 2. Seine jetzige Fassung hat jener Abs. 1 erst durch die Ges. über Änderung der Wehrpflicht v. 11. Febr. 1888 Art. I, II (RGBl. S. 11) und v. 15. April 1905 (RGBl. S. 249) erhalten.

Für das Verständnis des Art. 59 sind außer den beiden letzteren Gesetzen noch die folgenden heranzuziehen: das Reichsmilitärges. v. 2. Mai 1874 Absch. II—V (§§ 10—70), die RGes. über die Friedenspräsenzstärke v. 3. Aug. 1893 Art. II (RGBl. S. 233), v. 25. März 1899 Art. II (RGBl. S. 213), v. 22. Febr. 1904 (RGBl. S. 65) und v. 15. April 1905 (RGBl. S. 247).

Auch darf vorweg noch bemerkt werden, daß die Worte „in der Regel" im Eingange des Abs. 1 (vgl. § 6 des Kriegsdienstges. v. 9. Nov. 1867) sich auf gewisse provinzielle Eigentümlichkeiten (vgl. den Kommiss.Ber. des ord. Reichst. v. 1867, Drucks. S. 158) beziehen.

b, Sachlich bildet der Art. 59 eine Ergänzung des Art. 57. In diesem ist die allgemeine Wehrpflicht grundsätzlich verordnet; und zwar, worüber die Noten I, II dazu (im Anschluß an § 5 der WehrO. v. 22. Juli 1901) zu vergleichen, dahin, daß die Wehrpflicht in die Dienstpflicht und in die Landsturmpflicht zerfällt, und daß die Dienstpflicht sich aus dem Dienst im Heere nach den Stufenfolgen des stehenden Heeres (aktiv bei der Fahne — Reserve), der Landwehr (ursprünglich einheitlich, nach dem Gesetz v. 11. Febr. 1888 Art. I, II in zwei Aufgebote geteilt) und der Ersatzreserve zusammensetzt.

In Art. 59 und den zu diesem nach Note a erlassenen Gesetzen handelt es sich nun um die nähere Ausgestaltung der naturgemäß wichtigsten Dienstpflicht im Heere, und speziell im stehenden Heere (bei der Fahne). Der ursprüngliche Art. 59 Abs. 1 setzte diese aktive Dienstpflicht, entsprechend dem § 6 des Kriegsdienstges. v. 9. Nov. 1867, durchweg auf 3 Jahre fest. Seit dem Jahre 1893 vollzog sich indes eine Änderung hierin zugunsten der 2jährigen Dienstzeit. Zunächst geschah dies nur periodenweise. Durch RGes. v. 3. Aug. 1893 (RGBl. S. 233) Art. II wurde nämlich für die Zeit v. 1. Okt. 1893 bis zum 31. März 1899 bestimmt, daß während der Dauer der Dienstpflicht die Mannschaften der Kavallerie und der reitenden Feldartillerie für die ersten 3, die übrigen Mannschaften für die ersten 2 Jahre zu ununterbrochenem Dienste bei der Fahne verpflichtet seien und dann zur Reserve beurlaubt werden sollten, jedoch bei den 2jährigen Dienstpflichtigen unter der Maßgabe, daß sie im Falle notwendiger Heeresverstärkung auf kaiserliche Anordnung zurückbehalten werden dürften. Diese Bestimmungen wurden durch das RGes. v. 25. März 1899 Art. II (RGBl. S. 213) bis zum 31. März 1904 (mit einer Modifikation betreffs der Landwehr 1. Aufgebots), wie durch das RGes. v. 22. Febr. 1904 (RGBl. S. 65) verlängert. Nunmehr sind durch das RGes. v. 15. April 1905 (RGBl. S. 249) jene Bestimmungen zu zeitlich unbeschränkten Regeln erhoben. Der Art. I desselben bestätigt in dem neu eingefügten Abs. 2 des Art. 59 der Reichsverfassung die Einteilung der aktiven Dienstpflicht in die 3jährige für Kavallerie und reitende Feldartillerie und in die 2jährige für die übrigen Mannschaften. Der Art. II verordnet in §§ 1, 2, 4, daß die nach Art. I zu entlassenden Mannschaften im Falle notwendiger Verstärkungen auf kaiserliche Anordnung zurückbehalten werden können (was als eine Übung im Sinne des § 6 RGes. v. 9. Nov. 1867 anzurechnen), daß freiwillig eingetretene Mannschaften der Fußtruppen, der fahrenden Feldartillerie und des Trains, sowie Mannschaften der Kavallerie und der reitenden Feldartillerie, die dienstpflichtgemäß 3 Jahre gedient haben, in der Landwehr 1. Aufgebots nur 3 (statt 5) Jahre dienen sollen, und daß die Übungszeiten für Reservisten unter möglichster Rücksicht auf die bürgerlichen Berufsinteressen festzusetzen sind, während der § 3 Einzelbestimmungen für die Übungen der Landwehrmannschaften 1. Aufgebots enthält. Nach Art. III soll das Gesetz mit dem 1. April 1905 in Kraft treten, für Bayern und Württemberg nach Maßgabe der Schlußbestimmung zu Abschn. XI der Reichsverfassung, und zugleich sind die §§ 6 Abs. 2, 7 Abs. 4, 5 des Kriegsdienstges. v. 9. Nov. 1867 und der Art. I des RGes. v. 11. Febr. 1888 aufgehoben.

Abs. 3.

Der Abs. 3 stellt in bezug auf die Auswanderungsfreiheit die Reservisten den Landwehrmännern gleich. Hierüber ist bereits in der Note II A zu Art. 57 gesprochen, so daß auf diese verwiesen werden kann.

Artikel 60.

Die Friedens-Präsenzstärke des Deutschen Heeres wird bis zum 31. Dezember 1871 auf Ein Prozent der Bevölkerung von 1867 normiert, und wird pro rata derselben von den einzelnen Bundesstaaten gestellt. Für die spätere Zeit wird die Friedens-Präsenzstärke des Heeres im Wege der Reichsgesetzgebung festgestellt.

Laband § 101 II; Arndt § 50; Preuß, Friedenspräsenz u. Reichsverfassung (1887); v. Savigny, Friedenspräsenz des D. Heeres, im Arch. f. öff. R. 3 S. 203 (1888).

Entwicklung der Fried.-Präsenz. **I.** Der Art. 60 betrifft die Friedenspräsenzstärke des Heeres, d. h. die unter gewöhnlichen Verhältnissen vorhandene Stärke desselben. Er regelte diese Präsenz nach einem zwiefachen Gesichtspunkte. Nämlich bis zum Ende 1871 bestimmte er solche selbst auf 1 % der Deutschen Bevölkerung vom Jahre 1867, welche Höhe pro rata derselben von den Einzelstaaten gestellt werden sollte. Für die spätere Zeit behielt er die Festsetzung der Reichsgesetzgebung vor.

Der letztere Weg ist auch seit 1872 mittels einer Reihe von Reichsgesetzen durchgeführt. Durch das Ges. v. 9. Dez. 1871 (RGBl. S. 411) § 1 ist die Friedenspräsenzstärke für die Jahre 1872, 1873 und 1874 auf 401 659 Mann festgestellt, was tatsächlich dem für 1871 in Art. 60 bestimmten Maßstabe der Bevölkerungsquote entsprach, und diese Stärke ist im ReichsmilitärGes. v. 2. Mai 1874 (RGBl. S. 45) § 1 für die Zeit v. 1. Januar 1875 bis Ende 1881 (sog. Septennat) mit dem Zusatze beibehalten, daß die Einjährig-Freiwilligen darauf nicht in Anrechnung kommen sollten. Im Ges. v. 6. Mai 1880 (Novelle zum Reichsmilitärgesetz, RGBl. S. 103) § 1 ist die Friedenspräsenz für das Septennat vom 1. April 1881 bis zum 31. März 1888 (also im Anschluß an das Etatsjahr) auf 427 274 Mannschaften erhöht. Eine Erhöhung auf 468 406 Mannschaften hat das Ges. v. 11. März 1887 (RGBl. S. 117) § 1 für das Septennat v. 1. April 1887 bis Ende März 1894, eine Erhöhung auf 486 983 Mannschaften das Ges. v. 15. Juli 1890 (RGBl. S. 140) § 1 für die Zeit vom 1. Okt. 1890 bis zum 31. März 1894 vorgesehen. Weitere Erhöhungen sind durch das Ges. v. 3. Aug. 1893 (RGBl. S. 233) Art. I § 1 für die Zeit vom 1. Okt. 1893 bis Ende März 1899 auf 479 229 Mannschaften (ohne Anrechnung von Unteroffizieren und Einjährig-Freiwilligen) als Jahresdurchschnittsstärke, sowie durch das Ges. v. 25. März 1899 (RGBl. S. 213) §§ 1, 2 dahin bestimmt, daß die Präsenz laut Ges. v. 3. Aug. 1893 bis Ende Sept. 1899 in Kraft bleiben, von da ab als Jahresdurchschnittsstärke allmählich bis auf 495 500 Mannschaften sich erhöhen, und so bis zum 31. März 1904 verbleiben sollte. Die letztere Bestimmung ist durch das Ges. v. 22. Febr. 1904 (RGBl. S. 65) bis zum 31. März 1905 verlängert. Nach dem neusten Ges. v. 15. April 1905 (RGBl. S. 247) soll die Friedenspräsenz vom 1. April 1905 ab als Jahresdurchschnittsstärke allmählich derart erhöht werden, daß sie im Etatsjahre 1909 die Zahl von 504 665 Gemeinen, Gefreiten und Obergefreiten erreicht und im Etatsjahre 1910 auf 505 839 erhöht wird, von welcher Zahl jedoch 2000 Ökonomiehandwerker abgehen, die durch Zivilhandwerker zu ersetzen sind.

Es ergiebt sich hieraus, daß die Friedenspräsenzstärke seit 1871 bis 1910 von 401 659 Mannschaften rc. auf 505 839 gesteigert sein wird, wozu dann noch der Bestand an Offizieren, Sanitätsoffizieren, Militärbeamten, Einjährig-Freiwilligen und (seit Ges. v. 3. Aug. 1893) Unteroffizieren tritt, und daß die Festsetzung der Friedenspräsenzstärke bis jetzt immer nur für bestimmte Zeiträume, wenn auch ohne gleiche Dauer, stattgefunden hat.

In betreff der mit der Präsenzstärke zusammenhängenden Frage der Heeresorganisation und ihrer Grundlage, des Kadresystems, vgl. die Note I zu Art. 63.

II. Die staatsrechtliche Bedeutung der festgesetzten Friedenspräsenzstärke macht sich in folgendem geltend. Bedeutung der Fried-Präsenz.

Einerseits folgt aus ihr keineswegs die Verpflichtung der Heeresverwaltungen, das Heer tatsächlich genau in dieser Stärke zu halten. Vielmehr war sie ursprünglich als die Höchststärke des Heeres gemeint, ist aber seit dem Ges. vom 3. Aug. 1893 ausdrücklich als dessen Jahresdurchschnittsstärke hingestellt, d. h. als die im Jahresrahmen gewöhnliche, jedoch unter besonderen Umständen (vgl. § 6 Abs. 5 des Ges. v. 9. Nov. 1867) erhöhbare Effektivstärke (a. A. Brockhaus a. a. O. S. 46).

Andererseits wirkt sie auf den Jahresetat des Reichs zurück, indem sie gemäß Art. 60, 71 die Grundlage für die gesetzliche Feststellung der Militärausgaben liefert, was praktisch (vgl. Seydel, Kommentar zu Art. 60) darauf hinausläuft, daß der Reichsregierung vom Reichstage die Mittel für so viele Verpflegungstage der Mannschaften, als deren Präsenzzahl 365 Jahrestage ausmacht, bewilligt werden müssen.

III. Betreffs der Schlußvorschriften des Art. 60, wonach seit 1872 die Friedenspräsenzstärke im Wege der Reichsgesetzgebung festzustellen ist, kommt noch in Betracht: Feststellung durch RGesetz.

a, Es erscheint dazu auch der Weg des Etatsgesetzes (Art. 69) verwendbar. Der Art. 62 Abs. 4, sofern er von der gesetzlich feststehenden Heeresorganisation als Grundlage für den Militärausgabe-Etat spricht, dürfte eine gleichzeitige Feststellung beider Punkte in Einem Gesetze nicht hindern (abweichend H. Schulze II S. 279, Thudichum in v. Holtzendorffs Jahrb. II S. 109, Preuß a. a. O. S. 72); ein Weg, auf welchen das Ges. v. 25. März 1899 in Art. I § 4 sogar ausdrücklich hinweist.

b, Bei der Reichsgesetzgebung im Sinne des Art. 60 wird auch das dem Präsidium in Art. 5 Abs. 2 gewährte Ausschlagsrecht im Bundesrate zur Geltung gelangen können (a. M. Zorn II S. 537, v. Savigny a. a. O. S. 239 Preuß a. a. O. S. 92).

c, Über das Verhältnis des Schlußsatzes in Art. 60 zu Abs. 4 des Art. 63 ist vielfach gestritten (vgl. über den Stand der Kontroverse Laband § 101 zu 1, 6 und Arndt, Note 2 zu Art. 60). Nach Art 60 soll die Friedenspräsenzstärke im Wege der Reichsgesetzgebung, nach Art. 63 Abs. 4 durch den Kaiser festgesetzt werden. Hierin scheint ein Widerspruch zu liegen. In Wirklichkeit ist dies aber nicht der Fall. In den zu Art. 60 ergangenen RGesetzen über die Friedenspräsenzstärke (vgl. Note I) seit 1872 war diese anfangs als Maximalstärke bestimmt; später ist sie bis auf das jetzige Etatsjahr als Jahresdurchschnittsstärke behandelt. In letzterer Eigenschaft läßt sie naturgemäß einen gewissen Spielraum, der sich nach dem jeweiligen Bedürfnis des Heeres richten muß. Offenbar nun bezieht sich das Bestimmungsrecht des Kaisers aus Art. 63 Abs. 4 nur auf letzteren Punkt. Seine Stellung als Oberbefehlshaber des gesamten Reichsheeres (Art. 63 Abs. 1) bringt es von selbst mit sich, daß innerhalb der gesetzlich festgesetzten Durchschnittsstärke ihm die Festsetzung der Effektivstärke zukommt.

d, Wegen des Falles, daß kein Reichsgesetz zustande kommt über die Friedenspräsenzstärke, vgl. die Noten zu Art. 62 und 69 ff.

Artikel 61.

Nach Publikation dieser Verfassung ist in dem ganzen Reiche die gesamte Preußische Militärgesetzgebung ungesäumt einzuführen, sowohl die Gesetze selbst, als die zu ihrer Ausführung, Erläuterung oder Ergänzung erlassenen Reglements, Instruktionen und Reskripte, namentlich also das Militär-Strafgesetzbuch vom 3. April 1845, die Militär-Strafgerichtsordnung vom 3. April 1845, die Verordnung über die Ehrengerichte vom 20. Juli 1843, die Bestimmungen über Aushebung, Dienstzeit, Servis- und Verpflegungswesen, Einquartierung, Ersatz von Flurbeschädigungen, Mobilmachung usw. für Krieg und Frieden. Die Militär-Kirchenordnung ist jedoch ausgeschlossen.

Nach gleichmäßiger Durchführung der Kriegsorganisation des Deutschen Heeres wird ein umfassendes Reichs-Militärgesetz dem Reichstage und dem Bundesrate zur verfassungsmäßigen Beschlußfassung vorgelegt werden.

I. Der Art. 61 hat, wie seine beiden Absätze ergeben, den Zweck, eine gleichmäßige Kriegsorganisation des Deutschen Heeres herbei- und durchzuführen; und zwar laut Abs. 1 sofort nach Erlaß der Reichsverfassung durch Einführung der gesamten Preußischen Militärgesetzgebung, laut Abs. 2 für die Zeit nach dieser Einführung durch ein umfassendes Reichsmilitärgesetz.

Die tatsächlichen Maßregeln, welche der Art. 61 zur Folge gehabt hat, sind bereits in der Vornote II B zu Abschn. XI mitgeteilt. Sie lassen sich dahin zusammenfassen, daß zur Erledigung des Abs. 1 die Einführung der Preußischen Militärgesetzgebung im ganzen Reiche durch eine Reihe von Verordnungen erfolgt, zur Erledigung des Abs. 2 (in Verbindung mit Art. 63 Abs. 5) zwar nicht ein umfassendes Reichsmilitärgesetz, wohl aber eine Anzahl von einzelnen Reichsgesetzen und Verordnungen erlassen ist.

II. Der Art 61 hat aber, wie schon in der Vornote a. a. O. angedeutet ist, zu staatsrechtlichen Bedenken, wenn auch nur in der Theorie, Anlaß gegeben; und zwar insoweit, als der Verordnungsweg in Betracht kommt.

1. Laut **Abs. 1** sollte ungesäumt nach Publikation der Reichsverfassung im ganzen Reiche die gesamte Preußische Militärgesetzgebung nebst den solche ausführenden, erläuternden oder ergänzenden Reglements, Instruktionen und Reskripten eingeführt werden, wobei einzelne Preußische Anordnungen besonders hervorgehoben sind. Die gleiche Vorschrift stand bereits in der Norddeutschen

Bundesverfassung, und es waren auf Grund derselben vom Bundespräsidium bereits mehrere Verordnungen zur Einführung der Preußischen Militärgesetze, namentlich solche v. 7. Nov. 1867 (BGBl. S. 125, im allgemeinen), 29. Dez. 1867 (BGBl. S. 187, MilStrGBuch) und 22. Dez. 1868 (BGBl. S. 571, Kommunalsteuern), erlassen. In dieser Rechtslage ging die Vorschrift in die Reichsverfassung über, mit den Maßgaben, welche zufolge der in der Schlußbestimmung zu Abschn. XI bezeichneten Abmachungen für Bayern und Württemberg festgesetzt waren.

Aus diesem Inhalt des Art. 61 Abs. 1 in Verbindung mit den begleitenden Umständen darf geschlossen werden, daß es dem Gesetzgeber der Reichsverfassung nur auf eine gegenüber Abs. 2 zunächst sofort in Wirksamkeit zu setzende Einführung der Preußischen Heeresorganisation in all ihren Einzelheiten, wie sie damals gerade lag, also auch mit den schon erlassenen Einführungsverordnungen des Bundespräsidiums, angekommen ist. Hierfür spricht auch die im verfassunggebenden Reichstage von 1867 seitens des Preußischen Kriegsministers v. Roon gemachte Bemerkung (Sten. Ber. S. 581), daß die verbündeten Regierungen nur die Absicht hegten, die Preußischen Gesetze und Verordnungen usw. in den neu hinzugekommenen Armeeteilen in volle Geltung zu setzen, aber natürlich mit freier Hand des Bundesfeldherrn, dieselben lediglich nach Maßgabe ihrer Zweckmäßigkeit beizubehalten, nicht dergestalt, daß alle Reskripte auf einmal Bundesgesetze geworden seien.

2. In **Abs.** 2 war nach gleichmäßiger Durchführung der Kriegsorganisation, d. h. nach Einführung der Preußischen Militärgesetzgebung, ein umfassendes Reichsmilitärgesetz in Aussicht genommen. Die Motive zum RMilGesetz verstanden darunter eine formelle Kodifikation. Eine solche steht zwar noch zur Kompetenz des Reichs, ist aber bis jetzt nicht zustande gekommen und hat kaum noch Aussicht auf Gelingen. Tatsächlich hat man sich, wie in der Vornote a. a. O. angegeben, mit einer Anzahl von Spezialgesetzen über die wesentlichsten Materien beholfen. Was die seit obigem Zeitpunkt erlassenen Verordnungen betrifft, so ist ein verschiedenes Verfahren beobachtet. In der Mehrzahl der eben bezeichneten Reichsgesetze ist eine Delegation zu Ausführungsverordnungen für den Kaiser (bzw. den König von Bayern) vorgesehen, und auf Grund dessen sind von den letzteren solche Verordnungen erlassen. Im übrigen hat regelmäßig kraft Art. 63 Abs. 4, 5 der Kaiser bzw. König von Preußen die einschlagenden Anordnungen, unter Gegenzeichnung des Preußischen Kriegsministers und bei Konkurrenz von Etatsfragen auch des Reichskanzlers, erlassen und teils durch das RGBlatt, teils durch das Zentralblatt, teils durch das Preußische Armeeverordnungsblatt veröffentlicht. Ausnahmsweise sind die Ausführungsbestimmungen zu den Reichsgesetzen über die Militärlasten und die Versorgung der Militärpersonen mittels Verordnungen des Kaisers unter Zustimmung des Bundesrats erlassen (vgl. die Noten zu Art. 58).

Es ist nun aber in der Theorie zu lebhafter Erörterung gekommen, inwieweit und in welcher Form die im Reiche eingeführten Preußischen Militärgesetze im Verordnungswege (zur Ausführung) ergänzt oder abgeändert werden können. Über den Stand der Streitfrage vgl. Laband § 96 II, Arndt, Note zu Art. 61. M. E. muß man nach obigem davon ausgehen, daß die Preußische

Militärgesetzgebung durch ihre Einführung im ganzen Reiche nach Umfang des Art. 61 Abs. 1 Gültigkeit für das Reich dergestalt gewonnen hat, daß die Frage ihres Ursprungs und ihrer Gültigkeit nach Preußischem Staatsrecht nicht mehr in Betracht kommt, somit Rechtskontinuität in bezug auf sie besteht. Sie sind eben schlechthin ein Bestandteil des Reichsmilitärrechts geworden. Von diesem Akt ab müssen sie daher auch, wie ich meine, hinsichts ihrer weiteren staatsrechtlichen Entwicklung lediglich den Grundsätzen der Reichsverfassung unterfallen. Nach letzterer ist ja laut Art. 7 Nr. 2 im allgemeinen die Beschlußfassung über die zur Ausführung der Reichsgesetze erforderlichen Verwaltungsvorschriften und Einrichtungen dem Bundesrate zugewiesen, sofern nicht reichsgesetzlich ein anderes bestimmt ist, d. h. der Erlaß von solchen Verordnungen überhaupt ausgeschlossen oder einem anderen Faktor übertragen ist. Dies gilt auch für die sog. Rechtsverordnungen (vgl. die Noten zu Art. 2 und 7), mit der Maßgabe, daß ihr Erlaß eine besondere gesetzliche Ermächtigung (Delegation) voraussetzt. Von diesem Standpunkt aus dürfte sich die Verfassungsmäßigkeit des seit Einführung der Preußischen Militärgesetze von der Praxis beobachteten Verordnungsverfahrens kaum bemängeln lassen. Wie oben erwähnt, ist nach den seither ergangenen Reichsmilitärgesetzen überwiegend der Kaiser, teils ohne, teils mit Zustimmung des Bundesrats, zur Erlassung bezüglicher Ausführungsbestimmungen ermächtigt worden. In Art. 63 Abs. 5 der Reichsverfassung, der auf dem Oberbefehl des Kaisers als Inhabers der Krone Preußen beruht, läßt sich, in Anlehnung an Art. 61, eine allgemeine Ermächtigung zur Erlassung solcher Verordnungen finden, welche die Administration, Verpflegung, Bewaffnung und Ausrüstung aller Deutschen Heeresteile betreffen. Zu alledem tritt aber noch hinzu, daß die auf Grundlage der obigen Gesetze und Verordnungen festgestellte Organisation des Reichsheeres im Sinne des Art. 62 Abs. 4 seit 1871 stillschweigend als verfassungsmäßige Unterlage für den jährlichen Militärausgabe-Etat des Heeres angenommen worden ist. Vgl. auch Entsch. des RG. in ZivS. 24 S. 1.

III. Die Geltung des Art. 61 findet in Württemberg nur nach Maßgabe der Schlußbestimmung zu Art. XI und der MilKonvention v. 21./25. Nov. 1870 (BGBl. S. 658) statt, und ist für Bayern nach der vorbezeichneten Schlußbestimmung und dem Bündnisvertrage v. 23. Nov. 1870 (BGBl. 1871 S. 19) zu III § 5 überhaupt ausgeschlossen.

Artikel 62.

Zur Bestreitung des Aufwandes für das gesamte Deutsche Heer und die zu demselben gehörigen Einrichtungen sind bis zum 31. Dezember 1871 dem Kaiser jährlich soviel mal 225 Taler, in Worten zweihundert fünf und zwanzig Taler, als die Kopfzahl der Friedensstärke des Heeres nach Artikel 60 beträgt, zur Verfügung zu stellen. Vgl. Abschn. XII.

Nach dem 31. Dezember 1871 müssen diese Beiträge von den einzelnen Staaten des Bundes zur Reichskasse fortgezahlt werden. Zur Berechnung derselben wird die im Artikel 60 interimistisch festgestellte Friedens-Präsenzstärke so lange festgehalten, bis sie durch ein Reichsgesetz abgeändert ist.

Die Verausgabung dieser Summe für das gesamte Reichsheer und dessen Einrichtungen wird durch das Etatsgesetz festgestellt.

Bei der Feststellung des Militär-Ausgabeetats wird die auf Grundlage dieser Verfassung gesetzlich feststehende Organisation des Reichsheeres zugrunde gelegt.

I. Der Art. 62 dient zur Ergänzung des Art. 60. In beiden handelt es sich um den Bedarf für die Friedenspräsenzstärke des Reichsheeres; in Art. 60 an Mannschaften, in Art. 62 an Aufwand.

Abs. 1.

Dieser Abs. hatte von Hause aus bloß vorübergehende Bedeutung, da er nur über die Beschaffung der Heereskosten bis Ende 1871 Bestimmung traf, hierbei die in Art. 60 für denselben Zeitraum festgesetzte Friedenspräsenzstärke an Mannschaften zugrunde legte, und in Art. 71 Abs. 2 noch besonders bestimmte, daß der danach titelweise geordnete Heerausgabe-Etat dem Bundesrat und dem Reichstage lediglich zur Kenntnisnahme und Erinnerung vorzulegen sei. Jener Zeitraum ist längst verstrichen. Somit ist Abs. 1 gegenstandslos geworden.

Abs. 2—4.

Für die Zeit nach Ende 1871 verordnet Abs. 2, daß die gemäß Abs. 1 dem Kaiser zur Verfügung zu stellenden Aufwandsbeiträge der Einzelstaaten zur Reichskasse fortgezahlt werden müssen, wobei zur Berechnung der Beiträge die in Art. 60 einstweilen festgestellte Friedenspräsenzstärke bis zu deren reichsgesetzlicher Abänderung festzuhalten ist. Nach Abs. 3, 4 soll über die Verausgabung jener Beiträge für das Reichsheer und dessen Einrichtungen im Etatsgesetze Bestimmung getroffen werden, bei dessen Feststellung die reichsverfassungsgemäß feststehende Organisation des Reichsheeres zugrunde zu legen ist. Dies will nach Abschn. XII sagen, daß der Aufwand für das gesamte Reichsheer laut Art. 69 auf den Reichshaushalts-Etat gebracht und nach Maßgabe des Art. 70 aus den eigenen Einnahmen des Reichs ev. durch Matrikularbeiträge der Bundesstaaten zur Reichskasse aufgebracht werden soll.

Diese Vorschriften müssen als ein Ganzes aufgefaßt werden; sie regeln die Behandlung der Reichsmilitärausgaben in bezug auf die verschiedenen Stadien der Sicherstellung und Verausgabung der Aufwandsmittel. Manche Schriftsteller wollen den Abs. 2 als beseitigt ansehen, nachdem das Pauschquantum (Abs. 1) durch die jährliche etatsmäßige Veranschlagung der Militärausgaben ersetzt sei (vgl. G. Meyer § 209, Seydel, Note zu Art. 62, Zorn § 43). Allein dieser Umstand berührt nicht die eigentliche Bedeutung des Abs. 2, sondern nur den Abs. 3. Der Art. 62 ist gelegentlich der Schlußberatung der Norddeutschen Bundesverfassung gegenüber dem Regierungsentwurf aus einem Antrage der Abg. Herzog Ujest-v. Bennigsen als Kompromiß zwischen Regierungen und Reichstag zustande gekommen, insofern die Regierungen statt dauernder Feststellung der Friedenspräsenzstärke in Aufnahme des Abs. 3 gewilligt haben, dafür aber der Reichstag im

Sinne des Abs. 2 zugestanden hat, daß zur Sicherung der für den Heeresaufwand erforderlichen Reichseinnahmen auf alle Fälle mindestens die dem Abs. 1 entsprechenden Beiträge zur Reichskasse fortgezahlt werden müssen, analog dem Art. 109 der Preußischen Verfassungsurkunde v. 31. Jan. 1850 (vgl. Sten. Verh. des konstituierenden Reichst. v. 1867 S. 717ff.). Sonach läßt sich eine stillschweigende Beseitigung des Abs. 2 nicht folgern. Sollte ungeachtet des Abs. 3 die Reichsregierung die ihr laut Abs. 2 zur Verfügung gestellten Beiträge, ohne daß ein Etatsgesetz zustande gekommen, verausgaben, so müßte sie gemäß Art. 69 beim Reichstage Indemnität nachsuchen. Der Abs. 4 zielt auf Berücksichtigung der gemäß Art. 60, 61, 63 Abs. 5 geschaffenen Organisation des Reichsheeres beim Ausgabe-Etat des Reichsheeres ab.

II. Der Art. 62 findet auf Württemberg nur nach Maßgabe der MilKonvention v. 21./25. Nov. 1870, auf Bayern laut Bündnisvertr. v. 23. Nov. 1870 zu III § 5 überhaupt nicht Anwendung.

Artikel 63.

Die gesamte Landmacht des Reichs wird ein einheitliches Heer bilden, welches in Krieg und Frieden unter dem Befehle des Kaisers steht.

Die Regimenter ꝛc. führen fortlaufende Nummern durch das ganze Deutsche Heer. Für die Bekleidung sind die Grundfarben und der Schnitt der Königlich Preußischen Armee maßgebend. Dem betreffenden Kontingentsherrn bleibt es überlassen, die äußeren Abzeichen (Kokarden ꝛc.) zu bestimmen.

Der Kaiser hat die Pflicht und das Recht, dafür Sorge zu tragen, daß innerhalb des Deutschen Heeres alle Truppenteile vollzählig und kriegstüchtig vorhanden sind, und daß Einheit in der Organisation und Formation, in Bewaffnung und Kommando, in der Ausbildung der Mannschaften, sowie in der Qualifikation der Offiziere hergestellt und erhalten wird. Zu diesem Behufe ist der Kaiser berechtigt, sich jederzeit durch Inspektionen von der Verfassung der einzelnen Kontingente zu überzeugen und die Abstellung der dabei vorgefundenen Mängel anzuordnen.

Der Kaiser bestimmt den Präsenzstand, die Gliederung und Einteilung der Kontingente des Reichsheeres, sowie die Organisation der Landwehr, und hat das Recht, innerhalb des Bundesgebiets die Garnisonen zu bestimmen, sowie die kriegsbereite Aufstellung eines jeden Teiles des Reichsheeres anzuordnen.

Behufs Erhaltung der unentbehrlichen Einheit in der Administration, Verpflegung, Bewaffnung und Ausrüstung aller Truppenteile des Deutschen Heeres sind die bezüglichen, künftig ergehenden Anordnungen für die Preußische Armee den Kommandeuren der übrigen Kontingente, durch den Artikel 8 Nr. 1 bezeichneten Ausschuß für das Landheer und die Festungen, zur Nachachtung in geeigneter Weise mitzuteilen.

Nachdem die Einheitlichkeit des Reichsheeres durch Art. 57 bezüglich der allgemeinen Wehrpflicht, durch Art. 58 bezüglich der gleichmäßigen Tragung der Kosten und Lasten des Kriegswesens, durch Art. 59 bezüglich des Militärdienstes, durch Art. 60 bezüglich der Friedenspräsenzstärke des Heeres, durch Art. 61 bezüglich der gleichmäßigen Militärgesetzgebung, durch Art. 62 bezüglich der Beschaffung, Feststellung und Verausgabung der Heeresaufwandsmittel geregelt worden, geht Art. 63 (in Verbindung mit Art. 64, 65) dazu über, jene Einheitlichkeit in betreff der Leitung, Organisation, Formation, Verwaltung, Ausbildung und Ausrüstung näher auszugestalten.

Abs. 1.

Diese Ausgestaltung wird eingeleitet durch den Grundsatz des Abs. 1, daß die gesamte Landmacht des Reichs ein einheitliches Heer bilden soll, das in Krieg und Frieden unter dem Oberbefehle des Kaisers steht. Einheitlichkeit, Oberbefehl.

Dieser Grundsatz ist seinem Wortsinn nach unzweideutig und findet in dem kaiserlichen Oberbefehl naturgemäß noch eine gewisse Stütze. Trotzdem bestehen, wie sich bei Erörterung der Abs. 2—5 des Art. 63 (in Verbindung mit Art. 64—66) ergeben wird, die erheblichsten Zweifel darüber, ob das Deutsche Heer nicht vielmehr als ein Kontingentsheer anzusehen ist.

Abs. 2.

Der Abs. 2 trifft Bestimmung über die Bezeichnung und Bekleidung der Regimenter im Reichsheere.

a. Dies führt auf die Formation des Heeres. Von deren Grundzügen ist sonst in der Reichsverfassung selbst keine Rede. Hierüber haben erst nachträgliche Reichsgesetze Normen aufgestellt. Dies ist zunächst geschehen durch das Reichsmilitärgesetz v. 2. Mai 1874 (RGBl. S. 45), welches laut seiner Motive gerade wegen seines Charakters als Grundgesetz der militärischen Organisation des Reichs seinen Namen erhalten hat. In §§ 2, 3 waren für Friedenszeiten formiert die Infanterie in 469 Bataillonen, die Kavallerie in 465 Eskadrons, die Feldartillerie in 300 Batterien, die Fußartillerie in 29, die Pioniertruppe und der Train in je 18 Bataillonen, und zwar die Bataillone regelmäßig zu 4, beim Train zu 2—3 Kompagnien, ferner ein Regiment in der Regel zu 3 Bataillonen Infanterie, 5 Eskadrons Kavallerie, 2—3 Abteilungen bzw. Bataillonen Artillerie, eine Brigade zu 2—3 Regimentern, eine Division zu 2—3 Brigaden Infanterie und Kavallerie, endlich ein Armeekorps zu 2—3 Divisionen mit entsprechenden Artillerie-, Pionier- und Trainformationen, dergestalt, daß von Bayern 2, von Sachsen und Württemberg je 1, von Preußen mit den übrigen Staaten 14, zusammen 18 Armeekorps aufgestellt werden sollten. Dagegen war in § 6, entsprechend dem Art. 63 Abs. 4 der Reichsverfassung, die Kriegsformation dem Kaiser überlassen. — In den späteren Reichsgesetzen über die Änderung des Reichsmilitärgesetzes und über die Friedenspräsenzstärke (vgl. die Noten zu Art. 60, 61) sind obige Friedensformationen zwar in den allgemeinen Grundzügen beibehalten, jedoch in ihren Ziffern mit der Steigerung der Friedenspräsenzstärke allmählich miterhöht worden. Heeresformation.

Nach dem neusten Reichsgesetz über die Friedenspräsenzstärke v. 15. April

1905 (RGBl. 1905 S. 247) ist im Anschluß an die dort festgesetzte Friedenspräsenzstärke, welche v. 1. April 1905 ab als Jahresdurchschnittsstärke allmählich und bis Ende des Rechnungsjahres 1910 auf 505839 Mannschaften erhöht werden soll (vgl. die Note I zu Art. 60), bestimmt, daß die Zahl der Formationen bei der Infanterie 633 Bataillone, bei der Kavallerie 510 Eskadrons, bei der Feldartillerie 574 Batterien, bei der Fußartillerie 40 Bataillone, bei den Pionieren 29 Bataillone, bei den Verkehrstruppen 12 Bataillone, bei dem Train 23 Bataillone betragen soll.

Aus dieser reichsgesetzlichen Entwicklung ergibt sich, daß die vorbezeichneten Formationen als dauernder Rahmen für die Vorbereitung und Ausfüllung zum Kriege (Wehrgef. v. 9. Nov. 1867 § 4, ReichsMilGes. v. 2. Mai 1874 § 6) gedacht sind. Somit bildet die Grundlage des Heeres ein verschiedenfach abgestuftes Kadresystem.

Zu diesen Kadres sind naturgemäß behufs Befehligung und Ausbildung der Mannschaften Offiziere, Sanitätsoffiziere, Unteroffiziere, Militärbeamte ꝛc. benötigt. Von denselben handelt der § 4 des Reichsmilitärgesetzes v. 2. Mai 1874, wobei er aber die Festsetzung der erforderlichen Friedensstärke dem Reichsetatsgesetz überläßt (Abs. 5 a. a. O).

b, Der Abs. 2 bestimmt nun im einzelnen, daß die Regimenter durch das ganze Reichsheer fortlaufende Nummern führen, und für die Uniformen Grundfarben und Schnitt der Preußischen Armee maßgebend sein, die äußeren Abzeichen (Kokarden ꝛc.) der Bestimmung des Kontingentsherrn vorbehalten bleiben sollen. Zu letzterer Vorschrift ist ein Abkommen der vier selbständigen Kontingentsherren vom Jahre 1897 getreten, wonach alle Kontingentstruppen die Deutsche Kokarde neben der Landeskokarde tragen sollen (vgl. Preuß. V. v. 22. März 1897, ArmVerordnBl., Extranummer).

Abs. 3—5.

In diesen Absätzen werden die Rechte und Pflichten, die dem Kaiser aus dem Oberbefehl (Kommandogewalt) gegenüber dem Deutschen Heere erwachsen, näher bestimmt.

a, Nach Abs. 3 hat der Kaiser dafür Sorge zu tragen, daß innerhalb des Deutschen Heeres alle Truppenteile vollzählig, kriegstüchtig und in Organisation, Formation, Bewaffnung, Kommando, Ausbildung der Mannschaften und Qualifikation der Offiziere einheitlich sind und bleiben; und er darf zu diesem Behuf jederzeit die einzelnen Kontingente inspizieren und die Abstellung vorgefundener Mängel anordnen.

b, Nach Abs. 4 hat der Kaiser beim Reichsheere den gesamten Effektiv-Präsenzstand (vgl. Note zu Art. 60), bei den Kontingenten den gleichen Präsenzstand, die Gliederung und Einteilung, die Organisation der Landwehr und die Garnisonen innerhalb des Bundesgebiets zu bestimmen, und er darf die kriegsbereite Aufstellung jedes Reichsheerteiles anordnen. Naturgemäß hat er dabei die durch Reichsgesetze festgestellten Regeln über Friedenspräsenzstärkte, Heeresorganisation und Formation, Wehrpflicht (vgl. Wehrgef. § 6 Abs. 5 und RMilGes. § 6; früher Preuß. Ges. v. 3. Sept. 1814, GS. S. 79) usw. zu berücksichtigen.

c, Nach Abs. 5 sollen zur Erhaltung der unentbehrlichen Einheit in Verwaltung, Verpflegung, Bewaffnung und Ausrüstung aller Heeresteile die hierauf bezüglichen für die Preußische Armee künftig ergehenden Anordnungen den Kommandeuren der übrigen Kontingente durch den entsprechenden Bundesratsausschuß (Art. 8 Nr. 1) zur Nachachtung mitgeteilt werden.

Gesamtergebnis aus Art. 63.

Prüft man den Art. 63 im Zusammenhange und unter Berücksichtigung der übrigen Art. des Abschn. XI und der dazu ergangenen Reichsgesetze, so läßt sich m. E. die Auffassung, zu der der bloße Wortlaut des Art. 63 Abs. 1 berechtigen könnte, nämlich, daß das Deutsche Heer ein einheitliches sei, nicht völlig aufrecht erhalten. Mindestens steht sie der Annahme nicht entgegen, daß das Deutsche Heer sich aus Kontingenten der Bundesstaaten zusammensetze, unter selbständiger Verwaltung der Kontingentsstaaten. Man kann hierbei zugeben, daß der allgemeine Grundsatz des Abs. 1 von der Einheitlichkeit des Heeres eine gewisse Bestärkung findet in dem ebendort festgesetzten kaiserlichen Oberbefehle für Krieg und Frieden, in der gemäß Abs. 2 durchlaufenden Nummernfolge aller Deutschen Regimenter, in der Gemeinschaftlichkeit der Militärgesetzgebung im ganzen Heere (Art. 61, 63 Abs. 5). Aber dies dürfte nicht entscheidend sein. Den Ausschlag gibt folgendes. Zunächst die Abs. 3 und 5 in Art. 63; denn die Vorschrift des Abs. 3, daß dem Kaiser die Sorge für Vollzähligkeit und Kriegstüchtigkeit, für gleichmäßige Organisation, Formation, Bewaffnung, Ausbildung der Mannschaften und Qualifikation der Offiziere bei allen Truppenteilen des Deutschen Heeres obliege, und er zu diesem Zwecke jederzeit die einzelnen Kontingente inspizieren und die Abstellung etwaiger Mängel anordnen dürfe, hätte bei Annahme eines in Bestand und Verwaltung einheitlichen Reichsheeres ebensowenig Sinn, wie die Vorschrift des Abs. 5, daß zur Erhaltung der unentbehrlichen Einheit in Administration, Verpflegung, Bewaffnung und Ausrüstung aller Truppenteile des Deutschen Heeres die künftigen Anordnungen für die Preußische Armee den übrigen Kontingenten zur Nachachtung mitgeteilt werden sollten. Dazu treten die Bestimmungen der Art. 64, 66. Danach ist der Fahneneid dem Kontingentsherrn seitens der Mannschaften und der seiner Ernennung unterstehenden Offiziere zu leisten, wenn auch zugleich unter Gelöbnis des Gehorsams für den Kaiser, und die Kontingentsherren sind Chefs aller Truppenteile ihres Gebiets, mit dem Rechte der Inspizierung und der Verwendung zu polizeilichen Zwecken. Schließlich ist auch von Bedeutung, daß die Reichsverfassung wie sonstige Reichsgesetze (z. B. das RBeamtenges. v. 31. März 1873, RGBl. S. 61) die Organisation besonderer Militär-Verwaltungsbehörden vermissen lassen und die Verwaltung der einzelnen Kontingente den betreffenden Kriegsministern überlassen, womit die verschiedenen Militärkonventionen übereinstimmen. — Freilich muß hierbei anerkannt werden, daß die den Kontingentsstaaten noch zustehende Militärverwaltung immerhin nach mehrfachen Richtungen beschränkt ist, und insbesondere (abgesehen von gewissen Sonderabkommen) auf Rechnung des Reichs und als Teil des Reichsetatswesens erfolgt. Dies ergibt sich aus Art. 58, 62, 67 und Abschn. XII.

Reichs- oder Kontingentsheer.

In der Theorie herrscht über obige Frage der Militärverfassung eine lebhafte Meinungsverschiedenheit. Der obigen Auffassung stimmen wesentlich zu

Laband §§ 95, 99; Seydel, Komm. zu Art. 63; Denkschrift des Fürsten Bismarck im Arch. f. öff. R. IV S. 150; Hecker in v. Stengels Wörterb. Bd. I; Gümbel, Bund.Feldherrn-Amt u. Mil.Hoheit S. 164; Müller, Teilung der Mil.Hoheit S. 80. A. M. G. Meyer, VerwR. II S. 38; Schulze II S. 253; Zorn §§ 37, 38; Arndt, Note zu Art. 63; Thudichum, Grundlagen der D. Heeresverfassung S. 87; Brockhaus, Heer u. Kontingente S. 214; Bornhak, Preuß. StaatsR. I S. 39. — Dagegen hat obige Ansicht durchweg die Praxis hinter sich, sowohl der gesetzgebenden Faktoren des Reichs, indem das Reichsetatswesen allezeit im Einklang damit gehandhabt ist, als der Rechtsprechung (vgl. RG. in ZivS. 20 S. 148, auch 8 S. 1, 24 S. 37, 35 S. 13, 42 S. 66, 43 S. 12). Wegen des Reichsfiskus s. die Vornote zu Abschn. XII.

Hinsichts Bayerns und Württembergs s. die Schlußbestimmung zu Abschn. XI.

Artikel 64.

Alle Deutsche Truppen sind verpflichtet, den Befehlen des Kaisers unbedingte Folge zu leisten. Diese Verpflichtung ist in den Fahneneid aufzunehmen.

Der Höchstkommandierende eines Kontingents, sowie alle Offiziere, welche Truppen mehr als eines Kontingents befehligen, und alle Festungskommandanten werden von dem Kaiser ernannt. Die von Demselben ernannten Offiziere leisten Ihm den Fahneneid. Bei Generalen und den Generalstellungen versehenden Offizieren innerhalb des Kontingents ist die Ernennung von der jedesmaligen Zustimmung des Kaisers abhängig zu machen.

Der Kaiser ist berechtigt, behufs Versetzung mit oder ohne Beförderung für die von Ihm im Reichsdienste, sei es im Preußischen Heere, oder in anderen Kontingenten zu besetzenden Stellen aus den Offizieren aller Kontingente des Reichsheeres zu wählen.

Der Art. 64 setzt in Anknüpfung an Art. 63 die Abgrenzung der dem Kaiser aus dem Oberbefehle (Kommandogewalt) erwachsenden Rechte gegenüber den Kontingenten fort; und zwar in bezug auf Gehorsamspflicht aller Deutschen Truppen (Abs. 1), wie auf Ernennung und Versetzung gewisser höchster Offiziere (Abs. 2, 3).

Abs. 1.

Der Abs. 1 verpflichtet alle Deutschen Truppen, den Befehlen des Kaisers (Art. 63 Abs. 1) unbedingt Folge zu leisten; und diese Verpflichtung soll im Fahneneid Aufnahme finden.

a, Was der Fahneneid bedeutet, und wem derselbe zu leisten, ist nicht ausdrücklich bestimmt, ergibt sich aber stillschweigend aus dem Zusammenhange des Art. 64 mit Art. 66 und anderen Reichsmilitärgesetzen, und führt auf die zu Art. 63 Note III erörterte Zusammensetzung des Reichsheeres aus mehreren in Verwaltung, Verpflegung, Bewaffnung und Ausrüstung selbständigen Kontingenten zurück. Daneben berührt er die weitere Frage, wem überhaupt die Militärpflicht (Art. 57, 59, 3 Abs. 5) zu leisten ist.

In dieser Beziehung ist es eine Konsequenz des Kontingentsprinzips, daß die Militärpflicht, wenn auch mittelbar für das Reich, so doch unmittelbar in einem Kontingente geleistet wird. Welches Kontingent dies ist, bestimmt sich nach dem Wehrgesetz v. 9. Nov. 1867, §§ 9, 10, 17 und dem ReichsMilGesetz v. 2. Mai 1874 § 12. wonach, abgesehen von der Befugnis des Kaisers, über den Ersatz der Bundesstaaten Verfügung zu treffen, die Wehrpflichtigen der Regel nach in den Bezirken ihres dauernden Aufenthalts der Gestellung und Aushebung unterliegen, unter Umständen aber auch das Kontingent und den Truppenteil ihrer Diensterfüllung selbst bestimmen dürfen. Andererseits gilt reichsverfassungsgemäß der Grundsatz, daß der Militärdienst dem Staate, dem der Militärpflichtige angehört, zu leisten ist. Der Art. 3 Abs. 5 bestimmt, daß die Erfüllung der Militärpflicht im Verhältnis zum Heimatslande im Wege der Reichsgesetzgebung geordnet werden soll. Hierfür war bereits der soeben bezeichnete Grundsatz zum Ausdruck gebracht in dem zwischen dem Norddeutschen Bunde und Baden geschlossenen Vertrage v. 25. Mai 1869 (BGBl. S. 676) Art. 2, wonach es Angehörigen jedes Kontrahenten freistehen soll, im Gebiete des anderen Kontrahenten ihre Militärpflicht mit der Wirkung zu erfüllen, daß sie damit ihrer Verpflichtung zum aktiven Dienst in ihrem Heimatstaate genügen. In dem gleichen Sinne haben dann auch das ReichsMilGesetz v. 2. Mai 1874 in §§ 9 Abs. 4, 12, laut Fassung des Ges. v. 6. Mai 1880 (RGBl. S. 103), wie das ErsatzverteilGes. v. 26. Mai 1893 (RGBl. S. 185) Art. II (vgl. WehrO. v. 22. Juli 1901 § 52) angeordnet, daß Bundesstaaten mit besonderen Armeekorps im Frieden zur Rekrutengestellung für andere Armeekorps nur in dem Maße herangezogen werden dürfen, als Angehörige anderer Staaten bei ihnen nach § 12 (s. oben) zur Aushebung gelangen. Daraus ergibt sich, daß unter den Bundesstaaten mit selbständiger Kontingentsverwaltung ein Ausgleich betreffs solcher Rekruten stattfindet, die in einem anderen Bundesstaate, als in demjenigen ihrer Staatsangehörigkeit dienen (vgl. Sten. Reichst.Ber. 1874 I. Sess. S. 841).

b, Dies vorausgeschickt, erscheint es folgerecht, wenn man den Art. 64 Abs. 1 dahin auslegt, daß der Fahneneid nicht dem Kaiser, sondern dem Landesherrn (Fürsten, Senat) geleistet, und darin nur zugleich die Gehorsamsverpflichtung für den Kaiser aufgenommen werden soll. Es entspricht das eben dem staatsrechtlichen Verhältnis der Militärpflicht zum Heimatsstaate. Eine weitere Folge ist, daß in Fällen, wo nach obigem der Kontingentsherr nicht mit dem Landesherrn identisch ist, doch dem letzteren der Fahneneid gebührt. Dieser Eid enthält das Treugelöbnis eines Landesangehörigen für den Soldatendienst gegenüber dem Landesherrn. Damit ist das anzufügende Gehorsamsgelöbnis gegenüber dem Kaiser als Oberbefehlshaber des Reichsheeres wohl vereinbar. Dem entsprechen auch die Formalien beim Fahneneide für die einzelnen Kontingentsstaaten (vgl. v. Helldorff, Dienstvorschriften Bd. II T. 1, auch die in der Vornote II, B gegen Ende bezeichneten Militärkonventionen). Es ist erklärlich, daß die Anhänger der Theorie von der Einheit des Reichsheeres (G. Meyer, Schulze, Hänel, Arndt, Bornhak, Brockhaus, s. zu Art. 63) die rechtliche Bedeutung der vorstehenden Erörterung nicht gelten lassen wollen.

Abs. 2.

Eine Modifikation des Grundsatzes des Abs. 1 ist in Abs. 2 für hohe Offiziere vorgesehen, was sich aus der militärischen Bedeutung derselben begreift. Dabei wird jedoch unterschieden zwischen dem Höchstkommandierenden eines Kontingents, allen Offizieren, welche Truppen mehr als eines Kontingents befehligen und allen Festungskommandanten einerseits, und zwischen Generälen und Generalsstellen versehenden Offizieren innerhalb eines Kontingents andererseits. Erstere Offiziere sollen unmittelbar vom Kaiser ernannt werden, und demzufolge auch ihm den Fahneneid leisten. Bei letzteren Offizieren dagegen verbleibt, da sie nur innerhalb des Kontingents fungieren, dem Kontingentsherrn die Ernennung, nur daß deren Wirksamkeit von der Zustimmung des Kaisers abhängig ist. Vgl. auch die Militärkonvention mit Sachsen Art 7.

Abs. 3.

Schließlich ist dem Kaiser die Berechtigung verliehen, für die von ihm im Reichsdienst zu besetzenden Offizierstellen, gleichviel ob im Preußischen Heer oder in anderen Kontingenten (Abs. 2), Versetzungen, mit oder ohne Beförderung aus den Offizieren aller Kontingente vorzunehmen.

Artikel 65.

Das Recht, Festungen innerhalb des Bundesgebiets anzulegen, steht dem Kaiser zu, welcher die Bewilligung der dazu erforderlichen Mittel, soweit das Ordinarium sie nicht gewährt, nach Abschnitt XII beantragt.

Laband § 100; Arndt § 49; Zorn § 43; G. Meyer, VerwaltR. II S. 57.

Festungen. **I.** Der Art. 65 legt dem Kaiser das Recht bei, Festungen innerhalb des Reichsgebiets anzulegen.

a, Das will besagen, subjektiv, daß dieses Recht dem Reiche (unter Ausübung durch den Kaiser) zustehen soll, und zwar ausschließlich und unabhängig von den gesetzgebenden Reichsfaktoren und den Einzelstaaten, objektiv, daß das Recht sich nicht bloß auf die Anlegung, sondern auch auf Veränderungen und Erweiterungen bereits angelegter Festungen (und Kriegshäfen) erstreckt (vgl. RGes. v. 30. Mai 1873 über die Geldmittel zur Umgestaltung und Ausrüstung Deutscher Festungen, RGBl. S. 123, Reichsfestungsbaufonds). Bei Ausübung des Rechts kommt dem Kaiser der Oberbefehl nach Maßgabe der Art. 63, 64 zu.

b, Die Kosten und Lasten für die Anlegung von Festungen sind nach Art. 58, 65, 69—72, wie beim Reichskriegswesen überhaupt; von allen Bundesstaaten und deren Angehörigen gleichmäßig zu tragen, und die Kosten unterliegen zugleich der etatsmäßigen Behandlung (vgl. noch RGes. über die Französ. Kriegskost.Entschäd. v. 8. Juli 1872, RGBl S. 289).

c, Das Eigentum an allen im Reichsgebiet angelegten und noch anzulegenden Festungen nebst Grundstücken, Gebäuden und Ausrüstung steht gemäß § 1 des RGes. über die Rechtsverhältnisse der zum dienstlichen Gebrauch einer Reichsverwaltung bestimmten Gegenstände v. 25. Mai 1873 (RGBl. S. 113) dem

Deutschen Reiche zu. Bei der Ausübung seines Rechts kommt dem Reiche das RGes. über die Beschränkungen des Grundeigentums in der Umgebung von Festungen v. 21. Dez. 1871 (RGBl. S. 459; vgl. Note zu Art. 58; sog. Rayongesetz) zugute. Zum Erwerbe der für Anlegung von Festungen erforderlichen Grundstücke usw. müssen dem Reiche aber auch die gesetzlichen Zwangsrechte (Expropriation) zur Verfügung stehen, und zwar, soweit es an Reichsrecht mangelt, nach Landesrecht.

Im übrigen wird durch das Recht des Reichs, bzw. Kaisers, aus Art. 65 die territoriale Souveränität nicht berührt, wie dies in der Militärkonvention mit Sachsen v. 7. Febr. 1867 Art. 8 besonders zum Ausdruck gebracht ist.

II. Auch gegenüber Art. 65 sind gemäß der Schlußbestimmung zu Abschn. XI die Bayern und Württemberg vorbehaltenen Sonderrechte wirksam. Bayern, Württemberg.

Für Bayern bleibt nach dem Bündnisvertrage v. 23. Nov. 1870 zu III § 5 X der Art. 65 überhaupt außer Anwendung, und die Anlage neuer Festungen im Interesse der gesamtdeutschen Verteidigung ist von vertraglicher Zustimmung Bayerns abhängig gemacht (vgl. noch Schlußprotokoll zu XIV § 1). Auf Württemberg findet nach Art. 7 der MilKonvention v. 21./25. Nov. 1870 der Art. 65 nur mit der Maßgabe Anwendung, daß der Kaiser sich über dessen Ausübung zuvor mit dem Könige von Württemberg verständigt. Jedoch sind bezüglich der teils auf Bayerischem, teils auf Württembergischem Gebiete stehenden Festung Ulm die Sonderrechte dieser Staaten durch Staatsverträge zwischen denselben und Preußen v. 16. Juni 1874 (vgl. MilGesetze des D. Reichs Abt. I S. 175) eingeschränkt.

Artikel 66.

Wo nicht besondere Konventionen ein anderes bestimmen, ernennen die Bundesfürsten, beziehentlich die Senate, die Offiziere ihrer Kontingente, mit der Einschränkung des Artikels 64. Sie sind Chefs aller ihren Gebieten angehörenden Truppenteile und genießen die damit verbundenen Ehren. Sie haben namentlich das Recht der Inspizierung zu jeder Zeit und erhalten, außer den regelmäßigen Rapporten und Meldungen über vorkommende Veränderungen, behufs der nötigen landesherrlichen Publikation, rechtzeitige Mitteilung von den die betreffenden Truppenteile berührenden Avancements und Ernennungen.

Auch steht ihnen das Recht zu, zu polizeilichen Zwecken nicht bloß ihre eigenen Truppen zu verwenden, sondern auch alle anderen Truppenteile des Reichsheeres, welche in ihren Ländergebieten disloziert sind, zu requirieren.

In Ergänzung des Art. 64 regelt der Art. 66 die den Fürsten bzw. Senaten der Bundesstaaten noch zustehenden Militärhoheitsrechte; jedoch nur subsidiär, d. h. mangels abweichender Bestimmungen in besonderen Konventionen.

Abs. 1.

1a, Von Militärkonventionen wird in der Reichsverfassung, abgesehen von der in der Schlußbestimmung zu Abschn. XI in Bezug genommenen Württem- MilKonventionen.

bergischen Konvention v. 21./25. Nov. 1870, nur in dem kurzen Eingange zu Art. 66 gesprochen. Daraus ergibt sich, daß bei den Konventionen an vertragliche Verschiebungen der nach Art. 64, 66 erfolgten Abgrenzung der Militärhoheitsrechte zwischen Reich, bzw. Kaiser (Bundesfeldherrn) und Einzelstaaten gedacht ist. Eine Zusammenstellung der heute bestehenden Konventionen ist in der Vornote II B zu Abschn. XI gegeben. In der Tat handelt es sich in ihnen um Verschiebungen obiger Art, teils in engerem, teils in weiterem Umfange. Dem Entwicklungsgange der Deutschen Verhältnisse entsprechend, geschieht dies in doppelter Richtung. Einerseits haben die Bundesstaaten von der ihnen vor Errichtung des Norddeutschen Bundes zustehenden vollen Militärhoheit sich möglichst viel zu erhalten gesucht. Andererseits sind sie bestrebt gewesen, die Ausübung der ihnen noch belassenen Militärhoheitsrechte dem Reiche, bzw. Preußen zu Händen des kaiserlichen Bundesfeldherrn, bzw. Königs von Preußen zu überlassen. Die am weitesten, nämlich bis zu mehr oder minder vollständiger Selbstverwaltung ihrer Kontingente gehenden Konzessionen haben Sachsen, Bayern und Württemberg erlangt. Die Konvention zwischen Sachsen und Preußen ist bereits am 7. Febr. 1867, also vor der Wirksamkeit der Norddeutschen Bundesverfassung geschlossen, und demnächst weder in dieser, noch in der Reichsverfassung erwähnt worden. Die Konvention zwischen Bayern und dem Norddeutschen Bunde, die, ohne besonderen Rechtsakt, in den Bündnisvertrag v. 23. Nov. 1870 zu III § 5 nebst Schlußprotokoll eingefügt ist, wie die Konvention mit Württemberg, die gleichzeitig mit dem Bündnisvertrage v. 21./25. Nov. 1870 und als Teil des letzteren errichtet ist, sind in der Schlußbestimmung obiger Verfassungen zu Abschn. XI ausdrücklich angezogen. Haben danach die Konventionen mit Bayern und Württemberg die Eigenschaft von verfassungsmäßigen Sonderrechten im Sinne des Art. 78 Abs. 2, so geht doch der Konvention mit Sachsen, was freilich manche bestreiten (vgl. Hänel, Studien S. 247; G. Meyer, Staatsrecht § 197 u. a.), die gesetzliche Wirksamkeit um so weniger ab, als dieselbe nicht bloß durch langjährige Übung, sondern auch als Grundlage bei der gesetzlichen Handhabung des Reichsetatswesens stillschweigende Anerkennung gefunden hat.

b, Der Passus „wo nicht besondere Konventionen ꝛc." läßt nicht bloß bestehende, sondern auch künftige Konventionen zu, wie ja die meisten der heute wirksamen Konventionen erst nach Verkündung der Norddeutschen Bundesverfassung geschlossen sind. In betreff der sonstigen Voraussetzungen solcher staatsvertraglichen Konventionen kommt es darauf an, ob sie bloß zwischen Einzelstaaten oder zwischen Einzelstaaten und dem Reiche geschlossen werden. Ersterenfalls berühren sie das rechtliche Interesse des Reichs unmittelbar nicht; und wieweit die Zustimmung der einzelstaatlichen Landtage erforderlich ist, bestimmt sich nach der jeweiligen Verfassung der beteiligten Staaten. Letzterenfalls kann die Zustimmung sowohl der einzelstaatlichen Landtage, als auch die Zustimmung des Bundesrats und des Reichstags in Frage kommen (vgl. Preußische Verfassungsurkunde v. 31. Jan. 1850 Art. 99, 103; Reichsverfassung Art. 69, 73).

2. Mangels abweichender Konventionsbestimmungen beläßt nun Abs. 1 den Bundesfürsten bzw. Senaten das Recht, die Offiziere ihrer Kontingente, soweit nicht Art. 64 Abs. 2 Satz 2 und Abs. 3 entgegensteht, zu ernennen, ferner die Eigenschaft als Chef aller ihren Gebieten angehörenden Truppen, den Genuß

der damit verbundenen Ehrenrechte, insbesondere das Recht auf jederzeitige Inspektion und auf rechtzeitige Mitteilung der vorkommenden Veränderungen und Ernennungen, die für jene Truppenteile von Interesse sind.

Abs. 2.

Von Bedeutung ist, daß nach Abs. 2 den Bundesfürsten bzw. Senaten auch das Recht belassen ist, zu polizeilichen Zwecken ihre eigenen Truppen zu verwenden und alle sonstigen in ihren Gebieten dislozierten Truppen des Reichs zu requirieren. Welche Zwecke dies sind, und unter welchen Voraussetzungen und Formen Verwendung und Requisition erfolgt, darüber entscheidet, soweit es an Reichsrecht mangelt, das Landesrecht. In verschiedenen Militärkonventionen sind hierüber auch spezielle Abmachungen getroffen (vgl. Laband IV S. 66 Note 3). Betreffs des Preußischen Landesrechts vgl. besonders den Art. 36 der VerfUrkunde v. 31. Jan. 1850, sowie die V. v. 17. Aug. 1835 (GS. S. 170) und das Ges. v. 20. März 1837 (GS. S. 60). Letztere beiden sind in Württemberg durch V. v. 27. Mai 1878 eingeführt (Württ. RegierBl. S. 125). In Bayern, auf welches Art. 66 nicht Anwendung findet, gilt (nach van Calker, Recht des Militärs zum administrativen Waffengebrauch, 1888) ein Bayr. Gesetz v. 4. Mai 1851 nebst Garnis.Instr. v. 5. April 1855.

Artikel 67.

Ersparnisse an dem Militäretat fallen unter keinen Umständen einer einzelnen Regierung, sondern jederzeit der Reichskasse zu.

Der Art. 67 schließt sich an Art. 62 an, und bildet eine finanzielle Schutzvorschrift zugunsten der Einheitlichkeit des Deutschen Heeres (vgl. die Noten zu Art. 62). Für Bayern gilt Art. 67 überhaupt nicht (Bündn.Vertrag v. 23. Nov. 1870, III § 5), für Württemberg nur nach Maßgabe der MilKonvention v. 21./25. Nov. 1870 Art. 5.

Artikel 68.

Der Kaiser kann, wenn die öffentliche Sicherheit in dem Bundesgebiete bedroht ist, einen jeden Teil desselben in Kriegszustand erklären. Bis zum Erlaß eines die Voraussetzungen, die Form der Verkündigung und die Wirkungen einer solchen Erklärung regelnden Reichsgesetzes gelten dafür die Vorschriften des Preußischen Gesetzes vom 4. Juni 1851 (GS. S. 451 ff.).

Laband § 97 IV; G. Meyer, VerwaltR. I S. 192; Zorn I S. 198; Arndt S. 471; Hänel I S. 432; Seydel, Komm. zu Art. 68; Brockhaus, Das D. Heer und die Konting. der Einzelstaaten S. 71.

1. Nach Satz 1 des Art. 68 kann der *Kaiser* für den Fall, daß im Bundesgebiete die *öffentliche Sicherheit bedroht* ist, jeden Teil desselben in *Kriegszustand erklären.*

a, Dieses Recht ist dem Kaiser in Abschn. XI über das Reichskriegswesen, und zwar im Anschluß an die den Oberbefehl (Kommandogewalt) des Kaisers in Krieg und Frieden regelnden Art. 63—66 zugesprochen. In Art. 68 der Norddeutschen Bundesverfassung war als Berechtigter der „Bundesfeldherr" hingestellt. Nach Art. 66 Abs. 2 darf das Heer auch für polizeiliche Zwecke verwendet werden, in der Art, daß die Verwendung eigener bzw. requirierter Truppen den Landesherren zusteht. Die Erklärung des Kriegszustandes hat aber, wie aus Note II erhellt, erheblich bedeutsamere Wirkungen, als die Verwendung zu polizeilichen Zwecken. Diese Momente dürften die Annahme rechtfertigen, daß das Recht aus Art. 68 einen Teil der Kommandogewalt des Kaisers bildet und eine Mitberechtigung der Landesherren ausschließt, sowie daß seine Ausübung nicht der staatsrechtlichen (Art. 17), sondern nur der militärischen Verantwortung unterliegt (a. M. v. Mohl, Reichsstaatsr. S. 21 ff.; G. Meyer in Hirths Ann. 1880 S. 347).

b, Voraussetzung des Rechts ist, daß die öffentliche Sicherheit im Bundesgebiet, sei es teilweise oder ganz, bedroht ist. Die Entscheidung darüber, ob diese Voraussetzung vorliegt, muß nach obigem dem Kaiser allein zustehen.

2a, Nach Satz 2 soll bis zum Erlaß eines Reichsgesetzes, welches die Voraussetzungen, die Verkündigungsform und die Wirkungen der Erklärung in Kriegszustand regelt, dafür das Preußische Gesetz v. 4. Juni 1851 (GS. S. 451) über den Belagerungszustand gelten. Also nur insoweit, als Voraussetzungen, Verkündigungsform und Wirkungen der Erklärung in Kriegszustand in Betracht kommen, soll vorläufig das genannte Preußische Gesetz maßgebend sein, während dessen sonstiger Inhalt außer Anwendung bleibt. Zudem wird auch die Anwendung nur eine entsprechende sein können, indem das Ges. v. 4. Juni 1851 auf der Organisation des Preußischen Staates fußt, hingegen das Recht aus Art. 68 einen Bestandteil des kaiserlichen Oberbefehls bildet.

b, Von diesen Gesichtspunkten aus dürften sich für die Anwendung des Ges. v. 4. Juni 1851 folgende leitende Grundsätze ergeben. Gemäß §§ 1, 2 setzt die Erklärung des Kriegs-(Belagerungs-)Zustandes objektiv voraus, entweder, daß im Fall eines Krieges Gebiete vom Feinde bedroht oder schon teilweise besetzt sind, oder, daß im Fall eines Aufruhrs dringende Gefahr für die öffentliche Sicherheit besteht, wogegen subjektiv die a. a. O. vorgesehene Zuständigkeit Preußischer Landesbehörden der Kompetenz des Kaisers wird weichen müssen (a. M. Arndt in Note zu § 1). Nach § 3 ist die Erklärung des Kriegs-(Belagerungs-)Zustandes durch Trommelschlag oder Trompetenschall zu verkünden, und außerdem durch Mitteilung an die Gemeindebehörde, durch öffentlichen Anschlag und öffentliche Blätter ohne Verzug zur allgemeinen Kenntnis zu bringen; die Aufhebung wird durch Anzeige an die Gemeindebehörde und durch öffentliche Blätter zur allgemeinen Kenntnis gebracht. Gegenüber der Ansicht (Arndt, Note zu § 3), daß obige Erklärungsform nur instruktionell sei, darf auf die schwerwiegenden Wirkungen des Belagerungszustandes und auf das Wort „außerdem" in § 3 hingewiesen werden. Laut §§ 4—14 bestehen diese Wirkungen zunächst darin, daß mit der Bekanntmachung des Belagerungszustandes die vollziehende Gewalt auf die vom Kaiser eingesetzten Militärbefehlshaber übergeht, deren Anordnungen für die Landes- und Gemeindebehörden maßgebend sind. Sodann können nach § 5 in Preußen die Verfassungsart. 5—7 (betreffend die persönliche Freiheit, die Unverletzlichkeit der Wohnung, die Unzulässigkeit von Ausnahmegerichten), 27—30 (über Preßfreiheit, Versammlungs- und Vereinsrecht) und 36 (über Verwendung der bewaffneten Macht zu Unterdrückung innerer Unruhen) unter der Form des § 3 suspendiert werden: und Entsprechendes wird in anderen Bundesstaaten geschehen dürfen. Übrigens kommen jetzt zu vorstehenden Art. 5, 6 die Vorschriften der Reichsverfassung Art. 31, das Reichsgesetz über das Paßwesen v. 12. Okt. 1867 § 9 (BGBl. S. 33, Suspension der Paßerteilung), das Reichsges. v. 11. Dez. 1899 über die Verbindung von Vereinen (RGBl. S. 699), die StrPO. §§ 94—112, die ZPO. §§ 188, 761, das Preuß. Ges. v. 12. Febr. 1850 über den Schutz der persönl. Freiheit (GS. S. 45) in Betracht; und an Stelle der obigen Art. 27, 28 (dazu Ges. v. 12. Mai 1851, GS. S. 273) gilt nunmehr das Reichsges. über die Presse v. 7. Mai 1874 (RGBl. S. 65). Die §§ 6, 7 regeln für die Dauer des Belagerungszustandes die Rechtsstellung der Militärpersonen (vgl. dazu MilStrGB. § 9 v. 20. Juni 1872, RGBl. S. 175). In §§ 8, 9 ist für eine Reihe strafbarer Handlungen eine verschärfte Strafe angedroht; doch hat der § 8 seine Wirksamkeit verloren durch § 4 EG. zum StrGB. v. 31. Mai 1870 (BGBl. S. 195). In §§ 10—16 wird für die zu bildenden Kriegsgerichte die Zuständigkeit (vgl. zu Art. 7 der Preuß. VerfUrkunde jetzt den Art. 16 des GVG.) und das Verfahren geregelt. Der § 16 paßt nicht auf den Fall des Art. 68 der Reichsverfassung.

3a, Der Art. 68 gilt nicht für Bayern gemäß der Schlußbestimmung zu Abschn. XI und dem Bündn.Vertrage v. 23. Nov. 1870 zu III § 5.

b, Andererseits ist für Elsaß-Lothringen noch ein besonderes Reichsgesetz v. 30. Mai 1892 über die Vorbereitung des Kriegszustandes erlassen (RGBl. S. 667). Nach diesem auch nur provisorischen Gesetze kann in den Reichslanden für den Fall eines Krieges oder eines unmittelbar drohenden feindlichen Angriffs jeder oberste Militärbefehlshaber bis zum Stabsoffizier herunter zwecks der Verteidigung vorläufig die Ausübung der vollziehenden Gewalt in seinem Bezirk übernehmen; er muß jedoch unverzüglich die kaiserliche Entscheidung über die Erklärung des Kriegszustandes einholen: Jene Übernahme erfolgt durch entsprechende Erklärung gegen die Zivilbehörden, und deren öffentliche ortsübliche Bekanntmachung mit der Wirkung, daß Zivil- und Gemeindebehörden den Anordnungen des Militärbefehlshabers Folge leisten müssen.

Schlußbestimmung zum XI. Abschnitt.

Die in diesem Abschnitt enthaltenen Vorschriften kommen in Bayern nach näherer Bestimmung des Bündnisvertrags vom 23. November 1870 (BGBl. 1871 S. 9) unter III § 5, in Württemberg nach näherer Bestimmung der Militärkonvention vom 21./25. November 1870 (BGBl. 1870 S. 658) zur Anwendung.

Die in dieser, als Bestandteil der Reichsverfassung sich charakterisierenden Schlußbestimmung enthaltenen Sonderrechte Bayerns und Württembergs sind bereits zu den einzelnen Artikeln des Abschn. XI erörtert.

Deren Grundlage, der Bündnisvertrag Bayerns v. 23. Nov. 1870 (eine Militärkonvention einschließend) und die Württembergische Militärkonvention v. 21./25. Nov. 1870, ist schon in der Vornote II B und zu Art. 66 Abs. 1 dargelegt.

XII. Reichsfinanzen.

Zur Übersicht: G. v. Mayr in Conrads staatswiss. Handwörterbuch (2. Aufl.) VI S. 360; Laband §§ 114—132 mit Anhang; G. Meyer §§ 201—211; Schulze Spez. Teil 2. Abt. Kap. III Tit. 1; Zorn §§ 44—50; Arndt §§ 36—44 u. Kommentar; Seydel, Kommentar; H. Preuß, Reichs- u. Landesfinanzen (1894); F. Kestner in Hirths Annalen v. 1903 S. 881.

Vornote.

In Abschn. XII wird das Reichsfinanzwesen eigentlich nur mit Bezug auf den Haushalt, d. h. die fortlaufende Wirtschaftsführung des Reichs geregelt, indem über Beschaffung, Verwaltung und Verwendung der zur Reichswirtschaft erforderlichen Bedarfsmittel (Einnahmen und Ausgaben) kurze Grundsätze aufgestellt werden.

Hierbei ist indes ein wesentlicher Faktor des Finanzwesens, das Reichsvermögen, außer Berücksichtigung geblieben, welches zurückführt auf den Reichsfiskus, d. h. das Reich als vermögensrechtliche Person.

Es erscheint daher angezeigt, hier diese Fragen vom Gesichtspunkt der rechtsgeschichtlichen Entwicklung und der Reichsgesetzgebung aus kurz zu erörtern.

Reichsfiskus. **I. Reichsfiskus** (vgl. außer obigen Schriften noch Laband in Hirths Ann. 1873 S. 408; Seydel in Behrend-Dahns Zeitschr. 7 S. 226; Böhlau, Meckl. LandR. III S. 4; G. Meyer, VerwaltR. § 273; Hänel, Studien I S. 364).

1. Die Reichsverfassung (gleich der des Norddeutschen Bundes) gebraucht die Bezeichnung „Reichsfiskus" nicht, hat aber dessen Begriff im Auge mit den mehrfach (vgl. Art. 38, 39, 49, 51, 52, 53, 62, 67, 70, 73) angewendeten Ausdrücken „Reichskasse" (wie „Staatskasse" zu § 45, II, 14 des Preuß. ALR.) und „gemeinschaftliche Einnahmen und Ausgaben". Die Bezeichnung „Bundes- oder Reichsfiskus" ist erst seit 1870 allmählich in Aufnahme gekommen. Rechtlich ist dies unerheblich. Mit der Begründung als Bundesstaat aus Hoheitsrechten der Einzelstaaten hatten der Norddeutsche Bund bzw. das Reich ohne weiteres zugleich die Stellung einer rechtsfähigen juristischen Person neben den bestehenden Landesfisci erlangt.

2. Vermöge seiner einheitlichen Grundlage kann der Reichsfiskus selbst nur einheitlich sein. Die verschiedenen Stationen, in die man ihn zu Verwaltungszwecken zerlegt, haben nur hierfür, aber nicht rechtliche Bedeutung. So auch die ständige Rechtsprechung; vgl. Preuß. ObTrib (Pl.Beschl.) 20 S. 19, RG. ZivS. 2 S. 392, 21 S. 57, 37 S. 248.

3. Die Frage, auf welchen der dem Reiche überwiesenen Verwaltungsgebiete neben dem Reichsfiskus etwa noch Landesfisci wirksam sind, ist grundsätzlich davon abhängig zu machen, auf welchen jener Gebiete reichsverfassungsgemäß die Verwaltung dem Reich oder den Einzelstaaten selbständig zusteht. Denn

man muß davon ausgehen, daß dem zu einer Verwaltung berechtigten Staate zur Durchführung dieser Aufgabe notwendig auch die Rechte des Fiskus beizulegen sind, da sonst demselben die Erwerbung und Geltendmachung von Privatrechten versperrt bliebe.

a, Jene Zuständigkeit ist bereits gelegentlich der verschiedenen Abschnitte der Reichsverfassung erörtert worden. Das Ergebnis läuft darauf hinaus, daß in bezug auf die Auswärtigen Angelegenheiten, die Reichseisenbahnen, die Post und Telegraphie (abgesehen von Bayern und Württemberg) und die Kriegsmarine einfach dem Reiche die unmittelbare Verwaltung zugewiesen ist, dagegen in bezug auf Zölle, Verbrauchssteuern und Reichsstempelabgaben, wie auf das Kriegswesen ein komplizierteres Rechtsverhältnis obwaltet.

b, Anlangend Zölle, Verbrauchssteuern und Reichsstempelabgaben, ist deren Erhebung und Verwaltung reichsgesetzlich jedem Bundesstaat innerhalb seines Gebiets selbständig überlassen. An dieser Selbständigkeit ändert es auch nichts, daß der Ertrag jener Posten in die Reichskasse fließt. Denn diesen Ertrag bilden nicht die Bruttoeinnahmen, sondern die Nettoeinnahmen, d. h. die gesamten Einnahmen abzüglich der gesetzlichen Steuervergütungen und Ermäßigungen, der Rückerstattungen für unrichtige Erhebungen, der Erhebungs- und Verwaltungskosten. Hierüber erfolgt eine periodische Abrechnung zwischen Einzelstaaten und Reich; aber nur in der Art, daß vom Bundesrat schließlich festgestellt wird, welchen Betrag erstere dem letzteren schulden. Dies ergibt sich aus Art. 36—39 der Reichsverfassung, wie aus den Reichsstempelabgabe-Gesetzen v. 10. Juni 1869 betreffs des Wechselstempels (BGBl. S. 193) § 27 nebst Novellen v. 1. Juli 1881 (RGBl. S. 185) und 14. Juni 1900 (RGBl. S. 275), wie betreffs anderer Reichsstempelabgaben (sog. Reichsstempelgesetz) §§ 54, 55 (vgl. die Noten zu Art. 70). Hieraus muß gefolgert werden, daß, soweit es sich um privatrechtliche Beziehungen der Zölle, Verbrauchssteuern und Reichsstempelabgaben handelt, dafür der Fiskus des beteiligten Einzelstaats, nicht der Reichsfiskus zuständig ist (vgl. RG. 5 S. 34, 11 S. 65, 91, 96, 20 S. 155).

c, Verwickelter liegt die Sache bei der Militärverwaltung. Dies beruht darauf, daß, zufolge der Reichsverfassung, wie zu Art. 63 erörtert worden, das Deutsche Heer aus Kontingenten zusammengesetzt ist, und den Kontingentsstaaten an sich die selbständige Verwaltung ihres Kontingents zusteht, andererseits aber dieses Verwaltungsrecht der Einzelstaaten mancherlei Beschränkungen zugunsten der Einheitlichkeit des Reichsheeres unterworfen ist. Hier tritt die Frage hervor, wie angesichts dieser beiden Momente schließlich das rechtliche Verhältnis von Einzelstaaten und Reich sich stellt. Entscheidend dürfte hierbei, wie z. B. oben, der finanzielle Gesichtspunkt sein. In dieser Beziehung zeigt sich gegenüber dem Gebiete der Zölle, Verbrauchssteuern und Reichsstempelabgaben eine wesentliche Verschiedenheit. Während nämlich dort die Kontingentsstaaten die Erträge in eigener Etatswirtschaft und für eigene Rechnung vereinnahmen und davon nur in Höhe des Nettobetrages Schuldner der Reichskasse werden, erfolgt hier ihre Verwaltung finanziell keineswegs selbständig, vielmehr als Bestandteil der gesetzlichen Etatswirtschaft des Reichs. Denn inmitten dieses Reichsetats werden die für das Deutsche Heer erforderlichen Kosten auch für die Kontingente grundsätzlich nach Betrag und Verwendungszweck festgestellt, mit der Wirkung, daß über die Ausführung die Kontingentsstaaten den gesetzgebenden Faktoren des Reichs Rechnung zu legen haben und etwa erzielte Ersparnisse der Reichskasse zufließen. Diese Lage der Reichsverfassung drängt zu der Annahme, daß die Kontingentsverwaltungen nur für Rechnung des Reichs wirtschaften. Hieraus folgt weiter, daß für einen Landesmilitärfiskus kein Raum ist, es vielmehr nur einen Reichsmilitärfiskus gibt. Andererseits läßt jene Sachlage den Schluß zu, daß den Einzelstaaten innerhalb des Bereichs ihrer Kontingentsverwaltung die gesetzliche Vertretung des Reichs, also auch die Vertretung des Reichsmilitärfiskus zukommt. In diesem Sinne erscheint auch die Reichsverfassung durch die spätere Reichsgesetzgebung ausgebaut. Negativ hat letztere es unterlassen, für die Militärverwaltung eigene oberste und obere Reichsbehörden zu organisieren. Wenn in der auf Grund des ReichsbeamtenGes. v. 31. März 1873 (RGBl. S. 61) § 159 erlassenen Kaiserl. V. v. 23. Nov. 1874 (RGBl. S. 135), jetzt ersetzt durch V. v. 27. Dez. 1899 (RGBl. S. 730), die Kriegsministerien von Preußen, Sachsen und Württemberg (Bayern bleibt nach der Schlußbestimmung zu Abschn. XI der Reichsverfassung außer Betracht) als oberste, die Korpsintendanturen als höhere Reichsbehörden hingestellt sind, so hat das ersichtlich nur die Bedeutung, daß diese Behörden, obwohl Landesbehörden, als Reichsbehörden fungieren sollen. Ferner muß man das Reichsgesetz v. 25. Mai 1873 über die Rechtsverhältnisse der zum dienstlichen Gebrauch einer Reichsverwaltung bestimmten Gegenstände (RGBl. S. 113) gemäß §§ 1, 7 und im Hinblick auf seine Entstehungsgeschichte (s. unten zu II) als auf gleicher Anschauung fußend ansehen, insofern es unter Reichsverwaltung nicht bloß die eigene Verwaltung des Reichs, sondern auch jede aus Reichsmitteln zu unterhaltende Verwaltung versteht. Endlich läßt sich dafür noch heranziehen die Reichsgesetzgebung über die Kriegs- und Friedensleistungen, und über die Versorgung der Militärpersonen (vgl. z. B. die in der Vornote zu Abschn. XI aufgeführten RGesetze v. 13. Juni 1873 (Kriegsleistungen) § 34, v. 21. Dez. 1871 (Rayongesetz) §§ 34 ff., v. 27. Juni 1871 (Militärpensionen) § 116). Besteht nach vorstehendem eine gesetzliche Vertretung des Reichsmilitärfiskus durch die Kontingentsverwaltungen, so werden diese einer besonderen Vollmacht seitens des sonst nach Art. 17 der Reichsverfassung gegebenen Vertreters der Reichsverwaltung, d. h. des Reichskanzlers, nicht bedürfen. Es kann sogar, von dem naturgemäßen Grundsatze aus, daß die öffentlichrechtliche und die privatrechtliche Verwaltung in Einer Hand liegen muß, bezweifelt werden, ob auf dem Gebiete der Militärverwaltung für eine Vertretung des Reichsfiskus seitens des Reichskanzlers noch Raum bleibt. — Schon in den Noten zu Art. 63 ist erwähnt, daß über vorstehende Punkte die Ansichten in der Theorie sehr geteilt sind, und auf die Literatur hingewiesen. Die Rechtsprechung des Reichsgerichts stimmt im ganzen mit obiger Auffassung überein, vgl. RG. in ZivS. 20 S. 148 (mit ausführlicher Begründung), 8 S. 1, 15 S. 37, 24 S. 36, 35 S. 13, 42 S. 66, 43 S. 12.

d, Die Spezialbestimmungen über die Vertretung des Reichsfiskus können hier außer Berücksichtigung bleiben.

Bemerkt wird aber noch, daß mit der Frage nach der vertretungsberechtigten Behörde die Frage nach dem prozessualen Gerichtsstande zusammenhängt, indem nach § 18 ZPO. der letztere sich durch den Sitz der ersteren bestimmt.

4. Da das Reich auf den ihm durch die Reichsverfassung zugewiesenen Verwaltungsgebieten Rechtsnachfolger der Einzelstaaten ist, so muß auch für den Reichsfiskus Kontinuität mit der öffentlich- und privatrechtlichen Stellung der früheren Landesfisci auf jenen Gebieten gelten, soweit nicht abweichende reichsrechtliche Vorschriften bestehen (vgl. Laband § 114 zu IV). Dieser Grundsatz ist an sich auch für die ehedem so bedeutsamen fiskalischen Sonderrechte auf öffentlich- und privatrechtlichem Gebiete wirksam; nur ist für dieselben durch die Reichsgesetzgebung eine wesentliche Einschränkung, namentlich im Bereiche des bürgerlichen Rechts (vgl. z. B. BGB. §§ 46, 88, 89, 928, 981, 1942, 2011, 2104, 2149, EG. Art. 91, 138, 139, GrBO. § 90) und des Zivilprozesses (vgl. z. B. EG. zur ZPO. § 15 Nr. 4, KonkO. §§ 49 Nr. 1, 61 Nr. 2, GKostGes. § 98) vorgesehen. Dagegen gilt der Grundsatz noch für das Gebiet der Besteuerung (vgl. z. B. RGes. v. 25. Mai 1873 [RGBl. S. 113] § 1 Abs. 2, Bankges. v. 14. März 1875 [RGBl. S. 183] § 21).

II. Reichsvermögen (Laband § 115; G. Meyer, VerwaltR. § 240; O. Mayer VerwaltR. II S. 72; v. Mayr in Conrads HandwBuch 6 S. 363; Arndt StaatsR. § 44. Reichsvermögen.

Das Reichsvermögen zerfällt naturgemäß in aktives und passives.

A. Aktives. Aktives.

Bei dem aktiven Reichsvermögen läßt sich nach dessen regelmäßigem Verwendungszweck ein Unterschied machen zwischen solchen Vermögensobjekten, die zum unmittelbaren Gebrauche bei der Reichsverwaltung bestimmt sind, und zwischen solchen Vermögensobjekten, die zur freien Verwendung in der Reichswirtschaft stehen.

1. Anlangend den ersteren Vermögensteil (auch wohl Verwaltungsvermögen genannt), stammt derselbe teils von den bei Errichtung des Norddeutschen Bundes diesem seitens der Einzelstaaten mitüberlassenen Dienstgebrauchsobjekten, teils von späteren Anschaffungen und Reparaturen des Bundes bzw. des Reichs her. Es war naturgemäß, daß mangels bezüglicher Bestimmungen der Norddeutschen Bundes- und der Reichsverfassung über die privatrechtlichen Verhältnisse obiger Gegenstände, zumal der unbeweglichen, sich Zweifel ergaben. Diese Rechtsunsicherheit ist durch das Reichsgesetz v. 25. Mai 1873 über die Rechtsverhältnisse der zum Dienstgebrauch einer Reichsverwaltung bestimmten Gegenstände (RGBl. S. 113) beseitigt. Dasselbe bezieht sich einerseits auf Dienstgegenstände aller Art, bewegliche und unbewegliche (Grundstücke, dingliche Rechte), andererseits nicht bloß auf eigentliche Reichsverwaltungen, sondern auch auf die verfassungsgemäß aus Reichsmitteln zu unterhaltenden Verwaltungen, endlich sowohl auf die dem Reich von den Einzelstaaten überlassenen als auf die vom Reiche (bzw. Norddeutschen Bunde) selbst angeschafften Objekte. An allen diesen Gegenständen ist das Eigentum des Reichs grundsätzlich festgesetzt (§ 1). Doch sind für Grundstücke gewisse in § 2 bezeichnete Ausnahmen, wie gewisse aus §§ 3—9 ersichtliche Maßgaben betreffs der Nutzung, Veräußerung, Entbehrlich- oder Unbrauchbarwerdung der Grundstücke vorgesehen. In §§ 10—12 ist obiges Vermögen zugleich den Vorschriften der Reichsverfassung (Art. 69—72) über die Finanzwirtschaft des Reichs unterstellt.

2. Sonstiges Vermögen hat das Reich vom Norddeutschen Bunde nicht überkommen, dagegen aus teilweiser Verwendung der Französischen Kriegskostenentschädigung (5 Milliarden Franken) erlangt. Diese Vermögensobjekte sind folgende:

a, Die Reichseisenbahnen in Elsaß-Lothringen, hervorgegangen aus der Französischen Ostbahn, zufolge des Deutsch-Französischen Friedensvertrags v. 10. Mai 1871, Zusatzart. 1 (RGBl. S. 236) für 325 Millionen Franken in Anrechnung auf die Kriegskostenentschädigung erworben, seitdem meist aus Reichsmitteln erweitert und ausgebaut, nebst der vom Reiche zu gleichzeitigem Betriebe übernommenen Verwaltung der Wilhelmsbahnen in Luxemburg (vgl. Vertrag v. 11. Juni 1872 mit RGes. v. 15. Juli 1872 [RGBl. S. 329]).

b, Der Reichskriegsschatz. Derselbe ist, nach Aufhebung des Preußischen Staatsschatzes (durch Ges. v. 18. Dez. 1871, GS. S. 593), zufolge RGes. v. 11. Nov. 1871 (RGBl. S. 403) nebst AusführV. v. 22. Jan. 1874 (RGBl. S. 9) und 31. März 1897 (RGBl. S. 169) in Höhe von 120 Millionen Mark durch Verwahrung im Juliusturm der Festung Spandau gebildet, dient nur für Mobilmachungszwecke und wird vom Reichskanzler (durch Beamte der Reichshauptkasse) und unter Kontrolle der Reichsschuldenkommission, bzw des Bundesrats und des Reichstags verwaltet.

c, Der Reichsinvalidenfonds, gegründet zufolge des RGes. v. 23. Mai 1873 (RGBl. S. 117), erweitert durch RGes. v. 22. Mai 1895 (RGBl. S. 237) und 1. Juli 1899 (RGBl. S. 339), mit Geschäftsanweisung des Reichskanzlers v. 11. Juni 1874 (RGBl. S. 104). Danach ist von der Französischen Kriegskostenentschädigung ein Teil von 561 Millionen Mark ausgeschieden als Sicherungsfonds für die Ausgaben zur Pensionierung und Versorgung der Militärpersonen und ihrer Hinterbliebenen aus dem Kriege von 1870/71, später ausgedehnt auf eine Reihe ähnlicher Bezüge (vgl. Laband § 115 A III). Für die Verwaltung des Fonds ist der Gesichtspunkt leitend, daß zur Erfüllung der auf denselben angewiesenen Leistungen nicht bloß der Zinsertrag, sondern auch allmählich der Kapitalbestand verbraucht werden soll; und deshalb ist vorgeschrieben, daß der Fonds nur in verzinslichen Schuldverschreibungen bestimmter Arten anzulegen, im gemeinsamen Verschluß der Fondsverwaltung und der Reichsschuldenkommission zu halten, und der jährlich erforderliche Bedarf an Zinsenertrag und Zuschußkapital zur etatsmäßigen Feststellung (Art. 69 der Reichsverfassung) zu bringen, etwaige Zinsenüberschüsse zur Reichskasse abzuführen und etwa entbehrliche Zuschußkapitalien im Invalidenfonds zu belassen sind. Geführt wird die Verwaltung von einer selbständigen, aus einem Vorsitzenden und drei Mitgliedern bestehenden Behörde, genannt Verwaltung des Reichsinvalidenfonds, zu Berlin, die übrigens unter der obersten Leitung des Reichskanzlers und unter der fortlaufenden Aufsicht der Reichsschuldenkommission (vgl. Noten zu Art. 18) steht.

d, An gewerblichen Betrieben besitzt das Reich zunächst die schon an früherer Stelle behandelten Vermögensobjekte der Post und Telegraphie, der Reichseisenbahnen und der Beteiligung an der Reichsbank; außerdem die dem Reichspostamt unterstellte Reichsdruckerei, die auf Grund der RGes. v. 23. Mai 1877 (RGBl. S. 500) und 15. Mai 1879 (RGBl. S. 139) aus dem vereinigten Erwerbe des v. Deckerschen Grundstücks nebst Druckerei in Berlin und der Preußischen Staatsdruckerei hervorgegangen und hauptsächlich zu amtlichen

Veröffentlichungen des Reichs und Preußens bestimmt ist, sowie den gemeinschaftlich mit Preußen herausgegebenen, besonders amtlichen Bekanntmachung dienenden Reichs- und Preußischen Staatsanzeiger.

Einige andere, aus der Französischen Kriegskostenentschädigung zu gewissen Reichsbauzwecken gebildete Fonds (für Festungen im allgemeinen, für Elsaß-Lothringische Festungen, für Eisenbahnen, für das Reichstagsgebäude) sind jetzt durch die Ausführung der Bauten wesentlich erledigt.

e, Endlich lassen sich hierher zählen die eigentlichen Betriebsfonds der fortlaufenden Reichsverwaltungen, wodurch für diese die Inanspruchnahme eines Reichskredits sich erübrigt. Solche Fonds sind zunächst im Reichsetatsgesetze für 1872 aus der Französischen Kriegsentschädigung begründet und in späteren Etatsgesetzen verstärkt (vgl. Denkschr. in den Druckf. des Reichst. von 1871 II. Sess. Nr. 111).

B. Passives.

Naturgemäß läßt sich die fortlaufende gewöhnliche Reichsverwaltung nicht ohne Eingehen von Schuldverbindlichkeiten durchführen. Von dergleichen Reichsschulden ist in Abschn. XII der Reichsverfassung nicht besonders die Rede. Anders verhält es sich für Fälle außerordentlichen Reichsbedürfnisses. Für solche schreibt der Art. 73 vor, daß der Bedarf im Wege der Reichsgesetzgebung, also nur unter besonderer Ermächtigung der gesetzgeberischen Reichsfaktoren (Art. 5), durch Aufnahme einer Anleihe (Reichskredit) oder durch Garantieübernahme zu Reichslasten beschafft werden kann. Demnächst ist diese Materie durch verschiedene Einzelgesetze, und schließlich zusammenfassend durch die Reichsschuldenordnung v. 19. März 1900 (RGBl. S. 129) ausgebaut worden. Das Nähere hierüber ist in den Noten zu Art. 73 mitgeteilt. Passives.

C. Organisation.

Die behördliche Organisierung der Verwaltung des aktiven und passiven Reichsvermögens ist ebenfalls durch eine Anzahl von Reichsgesetzen allmählich durchgeführt; freilich nur zum Teil mittels Schaffung besonderer Reichsbehörden (Reichsschatzamt), zum Teil unter Anlehnung an Preußische Einrichtungen (Rechnungshof des Deutschen Reichs). Hierüber ist bereits in der Note II k zu Art. 18 berichtet und im weiteren auf die Erläuterungen zu Art. 69—73 zu verweisen.

Artikel 69.

Alle Einnahmen und Ausgaben des Reichs müssen für jedes Jahr veranschlagt und auf den Reichshaushaltsetat gebracht werden. Letzterer wird vor Beginn des Etatsjahrs nach folgenden Grundsätzen durch ein Gesetz festgestellt.

I. Form und Inhalt des Etats.

1. Der Art. 69 stellt in zwingender Fassung („müssen") und mit Bezug auf die ganze Finanzverwaltung („alle Einnahmen und Ausgaben") des

Reichs die Norm auf, daß ebendiese Einnahmen und Ausgaben für jedes Jahr zu veranschlagen und auf den Haushaltsetat des Reichs zu bringen, und daß dieser Etat vor Beginn des Etatsjahrs, durch ein Gesetz und nach Maßgabe der Art. 70—73 festzustellen.

2. Da die Reichseinnahmen und Ausgaben für eine bestimmte Periode und vor deren Beginn veranschlagt und durch Etatsgesetz festgestellt werden sollen, geht die Absicht des Art. 69 augenscheinlich darauf, für jede finanzielle Wirtschaftsperiode des Reichs rechtzeitig einen Wirtschaftsplan oder, wie das Preußische Etatsgesetz v. 11. Mai 1898 (GS. S. 77) § 1 es ausdrückt, den Voranschlag für alle im Etatsjahr voraussichtlich eingehenden Einnahmen und erforderlich werdenden Ausgaben zu schaffen.

Dies Verfahren entspricht dem Art. 99 der Preußischen Verfassungsurkunde v. 31. Jan. 1850. Es beruht auf dem naturgemäßen Bedürfnis einer weitverzweigten Verwaltung, und nicht bloß auf den Anforderungen der konstitutionellen Staatsform, wie es denn auch in Preußen und anderswo schon vor deren Einführung gehandhabt ist.

3. Die Etatsperiode ist je auf ein Jahr gestellt. Dieser kurze Zeitraum trägt dem Gesichtspunkt Rechnung, daß andernfalls die wechselnden Bedürfnisse des Reichshaushalts im voraus sich nicht würden überschauen lassen. Doch ist eine Modifikation hinsichts Bewilligung der Ausgaben in Art. 71 zugelassen.

Das Etatsjahr fiel von Hause aus mit dem Kalenderjahre zusammen, ist jedoch durch RGes. v. 29. Febr. 1876 (RGBl. S. 121) seit dem 1. April 1877 auf den Zeitraum vom 1. April bis zum 31. März gestellt. Entsprechend für die Schutzgebiete das RGes. v. 30. März 1882 (RGBl. S. 369), wie für Preußen das Ges. v. 29. Juni 1876 (GS. S. 177).

4. Die Feststellung des Etats soll durch ein Gesetz erfolgen. Das kann nur bedeuten: in Form eines Reichsgesetzes. Sonach bedarf der Etat zu seiner Gültigkeit vorerst laut Art. 5 Abs. 1 der übereinstimmenden Genehmigungsbeschlüsse des Bundesrats und des Reichstags nach Maßgabe der Art. 5 Abs. 2, Art. 7 Abs. 3, 78, sodann gemäß Art. 17, 2 der Kaiserlichen Ausfertigung und Verkündigung im Reichsgesetzblatte.

5. Angesichts der großen Wichtigkeit, welche dem Etat für das Staatsleben des Reichs beiwohnt, und bei den besonderen Kautelen, mit denen die Reichsverfassung das gesetzliche und rechtzeitige Zustandekommen des Etats umgeben hat, muß es als eine der vornehmsten staatsrechtlichen Verpflichtungen der beteiligten Faktoren, d. h. des Bundesrats, des Reichstags und der Reichsregierung, gelten, tunlichst zur rechtzeitigen, form- und sachgemäßen Fertigstellung des Etats zusammenzuwirken.

6. Die Wirksamkeit des Etats macht sich nach Ablauf des Etatsjahrs dahin geltend, daß derselbe die rechtliche Grundlage für die jährliche Rechnungslegung des Reichskanzlers gegenüber dem Bundesrat und dem Reichstage bildet.

Das Nähere hierüber ist in den Art. 71, 72 verordnet.

7. Über die äußere und innere Einrichtung des Etats enthält die Reichsverfassung keine besondere Vorschrift. Durch die Praxis hat sich aber, im Anschluß an das Beispiel Preußens, bis heute (vgl. RGesetz über Feststellung des

Reichshaushaltetats für das Rechnungsjahr 1905 v. 1. April 1905, RGBl. S. 181; Preuß. Gesetz über Feststellung des Staatshaushaltetats für das Etatsjahr 1905 v. 31. März 1905, GS. S. 149) folgendes Verfahren herausgebildet.

Es wird ein besonderes Etatsgesetz erlassen und diesem der Etat selbst als Anlage beigefügt. In letzterem werden die Ausgaben und Einnahmen zunächst in einer Gesamtsumme (für 1905 im Reich auf 2 180 167 169 Mark, in Preußen auf 2 718 281 607 Mark), sodann in Einzelsummen für den ordentlichen Etat nach fortdauernden und einmaligen Ausgaben wie nach Einnahmen, für den außerordentlichen Etat nach Ausgaben und Einnahmen, festgestellt. Die Feststellung noch anderer Punkte im Etatsgesetze, namentlich solcher, die mit dem Etat zusammenhängen, wie die Ermächtigung zur Verwendung des Reichskredits oder zur Stundung von Matrikularbeiträgen, besondere militärische Expeditionen usw. ist statthaft. Die zwei großen Abschnitte der Ausgaben und Einnahmen sind in numerierte Unterabschnitte mit Kapiteln und Titeln eingeteilt. Die Unterabschnitte knüpfen sich bei den Ausgaben an die obersten Faktoren und Behörden des Reichs, bei den Einnahmen an die Einnahmequellen nach Reinerträgen an. Den durch die Sonderrechte, Kontingentsverhältnisse und Aversen einzelner Bundesstaaten herbeigeführten Sondergestaltungen des gemeinschaftlichen Voranschlags wird Rechnung getragen. Eine zweite Anlage zum Etatsgesetze bildet der Besoldungsetat für das Reichsbankdirektorium.

8. Nach Art. 69 bedürfen, da der Etat den vollen Ein- und Überblick bezüglich der Reichswirtschaft gewähren soll, alle Einnahmen und Ausgaben der Aufnahme in den gesetzlich festzustellenden Etat (vgl. Preußisches Ges. über den Staatshaushalt v. 11. Mai 1898 § 2, GS. S. 77). Darin liegt nur ein formelles Erfordernis, ganz unabhängig von der Frage, inwieweit die aufzunehmenden Einnahmen und Ausgaben materiell der besonderen Bewilligung seitens des Bundesrats und des Reichstags unterliegen.

In bezug auf die letztere Frage macht sich aber, obschon es nicht ausdrücklich in der Reichsverfassung vorgesehen ist, der in der Natur des konstitutionellen Staatswesens liegende Grundsatz geltend, daß das Etatsgesetz andere bestehende Reichsgesetze, soweit es solche nicht selbst aufhebt oder ändert, beachten muß, daß somit der Bundesrat und der Reichstag Wirtschaftsposten, die auf derlei Reichsgesetzen oder auf sonstigen für das Reich verbindlichen Rechtstiteln (Verträgen usw.) beruhen, nicht verweigern dürfen, und andererseits die Reichsregierung ebendieselben trotz etwaiger Verweigerung zur Ausführung zu bringen hat. Dies hängt eben damit zusammen, daß der Etat lediglich ein Wirtschaftsplan ist und als solcher Privatrechte und Verpflichtungen nicht berührt (vgl. das obige Preußische Staatshaushaltsges. v. 11. Mai 1898 § 8).

a, Speziell für die Ausgaben stellt Art. 71 zwar allgemein das Erfordernis der Bewilligung auf. Aber, soweit die Ausgaben, welche die Reichsregierung auf den Etat gebracht hat, aus öffentlich- oder privatrechtlichem Titel für das Reich verbindlich sind und fällig werden, muß das Bewilligungsrecht versagen. Dies liegt auch in Art. 62 Abs. 4 und 73 ausgedrückt (vgl. das Preuß. StHaushaltsGes. v. 11. Mai 1898 § 2 Nr. 3, 4). Soweit allerdings die Ausgaben nicht rechtlich notwendige sind, greift das Bewilligungsrecht Platz, und Bundesrat und Reichstag haben freie Hand.

b, Anlangend die Einnahmen, bestimmt Art. 70 allgemein, daß dazu die Überschüsse der Vorjahre, die gemeinschaftlichen Einnahmen aus Zöllen, Verbrauchssteuern, Post und Telegraphie, eventuell sonst eingeführte Reichssteuern, äußerstenfalls Matrikularbeiträge der Bundesstaaten bis zur Höhe des budgetmäßigen Betrags dienen sollen. Allein die gesamten Reichseinnahmen beruhen, soweit sie fortdauernde sind, doch auf gesetzlichen Titeln, wie dies für Einnahmen aus Zöllen, Verbrauchssteuern, Reichsstempelabgaben und Reichsgebühren, Reichseisenbahnen, Post und Telegraphie, Anteil am Reingewinn der Reichsbank zutrifft. Insoweit bedarf es keiner eigentlichen Bewilligung; solche Posten fließen von selbst der Reichskasse zu. Betreffs anderer Einnahmeposten wird freilich die Bewilligung notwendig; so z. B. aus der Veräußerung beweglichen oder unbeweglichen Reichsvermögens, aus dem Reichsinvaliden- und den sonstigen der französischen Kriegskostenentschädigung entnommenen Fonds (vgl. RGes. über die Rechtsverhältnisse der zum Dienstgebrauch von Reichsverwaltungen bestimmten Gegenstände v. 25. Mai 1873 [RGBl. S. 115] §§ 10—12; RGes. über den RInvalidenfonds v 23. Mai 1873 [RGBl. S. 122] § 15 u. über die Französ. Kriegsentschädigung v. 8. Juli 1872 [RGBl. S. 290] Art. IV). Endlich ergibt sich daraus, daß nach Art. 70, insoweit die im Etat festgestellten Ausgaben durch die ebendarin sonst festgestellten Einnahmen keine volle Deckung finden, der fehlende Betrag durch auszuschreibende Matrikularbeiträge aufzubringen ist, die Folgerung, daß die Matrikularbeiträge zwar der Bewilligung unterliegen, aber nicht verweigert werden dürfen.

9. Wenn Art. 69 bestimmt, daß alle Jahreseinnahmen und Ausgaben vor Beginn des Jahres veranschlagt und festgestellt werden müssen, so liegt darin, wie schon zu 2 erwähnt, stillschweigend der Vorbehalt: soweit sie damals schon vorausgesehen werden können. Deshalb müssen, soweit dies nicht der Fall ist, Nachtragsetats zulässig sein. Dergleichen Fälle können durch unvorhergesehene, seien es neue oder veränderte Reichsbedürfnisse eintreten, und die Praxis hat dann ständig zu Nachtragsetats gegriffen.

II. Verzögerung oder Scheitern des Etats.

Das Zustandekommen des Reichsetats kann, da Art. 69 zwar solches als zwingendes Erfordernis hinstellt, jedoch keine rechtlichen Zwangsmittel vorsieht, durch verschiedene Umstände verzögert oder vereitelt werden. Solche Umstände können in zu später Einbringung seitens der Reichsregierung oder Erledigung im Bundesrat oder Reichstag, aber auch in formellen oder materiellen Differenzen zwischen jenen Faktoren liegen.

Ein derartiger verfassungswidriger Zustand kann sich ohne Schwierigkeiten erledigen, sofern hinterher eine Verständigung unter den beteiligten Faktoren erzielt wird. Dagegen, sofern es zu solcher Lösung nicht kommt, und sofern von der Reichsregierung ohne Etat die Reichsverwaltung fortgeführt wird entsteht die Frage, was dann Rechtens ist, um so mehr, als die Reichsverfassung und die spätere Reichsgesetzgebung hierüber besondere Vorschriften vermissen lassen. Erschwert wird die Beantwortung der Frage dadurch, daß hier erfahrungsmäßig nur zu leicht das politische Parteiinteresse sich geltend macht und je nach der einen oder anderen Richtung entsprechende ausländische Verfassungen zum Vergleiche heranzieht. Es handelt sich hier eben um einen der wichtigsten Punkte des konstitutionellen Staatswesens, nämlich um das Budgetverhältnis zwischen Volksvertretung und Regierungsfaktoren.

Es ist erklärlich, daß auch im Deutschen Reiche betreffs obiger Frage eine Fülle abweichender theoretischer Anschauungen Vertretung gefunden hat. In der Erörterung der Streitfrage kommt Laband eine führende Stellung zu; er hat seinen Standpunkt in der Schrift über das Budget (1871) und im D. Staatsrecht §§ 129—131 nebst Anhang entwickelt. Von anderen staatsrechtlichen Schriftstellern stimmt mit ihm eine größere Anzahl mehr oder weniger überein; so namentlich Gneist (Gesetz u. Budget, 1879), v. Gerber (Grundriß des Staatsr., 3. Aufl., S. 164), G. Meyer § 204, Seydel (Note zu Art. 69), Gareis (Allg. Staatsr., S. 79), Bornhak (Preuß. Staatsr. III S. 573), Seligmann (Begriff des Gesetzes, 1886), Fricker (Tübinger staatswiss. Zeitschr. 50 S. 401), im Grunde auch wohl H. Schulze (D. Staatsr., spezieller T., 2. Abt., Kap. 3, Tit. 1) und Jellinek (Gesetz u. Verordnung, 1887, S. 277). Einen mehr oder weniger abweichenden Standpunkt nehmen insbesondere ein Arndt (Staatsr. S. 218, Kommentar Vornote), Zorn (Staatsr., 2. Aufl. § 16), v. Martitz (Über den konstitution. Begriff des Gesetzes, in der Tübinger staatswiss. Zeitschr. 36 S. 238), Hänel (Studien II, 2, 1888). Ob die Streitfrage von erheblicher praktischer Bedeutung ist, mag dahingestellt bleiben.

M. E. läßt sich der Labandschen Auffassung im wesentlichen beitreten. Mögen auch die Art. 69—73 der Reichsverfassung mit Bezug auf die hier fraglichen Fälle nicht ausdrückliche Normen enthalten, so kann man doch aus ihnen in Verbindung mit der Natur der Sache stillschweigende Normen dafür entnehmen. Denn, wie bereits oben erörtert, kommt nach den Art. 69—73 dem Etatsgesetze nur die Bedeutung zu, daß es der Reichsregierung für die ihr nach Art. 17 obliegende Finanzwirtschaft des Reichs in einer bestimmten Periode gegenüber den zur Etatsfeststellung befugten Reichsfaktoren eine verbindliche Direktive gibt, und zwar der Art, daß sie nach Ablauf der Periode über die geführte Wirtschaft jenen Faktoren Rechnung zur Entlastung legen muß. Dafür, daß sie bei fehlendem Etatsgesetze zur Führung der Finanzwirtschaft überhaupt nicht befugt wäre, mithin weder Einnahmen erheben, noch Ausgaben machen dürfte, liefern die Art. 69—73 keinen Anhalt. Zudem widerspricht es an sich der Natur der Sache, die Staatswirtschaft in völligen Stillstand bringen zu lassen. Endlich kommt noch in Betracht, daß, wie oben zu I nachgewiesen, erhebliche Teile der Reichseinnahmen und Ausgaben auf Grund von Rechtstiteln, die vom Etat unabhängig oder doch nur bezüglich einzelner Maßgaben (z. B. Bewilligung der Höhe) abhängig sind, zur Ausführung kommen müssen. — Danach tritt für Fälle, in denen der Jahresetat verspätet oder gar nicht zustande kommt, und die Reichsregierung doch die Führung der Finanzverwaltung unternimmt, nur die Folge ein, daß die Reichsregierung dies auf ihre Gefahr und Verantwortung tut, und hinterher zur Entlastung nicht bloß, wie in normalen Fällen, Rechnung gemäß Art. 72, vielmehr verschärft, entsprechend den Fällen der Etatsüberschreitung, Indemnität mit dem Nachweise zu erwirken hat, daß ihre Wirtschaftsführung nach Lage der Verhältnisse erforderlich gewesen sei. Dieser staatsrechtlichen Verpflichtung der Reichsregierung entspricht eine solche des Bundesrats und des Reichstags, für den Fall, daß jener Nachweis erbracht wird, die Indemnität zu gewähren. Wird von der einen oder anderen Seite der Verpflichtung zuwider gehandelt, so wird allerdings die Sache zur Machtfrage, da verfassungsmäßige Mittel weiterhin versagen. Ein solcher Fall liegt wohl außer praktischer Wahrscheinlichkeit. Bei vorstehendem Rechtsstande kann m. E. der so vielfach seitens der Theorie herangezogenen Unterscheidung zwischen Gesetzen im materiellen und Gesetzen im formellen Sinne (vgl. Laband § 56 I, Anhang zu § 132 VII; Hänel, Studien II, 2; Noten zu Art. 7) keine erhebliche Bedeutung beigemessen werden.

Für den mehrfach vorgekommenen Fall bloßer Verzögerung des Etatsgesetzes hat die Praxis sich in der Weise ausgeholfen, daß durch ein der Formvorschrift des Art. 69 entsprechendes Reichsgesetz der Etat des letzten Jahres bis zur formgerechten Etatsfeststellung für das neue Jahr, vorbehaltlich der in diesem etwa vorgesehenen Änderungen, forterstreckt ist (vgl. z. B. RGes. v. 26. März 1877, RGBl. S. 407, v. 30. März 1878, RGBl. S. 9, v. 25. März 1904, RGBl. S. 145). Dies dürfte, als auf verfassungsmäßigem Zusammenwirken der maßgebenden Reichsfaktoren beruhend, nicht zu beanstanden sein. Eine andere Frage ist, inwieweit die Reichsregierung sich bei ihrer etatslosen Finanzwirtschaft sonst etwa, straf- oder zivilrechtlich haftbar macht. Dies ist nach straf- oder privatrechtlichen Vorschriften der Reichsgesetzgebung zu entscheiden.

Artikel 70.

Zur Bestreitung aller gemeinschaftlichen Ausgaben dienen zunächst die aus den Zöllen und gemeinsamen Steuern, aus dem Eisenbahn-, Post- und Telegraphenwesen sowie aus den übrigen Verwaltungszweigen fließenden gemeinschaftlichen Einnahmen. Insoweit die Ausgaben durch diese Einnahmen nicht gedeckt werden, sind sie durch Beiträge der einzelnen Bundesstaaten nach Maßgabe ihrer Bevölkerung aufzubringen, welche in Höhe des budgetmäßigen Betrags durch den Reichskanzler ausgeschrieben werden. Insoweit diese Beiträge in den Überweisungen keine Deckung finden, sind sie den Bundesstaaten am Jahresschluß in dem Maße zu erstatten, als die übrigen ordentlichen Einnahmen des Reichs dessen Bedarf übersteigen.

Etwaige Überschüsse aus den Vorjahren dienen, insoweit durch das Gesetz über den Reichshaushaltsetat nicht ein anderes bestimmt wird, zur Deckung gemeinschaftlicher außerordentlicher Ausgaben.

Literatur in Vornote zu Abschn. XII, außerdem O. Schwarz, Staatshaushalt und Finanzen Preußens (1904) Buch III Abschn. 1.

I. Entwicklung der Reichseinnahmen.

Der Art. 70 regelt die Finanzquellen des Reichs oder, wie es im Texte heißt, die zur Bestreitung aller gemeinschaftlichen Ausgaben dienenden Mittel.

Die Regelung ging ursprünglich dahin, daß als Finanzquellen dienen sollten

1. zunächst die etwaigen Überschüsse der Vorjahre, sowie die aus den Zöllen, den gemeinschaftlichen Verbrauchssteuern, der Post und Telegraphie fließenden gemeinschaftlichen Einnahmen;

2. soweit diese nicht ausreichten und nicht Reichssteuern eingeführt seien, Matrikularbeiträge der einzelnen Bundesstaaten.

Diese schon in der Norddeutschen Bundesverfassung befindliche Vorschrift stellte sich von selbst als eine nur vorläufige dar. Zwar waren im ersten Satze eigene Einnahmen dem Reiche zugewiesen. Aber im zweiten Satze wurde das Nichtzureichen dieser Einnahmen in Aussicht genommen, zur Deckung auf einzuführende Reichssteuern hingewiesen, bis zu deren Einführung jedoch die Erhebung von Matrikularbeiträgen der Bundesstaaten angeordnet. Mit dem Zwischensatze „solange Reichssteuern nicht eingeführt sind" war stillschweigend die Kompetenz des Reichs zu anderweiten eigenen Steuern ausgesprochen, aber in unbestimmter Art. Betreffs der eventuellen Matrikularbeiträge wurde vorausgesetzt, daß sie nur einen mäßigen Satz beanspruchen würden. Vgl. über die Absicht eines bloßen Provisoriums die Äußerungen des Fürsten Bismarck im Reichstage von 1879, Sten. Berichte S. 927.

Zu einem endgültigen Ausbau der Reichseinnahmen im Sinne obiger Perspektiven ist es bis heute nicht gekommen. Die Voraussetzung, daß der Ergänzungsbedarf an Matrikularbeiträgen der Bundesstaaten ein mäßiger bleiben werde, erfüllte sich nicht; die Beitragshöhe unterlag fortwährenden Schwankungen; zudem wurde die Verteilung nach Art der Kopfsteuer angefochten. An eine feste und klare Abgrenzung der Reichs- und der Landesfinanzen war somit nicht zu denken.

Im Laufe der Jahre wurden mehrere Versuche gemacht, diesem Übelstande abzuhelfen; aber ohne durchgreifenden Erfolg. Der erste im Jahre 1879 vom Fürsten Bismarck unternommene zielte darauf ab, durch Erhöhung der Zölle die eigenen Einnahmen des Reichs zu vermehren und so die Matrikularbeiträge zu verringern. Angesichts der damaligen und bis jetzt fortdauernden politischen Konstellation kam das neue Zolltarifgesetz v. 15. Juli 1879 (RGBl. S. 207) zustande; aber nur mit der sog. Franckensteinschen Klausel in § 8, welche den Ertrag der Zölle und der Tabaksteuer, soweit er in einem Jahre die Summe von 130 Millionen Mark überstiege, den Einzelstaaten nach Maßgabe ihrer Heranziehung zu den Matrikularbeiträgen zur Abrechnung auf diese überwies. Diese Klausel erhielt eine Erweiterung durch das Reichsstempelgesetz (Börsengesetz), ursprünglich v. $\frac{\text{1. Juli 1881}}{\text{29. Mai 1885}}$ (RGBl. 1885 S. 179), sodann v. 27. April 1894 (RGBl. S. 369/381) § 45, jetzt v. 14. Juni 1900 (RGBl. S. 275) § 55, sowie durch das Branntweinsteuergesetz v. $\frac{\text{24. Juni 1887}}{\text{16. Juni 1895}}$ (RGBl. 1895 S. 276) § 39, welche die Reichsstempelsteuer und den Ertrag der Verbrauchsabgabe von Branntwein den Bundesstaaten überwiesen. Diese Reform ergab für die Einzelstaaten zunächst ein günstiges Verhältnis zwischen Überweisungen und Matrikularbeiträgen; dasselbe ging aber allmählich zurück und stellte um 1893 herum einen Überschuß der Matrikularbeiträge über die Überweisungen in Aussicht. Zur Beseitigung dieser Finanzlage der Einzelstaaten legte die Reichsregierung in den Jahren 1893/95 wiederholt Gesetzentwürfe über eine Reichsfinanzreform dem Reichstage vor, die neben Vorschlagung neuer Reichssteuern auf Herstellung eines festen Verhältnisses zwischen Überweisungen und Matrikularbeiträgen abzielten (vgl. Drucks. des Reichst. v. 1893 Nr 51, v. 1894 Nr. 115); die Vorlagen wurden aber vom Reichstag abgelehnt. Weiterhin wurde durch eine Anzahl von Reichsgesetzen aus den Jahren 1896 (16. April, sog. lex Lieber, RGBl. S. 103), 1897 (24. März, RGBl. S. 95), 1898 (31. März, RGBl. S. 138), 1899 (25. März, RGBl. S. 189), 1900 (30. März, RGBl. S. 173), 1903 (28 März, RGBl. S. 109) der leitende Gedanke der Franckensteinschen Klausel, ein festes finanzielles Verhältnis zwischen dem Reich und den Bundesstaaten herzustellen, insoweit verlassen, als der nach § 8 des RGes. v. 15. Juli 1879 mit 130 Millionen Mark dem Reiche vorbehaltene Teilertrag der Zölle und Tabaksteuer auf schwankende Höhe (143—180 Millionen Mark) gestellt wurde, wennschon andererseits zugleich durch gewisse Bestimmungen eine teilweise Tilgung der inzwischen stark angeschwollenen Reichschulden herbeigeführt wurde.

In eine neue Lage ist die Sache jetzt gebracht durch das Reichsgesetz v. 14. Mai 1904, betreffend Änderungen im Finanzwesen des Reichs (RGBl. S. 169, sog. lex Stengel). Der § 1 desselben hat die in § 8 des Zolltarifgesetzes v. 1879, jetzt v. 24. Mai 1885 (RGBl. S. 111) bestimmte Überweisung des Ertrags der Zölle und der Tabaksteuer (Franckensteinsche Klausel) aufgehoben, und den Reinertrag der Maischbottich- und Branntweinmaterialsteuer den einzelnen Bundesstaaten nach Maßgabe der matrikularmäßigen Bevölkerung, mit der sie zum Gebiete der Branntweinsteuergemeinschaft gehören, überwiesen.

In § 2 ist dem Art. 70 der Reichsverfassung die oben abgedruckte Fassung gegeben. Nach § 3 soll das Gesetz mit dem 1. April 1904 wirksam werden. Die Begründung des Gesetzentwurfs (Drucks. Nr. 14 des Reichstags v. 1903) ging davon aus, daß eine anderweite Ordnung der Reichsfinanzen unabweislich sei, und zwar in der Richtung, daß sowohl das Finanzverhältnis der Einzelstaaten zum Reich angemessen geregelt, als auch dem weiteren Anwachsen der Reichsschulden dauernd entgegengetreten werde. In diesem Sinne sollten die gescheiterten Reformentwürfe von 1893/94 wieder aufgenommen werden, nur mit gewissen Abweichungen, namentlich unter Verzicht auf neue Reichssteuern, so notwendig solche auch an sich sein möchten. Für eine voraussehende, sparsame Finanzwirtschaft bilde ein klarer und durchsichtiger Staatshaushalt die Grundlage. Hieran fehle es dem Reiche. Seit der Franckensteinschen Klausel von 1879 seien die damals vorgesehenen geringen Überweisungen an die Einzelstaaten aus dem Jahresertrage der Zölle und der Tabaksteuer infolge der Erweiterung jener Klausel auf die Erträge der Branntweinverbrauchsabgabe mit Zuschlag und der Reichsstempelabgabe und aus anderen Gründen zu ungeahnter Höhe gestiegen, und eine ähnliche Steigerung sei bei den Matrikularbeiträgen erfolgt, so, daß seit 1899 letztere nicht unerheblich die ersteren überstiegen hätten. Auf solche Weise seien schließlich Hunderte von Millionen Mark jährlich nutzlos zwischen Reich und Einzelstaaten hin- und hergeschoben, und es wachse die Gefahr der Verschuldung des Reichs und der Überlastung der Bundesstaaten durch Matrikularbeiträge. Demzufolge schlug der Entwurf in § 1 vor, die Überweisungen aus der erweiterten Franckensteinschen Klausel mit Ausnahme der Branntweinverbrauchsabgabe nebst Zuschlag, also aus einem Teilertrage der Zölle und Tabaksteuer und aus den Reichsstempelabgaben aufzuheben. In § 2 beantragte der Entwurf die jetzige Fassung des Art. 70 der Reichsverfassung, nur noch mit einem Zusatz in Satz 2, der vor den Matrikularbeiträgen zunächst noch auf etwaige andere Deckungsmittel, namentlich durch Einführung weiterer Reichssteuern, hinwies. In der Kommission des Reichstags (vgl. Kommiss.Bericht, Drucks. Nr. 408 der Reichst.Sess. 1903/4) wurde allseitig anerkannt, daß die Reichsfinanzen einer Reform dringend bedürftig seien; dagegen gingen die Meinungen über den Reformweg weit auseinander (S. 19). Schließlich wurde in § 1 die Aufhebung der Überweisung aus dem Ertrage der Reichsstempelabgaben, sowie die Aufhebung des § 2 des RGes. v. 28. März 1903 (s. oben) abgelehnt, und in einem neuen Abs. 2 der Reinertrag der Maischbottich- und Branntweinmaterialsteuer den einzelnen Bundesstaaten nach Maßgabe der matrikularmäßigen Bevölkerung, mit der sie zum Gebiete der Branntweinsteuergemeinschaft gehören, überwiesen. Der § 2 erhielt die Zustimmung der Kommission bis auf den oben bezeichneten Zusatz in Satz 2. In dieser Gestalt ist dann der Entwurf zum Gesetz geworden.

II. Heutige Reichseinnahmen.

Nach dem Art. 70 in seiner durch das Reichsgesetz v. 14. Mai 1904 geschaffenen Fassung, die bereits mit dem 1. April 1904 Wirksamkeit erlangt hat, gestalten sich die Reichseinnahmen oder, wie es in Art. 70 heißt, der zur Bestreitung aller gemeinschaftlichen Ausgaben (Art. 71) erforderlichen Mittel dahin:

1. Laut Absatz 1 Satz 1 sollen dazu zunächst dienen die gemeinschaftlichen Einnahmen

a, aus den Zöllen und gemeinsamen Steuern,

b, aus dem Eisenbahn-, Post- und Telegraphenwesen,

c, aus den übrigen Verwaltungszweigen.

Die frühere Fassung des Satzes 1 ordnete zunächst die Verwendung etwaiger Überschüsse der Vorjahre an. Über letztere wird jetzt erst in Abs. 2 bestimmt.

Zu a, sind gemeint:

α) laut Art. 35 der Reichsverfassung (vgl. die Noten dazu) die Zölle und die Verbrauchssteuern, nämlich Tabaksteuer, Zuckersteuer, Salzsteuer und Branntweinsteuer (Maischbottich- und Brennsteuer, Verbrauchsabgabe mit Zuschlag);

β) laut RGes. v. 9. Mai 1902 (RGBl. S. 155) die Schaumweinsteuer, d. h. eine in die Reichskasse fließende Verbrauchsabgabe von den zu inländischem Verbrauch bestimmten, aus Trauben- oder Fruchtwein gefertigten Schaumweinen oder ähnlichen Getränken;

γ) die sog. Reichsstempelabgaben, bestehend aus der Wechselstempelsteuer (RGes. v. 10. Juni 1869, BGBl. S. 193), aus dem Spielkartenstempel (RGes. v. 3. Juli 1878, RGBl. S. 133), aus den Stempelabgaben für Wertpapiere, Kaufgeschäfte, Lotterielose, Schiffsfrachturkunden (RGes. jetzt v. 14. Juni 1900, RGBl. S. 275);

δ) die Statistische Abgabe laut RGes. v. 20. Juli 1879 (RGBl. S. 261;

mit AusführBestimm. u. Dienstvorschr. jetzt v. 29. Okt. 1896, Zentr.Bl. S. 676 u. 687).

Zu b, kommen in Betracht die folgenden Erträge:

α) aus den Reichseisenbahnen in Elsaß-Lothringen und der mitgepachteten Wilhelm-Luxemburg-Eisenbahn;

β) aus dem Post- und Telegraphenwesen.

Zu c, bezieht sich auf die Einnahmen aus sonstigen Verwaltungen, nämlich aus der Reichsdruckerei, dem Bankwesen (Anteil am Reingewinn der Reichsbank, Banknotensteuer, laut § 9 des Bankges. v. 14. März 1875, bzw. RGes. v. 7. Juni 1899), den Gebührenbezügen der verschiedenen obersten Verwaltungs- und Justizbehörden, der Kolonial- und Konsulatsverwaltung, dem Reichsinvalidenfonds, den Ausgleichsbeträgen einzelner Bundesstaaten für die nicht allen gemeinsamen Einnahmen (Brausteuer, Überschuß der Reichspost- und Telegraphenverwaltung, eigene Einnahmen der Reichsheerverwaltung in Bayern), endlich dem Erlöse und Nutzungsertrage von Reichsvermögen.

2. Laut Abs. 1 Satz 2 sollen die Ausgaben, soweit sie in obigen Einnahmen keine Deckung finden, durch Matrikularbeiträge der Einzelstaaten aufgebracht werden, die nach Maßgabe ihrer Bevölkerung in Höhe des budgetmäßigen Betrags (d. h. des Etatssolls) seitens des Reichskanzlers auszuschreiben sind.

3. Die Deckung für solche Matrikularbeiträge sollen die Einzelstaaten in erster Linie aus den Überweisungen erhalten. Diese greifen, nachdem in § 1 Abs. 1 des mehrgedachten RGes. v. 14. Mai 1904 die Überweisung eines Teilertrags der Zölle und der Tabaksteuer aufgehoben worden, nur noch mit Bezug auf die Reichsstempelabgaben (RGes. v. 14. Juni 1900 § 55) und auf den Reinertrag der Branntweinverbrauchsabgabe nebst Zuschlag (§ 39 des RGes. v. 24. Juni 1887, RGBl. S. 253) und der Maischbottich- und Branntweinmaterialsteuer (§ 1 Abs. 2 des RGes. v. 14. Mai 1904), und zwar zugleich unter Maßgabe des RGes. v. 28. März 1903 (RGBl. S. 109), Platz.

Soweit die Überweisungen nicht zureichen, sollen die Matrikularbeiträge am Jahresschlusse (also nach der Isteinnahme) in dem Maße erstattet werden, als die übrigen ordentlichen Einnahmen des Reichs dessen Bedarf übersteigen.

4. Nach Abs. 2 sind etwaige Überschüsse der Vorjahre, mangels abweichender Anordnungen des Reichsetatsgesetzes, zur Deckung gemeinschaftlicher außerordentlicher Ausgaben bestimmt.

Artikel 71.

Die gemeinschaftlichen Ausgaben werden in der Regel für ein Jahr bewilligt, können jedoch in besonderen Fällen auch für eine längere Dauer bewilligt werden.

Während der im Art. 60 normierten Übergangszeit ist der nach Titeln geordnete Etat über die Ausgaben für das Heer dem Bundesrate und dem Reichstage nur zur Kenntnisnahme und zur Erinnerung vorzulegen.

Der Art. 71 enthält hinsichtlich der etatsmäßigen (Art. 69) Behandlung der gemeinschaftlichen Ausgaben noch zwei besondere Vorschriften.

1. Nach Abs. 1 sollen diese Ausgaben in der Regel für ein Jahr bewilligt werden; jedoch kann die Bewilligung in besonderen Fällen auch für eine längere Dauer erfolgen.

Es handelt sich hier also um eine zeitliche Maßgabe der Ausgabenbewilligung. Dieselbe ist grundsätzlich der Wirksamkeitsperiode des Etats überhaupt (Art. 69) angepaßt. Doch läßt sie ausnahmsweise dem Zweckmäßigkeitsermessen der bewilligenden Faktoren freie Hand zu längeren Perioden, wie dies bei größeren Formationen, Anlagen und Bauten sich gebieten kann. In letzteren Fällen müssen aber zur Wahrung des Art. 69 in jeden Jahresetat die für dessen Periode zur Verwendung bestimmten Beträge in die Ausgabe mit eingestellt werden. Die Praxis hat von dieser Ausnahme mehrfachen Gebrauch gemacht (vgl. Laband IV S. 485 Note 3).

2. Dagegen betrifft Abs. 2 nur eine Übergangsbestimmung in betreff des Ausgabenetats des Reichsheeres. Darin war, anknüpfend an Art. 60, 62 und an das zu denselben ergangene Erweiterungsgesetz v. 9. Dez. 1871 (RGBl. S. 411; vgl. Note zu Art. 62) für den Zeitraum bis Ende 1871 bzw. bis Ende 1874, der gedachte Ausgabeetat, neben der Verpflichtung der Bundesstaaten aus Art. 62, unabhängig von einer budgetmäßigen Bewilligung der Aufstellung des Kaisers vorbehalten, der ihn nur dem Bundesrat und dem Reichstage zur Kenntnisnahme und Erinnerung vorlegen sollte. Da obiger Zeitraum längst verstrichen ist, hat Abs. 2 jetzt seine praktische Wirksamkeit verloren.

Artikel 72.

Über die Verwendung aller Einnahmen des Reichs ist durch den Reichskanzler dem Bundesrate und dem Reichstage zur Entlastung jährlich Rechnung zu legen.

Laband § 132; Zorn § 16 B; H. Schulze, Buch II, Spezieller Teil, Abt. 2 Kap. 3 Tit. 1; G. Meyer §§ 208, 209; Arndt § 43; Bocke in Zeitschr. f. gesamte Staatswiss. 32 S. 479 und 33 S. 23; Joel in Hirths Ann. 1895 S. 82; über das Rechnungswesen, besonders für Preußen, Meißner (1878/79); G. Herrfurth (2. Aufl. 1887); Hertel (1884, Ergänz.-Heft 1890); „Das Recht“ 1903 S. 540.

Nach Art. 72 hat über die Verwendung aller Reichseinnahmen der Reichskanzler dem Bundesrat und dem Reichstage zur Entlastung alljährlich Rechnung zu legen.

Diese Vorschrift bildet eine notwendige Ergänzung der vorhergegangenen (Art. 69—71) Vorschriften über die Feststellung des jährlichen Reichshaushaltetats. Das Budgetrecht des Bundesrats und des Reichstags würde der wirksamen Handhabe entbehren, wenn nicht dem obersten Reichsbeamten zur Verwaltung der Reichsangelegenheiten d. h. nach Art. 17 dem Reichskanzler, die staatsrechtliche Verpflichtung auferlegt wäre, den budgetberechtigten Faktoren über die getreue

Führung des Reichshaushalts Rechnung zu legen als Unterlage für die Nachprüfung und Entlastung seiner Verwaltung. Aber auch im allgemeinen Staatsinteresse erscheint eine periodische Kontrolle der Finanzverwaltung durch eine besondere, den Verwaltungsbehörden unabhängig gegenüberstehende Behörde geboten.

1. Zur Durchführung des schon in der Norddeutschen Bundesverfassung vorhandenen Art. 72 ist bis jetzt kein besonderes Reichsorgan geschaffen. Vielmehr hat man sich im Bunde und im Reiche durch Anlehnung an das in Preußen zur Kontrolle des Staatshaushalts bestehende Organ, die Oberrechnungskammer in Potsdam, geholfen.

Die Preußische Verfassungsurkunde v. 31. Jan. 1850 schreibt in Art. 104 Abs. 2, 3 vor, daß die Rechnungen über den Staatshaushaltsetat von der Oberrechnungskammer zu prüfen und festzustellen sind, und diese dann die allgemeine Rechnung über jenen Etat, einschließlich einer Übersicht über die Staatsschulden, mit ihren Bemerkungen den Kammern zur Entlastung der Staatsverwaltung vorzulegen hat, sowie, daß die Einrichtung und Befugnisse der Oberrechnungskammer durch Gesetz festzustellen sind. Ein solches Gesetz ist unterm 27. März 1872 ergangen (GS. S. 278). Zu diesem wesentlich formellen Gesetz ist am 11 Mai 1898 noch das Gesetz über den Staatshaushalt getreten (GS. S. 77), in welchem dessen materielle Seite (Aufstellung ꝛc.) des Etats und im Anschluß daran zugleich die Rechnungslegung darüber geregelt ist.

So hat denn der Norddeutsche Bund, zunächst durch Ges. v. 4. Juli 1868 (BGBl S. 433) für die Jahre 1867—1869, die Kontrolle des gesamten Bundeshaushalts, bestehend in Prüfung und Feststellung der Rechnungen über Einnahmen und Ausgaben der Bundesgelder, über Zu- und Abgang von Bundeseigentum und über Verwaltung der Bundesschulden, der nach Bedarf zu verstärkenden Preußischen Oberrechnungkammer unter der Benennung „Rechnungshof des Deutschen Reichs" übertragen, derart, daß diese Behörde die Kontrolle nach Maßgabe der in Preußen geltenden Vorschriften führen sollte (§§ 1—3). Seitdem ist Jahr für Jahr durch besonderes Reichsgesetz (vgl. für das Rechnungsjahr 1905 das RGes. v. 21. April 1905, RGBl. S. 315) die vorstehende Organisation beibehalten, nur daß seit 1875 nach einem RGes. v. 11. Febr. 1875 (RGBl. S. 61) für den Rechnungshof des Reichs nunmehr namentlich das Preuß. Gesetz v. 27. März 1872 maßgebend sein soll. Dabei ist zu bemerken, daß in dem Gesetze v. 27. März 1872 das sonst noch geltende Preußische Recht, für welches besonders die v. 18. Dez. 1824 datierende, aber nicht in der GS. verkündigte Instruktion für die Oberrechnungskammer (vgl. bei G. Herrfurth a. a. O.) materiell in Betracht kommt, nicht näher angegeben ist und zum Schlusse (§ 21) nur die zuwiderlaufenden früheren Gesetze und Verordnungen außer Kraft gesetzt sind. Für die Neuzeit darf auch noch auf das Preußische Staatshaushaltsgesetz v. 11. Mai 1898 verwiesen werden. Auf Grund des Bundesges. v. 4. Juli 1868 § 5 hat der Reichskanzler mit Zustimmung des Bundesrats eine Instruktion für den Rechnungshof am 5. März 1875 erlassen (Zentr.Bl. S. 157), die über dessen Organisation und Geschäftsgang Bestimmungen trifft.

2. Von dieser rechtsgeschichtlichen Grundlage aus ergeben sich die leitenden

Gesichtspunkte für Einrichtung und Kontrollbetrieb des Deutschen Rechnungshofs dahin:

a, Organisiert ist der Rechnungshof als eine Abteilung der Preußischen Oberrechnungskammer mit besonderer Bezeichnung, besonderem Direktor und besonderem Geschäftsbetriebe. Vgl. Note II k zu Art. 18.

b, Die dem Rechnungshof obliegende Kontrolle erstreckt sich naturgemäß über dieselben Verwaltungszweige, die Gegenstand des etatsmäßigen Voranschlags gewesen sind, soweit nicht etwa gewisse Fonds anderweiter Revision unterworfen sind (vgl. Preuß. Ges. v. 27. März 1872 § 9 Abs. 3, geheime Fonds). Die Kontrolle erfolgt durch Revision teils der Kassen- und Rechnungsführung, auf ihre kalkulatorische und tatsächliche (durch Belege justifizierte) Richtigkeit, teils der davon betroffenen Finanzwirtschaft (Erhebung der Einnahmen und Leistung der Ausgaben) auf ihre etatsmäßige Führung (z. B. Überschreitung der Ausgaben), teils endlich der zugrunde liegenden Verwaltungen selbst auf ihre Gesetzmäßigkeit und auf etwaige Mängel der Gesetze (Art. 7 Nr. 3 der Reichsverfassung).

c, Für das weitere Verfahren kommt es auf das Ergebnis der Revision des Rechnungshofs an. Sind die Rechnungen von demselben richtig befunden oder seine Erinnerungen von den Verwaltungsbehörden erledigt, so spricht er dies in Form eines Anerkenntnisses aus. Bleiben seine Monita unerledigt, so sind solche vor den Verwaltungschef zu bringen. Führt auch dies nicht zur Erledigung, so wird die Sache gemäß Art. 7 Nr. 3, 8 Nr. 7 grundsätzlich der Entscheidung des Bundesrats unterfallen, jedoch, soweit die Kompetenz des Kaisers dafür besteht, auch eine Erledigung durch Anordnungen des Kaisers Platz greifen können. Darüber, ob nebenher der Kaiser auch durch Anordnungen im Gnadenwege gewisse Einnahmeposten niederschlagen und gewisse Ausgabeposten justifizieren darf, ist im parlamentarischen Leben und in der Theorie vielfach verhandelt und geschrieben (vgl. Laband IV S. 525 Note 1) mit Hinblick auf die Liberalitätsnatur solcher Akte. Die praktische Bedeutung dieser Frage wird dadurch abgeschwächt, daß der Rechnungshof, entsprechend der Vorschrift des § 18 des Preußischen Gesetzes v. 27. März 1872, für verpflichtet gelten muß, solche Fälle auch ungeachtet der kaiserlichen Anordnung mit zur ausschlaggebenden (s. Note 3) Nachprüfung der in Art. 72 bezeichneten Reichsfaktoren zu bringen.

3. Im Sinne des Art. 72 dient aber die Kontrolle des Rechnungshofs im Grunde nur dazu, die Unterlage zu der dort gemeinten, auf Entlastung der Reichsregierung seitens des Bundesrats und des Reichstags abzielenden Rechnungslegung zu liefern. Die auf Grund dieser Rechnungslegung im Bundesrat und Reichstag erfolgende Nachprüfung und der daraus hervorgehende Entlastungsbeschluß beider Faktoren bildet erst den eigentlichen staatsrechtlichen Abschluß des ganzen Verfahrens. Bei dieser Gelegenheit wird auch, wie bei der Kontrolle des Rechnungshofs, Raum für die Kritik der gesamten Verwaltung, soweit sie nicht ausschließlich in der Kompetenz des Kaisers liegt, betreffs ihrer Gesetz- und Zweckmäßigkeit zu geben sein.

4. Die Wirkung der Decharge beschränkt sich nach obigem allemal auf das staatsrechtliche Gebiet im Verhältnis zu den in Art. 72 bezeichneten Reichs-

faktoren. Das privatrechtliche Gebiet wird von ihr nicht berührt (vgl. RG. in ZivS. 13 S. 261 und die dortigen Zitate).

Artikel 73.

In Fällen eines außerordentlichen Bedürfnisses kann im Wege der Reichsgesetzgebung die Aufnahme einer Anleihe, sowie die Übernahme einer Garantie zu Lasten des Reichs erfolgen.

I. Allgemeines.

Der Art. 73 sieht hinsichts der Beschaffung der Finanzquellen des Reichs eine Ergänzung des Art. 70 insofern vor, als er, im Gegensatz zu den Deckungsmitteln für regelmäßige Bedürfnisse, für außerordentliche Bedürfnisse die Inanspruchnahme des Reichskredits (Anleihen) im Wege der Reichsgesetzgebung zuläßt.

Unter denselben staatsrechtlichen Voraussetzungen gestattet Art. 73 zugleich die Übernahme einer Reichsgarantie (Bürgschaft) für fremde Verbindlichkeiten; ein Rechtsgeschäft, wie solches in der Praxis mehrfach vorgekommen ist. Vgl. das Norddeutsche Bund.Ges. v. 11. Juni 1868 (BGBl. 1869 S. 33), betreffend eine internationale Anleihe für Schiffbarerhaltung des Sulina-Armes der Donau; ferner das RGes. v. 14. Nov. 1886 (RGBl. S. 301), betreffend eine Ägyptische Anleihe; endlich das RGes. v. 6. Juli 1890 (RGBl. S. 139), betreffend eine internationale Anleihe zugunsten Samoas, u. a.

Die gleiche Behandlung beider Rechtsgeschäfte rechtfertigt sich dadurch, daß beide dem Reiche Schuldverbindlichkeiten auferlegen, bei der Anleihe eine prinzipale, bei der Bürgschaft eine subsidiäre.

II. Regelung des Reichsschuldenwesens.

Die Grundsätze über die formelle und materielle Behandlung des Reichsschuldenwesens sind, wie bereits in der Note II k zu Art. 18 und in der Vornote II B zu Abschn. XII kurz angedeutet ist, jetzt in der Reichsschuldenordnung v. 19. März 1900 (RGBl. S. 129) zusammengefaßt. Es handelt sich darin um Bereitstellung, Verzinsung, Tilgung und Verwaltung der Reichsschulden, wie um Neuausfertigung und Aufgebot der Schuldurkunden.

1. Die Bereitstellung außerordentlicher, durch Reichskredit zu beschaffender, im Reichsetat zu einmaligen Ausgaben für Reichsverwaltungszwecke vorgesehener Geldmittel erfolgt auf Grund gesetzlicher Ermächtigung (Art. 73) des Reichskanzlers, bis zur Höhe der bewilligten Summe entweder eine verzinsliche Anleihe aufzunehmen oder verzinsliche Schatzscheine auszugeben. Eben dieser Ermächtigung bedarf es auch, sofern zu vorübergehender Verstärkung der ordentlichen Betriebsmittel der Reichshauptkasse Schatzanweisungen ausgegeben werden sollen; ein Fall, der gewöhnlich in den Etatsgesetzen vorkommt (vgl. auch das Etatsges. v. 1. April 1905 § 3, RGBl. S. 181). Die näheren Maßgaben für die Anleihen bestimmt grundsätzlich der Reichskanzler. Die Ausfertigung der auf den Inhaber zu stellen-

den Schuldverschreibungen nebst Zins- und Erneuerungsscheinen steht der Reichsschuldenverwaltung zu. Die Tilgung geschieht in der Weise, daß die dafür im Reichsetat bestimmten Mittel zum Ankauf einer entsprechenden Anzahl Schuldverschreibungen verwendet werden. Dem Gläubiger steht ein Kündigungsrecht nicht zu; wohl aber bleibt dem Reiche das Recht, das Ganze oder einen Teil der Schuld zur Einlosung gegen Barzahlung binnen einer gesetzlich bestimmten Frist zu kündigen. Für Schatzanweisungen gelten im ganzen dieselben Vorschriften, nur daß sie den Verfalltermin angeben müssen, und bei Bestimmung für vorübergehende Verstärkung von Betriebsmitteln die Umlaufszeit nicht über 6 Monate nach Ablauf des betreffenden Rechnungsjahres dauern darf. Zur Verfallzeit sind die Mittel zur Verzinsung und Tilgung für beide Schuldarten der Reichsschuldenverwaltung aus bereitesten Mitteln zur Verfügung zu stellen (§§ 1—8).

2. Organisatorisch ist bestimmt, daß die Verwaltung der Anleihen bis auf weiteres durch die Preußische Hauptverwaltung der Staatsschulden unter der Bezeichnung „Reichsschuldenverwaltung", nach Maßgabe des Preußischen Gesetzes v. 24. Febr. 1850 (GS. S. 57) und unter oberer Leitung des Reichskanzlers zu erfolgen hat, und daß für die Geschäfte der in Preußen nach § 1 a. a. O. eingesetzten Staatsschulden-Kommission eine Reichsschulden-Kommission zuständig sein soll (vgl. über beide Reichsbehörden die Noten II k zu Art. 18 und die §§ 9—15 der Reichsschuldenordnung).

3. In privatrechtlicher Beziehung gelten im übrigen folgende Normen. Für nachweislich vernichtete Schuldurkunden und Zinsscheine hat die Reichsschuldenverwaltung auf Antrag neue Urkunden ausfertigen zu lassen. Das Aufgebotsverfahren für abhanden gekommene oder vernichtete Schuldverschreibungen oder Schatzanweisungen erfolgt nach Vorschrift des § 799 BGB. und der §§ 946 ff., 1003 ff. ZPO., unter gewissen Sonderbestimmungen der ReichsSchuldO. Sonst regeln sich die privatrechtlichen Beziehungen zwischen Reich und Gläubigern nach den §§ 197, 796—803, 805, 806 BGB. (vgl. §§ 16—22 der RSchuldO.).

Schlußbestimmung zum XII. Abschnitt.

Auf die Ausgaben für das Bayerische Heer finden die Artikel 69 und 71 nur nach Maßgabe der in der Schlußbestimmung zum XI. Abschnitte erwähnten Bestimmungen des Vertrages vom 23. November 1870 und der Artikel 72 nur insoweit Anwendung, als dem Bundesrate und dem Reichstage die Überweisung der für das Bayerische Heer erforderlichen Summe an Bayern nachzuweisen ist.

Diese Schlußbestimmung betrifft die Anwendung der Art. 69, 71 und 72 auf die Ausgaben für das Bayerische Heer. Die Anwendung soll danach bezüglich der Art. 69, 71 nur nach Maßgabe der Schlußbestimmung zum XI. Abschnitt (vgl. die Note dazu), bezüglich des Art. 72 nur in der Art erfolgen, daß die Überweisung der für das Bayerische Heer erforderlichen Aufwandssumme an Bayern dem Bundesrat und dem Reichstage durch die Reichsregierung nachgewiesen werden muß.

XIII. Schlichtung von Streitigkeiten und Strafbestimmungen.

Der Abschn. XIII enthält mehrfache Vorschriften, die auf den Schutz des Reichs gegen hoch- und landesverräterische Unternehmungen und Beleidigung der Organe des Reichs (Art. 74, 75), gegen öffentlichrechtliche und namentlich Verfassungsstreitigkeiten von Bundesstaaten untereinander (Art. 76), wie gegen Justizverweigerungen in Bundesstaaten (Art. 77) abzielen.

Artikel 74.

Jedes Unternehmen gegen die Existenz, die Integrität, die Sicherheit oder die Verfassung des Deutschen Reichs, endlich die Beleidigung des Bundesrats, des Reichstags, eines Mitgliedes des Bundesrats oder des Reichstags, einer Behörde oder eines öffentlichen Beamten des Reichs, während dieselben in der Ausübung ihres Berufes begriffen sind oder in Beziehung auf ihren Beruf, durch Wort, Schrift, Druck, Zeichen, bildliche oder andere Darstellung, werden in den einzelnen Bundesstaaten beurteilt und bestraft nach Maßgabe der in den letzteren bestehenden oder künftig in Wirksamkeit tretenden Gesetze, nach welchen eine gleiche gegen den einzelnen Bundesstaat, seine Verfassung, seine Kammern oder Stände, seine Kammer- oder Ständemitglieder, seine Behörden und Beamten begangene Handlung zu richten wäre.

Laband § 15, 2; Olshausen, Komm. z. StrGB. §§ 80 ff.

Nach Art. 74 sollen Unternehmungen gegen Bestand, Sicherheit oder Verfassung des Reichs, sowie Beleidigungen gegen dessen Organe (Bundesrat, Reichstag, Behörden, Beamte) in Ausübung ihres Berufs oder in Beziehung auf solchen bestraft werden in den einzelnen Bundesstaaten nach Maßgabe der Gesetze, nach denen in diesen Staaten gleiche Strafhandlungen gegen dieselben, ihre Verfassung, ihre Volksvertretung, Behörden oder Beamten zu bestrafen wären.

Der Art. 74 ist von der Norddeutschen Bundesverfassung aus dem Beschlusse des alten Deutschen Bundes v. 18. Aug. 1836 entnommen. Danach sollten ähnliche Handlungen gegen den Deutschen Bund, wie sie in Art. 74 bezeichnet sind, bestraft werden; doch war dies, da der Bund keinen bundesstaatlichen Charakter besaß, dem Staate, dem der Täter angehörte, nach dessen Gesetzen überlassen. Mit der Gründung des Norddeutschen Bundesstaats fiel dieses Moment hinweg. Nunmehr konnten jene Strafhandlungen, sofern sie gegen den Norddeutschen Bundesstaat gerichtet, unmittelbar als Verletzung bundesstaatlicher Pflichten geahndet werden. Damals entbehrte freilich der neue Bund noch eines gemeinschaftlichen Strafgesetzes; denn dasselbe ward erst am 31. Mai 1870 erlassen (BGBl. S. 197). Deshalb mußte in Art. 74 noch die Maßgabe der einzelnen Landesstrafgesetze aufgestellt werden. Durch das gedachte Bundesgesetz, bzw. das Reichsstrafgesetzbuch v. 15. Mai 1871 (RGBl. S. 40) ist diese

Beschränkung beseitigt, und die Bestrafung der in Art. 74 bezeichneten feindlichen Handlungen wider Reich und Einzelstaaten sind angesichts des organischen Zusammenhangs dieser Faktoren gleichmäßig geregelt. Es kommen hierbei im RStrGB. die §§ 81—97 (Hoch- und Landesverrat), 105, 106 (Verbrechen bezüglich der Ausübung staatsbürgerlicher Rechte), 196, 197 (Behörden- und Beamtenbeleidigung), sowie (zu § 92) das RGes. v. 3. Juli 1893 gegen den Verrat militärischer Geheimnisse (RGBl. S. 205) in Betracht. Entsprechend wird auch der Hochverrat 2c. wider Kaiser und Landesfürsten nach den §§ 80, 81 Nr. 1, 94, 95 StrGB. einheitlich geahndet. Dazu kommt es bei obigen Straftaten, sofern sie im Deutschen Reiche begangen, nicht darauf an, ob der Täter In- oder Ausländer ist. Hoch- und Landesverrat und Majestätsbeleidigung sind auch strafbar, wenn sie im Auslande von Deutschen begangen sind, Hoch- und Landesverrat sogar dann, wenn sie im Auslande von Ausländern verübt sind (StrGB. §§ 3, 4 und dazu EG. z. StrGB. § 4). Schließlich ist noch darauf hinzuweisen, daß nach §§ 20, 22 des RGes. v. 1. Juni 1870 (BGBl. S. 355) der (sog. militärische und diplomatische) Landesverrat den Verlust der Staatsangehörigkeit nach sich ziehen kann.

Artikel. 75.

Für diejenigen, in Artikel 74 bezeichneten Unternehmungen gegen das Deutsche Reich, welche, wenn gegen einen der einzelnen Bundesstaaten gerichtet, als Hochverrat oder Landesverrat zu qualifizieren wären, ist das gemeinschaftliche Ober-Appellationsgericht der drei freien und Hansestädte in Lübeck die zuständige Spruchbehörde in erster und letzter Instanz.

Die näheren Bestimmungen über die Zuständigkeit und das Verfahren des Ober-Appellationsgerichts erfolgen im Wege der Reichsgesetzgebung. Bis zum Erlasse eines Reichsgesetzes bewendet es bei der seitherigen Zuständigkeit der Gerichte in den einzelnen Bundesstaaten und den auf das Verfahren dieser Gerichte sich beziehenden Bestimmungen.

Der Art. 75 hat, wie Art. 74, heute nur noch den Wert einer Übergangsbestimmung. Er ergänzte den Art. 74 in der Art, daß er in betreff der dort mit Strafe bedrohten Handlungen die Zuständigkeit und das Strafverfahren regelte. Inzwischen hat er aber seine Erledigung dadurch gefunden, daß

1. zu Abs. 1 nach GVG. § 136 Nr. 1 als Spruchbehörde erster und letzter Instanz an Stelle des Oberappellationsgerichts zu Lübeck das Reichsgericht getreten ist, und

2. zu Abs. 2 im GVG. §§ 138, 139 und in der StrPO. die Zuständigkeit des Reichsgerichts und das Verfahren vor demselben näher geordnet sind.

Artikel 76.

Streitigkeiten zwischen verschiedenen Bundesstaaten, sofern dieselben nicht privatrechtlicher Natur und daher von den kompetenten

Gerichtsbehörden zu entscheiden sind, werden auf Anrufen des einen Teils von dem Bundesrate erledigt.

Verfassungsstreitigkeiten in solchen Bundesstaaten, in deren Verfassung nicht eine Behörde zur Entscheidung solcher Streitigkeiten bestimmt ist, hat auf Anrufen eines Teils der Bundesrat gütlich auszugleichen oder, wenn das nicht gelingt, im Wege der Reichsgesetzgebung zur Erledigung zu bringen.

Laband § 29, III 4—6; G. Meyer § 212; Hänel I S. 575; Zorn I S. 172; Thudichum, Nordd. BundVerfassR. S. 60, 110; Binding in DJurZeitung 1899 S. 72; Kekule v. Stradonitz im Arch. f. öff. R. XIV S. 22.

Der Art. 76 überweist dem Bundesrat zur Erledigung zwei Arten staatsrechtlicher Streitigkeiten, nämlich solche zwischen verschiedenen Bundesstaaten (Abs. 1) und solche über die Verfassung in einzelnen Bundesstaaten (Abs. 2); aber für beide Fälle nur auf Anrufen eines Beteiligten, in letzterem Fall auch nur mangels einer anderen verfassungsmäßigen Entscheidungsbehörde.

Abs. 1.

a, Nach Abs. 1 ist zunächst Voraussetzung, daß es sich nicht um privatrechtliche, der Entscheidung von Gerichten unterfallende Streitigkeiten (im Sinne des GVG. oder des Ges. über den Unterstützungswohnsitz v. 6. Juni 1870 § 37 Abs. 2, BGBl. S. 360) handelt.

b, Für die staatsrechtlichen Streitigkeiten ist sonst noch erforderlich, daß sie zwischen mehreren Bundesstaaten bestehen. Die Staaten selbst also müssen beteiligt sein. Danach würden wortgemäß Streitigkeiten zwischen Fürsten bzw. Senaten von Bundesstaaten nicht genügen, namentlich nicht Thron- und Regentschaftsstreitigkeiten zwischen mehreren Prätendenten. Allein diese Beschränkung dürfte der Absicht des Gesetzgebers nicht entsprechen. Der Abs. 1 ist nach seiner Entstehungsgeschichte (vgl. aus den Verhandlungen des verfassunggebenden Reichstags v. 1867 die Äußerungen des Kommissars der Bundesregierungen v. Savigny und des Abg. Dr. Zachariä S. 664, 670) ersichtlich dazu bestimmt, eine Austrägalinstanz für Streitigkeiten der Bundesglieder untereinander in Anlehnung an Art. 11 der Deutschen Bundesakte von 1815 zu schaffen. Nach der allgemeinen Fassung des Abs. 1 läßt sich auch annehmen, daß die beteiligten Bundesstaaten bei den Streitigkeiten nicht bloß ein unmittelbares rechtliches Interesse geltend zu machen brauchen, vielmehr schon die Wahrnehmung eines mittelbaren Interesses ausreicht; und ein solches ist doch, sofern über die Thronfolge oder die Regentschaft in einem Bundesstaate zwischen zwei Prätendenten, von denen der eine zugleich Fürst eines anderen Bundesstaats ist, für diese beiden Bundesstaaten mit vorhanden. In der Theorie hat diese Frage manchen Zweifel hervorgerufen (vgl. Laband § 29, III 6; Arndt Note 2). Die Praxis ist aber einer weiten Auslegung gefolgt; so 1885 in dem Braunschweigischen Regentschaftsstreit und 1898/1904 in dem Lippeschen Thronfolgestreit.

c, Das Anrufen des Bundesrats durch einen Beteiligten ist unter keine besondere Form gestellt. Es wird daher auch stillschweigend erfolgen dürfen, wie z. B. in dem Falle, daß im Bundesrat gelegentlich der Prüfung, ob die Vollmacht eines Vertreters von einem berechtigten Bundesgliede herrührt (Art. 6), ein anderes Bundesglied Einwendungen erhebt.

d, Hinsichts der Art der Erledigung ist dem Bundesrat in Abs. 1 keine Schranke gezogen. Dieselbe steht somit in seinem freien Ermessen. Nach der Natur der Sache wird er in erster Linie auf eine gütliche Erledigung des Streits bedacht sein. Eventuell kann er die Entscheidung des Streits entweder selbst vornehmen, oder einem ihm geeignet erscheinenden Deutschen Gerichtshofe (für Justiz- oder Verwaltungssachen), wobei naturgemäß das Reichsgericht besonders in Frage kommen wird, übertragen, oder auch die Beteiligten zur Vereinbarung eines Schiedsgerichts anhalten. In diesen Richtungen ist auch seitens der Praxis verfahren worden; so im Jahre 1877 bei der Streitsache zwischen Preußen und Sachsen wegen der Berlin-Dresdener Eisenbahn, im Jahre 1890 bei der Streitsache zwischen Mecklenburg-Strelitz und Lübeck wegen einer Ausbuchtung der Trave und im Jahre 1898 in der bereits erwähnten Lippeschen Thronfolgesache, von denen die erste dem damaligen Oberappellationsgericht zu Lübeck, die zweite dem Reichsgericht, die dritte einem aus Mitgliedern des Reichsgerichts unter Vorsitz des Königs von Sachsen bestehenden Gerichtshofe zur Entscheidung übertragen wurde.

Abs. 2.

In Abs. 2 handelt es sich, in Anknüpfung an den Beschluß des Deutschen Bundes v. 30. Okt. 1834 Art. 1, um Verfassungsstreitigkeiten innerhalb eines Bundesstaats. Das bedeutet naturgemäß innerstaatliche Streitigkeiten zwischen Landesregierung und Landtag über Existenz oder Anwendung der Landesverfassung. Vorausgesetzt wird jedoch, daß diese Verfassung nicht selbst eine Aushilfe für solche Fälle vorsieht.

Was zu Abs. 1 über den Begriff des Anrufens bemerkt ist, gilt auch für Abs. 2. Dasselbe kann naturgemäß nur von einer Landesregierung oder einem Landtage, nicht von Korporationen oder Einzelpersonen ausgehen.

Betreffs der Art der Erledigung weist Abs. 2 ausdrücklich zunächst auf einen gütlichen Ausgleich hin. Naturgemäß steht auch der Herbeiführung eines Schiedsvertrags nichts entgegen. Eventuell soll der Bundesrat im Wege der Reichsgesetzgebung den Streit zur Erledigung bringen. Daß die Erledigung nicht durch den Bundesrat allein, sondern durch einen Akt der Reichsgesetzgebung, d. h. unter Mitwirkung des Reichstags (Art. 5) erfolgen soll, erklärt sich augenscheinlich daraus, daß bei dem Streit eine einzelstaatliche Volksvertretung beteiligt ist. Bei solcher Sachlage läßt sich unter dem von Abs. 2 gemeinten Akte der Reichsgesetzgebung doch nicht ein Reichsgesetz verstehen, welches den Streit nach Weise eines Richterspruchs durch Zusammenwirken von Bundesrat und Reichstag entschiede, vielmehr nur ein solches, welches entweder durch eigene, gemäß Art. 2 der Reichsverfassung den Landesgesetzen vorgehende Ordnung des streitigen Verfassungspunktes oder durch Bestellung eines Spezialgerichtshofs dafür den Streit aus der Welt schafft (vgl. das RGes. v. 14. März 1881, betr.

die Zuständigkeit des Reichsgerichts in Streitfragen zwischen Senat und Bürgerschaft Hamburgs, RGBl. S. 37).

Artikel 77.

Wenn in einem Bundesstaate der Fall einer Justizverweigerung eintritt, und auf gesetzlichen Wegen ausreichende Hilfe nicht erlangt werden kann, so liegt dem Bundesrate ob, erwiesene, nach der Verfassung und den bestehenden Gesetzen des betreffenden Bundesstaates zu beurteilende Beschwerden über verweigerte oder gehemmte Rechtspflege anzunehmen und darauf die gerichtliche Hilfe bei der Bundesregierung, die zu der Beschwerde Anlaß gegeben hat, zu bewirken.

Laband § 29 III 3, § 85 I 3.

Der Art. 77 bezweckt eine äußerste Beschwerdeinstanz in Fällen bundesstaatlicher Justizverweigerung, d. h. verweigerter oder gehemmter Rechtspflege. Eine gleichlautende Vorschrift enthielt bereits der Art. 29 der Wiener Schlußakte des Deutschen Bundes v. 15. Mai 1820. Dieselbe wurde auf Antrag des Abg. Wiggers in die Norddeutsche Bundesverfassung aufgenommen (vgl. Stenogr. Verh. des verfassungsgeb. Reichstags v. 1867 S. 673). Danach soll auf Beschwerden in solchen Fällen der Bundesrat verpflichtet sein, deren Tatbestand festzustellen, gegenüber einer festgestellten Justizverweigerung rechtlich zu prüfen, ob es nach Verfassung und Gesetz des betreffenden Bundesstaates eine ausreichende Abhilfe gebe, und, sofern dies zu verneinen, gerichtliche Hilfe bei der bezüglichen Bundesregierung zu bewirken.

Aus diesen Vorschriften ergeben sich die allgemeinen Grundsätze, daß für Art. 77 kein Raum ist in bezug auf reine Verwaltungssachen, sondern lediglich in bezug auf Justizsachen, sowie, daß bei diesen auch nur Verweigerung oder Verzögerung der Erledigung, nicht eine den Rechtsweg oder eine Rechtsmittelinstanz ablehnende oder sachlich ungünstige Entscheidung in Betracht kommt.

Inzwischen hat jedoch die Reichsjustizgesetzgebung dem Art. 77 das Hauptgebiet seiner Wirksamkeit so gut wie entzogen. Insbesondere für die ordentliche streitige Gerichtsbarkeit ist durch das GVG. (vgl. EG. dazu § 2) und die auf Grund desselben erlassenen Prozeßordnungen, wie für die freiwillige Gerichtsbarkeit, soweit solche reichsgesetzlich den Gerichten zugewiesen, durch das Gesetz v. 17. Mai 1898 die Organisation und das Verfahren erschöpfend geregelt.

XIV. Allgemeine Bestimmungen.

Artikel 78.

Veränderungen der Verfassung erfolgen im Wege der Gesetzgebung. Sie gelten als abgelehnt, wenn sie im Bundesrate 14 Stimmen gegen sich haben.

Diejenigen Vorschriften der Reichsverfassung, durch welche bestimmte Rechte einzelner Bundesstaaten in deren Verhältnis zur Ge-

samtheit festgestellt sind, können nur mit Zustimmung des berechtigten Bundesstaates abgeändert werden.

Laband § 30 IV, § 55 II 5, § 12 II.

Der aus dem einzigen Art. 78 bestehende Abschn. XIV sieht mit Bezug auf die Regel der Art. 5 Abs. 1, 7 Abs. 3 und 28, wonach zu einem Reichsgesetze die übereinstimmenden Mehrheitsbeschlüsse des Bundesrats und des Reichstags erforderlich und ausreichend sind, zwei bedeutsame Abweichungen vor.

Abs. 1.

Nach Abs. 1 erfolgen Veränderungen der Verfassung zwar auch im Wege der Reichsgesetzgebung; aber sie gelten schon als abgelehnt, wenn sie im Bundesrate 14 Stimmen gegen sich haben.

1 a, Unter Veränderungen der Verfassung lassen sich nach Wortlaut und Natur der Sache nur solche der in § 1 des Ges. v. 16. April 1871 (BGBl. S. 63) bezeichneten „Verfassungsurkunde für das Deutsche Reich", einschließlich ihrer inzwischen gemäß Art. 78 erfolgten Veränderungen verstehen.

b, Dagegen ist es nach Wortlaut und allgemeinen Rechtsregeln nicht Erfordernis, daß das Abänderungsgesetz sich auch formell als solches ankündige; vielmehr genügt es, wenn aus dessen Inhalt die Absicht zu ändern klar erhellt. Mit anderen Worten, die Abänderung kann auch stillschweigend erfolgen. So heute überwiegend die Theorie (vgl. Laband a. a. O.), und in vielfacher Betätigung die Praxis der Reichsgesetzgebung (z. B. bezüglich der Art. 1, 20 Abs. 2 der Reichsverfassung durch die Ges. v. 9. Juni 1871 und 25. Juni 1873 betreffend Elsaß-Lothringen, bezüglich des Art. 4 durch das Ges. v. 12. Juni 1869 über die Errichtung des Bundes-Oberhandelsgerichts, bezüglich des Art. 17 durch das Ges. v. 17. März 1878 über die Stellvertretung des Reichskanzlers, bezüglich des Art. 70 durch das Zolltarifges. v. 15. Juli 1879 § 8 [v. Franckensteinsche Klausel] usw.).

Hieran knüpft sich die Frage, ob die weitere Änderung einer stillschweigend erfolgten Verfassungsänderung wiederum dem Art. 78 Abs. 1 unterliegt oder nicht. Ich möchte für die Bejahung der Frage sein. Sie liegt in der Konsequenz des Obigen. Mag auch eine solche Änderung nicht ein formeller Bestandteil der Verfassung geworden sein, so hat sie doch die materielle Kraft einer Verfassungsbestimmung, weil sie erwachsen ist aus der Beobachtung der verschärften Form des Art. 78 Abs. 1. Letzteres Moment scheint mir das maßgebende zu sein. Und dies um so mehr, als Verfassungsänderungen im Sinne des Art. 78 Abs. 1 auch in bezug auf lediglich aus dem Geiste der Verfassung durch Auslegung herzuleitende Vorschriften erfolgen können (ebenso Hänel, Studien I S. 255; a. M. Laband § 55; Thudichum, Nordd. VerfassR. S. 84; vgl. auch Arndt Note 2).

c, Im übrigen sieht Abs. 1 eine objektive Schranke für Verfassungsänderungen nicht vor. Dies gilt insbesondere von der Kompetenz des Reichs im Hinblick auf Art. 4, so daß solche beliebig eingeengt oder erweitert werden kann, wie letzteres auch in der Praxis mehrfach getätigt ist.

2. Die verschärfte Form betrifft nur den Bundesrat und erfordert, daß die dort zur Abstimmung kommenden Verfassungsänderungen nicht 14 der nach Art. 7 Abs. 3 gültigen Stimmen gegen sich haben, indem sie bei solcher Gegnerschaft ohne weiteres als abgelehnt gelten. Eine Formverschärfung im Reichstag ist nicht vorgeschrieben.

Die Feststellung, daß dem Abs. 1 genügt sei, erfolgt gemäß Art. 17 stillschweigend dadurch, daß der Kaiser bei der Gesetzesverkündigung die üblich gewordene Formel „nach erfolgter Zustimmung des Bundesrats ꝛc." vorausschickt (vgl. Noten 1 u. 2 zu Art. 17, Laband § 55 III 2).

Abs. 2.

Nach Abs. 2 können Abänderungen solcher Vorschriften der Reichsverfassung, wodurch bestimmte Rechte von Einzelstaaten gegenüber der Gesamtheit festgestellt sind, nur mit Zustimmung dieser Einzelstaaten erfolgen.

1. Die Reichsverfassung beruht grundsätzlich auf Gleichheit der Rechte und Lasten aller Bundesstaaten im Verhältnis zum Reiche. Dieser Grundsatz ist in verschiedenen Materien, insbesondere in den Art. 58 und 70 betreffs Kosten und Lasten des Reichskriegswesens und der Verteilung der Matrikularbeiträge, konkludent anerkannt. Aber er kann gewisse Abweichungen dadurch erfahren, daß einzelnen Bundesstaaten gegenüber dem Reiche Sonderrechte (Reservate) auf Grund spezieller Titel, sei es in der Reichsverfassung, in einem gemäß derselben ergangenen Reichsgesetze oder in einem Staatsvertrage, zugestanden werden, wobei es sich hauptsächlich um die Zuständigkeit der Einzelstaaten bezüglich der Gesetzgebung, der Selbstverwaltung und der Finanzen handeln wird (vgl. ROHG. Entsch. 17 S. 147). Dergleichen Sonderrechte bestehen heute noch auf Grundlage der Reichsverfassung und gewisser in ihr bezeichneter Verträge und Konventionen auf zahlreichen staatsrechtlichen Gebieten zugunsten der Präsidialmacht Preußen, der drei Süddeutschen Staaten Bayern, Württemberg und Baden, sowie Sachsens. Dieselben sind bei den einzelnen Materien erörtert. Vgl. außerdem die Zusammenstellung bei Laband § 12 II, sowie die Äußerungen Delbrücks im Reichstage laut Sten. Ber. v. 1881 S. 395.

2. In bezug auf Abänderungen derartiger Sonderrechte stellt nun Abs. 2 das Erfordernis auf, daß die berechtigten Einzelstaaten denselben zustimmen.

Naturgemäß handelt es sich um Abänderungen zu Ungunsten dieser Staaten, mögen sie in Aufhebung, Minderung oder anderer Beschränkung der Rechte bestehen.

Das Erfordernis der Zustimmung bildet (im Gegensatz zu Abs. 1) kein formelles, sondern ein aus der souveränen Stellung der Einzelstaaten im Reich entspringendes materielles Erfordernis, welches rechtlich auf einen Verzicht hinausläuft. Für letzteren ist wiederum keine besondere Form geboten und er kann daher auch stillschweigend erfolgen, so namentlich dadurch, daß der berechtigte Einzelstaat einem Gesetze im Sinne des Abs. 2 im Bundesrate nicht widerspricht. Handelt es sich zugleich um ein verfassungsmäßiges Recht, so muß naturgemäß die Form aus Abs. 1 beobachtet werden. Für die Feststellung und Konstatierung, daß dem Abs. 2 genügt sei, gilt das zu Abs. 1 Bemerkte. Daß es daneben vom Standpunkte der Reichsgesetzgebung aus nicht noch der Zustimmung der Landesvertretung des berechtigten Bundesstaats bedarf, folgt m. E. aus den Grundsätzen der Art. 2, 5 der Reichsverfassung (vgl. Laband § 12 zu II; Hänel, Studien I S. 219; Seydel, Noten zu Art. 78; Arndt ebenda; G. Meyer § 164).

B. Anhang.

In betreff der Grundlagen der Reichsverfassung ist zu verweisen:

1. auf die Verfassung des Norddeutschen Bundes, von Bundes wegen am 26. Juli 1867 im BGBl. von 1867 S. 1 verkündigt;

2a. auf die am 15. November 1870 zwischen dem Norddeutschen Bunde einerseits, den Großherzogtümern Baden und Hessen (für die südlich des Mains belegenen Teile) andererseits vereinbarte Verfassung des Deutschen Bundes, verkündigt im BGBl. von 1870 S. 627, und

b. das Protokoll vom 15. November 1870, betreffend die Vereinbarung zwischen dem Norddeutschen Bunde, Baden und Hessen über Gründung des Deutschen Bundes und Annahme der Bundesverfassung, verkündigt im BGBl. von 1870 S. 650;

3. auf den Vertrag zwischen dem Norddeutschen Bunde, Baden und Hessen einerseits und Württemberg andererseits, betreffend den Beitritt Württembergs zur Verfassung des Deutschen Bundes, nebst Protokoll, vom 25. November 1870, verkündigt im BGBl. von 1870 S. 654;

4. auf den Vertrag, betreffend den Beitritt Bayerns zur Verfassung des Deutschen Bundes, nebst Schlußprotokoll, vom 23. November 1870, verkündigt im BGBl. von 1871 S. 9.

Nachtrag.

Während des Druckes dieses Werkes sind folgende Reichsgesetze verkündigt:

1. das Gesetz, betr. die Wetten bei öffentlich veranstalteten Pferderennen, v. 4. Juli 1905, RGBl. S. 593.

Das Gesetz macht den Betrieb von Wettunternehmen bei Pferderennen jener Art von landeszentralbehördlicher Erlaubnis abhängig, die nur solchen Vereinen, welche die Einnahmen aus dem Betriebe des Wettunternehmens zum Besten der Landespferdezucht verwenden, zu erteilen ist. Verboten ist die geschäftsmäßige Vermittlung von solchen Wetten. Zuwiderhandlungen sind unter Strafe gestellt. Daran schließen sich Vorschriften über die Erhebung und Verwendung der Reichsstempelabgabe von den Wetteinsätzen (Tar. Nr. 5 des RStempGes.);

2. das Gesetz, betr. Änderung (des § 55 Satz 1 der GrBuchO., v. 14. Juli 1905 (RGBl. S. 707);

3. das Gesetz über Bildung Deutscher Kommunalverbände in den Konsul.Ger.Bezirken, v. 3. Juni 1905, RGBl. S. 541 (vgl. Kommentar S. 262).

4. das Gesetz, betreffend Änderungen des GVG. (§§ 27, 28, 75), v. 5. Juni 1905, RGBl. S. 533.

Außerdem ist das Preuß. Ausführ. Ges. zum RGesetz über Abwehr von Viehseuchen v. 12. März 1881 (GS. S. 128) abgeändert durch Nov. v. 22. Juli 1905 (GS. S. 318). Vgl. Kommentar S. 125.

Sachregister.

Die Zahlen bedeuten die Artikel der Reichsverfassung.

Innerhalb der einzelnen Artikel lassen sich die Noten nach den Absätzen oder Randstichworten finden.

In Artikel 4 sind die Nr. 1—16 als solche besonders gekennzeichnet.

A.

B.

N.

O.

P.

Druck von Lippert & Co. (G. Pätz'sche Buchdr.), Naumburg a. S.

Lippert & Co. (G. Pätz'sche Buchdruckerei), Naumburg a. S.